KB260896

민족의 생명권과 통일

민족의 생명권과 통일

민족의 생명권과 통일

강정구 지음

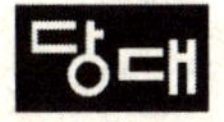

민족의 생명권과 통일

ⓒ 강정구

지은이/강정구
펴낸이/박미옥
펴낸곳/도서출판 당대

제1판 제1쇄 인쇄 2002년 8월 16일
제1판 제1쇄 발행 2002년 8월 27일

등록/1995년 4월 21일(제10-1149호)
주소/서울시 마포구 연남동 509-2, 3층 ㉾ 121-240
전화/323-1316 팩스/323-1317
e·mail/dangbi@chollian.net

ISBN 89-8163-087-9 04330

민족과 통일에 대한 나름대로의 고뇌와 소망을 담은
이 한 권의 책을 문익환 목사님의 영전에 바치면서
먼저 가신 선배 통일일꾼님들에게 큰절을 올립니다.

머리말

우리 민족사를 민족사적 전환기 또는 큰 역사갈림길이라는 개념을 바탕으로 시기구분을 한다면 첫번째 민족사적 전환기는 신라에 의한 '통일국가수립기', 두번째는 1860~90년대의 '반침략·반봉건투쟁기', 세번째는 '해방공간', 네번째는 1988년 6·10통일투쟁 이후 90년대부터의 '민족재통일시대' 또는 통일시대로 나눌 수 있을 것 같다. 21세기를 맞아 이제 우리는 분단시대를 마감하면서 본격적인 통일시대 혹은 통일성취시대로 접어들게 되었다. 그것은 바로 21세기 시작과 더불어 이룩한 민족사의 금자탑인 6·15공동선언에서 비롯되었다.

이러한 역사인식을 바탕으로 이 책은 구상되고 집필되었다. 우리는 외세에 강제된 분단을 남과 북이 주도적으로 마무리하고, 새로운 민족사의 행로를 개척해야 하는 민족사적 사명 앞에 서 있다. 이에 우리 모두가 다 함께 고뇌하고, 자성하여야 할 바를 되새기고, 나아갈 방향을 찾아보고자 한다.

제1부 '분단과 통일의 변증법'에서는 분단과정 그 자체가 가지는 반

(反)역사성, 반민족성, 반인륜성을 논한다. 분단 때문에 우리 민족은 숱한 역사왜곡, 전쟁과 죽음, 이산가족 등 엄청난 시련을 겪었다. 그러나 이러한 시련과 고통 속에서도 우리 민족은 이를 숙명적으로 받아들이는 운명 순응적인 수동적 민족은 아니었다. 오히려 이를 극복하기 위한 역사의 주체로서 우뚝 서서 끊임없이 분단을 극복하고 통일로 나아가는 투쟁과 실천의 훌륭한 통일역사를 펼쳐왔다. 이것이야말로 분단과 통일의 변증법적인 지양으로 상승한 역사행로라고 할 수 있다.

이 역사행로 가운데 하나가 한국전쟁이다. 우리는 이제까지 한국전쟁을 피해자적인 시각에서 비극과 통탄의 대상으로만 다루어왔다. 또한 남과 북이 서로 헐뜯는 자폐증적 전쟁인식에 매몰되어 과학적인 분석과 이에 따른 역사적 교훈을 제대로 이끌어내지 못했다. 그러나 이제 본격적인 통일성취시대를 맞아 한국전쟁에 대하여 기존의 분단 지향적인 전쟁인식에서 통일 지향적인 전쟁인식으로 탈바꿈할 것이 요구된다. 이를 바탕으로 남과 북이 주도적으로 한반도의 화해와 평화를 일구어나가면서 통일을 이룩해야 할 것이다.

한국방송공사에 방영한 사극 〈태조 왕건〉은 통일시대의 요구인 화합과 자주를 중심 주제로 삼아 왕건이 민족통일을 이루는 과정을 보여줌으로써 통일시대를 맞은 우리가 나아갈 방향을 제시하고자 했다. 삼국통일의 과정에서 후백제의 건훤이나 태봉의 궁예, 고려의 왕건, 신라는 삼한통일을 위해 서로 피비린내 나는 전쟁을 벌였다. 그렇지만 우리 역사책 어디에도 이들 후삼국의 통일전쟁을 불법 침략전쟁으로 묘사하지도 않거니와 어느 누구도 침략자로 낙인찍히지 않는다. 그런데도 우리는 유독 6·25전쟁만큼은 '불법적인' 침략전쟁과 침략자라는 맹목적인 종교적 신념과 같은 반학문적이고 반과학적인 인식에 마비되어 있다. 이러한 자폐증적 인식이야말로 오늘날 분단을 극복하는 데 최대의 장애물이다. 통일성취시대에 살고 있는 우리는 선조들의 예지를 역사적 교훈으로 삼아야 할 것이다.

제2부 '분단과 민족의 생명권'은 분단 때문에 겪어온 우리 자신과 민족의 죽고 사는 문제, 곧 생명권 침해의 절박한 순간들을 반추하면서 한반도 평화와 통일의 화급함을 제대로 인식하고 이를 극복하자는 글들이다. 미국과 소련의 적대적인 냉전체제가, 이와는 아무 관계도 없는 이곳 한반도에 극단적으로 투영되어 나타난 것이 바로 분단과 한국전쟁이다. 그리고 이 동족상잔의 비극적인 전쟁이 끝난 이후에도 우리는 끊임없이 전쟁위협에 시달려왔다. 하지만 소련이 붕괴하고 냉전체제가 무너진 탈냉전시대에도 이곳 한반도에서는 부시의 '악의 축' 전쟁위협에 이르기까지 무려 다섯 번이나 전쟁위기를 겪을 만큼 우리의 죽고 사는 문제는 절박한 순간의 연속에 놓여 있다.

또 새로운 부시정권의 등장 이후 미국의 광기는 2002년 3월 초에 미국 언론에 공개된 「핵 태세 검토」(Nuclear Posture Review, NPR) 비밀보고서에서 드러난 것처럼 한반도의 전쟁위기를 더욱 심화시키고 있다. 여전히 우리는 미국이라는 외세에 의해 한반도 속(續)냉전을 강요당하고 있는 셈이다. 우리는 우리의 이런 생명권위협을 북한의 남침위협 때문이라고 굳게 믿어왔다. 이것은 틀에 박힌 고정관념으로, 한 치의 오차도 없는 절대적 진리인 양 인식되어 왔다. 그러나 진리는 구체적인 사실에 의해 검증을 받았을 때, 곧 과학적 지식이 되어야만 비로소 진리가 될 수 있다.

이제 '북한전쟁위협론'은 논거가 필요 없는 종교적인 신념의 차원이 아니라 구체적 사실에 의해 검증을 거치는 과학적 지식의 차원에서 평가되어야 한다. 그런데 이를 검증하기 위해서는 주한미군의 존재에 대한 엄밀한 재평가가 이루어져야 한다. 지금까지 주한미군은 북한의 전쟁위협이 실존한다는 주장을 근거로 주둔해 왔기 때문이다. 이제 더 이상 주한미군은 냉전성역(cold war sanctuary)의 범주에 머무르면서 과학적 평가로부터 면죄부를 받는 특권을 누려서는 안 된다. 궁극적으로 민족과 나 자신의 죽고 사는 문제인 생명권을 확보하기 위해서 우리는 그 제도적 장치인 평화체제와 냉전체제의 청산을 성취해야 하고, 이를 위해서는 주한미군 문제가 본격적으로 파헤쳐져야 한다. 의식개혁이나 평화사상 같은 관념적 수준이 아니라 제도 및 구조적 수준에서 이 문제가 논의될 것이다.

단재 신채호 선생께서 환생하셔서 이곳 남한땅에 오시면 1925년 베이징에서 망명생활을 하시면서 외쳤던 통곡과 절규를 80년이 지난 이 시점에서도 외칠 수밖에 없음을 우리 모두는 무릎 꿇고 사죄해야 할 것이다.

우리 조선사람은 매양 해외에서 진리를 찾으려 하므로, 석가가 들어오면 조선의 석가가 되지 않고 석가의 조선이 되며, 공자가 들어오면 조선의 공자가 되지 않고 공자의 조선이 되며, 무슨 주의가 들어와도 조선의 주의가 되지 않고 주의의 조선이 되려 한다. 그리하여 도덕과 주의를 위하는 조선은 있고 조선을 위하는 도덕과 주의는 없다. 아! 이것이 조선의 특색이냐, 특색이라면 특색이나 노예의 특색이다. 나는 조선의 도덕과 조선의 주의를 위하여 곡하려 한다.

제3부 '민족통일의 모색'은 본격적인 통일시대를 맞아 통일은 희망이 아니라 확신이고 또 구체적인 실천의 단계에 이르렀다는 인식을 전제로 한다. 그래서 이제는 통일집짓기를 어떻게 해야 할 것인가를 고뇌할 것이 요구된다. 이것은 무엇보다 남과 북의 어제와 오늘에 대한 역사적 평가에서부터 출발해야 한다. 정통성을 비롯한 자주·민주·통일이라는 민족사적 핵심 과제에 대한 이제까지의 남과 북의 발자취를 점검 및 평가하고 자성하고, 이를 통해 남과 북이 접목하여 하나가 되는 길잡이를

발견할 수 있기를 바란다.

특히 정통성 부문에 대해서는 무조건 남에만 있고 북에는 없는 것이 이제까지 고착·강요되어 온, 그래서 대표적으로 왜곡된 부분이다. 일본의 교과서 왜곡에 분노와 질타를 가하는 것은 너무나 당연하다. 그러나 우리의 역사왜곡은 애써 외면해 버리는 이중잣대는 역사에 대한 모욕이고 오만이요, 더 높은 역사를 열어나가는 것을 원천적으로 봉쇄하는 검은 장막이다. 남이나 북의 일방적인 기준이 아니라 민족의 기준을 바탕으로 하면서도 인류 보편의 기준과 접목된 민족적이고 인류 보편적인 기준으로 정통성을 평가하여야 한다.

3부의 다른 글에서는 6·15공동선언을 일구어낸 김대중정부의 대북 포용정책이나 남북정상회담 등 통일 기여적인 요소들에 대해 올바른 자리매김을 하면서 동시에 비판적으로 평가한다. 또한 통일시대 우리 민족의 앞길을 가로막는 미국과 일본 등의 외세, 이들에 부화뇌동하여 더욱더 기승을 부리는 사대주의 세력의 반(反)통일성을 들추어내고 그 대응책을 논한다. 이정빈 외교통상부장관이 이임사에서 "미국의 언론이 동으로 가면 한국언론도 동으로, 서로 가면 서로 간다"고 질타한 뼈아픈 충고가 바로 이들 사대주의 세력들을 겨냥하고 있음을 우리는 직시해야 할 것이다. 이들이야말로 통일시대라는 역사의 순리를 외면하고 외세에 맹목적으로 추종하는 세력이다. 친일파 청산이 좌절됨으로써 우리의 역사가 파행을 겪었던 전철을 되풀이하지 않기 위해서도 일제하의 친일파와 진배없는 오늘날의 '한국국적의 외세'들에 대한 엄중한 평가와 대응이 요구된다. 그리고 마지막으로, 구체적인 통일이정표인 통일방안을 제시하고자 한다.

이 책에서 다루는 대부분의 주제들은 우리 사회에서는 불가촉(untouchable)으로 금기시되어 왔던 예민한 주제로서 냉전성역에 해당한다.

한국전쟁, 주한미군, 미국의 대(對) 한반도 정책, 정통성, 연방제통일방안, 평화협정, 주체사상 등이 대표적인 냉전성역이다. 우리 사회의 분단 냉전체제는 이 주제들에 대하여 철저하게 '표준정답'을 강요해 왔다. 누구든 이 표준정답과 다른 견해나 분석을 내어놓으면 그것이 아무리 역사적 진실이고 과학적인 학문연구의 결과라 하더라도 국가보안법이라는 서슬 퍼런 칼날의 휘둘림을 당한다. 2001년 국군의 날 기념사에서 김대중 대통령이 6·25전쟁을 통일시도라고 이야기했다가 언론과 야당의 극단적이고 시대착오적인 색깔논쟁에 휘말려 곤혹을 치렀다. 대통령마저도 6·25전쟁에 대한 견해를 제대로 이야기하지 못하는 것이 우리의 반문명적인 현주소이다.

멀리는 죽산 조봉암이 평화통일을 주창하여 법살을 당하였고, 또 '냉전의 벽' 허물기에 앞장섰던 수많은 통일운동가들이 죽음이나 옥살이를 치렀다. 학계에서도 통일원 부총리를 지낸 한완상, 정책자문회의 위원장을 지낸 최장집을 비롯해 박지동, 이장희 등의 대학교수들이 냉전성역 허물기 때문에 고난을 겪었다. 그리고 필자 역시 이른바 '만경대필화사건'으로 옥살이를 강제당했고 아직도 재판이 진행되고 있다.

표준정답으로 제시되었던 공식적인 해석, 곧 "6·25전쟁은 북한괴뢰의 불법적인 침략전쟁이다"는 유일한 해석만을 강요하는 파시즘적 해석독점권이 주류언론과 주류정치세력에 의해 기승을 부리는 한 진정한 남북화해는 불가능하다. 진정한 남북화해 없이 통일성취시대의 과제인 한반도 평화만들기와 통일 터닦기는 이루어질 수 없다. 바로 이 때문에 '냉전성역 허물기'라는 민족사적 책무는 필자의 학문적 좌표가 될 수밖에 없었다. 이 한 권의 책도 이러한 민족사적 책무를 이행하고자 하는 긴장된 몸부림의 하나이다.

이제까지 필자의 학문적 궤적은 냉전성역 허물기 작업의 연속이었다.

그리고 학문적 좌표는 민족학문, 민중학문, 비판학문이었다. 물론 이 좌표는 필자만이 아니라 한국 인문사회과학이 지향해야 할 학문좌표라고 역설해 왔다. 그간 우리의 근대학문이 식민사관과 지적 과잉서구화에 빠져 주체성과 민족중심성을 상실해 왔기에 민족학문이어야 하고, 여러 가지 사회적 모순에 눈감아 와 이들 모순에 일방적 희생을 강요당하는 민중의 고통을 외면해 왔기에 민중학문이 필요하다. 또 식민지지배체제, 냉전분단체제, 군부독재, 역사청산의 실패, 사대주의 등 때문에 역사의 진실이 은폐되고 왜곡되어 왔기에 비판학문을 지향해야 한다고 보았던 것이다.

필자의 이 같은 학문지향에 대해 법정에서 변호사는 "혹자는 피고인의 이러한 태도가 너무 비판적인 데 치우쳐, 학문으로서의 객관성이 약한 것이 아니냐는 비판에 대하여는 어떻게 생각하는가요?"라고 질문했다. 필자는 이렇게 대답했다.

저는 저의 학문이 객관적이라고 확신하고 있습니다만 저의 학문적 연구결과가 객관성이 약한 것처럼 보이고 마치 학문이 아닌 것처럼 보이는 것은 너무나도 당연하다고 봅니다. 왜냐면 저의 주 연구분야가 현대사, 통일, 북한이고 이 분야의 연구주제는 대부분 냉전에 의해 왜곡되고 은폐되었기에 이것을 바로잡고 진실을 밝히는 것이 마치 학문이 아닌 것 같고 객관성이 덜한 것처럼 보이게 마련입니다. 대표적인 본보기가 한국전쟁입니다.

비정상적인 사람이 정상적인 사람을 보면 오히려 비정상적으로 보이게 마련입니다. 저의 학문연구 결과가 마치 객관성이 약한 것처럼 보이는 것 자체가 제 자신이 추구하는 학문적 좌표인 민족·민중·비판 학문에 충실하다는 증거라고 생각합니다.

냉전성역 허물기와 통일집짓기를 위한 학문적 결과물인 이 한 권의 책이 6·15공동선언의 이행에 조그만 자극제 역할을 했으면 하는 바람 간절하다.

또한 온몸으로 민족을 사랑하셨던 단재 신채호 선생님께서 지하에서 외치는 부르심에 미미하나마 나름대로의 응답이 될 수 있었으면 하는 마음 역시 간절하다.

만경대 필화사건에도 불구하고 이 책을 펴낼 수 있는 힘과 자신을 불어넣어 주신 신창균, 박순경, 이종린, 손장래, 홍근수, 서경원, 김규철, 문정현, 문규현 님 등 선배 통일일꾼님들이 계시다. 이분들은 불굴의 용기와 실천력으로 언제나 글쓴이에게 자극과 성찰을 주셨다. 또한 동국대 동료교수인 사회학과 조은, 국문학과 김태준, 독문학과 임호일, 철학과 양문흠 들께서는 언제나 비판적인 지적 분위기를 형성해서 흔들림 없이 냉전성역 허물기라는 학문적·실천적 좌표에 매진할 수 있도록 해주셨다. 그리고 동국대 사회학과를 중심으로 동국대 학부 및 대학원의 많은 학생들과 자통협 등 사회단체의 지지와 함께함이 이 책을 매듭지을 수 있는 기본 조건이 되어주었다. 특히 김귀옥 박사에게 진 빚은 지적으로나 실천적으로나 또 가족사에 이르기까지 너무나 크다. 이 모든 분들께 이 책을 펴내면서 다시 한 번 충심으로 고마움을 드린다.

2002년 6·15남북공동선언 두 돌을 맞으면서

강정구

차례

머리말 ┃6

서장: 민족의 생명권과 통일 ┃19

제1부 분단과 통일의 변증법

1. 분단의 반역사성과 반민족성 ┃31

   1. 방법론 ┃32

   2. 해방공간의 내재적 민족사 행로 ┃38

   3. 민족사적 핵심 과제 ┃47

   4. 맺음말 ┃50

2. 분단과 전쟁의 상흔(傷痕) ┃53

   1. 이산가족의 성격과 분류 ┃56

   2. 월남실향민 이산가족의 양태 ┃59

   3. 특수 이산가족 ┃67

   4. 특수 유족이산가족 ┃82

   5. 맺음말 ┃87

3. 통일과 한국전쟁 ┃91

   1. 한국전쟁과 색깔론 및 마녀사냥 ┃92

   2. 한국전쟁의 5단계 ┃97

   3. 한국전쟁의 민족중심적 인식 ┃102

   4. 한국전쟁의 극복과 통일 ┃115

   5. 맺음말 ┃127

4. 통일을 향한 민족의 발자취 ┃129

   1. 분단출발기의 통일논의 ┃131

   2. 분단공고화기의 통일논의 ┃136

   3. 분단이완기의 통일논의 ┃141

4. 분단재공고화기의 통일논의 | 147

5. 통일시대의 통일논의 | 153

6. 통일성취시대의 통일행로 | 159

7. 맺음말 | 162

제2부 분단과 민족의 생명권

1. 한반도 전쟁위기의 실상과 우리의 대응 | 167

1. 전쟁위기사로 본 한반도 | 168

2. 영변 핵위기와 민족의 생존 | 180

3. 금창리 핵위기와 미국이라는 존재 | 187

4. 서해교전의 맹목·저돌성과 전면전 위기 | 192

5. '악의 축' 한반도 전쟁위기 | 208

6. 2003년 한반도 전쟁위기 | 209

7. 2003년 한반도 전쟁위기 극복방안 | 213

8. 맺음말 | 219

2. 주한미군과 한반도 평화와 통일 | 223

1. 주한미군 접근법 | 226

2. 주한미군과 군사안보의 실상 | 228

3. 통일과 주한미군 | 240

4. 동북아 세력균형과 조정자로서의 주한미군 | 242

5. 시민운동의 쟁점과 주한미군 | 243

6. 반미라는 올가미 | 248

7. 주한미군 철수를 위하여 | 252

8. 맺음말 | 256

3. 민족의 생명권과 평화체제 | 259

1. 평화협정 | 262

2. 김대중정부와 평화체제 | 269

3. 동북아 다자간안보협력체제의 추진　│273

4. 맺음말　│278

4. 한반도 냉전구조와 그 해체방안의 모색　│281

1. 세계적 수준의 작은냉전　│283

2. 한반도 수준의 속(續)냉전과 6·15공동선언　│292

3. 한반도 냉전청산의 방향　│295

4. 맺음말　│305

제3부 민족통일의 모색

1. 남과 북의 자리매김　│311

1. 정통성에 대한 포괄적 기준 설정　│313

2. 북한의 정통성 평가　│321

3. 남한의 정통성 평가　│326

4. 맺음말　│329

2. 남과 북의 새로운 자리매김　│331

1. 자주의 과제　│332

2. 민주의 과제　│344

3. 통일의 과제　│351

4. 맺음말　│358

3. 김대중정권의 통일정책　│361

1. 김대중정부의 대북정책　│362

2. 6·15공동선언과 통일성취시대의 출범　│365

3. 포용정책의 세부 평가　│368

4. 종속적 신자유주의의 반통일성　│378

5. 맺음말　│384

4. 남북정상회담과 통일　│389

1. 1차 정상회담의 성격과 민족사적 의의　│390

16

2. 정상회담의 민족사적 과제 | 395

3. 정상회담 접근법 | 405

4. 부시정권의 대북 적대정책과 2차 정상회담의 과제 | 410

5. 누가 2차 남북정상회담을 가로막는가? | 413

6. 맺음말 | 420

5. 미국의 신패권주의와 한반도 평화·통일 | 423

1. 냉전으로 치닫는 미국의 신패권주의 | 425

2. 부시정권의 출범과 큰냉전의 출발 | 430

3. 부시 대북정책의 패권성 | 437

4. 맺음말 | 454

6. 친미사대주의 냉전세력과 민족앞길 가로막기 | 457

1. 한미정상회담과 친미사대주의 | 457

2. 정상회담 죽이기 논리의 허구성과 반통일성 | 458

3. 민족앞길 헤쳐나가기 | 478

4. 맺음말 | 484

맺음말 '아리랑통일민주공화국'을 주창하며 | 493

1. 통일시대 통일방안의 분석과 평가 | 495

2. 내외적 통일정세와 부분통일의 무색 | 509

3. '아리랑통일민주공화국' 4단계통일방안 | 517

4. '아리랑통일민주공화국' 성취를 위한 단계별 통일행로 | 521

5. '아리랑통일민주공화국'이 지향해야 할 역사행로 | 524

6. 맺음말 | 525

부록 만경대 필화사건을 되돌아보며 | 532

참고문헌 | 537

찾아보기 | 559

연보 늦깎이의 자화상을 다시 그리면서 | 569

일러두기

1. 이 책은 2001년 8·15평양통일대축전에 참가하기 전에 원고가 완료되어 2001년 가을에 출판될 예정이었으나 '만경대 필화사건'으로 준비되지 않는 옥살이를 하게 되어 출간이 지연되었다. 오히려 출간이 늦어진 점을 다행으로 생각한다. 옥살이를 하면서 평화와 통일 그리고 나의 학문적 좌표인 냉전성역 허물기에 대해 더욱 깊이 고뇌하는 귀중한 시간을 가졌기 때문이다. 또 부시 미국의 '악의 축' 전쟁위협 등으로 극명하게 표출되는 황야의 무법자적인 패권성을 이 책에 담을 수 있었기 때문이다.

2. 대한민국은 학문과 사상의 자유가 제대로 보장되지 못하고 있다. 나 자신 냉전성역 허물기를 학문적 좌표로 설정하고 있으면서도 부단히 자기검열을 하는 나약한 지식인임을 이 책을 쓰면서도 누차 확인했음을 솔직히 고백하지 않을 수 없다. 나의 글쓰기의 사표인 단재 신채호 선생님과 김남주 선생님의 거침없는 글쓰기가 옥살이와 죽음까지 마다하지 않으셨건만.

3. 이 책은 필자의 기존 연구물을 대폭 수정·보완하여 재구성한 것으로 출처는 각 글 끝부분에 밝혀두었다.

민족의 생명권과 통일

쉬리에서 나온 '키싱쿠라미'가 우리 민족의 운명을 상징적으로 보여주고 있다고 생각합니다. 한 마리가 죽으면 다른 한 마리도 죽는… 우리 청소년들도 북한을 너무 열등한 존재로 보지 말고 역지사지의 자세로 함께 살아야 할 운명공동체로 인식할 필요가 있어요. (『한겨레』 독자투고)

통일은 갑오농민전쟁, 일제시대의 독립운동, 해방 후 민족독립국가 수립운동 그리고 분단시대 속에서의 통일운동 등 지난 100여 년간의 민족사적 과제를 완성하는 의미를 갖습니다. 북한은 사실 이미 우리 사회 깊숙이 존재하고 있는 운명공동체입니다. 남북이 따로 떨어져 살면 얼마나 어려운지 지난 반세기가 잘 보여주고 있지 않습니까? (『한겨레』 독자투고)

남과 북이 갈라진 지 벌써 반세기가 넘었다. 또 분단을 해소하기 위하여 벌였던 통일전쟁인 '6·25확대전쟁'이 발발한 지도 반세기가 넘었다. 우리는 일본제국주의 식민지하에서 신음하였던 35년을 엄청나게 오랜 기간으로 우리의 뇌리 속에 각인시켜 놓고 있다. 그렇지만 반세기 넘게 분단된 채 살아오면서도 이 민족분단이 식민지기간보다 1.5배도 넘는다는 사실은 제대로 인식하지 못하고 있다. 평소에는 멀쩡하다가 분단과 통일 문제에 접어들면 갑자기 정신착란에 걸린 환자와 같은 모습을 보이기도 한다. 더 나아가 젊은이들은 "통일, 그것 골치 아픈데 꼭 해야 합니까?"라면서 생각하기도 싫다는 표현을 서슴지 않는다.

이제는 이러한 서글픈 자화상에 마침표를 찍어야 한다. 마침 역사적인 남북정상회담과 6·15공동선언의 발표로 이미 본격적인 통일시대를 맞이하였다. 그래서 우리의 이러한 자성은 더욱 긴요하다.[1] 통일문제의 가장 근본인 왜 통일을 해야 하는가를 중점적으로 논의하면서 자성을 촉구해 보고자 한다.

현시점에서 우리의 논의는 당연히 '통일은 왜 해야 하는가'가 아니라 '어떻게 통일을 이룰 것인가'로 모아져야 한다. 또 '때가 오면' 되겠지가 아니라 '지금 때를 놓치면'에 모아져야 한다. 그렇지만 우리의 정신착란 증세 때문에 여전히 '왜 해야 하는가'에 대한 해명이 필요한 게 현실이다.

통일은 왜 해야 하는가에 대한 해답을 크게 두 가지 차원으로 나누어 살펴보겠다. 하나는 민족적 차원이고 또 하나는 개인적 차원이다.

민족적 차원에서 통일은 무엇보다 외세에 의해 굴절되고 왜곡된 우리 민족사를 복원한다는 데 있을 것이다. 1300년 이상 민족통일국가로 존속해 온 우리 민족이 미국을 중심으로 한 외세에 의해 분단을 강요당하고, 나아가 국제적인 전쟁까지 강요당하면서 분단이 고착화되었다. 이는 바로 우리의 민족사가 외세의 강압에 의해 굴절되었음을 의미한다.

이 굴절된 역사를 복원시키는 통일은 우리 스스로 외세를 극복하는 의미를 가지며, 이를 통해 우리는 잃어버린 민족자존과 자긍심을 되찾게 된다. 이는 바로 민족의 생명권과 자주권, 민족역량 강화, 민족적 일체감

---

1) 분단체제론을 제기했던 백낙청은 "정상회담으로 분단시대가 종결되었다고 말할 수는 없지만, 분단시대의 최종국면에 접어들었다고는 말할 수 있습니다. '통일시대'라는 말을 넓은 의미에서 통일작업이 본격화되는 시기로 규정한다면, '분단시대'와 '통일시대'는 어느 정도 겹치게 될 것입니다. 지금 시기는 분단시대의 최종국면인 동시에 통일시대의 초기에 해당한다고 말할 수 있겠지요"라고 보았다(『교수신문』 2001. 1. 1, "백낙청교수에게 듣는다: 한반도 분단체제의 정세와 전망").

과 정체성의 복원과 증진으로 이어진다. 곧 우리 민족 전체를 옥죄어왔던 분단냉전체제라는 족쇄를 풀어 민족 전체가 자유와 번영과 자존(自尊)을 누리자는 것이다. 동시에 통일은 우리 개개인의 삶을 위해서도 기필코 달성되어야 한다. 죽고 사는 문제인 생명권과 '사람답게 사는 문제'인 사회권 때문에도 통일은 해야 한다.

먼저 '죽고 사는 문제'인 생명권의 침해사례를 살펴보자. 멀리는 6·25확대전쟁 당시 맥아더 같은 전쟁미치광이가 북한북부와 중국동북부에 무려 26개의 원자탄을 떨어뜨리려고 발버둥쳤던 때부터, 우리는 죽고 사는 문제가 외세, 특히 미국의 자의적 결정에 달려 있는 기막힌 현실 속에서 살아왔다. 우리의 현대사는 그 굽이굽이마다 속수무책으로 전쟁 일보직전까지 내몰리는 극한상황의 연속이었던 것이다.

60년대의 푸에블로 미국간첩선 포획사건, 미국 스파이비행기 EC121기 격침사건, 판문점 미루나무 절단사건, 청와대습격사건 등에서부터 최근 94년 6월 15일경의 영변 핵위기로 인한 전쟁 일보직전의 아슬아슬한 순간, 서해교전, 금창리 핵위기 조장사건 그리고 전쟁미치광이와 같은 부시의 '악의 축' 전쟁위협 등에 이르기까지 그야말로 죽음의 그림자를 보듬고 살아야 했다.

그런데도 대부분의 남한사람은 자기의 죽고 사는 문제가 이렇게 경각에 달려 있다는 사실을 전혀 모른 채 '마음 편하게' 살아가고 있다. 왜냐하면 우리의 죽고 사는 문제의 결정권이 거의 미국에 달려 있고, 이에 관한 정보가 우리에게는 철두철미하게 차단되어 실제 상황이 어떻게 돌아가는지 전혀 알지 못하기 때문이다.

99년 5월 24일 김영삼 전 대통령은『한겨레신문』과의 대담에서 94년 6월 중순의 전쟁 직전상황을 회고하면서 다음과 같이 말했다.

"당시 미국은 동해에 항공모함의 비행기를 몇 분 안에 북한에 갈 수 있는 거리에 배치했고, 함포사격하려고 준비했다. 하루는 보고를 받으니 내일 레이니 대사가 기자회견을 한다고 하는데 대사관 직원가족들의 철수를 발표한다는 것이었다. 미국이 전쟁 직전에 취하는 조처다. …남북에서 얼마나 죽을지 모른다. 천만 명에서 2천만 명이 죽을 것이다. …그날 저녁 클린턴하고 32분 동안 통화했는데 대판 싸웠다. 내가 대통령으로 있는 동안에는 남북전쟁은 안 된다고 말했다."

이 진술에서 김영삼 대통령이 과연 전쟁을 방지하는 데 얼마나 역할을 했는지는 의문이다. 당시의 위기상황을 다룬 여러 저서나 증언에서, 우리의 대통령이었던 김영삼의 반대 때문에 전쟁파국을 막을 수 있었다는 분석은 아직 없다. 당시 미국의 핵전담 대사였던 갈루치도 KBS와의 인터뷰에서 몇십 분만 늦었더라도 전쟁이 일어났을 것이라고, 당시의 긴박한 상황을 이야기했으며, 국방장관이었던 페리도 전쟁 초읽기를 시인했다. 그리고 전문가 대부분은 카터의 중재 덕분에 전쟁을 피할 수 있었다고 했다.[2]

　여기서 우리는 절박하고 심각한 문제제기를 하지 않을 수 없다. 전쟁 직전까지 치닫는 상황에서 우리의 대통령은 도대체 무엇을 하였으며 무엇을 할 수 있었는가? 국민의 생명과 재산을 보호해야 할 대통령으로서 엄청난 직무유기, 아니 죄악을 저지른 것이 아닌가? 남한의 대통령이 반대를 해도 전쟁은 미국의 각본에 따라 그대로 진행되고 있었다는 사실, 32분 동안 클린턴과 싸웠는데도 전쟁을 막을 수 없었다는 기막힌 사실은 미국이 주도하는 한반도 내의 전쟁에서는 대한민국 대통령도 어쩔 수 없다는 말로 해석될 수밖에 없다. 이러고도 우리가 주권국가라 할 수

---

2) 이에 관해서는 Oberdorfer 1998; Sigal 1998 참조.

있는가? 이러한데도 우리의 주류정치인무리들과 주류 언론 및 학문계는 50년 동안 우려먹은 한미공조 운운하면서 미국만을 짝사랑해야 한다고 뇌까리고 있는가?

2001년 6월 제주도평화포럼에 참석한 페리(Perry)의 "한국 어디로 가는가"라는 제목의 특별연설이 이 사실을 확인해 준다.

"서울을 불바다로 만들겠다"는 북한의 위협을 심각하게 받아들인 나는 전쟁 비상계획을 검토하라고 지시했다. 이틀 동안 군지휘자들을 만나 전쟁계획의 모든 세부상황을 검토했다. 파견할 육군·공군 부대를 결정했고 이동방법, 도착시간 등에 대해 심사숙고하는 한편 기습공격을 언제 어떻게 할 것인지를 고려했다. 검토결과 전쟁이 발발하면 승리하겠지만 한국군·미군·한국국민의 피해가 엄청날 것이라는 게 드러났다. 나와 군지휘관들은 주한미군을 강화하면 피해를 대폭 줄일 수 있을 것으로 보고 주한미군을 수만 명 증원하는 계획을 입안했고, 주한 미대사관에 민간인 철수계획을 준비토록 지시했다. 그러나 클린턴 대통령이 전쟁개시를 승인하기 불과 몇 시간 전에 우리는 "영변의 핵활동을 중지하고 의미 있는 협상을 할 준비가 됐다"는 김일성의 전언을 받아 협상에 나선 것이다. (『중앙일보』 2001. 6. 17)

또 이 당시 미 국방성에서 잠시 아르바이트를 한 한국계 미국인 대학원생의 증언에 의하면 영변 핵위기에 대처하는 국방부 관리들 가운데 북한에 2천만 이상의 사람이 살고 있고, 그리고 폭격을 하고 전쟁이 나면 그 많은 사람이 죽게 된다는 사실에 대해 관심을 가지고 우려하는 사람이 하나도 없었다고 한다. 이 미국인들에게는 오로지 퍼싱미사일의 위력이나 첨단무기들이 얼마나 효과적으로 북한을 파괴할 수 있는가 하는 기술공학적 측면만이 관심사였지 우리들 수백만 아니 수천만이 죽는다는 사실은 전혀 관심 밖이었다.

문제는 한반도가 통일이 되지 않는 한, 우리가 이제까지 당해왔던 것

처럼 미국에 너무나 예속되어 우리 개개인의 생명권을 보장받을 수 없다
는 사실이다. 통탄할 일이지만 우리 대통령도 어쩔 수 없는 거의 불가항
력이라는 점이다. 곧 자기 스스로 자신의 죽고 사는 절박한 문제조차 통
제할 수 없는 이 기막힌 상황, 이것만큼 어이없고 긴요한 문제는 없을
것이다. 또 이 기막힌 상황을 끝장내는 것만큼 중요한 일도 없을 것이다.

그런데도 우리는 바로 이런 위협을 끝장낼 통일에 대해서는 무관심하
거나 소극적이면서 오히려 "통일 그것 해야 합니까?" 반문하고 있다. 또
우리의 생사를 제멋대로 주물럭거리는 미국을 짝사랑만 하고 있다. 더
욱이 우리 가운데 일부는 통일비용 운운하면서 눈앞의 이해관계에 눈이
팔려 미국식의 합리적 선택이니 뭐니 하는 돈타령만 하고 있다. 그러나
단기적 통일비용은 우리의 생명권을 보장해 줄 뿐 아니라 군사비를 최
소한 2/3 이상 줄여 장기적 통일편익을 가져온다. 통일비용은 한시적인
것이요, 분단비용은 끝을 알 수 없는 무한대의 비용이다. 통일비용이야
말로 가장 안전하고 최대의 수익성이 보장되는, 나와 민족 전체를 위한
투자이다.

개인적 차원에서 통일을 해야 하는 요인은 인간다운 삶의 문제이다.
인간답게 산다는 것은 크게 인간의 기본권인 시민권 또는 자유권, 정치
권, 사회권 등 모든 권리를 제대로 누리면서 살아갈 수 있는 것을 의미
한다. 그러나 국가보안법이란 쇠사슬 때문에 얼마나 자유권과 정치권이
박탈되고 있는지 굳이 말할 필요도 없을 것이다. 이러한 법적 제약 외에
도 아직도 많은 사람들이 냉전문화, 냉전의식, 여타 냉전제도 때문에 늘
위축된 삶을 살아갈 수밖에 없다. 필자의 경우에도 글을 쓸 때는 혹시
국가보안법에 걸려들지 않을까 언제나 고민하면서 자기검열을 하게 된
다. '특별대우'를 받는 대학교수가 이 지경이니 다른 사람들은 오죽하겠
는가? 그리고 이러한 곡예를 연출한 필자 역시 '만경대 필화사건'으로

옥살이를 강요당했다. 또한 기존의 학문적 연구물이 공안조사의 90%를 차지했고, 공소장의 주류를 이루고 있어 학문의 자유권이 심대하게 침해당하고 있는 실정이다.

또 분단 때문에 사회권이 얼마나 제약받고 있는지를 살펴보자. 우리의 국가예산 중 군사비는 1982년의 35%에서 1997년까지 줄곧 21%를 유지하다 IMF 이후 겨우 19%로 줄어들었지만 여전히 전체 예산의 약 1/5이다. 우리의 세출 중 가장 큰 비중을 차지하는 교육비는 최근 전체 예산의 약 1/4로 증가하여 군사비와 교육비가 합치면 전체 예산의 약 반을 이룬다. 나머지 반으로 가난한 사람에 대한 사회보장비, 개발비, 행정비, 사회간접비(SOC) 등을 충당하다 보니 가난한 사람들에 대한 예산배당은 겨우 5% 정도에 불과하다. 선진국에서는 이 사회보장비가 최소한 30%를 넘는다. 이렇게 분단으로 인한 예산의 경직성 때문에 우리의 삶은 핍박해질 수밖에 없다. 곧 사회권의 박탈이다. 간단한 보기를 들었지만 결론은 우리 모두가 인간다운 삶을 영위하기 위해서라도 통일은 달성되어야 한다는 것이다.

이제 장기적 통일정세와 관련하여 왜 통일을 서둘러야 하는지를 살펴보자. '때가 오면' 통일이 되겠지가 아니라 '지금 때를 놓치면' 통일은 물건너가고 만다는 이야기를 하고자 한다. 지난 반세기 동안의 민족분단의 역사와 오늘의 통일정세를 연결시켜 보면 이러한 통일의 긴박성을 쉽게 발견할 수 있을 것이다. 과거 미소냉전[3]과 더불어 우리 민족은 외

---

3) 냉전은 2차 세계대전 이후 사회주의 체제를 대표하는 소련과 자본주의 체제를 대표하는 미국을 양극으로 해서 양 진영간의 이념적 적대와 군사적 봉쇄를 근간으로 형성된 정치, 외교, 경제, 군사 등 전영역의 전면적 적대와 대결의 진지전적 관계(positional warfare)를 의미한다. 이 정의는 실제 양극과 양 진영 사이에 전면적인 전쟁행위에 돌입하지 않은 수준의 적대 및 대결 관계 형성을 의미하나 제3세계 수준에서는 열전의 형태로 표출된 대결구도까지 포괄하는 개념이다. 미국과 소련의 양극 사이 열전 없는 진지전적 적대관계는 실질적으로 자본주의 대 사회주의라는 이념을 기반으로 한 투쟁

세에 의해 분단과 전쟁을 강요당했다. 이 결과 한형제 한민족이었던 남
과 북은 지금까지 서로 적대관계를 지속해 오고 있다. 이 냉전기간에 설
령 남과 북이 통일을 위해 민족공조로 나아갔다 하더라도 미소냉전에서
오는 외적 강제력이 너무 강력해서 통일은 거의 불가능하였다. 바로 이
러한 미소냉전과 우리 민족사적 질곡의 관계에서 중요한 역사적 교훈을
얻을 수 있다.

그것은 또다시 지구촌이나 동북아에 신냉전이 생기면, 우리 민족이 아
무리 민족공조를 취하여 통일을 이루려 몸부림치더라도 이 신냉전에서
오는 강제력 때문에 민족통일은 다시금 불가능해질 것이라는 점이다.
통일에만 문제가 생기는 것이 아니라 잘못하면 다시 국지전이든 전면전
이든 전쟁까지도 강요당할지도 모른다.

세계 각지의 권위 있는 연구소들은 2020~25년에 중국의 GNP가 미
국을 능가할 것으로 예측하고 있다. 연 7~8%의 경제성장, 중화주의를
중심으로 한 중국인의 패기 찬 모습과 자신감, 집체기업인 향진기업 등
이 주도하는 지속적인 활력 등으로 중국은 천안문사태 때와는 달리 역
동성과 안정성을 두루 갖추고 있다.

이러한 중화인의 저력과 민족주의는 (비록 그것이 패권 지향적이 아
닌 저항적 민족주의의 성격이지만), 중국의 GNP가 미국을 능가하는 시
점이 되면 더 이상 미국 일방의 동북아 패권을 수용하지 않을 것이다.
다시 말해 중국의 중화민족주의와 미국의 지배적 패권주의(domination-
oriented hegemony)가 충돌하게 되고, 이 결과 동북아에서 중국과 미국
의 신냉전이 형성될 것이다. 이미 이러한 조짐은, 미국에 부시정권이 들

과 적대였으나, 제3세계에서의 열전은 이데올로기를 외피로 한 전쟁이 대부분이었다.
한국전쟁, 베트남전쟁, 앙골라전쟁에서와 같이 냉전에 터한 제3세계에서의 열전은 주
로 양 진영의 직·간접적 개입에 의하여 발생하고, 이 내전에 양 진영이 개입하여 대리
전 형식의 열전이 전개되는 유형을 띠었다.

어서면서 미사일방어체제(Missile Defense, MD)의 강력 추진과 조작된 중국위협론에서 드러나고 있다.

이 시점까지 통일을 이루지 못한다면 또다시 남과 북은 과거 미소냉전처럼 북은 중국에, 남은 미국에 종속되어 통일은 거의 불가능해진다. 이 결과 우리의 민족분단은 다시금 반세기 이상 지속될 것이다. 그러므로 남과 북은 신냉전 도래 이전에 부분통일이라도 이루어 지구촌에서 한반도의 통일을 기정사실화함으로써 통일을 굳히는 작업을 시급히 추진하여야 한다. 바로 이것이 우리에게 절실히 요구되는 미소냉전의 귀중한 역사적 교훈이다.

보다 체계적인 통일의 당위성 논의는 아래의 세 가지 측면에서 세부적으로 검토될 필요가 있다. 이 과제는 독자들의 고뇌에 맡기고 여기에서는 그 윤곽만 제시하겠다.

<민족통일의 당위성>

민족사적 차원	* 외세에 강제된 분단과 전쟁 및 남북적대라는 굴절의 민족사를 민족자주적으로 복원·극복하여 민족사의 정도를 정립한다. * 끊임없는 전쟁위기에 노출되어 있어 민족공멸의 위기를 극복한다.
동북아 및 세계사적 차원	* 세계에서 가장 전쟁이 발발하기 쉬운 지역인 한반도가 통일을 이룩하게 되면 그 자체가 평화구현일 뿐 아니라 세계평화에도 기여하게 된다. * 통일이 되면 21세기 동북아세력 균형자, 평화조정자로서 한반도시대를 연다.
사회경제적 차원	* 분단비용 같은 불필요한 민족역량 소모를 막고 민중과 민족 전체의 편익을 도모할 수 있다. * 통일편익을 증진시키고 민족경제공동체의 상승효과를 이루어 번영된 민족국가를 건설할 수 있다. * 이를 통해 인간다운 삶을 영위케 하는 사회권의 증진을 기할 수 있다.
개개인과 민족집단의 차원	* 인간의 기본권 가운데 기본권인 문제, 곧 죽고 사는 문제인 생명권을 확보한다. * 동시에 분단에 의해 끊임없이 제약을 강요당한 자유권, 시민권을 확장한다.

제1부
분단과 통일의 변증법

1. 분단의 반역사성과 반민족성
2. 분단과 전쟁의 상흔(傷痕)
3. 통일과 한국전쟁
4. 통일을 향한 민족의 발자취

1. 분단의 반역사성과 반민족성

1998년 8~9월, 남과 북에서는 각기 대한민국과 조선민주주의인민공화국 수립 50돌을 맞아 '건국 50년'이라는 거창한 구호를 내걸고 경축행사에 여념이 없었다. 대부분의 남한 언론매체 또한 '건국'이라는 깃발 아래 길포징 치징에 몰두했다. 청와대는 '제2의 건국'이라는 구호를 내걸고 IMF한파로 위축된 사회에 '활력을 불어넣어 숨' 새로운 출발을 하자고 주창했다. 또 세기말인 1999년을 맞아 새로운 천년기의 희망 찬 첫 걸음을 위하여 분단 반세기를 마치 미화하려는 듯한 느낌까지 줄 정도였다.

과연 분단국가 수립이라는 민족분단의 공식적 출발을 경축하는 것이 우리 민족사에 대해 진솔하고 올바른 접근인지 되묻지 않을 수 없다. 분단국가 수립, 그것은 분명 축하할 일이 아니라 민족사에 대한 배반이고, 당시의 역사적 과제에 대한 외면이며, 민족의 최대 비극인 한국전쟁을 필연적으로 잉태한 통한의 출발이었다. '제2의 건국'은 '건국 50년'이라는 '가공'의 민족사에서 발돋움할 것이 아니라 민족분단이라는 실재의 민족사에 터하여야 한다. 민족분단이라는 배반의 역사에 대한 뼈아픈 각성과 이를 바탕으로 분단극복이라는 민족사적 과제에 대한 굳건한 의지와 전망이 집적되어야만 제2의 건국은 제대로 출발할 수 있을 것이다. 새로운 천년대의 출발도 과거 역사를 왜곡하면서까지 정당화에 집착하는 접근이 아니라 역사의 진실을 있는 그대로 겸허하게 받아들이고 자성과 성찰로써 역사적 교훈과 지침을 올곧게 세우는 것이어야 할 터이다.

이러한 문제의식 아래 필자는 '건국 50년'을 민족분단 50년으로 재규정하고, 이의 출발인 분단국가 수립을 민족사에 대한 배반이요 인류 보편사에 대한 반역사적인 행보로 인식한다. 2절에서는 간단히 방법론을 논하고, 3절에서는 해방공간의 내재적인 민족사 궤적을 살펴보고, 4절은 해방공간 당시의 민족사적 핵심 과제를 제시한다. 이것은 바로 민족 중심적 접근의 '준거틀'(framework)이 될 것이다. 이 준거틀이 무너지고 왜곡되는 과정이 바로 분단과정이고, 왜곡이 일정 정도 완성된 것이 분단국가의 출발이며, 공고화된 것이 한국전쟁의 결과이다.

1. 방법론

이 글은 구조적 접근과 민족·중심적 접근을 중시한다. 일부에서 주장하는 대상 동태적 접근은 미시적 주체행위 분석에 경도되어 분석수준을 지나치게 낮춤으로 해서 역사흐름의 큰 줄기를 놓쳐 역사현상의 결정적인 요인을 포착 못하기 쉽고, 양비론이나 양시론으로 빠져 자칫 제 눈에 안경 식의 상대주의론으로 귀결될 우려가 있고, 또 무(無)결론이나 혼란스러운 결론으로 귀착되기 쉽다(조지 이거스 1999).

또 한편, 우리 민족이 역사의 주체라는 관점이 혹시 결여된 것이 아닌가 하는 강박관념에 사로잡혀서 잘만 했더라면 구조적 제약을 뛰어넘을 수도 있었다는 희망적 사고(wishful thinking)에 빠지게 되면, 행위주체에 지나친 힘을 실어주어 구조가 강제하는 제약을 놓치기 쉽다. 이 경우 분단의 결정적 요인인 미국이라는 외세에 면죄부를 안겨주는 위험이 따른다.

역사의 주체성은 우리 민족의 행위당사자들이 이러저러한 전략적 선택을 하였더라면 분단을 막을 수 있었고, 이러한 점에서 민족의 주체적 역량이 존재했다는 것을 확인하는 과정에서만 발견되는 것은 아니다. 오히려 분단이 현실적으로는 거의 확정적인 상태에서 또 이를 익히 잘 알고 있으면서도 남북협상을 진행시킴으로써 이후 통일운동의 초석을 놓은 김구선생의 결단이야말로 지대한 민족사적 의의를 지니며 역사주체로서 귀감이 되는 것이다. 또 미국의 야만적이고 반역사적인 폭력 앞에서도 5·10단독선거를 분쇄하여 분단을 막아보겠다는 2·7구국투쟁이나 제주4·3항쟁은 그 성공 여부에 상관없이 민족사의 주체적인 역사행위 바로 그것이었다.

민족사에 대한 올바른 평가를 위해서는 평가기준이 설정되어야 하며, 이는 인류사의 보편적 가치와 결합되는 민족 중심적인 기준이어야 한다. 우리 해방공간의 민족사 행로에는 외세의 개입이 결정적 역할을 했다. 물론 해방 당시 조선은 조선사회가 나아갈 역사지향이나 그것을 이룩할 내적 역량을 충분히 갖추었다. 그러나 이러한 조선의 내재적 역사행로가 외세의 개입에 의해 왜곡·굴절되고 말았다. 이 과정에서 우리의 정치세력, 정치지도자들의 노선과 행위는 여러 형태로 나타났으며, 이들 다양한 형태의 노선과 행위에 대한 올바른 평가기준의 설정은 매우 중요하다.

1946년 신탁파동을 계기로 친일파나 민족반역자들이 반공·반탁의 선봉장 역할을 하면서 갑자기 애국자로 둔갑하는 역사의 반전(反轉)이 이루어지기도 했다. 일제지배에 동조한 민족개량주의자들이 민족주의의 주류로 평가되기도 하고, 일제에 순응한『조선일보』나『동아일보』가 민족지로 자처했다.[1] 역사의 이 같은 도치현상은 이들 다양한 행위나 노선에 대한 객관적이고 올바른 평가기준이 설정되어 있지 않았던 데서 비롯된 것이다.

이러한 문제를 해결하기 위하여 필자는 역사추상형 비교방법(historical projection method)을 제안해 왔다. 곧 이것은 "해방 후 만약 미국과 소련의 조선점령이 없었더라면 조선 전체의 토지개혁은 북한이 실시한 것과 같은 혁명적 토지개혁이 되었을 것이다"라는 식의 반사실적 역사가정(non-factual historical hypothesis)을 통해 올바른 기준을 설정하려는 방법이다. 이 비교방법은 외세개입이라는 외적 변수를 통제했을 경우, 즉 외세의 개입 없이 조선사회의 순수한 내적 역사동력에 의해 조선역사가 진행되었을 시기를 가정하고, 이 기간을 순수 해방공간으로 설정

---

1)『조선일보』의 사주였던 방응모와『동아일보』사주였던 김성수의 직접적 친일행위만 보더라도 이 신문들이 민족지가 될 수 없음은 자명하다. 방응모는 논설「타도 동양의 원구자(원수)」(『조광』1942년 2월호)에서 "이번 대동아전쟁은 그들[미국]에게서 동아(東亞)를 이탈시켜 공영권을 건설하고 세계의 평화를 도모하려는 것은 물론이지만, 일편으로 보면 참아오던 원한 폭발이라고도 할 것이다"라고 썼는가 하면, 보성전문학교 설립자이기도 한 김성수는『매일신보』의 연속물("학도여 성전에 나서라")에「내의에 주을 때 횡민 꿈의 책부 크다」를 기고하는 등 여러 편의 극렬한 친일 논설을 썼다. 다음은 "학도여 성전에 나서라"에 쓴 김성수의 글이다. "의무를 위해서는 목숨도 아깝지 않다고 늘 말하여 왔거니와 지금이야말로 제군은 이 말을 현실에서 몸으로써 실행할 때가 온 것이다…. '제군아, 의무에 죽으라.' …만일 제군이 금차 대동아 성전에 치참치 못하고 대동아 신질서 건설이 우리의 참가 없이 완수된 날을 상상하여 보라. 우리는 대동아에서 생을 받았으면서 썩은 존재로써 이 역사적 시대에 영원히 그 존명을 찾을 수 없게 될 것이다."(『한겨레신문』2001. 3. 30에서 재인용)

한다. 이 순수 해방공간에서 어떤 사회현상이 외세의 개입 없이 순수한 내적 역동력에 의해 진행되었더라면 그 사회현상은 어떤 모습을 띨 것인가 하는 것을 역사구조적 요소와 역사적 상상력으로 투영하는 일종의 역사추상(historical projection)인 것이다. 이 투영된 역사추상의 모델을 구체화한 역사추상모형과 외세의 개입에 의해서 변모된 또는 왜곡된 채로 진행된 실제의 역사현상을 비교하는 것이다. 역사추상형 비교방법의 특징과 장점은 다음과 같다.

첫째, 이 역사추상은 외세의 개입 없이 역사가 전개되었다는 것을 의미하기 때문에 순수하고 또 민족 주체적인 역사전개라고 볼 수 있다. 민족주체성이라고 이야기할 때 가장 중요한 것은 민족의 역사를 민족 자체의 힘으로 끌고 가면서 외부의 개입을 막고 민족의 운명을 스스로 결정한다는 것이다. 이러한 점에서 순수 해방공간의 역사추상모형은 바로 민족주체형이라고 할 수 있다.

이 역사추상형 모델과 실제의 역사를 비교하여, 양자간에서 발견되는 차이를 외세의 영향력에 의한 결과물로 간주한다. 비교결과 차이점이 없이 역사추상모형과 실제가 거의 동일하다면 외세는 민족 주체적인 역사궤도에 방해요인이 아니거나 기여요인이라는 긍정적 평가를 내릴 수 있다. 차이가 클수록 외세는 우리 고유의 민족 주체적인 역사궤노를 왜곡시킨 것으로 평가할 수 있다.

또한 이 역사추상형과 이승만, 조선공산당, 한민당, 남로당 등의 노선을 비교함으로써 이 가운데 어느 노선이 역사추상형에 더 가까운지를 가려내어 이를 민족정통성이 높은 노선으로 평가하는 방법이다.

둘째, 사회과학의 대상이 되는 대부분의 사회현상연구에는 명시적이든 묵시적이든 어떤 비교를 전제로 하고 있다. 이때 종종 비교의 기준이나 평가기준이 명확히 설정되지 않아 이해의 혼란을 가져오는 경우가 많다. 이 경우 역사추상모형을 하나의 기준으로 설정함으로써 어떤 집단의 행위, 외세의 개입 및 그 영향에 대한 평가기준 또는 '준거틀'을 확보할 수 있다.

특히 우리나라와 같은 제3세계는 외세의 개입과 영향에 따라 내적인 사회현상이 규정·결정되기도 하고, 또 그 외세와 결탁한 국내세력이 종종 권력을 장악하고 지배계급의 지위를 획득한다. 그러면서도 이들은 당시 상황으로는 그 길이 최선이었다든지, 오늘의 결과를 볼 때 당시 자기들의 역사적 선택이 정당하였다는 '몰역사적 결과론'(과거의 역사과정은 무시한 채 지금 결과가 좋으니까 과거도 좋았다는 식의 역사인식으로 일종의 과거역사 미화론)을 내세우며 자기들의 정통성을 주장해왔다. 따라서 이들에 대한 준엄한 평가기준으로서 순수 해방공간의 역사추상형은 이상적이라고 할 수 있다.

셋째, 베버(Max Weber)의 이념형이 추구하는 탐색적 도구(heuristic device)라는 점에서는 서로가 유사한 개념이고 유사한 비교방법론이라 볼 수 있다. 그러나 이념형이 몰역사적·통시대적·초사회적이며 지극히 추상적인 반면, 순수 해방공간의 역사추상모형은 역사적이고 구체적이라는 점에서 크게 차이난다.

베버의 관료제 이념형(ideal type)에서 보듯이, 여러 가지 가능한 설명의 소재 중에서 베버 자신의 가치에 의해 선택된 설명요인인 합리화라는 것을 선험적으로 추상화했을 때 관료제가 나타나리라고 기대되는 특성을 모은 것이 베버의 관료제 이념형이다. 그것은 구체적으로 얻어진 경험적 자료나 관찰에 의해 추출된 결과가 아니라 선험적인 가치와 논리를 극대화(logical exaggeration)한 추상에 의한 도출이다.

이와 달리 순수 해방공간의 역사추상형은, 과거 특정 시기로부터 전승된 사회경제적 요소가 해방공간에서 계급구조나 계급역량, 국가기구의 와해 등으로 종합되는 사회구조적 상황에서 민족운동과 계급운동이 해방정국을 맞아 활성화되었던 1945년 8월에서 대략 1946년 2월까지의 상황이 지속되면서 동시에 외세의 개입이 없는 역사기간을 설정하고, 여기에서 관찰되고 얻어진 경험적 자료에 의해서 역사전개를 추상화하는 역사추상을 말한다. 그러므로 보다 시대 제한적이고 구체적이면서 역사적인 모델이라고 할 수 있다.[2]

이와 유사한 기준설정을 위한 방법론으로 필자는 또한 '민족사적 핵심과제 중심론'을 제안한다.[3] 이는 먼저 해방공간의 핵심적 민족과제를 설정하고 이의 구현을 위하여 어떤 사회세력이나 개인이 얼마나 이 과제에 걸맞은 정책이나 실천행위를 하였는가를 중심으로 그 집단과 개인을 평가하는 방법론이다. 이 방법론에서 제일 논란의 여지가 많은 것은 무엇을 그 시대의 민족사적 핵심 과제로 설정하는가일 것이다. 그러나 전체 민족구성원이 다함께 지향하는 조선사회의 기본적 역사행로에 관한 최소강령적 공통분모를 민족사적 핵심 과제로 설정할 경우 이 문제는 해결될 수 있을 것이다.

해방공간 당시의 조선사람들이 쉽게 동의할 수 있는 핵심적 민족과제는 첫째 식민지반봉건사회의 기존 구조를 바꾸는 사회변혁을 통한 구조바꿈과 친일파·민족반역자 숙청이란 사람바꿈을 통한 일제잔재의 청산, 둘째 외세에 의해 두 동강이 난 '지리적 분난'을 해소할 수 있는 민족

---

2) 필자의 이 평가에 대해서 일부에서는 그 '위대한' 베버의 이념형을 역사추상형 비교방법과 비교하다니 이것 자체가 학문적 오만이라고 쑥덕거린다. 그러나 나에게서는 누가 뭐라 그래도 또 베버나 공자의 할아버지라도 비판에서 면죄부를 받을 수는 없다. 기존의 학문적 명망성 때문에 그들에게 감히 비판적 접근을 할 엄두도 못내는 남한사회 쫌팽이 먹물들의 반(反)주체성과 노예근성은 사대주의자 김부식의 아류로서 청산해야 할 대상이라고 본다.
3) 이미 강정구(1995a)에서 '핵심적 민족과제 중심 방법론'이란 이름으로 제안한 바 있다 (강정구 1996b, 제1장 참조).

통일정부 수립, 셋째 제국주의 지배를 물리치고 민족자주성을 고양시키는 반(反)사대주의와 민족자주 구현 등이라고 볼 수 있다. 이들이 최소 강령적 공통분모임이 입증된다면, '민족사적 핵심 과제 중심론'에서는 이 세 과제를 구현하기 위한 헌신성과 실천성 등이 중요한 평가기준이 될 것이다.

이 글은 역사추상형 비교방법론보다는 후자의 '민족사적 핵심 과제 중심론'으로써 민족분단을 평가할 것이다.

2. 해방공간의 내재적 민족사 행로

조선의 해방공간은 제국주의 유럽이나 미국으로부터 독립한 대부분의 아프리카 신생독립국가나 필리핀의 해방공간과 구분되어야 한다. 이들 나라의 경우 비록 시혜적이 아니라 민족해방투쟁 등으로 독립을 쟁취했다 해도 신생독립국의 역사전개에 식민지배국의 영향력이 아주 클 여지를 남겨놓았다. 토착지배계급이나 지배블록이 공식적인 독립 이전단계에서 자치라는 이름으로 육성되어 피지배계급에 대한 통치권을 행사할 수 있는 역량을 갖추고 있었기 때문이다. 비록 정치적으로 형식적인 독립이 허용되었지만 경제적으로는 여러 가지 국제기구나 은행, 차관, 직접투자 등에 의해서 식민지배국이 실질적인 지배력을 계속 행사할 수 있는 제도적 장치가 마련되었다.

그러나 한반도의 경우 식민지배국 일본이 패전국이었기 때문에 식민지하에서 성장한 조선의 토착지배계급은 정치적 지배력을 행사할 기회를 제공받지 못했다. 따라서 해방과 동시에 식민지배국의 권력은 와해·중지되었고 토착 구지배계급 역시 한꺼번에 와해되었다. 이러한 요인들 때문에 1945년 8월 조선은 일제의 패망과 동시에 내부의 역량에 따라서는 사회구조적 변혁을 할 수 있는 1차적인 조건이 구비된 셈이었다. 실제로 해방과 동시에 조선은 역사전환기 또는 사회변혁기에 돌입하였다. 그리고 미국과 소련의 외세개입이 없이 조선 자체의 순수한 내적인 역사동력에 의해 자신의 길을 걸어갔더라면(순수 해방공간이 지속되었더라면) 조선 전체가 사회주의 혁명으로 귀착될 수밖에 없었다.

그러면 이에 대한 역사구조적 요인을 간략히 살펴보기로 한다. 조선이 식민지반봉건사회로부터 사회주의가 지배적인 사회로 이행할 수밖에 없었던 객관적 요인은 다음과 같다.

첫째, 해방과 동시에 경제적 하부토대가 사회주의 이행에 적합한 물적 토대를 제공했다는 점이다. 중요 산업의 93% 이상(공칭 자본금 기준으로)과 농지의 약 18%가 조선인 소유가 아니라 일본인 소유였기 때문에 해방이 되자마자 조선사회의 중요한 생산수단은 대부분 사적 소유보다는 국가나 사회 전체의 소유일 수밖에 없는, 곧 사회주의 이행에 적합한 물적 조건이 갖추어져 있었다.

둘째, 농지를 제외한 생산수단의 소유가 일본인에게 집중되어 있었기 때문에 조선인자본가가 제대로 형성되지 않았으므로, 해방이 되고 일본 자본가가 철수하면서 '자본가 없는 노동자세급 형성'이라는 계급구조와 계급형성의 불균형이 초래되었다. 따라서 이들 피지배계급의 노동자가 사회세력화하는 데 대해 기존 지배계급의 자본가는 적절한 통제력을 완전히 상실하게 되었다.[4]

셋째, 토착 지배계급인 조선인 지주와 자본가의 대부분은 식민지 통치

---

4) 이러한 현상을 전진한은 '계급의 진공성'이라고 표현하고, 안재홍은 지주나 자본가계급의 미흡과 물적 토대의 국가소유로 인하여 계급지배 요건이 소멸되었다고 보았다. 또한 분단 이후 6·25전쟁 이전의 대부분 중도파의 논리도 이와 유사하다(한상구 1995, 263쪽).

기간 동안 친일 부역행위를 했기 때문에 해방 후 지배계급의 헤게모니를 획득할 수 없었다. 따라서 사회구조를 근본적으로 변혁시키는 혁명적 상황이 쉽게 도래할 수 있었다.

넷째, 조선인 지배계급은 어디까지나 경제적 지배계급이었지 정치적 지배계급이 아니었기에 해방된 후 국가억압기구(state repressive apparatus)인 군대와 경찰 등을 통제할 수 있는 역량이 전혀 없었다.

또 주체적 요인을 살펴보면 다음과 같다.

첫째, 사회주의·공산주의·무정부주의를 지향하는 급진민족주의자들이 민족해방투쟁에서 민족개량주의자나 비타협 우익민족주의자들을 압도하여 민족해방운동의 주체라는 정통성을 확보했다. 바로 이러한 정통성을 기반으로 해서 해방 후 건국준비위원회 등이 이끈 조선인민공화국이 조선민중으로부터 정통성을 인정받으면서 국가기구로 급팽창했다. 반면 우익은 민족개량주의나 공공연한 민족반역행위를 주도하여 인민으로부터 배척당하였다.

둘째, 일제시대에 활발했던 민족해방운동·농민운동·노동운동을 통해서 노동자·농민의 계급역량이 성숙했으며, 이렇게 신장한 급진성과 운동역량이 해방공간에서 인민위원회, 전평, 전농 등 기층민중조직의 토대가 될 수 있었다.

셋째, 커밍스(Cumings)가 지적한 바대로 식민지기간의 급격한 인구이동으로 소작인들이 고향을 떠나 광산노동이나 공장노동에 노출됨으로써 옛날의 보호자적인 농촌 도덕경제 전통에서 벗어나 급진운동을 수용할 수 있게 되었다.

이러한 역사구조적 조건들 때문에 8·15해방 직후의 해방공간기간 건국준비위원회나 인민위원회 같은 급진좌익조직이 인적·물적·이데올로기적 동원능력을 쉽게 발휘할 수 있었으며, 그 결과 여운형과 공산당을 중심으로 한 조선인민공화국이 사실상의 국가로 승격할 수 있었다. 이상의 맥락에서 해방 직후 조선은 사회주의 이행에 적합한 주체적·객관적 조건이 주어졌으며, 해방공간 인민의 좌익지향은 외국의 지시나 침투에 의한 것이 아니라, 조선사회 전체의 내재적 역사동인의 보편적 결과물이었다.

이와 같은 사회주의 지향의 사회지형은 해방 당시의 여론조사나 여러 1차사료에서도 확인된다. 1946년 8월 미 군정청 여론국이 8453명을 대상으로 실시한 여론조사를 보면, 일반시민의 선호도에서 자본주의 14%(1189), 사회주의 70%(6037), 공산주의 7%(574), 모른다 8%(653)로 좌익이념의 선호도가 무려 77%에 달하며(『동아일보』 1946. 8. 13; 국사편찬위원회 1973a, 104~105쪽), 또 1947년 제2차미소공위가 열리고 있는 시점에서 김구 등이 주도한 6·23반탁테러사건 이후 1947년 7월 3일 조선신문기자회가 실시한 서울시민 2495명에 대한 가두 여론조사 결과에서도 재확인된다(국사편찬위원회 1973b, 21~22쪽; 김천영 1985, 721쪽).

(1) 6월 23일 반탁테러 사건은?

　ㄱ. 독립의 길이다(26%)　ㄴ. 아니다(71%)　ㄷ. 기권(3%)

(2) 미·소공위와의 협의에서 제외할 정당·사회단체는?

　ㄱ. 있다(71%): 한민당(1272) 한독당(922) 독촉국민회(309) 남로당(174) 민전(9) 대한노총(91) 전평(14) 건청(19) 광청(30), 기타

　ㄴ. 없다(14%)

　ㄷ. 기권(13%)

(3) 국호는?

　ㄱ. 대한민국(24%)　ㄴ. 조선인민공화국(70%)　ㄷ. 기타(1%)　ㄹ. 기권(4%)

(4) 정권형태?

　ㄱ. 종래제도(14%)　ㄴ. 인민위원회(71%)　ㄷ. 기타(10%)　ㄹ. 기권(5%)

(5) 토지개혁방식?

ㄱ. 유상몰수유상분배(17%) ㄴ. 무상몰수무상분배(68%) ㄷ. 유상몰수무상분배(10%) ㄹ. 기권(5%)

1945년에 작성한 미 국무부 보고서는 "경제적·정치적 상황이 공산주의 이데올로기를 수용할 용이한 조건을 제공할 것"과 "러시아 지원의 사회주의 정권이 한반도에서 쉽게 인민들의 지지를 획득할 것"이라고 예측했다(U. S. Dept. of State 1974 vol. 6, pp. 561~63). 또한 1946년 트루먼 대통령의 특사로 남·북한을 방문한 폴리(Pauley)도 보고서에서 조선은 세계에서 가장 공산화되기 쉬운 경제적 조건을 가진 나라라면서 시민사회에서 일고 있는 이러한 급진운동을 저지하기 위해 귀속재산을 미국의 전리품으로 계속 확보하여 이들 귀속재산이 '공산당'에 귀속되는 것을 막아야 한다고 주장했다.

그리고 당시의 역사지향을 가늠하는 좋은 지표는 중요 정당들의 강령을 검토해 보는 것일 테다. 우익으로 분류되는 김구계의 중경임시정부 건국강령만 하더라도 토지국유화, 중요 산업 국유화, 무상교육 등 진보적인 정책을 천명했고, 이를 검토한 미 국무부는 임정이 "비록 공산주의는 아니지만 좌익이데올로기를 지향하고 비혁명적인 과정을 통해서 반(半)사회주의 경제를 제창한다"고 평가했다.[5]

이러한 사회주의 지향이 이념 수준에만 머물렀던 것은 아니다. 사회주의 지향적인 건국준비위원회, 조선인민공화국, 남로당을 비롯한 좌익 정당, 민주주의민족전선 등의 중앙과 지방 조직은 그 조직, 인원 및 사회적 역량에서 타조직을 압도하였다. 그래서 만약 미국의 개입이 없었더

---

5) U. S. State Dept, R & A No. 1028 "Recent Korean Documents Relating to the Korean Provisional Government in Chunking," 1942. 8. 2, p. 4.

라면 사회주의가 조선민족 자주정권의 이념과 경제형태로 정착했을 것은 역사의 필연에 가깝다.

미국의 개입이 본격적으로 진행되기 이전까지만 해도 좌익지향의 건준·인공은, 대부분 친일파로 구성되고 극우적이면서 미군정의 실질적인 여당이었던 한국민주당(한민당)보다 압도적으로 우위에 있었다. 이러한 사실은 미군정의 1차자료 어디서나 쉽게 확인할 수 있다. 1945년 12월 미군정의 고문관(언더우드 등)과 요원들이 농촌지역을 광범하게 시찰한 결과, 지방인민위원회가 전국에 걸쳐 강력하고 적극적인 조직으로 자리잡고 있어서 이에 대항할 만한 조직은 전혀 없었다고 기술한다 ("History of the United States Armed Forces in Korea," V. 1 Part 2 Chap. 1, p. 11). 또한 극우정당인 한민당에 대한 다음과 같은 서술은 당시 좌우익의 역학관계를 잘 보여주고 있다.

> 대부분의 지역에서 조직이란 없거나 엉성하기 짝이 없었으며, 농민에게 농지 무상분배를, 노동자에 공장자주관리를 제안하는 아무런 강령도 공약도 갖추지 못했다. …군정의 개입이 없었다면, 어떠한 다른 정당도 번성할 수 없었음이 명백하였다. (같은 글, p. 33)

1945년 12월 초「G-2주간보고서」역시 이를 확인해 준다.

> 비교적 잘 알려진 다수의 인물이 활동하긴 하지만 한민당의 구조는 매우 엷고 취약하다. 그것은 큰 머리와 상대적으로 작은 몽둥이를 가진 거인에 비유될 수 있다. 한민당은 군정당국과 밀접히 연관되어 있는 듯싶다. (G-2 Weekly Summary, No. 12. Inc. 2, v. 2, p. 124)

이 좌익지향성은, 시민사회의 근간을 이루는 자발적 결사체를 분석한

진덕규의 연구에서도 잘 나타나는데(진덕규 1992, 144쪽), 1945년 10월에
서 1947년 5월까지 '명백한 정치적 특징성'을 보여주는 단체를 제외한
2만 3800여 개의 자발적 결사체를 분석한 결과 좌익지향성이 높았음을
다음과 같이 확인할 수 있다. 더욱이 이들 결사체의 좌익지향성이 특히
1946년 봄까지, 곧 미소공위가 개최되기 이전에는 더 활발하였음을 주
목해야 한다.

1. 보수지배세력의 지지와 반공노선의 조직체 ········19%
2. 중도우파적인 정치조직체 ···················· 8%
3. 중도좌파적인 정치조직체 ·················· 21%
4. 순수민간단체로서 비정치조직체 ········16%
5. 사회주의 지향의 반우파적 정치조직체 ············· 27%
6. 기타 및 미상 ·················· 9%

해방공간의 압도적 좌익지향은 지식인이나 예술인들에게도 예외가 아
니었음은 한 역사학자의 일기에서 담담하게 기술되고 있다.

1945년 12월 5일 5시 기상, 혜화정으로 이철 군을 찾았더니 요사이는 인민공
화국에 가서 일 본다고 부재, 그는 기어이 갈 길을 가고야 마는구나 하고 생각하
니 불 아니 땐 그의 방처럼 세상이 한결 추워지는 것만같이 여겨진다. 병중의
김씨도 좌익과 연락을 갖는 것 같고, 이렇듯 모든 정직한 동무들이 지향하는 그
길은 과연 오늘날의 조선을 바로잡는 최선의 길일까. (김성칠 1993, 12쪽)

또한 이 일기는 이러한 친공화국 및 친사회주의 성향이 한국전쟁기간
까지 지속됨을 잘 보여주고 있다.

1950년 9월 26일, 글줄이나 쓰고 그림폭이나 그리던 사람들, 심지어 음악가·영화인에 이르기까지 쓸 만한 사람이 많이 북으로 가버렸다. 학계로 말하여도 신진발랄한 사람들이 많이 가고 우리같이 무기력한 축들이 지천으로 남아 있다. 간 그들이 모두 다 볼셰비키였다면 또 모를 일이지만 중립적인 입장을 지키던 사람들 또는 양심적인 이상주의자들이 죄다 가버렸음을 생각하면 우리는 깊이 반성하는 바 있어야 할 것이다. …나는 오늘 저녁 한 사람의 양심적인 예술가를 또 북으로 떠나 보냄에 있어 그가 이 몇 해 동안 병고와 생활난과 고문의 위협에 허덕이었음을 생각하고 이 땅의 문화정책이 너무나 빈약함을 통탄하여 마지않는다. (같은 책, 229~30쪽)

이로써 우리는 사회주의 지향성이 해방공간 조선사회의 보편적 현상이고 민족사의 필연에 가까운 것임을 확인하였다. 이러한 역사지향성은 또한 우리 조선사회에 국한된 특수성이 아니라, 아래의 글이 주장하듯이 당시 동아시아의 보편적인 역사지향이었다. 그래서 조선의 이 내재적 역사행로는 보편성과 특수성을 아우르는 것이었다.

순수하고 대중적인 혁명이 전쟁 직후의 중국, 인도, 미얀마, 인도차이나, 조선, 말레이시아에서 격동했다…. 이들 혁명적 상황의 특징으로는 그것이 본질적으로 내인성이라는 점, 반제국주의적·민족주의적·사회적 혁명이란 것이다, 초기에는 이느 히나도 반미주의 색채를 띠지 않았다. …그러나 전쟁에 승리한 직후 미국인들은 인도차이나에서는 정통 독립운동가들에 대항하여 프랑스의 꼭두각시인 난봉꾼 황제 바오다이(Bao Dai)를 지지하는 책략을 썼고, 중국에서는 공산당에 의해 파괴될지도 모를 사유재산제의 독재체재를 구해 내기 위하여 내전에 적극적으로 개입하였다. 또한 서울에 진주하여 이미 조선에서 권력을 획득하고 있던 갓 태어난 사회주의(비공산주의) 혁명을 진압하고 이승만을 데려와서 경찰국가를 세웠다. 인도네시아에서는 토착독립정권을 전복하고 네덜란드 여왕의 복귀를 꿈꾸는 네덜란드에 금융지원과 무기지원을 수행했고, 태국에서는 전시에 침략군 편에 서도록 이끈 아시아계 지도자(Pibul Songrram)를 지지했

다. 스페인과 필리핀에서는 침략국에 협력했던 자들의 권력을 인정하는 정책을
폈다. …이러한 목적을 위하여 연합군은 무장해제된 일본군을 광범하게 이용했
다. (Snow 1958)

　　조선에서 일어난 일들은 조선에 한정된 특별한 경우는 아니었다. 인도네시아
에서는 네덜란드군이 새 공화국을 쳐부수는 것을 돕기 위해 오스트레일리아와
영국군 병력을 투입시켰고, 중국에서는 '붉은 악당'들에게 대항하기 위해 장개석
이 일본군을 지휘하고 있었다. 영국군대는 베트남 새 공화국과 싸우기 위해 프
랑스군이 도착하기까지 인도차이나에서 일본군을 지휘했다. 사이공 부근에서
일본군들이 영국완장을 두르고 활보하고 있었다. 서구 제국주의자들은 수마트
라에서 서울까지 그들의 제국을 되찾는 날이 올 때까지 민중들의 저항운동을
저지시키는 데 일본군을 이용하였다. (Issacs 1947, p. 94)

　　그러나 이 내재적 역사행로는 미군정의 거대하고 야만적인 억압에 의
해 남쪽에서는 좌절당하였다. 그리고는 종속적 자본주의로 강제되었다.
이 과정에서 조선인의 엄청난 희생이 따랐고, 민중의 생존권은 처참하게
짓밟혔으며, 민족사적 핵심 과제는 실종되어 반역사적 행로를 걷게 되었
다. 물론 조선인은 이 과정에서 단순히 강제된 역사행로를 걸어가는 '역
사의 수동자'(history-taker)가 아니라, 이에 의연히 맞서 자신의 내재적
민족사행로를 구현시키기 위해 강력하고 끈질기게 투쟁해 온 역사주체
자(history-maker)였다.

　　그렇지만 북쪽에서는, 분단이라는 조건과 외세인 소련점령에 의해 비
록 많은 제약을 받긴 하였지만 조선사회 고유의 내재적 민족사행로를
걸어갈 수 있었다.[6] 동시에 이 역사에 순응하는 행로는 당시의 민족사적
핵심 과제를 구현할 수 있는 조건을 창출하여 괄목할 진전을 이루었다.

---

6) 소련의 대한반도 정책은 김성보(1995) 참조.

결과적으로 조선의 내재적 역사행로는 전체적 수준이 아니라 북한이라는 반쪽 수준에서 이행되었다.

3. 민족사적 핵심 과제

이제 해방공간의 민족사적 핵심 과제를 간략하게 살펴보겠다. 무엇이 민족사적 과제인지 판단하는 기준은 평가자의 가치관이나 세계관에 따라 차이가 날 수 있겠지만, 핵심 과제의 경우는 보편적으로 공유되는 최소한의 공통분모적 과제이기 때문에 쉽게 도출이 가능하다. 해방공간 당시에 인식되었던 과제를 먼저 살펴보고 후세의 학자들이 제시한 과제를 선택적으로 점검해 보겠다.

박헌영의 '8월테제'는 "민족적 완전독립과 토지문제의 혁명적 해결이 가장 중요하고 중심 되는 과업으로 서 있다. 즉 다시 말하면, 일본의 세력을 완전히 조선으로부터 구축하는 동시에 모든 외래자본에 의한 세력권 결정과 식민지화 정책을 절대 반대하고 근로인민의 이익을 옹호하는 혁명적 민주주의 정권을 내세우는 문제와 동시에 토지문제의 해결이다"고 천명하며 완전독립, 토지개혁, 근로인민 이익 옹호를 제시하였다. 한민당은 강령에서 자주독립국가 완성, 민주주의 정체수립, 근로대중의 복리증진 등을 제시하였다. 조선인민공화국도 강령에서 완전독립국가 건설, 봉건적 잔재 일소, 진정한 민주주의 충실, 대중생활의 급진적 향상 등을 제시하고 있다. 또 4·3항쟁의 항쟁주체가 요구하던 단선단정 결사반대, 민족자주통일국가 수립, 친일민족반역자의 소굴이었던 경찰교체 등도 우리의 민족사적 핵심 과제였다.

1945년 10월~1946년 9월의 진보적 신문과 잡지의 사설 및 논설 내용

을 분석한 결과 민족사적 핵심 과제는 다음과 같은 순서로 나타났다. 해
방 초기단계에서는 계급적 요구보다 민족적 요구가 더 강하였음도 확인
되었다(진덕규 1992, 143~44쪽).

1. 민족국가의 형성과 통일국가 추구(반제통일정부 수립)
2. 전통적 지배세력에 대한 투쟁(친일파 숙청)
3. 사회변혁의 추구로 인한 가치의 적정배분(토지개혁 요구)
4. 사회계급간의 격차 해소와 통합지향(노동임금과 소작률 문제)
5. 새로운 사회지향으로 국가사회의 발전(민주사회의 요구)

최상룡은 "반식민지, 반봉건, 민족통일의 과제에 대처해 온 모든 민족
운동세력은 한국문제의 유엔이관 후, 미군정의 지원하에 일부 우파세력
이 단독정부 노선을 추진해 나가는 가운데 일단은 깊은 좌절을 경험하
고, 그 속에서 다시 전열을 가다듬어 새로운 단계로 진행해 갔다"면서
반식민, 반봉건, 민족통일을 민족적 핵심 과제로 설정하고 있다(최상룡
1989, 287쪽). 그리고 도진순은 "친일파를 포함한 일제 식민잔재를 척결
하고 토지개혁을 위시한 민주개혁을 완수하는 것, 새로 진주한 미소양군
에 대해 민족자주성을 관철하는 것, 남북분단과 좌우대립을 극복하고 좌
우합작과 민족통일을 달성하는 것"을 민족문제로 제시한다(도진순 1997,
3쪽).

서중석은 통일국가 수립, 친일파 척결, 토지문제를 민족적 핵심 과제
로 설정하면서도, 민족통일전선에 의한 통일국가 수립을 절대적 핵심 과
제로 보고 토지문제나 친일파 척결을 하위 차원으로 설정하는 위계적
과제설정을 주장한다. 그리하여 조선공산당이나 남로당이 '12월 테제'에
매몰되어 '8월테제'에서 토지문제를 오히려 우선시하는 오류를 저질렀

으며 이후 토지문제와 친일파문제를 '비현실적'이고 '비합리적'인 정책으로 일관했다고 본다. 이와 달리 김일성은 '5도 당책임자·열성자대회'에서 민족통일전선의 형성에 의한 민족국가건설을 강조하였고, 이어 45년 10월 14일 평양시 민중대회에서 "돈 있는 자는 돈으로, 지식 있는 자는 지식으로… 노력을 가진 자는 노력으로… 전민족이 완전히 대동단결하여 민주주의 자립독립국가를 건설하자!"를 제시하여 통일국가 건설이라는 절대적 과제에 충실한 것으로 해석하고 있다(서중석 1991, 235~48, 595~615쪽).

이상의 주장들에서도 확인되듯이 다음 다섯 가지 정도는 민족사적 핵심 과제로서 보편적으로 공유되는 최소한의 공통분모라고 볼 수 있다. 첫째 친일파 청산을 주축으로 한 식민지의 인적·물적·제도적 잔재를 청산하는 것, 둘째 분단을 막고 민족자주통일국가를 수립하는 것, 셋째 봉건적 토지제도의 전면적 개혁을 중심으로 한 민생문제를 해결하는 것, 넷째 친일파와 민족반역자를 숙청하고 민족해방투쟁가들이 권력핵심이 되어 새로운 조선사회를 이끌어가 민족정기를 수립하는 것, 다섯째 인간의 기본권과 정치권을 주축으로 하는 민주화의 구현 등이다. 이들 민족사적 핵심 과제는 어떤 정권이 들어서든, 어떤 이념이나 사상을 가진 집단이 집권을 하는 이룩하여야 할 민족사적 당위였으며, 동시에 당시 인류사회의 보편적인 역사지향과 일치하는 것이었다.

그러나 남한은 미(米)점령군에 의해 이들 민족사적 핵심 과제가 좌절되는 반(反)역사의 행로를 강제당했다. 그 전형적인 예가, 해방 반세기가 지난 지금까지도 친일파 미(未)청산의 역사굴레에서 벗어나지 못하여 5·16과 5·17의 쿠데타에 대한 과거청산이 매듭되지 못하고 오히려 '박정희 되살리기'가 자행되는 '역사 뒤집기'가 기승을 부리고 있는 것이다. 이와 달리 북한의 경우 그 과정이야 논란의 여지가 있을 수 있지만, 결과적으로 민족사적 핵심 과제를 대부분 구현하는 역사 순응적인 행로를 걸을 수 있었다. 그렇지만 서중석이 지적한 것처럼 절대적인 핵심 과제인 민족통일국가의 수립은 좌절된 채 오늘까지 남과 북이 분단되어 적대적 관계가 지속되는 파행의 역사를 걸어왔다.

4. 맺음말

이제까지 살펴본 대로 분단국가 수립은 조선의 민족사적 핵심 과제인 통일국가의 수립을 배반한 반역사적인 것이었다. 동시에 남한이 택한 역사행로는 해방공간의 내재적 민족사행로에 역행하는 것이었다. 비록 북쪽 반쪽에서나마 사회주의 지향적인 해방공간의 내재적 역사행로에 순응하는 역사궤적을 밟을 수 있었지만, 남과 북이 분단된 적대적 분단체제 아래서 순탄한 역사행로를 걷기에는 구조적 제약이 너무 많아 내재적 민족사의 행로는 남과 북 모두에서 왜곡·굴절되었다.

그러나 북한의 강점인 '발생적 결정론'이나 남한의 약점인 '태생적 한계론'이 일부 영역에서 지속되고 있는 것은 사실이지만, 모든 영역에서 관철되는 것은 아니다. 역사라는 것은 때로는 이성을 상실하고 광기를 수반하여 어이없는 패러독스를 연출하기도 한다. 아마도 지금의 남과 북의 위상이 바로 이 패러독스의 전형이 아닌가 생각된다. 분단의 극복이나 제2의 건국은 태생적 한계성을 철저하게 자성하는 바탕 위에서 이루어져야 할 것이다.

하지만 오늘의 남한에서는 몰역사적 결과론으로 '지금이 좋으니까 옛날도 좋았다'고 과거를 미화하고 왜곡하는 역사 전도현상이 이승만 되살리기 등으로 나타났다. 그렇지만 태생적 한계 때문에 남쪽이 통일성취시대를 맞아 적극성이나 지도력을 갖지 못한다는 주장이나 자기비하는 역사발전을 위하여 올바른 접근이 아니라는 점도 동시에 유의할 필요가 있다. 이와 마찬가지로 '시작이 좋았으니까 끝이 좋을 것'이라는 북한의 발생적 결정론 또한 역사에 대한 지나친 자만으로, 오늘의 절박한 북한 현실을 올곧게 헤쳐나가는 데 도움이 되지 않는다.

남과 북이 모두 역사를 진술하고 겸허하게 받아들이는 기본을 갖춰야 할 것이다. 이러한 바탕 위에 남과 북은 통일성취시대의 민족사적 핵심 과제인 통일기반 조성에 매진하여야 한다.

(「분단국가 수립의 반역사성」, 『담론201』 1999년 봄호)

2. 분단과 전쟁의 상흔(傷痕)

　1장에서 본 바와 같이 분단은 우리 민족의 의지와 역행하는 반민족적이고 반역사적인 것이었다. 이는 필연적으로 숱한 아픔과 상처를 배태하게 되며, 그 결과 분단과 전쟁의 상흔이 아직 우리의 일상생활 곳곳에서 현실적인 아픔으로 남아 있다. 그 대표적인 경우가 이산가족의 원한과 애틋한 아픔 및 상처일 것이다. 다행히 2000년 8월 15일 대규모 1차 분단이산가족 상봉이 이루어지고, 곧 이어 9월에는 비전향장기수가 송환되었다. 이것은 "남과 북은 올해 8·15에 즈음하여 흩어진 가족·친척방문단을 교환하며 비전향장기수 문제를 해결하는 등 인도적 문제를 조속히 풀어나가기로 하였다"는 역사적인 6·15공동선언 3항에 의거한 것으로 이산가족의 아픔을 달래고 남북화해의 실질적 출발을 기한 획기적인 일이었다.

　1차 이산가족방문단 선정작업 때 신청자가 7만 6천 명에 이르렀고 이후 하루에 1500명씩 늘어날 정도였다. 특기할 사실은 이들 신청자의 10%가 남쪽 출신 북한거주 이산가족에 대한 상봉신청이라는 점이다. 이들은 월북자와 납북자 및 미귀환 국군포로 등인 것으로 보여, 이산가족의 복잡함을 잘 말해 준다(『한겨레신문』 2000. 9. 2). 이제까지 우리는 이산가족이라면 주로 북쪽에서 남쪽으로 월남한 사람만을 꼽았고, 그들의 고통만을 문제삼아 왔다.

이어 비전향장기수 62명을 북한에 보낸 이후 우리 사회 일각에서 "비전향장기수를 송환했으니 '상호주의 원칙'에 의거 국군포로와 납북자를 송환받아야 한다"는 주장이 강력히 대두하면서 일부 특수 이산가족 문제도 제기되었다. 이에 대해 북측은 "북한에 납북자는 없으며 본인의 의사에 따라 행복하게 살고 있는 의거입북자가 있을 뿐"이라고 주장했고, 남측 역시 북파공작원 등에 대한 사실인정을 거부해 왔다.

그러나 이제까지 금기시되어 온 북파공작원에 대한 논의가 『한겨레신문』 등에서 전개되고, 북파공작원 자신들이 보상이나 명예회복을 요구하기 시작했다. 이로써 공작원이란 북측만 내려보내는 것이 아니라 남측이나 미국도 북한에 대해 요인 암살과 납치, 파괴, 정탐 등을 하고 있다는 사실이 알려졌다. 그리고 한국전쟁이나 해방공간 기간에 월남 혹은 월북으로 서로 흩어진 분단 일반 이산가족은 물론 분단 특수 이산가족들의 고통과 상처도 일반인에게 알려지기 시작하였다. 이제까지 의도적으로 묻히고 외면되어 왔던 특수 이산가족이 사회적 쟁점이 되고 인권 차원에서 고통을 덜어주려는 사회 일각의 움직임은 환영할 일이다. 그러나 일부 언론이나 야권정치세력들은 이 문제를 실질적으로 풀어나가려고 하기보다 안보상업주의나 정략적 도구로 악용하고 있어 이 문제의 해결은 쉽지 않을 것으로 보인다.

이 장에서는 분단과 전쟁의 희생자인 이산가족들을 분류하고(2절), 일반 이산가족의 양태를 월남(越南)자를 중심으로 살펴보겠다. 이들 월남 이산가족의 경우 반공이데올로기 때문에 그들의 진실이 왜곡되고 악용되어 왔다.[1] 이러한 잘못을 더 이상 통일시대까지 방치할 수 없다. 이 글은 맹목적인 반공과 반북의 수단으로 악용되어 온 월남인의 몇 가지 진실을 밝히고 올바른 자리매김을 시도할 것이다. 또한 특수 이산가족과 특수 유족이산가족의 성격과 양태를 제한적 수준에서 살펴보고(4절, 5절), "상호주의 원칙에 의한 특수 이산가족 문제 해결"이라는 일부 언론과 정치세력의 주장이 지닌 문제점을 들추어내면서 바람직한 해결방안을 제안할 것이다(6절).

이로써 분단과 전쟁은 남쪽만의 고통이 아니라 적대관계가 지속되고 있는 남북의 공통적인, 그래서 전민족적인 고통이고 상처임을 다시 한 번 확인하고자 한다. 이들 남과 북 그리고 해외 이산가족의 고통과 원한을 해원(解寃)하기 위해서도, 또 역사의 진실을 밝혀 이 바탕 위에 진정한 남북화해를 도모하기 위해서도, 그래서 통일의 길을 매진할 수 있도

---

1) 이의 전형적인 보기가 1987년 전두환 군부독재하에서 안기부가 조작한 수지 김의 간첩 조작사건이다. 당시 '홍콩 여간첩 수지 김 피살사건'으로 불렸던 이 사건은 남편 윤태식이 서울에서 당시 안기부의 주선으로 기자회견을 열어 "북한공작원들에 의해 싱가포르로 유인돼 납북되려다 탈출했다"고 주장하고, 안기부는 숨진 김씨가 북한의 공작원이었다고 발표했고, 이를 〈남십자성〉이라는 반공연속극으로 선전까지 해온 '또 하나의 냉진사기'였다. 여기에 더 나아가 살인범 윤태식을 안기부가 실실석으로 경영한다는 의혹을 사고 있는 벤처기업의 책임자로 앉히는 반인륜적 행위를 저질렀다. 실제는 윤씨가 87년 1월 3일 저녁 홍콩의 집에서 흉기로 김씨를 때려 실신시킨 뒤 목 졸라 숨지게 했고, 다음날 싱가포르로 달아나 북한대사관을 찾아 월북하려 했으나 여의치 않자 다시 미국대사관에 망명을 신청했다가 한국대사관으로 넘겨졌다고 검찰은 밝혔다(『한겨레신문』 2001. 11. 14). 또한 87년 대통령선거 하루 직전에 KAL858기 폭파의 범인으로 지목된 김현희를 서울에 데리고 옴으로써 군부독재의 연장을 가능케 했던 KAL858 폭파사건도 'KAL858기 가족 의혹제기 33가지'와 이 사건에 대해 88년 2월 17일 미국이 유엔안보리에 대북한 규탄결의문을 상정했으나 증거 불충분으로 결의문이 불채택되는 등의 정황으로 보아 북한공작원 소행이라고 단정하기 힘든다. 안기부가 정말 북한소행이라면 지금이라도 의혹에 대해 유족, 시민사회 등과 합동재조사를 벌여 역사의 진실을 가려야 할 것이다(858기가족회 2000;『통일뉴스』 2001. 11. 19).

록 하기 위해서도 이 문제는 더 이상 미뤄둘 수 없다.

1. 이산가족의 성격과 분류

남쪽정부는 이산가족을 "이산의 사유와 경위를 불문하고 현재 남북으로 흩어져 있는 8촌 이내의 친·인척 및 배우자 또는 배우자였던 자"로 규정하고 있는데, 이 규정은 너무 포괄적이어서 좀더 구체적이고 한정적인 개념규정과 세부적인 분류가 필요하다. 그래서 여기서는 이를 보완하여 이산가족을 분단에서 비롯된 것으로 한정하고 분단이산가족을 그 분석대상으로 삼는다. 분단이산가족은 "해방 이후 남북분단이 직·간접으로 작용하여 가족구성원끼리 흩어진 삶을 강요당하여 이산상태에 놓인 가족으로, 가족의 범위를 8촌 이내의 친·인척 및 배우자와 배우자였던 자"를 지칭하며, 여기에는 남북으로 흩어진 이산가족뿐 아니라 일본과 남북한 사이나 남북한 역내의 이산가족도 포함된다.

분단이산가족은 크게 일반 이산가족, 특수 이산가족, 특수 유족이산가족 등 세 가지 범주로 나눌 수 있다. 일반 이산가족은 다시, 자의에 의해 남과 북으로 옮긴 월남실향민과 월북실향민, 38선 또는 휴전선이 국경 아닌 국경선이 됨으로써 가족 및 친지와의 왕래가 끊어진 자연이산가족, 6·25전쟁이나 48년 2월부터 시작된 작은전쟁의 과정에서 헤어짐을 강요당한 역내이산가족으로 나눌 수 있다. 특수 이산가족 역시 분단과 전쟁 때문에 직·간접으로 헤어짐을 강요당하였지만 직접적으로는 분단및 전쟁과 관련된 특수한 활동 때문에 이산된 경우로서, 납남자와 납북자, 남파공작원과 북파공작원, 미귀환 국군포로와 인민군포로 등 세 범주로 나눌 수 있다 그리고 특수 유족이산가족은 남과 북에서 각기 좌익

<표 1> 분단이산가족의 범주와 발생시기

큰 범주	작은 범주	해방공간 (45. 8. 15~ 50. 6. 24)	6·25전쟁 (50. 6. 25~ 53. 7. 27)	휴전 이후 (53. 7. 28~ 현재)	기타
일반 이산 가족	월남자	XXX	XXXXXXX	X(탈북 식량난민 등)	
	월북자	XXX	XXXXXX	XXX(재일동포 북송 9만 등)	
	역내이산가족	X	XXX		전쟁고아 등
	자연이산가족	XXX	XX		재일 총련과 거류민단
특수 이산 가족	납남자	X	XXXXX	X(공작과 보복 등)	
	납북자	X	XXXXX	X(어부 등)	
	남파공작원	XXX	XXXXX(비전향장기수 등)	XX(비전향장기수 등)	
	북파공작원	XXX(백의사, KLO 등)	XXXXX(HID, AIU, UDT 등)	XX(설악동지회, 실미도, AIU) 50~60년대 총 7726명 실종, 이중 2150명 60년대 실종	미군파견 실종자 3천
	미귀환 인민군포로		XXXXX(반공포로석방, 유격대 등)		'반공포로' 석방 2만 7천
	미귀환 국군포로		XXXXX		국방부 주정 1만 9천, 생존확인 343
특수 유족 이산 가족	좌익빨갱이혐의 유족이산가족	XXX	XXXXX(보도연맹, 부역자 등)	X	보도연맹원 약 20~25만
	우익반동혐의 유족이산가족	XX	XXXXX(반동숙청자 등)	X	남한공식발표 12만 7천

* 'X'는 해당 이산가족이 발생한 시기와 그 상대적 빈도수를 상징적으로 표시한 것임

보도연맹원 등과 우익반동 등으로 몰려 처형된 좌익유족 이산가족과 우익유족 이산가족으로 대별될 수 있다.

이들 분단이산가족은 대부분 해방공간과 6·25전쟁 과정에서 발생했으나 일반 이산가족 중 월남·월북 실향민의 경우에는 휴전 이후에도 자진 월북이나 월남이 계속되었고, 특히 90년대 중·후반 북한의 식량난을 계기로 탈북 식량난민의 급증으로 월남실향민이 늘어났다. 또한 특수 이산가족 중 납남자와 납북자, 남파공작원과 북파공작원은 90년대까지도 있었던 것으로 보여, 분단이 해소되지 않고는 이러한 특수 이산가족이 비록 매우 제한적인 숫자이지만 계속 생겨날 것으로 예견된다.

그리고 일반 이산가족은 대개 이산가족으로서의 고통과 시련을 당하는 정도이지만, 특수 및 특수 유족이산가족의 경우는 특수업무관련 당사자뿐 아니라 가족들까지 연좌제, 불순성분 등으로 수난을 겪었고 또 이들은 드러내놓고 이산가족이라고 이야기도 못하는 삶을 강요당하였다.

이산가족에 대한 포괄적인 분류와 발생시기를 표로 정리해 보면 〈표 1〉과 같다.

한편 분단이산가족을 소범주로 나누어 분석해 보면 다음과 같은 특징을 가진다.

첫째, 절대적인 숫자에서는 실향민이 가장 많고, 이어 특수 유족이산가족인 보도연맹원과 우익반동혐의 이산가족, 미귀환포로, 납치자의 순서이다.

둘째, 시기적으로는 6·25전쟁중에 발생한 숫자가 절대적으로 많고, 휴전협정 이후 70년대까지 이산가족이 발생했으며, 탈북식량난민을 제외한다 하더라도 김대중정부 출범 이후까지도 공작원 수준에서 특수 이산가족이 발생한 것으로 추정된다.

셋째, 납북자와 납남자, 국군포로와 인민군포로, 남파공작원과 북파공작원처럼 남북이 각기 주체가 되어 동일 범주의 특수 이산가족을 발생시켜 왔다. 이는 등가(等價)상대 범주라고 볼 수 있어 이산가족의 인식과 해법에서는 이 등가(等價)상대가 반드시 고려되어야 한다. 남쪽이 보낸 북파공작원은 부인하면서 북측이 보낸 남파공작원에 대해서만 문제제기한다면 이는 역사의 진실을 호도·왜곡하는 것이고 형평성에 위배되어 진정한 화해를 가로막고 오히려 남북관계를 악화시킬 우려가 있다.

넷째, 남과 북은 대부분의 특수 이산가족에 대해 원인제공, 곧 특수한 목적을 가진 납치나 공작원파견 등 '불법행위'를 해왔다. 그럼에도 불구하고 남쪽은 이를 계속 부인해 왔고, 현시점에서도 부인 또는 '확인도 부인도 하지 않는(NCND) 입장'을 취하고 있다. 이와 달리 북측은 6·15공동선언에서 비전향장기수를 언급하고 이들에게 훈장을 수여할 정도로 부분적이나마 인정하고 있다.

다섯째, 반공논리와 역사왜곡에 의해 이산가족 전영역에 걸쳐 흔히들 북쪽만 일방적으로 비난하고 있으나 앞의 세번째 특징에서도 확인할 수 있듯이 남쪽 역시 범법행위나 반윤리적 행위를 일삼아왔다. 뒤에서 자세히 논증하겠지만 오히려 포로문제와 공작원 수준에서는 남쪽이 불법 및 부도덕 행위를 더 많이 저지른 것으로 평가된다.

2. 월남실향민 이산가족의 양태

해방 후 남쪽으로 온 월남자에 대한 우리의 인식은 반공과 반북 이데올로기에 의해 심히 훼손되었다. 월남동기의 정치·사상적 요인이나 계급적 요인의 과대포장과 전쟁요인의 축소, 월남인이 수백만에 이른다는 터무니없는 숫자 부풀리기, 시기와 관련하여 공산정권 수립에 반대하여 해방 직후에 주로 월남이 이루어졌다는 왜곡, 한국전쟁시 미군의 무차별 폭격 등 전쟁·전투 행위 그 자체 때문에 월남인이 양산되었다기보다 자발적으로 월남하였다는 인식 등으로 가득 차 있었다. 그러나 월남이산가족에 대한 전국규모의 실태조사는 이런 기존의 인식이 얼마나 왜곡된 것인가를 잘 드러내준다.[2]

이산가족에 대한 남쪽의 기본 인식이 이렇게 왜곡된 상태에서 이산가족문제를 제대로 풀어나가기는 힘들다. 여기서는 월남실향민 이산가족에 대한 잘못된 인식을 밝히고자 한다. 월북실향민의 경우 이에 대한 기초자료가 없어 구체적인 분석은 할 수 없으나 일반적인 경향성을 중심으로 한정적인 논의를 하겠다.

월남실향민 이산가족의 규모

공식 인구조사통계에 의한 월남인의 수는, 1949년 인구조사는 1945~49년 48만 1천 명, 1955년 인구조사는 45만 명, 1960년 인구조사는 이북5도 출생자를 63만 8천 명, 1966년 특별인구조사는 북한출신자를 69만 7천 명, 1970년의 인구조사는 북한지역 출생자를 67만 5천 명으로 추정한다(Kwon, Tai Hwan 1977; 권태환 1978). 그리고 유의영은 1970년 현재 65만 명의 이북출신 생존자를 기초로 해방과 한국전쟁 정전기인 1953년 사이에 120만 명이 월남한 것으로 추정하며, 권태환은 1945~49년에 74만 명이 월남하고 전쟁기간중 65만 명이 월남하고 30만 명이 월북하였다고

---

2) 이에 관한 논의는 강정구(1996b, "해방 후 월남인의 월남동기와 계급성에 관한 연구")에 전적으로 의존하였다. 이 연구는 조은·강정구·신광영(조은·강정구·신광영, 1992)이 실시한 전국실태조사를 바탕으로 한 것으로, 1991년 3월 '경제활동 및 생활실태 조사'라는 명칭으로 전국의 20세 이상 65세 이하의 경제활동인구를 대상으로 실시된 조사에 기초하여 만들어진 자료를 사용하였다.

보면서 총 월남인구를 139만 명으로 추정한다. 이 숫자는 이북출신이 아니더라도 이북에서 이남으로 이주한 모든 경우를 포함하기 때문에 북한 태생에 한하는 월남자 수는 이보다 적은 것으로 추정된다.

이 밖에도 이북5도청은 1970년 현재 월남인구를 500만으로 주장하고 있으나 전혀 근거가 없다(조형·박명선 1985, 148쪽). 또한 미군정 때 경찰 총책인 경무부장을 지낸 조병옥이 미 국무부관리에게 제공한 황당무개한 주장, 즉 1948년 9월 이전까지 무려 450만의 북한주민이 정치적인 이유로 월남하였다는 흑색선전이 있다.

> 그[조병옥]는 북한인민군은 현대 소련제 무기로 무장한 4개 사단이 있고, 북한의 군사 및 준군사력을 다 합치면 25만에서 30만에 이르는 병력을 가졌다고 말했다. 북한의 예산은 전부 다 이러한 군사조직에 사용되기 때문에 이들 군사조직이나 정부기관에 소속되지 않는 사람들은 먹고 살아가기가 너무 힘들며, 바로 이런 이유 때문에 450만이나 되는 북한주민들이, 물론 모든 북한의 실질적인 지도자를 포함하여, 38선 이남으로 피난을 하지 않을 수 없었다고 밝혔다.[3]

이러한 엄청난 부풀리기는 정치적인 목적과 식량배급제도 때문에 유령인구가 등장한 결과이기도 하다. 다음 서술은 이를 잘 보여준다.

> 서울시청과 식량행정처 당국에서는 [1948년 3월] 18일부터 예정대로 유령인구의 일체조사를 실시하였는데 첫날 하루의 조사결과를 보면 1816세대 조사에

---

3) U. S. Dept. of State 1974, p. 1311. 한국전쟁 이전에 이미 월남인들이 무려 450만이나 된다는 근거 없는 주장은 해방공간에서 널리 퍼져 있었다. 김구도 "건국실천원 양성소 창립1주년 기념식에 보낸 치사"에서 이와 유사한 월남인 수를 인용하고 있다(백범김구사업기념사업협회 1992). 또한 5·10제헌의회선거 실시에 즈음하여, 조선민주당은 460만 월남인을 위해 특별선거구를 만들 것을 주장하기도 하였다. "특별선거구가 없이 소선거구제로 선거를 한다면 월남이주민 460만의 대표는 1인도 선출 못 될 것인즉 5분지 1 주민의 투표는 사표가 되는 것이다."(국사편찬위원회 1973c, 557쪽)

부재인구가 986명이나 나왔다고 한다. …회현동의 어떠한 반은 11세대 중 10세대가 유령인구를 가지고 있었다 하며 61명이나 있었다고 한다. (국사편찬위원회 1973c, 595쪽)

1960년 이후의 인구조사는 어느 정도 정확하다는 판단하에 60년, 66년, 70년의 인구조사에서 산출된 북한태생 인원의 평균치를 구하면 67만이 된다. 인구조사에서는 일반적으로 이북출신의 경우 20% 정도가 과소보고된다는 인구학자(권태환)의 경향성 파악에 근거한다면 실제 월남인의 숫자는 84만 정도로 추정될 수 있다. 이 숫자에는 해방 전에 월남한 경우도 포함되므로 해방 이전의 월남인 비율을 10%로 설정하여 이를 뺀다면 75~76만 정도이며, 또 이 추정치에다 사망률을 감안한다면 84만은 약간 넘을 것으로 보인다.

월남실향민에 비해 월북실향민이 적은 요인은 첫째 남북의 절대 인구수가 2천만 대 950만으로 격차가 2배 이상이고, 둘째 전쟁중 미군이 공중전의 주도권을 잡고서 북한지역에 무차별폭격을 행하고 원자탄투하 등의 위협을 가하였기 때문에 생존가능성이 남쪽이 훨씬 높았고, 셋째 인민군은 수송능력이 낮아 인민군 자체의 수송도 제대로 못하는 형편이었으므로 민간인을 수송할 능력이 부족하였고, 넷째 인천상륙작전으로 갑자기 퇴로가 차단되어 월북을 유도할 수 없었던 상황 등이 작용한 것으로 보인다. 정치사상적 요인 때문에, 곧 공산주의가 싫어서 월북하지 않았다는 이데올로기적 인식은 이하의 여러 논의에서 드러나겠지만 설득력 있는 설명은 아니다.

인위적 이산가족의 양산

그러면 왜 이렇게 일반 이산가족이 많이 생겼을까? 그것은 많은 사람이 전쟁의 참화를 조금이라도 덜 입는 남쪽을 택하였기 때문이다. 동시에 미군과 국방군은 인위적으로 월남자를 양산하였다. 북한은 한국전쟁 중 미군의 무차별폭격으로 사상 유례없는 전쟁피해를 입었다. 군사시설과 비군사시설을 가리지 않고 퍼부어댄 초토화 폭격은 미 해군소장 스미스의 원산에 대한 묘사에서 그 정도가 짐작된다. "원산에서는 길거리를 걸어다닐 수 없다. 24시간 내내 어느 곳에서도 잠을 잘 수 없다. 잠은 죽음을 의미했다."(커밍스·할리데이 1990, 158~59쪽) 북한에서만 총인구 950만 명 중 약 300여만 명의 사상자를 낸 한국전쟁은 북한주민의 생존이 얼마나 처절하였나를 짐작케 한다.

이런 와중에 북한주민들은 죽지 않기 위해 생존가능성이 조금이라도 높은 남한으로 왔다. 또 미군은 1950년 12월 총퇴각 때 원자탄이 곧 투하된다는 소문유포 등으로 북한주민들을 회유하여 월남을 유도하고(전충림 1996, 40, 136, 165, 176, 183, 190, 197쪽), 흥남공업단지의 엔지니어를 강제로 월남시키고 흥남 철수시에는 주민들을 원산 앞바다의 작은 섬으로 잠시 소개한다고 거짓말을 하여 강제로 월남시켰다. 이는 일종의 이데올로기전쟁으로서, 곧 "자유를 택해 북한주민이 월남한 것은 자본주의 자유세계의 승리"라는 선전전으로 인위적으로 비자발적 월남이산가족을 양산하였음을 의미한다. 월남인의 월남동기 가운데 전쟁요인이 가장 큰 비중을 차지하는 사실은, 미국이 월남인을 이용한 반공선전의 엄청난 효과를 노리고 의도적으로 양산한 것을 뒷받침한다.

이러한 인위적 이산가족의 양산은 북의 경우에도 적용된다고 보이지만, 그 숫자는 남에 비해 훨씬 적은 것 같다. 전쟁 당시 북한은 수송능력이 턱없이 부족하고, 미군의 공중전 장악으로 퇴각시 인민군 자체의 수송도 제대로 못하는 상황이었기 때문이다.

월남시기

실태조사에 의하면 월남인 가운데 한국전쟁 이후에 월남한 사람이 75.9%이다. 해방 직후인 1945~46년에 월남인 수가 증가하다 1948~49년에 격감하였으나 한국전쟁이 발발한 1950년에는 1945년의 무려 4배나 된다. 특히 1950~51년의 급증은 1950년 중국인민지원군과 북한인민군의 공세로 12월에 미군이 총퇴각하는 과정에서 전쟁요인에 의해 비자발적 또는 자발적 월남이 증가한 때문이다. 그러나 전선이 38선 주위로 고착화되어 가는 1951년 하반기에는 급격히 감소하는데, 1951년의 월남자는 대부분 초반에 발생한 것으로 추정된다.

월남시기에 따른 계급분포를 살펴보면, 전쟁 전의 월남자 경우 지배계급 41.7%, 중간계급 33.3%, 피지배계급 25%로 지배계급 주도의 월남이 이루어졌고, 전쟁 이후의 경우는 각각 25%, 11.1%, 63.9%로 피지배계급 위주의 월남이 이루어졌다.

한편 월북의 경우에는, 1946년 6월 1차 미·소공위가 무산되면서 미군정의 좌익탄압이 본격화되고 이어 10월인민항쟁을 계기로 좌익에 대한 검거선풍이 일면서 황태성의 경우와 같은 월북이 이루어지기 시작했다. 이후 48년 9월 북한정권의 출범을 위해 소집된 남조선인민대표자대회와 4월의 남북제정당사회단체연석회의 등에 참석 후 남쪽으로 돌아오지 않고 북한에 체류한 사람들은 북한정권 창출에 적극적으로 참여했다. 이들은 대부분 정치사상적 요인 때문에 월북했고 엘리트집단이다. 그러나 6·25전쟁중에 월북한 사람들은 남한 이승만정권에 환멸을 느긴 엘리트집단과 더불어 인민군 점령기간에 북에 적극적으로 협조하여 남한정권의 보복을 두려워했던 민중들이었다.

월남동기

월남동기를 살펴보면, 전쟁요인이 약 40~46%, 정치·사상적 요인이 42~47%, 농지개혁 등 사회개혁에 따른 계급요인이 10%, 우연적 요인이 5% 미만 등이다. 그리고 종교적 탄압의 범주는 정치·사상 요인에 포함되어 있다고 볼 수 있다. 이를 통해 우리는 전쟁요인과 정치·사상적 요인이 비슷한 영향력을 행사했음을 확인할 수 있다. 그러나 월남 후 지속적인 반공이데올로기 공세에 영향을 받아 정치·사상적 요인이 확대 인식되는 자기인식의 오류를 범할 수 있고 또 전쟁요인과 정치·사상적 요인은 서로 배타적인 관계가 아니라 공통요인으로 작용할 수 있음을 감안한다면, 전쟁요인이 더 큰 동기일 수 있음을 유의할 필요가 있다.

계급별 월남동기에서 지배계급과 피지배계급은 뚜렷이 대비된다. 지배계급 64.7%, 중간계급 55.6%, 피지배계급 35.3%가 정치·사상적 이유로 월남하였다면 전쟁요인은 지배계급 23.5%, 중간계급 22.2%, 피지배계급 50%로, 지배계급일수록 월남동기가 정치·사상적 요인이 주가 되고 피지배계급일수록 전쟁요인이 주가 된다. 월남 1세대로부터 직접 수집한 자료의 경우 시배계급·중간계급은 모두 월남동기가 사상적 요인이었으나, 피지배계급의 경우 정치·사상적 요인은 30.8%에 불과하고 61.5%가 전쟁요인 때문에 월남하였음을 보여준다. 이러한 발견은 계급이 월남인의 월남동기를 설명하는 데 중요한 변수임을 확인해 준다.

또한 앞에서도 언급하였지만 월북자의 대부분은 정치·사상적 요인 때문에 월북하였다. 이 가운데 한 부류는 북한점령에 협조한 주로 피지배계급 출신으로서 남한정부의 보복을 우려하여 월북한 경우이고 다른 한 부류는 지식인들로서 이들의 친북적이고 친사회주의적 성향이 한국전쟁 기간까지 지속되었고 이 결과 자발적으로 월북했다. 앞장에서 인용한 김성칠의 일기(229~30쪽)에서 "글줄이나 쓰고… 이상주의자들이 죄다 가버렸다"는 서술은 보편적 현상이었다.

계급관계

월남자의 계급분포는 절대적인 수치 면에서 피지배계급인 노동자(70.6%)·농민(54.2%)이 높은 비율을 차지하여 월남자의 절대다수는 피지배계급임을 알 수 있다. 그러나 북한 전체 인구 중 피지배계급이 높은 점(최소한 80% 이상으로 추정)을 감안한다면 피지배계급의 비율은 상대적으로 낮은 편이다. 지배계급의 경우 전체 월남자의 23.5%(월남1세대 기준자료)와 29.2%(월남2세대 기준자료)를 차지하여 전체 인구의 계급분포와 비교해 볼 때 과다 월남한 셈이다. 이는 북한이 사회주의와 민중 지향을 추구하였고, 또 전쟁 전 월남동기가 주로 정치·사상 요인과 계급·경제 요인이었음을 고려한다면 충분히 예견할 수 있다.

계급별 월남시기에 대한 필자의 가설, 곧 "지배계급은 상대적으로 피지배계급에 비해 전쟁 이전에 월남한 비율이 높고 피지배계급의 경우 전쟁 이후 월남이 압도적이다"를 검증해 보았다. 지배계급의 경우 1, 2세대 자료가 다함께 전쟁 이후 월남인이 전쟁 이전 월남인 수를 약간 상회하였다. 그러나 피지배계급의 경우 전쟁 이후 월남자가 압도적으로 많다. 이로부터 지배계급의 경우 전쟁 이전에 월남할 의향은 있었지만 38선의 강화 등으로 월남할 기회를 놓쳤거나, 한국전쟁중 미군과 국방군이 점령하는 동안 반북활동 등에 연루되어 월남하지 않을 수 없는 사람들이 많았을 것으로 짐작된다.

이제까지 월남실향민 이산가족의 실상을 전국실태조사를 기반으로 파악함으로써 월남인에 대한 우리의 일반적인 이해가 얼마나 왜곡되었는가를 확인할 수 있었다. 또한 월북실향민 이산가족도 그 경향성을 중심으로 살펴보았다. 이들은 대부분 해방공간과 6·25전쟁중에 발생한 실향민들이다. 그러나 이들 외에도 휴전 이후의 실향민은 90년대 북한의 극심한 식량난 때문에 월남한 탈북 식량난민 수백 명이 있고, 1959년부터 시작된 재일동포의 북송으로 약 9만 명에 이르는 월북실향민이 생겨났다.

일반 이산가족의 셋째 범주는 자연이산가족으로, 해방이 되면서 갑자기 생겨난 국경 아닌 국경선인 38선과 휴전을 계기로 생긴 비무장지대를 경계로 각기 흩어진 가족을 포함한다. 동시에 재일동포도 거류민단과 총련으로 나뉘어 이들 역시 가족·친인척과의 상봉이나 재결합이 봉쇄되면서 자연이산가족이 되었다. 넷째 범주는 역내 일반 이산가족으로 주로 6·25전쟁 와중에 부모와 친척을 잃거나 헤어져 이후 상봉을 못한 이산가족이다. 이들 역내 이산가족의 수는 상대적으로 적은 편이다.

3. 특수 이산가족

특수 이산가족은 분단 및 전쟁과 직접적으로 관련된 특수한 활동 때문에 헤어짐을 강요당한 이산가족을 일컫는다. 크게 남북 각각의 납치자, 공작원, 미귀환포로로 나눌 수 있는데, 이하에서는 각 범주별 이산가족의 현황을 살펴보도록 하겠다.

납남자와 납북자

특수 이산가족 가운데 베일에 가려 일반인들에게 가장 알려지지 않은 영역이 바로 납남자이다. 그러나 해방 이후 남과 북은 적대관계와 적대행위를 일삼아왔고 서로를 부정하는 사이였으므로 서로간의 납치행위는 당연한 역사적 귀결이었다. 납남행위와 대북한 파괴공작은 해방공간부터 시작되었다고 볼 수 있는데, 백의사나 KLO(Korean Liaison Office) 등의 대북 테러단체들이 미국 정보기관과 남한 내 극우단체의 주도로 활동하고 있었다.

KLO는 6·25 직전과 전쟁중 주한미군 G-2에서 만든 비밀공작 행동대원들의 조직으로서, 수백명의 대원들이 CIA와 밀접히 관련되어 대북한 정보수집·파괴활동·침투공작을 수행했다고 한다(오연호 1994b). 이러한 적대행위는 미국 CIC와 월남인 결사조직이 손잡고 행해왔던 것으로 보인다. KLO는 미군정 당시 월남한 극우주의자들로 구성된 대북 및 대공산주의 테러집단인 비밀결사조직 백의사(白衣社)와 미국 CIC가 공동으로 마련한 정릉의 대북암살단훈련원을 한국전쟁중에 쓰고 있었다. 또 이 백의사 요원들이 현준혁의 암살시도 사건, 1946년 3·1절 기념행사에서의 김일성 저격미수사건, 강양욱의 저격사건 등을 일으킨 것으로 알려져 있다(이영신 1993, 258쪽).

북한은 이미 1946년부터 38선에서의 무력충돌과 북한지역의 무장침입 등이 행해져 온 것으로 밝히고 있지만, 납남자의 규모가 어느 정도인지는 알려져 있지 않다.

38연선에서 무장도발을 빈번히 감행하였다. 놈들은 1946년에 95회에 달하는 무장도발을 감행하고 683명의 무장인원을 북반부지역에 침투시켰다면 1947년에 이르러서는 454회에 걸쳐 무려 4477명의 무장악당들을 침입시켰다. 또한 놈들은 1947년 한 해 동안에 강원도 양양군 황해도 벽성군 일대에서만도 184회의 무장도발을 감행하였으며 그 침입 인원수는 1724명에 달하였다. (사회과학원력사연구소 1981, 133쪽)

6·25전쟁중의 납남자에 관해서는 남한정부의 공식발표는 없지만 남한당국자는 1959년 북한은 9·28 당시 미군과 남한군에 의해 피랍된 숫자가 1만 4112명인 것으로 국제적십자에 통보했다고 전한다.[4] 그러나 이와 달리 북한은 "국제적십자대회에 참가하였던 우리나라 적십자회 대표단 단장 기자의 질문에 답변"(『로동신문』 1957. 11. 27)에서 "조선민주주의인민공화국 대표단은 전쟁기간 리향한 사민들의 소식을 하루 속히 알고자 하는 그 가족들의 념원을 고려하는 데로부터 출발하여 부득불 적십자국제위원회를 통하여 337명의 월북인사들의 소식과 200여 만의 우리측 실향사민 중 우선 1만 4132명에 대한 소식 조사의뢰서를 전달하지 않을 수 없었다"고 주장했다. 또 1952년 1월 2일 정전회담중에 북한은 남한이 체제 우월성의 증거로 선전했던 '월남피난민 500만 명'은 "유엔군의 위협하에 강제로 납치해 간 사람"이라고 주장하고 있듯이 월남자 가운데 많은 부분을 납치로 보고 있다(김귀옥 2001).

실제 이들 실향민 가운데는 원자탄과 폭격을 피하여 살기 위하여 월남한 사람들 외에 월남을 강요당한 납치성 월남노 상당히 많다(전중림 1996, 40, 136, 165, 176, 183, 190, 197쪽). 흥남인민병원 이비인후과 과장으로 근무하던 유영식의 경우도 이에 해당한다.

---

4) 대한민국외무부 외교문서 제1회 공개자료, 분류번호 729.5 일련번호 146 "한국전쟁시 피납치인 명부관계, 1954" 마이크로 롤번호 G-0001, 후레임번호 1065-1138.

1950년 초겨울이었습니다. 당시 아내와 나는 폭격을 피해 신흥까지 피란 갔다가 서상리 집으로 돌아오는 길이었습니다. 그런데 함흥지역을 점령했던 미군이 철수하면서 우리를 길에서 붙잡았습니다. 그리고 나만 강제로 트럭에 태워 흥남부두로 보냈습니다. …그 수송선에는 나와 같은 처지의 사람들이 많이 타고 있었습니다. (전충림 1996, 194~95쪽)

전쟁중에는 HID(Higher Intelligence Dept.)나 KLO 외에 호림부대, 구월산유격대를 중심으로 미군이 만든 동키(Donkey), 블루 보이스(Blue Boys), AIU, 해군ONI, 해군359부대, UDT(Underwater Demolition Team), CID, 공군첩보대, 단독침투 특수부대인 관악산부대(『한겨레신문』 2001. 2. 7), 대만의 장개석첩보부대, 68년 1·21청와대 습격사건의 보복 차원에서 김일성 저격 목적으로 양성되었으나 실전에 투입되지 않은 것으로 알려진 공군의 실미도 특수부대[5] 등이 요인납치, 파괴, 정탐, 폭파, 즉결처분 등의 공작을 해왔고 이 과정에서 수많은 납치가 자행되었다.

휴전 이후에도 공작 차원에서뿐 아니라 1·21청와대 습격사건이나 미얀마사건 등에 대한 보복 차원에서도 납치행위가 이루어진 것으로 알려져 있으나 세세한 내용은 밝혀지지 않고 있다. 북한 최고위층의 친척인 이한영이나 북한 고위외교관의 경우가 이에 해당된다는 주장이 있는데, 특히 이한영은 강제로 성형수술까지 받은 것으로 알려져 있고 소설가 황석영씨 등이 납치의혹을 제기하고 있어 이에 대한 진상조사가 요구되고 있다.[6]

이 가운데 김귀옥의 발견은 주목된다(김귀옥 2000b; 2000c). 휴전 후인 53년 10월 고기를 잡으러 양도 근처에 나왔던 한 어부는 자신의 배가

---

5) MBC 〈이제는 말할 수 있다〉의 12회 "실미도 특수부대."
6) 「이한영씨, 생전에 "나는 납치됐다" 소설가 황석영씨에 주장 "제네바서 한국관료 만나 정신 잃고 사흘 뒤에 깨어나 보니 한국이었다」, *OhmyNews* 2002. 2. 14.

미군휘하 HID공작의 접선 배로 오인되어 군용선에 견인되어 납치되어 온 후 결국 45년 동안 정보기관의 감시 속에 살아야 했다. 또 원산 출신의 어느 전직 HID공작원은 50년 12월 원자탄 투하라는 흉흉한 소식에 약 7천 명의 피난민과 함께 남쪽으로 살길을 찾아왔다. 그러나 주로 친일파 일제순사들의 심사와 고문을 받고 난 후 좌익혐의를 벗어나긴 했지만(어리석은 농민들은 고문에 못 이겨 거짓 공작원이 되어 옥살이를 했지만) 먹고 살길이 없어 결국 많은 월남인들처럼 HID공작원이 되어 (50년대에는 공작원의 약 70%가 월남자였다고 한다) 무장 혹은 비무장 공작원 일을 하였다. 그러다가 55년 2월 8일 인민군창설기념일 금강산 근처 해안가에 지뢰를 매설하고 돌아오다 인민군 트럭을 붙잡았는데 뜻밖에 트럭에는 인민군사단장이 타고 있었고, 자신의 지프차가 고장나는 바람에 그 트럭을 탔던 사단장은 납치되었다. 이러한 납남자 가운데는 여자들도 있었는데, 이들은 빨래, 식사준비 등 육체적 노역과 성노역을 강요당했다.

당시 우익테러단체들은 미군정과 야합하여 미군정 경찰이 외부의 비판을 우려해 수행하지 못한 '더러운 일들', 곧 암살과 살해, 납치 등을 남한 내뿐 아니라 북한에까지 침투하여 자행했다. 당시 조선공산당의 박갑동의 증언처럼, 경찰에 잡혀가면 안심이 되었지만 테러단체에 잡히면 끝장이런 말이 당시 상황을 잘 대변해 준다.[7]

납북자의 경우도 납남지와 마찬가지로 해방공간에서도 발생한 것으로 보이지만 잘 알려져 있지 않다. 남한(당시 공보처 통계국)의 공식발표에 따르면, 6 · 25전쟁 동안 북한에 피랍된 수는 8만 2595명이다. 그러나 1959년 외무부 정보국장 이수영의 주재로 열린 피랍자 명부파악 대책회

의에서 이수영은 이 명단을 국제적십자사에 그대로 보고할 수 없다면서
이러한 오차에 대한 해명을 요구하였고, 이에 공보처 통계국장은 납북인
사 8만 2595명에는 비민간인인 군인과 경찰을 비롯하여 행방불명자까지
포함되어 있으며 인명중복 또한 있는 등 이 수치는 조작되었음을 실토
했다.[8]

휴전 이후의 납북자와 관련해서는, 북한이 "북한에 납북자는 없으며
본인의 의사에 따라 행복하게 살고 있는 의거 입북자가 있을 뿐"이라고
주장해 오고 있지만 남한의 통일부는 어부 436명을 포함해 487명이라고
말한다(『경향신문』 2000. 12. 4). 군사분계선을 쉽게 넘어 북측 영해를 침
범한 어부들이 비록 강제억류된 것은 사실이지만 납북은 아니라는 주장
도 있고 또 납북자 중에는 재미유학생 이재근 등과 같이 월북한 사람도
포함되어 있는 점으로 보아, 통일부가 밝히는 납북자의 숫자는 과장된
것 같다.

2차 남북이산가족 교환방문에서 남측 방문단으로 평양을 찾은 김삼례
씨(73. 여)는 방북기간중 1987년 서해상에서 어로작업을 하다 피랍된 아
들 강희근씨(51. 동진호 갑판장)를 상봉했는데(『경향신문』 2000. 12. 4), 이에
대해 납북자가족모임 관계자들과 한나라당 등은 이들 납북자는 일반 이
산가족과 다르므로 통상의 이산해법 대상이 아니라 송환해야 한다는 입
장을 가지고 있어 문제해결에 많은 논란이 예상된다.

남파공작원과 북파공작원

6·15공동선언의 합의에 따라 62명의 비전향장기수를 북한으로 송환

---

8) 대한민국외무부 외교문서 제1회 공개자료: 분류번호 729.5 일련번호 146 "한국전쟁시
   피납치인 명부관계, 1954" 마이크로 롤번호 G-0001, 후레임번호 1065-1138.

한 이후 남한의 언론, 한나라당, 납북자가족모임 등에서는 '상호주의 원칙에 따라' 국군포로와 납북자를 돌려보낼 것을 요구했다. 그러나 상호주의의 등가(等價)교환원칙에 의한 비전향장기수의 등가물(等價物)은 북파공작원이다. 흔히들 이야기하는 북파(北派)된 무장 및 비무장 공작원이다. 남쪽에 사는 우리는 초등학교 때부터 간첩 또는 공작원 이야기를 귀가 따갑도록 들어왔고, 이러한 공작원을 내려보내는 북한정권에 대해 적대와 증오를 품었을 뿐 아니라 그 공포에 가위눌린 적이 한 두 번이 아니었다.

그러나 남한과 미국 역시 이렇게 '무시무시한' 간첩 또는 공작원을 북한 못지않게, 아니 오히려 더 많은 숫자를 보낸 것으로 보인다. 앞에서도 언급했듯이 북파공작원의 활동은 전시뿐 아니라 휴전 이후에도 또 정상회담 이전까지도 지속된 것으로 보인다.

정보사령부에서 확인한 바로는 "북한으로의 공작원 침투는 전쟁 이후 지난 70년대 초까지 계속됐으며, 이 과정에서 실종된 공작원은 확인된 수만 모두 7726명… 군은 이들 실종공작원마다 관련파일을 기록해 보관 중"이며 60년대 이후에도 대규모 공작원 북파가 지속돼, 72년 7·4공동성명 전까지 실종된 북파공작원이 2150명에 이른다(「북파간첩 7726명이 사라졌다」,『한겨레21』1999. 7. 29). 그리고 2000년 11월 5일 국회통일외교통상위 김성호 의원은 "지난 50년대 북파된 공작원 5500여 녕 가운데 77명을 북한에 의해 제포된 것으로 분류해 놓고 있다"고 밝히면서 "군 당국은… 7726명에 대해 별도의 명부를 작성해 특별관리하고 있다. … 이는 북한에서 붙잡힌 공작원들의 남파 가능성에 대비하는 동시에 납북 공작원 맞교환에 대비하기 위한 것으로 보인다"고 주장했다. 그러나 "군당국은 …60년대 이후 북파 되었다가 사망 또는 실종된 2100여 명의 공작원에 대해서는 '피포자'명단을 따로 보관하지 않고 사망 또는 실종자로 분류해 놓고 있어 전체 피포자의 정확한 규모는 파악되지 않고 있다"(『한겨레신문』 2000. 11. 6).

청계산에 '대한축산연구공사'라는 위장간판을 내건 곳에서 공작훈련을 받은 김철중씨는 68년 6월 처음으로 북한지역에 침투하였다. 처음에는 사진촬영, 두번째는 인민군 탄약고와 유류탱크 폭발, 세번째는 옥수수 수거작업장에 부비트랩을 설치하여 인민군을 살해하고, 네번째는 대남방송하는 인민군에 유탄발사기를 쏘았다. 그리고 다섯번째가 68년 10월 중동부전선 비무장지대에서 하루종일 남북이 교전을 벌이게 한 공작이었다. 인민군을 죽이고 납치하기 위하여 크레모아를 폭발시킨 공작을 벌인 것이다. 이 덕분에 그는 충무무공훈장을 받았다(이정훈 2001).

또 탈주범 신창원을 경찰에 신고하여 체포하게 한 광주의 김아무개는 확인결과 대북 첩보부대 HID의 후신인 AIU(Army Intelligence Unit) 출신이었다. 그가 89년에 고등학교를 마치고 특수부대에 입대해 근무한 것으로 밝히고 있어 90년대 초까지 이 첩보부대는 활동하고 있었다고 보아야 한다. 그는 "구체적인 부대이름은 밝힐 수 없다. 국가가 부르면 언제든지 달려간다는 마음가짐이 있었다. 특수부대도 국가가 불러서 갔다. 훈련과정에서 '나'를 버리게 됐다. 그런 과정을 거쳐야 한다. 내 목숨은 국가를 위해 있고 언제든지 바칠 수 있다. 그런 의무감과 사명감이 있어야 자긍심도 생긴다"고 말할 정도로 긍지를 가졌다고 한다.[9]

---

9) 이들은 그야말로 상상할 수 없을 정도의 인간병기였다. "하지만 10대의 이씨는 혹독한 훈련 끝에 불과 몇 개월 만에 30kg짜리 모래배낭과 5kg짜리 발목 아대를 찬 채 12km의 산악을 1시간 이내에 주파했다. 국군장비는 물론 에이케이소총, 소련제 기관총 등 북한군 장비 사용법까지 완전 습득한 그는 말 그대로 '인간병기'가 됐다."(『한겨레신문』 2000. 10. 9) 이들이 인간으로서는 상상을 할 수 없을 정도의 극단적인 훈련을 받은 것은 북한에서의 공작활동에서 인간 이하의 행위를 자행하기 위한 숙련과정이었다는 것이 2002년 3월 15일 200명의 북파공작원들이 서울 광화문 도심시위를 한 과정에서도 잘 나타난다. "이들은 입사에서 퇴사까지 단 한 번의 외출, 외박, 면회, 휴가가 없었던 24시간 완벽한 통제 속의 생활을 떠올리며 성적인 욕구도 '가끔 산속 창고에서 위안부

특이한 점은 월간 『신동아』에 의하면 50년대 북파공작원의 생존율은 겨우 10%에 불과했지만 60년대 이후는 90%에 이른다는 것이다. 60년대부터 72년 7·4공동성명까지 13년 동안 북파공작원이 약 2150명 실종되었으므로 실제 파견한 숫자는 연인원 2만 1500명 가까이 되는 셈이다. 이를 다시 연간으로 환산한다면 매년 1800명 정도를 북파공작원으로 침투시켰다는 이야기이다. 또 6·25전쟁이 끝난 지 10년이 넘는데도 남한은 이러한 엄청난 수의 공작원을 북한에 침투시키고 있었다는 것을 의미한다.

김원웅 국회의원은 국방부자료를 인용하여 1950년 이래로 1999년까지 총 남파공작원은 6446명이며, 그중 생포자 3177명, 사살자 1644명, 자수자 275명이라고 밝혔다(『동아일보』 2000. 11. 8). 이에 따르면, 휴전 이후 남한에서 생포·사살·자수한 수가 5096명이고 1350명은 북으로 도주한 것으로 보이지만 전체 남파공작원 숫자는 파악하기 힘들다.

그러나 60년대 이후 파견된 북파공작원은 앞에서 추정한 바와 같이 연인원 약 2만 1500명인데, 이 정도면 미군이 북한에 보낸 공작원은 빼더라도 남한이 북한보다 더 많은 공작원을 보낸 것으로 추정할 수 있다. 실제 북한이 남한에 어느 정도의 공작원을 침투시켰는지는 알 수 없지만 68년의 울진·삼척무장공비침투, 78년의 충남 홍천군 광천읍의 '굉

와 관계를 맺는 것으로 해결해야 했다'고 보도하고 있다. 김아무개(40)씨 82년 10월에 설악산에 있는 개발단에 들어갔다. 당시에 40여 명의 동기가 있었는데 이중 복아무개라는 동기가 탈영을 했다가 잡혀온 적이 있었다. 부대에서는 복씨를 감금한 채 온갖 고문을 자행했다. 나중에는 '배신자'라는 간판을 목에 걸고 동기들로 하여금 3시간 동안 끌고 다니면서 때려죽이게 했다. '나는 동기를 때려죽였다는 죄책감에서 아직도 헤어나지 못하고 있다. 하지만 동기를 죽이지 않으면 내가 맞아죽는 상황이었기 때문에 그럴 수밖에 없었다.' 정보사는 나아가 간혹 탈영하다 잡힌 사람들을 배신자 처리의 본보기로 발가벗긴 채 족쇄와 올가미를 씌워 끌고 다니며 동료들로 하여금 소꼬리 채찍이나 싸리나무, 몽둥이로 때려죽이게 했다."(*OhmyNews*, "우리의 한맺힌 인생을 보상하라", 2002. 3. 15)

천침투사건', 96년의 동해잠수정 침투사건처럼, 북한 역시 90년대까지 공작원을 계속 침투한 것으로 보인다. 이는 역으로 남쪽 또한 최근까지 북파공작원을 침투시켜 왔다고 추론할 수 있게 한다.

북한은 6·15공동선언에까지 명기하면서 이들의 송환을 촉구하여 결과적으로 남파공작원의 실체를 인정한 셈이다. 그러나 남한당국은 "80년 이후 북파공작원과 관련해 들어온 민원은 50년대 북파공작원 관련이 233건, 60년대 이후는 171건으로 모두 404건으로 알려졌"지만 '사실확인이 불가하다'와 '자료가 없다' 등으로 실체를 부인하고 있다(『한겨레신문』 2000. 10. 11). 그러나 50년대~70년대에 미군 AIU 소속으로 북파공작원을 해온 것으로 알려진 설악동지회 소속회원 40~60명이 2000년 11월 서울 서초구 정보사령부 앞에서 지회를 열어 명예회복과 보상을 요구하는 시위를 벌였다(『동아일보』 2000. 11. 3; 『중앙일보』 2000. 11. 3).

국방부는 "북파공작원의 존재와 유공이 분명한 만큼 음지에서의 조용한 보상이나 해결은 필요하다"고 밝히면서도 "공식적으로 할 수 없다"는 이중적 태도를 보이고 있다. 이제는 더 이상 실체를 속이고 북한만을 악마로 모는 분단 지향적 접근에서 벗어나야 할 때이다.

북파요원의 존재를 어떤 방식으로든 공식화해 문제를 풀 경우 남북관계에 파장이 이는 등 국익에도 영향을 미친다. 북한도 강릉 잠수정 등을 인정하지 않고 있지 않은가. 조용히 해결해야 한다. …만약 이런 부분이[세부내용이] 공개되면, 자칫 '영도유격대'나 '실미도부대' 등 다른 부분에서까지 보상요구가 터져나올 수 있다. 그러면 기존 요원들의 보상도 어려워진다. …생존 여부 확인 등은 다른 기관에서 해줘야 한다. 우리는 북파사실 자체를 확인해 주기 어렵다. (『한겨레신문』 2000. 9. 18)

미귀환 인민군포로와 국군포로

장기수 송환과 더불어 국군포로 문제 역시 쟁점이 되었다. 국군포로의 수는 포로 및 실종대상자 4만 1971명 중 군적 정리 및 전산화 과정을 통해 정리된 수를 제외하고도 모두 1만 9천여 명에 이르고 6·25전쟁 이후 귀환포로 등을 통해 확인된 생존 국군포로의 수는 모두 343명이라고 정부는 보고 있다(『동아일보』 2000. 9. 4). 이들에 대한 송환을 일부 언론에서 거론하고 있으나 결코 쉬운 문제는 아니다.

전쟁포로의 문제는 휴전협정에서 가장 우여곡절이 많았던 논란거리였다. 전쟁포로 송환원칙의 합의과정에서 미국과 북한·중국의 의견충돌로 무려 19번의 휴회가 있었고, 199일간(1952. 10. 8~1953. 4. 25)의 최장기 휴회가 있을 정도였다. 다른 의제인 군사분계선, 휴전감시국제기구 구성, 군사력 증강 억제문제 등은 빨리 합의되었으나 바로 포로송환문제 때문에 휴전이 거의 2년 가까이 지연되었다. 더욱이 이 지연으로 인해 전쟁은 소모전에 들어가 남측에 13만, 북측에 25만 가까운 사상자가 발생하는 반인도주의적 결과를 가져왔으며, 남북 주민의 전쟁참화와 고통은 더 심화되었다. 또한 국군포로나 인민군포로의 이산가족문제도 남겼다.

근본적으로 이것은 미국이 스스로 조인하고 비준한(1951. 5~6경) 49년 제네바협정 11조(전쟁이 끝나면 전쟁포로는 지체 없이 석방되고 본국으로 송환되어야 한다)의 자동송환원칙을 비준 두 달 만에(1951. 7. 5) 위배한 데서 비롯되었다. 미국이 군심리전 책임자가 제안한 자유송환원칙을 전격적으로 요구한 것이다.

미국이 내세운 포로 자유송환은 포로들에게 자유의사를 물어 그들이 원하는 곳으로 송환하는 것으로서, 도덕적이고 휴머니즘적이어서 국제사회의 지지를 받는다는 것이다. 물론 자유송환원칙은 겉으로 보기엔

인도주의적 측면이 있긴 하지만 포로들을 적국에서 관리하기 때문에 포로들에게 폭력, 고문, 협박, 거짓 등으로 자유송환이 아니라 강제억류를 할 수 있다는 데 문제점이 있다. 49년의 제네바협정도 공정한 자유의지의 확인이 현실적으로 어려운 점이 고려되어(물론 다른 요인도 있지만), 자유송환 대신 자동송환원칙이 채택되었다. 미국은 수적으로 인민군포로가 많고, 이 인민군포로 중 의용군으로 입대한 남쪽출신이 있어 이들이 남쪽을 선택할 것이라는 계산을 깔고 있었다. 집이 남쪽이어서 남쪽을 선택한 인민군포로까지 공산주의가 싫어서 남한을 택하였다고 선전할 수 있기 때문이었다.

그러나 이 자유송환원칙은 미국이 조인하고 비준한 것을 스스로 뒤엎는 자가당착행위로 국제사회의 지탄을 받았으며, 북한에 수용되어 있는 미군포로의 송환을 보장받지 못할 수 있다는 문제점을 안고 있었다. 그래서 당시 변호사 출신인 애치슨 국무장관과 미군사령관 리지웨이 및 국방부조차 이를 반대하였다. 그런데도 미국은 반공매카시즘에 힘입어 자유송환원칙을 채택하고 북한과 중국의 반대에도 불구하고 대대적인 폭격과 무력공세를 강화함으로써 이를 관철시켰다.

전쟁포로의 경우 우선 그 숫자 면에서 인민군포로가 국군포로보다 훨씬 많다. 인민군포로로 북쪽 송환자가 약 7만 6천 명이고, 국군포로로 남쪽에 송환된 수가 7600명 정도이다. 또한 이승만이 '반공포로'라는 이름으로 2만 7천 명을 불법적으로 석방하여 남쪽에 잔류 내지 억류시켰으며, 여기에다 방장련씨 등이 밝혔듯이 인민군으로 남부전선에 참전했다가 인천상륙직진으로 퇴료가 막혀 빨치산이 되어 결국 포로가 되었다. 이들은 포로로 분류되지 못했고, 이같이 국방경비대법 등으로 남쪽에 억류된 숫자가 한 포로수용소에만 200~300명으로 전체 약 1천 명에 이를 것으로 추정된다.[10]

또 45년의 옥살이로 세계 최장기수 기록을 가진 김선명씨처럼 인민군
으로 체포되었으나 제네바협정에 따라 전쟁포로로 분류되지 못하고 국
방경비대법에 따라 부역죄와 간첩죄를 뒤집어씌고 사형되거나 장기수
가 된 경우가 수백 건에 이르고, 남쪽에 남게 된 인민군포로 약 3만 6
천~7천 명 중에는 비자발적으로 억류된 숫자가 상당히 많을 것으로 추
정된다.

인민군포로에 대해 남한과 미국이 저지른 불법성이나 문제점은 다음
과 같은 점에서도 잘 드러난다. 미국은 이승만의 '반공포로' 석방에 당혹
하여 이승만을 제거할 쿠데타를 계획했다가 마지막 순간에 철회하기도
했다. 또 포로수용소에서는 반공·친공 포로간에 자유송환 심사과정을
둘러싸고 살육전이 벌어졌고 이 와중에 거제도포로수용소장인 도드
(Dodd) 준장이 포로들에게 납치되었다. 이를 계기로 포로들에 대한 잔
학행위, 강제심사 등이 알려져 세계적으로 미국에 대한 비판여론이 고조
되기도 하였다.[11]

---

10) 방장련(67·강원도 고성군)씨 등 6명은 최근 비전향장기수 사이트(http://nadrk.org/
   long) 게시판에 성명서를 올려 자신들을 "한국전쟁 때 퇴로가 막혀 지리산 주변에서
   빨치산전투를 하다 잡힌 정규인민군 포로"리고 소개하고 "제네바협정에 따라 전쟁포
   로 신분으로 북쪽에 송환됐어야 하는데도 남한당국의 포로교환협정 위반으로 50년
   가까이 남쪽에 억류돼 살아왔다"고 주장했다. 이들은 "전쟁중 포로가 돼 51, 52년 광
   주포로수용소에 수용돼 있다가 종전이 되기 전 민간인형무소에 옮겨져 민간법원에서
   남한당국의 법률에 따라 사상범으로 장기형을 언도받았다"며 "죄없이 희생된 포로들
   과 살아남은 포로들에게 사죄와 응분의 법적 배상, 지체 없는 송환을 요구한다"고 밝
   혔다. 방씨는 1일 "당시 광주포로수용소에는 정규인민군으로 빨치산활동을 했던 사람
   이 100명 남짓 있었으나 모두 나와 같은 상황에 처한 것으로 안다… 현재 이들 중
   10여 명과 연락이 닿고 있다"고 말했다. 이와 관련해 빨치산 출신 장기수 류락진(73)
   씨는 "광주수용소에 있던 포로 가운데 정규인민군 출신인데도 '비상사태하의 특별조
   치령'으로 송환되지 않고 실형을 선고받은 사람이 200~300명쯤 됐었다"고 회고한다
   (『한겨레신문』 2000. 9. 4).
11) 이들 가운데 일부는 51년 거제도 84포로수용소에 억류된 인민군 출신 반공포로의 모
   임인 반공청년단에서 출발하여 회원을 1만 8천여 명 거느리고 있다. 창립 49년 만에
   단체이름에서 '반공'이란 단어를 없애고 통일안보중앙협의회로 명칭을 바꾸었다. 안

이러한 수용소 내의 살육행위에 염증을 느낀 인민군포로 97명은 남과 북을 모두 등지고 인도나 브라질로 떠났는데, 인민군장교 주영복은 20일간의 반공특공대의 고문과 구타에 못 이겨 도망을 쳐 결국 브라질을 택했다. 또 중국군포로 중 1만 5천 명은 주로 대만특수부대의 노골적인 폭력에 의해 대만으로 강제송환되어 이산가족이 되었다.

이에 비해 국군포로는 숫자도 훨씬 적고, 북쪽에서는 '반공포로' 석방과 같은 불법행위가 별로 드러나지 않고 있다. 국군포로로 남쪽 송환자는 8300명 정도이고(7600명이라는 주장도 있다), 북쪽 송환자가 약 330명이다. 이렇게 인민군포로에 비해 국군포로의 숫자가 적은 것은 첫째 인천상륙작전으로 인민군은 퇴로가 차단되어 바로 포로가 되거나 빨치산이 되었다 포로가 된 숫자가 많았으나 국군은 이러한 퇴로차단이 별로 없었고, 둘째는 국군포로 가운데 많은 숫자가 북한의 '교화'에 의해 인민군으로 편입되었기 때문이다. 아마 최근 국방부에서 발표한 미귀향 국군포로 1만 9천 명은 이렇게 인민군으로 편입된 국군포로도 포함된 숫자일 것이다.

장기수 최하종의 증언에 의하면 국군포로에게 "국방군 생활중 배가 고프지 않았나?" "교육을 제대로 받을 수 있었나?" "인간대접 제대로 받을 수 있었나?" 하고 물으면 모두들 부정 일변도였다 한다. 그래서 인민군에 가면 배가 고프지 않고 후에 교육도 무료로 받을 수 있고 인간대접도 제대로 받을 수 있다고 하면 대부분 인민군으로 지원했다는 것이다. 북한은 이미 1946년 친일파를 완벽히 청산하고 민주개혁과 토지개혁을 통하여 민중 중심의 사회로 이행하여 남쪽의 핍박한 민중생활과는 대조

정일 총무국장은 "공산국가와도 교류하고 남북간 통일·화해 기운이 높아가는 시대 흐름에 발맞춰 '반공'이라는 낡은 구호를 벗고 통일과 국가안보를 지향한다는 뜻으로 이름을 바꿨다. …창설 당시에는 국시가 반공인 줄 알고 따랐지만, 사실은 통일이 국시가 아니냐"고 말하여 통일시대의 도래를 실감나게 한다(『한겨레신문』 2000. 9. 21).

를 이루었기 때문에, 국군포로가 자발적으로 인민군 편입을 원했을 가능성은 높았다. 또 일부의 증언에 의하면 실제로 상당 숫자가 자원했다. 제네바협정 제3협약 4조 a의 포로 정의는 전범자·귀순자·피석방자를 포로에 포함하지 않고 있기 때문에, 이런 미귀환 포로를 '강제억류자'로 보기는 힘들 것이다.

브라질로 간 손천기씨의 회고에 따르면, 포로생활 역시 남쪽과 달리 북쪽에서는 "가혹행위는 없었고 나무 베기 등 노동과 학습·토론이 전부여서 포로들 사이에 대립 역시 없었다"고 한다. 인민군포로 중 인도나 브라질행을 택한 숫자는 97명이지만 국군포로로서 제3국행을 택한 숫자는 불과 2명뿐이다. 그중 한 사람인 손천기씨는, 포로수용소의 살육전 때문에 제3국행을 택한 남쪽의 인민군포로와는 다른 요인으로 브라질을 택했다. "종삼(서울 종로 3가 사창굴) 출신인 내가 서울로 돌아간들 사람구실을 할 것 같지 않아 외국행을 택했다."

국군포로에 대한 북한의 강제억류가 없었다고 보기는 힘들겠지만 최근 남한으로 귀환한 국군포로만을 두고 북한이 국군포로의 자유의사를 무시하고 강제로 억류시켰다고 주장할 수는 없다. 이들은 휴전 당시에는 북한에 자발적으로 남았을 수 있고 또 인민군에 편입되었을 수도 있다. 그러나 북한의 최근 식량난과 경제난 때문에 늦게나마 남쪽 귀환을 시도하면서 본인의 의사를 무시하고 강제억류하였다고 주장할 가능성이 충분히 있기 때문이다.

이제까지 살펴본 대로 이승만정부는 인민군포로에 관한 한 많은 불법행위를 자행했다. 이러함에도 국군포로 즉각송환을 주장할 수는 있다. 그러나 이에는 전제조건이 따른다. 곧 남한정부가 과거 인민군포로 처리과정에서 자행한 불법성 등에 대해 늦게나마 공식적으로 인정해야 하며, 또 이 피해 인민군포로들에게 지금이라도 북송의사를 확인하여 원하

는 사람은 국군송환과 맞교환할 채비를 갖춰야 한다. 그러나 남한정부
가 이러한 과거의 불법사실을 계속 부인해 왔으므로 이 시점에서 이를
시인하는 것은 엄청난 부담이 되어 거의 불가능하다. 북한 역시 상대적
으로 부담은 덜할지 모르지만 그래도 자기부정을 해야 하므로 이를 수
용하기 힘들 것이다.

4. 특수 유족이산가족

특수 유족이산가족은 남과 북에서 각기 보도연맹원과 빨갱이로 몰려
학살된·좌익유족 이산가족과 반동으로 몰려 처형된 우익유족 이산가족
으로 나눌 수 있다. 이들 특수 유족이산가족은 해방공간의 좌우익 투쟁
에서부터 생겨나 6·25전쟁이 시작되면서 약 25만 명의 보도연맹원에
대한 집단학살, 전쟁발발시 대전형무소 수감자 1800여 명의 집단처형과
같은 수만 명에 이르는 형무소수감자 학살, 노근리나 이리역 등에서의
미군에 의한 학살, 북한인민군과 빨치산 및 토착공산세력에 의한 학살,
수복과정에서 남한 군과 경찰의 부역혐의자 학살 등이다. 대표적인 경
우인 보도연맹원과 형무소수감자에 한정하여 세부적으로 그 양태를 살
펴보고 전반적인 규모를 살펴보겠다.

국민보도연맹원 학살

보도연맹은 이승만정부가 좌익세력에 대한 통제와 회유를 위하여 만
든 전국조직으로, 연맹원이 30만~35만 명이었다. 6·25전쟁이 터지자
이들 연맹원이 북한점령의 첨병 역할을 할 것을 우려하여 평택 이남의

전회원에 대한 학살명령이 최고위층에서 내려져 전국에 걸쳐 자행된 집단학살이었는데, 경남 진양군 대각면의 학살에 대한 증언은 전쟁 초기에 이루어진 학살의 유형을 짐작케 한다.

전쟁이 터졌다는 소식이 전해지자 보도연맹원을 소집하여 훈련을 시켰다. 전쟁 후 3~4일 후부터 훈련이 시작되었다. 면에서 한 40~50명이 훈련을 받았다. 2차에 걸쳐 사람들이 죽었다. 1차는 수곡면에서 4~5명 되었는데 먼저 잡아가 버렸다. 거물급이라고 생각되던 사람들이었다. 2차는 몇 차례 소집훈련을 한 후 하루는 훈련하던 사람들을 모두 묶었다. 죽은 사람이 40~50명되었다. 명석〔진양군 명석면〕 근처의 골짜기에 몰아넣고 일제사격을 해 죽였다고 한다. (정진상 1994, 118쪽)

이와 같은 과정을 거쳐 학살된 보도연맹원은 20만~25만에 이를 것으로 추정된다.[12] 보도연맹원에 대한 초기의 집단학살은 그 이후 연쇄학살의 고리를 형성한 셈이다. 곧 보도연맹에 연루되어 학살된 유가족이 그 이후 진주하는 북한인민군에 힘입어 남한의 공무원·경찰·지주계급 등에 대해 보복살인을 하는 계기가 되었던 것이다. 이 보복학살은 9·28 서울수복 후에 주로 우익과 경찰 등에 의한 역 보복학살이라는 악순환으로써 더욱더 동족상잔을 초래하는 원인제공을 하였다.[13]

---

12) 정희상은 30만으로 서중석은 최대 10만으로 보고 있으나(서중석 1999, 607쪽) 정확한 숫자는 아직 알 수 없다. 정희상은 평택 이남의 전원에 가까운 30만이 모두 학살된 것으로 추정하고, 서중석은 일부 유족회 등에서 밝혀낸 자료를 중심으로 10만 수준으로 주장하는 것 같다. 그러나 학살명령이 대한민국 최고위층에서 내려졌고, 학살이 평택 이남의 경우 전국적으로 시행되었고, 4·19 이후 유족회 조사 등이 지극히 제한적이고, 예외적이긴 하지만 관할 지서장 등이 학살을 시행하지 않은 곳도 있고, 일부 도망 등으로 모면한 사람도 있는 점 등을 고려한다면 정희상은 과다추정, 서중석은 과소추정이라 볼 수 있다. 그래서 20만~25만 수준으로 보는 것이 보다 가까운 추정이라고 여겨진다.

13) 부산 및 경남지역의 보도연맹원 학살에 대해서는 김기진(2002) 참조.

형무소수감자의 집단학살

1999년 12월 16일 미국 국립문서기록보존소에서 비밀해제된 한국전 쟁관련 문서에서 확인된 바와 같이, 1950년 7월 4~6일에 대전형무소 정치범 1800여 명이 군경에 의해 집단학살되었다.[14] 이처럼 6·25전면 전쟁 초기에 형무소에 있던 좌익수감자들이 최고위층의 지시에 의해 대 대적으로 학살되었다. 당시 형무소 재소자는 3만 7천여 명이었는데 평 택 이북 재소자 1만 7천을 제외한 2만 명 가운데 정치범으로 분류된 수 감자가 학살된 것으로 보인다. 이 재소자에 미결수는 포함되지 않아 거 의 기결수 숫자와 비슷한 것으로 추정되는 미결수도 대부분 처형된 것 으로 보여 실제 형무소 재소자의 학살은 엄청날 것으로 보인다. 대구의 경우 1402명(김삼웅 1996, 166~67쪽) 대전의 경우 약 3천 명이 학살된 것 으로 알려져 있다.[15] 부산의 경우 기·미결수를 합하여 약 6천 명이 학 살되고 불심검문 등으로 체포된 혐의자들도 함께 처형되어 영도 동삼돌 골짜기, 김해 대동면 신어산, 사하구 부평동 삼박골짜기, 송정동 구덕포 와 광어촌 사이 골짜기에 매장되었으며, 일부는 오륙도와 영도 앞바다에 철사로 묶인 채 수장되었다. 이들 시체가 대마도에 밀려와 어장에 걸려 어민들이 피해보상을 요구하는 데모를 할 정도로 대규모였다(같은 책,

---

14) 발굴된 문건은 주한미대사관 육군무관 밥 에드워드 중령이 작성·보고한 "한국정치 범들의 처형"(2급비밀)과 "한국 육군헌병에 의한 처형"(3급비밀) 등 2건이며 처형현 장을 찍은 사진 18장과 7장이 별도로 첨부돼 있다. 에드워드 중령은 50년 9월 23일 보고한 "정치범들의 처형" 문서에서 1950년 7월 첫째주 사흘에 걸쳐 대전형무소에 수감중인 정치범 1800명이 집단처형됐다고 보고했다. 이 문서는 또 "처형명령은 의심 할 바 없이 최고위층에서 내려졌다"고 밝히고 있다(『한겨레신문』, 2000. 1. 7).
15) 대전형무소 수감자의 학살은 대덕군 산내면 골랑골(또는 낭월곡)에서 7월 2일부터 15일까지 진행되었고, 재소자뿐 아니라 보도연맹원도 함께 학살당한 것으로 보인다. 이에 관해서는 대전형무소산내학살진상규명위원회, 「대전형무소 산내 학살사건진상 중간보고서」(2000. 7. 8) 참조.

105~107쪽).[16)

국가보안법 피의자로 재판중인 통일일꾼 손병선씨가 재판정에서 개진한 모두진술은 민간인학살의 체험과 통일일꾼으로 성장하는 모습을 잘 보여준다.

> 저의 아버지는 8·15해방 이후 조국의 진정한 자주독립과 통일을 위하여 활

---

16) 2002년 4월 국회의원 전갑길이 국회 대정부 서면질의 "한국전쟁 전후 민간인학살사건 규명에 관한 질의서"에서 국립기록보존소의 형무소 재소자명부를 바탕으로 형무소 학살에 대한 일부의 윤곽을 밝혀주고 있다. "본 의원이 일부 형무소의 공식기록물을 통해 사실을 확인한 것만으로도 이는 충분히 증명된다고 생각합니다. 1950년 6월부터 10월 사이에 부산형무소에서 414명, 대구 2574명, 마산 등지에서 1681명, 모두 4669명이 학살된 것으로 집계됩니다. 또 이미 미국문서를 통해 언론에 공개된 바 있는 대전형무소 피학살수감자 1800명을 합하면 총 6469명의 재소자들이 단순히 동조 가능성만으로 아무런 재판절차 없이 학살된 것으로 나타나고 있습니다. …부산형무소의 경우, 행정자치부 산하 정부기록보존소의 영구 또는 준영구 보존대상기록물인 50년 재소자인명부와 재소인원일표, 교정통계 등 3가지 기록물을 통해 분석해 본 결과, 50년 1월부터 12월까지 부산형무소에 수감중이던 연 1만 1591명의 재소인명부 중 8월 이후 2개월 동안 대구형무소에 이감된 것으로 되어 있는 538명의 명부에는 '대구이감'이라는 도장이 찍혀 있었으나, 이를 같은 기간 대구형무소에 수감돼 있던 연 8026명의 재소자인명부 명단과 대조한 결과 414명의 이름은 사라지고 없었습니다. 또한 재소자 인원증감, 혐의, 연령 및 재소인원표, 수형자 출입표, 연인원표, 연령별 및 범수별 누가표 등으로 구성된 재소자 인원일표와 교정통계표에는 414명을 포함, 모두 1795명으로 나타나 있으나 이들 역시 행적이 묘연해 학살의혹이 남습니다. 대구교도소의 경우, 1950년 7월부터 10월까지 복역중인 재소자 2574명이 진주형무소, 부산형무소로 이감되는 과정에서, 대구형무소에서 부산형무소로 이감된 것으로 기록된 1404명 중 1172명이 부산형무소 재소자인명부에 존재하지 않는 것으로 확인되고 있습니다. 대구형무소는 이미 작년에 공개된 국회양민특위 보고서를 통해 7월중 피학살자를 1402명으로 확정하고 있어 이감되는 과정에서 사라진 재소자수는 총 2574명이라 분석됩니다. …마산형무소에서 학살은 전쟁발발 직후인 6월에 1681명이 총살된 것으로 국회양민특위 속기록이 확인해 주고 있습니다. 따라서 이러한 사실들은 당시 형무소 수감자들에 대한 학살이 각 형무소의 일반적으로 자행됐음을 유추하게 합니다. 사라진 수감자들 대부분이 결코 죽을죄를 짓지 않은 2, 3년 이내의 형기를 받고 복역중이던 기결수와 형이 확정되지도 않은 미결수들이었다는 점에서 문제의 심각성은 더욱 크다 할 것입니다. 좌·우 이데올로기 논쟁을 떠나 인간생명의 존엄성과 인권보호, 꼬인 과거의 매듭을 풀고 올바른 역사를 정립해야 한다는 차원에서 수감자를 비롯한 한국전쟁 전후 민간인학살 사건의 진실규명은 반드시 필요한 일이라고 생각됩니다."

동하다가 두 차례에 걸쳐 옥살이를 했으며 출옥 후에는 고향인 충북 영동에서 부산의 산마을에 정착했습니다. 제가 23살 되던 때에 동대신동의 산 위 저희 마을 옆 초량공동묘지에는 매일 오전 10시와 오후 4시에 미제 G. M. C. 트럭이 한 차 가득히 부산형무소에서 처형된 사상범들을 싣고 와서 가마니로 덮어놓은 것을 보면서 어린 나이에도 이 모든 비극이 해방 이후 조국이 분단된 까닭이라는 것을 절감했습니다. (반핵평화운동연합 1992, 2쪽)

이들 외에도 제2전선지역 주민, 피란민, 부역혐의자, 공비 및 통비 혐의자, 국민방위군이나 불심검문 또는 가택수색에 의해 뚜렷한 혐의도 없이도 학살의 대상이 된 불특정 다수 민간인, 예비검속에 걸린 사람 등이 좌익빨갱이라는 혐의로 대거 학살되어 그 수는 100만에 가까운 것으로 추정되고 있다.

좌익에 의한 피학살자는 대개 그들이 분류한 반동분자인데 이들은 주로 친일파, 친미파, 민족반역자로 선거권과 피선거권이 주어지지 않았으며 이 밖에도 경찰관, 반공연맹원, 국민회지부장, 군인가족 등을 지칭한다(장미승 1990, 191쪽). 남한정부의 공식적 발표에 의하면 이들 우익 피학살자의 숫자는 12만 9천 명이다.

북한지역에서의 피학살자는 북한 전역에 걸친 불특정 다수 인민들로 미군의 초토화작전에 희생되었고 또 40일 동안 북한을 점령한 시점에서는 주로 노동당이나 정부기관에 종사한 사람과 좌익혐의자였다. 초토화작전에서 학살된 숫자는 수십만에 이를 것으로 보이나 확인되지 않고 있다. 40여 일 북한을 강점한 동안 남한의 군과 경찰, 서북청년단 및 공작원에 의해 학살된 숫자는 북한당국의 공식적 발표에 의하면 17만 2천 명이다.

이들 수백만에 이르는 특수 유족이산가족은 전쟁을 빌미로 한 민간인 학살에서 비롯된 것으로 앞의 이산가족보다 더욱 쓰라린 원한과 분노

속에서 이산가족의 고통을 감내해 왔다. 이제 남한 내에서 전국적으로 40여 곳에 유족회가 조직되고 이들이 전국적인 유족회를 조직하여 진상규명과 명예회복을 추진하고 있다. 그러나 앞의 이산가족은 생사확인→상봉(방문, 면회소)→서신교환→자유왕래→재결합 등의 방식으로 문제를 해결하는 것이 현실적인 방도이지만, 이들 사별한 유족이산가족은 역사청산이 최선의 방안이다. 이를 바탕으로, 전쟁을 빌미로 자행된 인간의 죄 가운데 가장 큰 죄인 민간인학살이라는 살인죄에 면죄부를 안겨주는 야만의 역사에 종지부를 찍는 것이야말로 진정한 문제해결일 것이다.

5. 맺음말: 이산가족의 해법은 포괄적, 탈상호주의적, 점진적 방식으로

6·15공동선언에서 합의한 비전향장기수의 송환이라는 전기를 맞아 국군포로 가족들과 동진호 등 관련가족들은 이들의 송환을 주장하고 나섰다. 개인적 차원에서 이런 가족의 요구는 당연하고 또 그들의 맺힌 한은 이해가 충분히 간다. 그러나 개인 수준의 합리적 요구나 당위적 행위기 전체 수준의 합리성과 당위성을 보장하지 못하는 점이 이 문제해결을 어렵게 하고 있다.

더구나 남북문제 전반이나 사회 전체의 맥락에서 이산가족문제를 접근해야 할 터인데, 일부 정치계, 퇴역장성 및 언론계 등에서는 상호주의 원칙을 들먹이며 막무가내식 주장을 펼치고 있다. 곧 장기수를 송환하면 국군포로와 납북자를 송환받아야 한다는 것이다. 그러나 이 주장은 실제로는 반상호주의이고 궤변에 지나지 않는 것으로 남북관계를 파탄으로 이끌 위험을 안고 있다.

이산가족은 앞에서 살펴본 대로 그 범주가 다양하다. 납북자와 납남자, 국군포로와 인민군포로, 남파공작원과 북파공작원 등과 같이 남북이 각기 주체가 되어 동일 범주의 특수 이산가족을 발생시켜 왔다. 이는 등가상대 범주라고 볼 수 있어, 이산가족의 인식과 해법에서 이 등가상대를 고려하지 않을 경우 일방적인 요구로 그쳐 형평성에 위배됨으로 해서 남북관계를 악화시킬 우려가 있다. 또 이제까지 남북정권은 대부분의 특수 이산가족에 대한 원인제공, 곧 특수한 목적을 가진 '불법행위'인 납치나 공작원파견 등을 부인하고 있고, 현시점에서도 이를 부인 또는 확인도 부인도 하지 않는(NCND) 입장을 취하고 있다. 이 시점에서 이를 공식적으로 인정하는 것은 남북 양 정부에 큰 부담으로 작용하기 때문에 이 문제를 공개적으로 접근하는 것을 어렵게 하고 있다.

분단과 전쟁의 소용돌이 속에서 남북이 서로 불법행위를 저지르는 과정에서 대부분 파생된 이산가족 문제는 상호주의 원칙 아래 엄격하고도 공개적으로 송환절차를 밟게 되면 남북은 과거 자신의 불법행위를 드러내지 않을 수 없다. 역사적 진실이나 인권 차원에서는 이 문제의 진상이 밝혀져야겠지만 지금 통일성취시대로 나아가는 시점에서 이렇게 상호주의적으로 이산가족문제를 해결하려는 방안은 실현 가능성도 없거니와 화해와 통일에도 도움이 되지 않는다. 오히려 갈등을 재발시켜 그나마 진전되는 일부 일반 이산가족 문제마저 중단시킬 위험이 있다. 그러므로 이산가족 모두를 한 범주 속에 넣어 '분단과 전쟁의 희생자로서 이산가족'으로 설정하고 일괄해결하는 포괄적, 탈상호주의적, 점진적 방식을 취해야 한다.[17]

---

17) 납북자가족모임 관계자들과 한나라당 등은 납북자는 일반 이산가족과 다르므로 통상의 이산해법 대상이 아니라 송환되어야 한다고 본다. 그러나 대한적십자는 "487명의

이러한 바탕 위에 일반 및 특수 이산가족의 문제해결은 '생사확인→
상봉(방문, 면회소)→서신교환→자유왕래→재결합' 등으로 차례로 확
대해 나가면서 전반적인 남북관계의 개선과 궤를 같이하여 남북화해와
통일기반 조성에 기여하는 조건 내에서 추진되어야 할 것이다. 또 특수
유족이산가족의 경우는 진상규명, 명예회복, 보상(개별적이 아닌 집단
적), 사죄, 역사기록 등의 역사청산을 그 원형으로 설정하여 이에 가깝
게 추진되어야 할 것이다.

이산가족과 같은 민족비극과 관련하여, 이쪽은 아무런 잘못이 없는데
북측만 잘못했다는 일방적 역사왜곡에 의해 북측만을 단죄하는 접근방
식은 화해와 통일로 나아가는 통일성취시대에 걸맞지 않다. 보다 실사
구시로 접근하여 역사의 진실을 밝힘과 동시에 이들의 해결 역시 통일
기여적으로 시도하여야 할 것이다. 그러기 위해서는 그쪽만 아니라 이
쪽도, 아니 어떤 영역에서는 이쪽이 저쪽보다 훨씬 더 잘못을 저질렀다
는 점을 솔직히 인정하고 자성하는 전향적인 접근이어야 한다.

（「분단이산가족의 현황과 문제 해결방향」,『한반도의 평화와 인권』, 2002）

납북자 중 이제 겨우 한 가족이 만났을 뿐"이라며 "불필요하게 북측을 자극하거나
과도한 요구를 하게 되면 역효과를 일으킬 수 있다"면서 이산가족의 범주에서 점진적
인 접근을 견지하고 있다.

3. 통일과 한국전쟁

앞의 1장에서 본 바와 같이 해방공간을 맞아 조선이 분단된 것은 동아시아의 보편적인 역사흐름을 거역한 것이었고 동시에 내재적 민족사의 흐름을 뒤엎은 것이었다. 역사의 순리를 거역한 반역사적이고 반민족적인 분단을 극복하기 위한 조선인의 격렬한 몸부림 가운데 하나가 바로 한국전쟁이었다. 한국전쟁은 그 출발도 통일이었고 마무리도 남북 양쪽이 격렬하게 시도하였다가 실패로 끝난 통일이었다. 그러나 오늘 21세기의 시점에서는, 비극적인 전쟁을 통한 통일의 모색이라는 20세기의 방도가 아니라 평화적인 방법으로 통일을 이룩하는 것이 우리의 최대 당면과제이다.

이런 문제의식 아래 2절에서는 한국전쟁을 보다 분석적으로 파악하기 위하여 전쟁5단계설을 제기한다.[1] 이렇게 함으로써 한국전쟁이 분단시대를 마감하려는 극단적인 실천행위라는 민족적 위상을 잘 포착할 수 있고, 전쟁에 개입한 미국을 비롯한 외세의 실체를 제대로 파악할 수 있다. 3절은 한국전쟁을 냉전적 이해관계가 아니라 우리 민족사의 교직 속에서 인식하는 민족중심적 인식을 시도한다. 이러한 인식이야말로 한국전쟁의 극복을 통한 통일성취시대의 구현이라는 민족사적 과제와 접목되는 전쟁인식이다. 그리고 4절은 전쟁극복을 통한 통일에 이르는 길을 여러 각도로 모색한다.

이렇게 민족의 눈으로 한국전쟁을 이해함으로써 외세가 강요한 냉전의 눈, 남한만의 눈, 북한만의 눈, 또 외국의 눈 등으로 왜곡되게 보아왔던 한국전쟁에 대한 이해가 분단극복에 장애물이 되어왔음을 자성할 수 있게 된다. 이를 바탕으로 우리의 당면과제인 민족통일의 성취에 도움이 되는 한국전쟁의 이해, 곧 분단지향적 한국전쟁의 이해로부터 통일지향적 한국전쟁의 이해를 꾀하고자 한다.

1. 한국전쟁과 색깔론 및 마녀사냥

냉전의 광기에 탐닉한 우리 사회에서는 전쟁이 끝난 지도 반세기가 가까워지는 지금까지 한국전쟁은 금기의 영역 또는 성역으로 자리잡고 있다. 비록 그것이 순수한 학문적 접근이라 할지라도 철저히 장막이 쳐 있는 실정이다. 언제나 공식적인 '표준정답'이 있어 이에 조금이라도 이탈하면 중세 암흑기의 마녀사냥과 색깔론이 춤을 춘다. 그런데 이 표준정답은 한국전쟁에 관한 한 무조건 북한은 악(惡)의 화신이고 남한과 미국은 선(善)의 화신이라는 절대적 양분법으로서, 역사적 진실과는 거

---

1) 이 5단계설은 강정구(1993c)에서 제기되었던 것을 수정한 것이다.

리가 멀 수밖에 없는 왜곡이 자리잡고 있다.

이러한 광기 어린 마녀사냥과 색깔논쟁은 대통령이라고 예외는 아니다. 김대중 대통령은 2001년 9월 28일 국군의 날 기념사에서 밝힌 다음과 같은 한국전쟁의 해석 때문에, 한나라당 국회의원 안○○로부터 대통령직 하야를 요구받았고 냉전에 매몰된 김○○ 의원에게서는 극단적인 마녀사냥의 표적이 되었으며 언론의 집중포화를 맞았다.

우리 역사를 되돌아보면 세 번의 통일 시도가 있었습니다. 신라의 통일과 고려의 통일, 이 두 번은 성공했습니다. 하지만 세번째인 6·25사변은 성공하지 못했습니다. 그런데 이 세 번 모두가 무력에 의한 통일시도였습니다. 그러나 이제 네번째의 통일시도는 결코 무력으로 해서는 안 됩니다. 반드시 평화적으로 해야 합니다. 지금은 남북이 엄청난 대량살상무기를 가지고 대치하고 있기 때문에 우리는 민족의 안전을 위해서나 장래의 번영을 위해서나 반드시 평화통일에의 길을 가야 할 것입니다.

한나라당 대변인은 "군통수권자인 대통령이 엄연히 북한의 적화통일 야욕에 의한 남침을 '통일시도'로 평가하다니 대통령의 사상과 역사인식을 의심치 않을 수 없다"고 비난했다. 또 김영삼 전 대통령은 "남침을 합리화시키려는 북한공산주의자들의 전략전술을 그대로 인정하고 대변하는 논리로, 김대중씨의 사상과 정체를 드러내 보인 것"이며 이는 "반민족적 범죄집단인 북한에 정통성을 부여하려는 의도이자, 이 나라를 공산독재자인 김정일에게 바치려 하고 있는 것"이라고 비난했다(『조선일보』 2001. 10. 4).

대표적 수구냉전세력인 국회의원 김○○은 그야말로 반공반북(反共反北)이면 모든 것을 정당화한다는 냉전의 최첨단에 서서 마녀사냥을 전개하면서 철저한 친미사대주의 성향을 드러냈다.

김대중정권은 친북좌파적 시각에 따라 김정일 수령체제의 강화를 앞장서 돕고 있습니다. …친북적 사고로 북한 김정일정권을 찬양하고 대한민국의 정통성을 부정하는 세력들, 더 나아가 북한의 김정일정권 자체가 이 정권에게는 누구보다 가까운 동지가 되어 있습니다. …이 정권의 지원 아래, 친북좌파세력들의 활동이 위험수위 이상으로 확산되고 있습니다.

뿐더러 주한미군의 용산기지 내 아파트건설추진 반대움직임에 대해서는 2001년 12월 12일 성명을 통해 "이것을 빌미로 반미감정을 확산시키고 국가의 안보까지 위협하려는 일부 세력들의 움직임은 분명 위험하기 짝이 없는 것… 숨은 의도가 무엇인지를 직시해야만 한다"고 주장했다. 이에 대해 같은 당의 김원웅 의원은 "우리나라의 수구세력들은 국적이 한국인지 미국인지 분별을 못하겠다"고 비난하면서 "주한미군이 용산기지에 아파트를 짓는 행위는 용산을 미국영토로 착각하는 것… 미국은 용산이 미국영토가 아니라 한국영토라는 인식을 분명히 해주기 바란다"고 말했다.

여기에 그치지 않고 '만경대필화사건'을 주도한 『중앙일보』는 10월 4일자 사설에서, 『조선일보』는 10월 2일자 사설에서 한결같이 한국전쟁을 북한의 '무력에 의한 통일시도'일 따름이라며 미국과 남한 역시 9·28수복 이후 무력통일을 시도했던 엄연한 진실을 극구 부인했다. 그리고 표준정답이라는 '우리의 인식이나 입장'과 다르기 때문에 북한의 입장이라고, 곧 내편 아니면 적이라는 식의 냉전 편가르기에 혈안이 되었다.

국가원수가 그 말할 수 없는 재앙을 우리에게 남긴 피침(被侵)의 역사를 남의 나라 일처럼 객관화할 수는 도저히 없다. 김대통령은 지난 8월 27일 3당 지도부 및 국회의원 초청 만찬에서 "6·25 당시 남도 압록강까지 갔고, 북도 낙동강까지 왔지만 결국은 물러나서 제자리로 돌아섰다"고 말했다. 그의 이 말은 누가 침략의 주체인지를 모르게 한다. '6·25=실패한 무력통일 시도'라는 인식은 북한의 입장이지, 우리의 입장일 수는 없다. (『중앙일보』 2001. 10. 4)

6·25전쟁을 '통일 시도'로 보는 것도 6·25에 대한 지금까지의 우리의 시각과 입장에 부합되지 않는다. 북한의 입장에서 본다면 6·25는 엄연히 '무력을 통한 통일 시도'였기에 이런 언급은 북한의 시각에서 출발한 인식이 아닌가 하는 우려마저 갖게 한다. …수백만의 사람들이 죽고, 수많은 이산가족을 만든 이 비극을 어떻게 '통일시도'라는 단어로 표현할 수 있을 것인가. 우리 국민 중 몇% 가 6·25를 '실패한 통일시도'로 인식하는가에 생각이 미치면 혼란스럽고 당혹할 따름이다. (『조선일보』 2001. 10. 2)

공식적 해석 외에 다른 해석을 일체 용납하지 않는 전체주의적이고 파시즘적인 해석독점권을 행사하면서 냉전의 마녀사냥과 색깔론을 주도하는 것은 언론만이 아니라 자유민주주의를 주장한다는 대학교수도 마찬가지다. 평소 한국전쟁에 관한 제대로 된 논문 한 편도 없는 연세대 송복 교수는 '자유민주주의'와 '온전한 국민'이라는 이름 아래 한국전쟁에 관한 해석권을 독점하는 횡포를 부리는 반학문적 작태를 드러낸다.

그 적화통일 시도를 북쪽사람들은 말할 것도 없이 '통일'이라 하겠지만, 자유민주주의를 갈망하는 남쪽사람들도 거기에다 '통일'이라는 이름을 갖다붙일 수 있을까. 남쪽사람들의 입장에선 자유민주주의에 의한 통일이 아닌 그 어떤 통일도 통일이라는 이름을 붙이려 하지 않을 것이다. 온전한 국민이라면 어느 한 사람도 쓰지 않을 그 이름을 오직 대통령이 나서서, 그것도 한두 번이 아니고 몇 달에 걸쳐 몇 번이고 되풀이해 쓴다면, 그 대통령은 남북 어느 입장에 서서 말하는 대통령인가. 북쪽의 입장에서 6·25는 '무력에 의한 통일시도'며 무력에 의한 민족해방전쟁이다. 그러나 남쪽의 입장에서 6·25는 통일의 시도가 아니라 명백히 '자유민주주의 파괴의 시도'다. (『중앙일보』 2001. 10. 8)

그러나 『한겨레신문』(2001. 10. 10)이 잘 지적한 것처럼 『월간조선』은
허문도 전 통일원장관의 시론("6·25전쟁과 남북정상회담")에서 "6·
25는 실패한 통일전쟁이었다. …1950년 10월 중공군의 개입은 대한민국
이 민족의 통일을 이룩할 수 있었던 절호의 기회를 일거에 앗아갔다"고
주장했다. 조갑제 편집장도 논평에서 "김유신과 김일성은 1300년이란
간격에도 불구하고 공통점을 갖고 있다. …두 사람은 통일을 위한 전쟁
을 결심했던 한국역사상 '유이한' 지도자이다"고 평가했다(『월간조선』
1994. 3).

이렇게 신라의 통일전쟁과 김일성의 통일전쟁을 하나의 관점에서 이
해한 것은 정작 『월간조선』인 셈이었다. 뿐만 아니라 고등학교 현행 국
사교과서도 "국군과 유엔군은 평양을 함락하고, 그해 겨울에는 압록강
까지 진격했다. 이렇듯 통일의 염원이 이루어지게 됐다고 생각했던 바
로 그 시점에서 중공군이 개입함으로써 후퇴할 수밖에 없었다"고 한국
전쟁을 사실상 무력에 의한 통일전쟁으로 이해하고 있다.

정작 자신들의 해석에는 면죄부를 주면서 자신들의 표적이 되는 대상
에 대해서는 파시즘적 해석권을 휘두르는 이들의 가증스런 이중잣대는
여전히 '국민의 정서'라는 이름으로 거대한 힘을 발휘하고 있다. 한국전
쟁에 관한 이러한 마녀사냥은 학계에서도 예외 없이 적용되어 1993년
통일부총리 한완상과 1998년에는 대통령자문정책위원장 최장집을 현직
에서 내쫓고(김귀옥 2000a), 이른바 '만경대필화사건'으로 기소된 필자의
중요 공소내용이 되어 여전히 칼춤을 추고 있다.

이제 6·15공동선언을 계기로 열린 본격적인 통일시대와 평화시대를
맞아 이들 금기주제에 대한 '성역 허물기'가 더욱더 절실히 요구된다. 왜
냐하면 일방적으로 왜곡된 상대방에 대한 이미지로는 진정한 화해와 협
력이 이루어지기 힘들고, 이러한 화해와 협력 없이 평화와 통일은 요원

하기 때문이다. 일본교과서의 왜곡이 한일간의 진정한 화해와 협력을 어렵게 만들듯이 남과 북이 이제까지 걸어온 발자취를, 곧 서로 상대방을 일방적으로 매도해 온 것들을, 역사의 진실과 올바른 평가로 대체하지 않고는 진정한 화해나 통일은 불가능할 수밖에 없기 때문이다.

진정한 한반도평화를 위해서는 평화의 핵심 구성분야인 주한미군, 남북 군사력과 군축, 평화협정, 미국의 대한반도 정책, 한반도 전쟁위협사 등의 주제가 표준정답에서 벗어나 본질적이면서도 포괄적으로 연구되어 냉전성역이 허물어져야 하듯이 한국전쟁 또한 마찬가지다. 이 글도 이러한 냉전의 성역 허물기에 기여하기를 바란다.

2. 한국전쟁의 5단계

한국전쟁은 다양한 성격을 지닌 전쟁이다. 전쟁주체를 중심으로 보면, 외세와 외세의존 국내세력을 한편으로 하고 민족자주세력을 다른 한편으로 하는 민족해방전쟁 또는 내전의 형태를 띠었다. 또 외세를 중심으로 볼 때는 미국과 중국이라는 자본주의 종주국과 사회주의 준종주국 사이의 진영전쟁 양상을 띠었다. 전쟁규모나 전투행위의 유형을 기준으로 본다면 국지전, 전면전, 제한전, 확대전, 교착전쟁 등 다양한 형태로 전개되었으며, 전쟁목적을 기준으로 할 때는 무력통일전쟁에서부터 계급혁명전쟁, 반제민족해방전쟁, 분단고착화전쟁에 이르기까지 다양한 성격을 가진다.

이러한 복잡한 양상을 지닌 한국전쟁이라는 '큰 전쟁'을 전쟁의 전개과정을 중심으로 세분화하면 〈표 1〉과 같이 5단계로 시기구분할 수 있을 것이다. 이하에서는 5단계로 구분지어 매단계의 특징들을 평가함으로써 한국전쟁에 대한 총체적 분석을 시도하겠다. 한국전쟁은 크게 '작은전쟁'(small war), '제한확대전쟁'(limited but expanded war), '전면전쟁'(general war), '진영전쟁'(semi-global war), '교착·제한전쟁'(stalemated and limited war)으로 나눌 수 있다.

〈표 1〉 한국전쟁 5단계설

단계	작은전쟁	제한확대전쟁	전면전쟁	진영전쟁	교착·제한전쟁
시작 끝	1948. 2. 7 1950. 6. 25	1950. 6. 25 1950. 7. 1	1950. 7. 1 1950. 10. 말	1950. 10. 말 1951. 6	1951. 6 1953. 7. 27
전쟁주체	**남한좌익**과 북한정부 대 **외세** 및 남한정부	**북한정부**와 남한좌익 대 **남한정부**	**북한정부**와 남한좌익 대 **미국**과 남한정부	**중국**·북한정부·남한좌익 대 **미국**·남한정부	**중국·북한정부**·남한좌익 대 **미국·남한정부**
전쟁성격 (목적)	민족 해방·통일 전쟁 대 분단고착화전쟁	민족 해방·통일 전쟁 대 분단고착화전쟁	민족 해방·통일 전쟁 대 분단고착화전쟁, 통일전쟁	민족 해방·통일 전쟁 대 분단고착화전쟁, 통일전쟁	분단고착화전쟁 대 분단고착화전쟁
전쟁형태 (주도적)	국지전, 국제적 내전	제한전, 순수내전	전면전, 국제전	전면전, 동서진영전	전면전, 동서진영전
미국정책	전쟁의 한국화	순수내전이어서 미국정책 미해당	전쟁의 미국화	전쟁의 미국화	전쟁의 미국화 및 한국화

* 강조는 주도적 주체를 나타냄.

1단계 작은전쟁은 1948년의 5·10단독선거를 저지하여 민족분단을 막고 통일을 성취하기 위한 분단저지 및 통일투쟁으로 2·7구국투쟁에서부터 시작한다. 이어서 전개된 야산대(野山隊) 투쟁, 4·3항쟁, 여순항쟁, 유격투쟁 및 38선에서 진행된 무력충돌 등으로 나타났다. 이 전쟁은 남한 좌익혁명세력이 주도하였고, 동시에 4·3항쟁이나 여순항쟁처럼 남한 민중세력이 가세한 전쟁이라고 볼 수 있다.

이 전쟁은 크게 세 부분으로 구성되는데 첫째는 2·7구국투쟁의 일환으로 전개된 총파업과 무장투쟁 및 제주, 여수·순천항쟁 등의 인민항쟁, 둘째는 여수·순천항쟁 이후 지리산이나 태백산 등지에서 전개된 빨치산투쟁, 셋째는 5·10선거 이후 남과 북에 정권이 수립되고 이들 정권 사이에 38선을 경계로 하여 거의 하루도 빠짐없이 일어났던 무력충돌로서 그 규모는 대대급과 연대급의 전투가 속행될 정도였다. 이 작은전쟁 과정에서, 곧 1948년 2월에서 6·25전쟁인 1950년 6월 25일 이전까지 무려 10만 명이나 희생되었다(Merrill 1983, p. 136).

이러한 사실은 한국전쟁이 단순히 1950년 6월 25일에 갑자기 발생한 것이 아니라 최소한 1948년부터 시작되었다는 것을 의미한다. 또한 전쟁의 목표는 어디까지나 남북분단을 저지하고 민족통일을 이룩하려는 분단극복 통일전쟁이었음을 의미한다. 그리고 이 전쟁과정에서 미국은 전쟁의 직접적인 당사자였다. 제주4·3항쟁의 경우는 미군정기였기 때문에 미국은 자동적으로 전쟁주체가 되었으며(강정구 1999d), 대한민국정부가 수립돼 이후 일어난 여순항쟁과 대유격전쟁에서도 전쟁은 미국의 주도 아래 전개되었다.

해방공간부터 80년대까지 한국군과 정보 분야에 깊이 관계하였던 하우스만(J. Hausman)의 증언은, 진압계획이 한국 국방장관실이나 참모총장실이 아닌 미국 고문단장실에서 고문단장의 주도하에 열렸고 실질적인 작전권도 미국이 행사한 것으로 보아 대한민국의 주권이 제대로 행사되고 있지 못했음을 확인해 준다.

〔사건 발생 하루만인 10월〕 20일 상오 로버츠(Roberts) 고문단장실에서 국방
장관, 송호성 경비대사령관, 나, 몇몇 고문단참모들이 모여 긴급회의를 갖고 1차
로 광주에 기동작전사령부를 설치하기로 결정했다. …나는 미 임시고문단을 대
표하는 작전책임자로, 그리고 총사령관 고문자격으로 이 사령부에 배속됐다. …
고문단장이 내게 공식적으로 부여한 공식명령은 4가지였다. 첫째, 한국군사령부
가 사태진압에 적절한 대처를 하지 못하면 즉각 작전통제권을 직접 관장할 것.
둘째, 기동작전사령부를 구성하고 적절한 감독행위를 할 것. 셋째, 결과를 신속
히 고문단 본부에 보고할 것. 넷째 면밀한 작전계획을 세워 이를 성공적으로 이
행할 것 등이다. (하우스만·정일화 1995, 171~72쪽)

만약 미국이 이 작은전쟁에 개입하지 않았다면 이승만정권의 붕괴는
시간문제였다. 또한 이 작은전쟁이 큰전쟁으로 확대되는 것 역시 시간
문제였다.

2단계는 1950년 6월 25일에 발발한, 북한이 제한적으로 전쟁을 확대하
여 서울을 긴급 점령하고 이승만정권을 무너뜨려 통일정부 수립을 꾀한
'제한확대전쟁'이다(최태환·박혜강 1989; 와다 하루끼 1999c, 68쪽). 이 전쟁
은 흔히 6·25전쟁으로 알려져 있으며 그 본질은 순수내전이다.[2] 북한
이 처음 남한 전역에 걸친 전면전을 계획하지 않고 서울에 전력을 집중
시키는 제한전을 펼친 주요인은 확대전쟁의 발발과 더불어 남한 전역에
서 인민봉기가 일어나 이승만정권이 쉽게 몰락할 것으로 예상하였기 때
문이다. 이 경우 미국이 개입하기 이전에 통일정부를 수립할 수 있다고
보았다(주영복 1990; 한국일보 편 1989).

---

2) 물론 이 내전의 기원 자체는 순수하게 내적 요소에 의한 것이 아니었다. 전쟁주체의
　하나가 미국이었듯이 작은전쟁은 '국제적 내전'의 성격을 띤 것이었고 이의 연장선이
　라고 볼 수 있는 6·25확대전쟁은 외세가 주조한 기본 틀인 이중주권을 깨트려 단일
　통일주권을 확보하려는 내전이었다. 이런 의미에서 6·25확대전쟁은 기원 면에서는
　국제적 내전이었지만, 이 당시 외국군이 철군하였고 전쟁주체가 남북한이었기에 단기
　적 원인과 현상적으로 드러난 형태의 측면에서는 순수내전이었다.

그러나 북한의 낙관적 예상을 뒤엎고 미국이 전쟁확대 하루 만에 유엔안보리를 소집하여 북한을 '침략자'로 규정하고 실질적인 개입을 노골화하였으며, 곧 이어 6월 27일 수원에 전방지휘소를 설치하고 28일에 한강 북쪽을 폭격하여 본격적인 참전을 감행하였다. 이 결과 외세 미국에 의해 제한확대전쟁은 전면전으로 비화되고, 순수내전은 사흘 만에 국제전으로 발전하는 상황을 맞았다.

3단계는 2단계의 제한확대전인 순수내전에 미국이라는 외세가 즉각적으로 참전하여 지리멸렬한 남한정부를 긴급 수혈하면서부터 시작된다. 이에 대응하여 북한이 7월 1일 전시국가총동원령을 발하면서 '이미 다른 전쟁'이 되어버렸고, 이는 '전면전쟁'이라는 외형을 띠었다. 이로써 순수내전의 의미는 퇴색하고 다른 나라의 순수내전에 개입한 미국과 조국통일을 추구하는 북한 사이의 국제전이 되었으며 북한은 이를 민족해방전쟁으로 성격규정했다.

케넌(G. Kennan)이 이야기하듯 내전에는 침략이라는 개념이 성립되지 않는다. 한국전쟁에서 침략 개념은 바로 미국이 타국의 순수내전에 무력개입한 행위에서 찾아야 한다. 이러한 미국의 침략행위로 한국전쟁은 대량의 파괴와 살육이 난무하는 민족재앙으로 치달았다. 미국의 즉각적 개입에도 불구하고 미군과 남한군은 패전을 거듭해 한 달 내에 남한의 90%를 상실하였는데, 이러한 사실은 미국이 제한확대전쟁에 개입하지 않았을 경우 몇 주 이내에 북한주도로 민족통일이 이뤄졌을 것임을 입증한다.

4단계는 민족해방전쟁에서 민족해방세력이 몰락의 위기에 몰린 10월 말 중국인민지원군이 항미원조보가위국(抗米援朝保家爲國)의 기치 아래 참전하여 '완전히 새로운 전쟁'이 되어버린 '진영전쟁'이다. 이제 완벽한 국제전 양상을 띠었다. 만약 중국이 개입하지 않았다면 미국과 남한의 이승만정권에 의해 주도된 민족통일이 이루어졌을 것이다.

5단계는 1951년 6월부터 정전이 되는 1953년 7월 27일까지 전선이 교착된 시기이다. 이 단계에서 북한·중국과 미국·남한 어느 쪽도 군사적 승리를 할 수 없음을 알게 되어 전쟁은 '교착·제한전쟁'이 된다. 그런데도 2년 동안 교살작전이나 초토화작전 등 살육전이 지속되는 추악한 전쟁이 되었으며 우리 민족의 비극은 더욱 가중되었다.[3]

3. 한국전쟁의 민족중심적 인식

이와 같이 한국전쟁을 5단계 부분집합으로 나누고 특히 전쟁의 기점을 1950년 6월이 아니라 1948년 2월로 설정한 것은 다음과 같은 점에서 전쟁의 민족중심적 이해에 도움이 된다고 볼 수 있다.

첫째, 5단계설은 한국전쟁의 기점을 1950년 6월 25일이 아니라 1948년 2월 7일로 설정함으로써 한국전쟁에 대한 새로운 인식을 가능하게 하는 기본 틀을 제공해 준다. 남과 북 모두 공식적으로 2단계의 제한확대전쟁을 6·25전쟁과 조국해방전쟁의 기점으로 보고 이를 한국전쟁이나 조선전쟁과 동의어로 사용하고 있다. 남한은 6월 25일 '공산괴뢰의 남침'으로 전쟁이 시작되었다고 보고, 북한 또한 이날을 기해 '미제고용인의 북침'이 시작되었다고 본다.

그러나 1950년 6월 25일 제한확대전쟁이 발발하기 이전 이미 1단계의 작은전쟁에서 약 10만 명의 엄청난 인적 손실이 발생했으며, 이러한 인

---

3) 앞의 2장에서 밝힌 것처럼 교착·제한전쟁이 2년 동안 이어진 주된 요인은 정전협정에서 미국이 제네바협정의 전쟁포로 자동송환원칙을 비준 몇 달 만에 뒤집고 자유송환을 주장했기 때문이다.

명피해와 실질적인 전투행위가 하루도 빠짐없이 진행되고 있었음에도 불구하고 이 기간을 전쟁기간에서 제외하는 것은 전쟁에서 역사성을 빼앗아버리는 전쟁인식이다. 특히 남한이 즐겨 사용하는 '6·25'는 "1950년 6월 25일 일요일 새벽 공산괴뢰군이 기습적으로 남침을 감행했다"는 전쟁인식을 고착화시키는 이데올로기로 악용되어 왔다. 이 점에서는 북한도 거의 마찬가지다.

나아가 6월 25일 제한확대전쟁 발발 즉시 미국은 유엔안보리를 긴급 소집하여 충분한 물증도 확보하지 못한 상태에서 북한을 침략자로 규정하고, 이를 구실로 남의 순수내전에 외세 미국이 개입하는 것을 정당화한다. 이제 6·25전쟁 기점의 설정과 6·25전쟁이라는 이름은 남북 화해와 통일을 모색하는 이 시점에서 더 이상 한국전쟁(the Korean War) 또는 '한국에서의 전쟁'(War in Korea)에 대한 정명(正名)이 아니다.[4]

둘째, 5단계설은 작은전쟁을 한국전쟁의 부분집합으로 설정함으로써 기존의 한국전쟁에 대한 왜곡된 성격규정을 바로잡을 수 있다. 전쟁성격을 전쟁주체의 전쟁목표를 기준으로 규정한다면, 2·7구국투쟁의 목표는 분명히 분단저지를 통한 통일성취이기 때문에 통일전쟁이라고 보

---

4) 일본 문부과학성의 섬성을 통과한 2002년판 중학교 역사교과서 8종 가운데 '6·25전쟁'을 북한의 남침으로 기술한 교과서는 도쿄서적 등 3개에 불과하며, 나머지 5개 교과서는 "1950년 6월 북조선군이 조선을 통일하고자 북위 38도선을 넘었기 때문에 전쟁이 됐다"(帝國書院), "한국과 북조선 두 나라는 점점 대립, 50년 북위 38도선 전역에서 전투가 일어나면서 '조선전쟁'이 시작됐다"(大阪書籍), "한국과 북조선 사이에 전쟁이 시작되자 미군은 한국을, 중국은 북조선을 지원해 치열한 싸움이 계속됐다"(淸水書院)고 기술할 뿐 '남침'이나 '침공' 언급은 전혀 없다. 또 敎育出版 교과서의 경우 "북조선이 무력통일을 겨냥해 남하한 것을 계기로 조선전쟁이 시작됐다", 日本文敎出版 교과서는 "북조선이… 남하, 한국군대와 국경에서 충돌했다"고 일기예보에서 흔히 쓰는 용어인 '남하' 같은 표현을 사용했다. 특히 帝國書院의 경우 처음 검정 신청본에는 "미국이 지원하는 한국과 소련이 지원하는 북조선 군대가 북위 38도 부근에서 충돌해 전쟁이 됐다"고 '충돌'을 강조한 교과서를 제출했다가 문부성의 지적을 받고 "북조선군이 38도선을 넘었다"는 문구로 수정했다.

아야 한다. 다음의 2·7구국투쟁의 구호는 통일전쟁으로서의 한국전쟁의 성격을 명확히 보여준다.

> 조선의 분할침략계획을 실시하는 유엔조선위원단을 반대한다.
> 남조선단독정부 수립을 반대한다.
> 양군 동시철퇴로 조선통일민주주의정부 수립을 우리 조선인민에게 맡겨라.
> (김인걸 외 1998, 97쪽에서 재인용)

작은전쟁의 하나였던 제주4·3항쟁의 무장대가 첫 무력행동을 개시하면서 제주도민과 경찰관에게 보낸 2개의 '호소문'에서 명시한 항쟁의 목적 또한 2·7구국투쟁의 목적과 동일하다.

> 시민 동포들이여! …매국 단선단정을 결사적으로 반대하고 조국의 통일독립과 완전한 민족해방을 위하여! 당신들의 고난과 불행을 강요하는 미제 식인종과 주구들의 학살만행을 제거하기 위하여! …조국과 인민의 부르는 길에 궐기하여야 하겠습니다. (제민일보 4·3취재반 1994, 92~93쪽에서 재인용)

셋째, 5단계설에서는 외세가 강요한 '정치적 분단'을 극복하고 민족통일정부 수립을 위한 투쟁의 일환으로 전개된 한국전쟁의 민족사적 성격이 선명해지고 역사의 연속성이 보장된다. 앞의 작은전쟁이 통일전쟁이었음을 보여주듯이 6·25전쟁이라 일컫는 제한확대전쟁 또한 통일전쟁이었음을 분명히 보여준다. 6·25전쟁은 새로운 전쟁이라기보다 1948년 2·7구국투쟁에서 시작된 '작은전쟁'의 연속이었으며, 작은전쟁만으로는 통일을 성취하기 힘든다고 보았기 때문에 서울을 집중적으로 공략하여 통일을 성취하려고 전쟁을 확대시킨 확대전쟁이었다.

이 전쟁확대는 흔히들 이야기하듯이 갑자기 북한이 남침한 기습적인 침략전쟁이라고 보기 힘들다. 침략행위는 별개의 주권을 가진 국가끼리의 전면적인 무력충돌을 전제한다. 그러나 6·25 당시 남과 북은 결코 별개의 주권국가 관계가 아니었다. 오히려 틸리(C. Tilly)가 이야기하는 혁명상황이었다. 그는 혁명상황을 복수주권상황으로 개념규정하면서 두 가지 조건, 곧 첫째 통치체제의 통치에 대하여 대체적이고 배타적인 권한을 내세우는 경쟁세력의 등장이나 조직화, 둘째 대체권력에 대해 사회구성원의 상당수가 신뢰와 성원을 제공할 것 등을 충족시킬 경우 복수주권상황이라고 보았다.

이러한 복수주권상황은 이미 남쪽의 좌익이 1948년 2·7구국투쟁을 선포하면서 미군정과 5·10선거에 의해 세워질 이승만 중심의 극우정권에 대한 대안적인 인민혁명정권의 수립을 위한 무력투쟁을 공식화하였을 때부터 시작되었다. 이때부터 국제적으로 조건지어진 국제적 내전은 시작된 셈이다.[5] 단지 48년 9월 들어 북한에 인민정권이 수립됨으로써 남한의 좌익과 많은 인민이 지향하는 인민정권과 북의 인민정권이 같은 실체로 등장했을 뿐이다. 그러므로 남쪽이 이야기하는 '북한괴뢰의 남침'과 북쪽의 '미제고용인의 북침'이라는 양측의 주장과 이를 바탕으로 자신을 정당화하는 침략전쟁 규정은 성립될 수 없다. 이에 대한 논거는 필사의 재판과정에서의 '피고인진술'에서 잘 제시되어 있다. '만경대필화사건'의 재판중, 한국전쟁에서 미국의 개입에 대하여 어떤 평가를 하는가라는 변호인의 질문에 필자는 다음과 같이 답변했다.

6·25전쟁이라는 내전에서 미국은 침략자로 규정될 수밖에 없었습니다. 남의

---

5) 작은전쟁을 '국제적 내전'으로 규정할 수 있지만 미군이 남한에서 철군한 1949년 6월 말 이후에는 순수내전으로 성격분류되어야 한다. 소련은 이미 48년 12월에 철군을 완료하였다.

집안싸움인 내전에 외세가 끼여들어 전쟁주도자가 된 것은 침략행위입니다. 내전에는 침략이라는 개념이 학문적으로 성립되지 않습니다. 지금 한국방송공사에서 연재하고 있는 역사드라마인 〈왕건〉에서 확인할 수 있듯이 후삼국시대의 고려 왕건, 후백제 견훤, 태봉국의 궁예 가운데 어느 누구도 우리 역사에서 침략자로 규정되지 않고 있습니다. 또 미국의 남북전쟁에서 리(Lee) 장군은 침략자가 아니었습니다. 일본의 명치유신 당시 개혁파와 수구파의 내전에도 침략자 규정은 이제까지 어떠한 역사책에도 없습니다. 그러므로 북한이 6·25전쟁을 확대하고 도발했지만 이 전쟁은 내전이기 때문에 북한을 침략자로 규정하는 것은 학문적으로 허용되지 않고 있습니다. 오히려 남의 내전에 직접적인 전쟁행위자로 개입해 남의 주권을 침해하고 실질적인 전쟁주체가 되어버린 미국의 행위를 침략으로 보아야 할 것입니다. 왜 우리의 역사에서 김대중 대통령이 정확하게 지적했듯이 통일을 목표로 한 점에서 동일한 전쟁인 신라통일전쟁과 후삼국통일전쟁을 침략전쟁으로 보지 않으면서 6·25는 침략전쟁으로 보아야 하며, 또 미국의 남북전쟁이나 일본의 개혁전쟁의 경우 침략자라는 규정이 없는데 우리의 경우는 이러한 비학문적이고 비역사적인 침략자라는 규정이 있어야 합니까? 이 잘못된 것을 바로잡는 학문적 업적에 대해 사법처리를 시도하면서 학문자유나 자유민주주의 운운하는 것은 자가당착이라고 봅니다.

6·25확대전쟁은 복수주권에 종지부를 찍기 위한 순수내전이었고 이미 진행되고 있었던 국지전을 확대한 확대전쟁이었다.

넷째, 5단계설은 한국전쟁에 대한 전통주의의 논의가 대부분 '한국(조선)이 빠진 한국(조선)전쟁' 논의에 그치는 잘못을 저지르고 있음을 잘 보여준다. 전통주의 역사학의 한국전쟁 설명은 전쟁의 내재적 요인, 곧 외세의 주도에 의해 분단이 강요되고 그 결과 복수주권상황이 전개되면서 내전이 불가피하게 된 상황에 대한 이해가 없이 소련의 세계적화 야욕과 자국세력 확장시도에만 시각이 고정되어 있었다. 이 시각은 NATO 군사력집중을 분산시키기 위한 압력분산설, 미일조약 견제설, 미군철수·애치슨선언·남한정권 약화로 허점이 드러난 점을 이용하였다는 허점공격설, 미국의 결의를 시험하기 위한 미국시험설, 미·중 대결 유도설 등으로 나타나 한국전쟁에서 정작 한국(조선)을 실종시켜 버렸다.

최근 소련의 문서들이 공개되면서 6·25제한확대전쟁의 발발에 관해서 새로운 해석을 시도하는 신전통주의 역시 이러한 '구전통주의' 한계를 극복하지 못하고 있다. 그들은 한반도의 통일을 군사적으로 달성하겠다는 김일성의 의지를 스탈린이 세계적화와 자국세력권 확장을 위해 동의하고 모택동이 추인함으로써 시작된 전쟁이라고만 본다. 옛 소련 외교문서가 공개되면서, 1950년 4월과 5월에 김일성과 스탈린, 김일성과 모택동의 회담에서 제한확대전쟁이 결정되었고 이미 1949년부터 북한에 상당 규모의 군사지원이 이루어졌다는 사실이 실증적으로 밝혀짐에 따라 더욱더 행위론적 설명에 매달리고 있다.

이 전쟁관은 통일을 위한 한반도의 내적 역사동력을 어느 정도 인정한 점에서는 진일보한 것이지만 여전히 한국전쟁을 6·25로 고정시키는 잘못을 저지를 뿐 아니라, 6·25확대전쟁이 발발할 수밖에 없는 한(조선)반도의 구조적 조건을 설명에 포함시키지 않고 있다. 이들은 전쟁의 사회형성론에 주목하지 않고 행위론에 의한 설명에만 경도되어 있는 오류를 여전히 범하고 있는 것이다.[6]

카(E. H. Carr)는 역사현상의 인과적 실명이나 역사이해에서 개인의 초역사적 능력이나 초월성을 강조하는 것을 저속한 역사서술이라고 보

---

6) 이러한 행위론 중심의 역사 서술이나 평가는 미국 정치학의 행태주의론 영향을 많이 받은 결과로 볼 수 있다. 한국 학문공동체는 1970년 초반까지는 미국의 주류 학문경향을 무비판적으로 복사하는 반주체적인 전형이었고 이 경향은 지금까지도 주류로서 자리잡고 있어 학문의 사대주의가 아직도 맹위를 떨치고 있는 셈이다. 구체적으로는 사회학에서는 구조기능주의, 정치학에서는 행태주의, 경제학에서는 신고전파경제학 등이다(김진균 1997).

았다. 어느 개인이나 집단이 어떤 의사결정을 내려 역사현상이 전개되기까지에는 그러한 결정을 가능하게 했던 사회구조적 요건이 충족되어야 한다. 그런 선결조건을 사회구조적 맥락에서 분석하지 않은 채 최종단계의 의사결정과정만 중시하고 개인과 일부 집단에 인과요인을 귀착시키는 것은 그 선결조건을 무시한 설명이다. 개인이나 집단의 의사결정을 가능하게 했던 사회형성과정을 먼저 밝힌 후, 이것이 의사결정과정과 어떻게 연결되는지가 규명되어야 한다.[7]

스탈린주도설, 박헌영주도설, 김일성주도설, 이승만 단독주도설, 이승만·장개석·맥아더 공모설 등의 한국전쟁 설명은 최종순간의 의사결정과정을 중시한 분석으로 전쟁확대 이전의 사회구조——계급모순과 민족모순——가 팽창되는 과정을 비롯하여 언젠가는 곪아터질 수밖에 없는 그러한 사회적 요건을 간과한 절름발이 분석이다. 남쪽의 경우 이승만이 아니라 미국의 이익에 부합하는 누군가가 집권했더라도 또 북쪽에서 김일성이 아닌 다른 사람이 집권했다 하더라도 6·25제한확대전쟁은 거의 필연적이었다는 것을 제대로 보여주지 못하는 치명적인 결점을 가진다. 전쟁의 사회적 형성조건에 보다 주목하는 한국전쟁의 설명이 이루어져야 할 것이다.

다섯째, 5단계설은 앞에서 강조한 한국전쟁 전반과 그 부분으로서의

---

7) 이러한 종류의 역사분석은 주로 위인전이나 왕정사 또 구미 사회과학계의 의사결정과정 중시론에서 볼 수 있다. 보기를 들자면 6월민주항쟁에서 6·29선언에 대한 역사인식이다. 6·29선언을 단순히 노태우 개인에게 초점을 맞추는 역사이해는 4월 13일의 호헌(護憲)조치와 6월 10일 노태우가 민정당 차기 대통령후보로 선출되어 군사독재 후계자를 향해 돌진하고 있던 점 사이의 괴리를 설명할 수 없다. 곧 군부독재의 연장으로 치닫던 노태우가 불과 20일 후에 형식적 민주주의 이행인 6·29선언을 하지 않을 수 없게 강제한 사회적 요건을 보지 못하는 치명적인 결점을 가진다는 것이다. 개인행위를 중시하는 행위론은 군부독재 지향적인 노태우가 불과 20일 만에 대통령직선과 같은 6·29를 수용하는 '민주인사'로 둔갑한 것을 설명할 수 없는 약점을 가져 올바른 방법론이라 볼 수 없다.

6·25확대전쟁의 불가피성에 대한 사회형성적 요인을 잘 보여주고 있다. 미국의 주도로 유엔감시하의 총선거를 실행하기 위하여 1948년 1월 유엔조선위원단이 남한에 도착하여 남한만의 단독선거 실시를 위한 구체적인 활동이 시작되면서 한(조선)반도는 본격적인 분단출발기를 맞았다.

이를 계기로 남한 내 사회·정치 세력은 통일보다는 분단으로써 권력을 장악하려는 반통일 분단세력과 분단을 저지하여 통일을 이루려는 통일세력으로 뚜렷하게 분할된다. 이승만의 독립촉성회, 김성수 주도의 한민당, 서북청년단을 비롯한 극우테러단체들은 조기 단정수립 운동을 벌였고 민전(민주주의민족전선)을 중심으로 한 모든 좌익, 김규식을 중심으로 한 중도세력, 김구 중심의 임정우익 등은 단독선거와 단독정부 수립을 저지하고 자주적 통일정부 수립을 위한 통일운동을 추진하였다. 이 가운데 남로당을 중심으로 한 남한좌익은 2·7구국투쟁을 전개하여 작은전쟁을 주도하였다.

이러한 작은전쟁과 통일운동에도 불구하고 1948년 9월을 기점으로 남과 북에서 서로 배타적인 주권을 주장하는 개별 정부가 등장하여 정치적으로 완전히 분단되었다. 작은전쟁 자체가 분단을 해소하기 위한 통일전쟁이었으나 오히려 정치적 분단이 확고하게 자리잡게 됨으로써 본격적인 확대전쟁은 불가피해졌다. 실제로 북한은 국도완정론을 내세웠고 남한은 북진무력통일론을 공식화하여, 남북간 국지전 성격의 작은전쟁에서 대규모 전면전으로 확대될 것은 시간문제였다.[8] "당시 식자라면 누구에게나 명백한 사실이었다."(한상구 1995, 243~44쪽)

---

8) 내전성격을 강조한 Merril도 전쟁불가피성을 강력히 피력하고 있다. "After the establishment of separate regimes and the pull-out of occupation forces, it was only a matter of time before a major conflict broke out."(Merril 1983, p. 162)

극우분단주의자인 이승만정부와 한민당은 단독정부 수립 이후 전쟁예 찬론으로 일관했다. 1948년 9월 11일 윤치영 내무장관은 최소 3년간의 미군주둔을 요청하면서 "남조선군을 훈련하여 2주일 이내로 전 북조선을 점령케 하고 이를 위해서는 14만 명의 군대가 필요하다"고 역설하였으며, 이범석 국무총리는 11월 20일 국회에서 "미국은 조만간 소련군과 일전을 할 수밖에 없을 것"이라고 말했다.

이 같은 정부발언은 당시 남북통일은 도저히 평화적으로 달성할 가망이 없으므로 통일은 조만간 있을 미·소간의 전쟁에서 미군이 승리를 할 때만이 이룰 수 있다는 남한정부의 판단을 그대로 드러낸 것이다. 오직 남은 길은 3차 세계대전에 의한 것밖에 없다고 강변하는 한민당 선전부장 함상훈의 다음과 같은 극언은 남이나 북, 어느 쪽도 6·25와 같은 확대전쟁은 불가피하다고 보았던 시대상황을 함축적으로 잘 드러낸다.

대한민국정부가 소위 인공정부에 대하여 해산을 요구하고 불응하면 군사적으로라도 해체를 강요할 국제적 및 국민적 권위를 가졌으니 남북통일의 길은 이것밖에 남지 않았다. 동족상잔이 어떻고 정치적 해결이 어떻고 해도 이 길밖에는 없는 것을 내하오. …그런 의미에서 38선을 깨치고 통일한 국토로 함에는 외교적으로는 물론이요, 군사적으로도 제3차대전이란 국제적 관계성을 가지고 해결하지 않으면 안 되겠다는 것이다. (같은 글, 244쪽에서 재인용)

1948년 4월 평양에서 열린 '남북제정당사회단체대표자 연석회의'의 합의사항 역시 분단이 될 경우 전쟁이 불가피함을 밝히고 있다.

첫째, …우리 강토로부터 외국군대를 즉시·동시에 철거하는 것이 조선문제를 해결하는 가장 정당하고 유일한 방법이다. 둘째, 남북제정당사회단체 지도자들은 외국군대가 철거한 이후에 내전이 발생될 수 없다는 것을 확인한다. …넷째, 남한 단선을 인정치 않으며 이를 통해 수립되는 단정도 인정하지 않는다.
(김인걸 외 1998, 61~62쪽에서 재인용)

미국특별조사단이 미 국무장관에게 보낸 한국정세보고서 역시 확대전
쟁을 예고하고 있다.

전라남도의 무질서한 상황은 겨울 동안 공산주의자들에 의해서 지속되었고
도 전체를 폭동 속으로 몰아넣었던 빨치산활동은 그 밖에 다른 곳, 특히 경상북
도에서도 보다 작은 규모이지만 계속되고 있다. 여타의 사태발전도 그다지 고무
적이지 않다. …균형 있는 관점에서 볼 때, 한국이 건강한 상태와 거리가 멀다는
사실은 명백한 것으로 보인다. 1949년 봄의 일련의 사건들은 장래에 결정적인
영향을 끼칠지도 모른다. (Drumright 1949, 3. 14, pp. 1~2)

사회형성조건에 의한 6·25제한확대전쟁의 설명에서 중요하게 고려
되어야 할 요소는 어느 개인이나 파벌이 주도하였다는 점이 아니다. 오
히려 38선을 경계로 한 미·소의 강제 분할점령, 혁명민중세력과 외세
의존 반혁명세력의 갈등, 모스크바결정의 고의적인 위반행위, 미소공위
결렬, 5·10단정단선, 2·7구국투쟁, 4·3항쟁, 38선에서의 남북충돌 등
이다. 이런 민족모순과 계급모순이 중첩되어 드러난 결과들이 상호 내
적 연관을 기지면서 증폭된 결과가 6·25확대전쟁인 것이다. 그래서 북
쪽이나 남쪽에, 김일성이나 이승만이 아니라 아무리 평화를 사랑하는 사
람이 최고책임자로 있었다 하더라도 확대전쟁은 불가피했다.

이러한 한국전쟁의 사회형성론적 설명에 대해 일부에서는, 6·25확대
전쟁이 북한의 계획된 '남침'에 의한 것이 분명해지면서 커밍스 같은 '수
정주의자'들이 어떤 배경하에 전쟁이 발발하게 되었는지, 곧 기원론을
강조하는 방향으로 논의를 바꾸고 있다고 왜곡하고 있지만 사회형성론

적 설명이 배제되어서는 사회과학적 설명이 될 수 없다는 점을 우리는 주목해야 한다.

이 사회형성론, 곧 한국전쟁 발발의 사회형성조건을 밝히는 문제는 당대의 사회구조 자체에만 국한된 분석으로는 충분치 못하고 역사적 유산, 즉 역사적으로 규정된 당대의 사회구조를 분석해야만 한다. 이를 우리는 역사구조적 분석 또는 방법론이라 할 수 있을 것이다. 한국전쟁의 시발점을 1950년 6월 25일로 받아들인다 하더라도 조선이 일본제국주의의 질곡으로부터 해방된 지 겨우 5년밖에 지나지 않았다는 점이 중요하게 부각되어야 한다. 일본제국주의 패망은 조선인 스스로 역사를 창조할 수 있는 역사전환기를 맞이하는 계기가 되었다. 이 역사전환기는 그후 조선사회 역사전개의 기본 틀을 제공하는 가장 결정적인 시기였다.

이 시기는 일본제국주의와 결탁한 조선인 지배계급이 부역자 및 친일분자로 낙인찍혀 지배계급의 정통성을 상실하고 계급역량이 급격히 쇠퇴하였으며, 민족주의 운동과 반봉건 지배계급에 대한 계급투쟁의 활성화로 민중역량은 성숙한 데 비해 일제 총독부의 무력기구에 의존한 조선인 지배계급은 효과적인 물리통제력을 상실하였고, 일제시대에 급팽창한 사회주의 운동이 확산된 것으로 특징지을 수 있다.

이러한 사회적 요건으로 내생적인 사회구조의 전면개편인 사회혁명의 시기를 맞았고 해방과 동시에 곧바로 혁명이 시작되었다. 이 내생적인 혁명은 민중과 혁명 세력의 절대적인 우위 속에서 순탄한 출발을 했다. 그러나 외세 미국의 개입으로 중도에서 파행을 겪게 되었다. 일제시대에도 그랬던 것처럼 외세와 결탁하여 옛 사회체제를 지속·강화시키려는 구지배계급과, 외세를 배격하고 조선인 스스로 새로운 사회질서를 건설하려는 민중적 기반을 가진 혁명세력 사이의 끈질긴 투쟁이 38선 이남에서 10월항쟁, 4·3항쟁, 여순항쟁, 2·7구국투쟁, 야산대, 유격대 형식으로 1950년 6월 25일까지 지속되었다고 볼 수 있다. 흔히들 해방 이후의 사회적 '혼란기'란 바로 이 새로운 사회의 건설을 위한 진통과 투쟁의 연속인 '변혁진통기'를 가리키는 것이다.

이런 일련의 작은전쟁이 1950년 6월 25일을 기점으로 대규모 전투행위로 확산된 것이 흔히들 이야기하는 6·25확대전쟁이다. 이 같은 역사적 맥락을 외면할 때 우리는 1950년 6월 25일 이후의 단순한 전투행위에 초점을 맞춰 그것이 갑자기 근거 없이 하늘에서 치솟는 불길처럼 인식하기 쉽다. 해방 이후 1950년 6월 25일까지 10만 명이라는 인명이 양 진영의 투쟁과정에서 희생되었다는 중요한 역사적 사실이 한국전쟁의 기원과 원인을 거슬러 올라가지 않을 수 없게 한다.

여섯째, 5단계설은 외세의 개입에 대한 평가에 유용하다. 6·25제한확대전쟁은 한반도에서 대한민국과 조선민주주의인민공화국이라는 이중주권 상황에서 전개된 순수내전이었다. 이 내전에 외세 미국이 그 한쪽인 북한을 '침략자'로 규정하고 즉각적인 무력개입을 꾀하여 남한보다 오히려 자신이 전쟁주체자가 된 것이야말로 침략행위이다.

순수내전으로 시작된 6·25제한확대전쟁이 외세의존·반혁명·반민중 세력의 절멸로 마무리되려는 시점에서 미국이라는 외세가 무력개입함으로써 전쟁주체가 바뀌고 전쟁의 성격노 순수내전에서 조국(민족)해방전쟁으로 전환한다. 한반도에서 철군한 지 1년여 만에 전격적으로 미국의 무력개입이 이루어지면서 전쟁의 규모 또한 사흘 만에 제한확대전쟁에서 전면전으로 바뀌게 된다. 남의 내전에 외세가 무력개입한 결과, 북한이 추구한 제한적 무력에 의한 조국통일은 좌절될 뿐 아니라 이 민중세력은 오히려 외세에 의해 와해될 위기에 직면했다. 이와 같이 전쟁주체·전쟁성격·전쟁규모 면에서의 질적인 변화는 바로 미국이라는 외세의 무력개입에 의한 침략행위에서 비롯된 것이다.

　미국은 한반도의 순수내전에 무력개입하여 침략행위를 자행하였을 뿐 아니라 대만해협을 봉쇄하고 중국 동북지역에 폭격을 가하는 등 도발행위를 함으로써, 중국의 통일을 가로막고 대만을 '주권국가'로 만드는 조치를 취했다. 이렇게 미국은 중국내전에까지 개입함으로써 이중의 침략행위를 저지른 셈이다. 따라서 중국은 한국전쟁이 내전에서 국제전으로 전화되고 중국의 우방인 북한이 붕괴되려는 시점에서 항미원조보가위국(抗米援朝保家爲國)이라는 기치로 전쟁에 개입하게 되는데, 이런 중국의 참전은 다분히 방어적인 성격을 지녔다고 할 수 있다.

　소련이 6·25확대전쟁에 관계한 것은 어디까지나 동맹적 수준에서 북한 주도의 확대전쟁에 동의와 지원을 한 것으로 평가되어야 한다. 그래서 소련은 처음부터 이를 내전이라 규정하며 불간섭입장을 천명하고 직접적인 전쟁개입을 자제하였던 것이다. 다만 청천강 이북에 한해서 중국군의 복장으로 소련 공군기를 출격시켜 만주지역의 공업시설을 공중보호하였다(기광서 2000).

　기광서는 소련주도설이 성립하려면 행위당사자로서 소련의 공세적이며 공격적인 태도나 행위가 전제되어야 하는데 당시 소련은 "단 한 명의 자국 전투병력을 투입하지〔도〕 않았으며 방어적 업무만이 부연된 공군의 참전"만 실행하였을 뿐이라면서 6·25확대전쟁에 대한 소련주도설을 비판한다.[9] 그러면서 다음 몇 가지 논거를 들면서 북한주도설을 주장한다. 첫째, 국토완정론을 추구해 온 북한지도부의 통일의지는 스탈린의 '한(조선)반도전략'보다 더욱 강력하였다. 둘째, 스탈린은 북한지도부의 무력통일 방침과 요청에 대해 마지막까지 소극적인 태도를 취했다. 셋째, "대외관계에서 유럽지역에 총력을 기울여야 할 상황에서 극동방면

---

9) 서대숙 또한 내전과 소련의 소극적 지원을 옹호하고 있다(서대숙 2000, 3장).

으로부터 미국을 자극하는 데 주도적으로 나서기에는 커다란 모험일 수
밖에 없었다." 넷째, "조선인민군을 무장시키기 위해 소련에서 도입된
무기와 물자들은 대체로 북한측이 막대한 자금을 치르고 구입하였다.
기본적으로 구매자가 판매자에게 자신의 의도를 강제하기는 부담스러
운 것이었다. 결국 전쟁개시 결정은 김일성이 미국의 불개입과 속전속
결을 스탈린에게 확신시키고 이에 대한 모택동의 지지를 얻은 후에 이
루어졌다"(기광서 2000, 62쪽).

　이처럼 전쟁의 전개과정을 단계적으로 구분하여 민족 중심적으로 전
쟁을 인식함으로써 냉전적 전쟁인식에서 벗어날 수 있는 단초를 마련할
수 있을 것이다. 한국전쟁은 원초적으로 2·7구국투쟁이 천명하였듯이
외세에 의해 강요되는 민족분단을 저지하고 통일을 성취하려는 통일전
쟁으로서 작은전쟁의 형태로 시작되었다. 이 작은전쟁의 전쟁규모를 크
게 확대하여 큰 전쟁으로 바꾸어서 전쟁목표인 통일성취를 단번에 달성
하려는 시도가 6·25제한확대전쟁으로 나타났다. 그러나 외세인 미국
의 침략행위로 이 순수내전에 의한 통일기도는 좌절되고 원점으로 되돌
아가 오히려 분단이 고착화되고 말았던 것이다.

4. 한국전쟁의 극복과 통일

　이렇게 한국전쟁에 대한 민족 중심적 접근을 통해, 전쟁의 본질적인
실체에 대한 기존의 인식이 단편적이고 외세 중심적임을 확인할 수 있
었다. 이제 오늘의 민족사적 과제는 이러한 민족 중심적 인식을 바탕으
로 한국전쟁에 의해 확정된 '고착적 분단'을 외세 의존적이 아니라 민족
자주적으로 극복하여 남과 북이 분단 이전의 민족동질성을 되찾아 민족

재통일을 성취하는 것이다.

분단극복과 한국전쟁의 상흔을 치유하고 통일로 나아가기 위해서는 무엇보다 전쟁발발책임론과 전쟁피해책임론의 극복이 요구된다. 기존의 틀에 박힌 인식은, 김일성과 여타 북한지도부가 전쟁을 일으켰다는 발발책임론과 이들 때문에 남한이 엄청난 전쟁피해를 입었고 이에 대한 책임은 전적으로 북한에 있다는 행위론에 기반해 있다. 이러한 일방적이고 고착된 인식을 불식시키지 않고는 통일성취시대의 핵심 과제인 통일기반 조성을 위한 진정한 화해와 협력은 이루어지기 힘들다.

이제 앞의 전쟁5단계설을 바탕으로 전쟁책임론에 대한 사회형성론과 역사구조적 인식을 갖춤으로써 남북이 서로를 적대시해 온 뿌리를 제거할 수 있는바, 전쟁과 혁명을 통한 통일지향이라는 20세기 중반의 패러다임에서 화합과 평화를 통한 통일성취라는 21세기 패러다임으로 기본적으로 전환해 나가야 한다. 한반도는 정전이 된 지 반세기가 가까워지는 지금까지도 '악의 축' 전쟁위협 등 '끝나지 않은 전쟁' 상태에 놓여 있다. 이러한 전쟁위협을 해소하기 위해서는 그 제도적 장치인 평화체제가 구축되고 한반도 냉전구조가 해체되어야 한다.

여기에서는 두 가지 문제만 다룰 것이다. 곧 김일성 개인 혹은 공산권에 모든 책임을 부과하는 기존의 전쟁발발책임론과 전쟁피해책임론이 지니는 문제점을 제기함으로써, 이미 이데올로기로 정착되어 있는 책임론의 오류를 드러내고자 하며 나아가 사회형성론과 외인론을 기반으로 하는 새로운 인식을 제공하고자 한다.

전쟁발발책임론

1994년 북한의 김일성 주석의 유고시 남한에서는 조문파동이 일어나고 공안정국이 엄습하였다. 이 조문파동은 바로 김일성이 '한국전쟁을 일으켰다'는 전쟁발발책임론을 집요하게 제기하는 극우언론에 의해 증폭되었고 이를 정치권에서는 공안정국으로 악용하였다. 이 여파로 김영삼정권 내내 남북관계는 얼어붙어 버렸다. 6·15공동선언 이후 통일성취시대를 맞은 이 시점까지 이 전쟁책임론은 좀처럼 수그러들지 않을뿐더러 남북관계나 통일정국에서 언제나 폭발할 수 있음을 예고하는 시한폭탄과 같다. 정말 우리는 이러한 수렁에 계속 빠져 있어야 하는가? 김일성 전쟁책임론은 분단과 전쟁을 넘어 통일로 나아가야 하는 우리의 민족사적 여정에 걸림돌이 될 뿐이다.

첫째, 김일성에게 전적으로 전쟁발발 책임을 지우는 것은 한국전쟁을 6·25제한확대전쟁 이후로 한정시키기 때문에 한국전쟁의 총체적 구도를 포착하지 못한다. 앞에서도 밝혔지만 한국전쟁은 이미 1948년부터 작은전쟁의 형태로 남한 혁명세력에 의해 시작되었다. 1950년 6월 25일을 한국전쟁의 시점으로 잡는 것은 역사성을 완연히 배제한 '한국(조선) 없는 한국(조선)전쟁'의 설명이다. 이미 국제적 내전상태로 작은전쟁이 진행되고 있었음은 1949년 7월 8일 일본의 법무청 특실국장 요시카와 마쓰시타가 미점령군에게 제출한 재일총련에 관한 보고서에서도 인지된다.

> 특히 현재의 남한상황은 실질적으로 내전의 양상을 보이고 있다. 이 상황은 작년 가을 이내 발전해 온 것이다. …빨갱이의 통제 아래 있는 사람이 무장작전을 확대함으로써 남쪽에 더 한층 혼란을 가져와 최종적으로는 남한정부의 전복으로 발전할 가능성이 있다는 현상을 통해 판단하면, 장래는 절대 상상할 수 없는 것이 아닌 것이다. (와다 하루끼 1999c, 125쪽)

작은전쟁의 부분집합인 38선 충돌에만 국한해서 보더라도 한국전쟁은 이미 치열하게 전개되고 있던 진행형이었다. 정병준은 38선에서의 작은 전쟁을 세 시기로 나누어 그 양상을 잘 보여주고 있다(정병준 2000). 1기 는 1949년 1~7월로 특히 5~7월에는 연대급 전투가 지속되면서 "남한 정부의 자신감이 최고조에 달했고 …남한은 병력과 무기 면에서 북한을 압도하고 있었다." 미군철수를 계기로 미군무기가 대거 남한군에 이양 되어 병력과 무기 면에서 북한을 압도한 남한은 공세적이었다.

개성과 옹진을 중심으로 전개된 연대급 전투의 발화는 5월 4일 개성 송악산 292고지 전투로부터 비롯되어, 춘천주둔 6여단 8연대 강태무·표무원 2개대대 월북(5. 5)→남한 제1연대의 사직리 보복(5. 8)→북한의 백천침공(5. 17~19) →옹진 제1차충돌(5. 21~6. 27)로 번져나갔다. …남한의 대북공격의 최정점은 7월이었다. 6월 24일 옹진의 은파산이 남한의 수중에 들었고, 6월 28일 특수부 대인 호림부대가 강원도 양양군 오색리로 침투했다. 7월 초 8사단은 양양군의 북한지역을 공격했다. 지금까지 공개된 수많은 미·소의 자료들은 7월 남한 공 격 가능성을 집중적으로 거론하고 있다.

…[제2기인 8~10월에는] 1950년 6월 이전 시기에 가장 전쟁발발 가능성이 높았던 시점을 꼽으면 바로 1949년 8월이었다. 8월 4일 북한은 49년 38선 충돌 과정에서 가장 많은 병력인 3개 대대병력을 동원해 3개 방향에서 옹진을 공격했 다. 한국군은 궤멸 직전까지 몰렸고, 옹진은 실함의 위기에 몰렸다. …2차 옹진 충돌(8. 4~8. 8) 당시 북한의 목표는 옹진반도 점령이라는 국지전의 수행이었 다. 북한이 세운 최소목표는 옹진점령이었고 최대목표는 남한 최고지도부의 심 리적 붕괴에 기초한 전선확대였다. …8월의 옹진충돌은 50년 6월 한국전쟁의 기 본 골격을 그대로 축소해 놓은 것이었다.

이렇게 38선에 국한된 전쟁행위만 보더라도 전투가 계속되고 연대급 규모로 작은전쟁이 진행되고 있었다는 것을 확인할 수 있다. 이러함에도 불구하고 한국전쟁을 6·25전쟁으로 국한시키는 해석은 완전한 역사왜곡이다. 따라서 김일성에 대한 전적인 한국전쟁책임론은 설득력이 약하다.

둘째, 6·25제한확대전쟁의 책임문제를 거론할 수 있겠으나 전쟁원인을 행위자 개인이나 집단의 의도적 결과로만 보는 설명은 과학적이지 못하다. 행위론적 설명 일변도는 사회현상에 대한 사회형성론 또는 역사구조적 설명을 방기한 것이다. 사회형성론에 의한 한국전쟁의 기원은 해방이 되면서부터 사회주의를 지향하던 조선의 내재적 역사방향을 거꾸로 돌린 외세, 특히 미국에 의해 주도된 민족분단에 있다.

남북정상회담을 계기로 미국 CNN방송의 퀴즈문제에서도 나왔듯이, 한반도분단의 책임자는 미국이다. 미국은 해방이 되기도 전에 이미 38선을 그어 북에는 소련군이 남에는 미군이, 또 베트남에는 북위 16도선 이남에 영국군, 이북에 중국군이 점령군으로 진주함으로써 인위적으로 지리적 분단을 강제하였다. 이후 궁극적으로 이념적 분단, 사회적 분단, 정치적 분단으로 이어져 한 나라 한겨레에 결국 대한민국과 조선민주주의인민공화국이라는 이중주권의 민족분단이 도래되었다(강정구 1995g).

6·25제한확대전쟁은 이러한 반민족적인 결과에 저항하여 민족통일 성부를 수립하려는 작은전쟁의 목표를 계승하여 북한정권이 기존의 분단을 끝내기 위하여 결행한 최종적인 극단행위였다. 그것은 새로운 시작이 아니라 지속되고 있던 작은전쟁에 대한 끝맺음의 시도였지만, 궁극적으로는 끝맺음이 아니라 고착적 분단으로 귀결되었다(같은 글, 185~242쪽). 우리처럼 미국에 의해 지리적 분단을 강요받았던 베트남 역시 항미(抗米) 민족해방전쟁으로 나아갔다. 6·25확대전쟁이 북한정권을 비롯한 혁명세력의 승리로 귀결되는 상황에서 미국이 남의 내전에 침략행위를 감행함으로써 전쟁은 새로운 전면전쟁으로 탈바꿈하였고 전쟁의

비극은 확대되었다. 결론적으로 한국전쟁의 시발인 작은전쟁과 6 · 25 제한확대전쟁에서 전면전쟁으로 비화된 데 대한 전쟁책임론은 미국에 게 돌아가야지 김일성이나 이승만 등에게 돌릴 수는 없는 것이다.[10]

셋째, 6 · 25확대전쟁의 발발을 행위론적으로 설명한다 하더라도 전적 으로 김일성에게 책임을 물을 수는 없다. 왜냐하면 당시 김일성이 북한 최고위지도자가 아니었더라면 확대전쟁이 일어나지 않았을 것인가 하 는 질문을 던질 때 우리는 역사추상형비교방법의 역사추상에 의해 김일 성이나 이승만이 아닌, 아무리 평화를 사랑하는 사람이 최고위지도자였 더라도 확대전쟁은 불가피했다는 결론을 내릴 수밖에 없을 것이기 때문 이다. 그렇다면 앞에서 살펴본 대로 하루도 빠짐없이 남한 내 혁명세력 과 반혁명세력 간, 또 남북간의 실질적 전투행위가 계속되었다는 점, 남 북한이 공공연히 북진무력통일과 국토완정론을 외치고 있었다는 점, 48 년 4월 남북연석회의가 남북내전을 막을 것을 결의한 점, 김구나 김규식 등 당대 지도자들이 동족상잔의 가능성을 계속 경고해 왔던 점, 해방 직

---

10) 양비론의 입장에서 소련책임론을 거론하는 것은 설득력이 없다. 한국전쟁이 발발할 수밖에 없는 사회형성에 끼친 소련의 역할은 미미하다. 우선 소련은 미국과 달리 군 정을 실시하지 않았다. 이는 북한공산주의자들에게 구조적 제약(structural limitation) 은 주었지만 미국처럼 직접적으로 군정을 실시하여 행위주체자로 등장해서 구조적 선택(structural selection)을 강요하지는 않았다. 그 결과 북한이 수행한 민주개혁이나 친일파청산을 포함한 제반 조치에서 조선인이 독립변수였고 소련점령군은 촉진변수 였다. 역사추상에 의하면 소련의 개입이 없었더라도 민족사적 과제인 민주개혁이나 친일파청산 등은 진행될 수밖에 없었다. 소련은 개입주의를 추구하지 않았던 것이 아니라 그러한 계획과 의도는 분명히 가지고 있었다. 그러나 구조적 선택이라는 행위 를 통하여 북한에 이를 굳이 강요할 필요가 없었던 것이다. 조선 내의 내적 동력에 의해 북조선은 소련이 원하는 역사방향으로 나아가고 있었기 때문이다. 남북협상에 서도 미국 전쟁책임론은 소련책임론에 비해 두드러진다. 남북협상에서 합의한 대로 미국과 소련이 다같이 철군을 요청받았는데도 미국은 유엔의 결의사항을 이행하고 철군하겠다고 거절했으며 소련은 미국과 함께라면 철군하겠다는 의사를 밝혔다. 더 구나 순수내전의 양태인 6 · 25제한확대전쟁에서 외세 미국이 침략(개입)한 것은 전 적으로 미국에게 책임론이 돌아갈 수밖에 없는 결정적인 것이다.

후부터 주한 미점령군 사이에서 남북의 전쟁 또는 미·소간의 전쟁 가능성 이야기가 끊임없이 나돌았다는 점 등을 감안한다면, 분단이 현실화되어 있는 시점에서 누가 북한이나 대한민국의 최고지도자가 되었든지 간에 확대전쟁은 불가피했다고 보아야 한다.[11] 결론적으로 단지 '누가'와 '누가 먼저'라는 개인에게 전적으로 책임을 지우려는 개인행위 중심의 전쟁발발책임론은 본질을 희석시키고 전쟁성격을 왜곡시키고 있다.[12]

이러한 개인책임론은 북한의 경우도 일정 정도 비슷한 양상을 보이는데, 다만 북한은 어디까지나 미국의 책임론만 집중적으로 거론하고 이승만은 '미제고용인' 정도로 격하하고 있어 남한의 김일성책임론과 차별성을 가진다. 이러한 개인책임론이 전혀 무의미한 것은 아니지만, 지금과 같이 6·25확대전쟁 발발책임이 오직 김일성에게만 모아지는 것은 과학적인 설명도 아니거니와 남북의 화해와 협력을 통해 평화와 통일로 나아가는 민족사의 진전에 역행하는 것이다. 한국전쟁을 6·25제한확대전쟁에 국한시키는 단편적 접근이 아니라 작은전쟁에서 교착·제한전쟁으로까지 확대하여 총체적으로 접근하고 전쟁책임론도 이승만과 김일성 책임론을 벗어나 미국책임론으로의 인식전환이 이루어져야 한다.

---

11) 역사구조적으로 무력의존의 통일전쟁이 불가피했다 하더라도 최종 의사결정 행위자에 대한 역사적 평가기준에서 간과하지 말아야 할 점은 전쟁이 아닌 평화적 수단에 의해 통일을 이루려는 노력이 얼마나 구현되었는가 하는 정도의 문제일 것이다.
12) 미국이 태평양전쟁 후 조선을 점령한 1년 뒤 1946년 조선을 방문한 어떤 미국인 특파원은 장래에 일어날지도 모르는 조선에서의 전쟁에 대해서 이렇게 밝혔다. "만일 전쟁이 일어나면 북에서 내려오는 적과는 별개로 다른 적에 대한 대책을 강구해야 할 것이다. 즉 남쪽의 후방에 있는 남한주민들의 미군정과 구지배계급에 대한 적개심이라는 것이다. 이 점에서 보면 우리 미국장병들은 남쪽을 방어하기가 무척 힘들게 될 것 같다. 단지 이러한 애로사항을 타결하는 유일한 해결책이란 사회개혁을 실행하는 것뿐이다. 그러나 이런 사회개혁안은 아직 청사진조차 만들어 놓지 않은 상태에 있다."(Gayn 1948, p. 432)

　물론 의도야 어찌 되었든 6·25확대전쟁에 대한 책임 문제는 김일성
과 북한지도부에 돌아갈 수밖에 없다. 그러나 이것은 어디까지나 제한
적인 책임문제에 국한되어야 한다. 행위론적 전쟁책임론이 구조론적 책
임론에 비해 덜 과학적일 뿐 아니라 행위론적으로 본 전쟁책임론 역시
한국전쟁의 각 단계별로 책임자가 달라질 수밖에 없기 때문이다. 1948
년 2·7구국투쟁에서 시작된 작은전쟁에 초점을 맞추면 남한 내의 남로
당 및 민주주의민족전선이 1차적 책임이고, 6·25전쟁에 초점을 맞추면
김일성과 북한지도부에, 전면전쟁에는 미국에, 진영전쟁에는 미국·중
국에 일차적인 책임이 있다고 볼 수 있기 때문이다. 그렇지만 이들이 이
러한 결정을 하게 된 근본적 요인을 전혀 고려하지 않음으로 해서 행위
론적 전쟁설명은 근본요인을 밝혀낼 수 없는 한계가 있으며, 따라서 비
과학적이라고 평가되는 것이다.

전쟁피해책임론

　해마다 6월이 되면 우리 언론들은 6·25전쟁이 우리 민족에게 안긴
엄청난 비극적 결과에 대한 각성을 촉구하면서 이러한 전쟁의 비극이
전적으로 김일성 등 북한과 공산주의자에게 있다는 전쟁피해책임론을
펼친다. 이렇게 6월이면 연례행사처럼 남북한간의 적개심은 고조된다.
그러나 과연 이 비극의 책임을 김일성이나 공산주의자에게만 물을 수
있는가? 이제 통일성취시대를 맞은 이 시점에서는 너무나도 고착화되어
있는 우리의 이런 시각을 교정할 일이다.

　전쟁피해는 인적·물적·문화적·심리적 영역 등 다양한 영역에서
계산이 불가능할 정도로 심대하지만, 여기서는 인적 피해에만 국한하여
살펴보기로 하겠다. 인적 전쟁피해는 참전군인들의 사상(死傷), 민간인

학살, 인위적인 이산가족 양산, 세균전 피해, 포로수용소의 야만적 행위, 미군의 무차별폭격에 의한 학살 등 전쟁범죄행위에 이르기까지 다양하고 대규모적이다.

앞의 2장에서 이미 살펴본 바와 같이 분단과 전쟁으로 인한 일반 및 특수 이산가족이 수백만에 이른다. 왜 이렇게 이산가족이 많이 생겼을까? 월남인의 월남동기에서 전쟁요인이 가장 큰 비중을 차지하는 것은 미국이 이들 월남인을 구실로 해서 반공선전을 극대화하기 위해 의도적으로 양산했기 때문이다. 전체 월남인의 약 70%가 전쟁기간에 남쪽으로 왔는데, 이 가운데 상당수는 미국의 이러한 비인도적인 선전전에 의해 비자발적 월남을 강요당함으로써 이산가족이 되었으며, 이로 인해 민중의 수난은 가중되었다(강정구 1992b). 따라서 오늘날 이산가족의 한은 어떤 개인에게 초점을 맞출 것이 아니라 "만약 제한전쟁에 미국이 개입하지 않았다면 이러한 이산가족이 양산되었을까?"라는 문제제기를 하는 방식으로 다루어져야 한다.

민간인학살은 평택 이남의 보도연맹원, 대전형무소 등의 형무소수감자, 제2전선지역 주민, 피란민, 부역혐의자, 공비 및 통비 혐의자, 예비검속자, 불심검문·가택수색에 의해 뚜렷한 혐의도 없이도 학살대상이 된 불특정 다수의 민간인 등으로 나눌 수 있으며 그 숫자는 100만이 넘는 것으로 추정된다(정희상 1990). 여기에는 작은전쟁 기간 동안 최소한 3만 명 이상의 민간인이 학살된 4·3항쟁 그리고 여순항쟁 등에서의 1만에 이르는 민간인학살도 포함된다. 이들은 모두 미군과 이승만정부의 군과 경찰 및 비정규무장대에 의해 학살되었다.

또 인민군, 빨치산 및 지방좌익에 의한 피학살자는 주로 친일파, 친미파, 민족반역자, 경찰관, 반공연맹원, 국민회지부장, 군인가족 등 주로 우익반동분자로 분류된 사람들이다(장미승 1990, 191쪽). 그러나 전쟁의 와

중에 객관적인 분류가 이뤄지기 힘든 점을 고려한다면 무고한 민간인도 희생되었을 것이다. 남한정부의 공식발표에 따르면 약 12만 9천 명이 학살되었다.

북한지역의 경우는 북한 전역에 걸쳐 불특정 다수 인민들이 미군의 무차별폭격의 초토화작전에 의해 학살되었고 그 수는 수십만에 이르며, 또 미군과 남한군이 북한을 점령한 40여 일 동안에는 주로 노동당이나 정부기관 종사자와 좌익혐의자 등 약 17만 2천 명이 살해되었다고 한다.

이와 같이 남한 내 민간인학살은 대부분 이승만정부의 주도 아래 이루어졌으며 소규모적으로 미군과 북한군에 의해 이루어졌다. 그리고 북한 내 민간인학살은 대부분 미군의 무차별폭격에 의한 것이었으며, 이런 인적 피해 외에 물적·심리적·문화적 피해 역시 상당 부분 미군의 무차별폭격에서 기인한 것으로 보아야 한다. 진상이 이러한데도 이제까지 우리는 민간인학살 등 대부분의 전쟁피해가 주로 북한에 의한 것으로 인식해 왔으며, 또 북한은 대부분 미국 때문인 것으로 보고 있다.

이러한 민간의 인명피해 외에도 참전군인들의 피해 역시 상당하지만, 이들에 관한 통계자료는 편차가 매우 크다. 1995년 한국은행이 공보처 발표를 재구성한 자료에 따르면, 남한의 경우 민간인피해에서 사망 37만 3599명, 납북 8만 4532명 그리고 실종과 포로 30만 3212명, 전상 22만 9625명으로 총 99만 968명이다. 길용환은 북한의 경우 민간인 사망 40만 6천 명, 군인 사망 29만 4151명, 민간인 전상 159만 4천 명, 군인 전상 22만 5949명, 실종과 포로의 경우 민간인 68만 명, 군인 9만 1206명으로 총 340만 명의 인명피해를 입은 것으로 보고 있으나 모두 신뢰성은 검증되지 않고 있다(전광희 1992, 66쪽, 표 2-1/2에서 재인용). 워싱턴의 한국전쟁기념관(Korean War Veteran's Memorial)은 유엔군(대부분 남한군을 지칭함)의 경우 전사 62만 8833명, 실종 47만 267, 부상 106만 4453명,

미군의 경우 전사 5만 4246명, 실종 8177명, 전상 10만 3284명으로 기록하고 있는데, 이에 따르면 남한군은 약 100만 명이 전사 및 실종된 것으로 보이며, 여기에다 앞에서 언급한, 남한주도에 의한 민간인학살이 100만에 이를 것으로 추산된다. 북한의 경우 인구의 12~15%가 감소한 것을 보면 100만 이상의 군인과 민간인이 전사 또는 실종된 것 같으며, 중국군은 약 36만 명이 전사한 것으로 알려져 있다. 그러나 김학준은 남한이 군과 민을 합쳐 약 230만, 북한 약 330만, 중국군 약 100만이 전사 또는 전상을 당한 것으로 추정하고 있다(김학준 1989, 345~47쪽).

이런 민족·민중의 시련 대부분은 미국의 주도나 미국의 직접적인 행위에 의해 악화되었다. 또 이승만정부의 그 끔찍한 민간인학살도 미국의 개입이 없었다면 자행될 수 없었다. 이에 대해 커밍스 같은 양심적인 미국인은 "한국전쟁이라면 나는 자유·평화를 겉으로 외치면서 수백만에 이르는 한국인들을 살육한 미국의 행위에 진저리를 느낀다"고 자책한다.

북한이 1950년 6월 25일 제한확대전쟁으로 통일과 민족해방을 성취하려는 애초의 전쟁성격에는 이상과 같은 학살과 만행, 파괴행위 등 전쟁범죄는 배제되어 있었다. 김두봉은 눈물을 흘리면서 인민군 군관에게 제한무력에 의한 통일선생의 불가피성을 설명하면서 국방군에게 석대행위를 하지 말 것을 명령했다. 또 최태환의 진술에 따르면 초기, 곧 제한확대전쟁 단계에는 이러한 지시가 지켜졌다.[13] 그러나 미국의 참전으로 전면전이 되면서 미국 주도의 전쟁은 이러한 민족동질성을 깡그리 무너뜨렸다.

---

13) 이와는 대조적으로 남한은 이미 49년부터 최덕신이 이끄는 11사단을 중심으로 유격대 섬멸전에서 민간인학살을 공공연히 자행하였다. 이의 전형적인 보기가 문경민간인학살이다(채의진 편 1995).

이제 부득이 해방전쟁을 시작하게 되는데, 일주일 동안만 서울을 해방시킬 것입니다. 서울은 남조선의 심장입니다. 그러므로 심장을 장악하게 되면 전체를 장악하는 거나 다를 바가 없습니다. 거기서 남조선 국회를 소집하여 대통령을 새로이 선출하고 인민공화국과 대한민국정부가 통일이 되었음을 세계만방에 알리면 어느 외국도 우리를 간섭 침범하지 못할 것입니다. …이건 국가와 국가가 맞붙는 전쟁이 아닙니다. 다만 서울을 해방시키자는 것이니 붙잡힌 국방군은 그 자리에서 풀어주어야 합니다. 뿐만 아니라 한줌도 안 되는 민족반역자들을 제거하고 남조선인민들을 해방시키는 목적이니까 국방군도 우리의 동포로 여겨야 합니다. (최태환·박혜강 1989, 111∼12쪽)

만약 미국의 CNN방송이 밝힌 것처럼 미국이 1945년 8월 한반도를 지리적으로 분단하지 않았다면, 또 1950년 6월 25일 제한확대전쟁에 즉각 개입하지 않았다면, 이와 같은 엄청난 이산가족과 사상자라는 민족적 대비극은 없었을 것이다. 이러한 민족비극의 책임을 오로지 우리끼리 서로 전가하고 특정인에게만 떠넘기는 인식은 전쟁의 성격에 대한 본질을 왜곡하여 모두 우리 자신의 탓으로 돌리는 자폐증적 설명이다. 베트남전쟁에서 베트남인민들의 엄청난 희생과 비극의 책임을 호치민이나 응오 딘 지엠이라고 주장하는 사람은 아무도 없다. 오히려 베트남의 민족해방전쟁과 통일전쟁의 원인을, 미국이 제국주의적 개입을 통해 베트남의 통일과 해방을 저지하기 위해 감행한 침략행위에서 찾고 있다. 통일성취시대를 맞아 한국전쟁의 비극에 관한 책임론도 이러한 시각이 병행되어야 한다. 이러한 민족 중심적 인식을 할 때 비로소 남과 북의 생체화된 적대성이 완화되고 통일기반은 넓어질 수 있을 것이다.

5. 맺음말

김영삼정권 당시 개혁과 민주화의 선두주자인 김정남과 한완상, 김대중정권하의 최장집이 『조선일보』의 이념적 공략에 의해 중도하차당하였다. 극우분단 사대주의 세력의 이념공세에 가장 좋은 소재는 바로 한국전쟁이다. 이제까지 남한사회에서는 한국전쟁에 관한 한 비록 그것이 학문적이라 할지라도 객관적인 분석이나 이해가 용납되지 않았다. 무조건 남침이고, 모든 잘못은 북쪽에 있고, 그 엄청난 비극적 참화는 남한이 입었고, 전적으로 그 책임은 김일성에게 있다는 틀에 박힌 '정답'이 있어왔다. 여기에서 조금이라도 어긋나면 모두 빨갱이 취급을 받고 심지어 생명까지 잃게 되어 있다. 그러므로 이러한 질문에 대하여 철저하게 조작된 '정답'만 외치거나 아니면 침묵할 수밖에 없는 것이 지금까지 우리의 엄연한 현실이었다.

그러나 앞에서 살펴본 대로 한국전쟁은 해방 당시의 민족사적 핵심과제인 친일파 청산, 민족통일국가 수립 등이 미국에 의해 좌절된 상태에서, 이를 늦게나마 구현하려는 민족민중지향 통일혁명세력과 이를 저지하려는 외세 및 이와 동맹한 반혁명세력 간의 공식적인 무력투쟁이었다. 곧 통일혁명전쟁이었다. 물론 이러한 기본 원인을 제공한 것은 미국이었다. 6·25제한확대전쟁 이전에 이미 이들 세력간에 국지전 형태로 전쟁은 진행되고 있었고, 6·25는 바로 이 작은전쟁을 제한적으로 확대한 전쟁에 불과한 것이다.

1949년이나 50년 당시, 세상 돌아가는 것을 조금이라도 아는 사람은 큰전쟁의 발발이 불가피한 것으로 인식하고 있었다. 이는 남쪽에 이승만이 아닌 다른 대통령이었다 하더라도, 또 북쪽에 김일성이 아닌 다른 사람이 수상이었다 하더라도 통일혁명전쟁은 거의 불가피한 상황이었다. 그 어떤 지도자의 주체적 의지와는 무관하게 통일혁명전쟁은 미국이 강제적으로 심어놓은 분단구조 때문에 필연적으로 발생할 수밖에 없는 조건 아래 놓여 있었던 것이다. 또 수많은 죽음과 이산가족의 양산 등 그 엄청난 전쟁비극도 바로 미국이 직접적으로 개입하지 않았으면 결코 일어날 수 없는 것이었다.

그런데도 우리 남쪽은 지금까지 이 모든 원인과 책임을 북쪽에 돌리는 탈민족 중심적 전쟁인식에 마비되어 있었다. 이제 이러한 자폐증적 한국전쟁 왜곡에서 벗어나 한국전쟁을 통일혁명전쟁으로 올바르게 자리매김하여야 할 것이다. 또 분단과 전쟁의 원초적 원인규정자인 외세에 그 책임을 물어야 한다. 이를 바탕으로 우리는 남북화해와 통일의 장으로 나아가는 것이야말로 통일성취시대에 우리가 지향해야 할 방향일 것이다.[14]

이제 외세가 주조한 분단과 전쟁에 대하여 우리 남과 북은 탈민족 중심적 전쟁인식의 족쇄에서 벗어나야 한다. 반세기 전의 민족사적 과제인 민족재통일을 무력이 아닌 화해와 용서로써 평화적으로 성취하는 통일열차를 이끌어나가야 할 것이다. 이것이 바로 통일성취시대를 맞이한 오늘의 시점에서 우리 모두가 진력하여야 할 바이다.

(「한국전쟁과 민족통일」, 『경제와사회』 2000년, 겨울호)

---

14) 필자의 주장은 사회과학에서 행위론과 사회형성론, 내인론과 외인론 등 대립적인 설명체계에서 후자만이 유일 또는 절대적이어야 한다는 것은 아니다. 해방공간이라는 우리 민족사의 특수한 시점에서 분단과 전쟁의 문제에 관한 한 내인론보다는 외인론이, 행위론보다는 사회형성론이 압도적인 설명력을 가진다는 주장이다. 열린 해석을 위해서는 외부의 책임과 더불어 내부적 성찰, 미국과 더불어 소련이라는 외세에 대한 비판이 동시적으로 이루어지는 것이 새로운 통일의 주체를 형성하는 데 이바지할 것이라는 일부의 지적에 전적으로 동의한다. 그러나 해방공간의 역사도정은 이러한 성찰을 하더라도 역시 외적 요소와 역사구조적 설명이 압도적이다. 사회과학 설명의 '당위적 원칙' 때문에 해방공간의 현실을 억지춘향 격으로 꿰맞추는 것은 잘못하면 양시양비론으로 또 하나의 역사왜곡을 초래할 수도 있다.

4. 통일을 향한 민족의 발자취

앞장에서 한국전쟁은 통일혁명전쟁으로 외세에 의해 강요된 민족분단을 극복하고 통일조국을 이루기 위한 극단적 행위였음을 확인했다. 한국전쟁 이후 통일을 위한 우리 민족의 발걸음은 멈추지 않고 지속되었다. 이제 이러한 통일조국을 위한 민족의 발자취를 살펴볼 차례이다. 이에 이 장에서는 해방 후 남과 북에서 각기 행해진 통일방안과 통일론을 중심으로 통일조국을 위한 발자취를 연대기적으로 고찰하고자 한다.

특정한 통일론·통일방안·통일운동은 사변적이거나 관념적인 산물이 아니라 역사적 조건 속에서 생성되게 마련이다. 이 글은 이러한 지식사회학적 요인을 크게 세 가지 차원으로 보고 있다. 첫째는 남한의 또 둘째는 북한의 각각 사회체제, 통일역량, 정권의 성격, 공식적인 정부 차원의 통일정책, 국면적인 (반공 또는 반제) 이데올로기의 이완 정도 등이며 셋째는 좁게는 동북아정세와 넓게는 세계정세이다. 통일논의는 주로 이 세 요인과 통일주체 사이의 변증법적 관계에 의해 제약되고 (limitation) 선택되고(selection) 전환된다(transform). 특히 한국전쟁 이후는 반공이데올로기의 절대화로 인해 통일논의가 근본적으로 제약되었기 때문에 민간 통일논의는 물론 정부의 공식적인 통일론까지도 별로 이루어지지 못했다. 그러나 이러한 이데올로기의 절대성이 4월혁명이나 6월민주항쟁 등으로 이완되면서 이념적 지평이 확장된 공간에서 통일논의가 주로 이루어진 점을 주목해야 할 것이다.

따라서 통일론은 이러한 반공이데올로기가 탈구되어 분단정도가 약화되거나 5·16군사쿠데타나 5·18신군부내란 등과 같이 분단이 심화되는 시점을 기준으로 시기구분을 한다. 구체적으로는 1948년 미국의 주도로 남한 단독선거가 실시되는 시점부터 한국전쟁까지의 '분단출발기', 6·25전쟁 이후 4·19 이전의 '분단공고화기', 4월혁명에서 5·16 이전의 '분단이완기', 5·16에서 6월항쟁까지의 '분단재공고화기', 노태우정권부터의 '통일시대', 김대중정권에서의 '통일성취시대'로 나눈다.

물론 통일방안, 통일론, 통일운동론은 당연히 해방의 시점으로 거슬러 올라가야 한다. 1945년 조선은 해방을 맞자마자 외세, 특히 미국의 주도로 '지리적 분단'을 강요당하였고, 이후 이념적·정치적·사회적·고착적 분단을 겪게 되었다. 그리고 이 분단을 저지하기 위한 운동이나 방안은 1차 미소공동위원회가 열리면서부터 본격적으로 진행되었다. 물론 공위촉개운동, 좌우합작운동 등도 통일운동의 하나였지만 이 글에서는 논의의 집중을 위해 외세가 외형적으로뿐 아니라 실질적으로 분단정권 수립을 가시화한 시점인 1948년부터 다루기로 한다.

이 시기 통일론은 주로 통일시기, 남북총선거 관리기구의 구성과 운영, 중립화통일의 적용, 통일전제로서 남북한의 사회체제의 전형 혹은 변혁, 외국군 주둔 및 외국과의 군사조약, 통일과정에서 외국이나 유엔의 역할, 남북 교류와 협력, 연방 혹은 연합의 통합방안, 통일기구의 설치 등과 같은 내용 및 그 해결방안을 제시하고 있다(김학준, 1983: 81). 모든 통일론과 통일방안이 이 같은 여러 내용을 포괄적으로 다루고 있지는 않지만 논의된 부분에 한정하여 검토하기로 하며, 특히 통일방안에 대한 분석과 평가는 통일과정으로서의 복합국가 유형, 통일단계 설정, 통일기반 조성방안, 통일국가상(사회경제형태), 평화보장책을 중심으로 한다.

1. 분단출발기의 통일논의

미국의 주도로 유엔감시하의 총선거를 실시하기 위하여 1948년 1월 유엔조선위원단이 남한에 도착하여 남한만의 단독선거를 위한 구체적인 활동을 시작하였다. 이 시점부터 한국전쟁까지는 분단이 본격화되는 분단출발기이다. 1948년에 접어들면서 남한 내 사회 · 정치 세력은 통일보다는 분단을 이루어 권력을 장악하려는 반통일 분단세력과 분단을 저지하여 통일을 이루려는 통일세력으로 뚜렷하게 나뉜다. 이승만의 독립촉성회, 김성수 주도의 한민당, 서북청년단을 비롯한 극우테러단체 등은 조기 단정수립 운동을 벌였고, 민전(민주주의민족전선)을 중심으로 한 모든 좌익, 김규식을 중심으로 한 중도세력 그리고 김구 중심의 임정우익 등은 단독선거와 단독정부 수립을 저지하고 자주적 통일정부 수립을 위해 통일운동을 추진하였다.

먼저 남로당을 중심으로 한 남한좌익은 5 · 10단독선거 분쇄운동인 2 · 7구국투쟁을 전개하였으며, 이 투쟁에서 남로당은 다음과 같은 통일운동 구호를 내세웠다.

조선의 분할침략계획을 실시하는 유엔조선위원단을 반대한다.
남조선단독정부 수립을 반대한다.
양군 동시철퇴로 조선통일민주주의정부 수립을 우리 조선인민에게 맡겨라.
국제제국주의 앞잡이 이승만, 김성수 등 친일반동파를 타도하라.
정권을 인민위원회로 넘겨라. (김인걸 외, 1998, 97쪽에서 재인용)

이 좌익 중심의 무력의존 통일운동인 2·7구국투쟁은 이후 제주4·3항쟁, 여순항쟁 등 인민항쟁으로 이어지고 야산대와 유격대 투쟁으로 발전하여 3·8선의 연속적인 무력충돌과 결합되면서, '큰전쟁'인 한국전쟁의 부분집합인 '작은전쟁'으로 나타났으며, 이 작은전쟁에서 6·25전쟁의 확대전쟁까지 무려 10만 명의 인적 손실을 낳는다(Merrill 1983, p. 136). 제주4·3항쟁은, 그후 4월 28일의 평화협상에서 항쟁대표 김달삼이 경비대의 김익렬 중령에게 밝힌 4개항의 요구조건에서 나타나듯이 분명 통일운동이었다. 요구조건은 첫째 단선단정 획책하는 미군철수, 둘째 악질경찰과 서북청년단의 철수, 셋째 제주도민의 경찰편성까지 치안업무 경비대 수행, 넷째 의거참여자의 전원불문이었다(제민일보 4·3취재반 1994, 140쪽). 또한 통일운동으로서 4·3항쟁의 성격은 무장대가 첫 무력행동을 개시하면서 제주도민과 경찰관에게 보낸 '호소문'에도 잘 나타나고 있다.

시민동포들이여! …매국 단선단정을 결사적으로 반대하고 조국의 통일독립과 완전한 민족해방을 위하여! 당신들의 고난과 불행을 강요하는 미제 식인종과 주구들의 학살만행을 제거하기 위하여! …조국과 인민의 부르는 길에 궐기하여야 하겠습니다. (같은 책, 92~93쪽에서 재인용)

한편 남한좌익의 남로당 중심의 무력의존 통일운동과 달리, 김규식을 중심으로 한 중도파와 김구를 중심으로 한 일부 우익진영은 남북협상을 통해서 분단을 저지하고 통일정부 수립을 추진하고자 한다. 이에 북측이 호응하여 '남북제정당사회단체대표자 연석회의', 김구·김규식·김일성·김두봉의 4인회담, '남북제정당사회단체 지도자회의'로 발전해 나갔다.

연석회의에는 남측의 41개 정당사회단체 대표 396명, 북측의 15개 정당사회단체 대표 300명 등 696명이 참가하였는데, 주영하의 자격심사보고에서는 이 대표들이 친일파와 민족반역자를 제외한 전조선인민의 각계각층을 대표한다고 밝힘으로써 전조선인의 대표성을, 따라서 정통성을 가졌을 뿐 아니라 이들 가운데 민족해방투쟁 과정에서 투옥된 사람들의 투옥기간이 총 746년 9개월로 항일운동의 역사적 정당성(historical legitimacy)도 가졌다고 보았다(국사편찬위원회 1982, 64쪽). 여기에서 합의된 사항은 공동성명 형식으로 발표되었다.

첫째, 소련이 제의한 바와 같이, 우리 강토로부터 외국군대를 즉시·동시에 철거하는 것이 조선문제를 해결하는 가장 정당하고 유일한 방법이다.

둘째, 남북제정당사회단체 지도자들은 외국군대가 철거한 이후에 내전이 발생될 수 없다는 것을 확인한다.

셋째, 외군철거 후에 전조선정치회의를 소집하여 조선인민의 각계각층을 대표하는 민주주의 임시정부를 즉시 수립하며, 이 정부는 그 첫 과업으로 일반적·직접적·평등적 비밀투표에 의하여 통일적 조선입법기관 선거를 실시하고 이를 통해 구성된 입법기관은 조선헌법을 제정하여 통일적 민주정부를 수립한다.

넷째, 남한 단선을 인정치 않으며 이를 통해 수립되는 단정도 인정하지 않는다. (김인걸 외 1998, 61~62쪽에서 재인용)

이 남북협상의 통일운동사적 의의는 다음과 같이 정리할 수 있다. 첫째, 외세에 의해 강요되는 분단을 분쇄하고 민족통일정부를 수립하기 위한 통일운동이었다. 둘째, 외국군을 철군시키고 전조선정치회의를 소집하여 조선인에 의한 통일정부를 수립하려는 자주적인 통일운동이었다. 셋째, 내전을 방지하는 데 합의함으로써 평화 지향적이었다. 넷째, 전체 조선인을 대변하는 사회단체의 연석회의라는 면에서 인민 전체의 대표성뿐 아니라 참석자의 대다수가 민족해방투쟁에 종사하여 역사적 정통성을 가졌다. 다섯째, 5·10선거의 정당성과 이에 의해 수립된 정권에 대한 정통성을 부정함으로써 결과적으로 남쪽 대한민국의 정통성을 부인하였다. 여섯째, 분단되면 전쟁이 일어날 수밖에 없음을 경고하였다.

하지만 이와 같은 통일지향성, 역사적 정통성, 조선인의 대표성, 전쟁 경고성에도 불구하고 이승만과 한민당 등 분단세력은 냉소와 매도 일변도로 대응함으로써 양 세력간의 타협 가능성은 전혀 없어졌다. 이승만은 "남북회담문제는 세계에서 소련정책을 아는 사람은 다 한반도를 공산화하자는 계획에 불과하다는 것을 간파하고 있는데, 한국의 지도자 중에는 홀로 이것을 모르고 요인회담을 지금도 주장한다면 대세에 몽매하다는 조소를 면키 어려울 것이다"고 조롱하였으며, 한민당은 "남북협상을 하자는 김구씨의 주장은 마치 소련대표의 주장과 같은 것으로 조선의 현실로 볼 적엔 이것은 조선 전체를 소련에 넘겨주는 것이라고밖에 볼 수 없다"면서 극단적인 매카시즘을 휘둘렀다(김학준 1983, 45쪽).

이상의 양대 통일운동의 통일방안은 전자의 경우 (주로 남로당을 중심으로) 무력으로 미국을 축출하거나 이승만정권을 타도하는 방안이었으며, 후자는 미·소 양군 철수 이후 전조선의 총선거를 통해 통일정부를 수립하는 평화적인 방안이었다. 이러한 통일운동에도 불구하고 48년 9월을 기점으로 남과 북에 서로 배타적인 주권을 주장하는 정부가 등장함으로써 한반도는 정치적으로 완전히 분단되었다. 그리고 이 분단을 해소하기 위한 통일운동이 주로 좌익측에 의하여 내전(civil war)인 '작은전쟁' 상태로 진행되어 오다 1950년 북한의 전쟁확대를 통한 통일정부 수립의 기도로 6·25제한확대전쟁으로 귀결되었다.

'국토완정론'을 외치던 북한의 경우 한국전쟁을 ① 미제와 그 앞잡이들의 무력침공을 반대하고 조국의 자유와 독립을 고수하기 위한 정의의 조국해방전쟁 ② 조국통일위업을 완수하고 전국적 범위에서 민족적 자주권을 확립하기 위한 혁명전쟁이라고 규정한다. 전쟁주체가 설정하는 전쟁 목표나 지향 면에서 한국전쟁의 성격을 규정한다면, 북한의 이러한 공식적인 발표처럼 통일전쟁으로 성격규정할 수 있다(사회과학원력사연구소 1981, 75쪽).

한편 북한의 국토완정론과 마찬가지로 남한의 이승만정부 또한 북진통일론을 공식화하고 있어 남북 사이 국지전 성격의 작은전쟁에서 대규모 전면전으로 확대되는 것은 시간문제였다. 이 기간의 통일운동이나 통일노선은 주로 분단저지투쟁과 무력을 통한 통일정부 수립을 특징으로 하고 있는데, 이는 이 기간이 아직도 배타적인 주권국가가 확립되기 전의 과도기였기 때문이다. 2·7구국투쟁 이후 좌익은 미군정은 물론, 남한에 수립될 극우 단독정부의 정통성을 부인하고 가상적이든 실제적이든 '조선인민공화국'을 대안석인 주권국가로 상정함으로써, 한반도에는 복수주권체제가 형성되어 틸리(C. Tilly)가 이야기하는 혁명상황이 전개되었다. 48년 9월 9일 이후는 형식적으로 남과 북에 별개의 주권국가가 등장하였지만 실질적으로는 대부분의 조선인과 남과 북의 정부 어느 쪽도 상대를 별개의 국가로 인정하지 않고 불법적이고 비정통적인 정부로서 소멸의 대상으로 인식하였기 때문에, 무력에 의한 통일 시도는 당연하고 불가피한 것으로 받아들였던 시기이다. 바로 여기서 민족의 비극인 6·25제한확대전쟁이 잉태된 것이다.

2. 분단공고화기의 통일논의

이 시기는 3년 동안의 한국전쟁이 정전되고 4월혁명이 일어나기까지의 기간으로, 이승만정권의 극단적인 냉전독재적 전체주의 통치로 인해 일체의 민간 통일논의가 금기시되면서 분단이 공고화되었다. 남한정부의 공식적인 통일정책은 1954년 5월 22일 제네바정치회담에서 변영태 외무장관의 제안에 잘 나타난다. '유엔감시하의 자유선거'를 실시하는데 그 자유선거라는 것도 "현재까지 자유선거가 불가능한 북조선지역에서 그리고 남한에서 대한민국 헌법의 절차에 의거하여" 치르는 선거를 의미했다. 곧 북한만의 선거에 의해 북한대표의 남한국회 편입방안으로서, 북한정권의 몰락에 의한 남한으로의 흡수통일을 뜻했다. 물론 이는 전혀 실현 가능성이 없는 통일방안으로 무력북진통일의 다른 식 표현에 불과했다. 통일논의를 독점하고 있었던 이승만에게 실질적으로 유일 가능한 통일이란 3차 세계대전이 일어나 공산측이 멸망하여 결과적으로 통일을 성취한다는 허무맹랑하고 전쟁 의존적인 방안이었다(한상구 1995).

북한의 경우, 남일 제네바회담 대표의 제안에 따르면 북한의 최고인민회의와 남한의 국회에 의해 선출된 "남북조선 대표들로서 전조선위원회를 조직하여" 이 위원회가 "외국간섭과 지방정권 및 테러그룹들의 선거자들에 대한 압력을 제외하는 자유분위기"를 조성해서 남북총선거를 실시하는 방안, 곧 '자주적 남북조선총선' 방안이었다. 또 전조선위원회는 즉시 남북간의 경제 및 문화 교류를 발전시킬 대책들을 수립하여 총선 실시를 준비해 나갈 것을 규정하고, 총선 실시 6개월 이전에 일체의 외국무력은 철수해야 한다고 못박고 있다(노중선 엮음 1996, 40~42쪽). 북한의 통일정책은 남한의 정책에 비해 합리적이고 통일 지향적이며 자신감을 반영한 것이었다.

무력북진통일론만이 공식적으로 허용되는 상황에서 남한의 민간통일운동은 위축될 수밖에 없었다. 이 기간의 통일논의는 김낙중의 '통일독립청년고려공동체안'과 조봉암의 '평화통일론'으로 압축된다. 전자는 김낙중이 한국전쟁의 참화를 직접 체험하고는 민족의 앞날을 통일에서 찾아야 한다는 신앙적 신념에서 24세 때 개인적인 고뇌와 열정을 쏟아 완성한 것으로 집단적인 운동이라기보다 개인적인 통일운동과 결합된 통일방안이라면, 후자는 혁신정당인 진보당의 당수로서 조봉암이 당 통일정책으로 제시한 통일방안이다.

일체의 통일논의가 금기시되는 상황에서 김낙중은 이승만에게 자신의 통일방안을 청원하려다 곤혹을 치렀다. 또 단신으로 휴전선을 넘어 북한에 가서 자신의 통일방안을 호소하려 했으나 간첩으로 오인되어 옥살이를 하다 56년에 귀환하여 다시 남한에서 옥살이를 하였다. 이후 박정희 독재정권의 정권안보 희생물로 수난을 겪기도 하였다. 하지만 이에 굴하지 않고 노태우정권하에서 자신의 두번째 통일방안인 '3차7개년계획4단계통일방안'을 제시함으로써 통일에 대한 초지일관의 열정을 보였지만 결국에는 석연치 않은 간첩혐의로 무기징역을 언도받기도 하였다(평화주의사김낙중석방내책위원회 1998).

김낙중의 통일독립청년공동체안은 "1950년 1월 1일 이후 출생하였거나 출생할 모든 자국국민을 자국의 국적에서 제외하고 이들로 하여금 대한민국과 조선민주주의인민공화국에서 독립하고 전체 고려민족을 통일할 자치적 생활공동체로서 비동맹중립의 통일독립고려공동체를 수립하[고]… 폭 4km의 비무장지대와 판문점부근의 1000㎢의 지역에 대한 통치권을 각각 통일독립고려공동체에 이양하기로 하고 …양 체약당사자국은 자국이 행사하고 있는 모든 통치권을… 이 조약체결시(時)로부터 15개년 이내에 점차 통일독립고려공동체에 이양한다"고 밝히고 있다. 이 밖에도 '국제보장조약안' '고려민족연방회의에 관한 협정' '상호불가침협정' '청년총선거에 관한 협정' '고려공동체 운영원칙에 관한 협정' '고려공동체 운영도시 건설에 관한 협정' '법적 지위에 관한 공동협정' '통치권 이양에 관한 공동협정' 등 세세한 부문에까지 구체적인 방안을 제시하고 있다. 그러나 엄존하고 있는 남북간 적대이념을 해소하는 방안이나 통일 후의 사회경제체제에 대한 구상이 들어 있지 않은 한계를 지니고 있다(김낙중·김남기 1986; 김낙중 1956).

국회부의장·초대농림부장관 등을 역임하고 1956년 대통령후보로 출마하여 200만 표를 획득한 혁신계 야당당수 조봉암의 평화통일론은 진보당의 통일정책이라는 점에서, 그 파급효과는 개인적 수준의 김낙중 통일론을 압도했다. 조봉암을 죽음으로 몰고 간 「평화통일에의 길」(『중앙정치』 1957년 10월호)에서, 그는 "왜 통일을 해야 되는가"라는 문제제기를 하고서 이를 단일민족인데도 외세에 의해 양단되어 민족긍지가 훼손되었다는 민족적 요인, 절름발이가 된 경제적 요인, 한반도문제 때문에 민족 사이의 전쟁뿐 아니라 세계전쟁이 야기될 위험이 높은 국제적 요인으로 설명한다(권태복 엮음 1985, 66~149쪽). 그리고 통일방안으로 남한의 공식정책인 '유엔감시하의 북한만의 선거안', 북한의 정책인 '협상에 의한 방법으로서 연립정부안', 남북 양 국회대표에 의한 '전국위원회안', 중립국측이 내건 중립화안과 국가연합안, 유엔결의안으로 유엔감시하의 남북총선통일안 등 다섯 가지를 들면서 이중 다섯째 안인 유엔감시하의 남북총선통일방안이 가장 바람직한 평화통일방안이라고 밝힌다.

검찰의 공소장에 의하면 조봉암이 진보당에 제시한 구체적 통일방안은 다음과 같다.

1. 민주한국의 국회구성을 위한 자유선거를 시행한다.

2. 국제감시위원회 설치, 이 위원회는 인도·스위스·스웨덴·폴란드·체코슬로바키아 대표로 구성하고 인도대표가 의장이 되어야 한다.

3. 남북한 당국에서 각각 선출된 대표로 구성되는 전한국위원회를 설치한다.

4. 전한국위원회는 남북 쌍방의 합의제 원칙에 따라 운영되며 선거법의 작성과 자유로운 분위기 조성이 그 과업이다.

5. 전한국위원회가 합의하지 못한 사항은 국제감시위원회 의장의 중재와 권고대로 처리한다.

6. 전한국위원회 합의사항은 남북정부가 책임지고 집행하며 합의사항을 국제감시위원회에 통보하여야 한다.

7. 합의 성립 후 6개월 이내 선거시행

8. 국제감시위원원회는 행동·언론의 자유를 가지며, 가능한 모든 편의를 현지 당국에서 제공받는다.

9. 선거 전후기간 동안 입후보자, 선거운동자는 민주국가에서 인정되어 있는 인권을 향유한다.

10. 선거는 비례제원칙, 비밀투표 및 성인의 보통선거의 기초 위에서 시행한다.

11. 전한국의회는 선거 직후 서울에서 개최한다.

12. 전한국위원회는 통일한국의 헌법작성, 군대의 해산 등에 관한 문제를 의제로 결정한다.

13. 모든 외국군 철수는 통일선거 합의 후 선거실시 전부터 시작하여 유엔군이 완전철수는 통일정부가 치안책임을 담당한 후에 한다.

14. 통일수립 민주한국의 평화와 재건조력을 강대국을 포함한 제국가가 책임을 진다. (같은 책, 166~68쪽에서 재인용)

이러한 통일방안을 구실로 해서 이승만정권은 그를 '간첩활동방조 국가보안법 위반' 혐의로 기소하였고, 공소장은 "피고인은 사회주의를 지향하는 일방 남북의 평화통일 방안으로서는 현 대한민국이 북한괴뢰와 동등한 위치에서 양측을 1 : 1로 간주하여 각 해소시키고 통일정권을 수립하기 위한 남북자유총선거, 환언하면 전기 북한괴뢰제안과 동일한 내용의 방안을 남한에서 주장함으로써 그를 반대하는 대한민국을 동 괴뢰와 호응하여 전복시켜야 한다는 철칙 하에 앞으로 결당될 진보당도 동원칙 하에 추진"할 것이라고 기술하고 있다(김삼웅 편 1994, 74쪽). 결국 조봉암은 평화통일론이 북한통일론과 흡사하고 이중간첩인 양명산을 매개로 북한과 연결되었다는 죄목으로 59년 처형되었다.

당시 여야의 통일정강과 이를 둘러싼 논란을 살펴보면, 여당인 자유당은 1958년 2월 14일 4대 민의원선거에서 "국방력을 강화하여 강토의 방위를 공고히 하는 동시에 자유제국과의 유대를 긴밀히 하여 반공투쟁에 공동전선을 형성하고 나아가서 유엔의 협조를 얻어 중공군을 철퇴시키고 대한민국의 주권하에 북한에 자유선거를 실시하여 국토의 통일과업을 완성한다"고 했다(노중선 엮음 1996, 64쪽). 그리고 야당인 민주당은 1957년 10월 18일 3차 전당대회에서 "유엔감시하에 남북자유총선거에 의하여 통일국가를 구성하고 그 국회로 하여금 헌법을 제정케 하여 남북통일정부를 수립하자"는 안을 채택한다(같은 책, 60쪽). 하지만 야당의 이 통일방안에 대해, 당시 대표적 보수정치인 김준연은 이 안은 북한의 승인을 의미하기 때문에 "국민은 멸망의 구렁텅이에 빠질 것이며… 우리 국민의 수족을 구속해 놓는 것"이라고 공세를 펼쳤다(김학준 1983, 86쪽). 이러한 냉전 매몰적 상황에서는 한국의 시계를 앞서 '혁신정책의 실현' '평화통일론' '수탈 없는 경제체제'를 주창했던 진보당의 조봉암은 이승만정권의 엉터리 재판에 의해 법살(法殺)을 당할 수밖에 없었다(권태복 엮음 1985).

3. 분단이완기의 통일논의

이 시기는 4·19에서 5·16까지의 1년여 기간으로, 4·19의거로 이
승만 백색·냉전 독재정권이 무너지고 당시의 민족사적 핵심 과제인 자
주·민주·통일의 이념적 지향과 운동이 혁명성을 띠고 분출하였으며
분단체제의 규정력이 일시적으로 이완되었던 시기이다. 또 미국의 맨스
필드 상원의원의 오스트리아식 중립화통일 제안이나 북한측의 통일공
세가 펼쳐지던 시기였기 때문에, 이승만정권하에서 통일논의가 얼어붙
었던 것과 달리 다양한 통일논의가 활발하게 전개되었다. 대표적인 통
일논의로는 김삼규의 '중립화통일론', 김용중의 '영세중립국통일론', 민
자통(민족자주통일중앙협의회)의 통일방안이 있으며, 4월혁명 당시의 다양
한 통일론은 이의 연장이라고 볼 수 있다.

우선 경제제일주의를 표방하였던 남한 장면정부의 '선건설 후통일론'
의 토대인 민주당의 7·29총선 통일공약을 살펴보겠다. 이 공약은 "유
엔감시하에 남북을 통한 자유선거로써 평화통일" "선거감시단은 유엔결
의에 의하여 구성하되 진정한 자유선거를 실시하는 회원국가로 한할
것" "선거 이전 남북위원회 등 구성은 대한민국이 한반도 내 유일 합법
정부라는 유엔결의에 배치되므로 반대" "통일 전 남북교류는 공산파괴
공작이 진정하게 정지되리라는 보장이 없으므로 거부" "통일한국은 민
주주의와 민권자유를 보유하는 국가가 되어야 하며 적색독재나 백색독
재국가 되어서는 안 됨" 등을 핵심 내용으로 하고 있다(노중선 엮음 1996,
74~75쪽). 이 공약은 장면정권하의 정일형 외무장관이 9월 10일 발표한
"유엔감시하에 대한민국 헌법절차에 따른 남북한 총선거 실시"에서도
확인되는데, 단순히 무력통일 배제와 북한만의 선거가 아닌 남북한 총선
거라는 점이 이승만의 통일정책과 차이가 날 뿐 흡수통일을 전제하고

있어서 선건설 후통일론 혹은 실질적인 반(反)통일론에 불과하다.

한편 북한은 1960년 8·15경축사에서 김일성 수상이 '과도적 조치로
서 남북연방제'를 제안한다.

1. 어떠한 외국의 간섭도 없이 민주주의적 기초 위에서 자유로운 남북총선거
실시한다.

2. 남조선당국이 남조선이 다 공산화될까 두려워서 아직은 자유로운 남북총
선거를 받아들일 수 없다면… 과도적인 대책…으로써 남북 조선의 연방제를 실
시한다.

3. 연방제는 당분간 남북 조선의 현재 정치제도를 그대로 두고… 독자적인 활
동을 보존하면서 동시에 두 정부의 대표들로 구성되는 최고민족위원회를 조직
하여 주로 남북 조선의 경제문화 발전을 통일적으로 조절한다.

4. 연방제까지도 아직 받아들일 수 없다고 하면 남북 조선의 실업계 대표들로
구성되는 순전한 경제위원회라도 조직하여 남북 사이의 물자를 교역하며 경제
건설에서 서로 협조하고 원조하도록 할 것을 제의한다.

5. 남북 사이의 문화사절들이 오고 가게 하며 과학·문화·예술·체육을 비
롯한 모든 분야에서 호상교류를 실시할 것을 제안한다.

6. 미군을 남조선에 물러가게 하고 남북 조선의 군대를 각각 10만 또는 그
아래로 줄일 것을 계속 주장합니다.

7. 평양이나 서울이나 또는 판문점에서라도 한시바삐 남북조선대표들이 모여
앉아 이상의 모든 문제들을 협의할 것을 남조선당국과 정당. 사회단체 및 개별
적 인사들에게 제안합니다. (같은 책, 76~77쪽에서 재인용)

김삼규는 1955년 2월에 이승만과 김일성에게 중립화통일론을 제안하
고 1978년 9월에는 또다시 이를 보완하여 남북 지도자에게 보냈던 열성
적인 통일이론가이다. 그는 『동아일보』 주필로 있으면서 이승만정부에
대한 신랄한 비판으로 6·25 당시 일본으로 망명하였다가 4·19 이후
한국으로 돌아왔으나, 1960년 『사상계』에 기고한 「통일독립공화국에의

길」(9월호)이 좌경용공으로 몰려 다시 일본으로 망명하여 끝내 귀국하지 못하고 일본에서 생을 마쳤다. 그의 통일론의 핵심은 다음과 같다.

1. 어떤 제3의 강대국에 의한 한반도의 부분적인 또는 전체적인 통제나 점령은 일본뿐 아니라 대륙의 국가들을 위협하고, 음모와 위협의 끊임없는 근원이 되기 때문에 한국중립화위원회는 모든 열강들의 일반협정에 의해 중립화된 통일한국을 제안한다.

2. 남북조선의 양 정부는 대립적인 열강들의 지지를 통해 존재해 왔고, 이들 각각은… 국민들의 대다수의 견해와 일치하지 않는 것같이 보이는 견해를 주장한다. 이러한 양 정부가 해체되고 보통·비밀 투표에 의해 선출된 통일한국의 단일정부가 이를 대체하기를 제안한다.

3. 자유로운 선거를 보장하기 위하여… 한국에 어떠한 직접·간접적인 이해를 갖지 않는 중립국가들의 위원회나 비회원국가들이 참여하는 유엔기구위원회의 구성을 제안한다. 이 위원회는 잠정적인 기간 동안 행정권을 갖게 되며 그 업무 가운데는 지방 군부대의 해체와 남북 조선에 주둔한 외국군의 철수, 단일 경찰력을 가진 임시조직, 국제원조에 따른 전국토의 재건계획 등이 포함된다.

4. 한반도의 중립화는 한국의 독립과 통일 그리고 평화를 확보하기 위해서 이념적으로 대립하는 양대 진영 사이의 긴장완화를 위해 필수적이라는 관점을 견지한다. (김삼웅 편 1994, 36~37쪽)

1960년 10월 3일 발표된 재미한국문제연구소장 김용중의 중립국통일론은 이미 1946년 1월 8일 미국『크리스찬 사이언스 모니터』에 기고했던 중립화통일방안이 모태가 되었는데, 1946년의 통일방안인 '군사력 사용 포기' '모든 외국군 철수' '중립국 감독 아래 남북조선 총선거 실시'를 수정·발전시킨 것으로서 다음의 내용을 핵심으로 하고 있다.

1. 한국(조선)은 민족적·문화적 및 경제적으로 단일국가이며 통일되지 않고

서는 살아갈 수 없다.

2. 북조선도 대표를 유엔총회에 보내 통일에 대한 그들의 견해를 진술케 한다.

3. 쌍방의 긴장을 완화하기 위하여 군사정전위원회를 비동맹국가인 인도, 미얀마, 실론, 스웨덴 및 스위스와 같은 나라로 대체한다.

4. 휴전선을 쌍방 각각 20마일씩 연장 확대한다.

5. 중립국위원단 감시 아래 남북조선을 통해 군대를 점진적으로 해산시킨다.

6. 비동맹국가들로 구성된 중립국위원단 감시 아래 인구비례대표제도에 의하여 전국적으로 실시되는 자유선거를 통해 한국이 단일정부 아래 궁극적인 통일을 이루도록 돕는다.

7. 한국(조선)의 지리적 위치로 보아 정치적·군사적 및 경제적으로 엄정 중립을 지키며 모든 나라에 우호적이고 어느 나라에게도 추종치 않는다는 조건 아래 유엔과 중국은 한국(조선)의 독립주권 및 영토보전을 보장해야 한다. (노중선 엮음 1966, 76~77쪽)

이러한 재미 및 재일 동포의 통일방안과 더불어 국내의 혁신계에서도 통일논의가 활성화되었다. 대표적인 경우가 민자통 통일방안인데, 60년 9월 30일 민자통은 다음과 같은 내용을 핵심으로 하는 통일문제에 관한 견해를 발표한다.

자주·평화·민주의 원칙 아래, 1. 즉각적인 남북정치협상 2. 남북민족대표들에 의한 민족통일 전국최고위원회 구성 3. 외세배격 4. 통일협의를 위한 남북대표자회담 개최 5. 통일 후 오스트리아식 중립 또는 영세중립을 택할 것이냐 또는 다른 형태를 택할 것이냐를 결정하여야 한다. (같은 책, 76쪽)

이어 1961년 2월 25일 민자통 결성대회에서는 '결성대회 결의문'을 발표한다.

1. 우리는 외세에 의존하는 사대노예들의 난무를 배격하고 민족통일 역량을

총집결하여 통일에 매진할 것을 엄숙히 맹세한다.

　2. 우리는 통일유보 또는 선건설 후통일론으로 국민을 현혹케 하여 통일을 방해하는 일체의 세력을 철저히 분쇄한다.

　3. 우리는 유엔총회에 진정한 민족의 의사를 대표할 수 있는 민족자주통일협의회대표를 사절단으로 참가케 하여 국민총체의 의사를 반영시킬 것을 주장한다.

　4. 우리는 유엔 및 미·소 양국이 이 이상 더 우리 조국을 냉전의 제물로 삼지 말고 유엔의 기본정신에 입각하여 하루속히 통일이 성취되도록 협조할 것을 강력히 요구한다.

　5. 우리는 평화통일에 있어서 민족의 한 사람도 피해가 없도록 하기 위하여 전국결성대회 이전의 일체 범죄자에 대하여서는 평화통일된 후에도 망각법을 제정하여 일체 불문에 부친다.

　6. 우리는 통일에 앞서 민족친화정신 밑에서 다음 사항을 실천에 옮기도록 노력할 것을 정부 및 국회에 건의한다.

　ㄱ. 서신왕래 ㄴ. 경제교류 ㄷ. 완충지대에서 남북의 만남 ㄹ. 신문기자 및 민간인 사절단 이북파견 ㅁ. 국제경기에 남북혼성팀 구성 (같은 책, 96쪽에서 재인용)

　이러한 혁신적인 통일관을 가진 민자통을 주도적으로 이끌고 있던 사회대중당은 1961년 1월 23일 영세중립화를 위한 조국통일위원회를 제안하며 '선통일 후건설'의 통일방안을 제시함으로써, 장면정부의 '선건설 후통일론'뿐 아니라 통일사회딩을 주도하던 중립화조국통일총연맹(중통련)의 통일방안과도 차별성을 가진다.

　1. 미·소 중심의 유관국가, 국제회의서 영세중립 보장, 유엔가입 후 남북총선 실시

　2. 조국통일위원회와 국제감시단에서 선거실시

　3. 선거분위기 보장과 기본권 보장

　4. 관계당국 협의 후 6개월 내에 선거를 실시할 것

　5. 비례대표제와 대학생 투표권 인정

6. 총선된 의원이 전국의회를 구성, 헌법을 채택, 통일정부 수립

7. 총선 공고일로부터 1개월 내 남북 군대해산

8. 그후 2개월 내 외군철수

9. 새 정부는 제3국과 체결한 일체의 군사관계조약 폐기 (같은 책, 95쪽에서 재인용)

4·19의 열린 정치적·이데올로기 공간에서 본격적으로 전개되었던 이와 같은 통일논의는 이승만·장면 정권의 실질적 반통일정책과 크게 대비되었다. 특히 1960년 후반 4·19의거가 4월혁명으로 발전하면서 민족민주혁명의 과정이 진행됨에 따라 혁신계 사이에서 구체적이고 진실로 통일 지향적인 통일논의가 만개하기 시작했다. 이 가운데 서울대학교민족통일연맹 발기대회에서 발표된 '대 정부 및 사회 건의문'은 다음과 같이 통일당위론, 이데올로기적 한계, 기성세대 불신론이라는 특성을 띠고 있어 주목되지만, 곧 이어 발생한 5·16쿠데타로 모든 통일논의는 동면기를 맞는다.

1. 기성세대는 남북 양단의 도의적 책임을 통감하고 통일에 대한 젊은 세대의 정당한 발언을 묵살 또는 억압할 자격이 없음을 시인하라.

2. 남한의 모든 정당·사회단체는 남북 총선거에 대비하여 공산당에 대항하기 위하여 연합할 기틀을 마련하라.

3. 정부는 통일문제에 대하여 현실에 입각한 적극외교로 전환하라. 장총리는 이러한 외교적 일환으로 미국과 소련을 특별방문하고 미·소의 지도자들과 회담하라.

4. 세계인권선언에 의하여 보장된 인간의 기본권인 서신의 자유를 남북 조선에 한시바삐 시행하라. (같은 책, 79쪽에서 재인용)

4. 분단재공고화기의 통일논의

분단이완기인 4월혁명기는 5·20남북학생회담을 계기로 참된 통일지향적 통일논의가 급진전될 전망이었으나 박정희, 김종필 등 정치군인의 5·16쿠데타로 하루아침에 단절되었다. 이 결과 1988년 6·10통일투쟁기까지 긴 동면기에 접어들어 분단이 심화되는 분단재공고화기를 맞는다. 이승만의 북진통일론은 외형적으로나마 통일지향성을 띠고 있었으나 박정권의 통일정책은 시종일관 통일억제정책이었고, 민족 적대의식과 갈등의식을 심화·생체화시켰다는 점에서 반통일적이었다. 그의 18년 군부독재기간 시민사회 수준에서의 통일운동이나 민족운동은 일체 표면화될 수 없었고, 통일논의는 국가보안법과 반공법에 의해 엄격히 통제되었다. 7·4공동성명이나 남북조절위원회 등 정부독점의 통일논의조차 통일원이 아니라 중앙정보부에 의해 공작정치의 일환으로 전개되었다.

이 결과 실질적으로는 통일기반을 조성하는 모든 방도는 차단되고 분단은 더욱 공고해졌다. 이러한 실질적인 반통일정책에도 불구하고, 박정권은 명목적으로는 경제계획에서부터 유신체제에 이르기까지 모든 것을 민족통일이라는 이름 아래 입안·진행함으로써 이 정책들을 정당화시켰으며 국민일반을 강제동원하고 억압하는 이념적 기제로 악용했다. '선건설 후통일'과 승공통일의' 기치 아래 경제개발이 추진되면서 민주와 민중은 민족의 이름으로 압살당했다. "경제개발5개년계획은 그대로 조국통일운동이요 북한동포를 구출하여 우리 민족의 평화와 번영과 복지를 약속하는 길"이라고 주장하면서 냉전독재와 권위주의 개발독재를 병행하였다.

물론 박정권은 민간 차원의 통일운동이나 통일논의를 일체 허용하지 않았고, 7·4공동성명 이후 전향적인 통일론을 펼쳤던 장준하가 의문사를 당하고, 민자통이나 중통련 같은 시민사회의 통일운동세력이 반공법에 의해 처벌·탄압받고,『민족일보』의 조용수와 민자통의 최백근 등 통일운동가들이 처형되기까지 했다. 통일기조도 '선건설 후통일' 또는 '승공통일'로 실질적인 분단고착화 내지 반통일 정책이었다. 7·4공동성명 역시 중국과 미국의 관계정상화, 미국과 소련 간의 데탕트 조성 등 외적인 긴장완화에 어쩔 수 없이 조응한 것이었을 뿐 아니라 이 또한 유신독재의 빌미가 되었다. 외적 통일환경의 개선에도 불구하고 이를 내적 통일기반 조성으로 연결시키지 않았다는 점에서 박정희는 민족사의 준엄한 심판을 받아야 할 것이다(강정구 1997f). 또 하나의 유신정권인 전두환정권도 비록 1982년 1월 22일 국정연설에서 '민족화합민주통일방안'을 제안하였지만 이는 형식적인 것에 지나지 않아 무(無)통일정책 혹은 반(反)통일정책일 따름이다.

　이 기간 체계적인 민간 통일논의는 거의 없었고, 다만 장준하나 함석헌 그리고 7·4공동성명 직후 '민주수호국민협의회' 주최의 '남북공동성명에 관한 공청회'에서 천관우의 '복합국가론' 등과 같이 통일의 당위성을 주장하는 차원의 통일논의만 이루어졌을 뿐이다. 장준하는 민족과 함께한 그의 인생역정에서 민족주의자로 일관하였지만 평화통일론과 중립화통일론을 배척하는 한계를 지닌 민족주의자였다. 그러나 7·4공동성명 이후 본격적으로 통일논의를 펼침으로써 이데올로기를 초월한 그의 민족주의는 편협성을 극복한다(강만길 1995b).「민족주의자의 길」(『씨올의 소리』 1972. 9)에서 장준하는 제3세계 민족주의의 지고(至高)성을 다음과 같이 역설한다.

　민족적인 생명과 존재와는 따로 있는 자기, 민족의 생명이 끊어진 뒤에도 살아있는 자기, 민족이 눌리고 헐벗고 있을 때 그렇지 않은 자기는 이미 자기 아닌 자기이며, 그렇기에 자기의 생명을 실현하는 인간이 아닌 것이다.

또 민족통일의 절대적인 당위성과 헌신성을 사자후로 토한다.

　민족적 양심에 살려는 사람 앞에 갈라진 민족, 둘로 나누어진 자기를 다시 하나로 통일하는 이상의 명제는 없다. 이를 위한 안팎의 조건을 만들어가는 일 이상의 절실한 과제는 없다. 어떤 논리도 이해도 이 앞에서는 뒤로 물러나야 한다. …모든 통일은 좋은가? 그렇다. 통일 이상의 지상명령은 없다. 통일이 갈라진 민족이 하나가 되는 것이며, 그것이 민족사의 전진이라면 당연히 모든 가치 있는 것들은 그 속에 실현되는 것이다. 공산주의는 물론 민주주의, 평등, 자유, 번영, 복지 이 모든 것에 이르기까지 통일과 대립하는 개념인 동안은 진정한 실체를 획득할 수 없다. 모든 진리, 모든 도덕, 모든 선이 통일과 대립하는 것일 때는 거짓명분이며 진실이 아니다.

박정희독재의 서슬 퍼런 탄압 속에 다른 민간 통일논의가 축적되지 못하였을 뿐 아니라, 통일문제를 본격적으로 다룬 기간이 그가 의혹의 죽음을 맞기까지의 불과 3년 남짓밖에 되지 않아 그의 통일론은 제한적일 수밖에 없었다. 그나마 이 3년 동안에도 대통령긴급조치1호 위반 혐의로 투옥, 민주통일당 창당, ‘민주회복을 위한 개헌청원 100만인서명운동’ 등의 활동으로, 「민족주의자의 길」에서 제시한 원론적 수준의 통일방안을 넘어 구체적인 통일방안으로 발전시킬 수 없었다. 「민족주의자의 길」에서 그는 통일을 위해서는 정치적 자유를 뛰어넘어 ‘민족적 자유’를 획득하여야 한다는 점과 나아가 경제구조와 문화구조 등이 바뀌어 동질성과 공동분모를 확대시킬 것, 자주성을 확보하여 과도기로서 연방제 성격의 ‘복합국가론’을 언급하고 있으나 보다 구체적인 논급이 없어

아쉽다.

　　이렇게 확대된 자유 위에〔정치적 자유와 민족적 자유의 확장〕통일을 위한 전진이 이루어져야 한다. 통일을 위한 경제구조가 바뀌어야 하고, 국토계획이 마련되어야 하고, 민족의 동질성을 함양하는 문화구조가 세워져야 한다. 첫째는 정치, 경제, 문화 어디서나 자주성을 확보하는 것이다. 다음은 하나의 민족을 위해 서로 개혁해 나가야 한다. 그 현실적 단계로 지금 일컬어지는 복합국가론 같은 것을 신중하게 검토되어야 하며, 이것은 또 외형의 문제이고 내부체제에 있어서 복합사회라고 할 제제도와 체제의 병존과 같은 사회체제도 연구되어야 할 것이다. 이것은 아마도 이스라엘의 사회체제에서 귀중한 시사를 받을 수 있을 것이다. 물론 이것은 하나의 민족, 하나의 단계이지 궁극의 목표는 아니다. 적어도 각 분야에서 대외의존이 청산되고, 자주성이 세워지고, 이에 따라 통일민족의 의식과 도덕이 확립된다면 복합적 사회체제가 불가능하다고 할 수 없을 것이다.

　　천관우는 "남북한 총선거의 선행단계로 우선 한동안 남은 남대로 북은 북대로의 체제를 유지하고 그러면서도 일정한 한도 안에서나마 한민족이 한 덩어리로 얽히는 국가의 형태, 즉 복합국가방안을 생각할 수 있다"면서 복합국가는 처음에는 결합력이 아주 약하지만, 단계적인 교류를 통하여 최대한의 공통점을 발견하여 제도화하고 군비축소·긴장완화 등을 단계적으로 추구할 때 남북간의 거리는 좁혀지고 결합력이 강화되어 단일국가로 도달 가능하다고 주장한다. 그리고 복합국가는 상호 공통점의 발견, 상호 긴장완화, 단일국가를 위한 준비를 그 사업으로 삼아야 한다고 말한다. 비록 불완전하나마 통합된 한 나라의 형태를 취하는 것, 곧 복합국가는 분단고착화를 시도하는 외세에 대하여 우리 민족의 통일에 대한 강력한 의지를 표명하는 것이 되고, 단일민족의 공통정체성이 함양되어 사상이념상의 이질성을 압도할 수 있게 될 것이라고 보면서 이를 강력히 옹호하였다. 그의 복합국가론은 민간진영의 통일논의가 완전봉쇄된 상황에서 북한이 주장하는 '과도적 연방제'나 국가연합 형태의 통일방안의 합리성을 수용할 필요가 있다는 점을 우회적으로 표현한 것이라고 여겨진다. 그러나 군부독재 아래서는 더 이상의 통일논의가 진전될 수 없었기 때문에 천관우의 통일논의는 일회성으로 끝나고 만다(천관우 1972).

통일논의의 동면기였던 남한과는 달리, 북한은 80년대까지 줄곧 공세적인 통일정책을 펼쳤다. 북한의 통일방안은 1960년 4월혁명 당시 만약 남한이 남북 총선거를 받아들이지 못하면 과도적 조치로서 연방제 실시를 제안한 '남북조선 자주적 총선거 및 과도기적 연방제' 통일방안에서 1973년 분단고착화 제안인 박정희정권의 '6·23선언'을 계기로 '2개의 한국' 정책인 '고려연방제 통일방안'으로 바뀌게 된다.

이 사이 1971년 4월 최고인민회의에서 허담 외상은 '8개항의 평화통일 방안'을 제의하였다.

1. 미군철수
2. 남북 군대 10만으로 감축
3. 방위조약, 한일조약 폐기
4. 자주적·민주적 기초 위에 남북총선 실시
5. 정치활동의 자유보장
6. 완전통일 이전에 필요한 경우 과도적 조치로서 '남북한연방제' 실시
7. 남북 교류 및 왕래, 편지교류 실현
8. 정당·사회단체의 남북조선정치협상회의 (노중선 엮음 1996, 145~46쪽에서 재인용)

그리고 6·23선언에 대한 대응인 '2개의 한국' 정책 '고려연방제 통일

방안'은 이제까지의 '자주적 총선거 통일방안'을 폐기하고 현존 2체제를 당분간 인정하는 연방제와 고려라는 단일국호를 사용하고, 고려연방공화국이라는 단일국호로 유엔에 가입하는 '1국가2체제'를 고수하는 방안이다. 이어 1980년 10월 10일 조선로동당 6차당대회에서 '1민족1국가2체제'의 '고려민주연방제'(고민연) 통일방안을 제안하면서 이를 완결된 형태의 통일국가로 상정한다.

　1. 남북 동일 기초 위의 '민족통일정부'
　2. 남북 동일 권리·의무를 가지는 '지역자치제도'
　3. 상대방의 이데올로기를 인정 및 감내하며 자기 이데올로기를 절대화시키지 말 것
　4. 동일한 수의 남북대표와 적당한 수의 해외동포로 구성되는 '최고민족연방회의'와 '연방상설위원회' 구성
　5. 비동맹·중립 노선 등을 핵심 내용으로 한다. (같은 책, 216~19쪽에서 재인용)

또 고려민주연방통일국가는 "전영토와 전민족을 포괄하는 통일국가로서 전체 조선인민의 근본이익과 요구에 맞는" 10대 시정방침을 제시하고 있다.

　1) 자주성 견지
　2) 민주주의 및 민족대단결 지향
　3) 남북간의 경제합작 및 교류와 민족경제의 자립적 발전
　4) 남북간의 과학·문화·교육의 교류 및 협조
　5) 남북간의 교통·체신 연결 및 자유로운 이용
　6) 전체 인민의 생활안전과 복리증진
　7) 군사적 대치상태 해소, 민족연합군대 조직, 쌍방병력 축소

8) 해외동포의 민족적 권리 보장
9) 두 지역정부의 대외활동 조절 및 공동보조
10) 대외관계에서 비동맹, 중립노선 견지, 한반도 평화비핵지대화

이 고민연 통일방안은 즉각적인 연방제의 진입을 상정하고 있어 연방제라는 합리성에도 불구하고 전제조건의 실현 불가능성 때문에 현실적이지 못하다는 비판을 받아왔다. 그러나 1989년 4월 2일 '문익환목사-조국평화통일위원회(조평통)'의 4·2공동성명에서 단계적 연방제를 수용함으로써 현실성을 높였을 뿐 아니라(강정구 2001d), 1991년 김일성 주석의 신년사에서 지역자치정부에 더 많은 권한을 줄 수 있다는 점을 시사하고 이후 조평통 부위원장 한시해의 미주발언 등에서 군사·외교권을 잠정적으로 지역정부에 부여할 수 있다고 밝힘으로써 유연성을 갖게 된다. 2000년 김대중 대통령과 김정일 국방위원장의 역사적인 남북정사회담에서 발표된 6·15공동선언의 2항에서 언급한 '낮은 단계의 연방제'는 바로 이러한 '느슨한 연방제'를 의미하는 것이다.

5. 통일시대의 통일논의

1987년 6월민주항쟁을 계기로 민주화가 진전되면서 남한사회는 이념적·정치적 공간이 확대되고, 7·8·9월의 노동자대투쟁으로 민중생존권을 비롯한 사회권이 추구되고, 이어 1988년 6·10남북학생회담투쟁으로 확산되면서 통일시대로 나아간다. 이 통일시대는 내적으로는 6월항쟁과 남북학생회담 및 공동올림픽쟁취투쟁, 외적으로는 사회주의 체제와 냉전체제의 몰락 그리고 '새로운 세계질서'의 대두와 맞물리면서, 통

일의 외적 규정력이 축소되고 내적 동력이 상승되는 구도 속에서 출범
하였다(강정구 1995c).

이 시기 통일논의는 남한의 상대적 역량상승으로 정권 차원에서 보다
공세적이 되어 노태우정권의 7·7선언, 한민족공동체통일방안 및 김영
삼정권의 암묵적인 대북흡수통일정책 등의 형태로 나타난 동시에, 민간
통일운동세력의 역량이 특히 전대협이나 한총련을 중심으로 한 대학생
의 선도적 통일운동으로 급강화되었다. 이 결과 통일논의나 통일방안도
문익환의 '3단계연방제방안', 김낙중의 '3차7개년 4단계통일방안', 김대
중의 '3원칙3단계통일방안', 노태우정권의 '한민족공동체통일방안', 최봉
윤의 '과도민중연방공화국방안'(노중선 엮음 1996, 319~20쪽), 평민당·민
주당·공화당·한겨레당·민정당의 통일방안 등 보다 합리적이고 현
실적인 대안으로 제시되면서, 50년대 이승만 시기나 70~80년대 군부독
재시기의 통일논의와는 질적으로 다른 비약적인 진전을 이루었다.

이는 1988년 8·15남북학생회담 남한측 대표단장 김중기의 '연방공화
국창설안'과 김영환의 '연방제공화국방안' 등 학생운동세력의 통일방안
이 제시되어 통일논의에 불을 지핀 데서도 기인한다. 통일시기의 통일
논의는 연방제방안 형태, 단계적 실천 문제, 중립화 선언 문제, 여건조성
의 문제, 통일국가의 사회경제체제 등을 보다 체계적이고도 구체적으로
접근하는 경향을 보이고 있다(노중선 1989, 38쪽).

문익환의 '3단계연방제통일방안'(김낙중·노중선 1989, 258~62쪽)은
1988년 4월 연세대학교에서 열린 통일국민대토론회에서 발표되고, 『사
회와 사상』(1988. 9)에 게재되었다. 그 1단계는 남과 북의 두 공화국은
각기 군사·외교권을 가지고 단지 유엔외교권만을 단일화하고, 2단계는
북측 고민연의 연방국가단계와 비슷한 것으로 군사·외교권이 남·북
의 지역정부로부터 연방정부로 통합되지만 남북의 사회경제체제는 기

존의 형태를 유지한다. 그리고 3단계는 남·북 지역정부가 해소되고 도단위에 지역자치제도가 철저히 실시되어 각 도단위 지역정부가 독자적인 사회경제형태를 선택할 정도의 권한을 가지게 되어 다양한 사회경제형태가 병존하는 단계이다. 통일1단계에서 평화협정 체결, 미군철수가 이루어져야 하고, 남과 북은 각기 분단논리·흑백논리를 해소하고, 북은 자유 남은 평등을 각기 신장시킬 것이 요구되고, 남과 북 사이에 인적·물적·문화적 교류가 점진적이고도 광범위하게 실현되어야 한다고 규정하고 있다. 또 중립화 선언만이 진정한 민족자주를 이루는 길이므로 1단계에서 영세중립국의 선언을 제안하고 있다.

큰 통일일꾼 늦봄 문익환 목사는, 2000년 여름 평양의 역사적인 남북정상회담 훨씬 이전인 1989년 3월 역사적인 북한방문을 통하여 4·2공동성명을 일구어내었다. 북한의 조국평화통일위원회 허담 위원장과의 공동성명은 9개항으로 구성되어 있는데(노중선 엮음 1996, 365~66쪽), 7·4공동성명의 "3대원칙에 기초하여 통일문제를 해결해야" 하고(1항) "어떠한 경우에도 분열의 지속을 목적으로 하는 두 개 조선정책을 반대하고 끊임없는 하나의 민족 그리고 통일된 나라를 지향해야 한다"(2항)고 합의했다. 그리고 "정치군사회담을 추진시켜 북남 사이의 정치·군사적 대결상태를 해소하는 동시에 이산가족문제와 다방면에 걸친 교류와 접촉을 실현하도록 적극 노력"하고(3항), "누가 누구를 먹거나 누가 누구에게 먹히지 않고 일방이 타방을 압도하거나 타방에게 압도당하지 않는 공존의 원칙에서 연방제 방식으로 통일하는 것이 우리 민족이 선택해야 할 필연적이고 합리적인 통일방도가 되며 그 구체적인 실현방도로서는 한꺼번에 할 수도 있고 점차적으로 할 수도 있"으며(4항), "팀스피리트 합동군사연습이 북남대화와 평화 및 통일의 성취와는 양립될 수 없다는 것을 확인한다"(5항). 나아가 6항에서 "문익환 목사는 교차승인·교차

접촉에 대한 북의 거부적 입장과 통일의지를 확인하고 조국평화통일위원회 쪽은 문익환 목사가 주장하는 북남교류와 점진적인 연방제 통일방안이 두 개 조선을 지향하는 것이 아님을 확인하고 이를 긍정적으로 평가하였다." 4·2공동성명은 우리 통일운동사에서 6·15공동선언을 잉태한 것으로 평가될 수 있을 것이다(강정구 2001d).

1989년 8월 31일 국회 통일특위가 주최한 통일정책 공청회에서 발표된 김낙중의 '3차7개년 4단계통일방안'은 당시 가장 구체적인 방안이라고 평가되었다(김낙중·노중선 1989, 63~65, 113~25쪽). 본인도 말하였지만, 이 방안은 문익환 목사의 연방제3단계통일방안을 발전시킨 것으로서 평화공존단계, 국가연합단계, 연방국가단계, 통일민족국가단계의 4단계를 제안하고 각 단계의 기간을 4년, 7년, 7년, 3년으로 설정하고 있다. 평화공존단계에서는 적대관계 해소, 남북불가침 및 평화협정체결, 상대방을 적대시하는 법률 및 규약의 개폐를 중요 과제로 설정하고 있으며, 국가연합단계는 남·북 동수의 '민족최고회의'를 구성해 단일 국기·국가를 가지는 연합국가단계로서 아직은 남과 북이 독자적 외교·군사권을 가지며 유엔평화보장군을 휴전선에 배치하고 미군은 단계적으로 철수하며, 주민들의 의사표시에 대한 완전한 자유를 보장하는 것을 과제로 제시하고 있다. 연방국가단계에서는 '민족최고회의'를 상원, 인구비례에 따른 연방인민회의를 하원으로 삼는 상·하 양원제 의회의 연방국가 창설, 군사·외교권 통합, 연방군 창설과 지방군 해체, 주변 4대강국의 한반도중립조약 체결, 복수정당제와 선거완전공영제 실시 등을 통일사업으로 제안한다. 마지막 통일민족국가단계에서는 남북의 정치·경제 체제를 단일화하고 '민족최고회의'를 각 도의 대표로 구성하여 양원제의 단일국가를 형성한다.

김대중의 '3원칙3단계통일방안'은 그의 말대로 25년간 고뇌한 산물로 아태평화재단에서 정리하여 『김대중의 3단계통일론』으로 발간되었다 (김대중 1994; 김삼웅 편 1994). '3원칙'은 평화공존, 평화교류, 평화통일이라는 원칙 아래 통일을 추진하는 것을 의미하고, '3단계'는 두 독립정부인 공화국연합단계, 1연방2지역자치정부인 연방제단계, 1국가1정부인 완전통일단계로 설정하고 있다. 평화공존을 위해서는 적대관계 해소, 군축 및 상호감시로 평화정착을 이루고 4대국협력체제 또는 다자간안보협력체제를 통해 이를 보장하는 틀을 갖춘다. 그리고 평화교류에서는 정치·경제·사회·문화와 인도적 차원의 교류로 민족동질성 회복을 기하고 특히 경제교류를 통해 공동이익을 도모하며, 평화통일을 위해서는 흡수통일과 무력통일 및 인위적 공작통일을 배제한다.

제1단계 공화국연합(국가연합)에서는 ① 남북 양 공화국은 외교·국방·내정의 권한을 그대로 유지하고 ② 양 공화국에서 같은 수 대표의 파견으로 공화국연합기구를 구성하고 ③ 공화국연합기구의 임무는 평화공존·평화교류·평화통일 등 3원칙을 구체적으로 실현하여 2단계인 연방제로의 진입할 채비를 갖추고 ④ 일방적 의사를 강요할 수 없도록 연합의 모든 사안은 만장일치로 결정하고 ⑤ 이 시기 북한이 변화되어 시장경제체제와 다당제 자유선거로 나아가고 남한도 민족자주성을 확립하고 사회정의가 실현된다.

제2단계 연방제하에서는 10년 정도의 공화국연합단계를 거쳐 북한에 시장경제와 다당제 자유선거 등 변화가 실현되면 자주적 연방제로 이행이 되며, 외교·국방은 연방이 완전 장악하고 연방운영과 관련한 중요한 내정도 연방이 관여하는 형태로 현재의 미국식 연방제와 비슷하다. 그리고 양 공화국은 해소되고 지역자치정부로 출발하고, 연방대통령을 선출하고 연방의회를 구성하며, 유엔에 단일회원국으로 가입한다.

제3단계 완전통일단계에서는 지방자치정부가 해소되고 단일정부체제로 전환해 1민족1국가1정부의 완전한 통일국가를 이루고, 통일국가의 이념과 체제는 민주주의와 시장경제 및 사회복지를 구현하는 체제로 전망하고 있다. 이 3단계의 통일방안의 전체 또는 적어도 1단계의 연합제는 단일안 또는 복수안을 국민투표에 부쳐야 한다. 이렇게 해야만 권위를 가지고 북한을 대할 수 있으며 국제사회에 적극적인 지지도 요구할 수 있다고 본다.

이 밖에도 노태우정부의 한민족공동체통일방안, 김영삼정부의 3단계 통일방안이 있으나 그 기조는 연방제보다 국가연합체라는 통일과정을 설정하고, 통일3원칙으로 자주·평화·민족대단결보다 자주·평화·민주를 제시함으로써 암묵적으로 대북흡수통일을 설정하고 있다. 김영삼정부는 화해협력단계, 남북연합단계, 1민족1국가단계를 설정하고, 정책기조로서 국민적 합의, 공존공영, 민족복리를 제시하고 있다. 이 '문민정부'의 3단계통일방안은 첫째 남북연합단계에서 시민사회의 교류를 통한 경제공동체를 형성하여 북한의 자유민주주로의 이행을 전제로 한 흡수통일 방안이며, 둘째 2국가2체제의 남북연합단계에서 어떤 과정을 거쳐 1국가1체제인 완벽한 통일국가로 이행하는지에 대한 방안과 경로가 설정되어 있지 않으며, 셋째 통일로의 이행을 강제하거나 규정하는 구속력이 너무 약하여 연합단계의 장기화와 후퇴의 여지가 높다. 곧 비가역성(거꾸로 돌아가는 것을 막는 것)에 대한 잠금장치가 약하다. 그리고 마지막으로, 남북연합단계까지는 통일국가의 미형성(주권의 측면에서 아직까지 남북은 별개의 주권국가임)으로 결과적으로 주변국의 새로운 분단고착화 정책에 부응하는 방안이 될 수 있다.

통일시대라는 민족사적 전환기를 맞아 통일논의에 대한 제약이 완화된 이 시기의 통일논의는 앞에서 살펴본 대로 정부 차원의 통일정책이나 방안보다 민간 차원의 통일 논의·방안이 훨씬 통일 지향적이고 합리성을 띤다. 이는 남한의 역대정권이 외양적으로는 통일을 외치지만 실제로는 반통일적이거나 미온적인 정책으로 일관하였다는 것을 입증해 준다. 그러나 이러한 정권 차원의 미온성과 반통일성은 '국민의 정부'인 김대중정부가 출범하면서 일대 전환을 겪는다.

6. 통일성취시대의 통일행로

2000년 6월 남측의 김대중 대통령과 북측의 김정일 국방위원장 사이에 합의된 6·15공동선언은 남측의 남북연합방안과 북측의 낮은 단계 연방제 통일방안을 다 함께 수용함으로써, 기존의 흡수통일과 적화통일의 우려를 불식시켜 통일을 본격적으로 추진할 수 있는 터전을 마련했다. 민족사의 핵심 과제인 통일에 대해 이러한 장기적인 이정표를 세우는 동시에 이산가족의 상호방문과 민족경제 추진을 합의함으로써 단기 현안과제에 대한 가시적 성과를 거둔 점에서 균형 있는 합의라고 볼 수 있다. 또한 이제까지 통일과 평화 등 본질적인 문제해결에 중심을 두었던 북측과 교류와 협력 같은 현안문제에 치중하는 경향을 보였던 남측이 공동선언문을 도출함으로써 남과 북은 서로를 포용하는 성숙성을 보였다. 이 결과 통일부 조사에 의하면 국민의 96.7%가 이를 성공적으로 평가하고 있다. 이제 민족사적 과제는 통일의 이정표인 6·15공동선언의 조속하고도 성실한 이행으로 통일을 일구는 것이다. 이로써 우리는 본격적인 통일시대, 곧 통일성취시대에 진입한 셈이다.

이렇게 민족사적 전기를 만든 남북정상회담의 '성공'은 자주적인 합의, 포용정책의 연장선에서 추진된 남한의 일관되고 지속적인 대북정책, 남북 다같이 정상회담을 요구하는 구조적 조건, 외세가 강제하는 구조적 제약의 완화 등 몇 가지 요인으로 설명할 수 있을 것이다. 그러나 무엇보다 평양회담의 성과는 기존의 고정틀을 뛰어넘을 수 있는 정상회담이라는 그 자체가 지니는 특수한 성격에다 민족주의 자체가 가지는 폭발성이 서로 결합하여 상승효과를 거둔 데서 찾을 수 있다.

정상회담은 최고위급 지도자라는 위상과 정상회담이라는 특수한 성격 때문에 실무·관료적 성격에서 벗어나 정치적 및 전략적 결단이 이루어질 수 있는 특성을 가진다. 그래서 냉전구도 속에서 고착화된 남북관계에 돌파구를 마련할 수 있는 큰 폭의 회담이 될 수 있다. 여기에다 평양 공항과 시내를 가득 메운 60만~80만의 열광적인 환영인파와 국가와 국가 간의 공식적이고 차가운 정상회담이 아니라 서로 떨어져 있던 집안 어른을 모시는 듯한 김정일 국방위원장의 파격적이고 격의 없는 손님맞이는 동포애를 한껏 발휘함으로써 지금까지 잠재해 있던 민족주의 정서를 폭발시켰다(강정구 2001c).

6·15공동선언의 민족사적 의의 가운데 가장 핵심은 통일방안에 대한 합의일 것이다. 한반도를 둘러싼 장기적 통일정세 전망은 강대국간, 특히 미국과 중국 간에 동북아 현상유지를 위한 협력관계가 지속될 경우 남북의 적극적인 통일 의지와 실천에 의해 이룩될 수도 있는 성격을 지니고 있다. 곧 통일은 우리 하기 나름이라고 볼 수 있는 것이다. 그러나 서서히 드러나고 있듯이 미국과 중국의 마찰이 심화되어 동북아에 신냉전질서가 형성될 경우 한반도는 또다시 분단고착화시대로 귀착될 가능성이 높다. 앞으로 2020~30년경 중국의 GNP가 미국을 능가하게 되면 중국과 미국 사이에 동북아 신냉전이 필연적으로 도래할 것으로 전망된다.

그러므로 동북아 신냉전이 도래하기 전에 남과 북은 최소한 부분통일이라도 이루어 지구촌에서 우리의 민족통일을 기정사실화하는 작업을 시급히 해나갈 것이 요구되고 있다. 더구나 미국의 부시정권은 무법자

적인 지배적 패권정책(domination oriented world hegemony)을 펼치면
서 중국과의 신냉전을 촉진하고 있어 동북아 신냉전이 앞당겨질 가능성
이 높아지고 있다.

6·15공동선언 2항에서 "남측의 연합제안과 북측의 낮은 단계의 연방
제안이 서로 공통성이 있다고 인정하고 앞으로 이 방향에서 통일을 지
향"시키기로 합의한 것은 동북아 신냉전이 도래하기 이전에 우리 민족
이 부분통일이라도 이룰 수 있는 터전을 마련하였다고 볼 수 있다. 연합
제와 연방제의 결합에 의한 '실질적 통일' 추진은 남북 지역정부에 의한
'외교·군사권·경제체제 유지권의 독자적 행사'라는 연합제의 특성을
살리면서 낮은 단계(또는 느슨한) 연방제의 특성인 상징적인 수준이나
마 연방정부라는 형식적인 통일정부를 수립하여 전지구촌에 우리가 통
일국가임을 부각시킬 수 있다. 이로써 동북아 신냉전 이후 전개될 분단
고착화라는 장기적 통일정세인 통일딜레마를 풀어나가는 전기를 마련
한 셈이다.

연방정부는 처음에는 실질적인 역량행사에 한계가 있다 할지라도 부
분통일을 이루었다는 상징성을 가짐으로써 지구촌에서 우리의 통일을
기정사실화할 수 있는 형식성의 토대를 갖추게 된다. 동시에 연방통일
정부의 출범 그 자체는 비록 연방통일정부가 실질적으로 많은 한계를
가진다 하더라도, 남과 북의 통합을 촉진하는 촉매제 역할을 할 수 있어
점차적으로 통일성숙도를 높이는 발판이 될 수 있다. 이를 바탕으로 통
일성숙도를 높여나감에 따라 통일연방정부의 역할과 권한도 증가되어
명실공히 통합성을 증진시켜 나갈 수 있을 것이다.

연방정부의 구성은 여러 가지 논의가 필요하겠지만 연방정부, 연방의
회, 연방내각, 연방지방의회 등 행정부와 의회 수준의 민족통일기구를
두어야 한다. 사법부는 연방의 실질적인 권한이 약하므로 시기상조이

다. 이들 수반을 비롯하여 각 의회나 내각의 구성원은 남과 북이 함께
추앙하는 원로급으로 옹립할 수도 있고, 아니면 남과 북의 현직 당사자
들이 2년 정도씩 순번제로 맡을 수도 있다. 이 연합성연방단계에서 국
방·외교·경제체제 영역은 통합의 정도가 느슨할 수밖에 없다. 그래서
한편으로는 지역정부가 그 관할권을 대부분 행사하게 되어 두 개 독자
정부로서의 위상이 강해질 것이다. 그러나 다른 한편 체육·문화·관광
등의 영역은 강력한 통합이 가능하기 때문에 거의 전적으로 중앙정부가
관할하여 2탈정부와 1준통일국가로서의 위상을 가지게 될 것이다. 또
민족경제의 진전으로 남북공동사업인 경의선, 경원선, 서해공단, 금강산
개발 등의 경제영역도 상당 부문 통일중앙정부가 관할하게 될 것이다.
이렇게 점차적으로 통일중앙정부의 영역을 확대해 나가면 부분통일이
완전통일로 나아갈 수 있다.

7. 맺음말

우리의 숙원인 통일에 대한 장기적 전망이 밝은 것만은 아니다. 우리
는 동북아시아에서 중국과 미국의 신냉전이 도래하기 이전에, 곧 15~
20년 이내에 통일문에 들어서야 하는 급박한 상황에 놓여 있다. 그러므
로 안으로는 남과 북이 화해와 협력으로 나아가 민족공동체를 이룰 수
있는 터전을 닦고, 밖으로는 한반도의 평화체제와 더불어 동북아 전체에
평화구도가 정착될 수 있도록 동북아협력안보체제를 정착시켜야 한다.
이렇게 해서 신냉전이 도래하기 전에 부분통일이라도 이루어 지구촌에
서 우리의 민족통일을 기정사실화해야 한다. 아니면 우리 민족은 과거
미소냉전 시기처럼 분단고착화로 나아가 통일의 기회를 또다시 50년이

나 100년 동안 놓쳐 위기에 처할 가능성이 높다.

　이러한 절박한 조건 아래서 우리는 부분통일의 성취를 위하여 뜀박질을 하여야 한다. 역사적인 남북정상회담은 6·15공동선언으로써 우리 민족사에서 통일성취시대를 열어놓음으로써 이제 통일을 구체적으로 일구어나가는 본격적인 출발을 하였다. 그러나 6개월도 채 되지 않아 민족통일을 위한 우리 민족의 앞길에는 '민족앞길 가로막기' 세력이 두 곳에서 발호하고 있다.

　하나는 북한을 빌미로 국가·전역 미사일방어체제를 추진하여 한반도의 평화와 통일정세를 과거의 냉전시대로 회귀시키려는 제국주의 미국이라는 외세이다. 물론 이에 부화뇌동하면서 군사대국화와 과거의 아시아침략사를 미화하며 과거의 군국주의 기조로 나아가는 일본 또한 그 한 묶음이다. 다른 하나는 언제나 이들 외세와 야합·연계하면서 미국(일본)인보다 더 미국(일본)인 행세를 하는 한국의 사대주의 세력이다. 이들은 이정빈 전 외통부장관이 한탄했듯이 "한국언론은 미국언론이 동으로 가면 동, 서로 가면 서로 간다"는 식이다. 아니 서로 가는 것이 아니라 극서로, 동이 아니라 극동으로 나아가는 게 이들 반민족적 사대주의 세력들의 행보이다.

　지난 3월 한미정상회담에서 미국이 한국의 대북 포용정책과 6·15공동선언 이행에 급제동을 걸면서 민족앞길 가로막기에 나서자, 이들 국내 사대주의무리들은 백만원군을 만난 듯 부시 미국의 대북정책 기저에 부화뇌동하면서 남북공조보다 한미공조 우선론을 펼쳤다. 또 미국의 철저한 검증론을 앵무새처럼 지껄이면서 진짜 깡패국가(genuine rogue state)인 미국에 북한의 주권을 온통 내주라는 식의 주권포기론을 역설했다. 더 나아가 2차 남북정상회담에서 한반도평화선언을 추진하는 남과 북에 미국이 남북평화선언 불가론으로 압박하자 이를 전적으로 수용하는 남북전쟁 부추기론과 민족죽이기론을 펼쳤다.

이러한 안팎의 '민족앞길 가로막기'에 직면하여 우리는 한편으로는 남과 북의 주도로 한반도문제의 한반도화를 기해 외세 미국이 끼여들 틈을 최소화하고, 다른 한편으로는 나라 안의 '민족앞길 가로막기 세력'인 숭미사대주의 세력에 대한 청산과 배척 운동을 전개하여야 한다. 이를 위해서 우리 모두는 스스로 통일과 평화의 일꾼이 되어 때로는 남북정상회담의 주체가 되고 또 때로는 한미정상회담의 주체가 되어야 한다. 이러한 우리 모두의 주체화에 이들 안팎의 '민족앞길 가로막기 세력'들은 소멸될 수밖에 없을 것이다.

이러한 과정을 거치면서 우리는 김대중 대통령이 말하는 법적 통일(de jure unification)에 앞서 '사실상의 통일(de facto unification) 상황'을 구현함으로써 부분통일에 이르게 될 것이다. 곧 남북한과 미국 및 일본은 "북한에 대하여 성의를 가지고 대하면서 줄 것은 주고, 받을 것은 받는 실사구시적 입장에서 공정한 대북정책"이라고 스스로 평하는 대북 포용정책의 '5개과제'(남북기본합의서의 이행을 통한 화해와 협력의 남북관계, 북미·북일 수교, 대량살상무기 제거와 군비통제, 북한의 개방 및 시장경제 전환과 국제기구 참여, 남북간의 평화체제 전환)가 구현될 경우 사실상 통일은 된다고 보는 것이다(통일부 1999a; 김대중 대통령 CNN회견). 통일성취시대를 맞아 우리는 통일을 실질적으로 이룩하기 위해서 이러한 현실주의적이면서 유연한 통일방안을 모색하여야 할 것이다.

(『현대 한국사회의 이해와 전망』 한울, 2000)

제2부
분단과 민족의 생명권

1. 한반도 전쟁위기의 실상과 우리의 대응
2. 주한미군과 한반도 평화와 통일
3. 민족의 생명권과 평화체제
4. 한반도 냉전구조와 그 해체방안의 모색

1. 한반도 전쟁위기의 실상과 우리의 대응

2002년 연초부터 한반도는 미국대통령 부시의 '악의 축' 발언을 계기로 전쟁공포에 휩싸이게 되었다. 또 탈냉전이라는 90년대에도 한반도에서는 무려 네 번의 전쟁위기가 있었다는 사실에 우리 모두는 경악할 것이다. 디 놀라운 사실은 자기 자신이 죽고 사는 문제가 걸려 있는 이러한 전쟁위협에도 불구하고, 대부분 남한사람들은 이 사실을 까마득히 모르고 있었다는 점이다. 우리에게는 자신의 생명권 위협에 대한 투명성이 전혀 보장되어 있지 않으며, 오직 미국과 그들에 의해 선택된 일부 한국인에게만 알려졌을 뿐이다. 이러한 어처구니없는 현상은 비단 어제오늘만의 일이 아니고 한국전쟁 이후 지속되어 왔다.

이 장에서는 강요된 분단으로 인해 우리가 겪고 있는 생명권 위협의 역사를 고찰하고자 한다. 그중에서 특히 아직도 진행중인 핵위기와 미사일위기를 중심으로 전쟁위기사를 살펴보겠다. 이로써 우리는 한반도에서 평화선언이나 평화체제 구축 그리고 궁극적으로는 냉전청산이 우리 자신의 죽고 사는 문제와 민족생명권을 위해 얼마나 절박한 과제인가를 직시할 수 있을 것이다. 먼저 한반도 전쟁위기사를 전반적으로 고찰하고, 전쟁 일보직전까지 갔던 영변 핵위기, 금창리 핵위기 및 서해교전을 우리의 생명권 위협이라는 데 초점을 맞추어 살펴보고, 마지막으로 부시정권에 의해 지금도 진행되고 있는 '악의 축' 전쟁위협과 '2003년 한반도전쟁위기설' 및 그 극복 방안에 대해 논의해 보겠다.

1. 전쟁위기사로 본 한반도

영국 사학자 할리데이(J. Halliday)는 한국전쟁은 1950년 6월 25일 발생한 것이 아니라 1945년 9월 8일 미군이 인천에 상륙하면서 이미 시작되었다고 역설했다. 미군의 인천상륙 이틀 전에 여운형을 중심으로 해서 조선인들이 자생적으로 창건한 조선인민공화국을 강제적으로 무너뜨리고 미군정을 실시하면서부터 전쟁이 시작되었다는 의미이다. 이후 조선인에 의한 조선사회 건설을 폭력으로 철저히 진압하면서 우리 현대사를 평화가 아니라 폭력과 전쟁으로 얼룩지게 하였다는 역사인식이다.

어쨌든 해방공간 시점에서 미국이 남쪽을 점령한 이래 이곳 한반도는 동족상잔이라는 엄청난 비극의 전쟁을 치르고 또 오늘날까지도 전쟁위협에 놓여 있는 것은 엄연한 역사적 사실이다. 그런데 여기에 머물지 않고 새로 출범한 부시정부는 김대중정부가 김정일 위원장과의 2차 남북정상회담에서 추진하려던 한반도평화선언마저 무산시키고 공공연히 '악의 축' 전쟁위협을 자행하고 있고, 또 '2003년 한반도전쟁위기설'을 유발하고 있어 한반도 전쟁위험은 흘러간 역사가 아니라 지금 이 시간에도 진행되고 있는 현재진행형임을 더욱 실감케 한다.

1945년 11월 중순 남원에서의 미군의 직접적인 학살사건을 비롯하여 미군정 3년은 폭력과 저항으로 점철되어 평화는 찾아보기 힘들었다(오연호 1990). 앞에서 살펴본 바와 같이 이미 1945년 9월 미군이 이 땅에 상륙하면서부터 1953년 7월 정전협정이 이루어지기까지 이 땅은 줄곧 평화상태가 아닌 전쟁상태에 놓여 있었다. 이 기간 동안 남과 북은 무려 500만~600만 명에 이르는 엄청난 인적 손실을 입었다. 이 살육의 역사는 이 땅에서 평화체제의 정착이 얼마나 긴요한가를 잘 말해 주고 있다. 그러나 한국전쟁 이후 미국은 한반도 평화체제를 외면한 채 오히려 군비경쟁을 일삼고 군사적 긴장을 지속시키면서 전쟁 일보직전까지 몰고 가는 화급한 상황을 연속적으로 재연했다. 곧 민족생명권이 계속 위기 아래 놓이게 되었다.

한국전쟁에서 승승장구하던 미군이 1950년 10월 25일 중국인민지원군이 한국전쟁에 참전하면서 위기에 처하자, 당시 유엔군사령관 맥아더는 무려 26개의 핵무기를 만주와 압록강 주변에 집중투하하여 북한 북부지역과 만주지역을 죽음의 계곡으로 만들겠다면서 미국 수뇌부에 이 작선의 승인을 요청했다. 이에 트루먼행정부는 원자탄 투하를 적극 고려하여 세계를 경악케 하였으나 영국 등 유럽이 강력히 항의함으로써 이 계획은 취소되었다.

그러나 그 이후 정전시점까지 미국은 끊임없이 핵무기 투하계획을 세웠고, 심지어는 허드슨작전(Hudson Harbor Exercise)이라는 모의 핵투하연습을 북한상공에서 감행했다(피터 헤이즈 1993, 1장). 그리고 국방군이나 미군이 북한에 원자탄을 투하하니까 죽지 않으려면 월남하라는 권유에 따라 많은 북한주민이 월남하게 되었음을 익히 알려져 있다(이 책 1부 2장 참조). 이는 원자탄투하 위협이 미국의 월남인 양산을 위한 단순한 선동 차원이 아니라 실제 미국의 작전계획과 직결되어 있었음을 의미한다(전충림 1996, 40, 136, 165, 176, 183, 190, 197쪽).

정전 이후 1957년 미국은 휴전협정 13조 d항(정전협정 당사자는 무장증강을 금지하고 중립국 감사위원회로 하여금 남북 5개 항구에서 군사적 현상유지 상황을 감시하도록 한 규정)을 공식적으로 폐기함으로써 남한에 핵무기 배치 의도를 드러내고 본격적인 군비경쟁을 벌여나갔다. 이에 북한은 1957년 최고인민회의 제2기 1차회의에서 한반도 비핵지대화를 천명하고 핵무기 배치에 반대하는 대규모 궐기대회를 열었다. 그러나 미국은 애초 계획대로 1958년 초 핵폭탄, 어네스트 존 미사일, 팬텀기 편대 등을 남한에 배치하였다.[1]

이후 1991년 9월 부시 대통령이 전술핵무기 철거를 선언하기까지 무려 600~1천 기의 전술핵무기가 북한과 소련을 겨냥하여 남한에 포진해 있었고 거의 해마다 핵전쟁을 포함한 한미군사훈련이 팀스피리트나 을지포커스 등의 이름으로 실시되었다. 특기할 만한 사실은 1958년 당시 미국이 남한에서 핵무기 등 무력증강에 박차를 가하고 있던 시점에 북한은 중국군을 모두 철군시켰다는 점이다. 이후 북한은 외국군을 더 이상 주둔시키지 않았다. 물론 핵무기가 북한땅에 발붙인 적이라곤 한 번도 없었다. 그리고 외국군과의 합동군사훈련 등은 1983년 동해에서 소

---

1) 2002년 1월 9일 청와대에서 공개한 대통령통치사료에서 미국은 남한에 핵무기를 배치하기 위해 정보조작까지 했던 것으로 드러났다. 미국 군사당국이 1957년 이승만 대통령에게 보고한 「남북한 군사력비교 보고서」는 "현재(1957년) 북한공산군은 핵무기와 유도미사일 전력을 보유하고 있다는 보고가 있다"고 함으로써 정전협정 위반과 핵무기 반입을 '정당화'시킨 셈이었다. 1958년에 핵무기를 배치했다는 주장은 미국의 *Bulletin of Atomic Scientists*(1999. 11~12)에도 게재됐다. "동서냉전이 한창이던 때에 미국은 한국 등 18개국과 미군기지 9곳 등 모두 27개 해외기지에 핵무기 1만 2천여 기를 비밀리에 배치했으며 한국에는 1958년 1월을 시작으로 10여 종의 핵무기를 배치했다. 58년에 배치된 핵무기는 지난 91년 극동지역을 끝으로 철수됐다."(『연합뉴스』 2002. 1. 9에서 재인용)

련과의 합동해군훈련 외에 알려져 있지 않다.

남한은 최소한 600여 기의 핵무기가 배치된 핵전쟁 위협상황에서 핵전쟁 위기로 치달은 적이 한두 번이 아니었다. 특히 1968년 미국의 간첩선 푸에블로호가 북한영해를 침범해 나포되었을 경우와 1969년 미국의 스파이비행기 EC121정찰기의 격추사건 및 1976년 미루나무사건 등은 핵전쟁의 전운이 감돌아 민족생명권이 경각에 달릴 정도로 급박한 상황이었다.[2] 특히 미루나무사건의 경우 괌도에서 핵무기를 장착한 B-52폭격기가 비무장지대로 비행하다 마지막 순간에 기수를 돌리는 아슬아슬한 순간이었다(피터 헤이즈 1993).

KISON(Korea Information Service On Net)의 한국안보문서(KSA) 자료를 바탕으로 한 기획물 "미 비밀문서 속의 한국 현대사(1)"의 "판문점 도끼살해 사건(1. 2. 3)"은 당시의 상황을 다음과 같이 서술하고 있다(http://www.kison.org/). 데프콘 4에서 3으로 변경 발동되어 전쟁 직전단계로 진입해(5는 평시, 1은 전쟁, 2는 전쟁이 불가피한 것이고 총격전이 시작되면 1단계이다), 휴전 이후 최대의 전쟁위기를 맞았으며 이러한 전쟁위기의 과정에서 한국은 철저히 배제되었음을 확인해 준다.

---

2) U-2기를 비롯해서 EC121기 같은 미국의 스파이정찰기는 상시운영되고 있는 것으로 추측된다. 이러한 정탐행위에 대한 결정적인 폭로를 통해 미국은 1950~70년에 북한 고공을 2만 회 정찰하여 200여 명의 조종사가 실종되고 그들 조종사가족에게 사망경위 등을 알리지 않았다는 것이 밝혀졌다(『한국일보』 1993. 5. 4). 미국의 이러한 정탐행위가 21세기를 맞이한 오늘날까지 계속되고 있다고 북한은 주장한다. "북한 조선중앙방송은 1일 미국이 U-2 고공전략정찰기, EH-60 전자전 헬리콥터 등 각종 전략전술정찰기를 이용해 북한에 대한 공중정찰을 감행했다면서 그 회수가 무려 140여 차례에 달한다고 군사소식통을 인용해 보도했다. 또 지난 달 20일과 22일에는 해외기지에서 이륙한 RC-135 전략정찰기가 북한 종심(縱深)지역을, 9일과 23일에는 EP-3 특수작전기가 서해 해상분계선 일대 상공을 날며 해안과 해저를 각각 정찰했다고 전했다. 이러한 정찰행위는 '미국이 임의의 시각에 전쟁을 일으킬 기회만을 노리고 있다'는 것을 보여준다면서 '우리는 높은 경각성을 가지고 미국의 일거일동을 주시하고 있다'고 밝혔다."(『연합뉴스』 2001. 11. 1)

　　미국은 북한에 대한 응징조치로 미루나무 절단작전(폴 번연 작전)을 수행하
면서 미대통령이 전쟁대권을 발동하는 것까지도 염두에 두고 있었다. 1953년 정
전 이후 이때만큼 일촉즉발의 극한상황까지 치달았던 적은 없다. … 판문점 사
건 사흘 뒤인 8월21일 오전 7시, 미루나무 절단작전을 전개하면서 미군은 위 18
개항 가운데 미드웨이 항모 발진, F-111전투기와 B-52폭격기 비행 등 가능한 모
든 방법을 동원해 군사시위를 벌였다. (ksa1-002)
　　판문점 도끼살해사건에서 폴 번연 작전이 수행되기까지 사흘간 한국의 자리
는 없었다. 한국의 박정희 대통령이 한 역할은 폴 번연 작전 때 스틸웰에게 한국
군 태권도유단자 병력을 제공한 것뿐이었다. 모든 것은 스틸웰과 워싱턴, 모두
미국의 몫이었다. (ksa1-004)

　　북한은 이들을 '3대 대미 경고'의 보기로 들고 있다. 월간『조선녀성』
은「도발자들에게 준 조선의 경고」(2001. 5)라는 제하의 기사에서 "이
사건들은 침략자들의 말로가 어떻게 되는가를 오늘도 세상사람들에게
똑똑히 보여주고 있다"면서 이 세 가지 사건을 이렇게 묘사하고 있다.

　　△**전리품 '푸에블로호'** 대동강 기슭을 따라 '충성의 다리' 근처에 이르면 백
수십 년 전에 미국의 침략선 '셔먼호'가 수장된 곳에 전시돼 있는 '푸에블로호'를
보게 된다. 미제 해군이 '숨은 제왕'이라고 자처하던 이 무장간첩선은 영웅적 조
선인민군에 의해 33년 전(1968) 나포되었다. 82명이 포로가 되고 반항하던 놈은
그 자리에서 즉사하였다. 앞으로 바다로 기어드는 자들은 나포가 아니라 바다에
수장되고야 말 것이다.
　　△**공중에서 흩어져 버린 'EC121'** 1969년 4월 15일 하늘로 기어들던 미제의
대형 간첩기 EC121이 조선인민군 공군추격기에 의하여 단방에 격추되었다. 최
신식 전자장비를 갖춘 이 비행기는 레이더 정찰활동을 위하여 특별히 제작한
것으로 여기에는 31명의 승무원이 타고 있었다. 이 괴물은 당시 공중에서 격추
되어 비행기에 타고 있던 놈들은 무주고혼의 신세를 면치 못했다. 이 사건은 공
중으로 날아드는 침략자들은 뼈도 추리지 못할 것이라는 것을 웅변으로 말해

주고 있다.

　△**남잡이가 제잡이**(남을 해치려다 오히려 자기가 피해를 입는다) 1976년 8월 18일 주도면밀한 계획 밑에 우리 인민군 군인들에게 도끼를 들고 덤벼들던 수십 명의 미제도발자들이 4명의 조선인민군 초병들에게 무참하게 패배를 당했다. 당시 적아(피아)간의 격투 결과 2명의 미군장교놈이 즉사하고 많은 놈들이 피를 뿌렸다. '오는 방망이 가는 홍두깨'라고 우리를 털끝 한 오라기라도 건드리려 하는 자들의 운명이 어떻게 되는가를 말해 주고 있다. (『연합뉴스』 2001. 6. 25에서 재인용)

월남전이 종식되던 1975년에 미국의 슐레진저 국방장관은 한반도에서 핵무기를 사용할 것과 주한미군은 북한보다는 소련을 겨냥하고 있다는 점을 공개적으로 밝혔다. 그리고 1976년부터 해마다 거의 세계 최대규모의 팀스피리트훈련을 한미합동으로 실시하여 한반도의 군사긴장을 고조시켰다. 1983년 레이건 재임시에는 만약 중동지역에서 미·소간에 군사분쟁이 발생하면 단지 소련군사력을 다른 곳에 분산시키기 위해 남한과 일본이 북한에 대해 지상공격을 하고, 그것도 핵공격까지 감행한다는 반인륜적이고 야만적인 '와인버거군사작전계획'을 세워 충격을 주었다.

팀스피리트훈련은 1983년을 기점으로 질적으로 전환하는데, 1982년에 계획되고 1983년 팀스피리트훈련에서 성공적으로 연습된 작전계획5027이라는 새로운 작전을 채택한 것이다. 5027은 휴전선을 회복한다는 과거의 적극적 방어전 전략에서 북한정권 소멸이라는 적극적인 공세전으로의 전환을 의미했다. 곧 남과 북이 무력충돌할 경우 휴전선 근처에서 며칠간의 혼전을 거쳐 평양 중심부를 공격하여 북한정권을 멸망시킨다는 전략이다. 전쟁이 발발할 경우 소강전 등을 통해 전쟁확대를 막고 휴전을 꾀한다는 기존의 전략을 완전히 바꾸어 북한정권을 몰락시키겠다는 섬멸전을 의미한다. 1994년 서울불바다 파문 당시 이병태 국방장관이 언급한 통일전쟁은 바로 이 작전계획5027을 공개적으로 말한 것이다.

북한은 이러한 새로운 한미연합사 작전에 대해 극도의 불안을 느껴 사상 최초로 원산만에서 소련과 대규모 해군훈련을 실시하고, 평양과 원산에 주둔하고 있는 타격부대를 전방에 배치하는 등 예민한 반응을 보였다. 이렇게 남과 북, 미국과 소련 사이에 긴장이 조성되는 가운데 소련 영공에서 대한항공 여객기가 격추되는 불상사가 일어났다. 결코 우연적인 사건이 아니라 작전계획5027과 관련된 것 아닌가 하는 의혹이 제기되고 있으나, 미국은 이 비밀을 풀어줄 당시 알래스카 관제탑의 교신전문을 지금까지 공개하지 않고 있다.

1991년 3월 걸프전쟁 이후 미국은 북한과 김일성 주석을 제2의 이라크와 제2의 후세인으로 낙인찍으면서 120일 전투시나리오, 제2의 한국전쟁, 세계7대 분쟁예상지역 등으로 노골적으로 전쟁위협을 해왔다. 당시 걸프전을 지휘했던 합참의장 파월(부시정권에서 초대 국무장관이 됨)은 걸프전에서 승리를 거두자 "다음 차례는 김일성과 카스트로"라는 전쟁미치광이 증세를 드러냈다. 이에 질세라 한국의 이종구 국방장관이 영변을 기습폭격하는 엔테베작전을 언급했다. 미국의 대북 전쟁위협과 맥을 같이하는 것으로서 미국의 논리에 덩달아 춤추는 꼴이었다(강정구 1991b). 이에 따라 1991년 23차 한미연례안보회의에서는 신작전계획5027이 채택되어 이제 북의 남침조짐이 있다고 판단될 경우 즉각 미군을 추가투입하여 5027작전을 수행한다는 초공세적 작전으로 바뀌었다.

이어서 미국은 1992년 북한이 핵사찰을 받는 것을 계기로 1992년의 팀스피리트훈련을 중지했으나 1993년에는 이 신작전계획5027에 따라 훈련을 재개했다. 1993년 2~3월에 실시된 팀스피리트훈련에는 12만의 병력과 B1B폭격기, 스텔스, 패트리어트, 핵장착 폭격기, 전면전 수행능력을 갖춘 인디펜던스 항공모함 등이 동원되었으며, 말 그대로 북한상륙을 겨냥한 핵전쟁연습이었다. 이에 북한은 '준전시상태'를 선포하고, 남북고위급회담을 잠정적으로 중단하는 등 대응조치를 취하였다. 이 결과 94년 6월에 영변 핵위기라는 아슬아슬한 전쟁위협을 맞이하게 된다.

또다시 1998년 가을에 전쟁음모설과 작전계획5027-98이 수립되었다는 주장이 제기되었다. 이 새로운 작전계획은, 북한이 식량난과 경제난으로 군사력이 극도로 저하되었기 때문에 모종의 무력공격을 준비하고 있다는 '모호하지 않은 신호'(unambiguous signs)를 포착하면 한미합동군이 북한의 주요 군사시설에 대해 선제공격을 하여 북한정권을 섬멸한다는 작전으로서, 전쟁발발 가능성을 한층 높인 조치였다. "북한은 100만이 넘는 군대를 갖고 있지만 그들은 구식무기로 무장되어 있고 제대로 훈련조차 받지 못하고 있으며… 북한의 경제적 재난은 식량, 연료, 장비 등의 군수품 조달에 심각한 장애요인이 되고 있다. 이미 북한은 베이징의 군사적 원조에 의존할 수도 없으며 자신의 문제만으로도 벅찬 모스크바로부터도 그러하다"고 보는 군사전략가의 평가를 기반으로 '북한 죽이기' 전쟁프로그램이 마련되었던 것이다(Halloran 1998).

해리슨이 밝힌 바와 같이(『한겨레신문』 1999. 1. 3), 미국방부가 이 기사를 부인하지 않았다는 것은 이 전쟁프로그램이 실재임을 뒷받침한다. 91년 미국이 한국에서 1천여 기의 전술 핵무기를 철수하기까지는 '확인도 부인도 하지 않는'(NCND) 사기정책을 폈던 것을 보면 거의 틀림없다고 보아야 할 것이다. 또 해리슨은 98년 10월 9일 주한미군 작전부참모장 레이먼드 아이어스 소장이 비보도를 전제로 미국공보원이 아시아 여러 나라 출신의 지도급 언론인 13명을 초청해 브리핑을 주선한 곳에서 이 5027-98을 설명했다는 것을 확인했다. 이 수정된 작전계획은 첫째 방어진지로부터 탱크나 포대가 대규모로 이동하는 것과 같이 북한이 공격을 준비중임을 보여주는 모호하지 않은 조짐들이 나타날 경우 '선제공격을 가할 가능성'을 강조하고 있으며, 둘째 전쟁시 북한정권을 남한의 점령정권으로 대체하겠다는 노골적인 흡수통일을 지원하고 있고, 셋째 "우리는 그들을 모두 죽여 군대라고 할 수 있는 걸 가질 수 있는 능력을 없애버릴 것"이라는 극단적인 전쟁계획이었다고 한다(『한겨레신문』 1999. 4. 4).

이에 대해 북한은 98년 12월 2일 〈중앙방송〉을 통해 미국을 맹렬히 비난하면서 인민군 총참모부 대변인 이름의 이례적인 성명을 발표하여 '섬멸적 타격'을 다짐하는 각오를 잇따라 내놓았다. 인민무력성 정창렬 부상(대장)은 3일 〈중앙통신〉에 소개된 "(총참모부 대변인 성명) 반향"에서 "만약 미제가 끝끝내 전쟁의 도화선에 불을 단다면 우리 인민군대는 미국땅을 통째로 날려보내겠다"고 다짐했다(『한겨레신문』 1998. 12. 4에서 재인용). 또 12월 7일에는 북한외무성 대변인이 '섬멸적 타격'을 호언한 군 총참모부 대변인 성명을 '응당한 대응'이라며 미국의 △핵의혹 지하시설 사찰 주장과 △5027작전계획 공개 등을 지적한 것도 바로 이것을 언급한 것으로 보인다(『한겨레신문』 1998. 12. 8).

99년 당시 국방장관 천용택은 국정개혁보고회의에서 김대중 대통령에게 보고한 내용 가운데 "북한이 스커드 등 중거리미사일과 화생무기로 도발할 확실한 징후가 포착되면 한미 양국은 핵심 전력을 선제공격할 계획을 세워두고 있고… 북한의 주요 군사시설에 대해 군사위성과 U-2 정찰기 등이 24시간 감시, 대량살상무기의 선제공격에 실패해도 피해예상지역에 3분 내 경계경보가 가능하다"고 밝힌 것은 이 새로운 작전계획을 언급한 것으로 보인다(『한국일보』 1999. 3. 24).

또한 98년 8월에 북한이 인공위성을 발사하자 일본이 이를 빌미로 선제공격론과 핵공격론까지 펼쳤다. 99년 3월 3일, 노로타 호세이 일본 방위청장관은 중의원 안전보장위원회에 출석, 일본을 공격하려는 외국에 대한 선제공격 문제와 관련해 "일본에 피해가 발생하지 않은 시점이라도 자위권을 발동해 적기지를 공격하는 것은 법리상 가능하다" 말했고, 99년 2월 참의원 예산위원회에서는 한 정부각료가 "현행 헌법상 핵무기를 사용할 수 있다"고까지 말했다.

역사적인 남북정상회담과 6·15공동선언을 계기로 한반도의 평화여건이 개선되는 듯했으나 2001년 6월 북한상선의 제주해협 통과 등을 계기로 여전히 전쟁 지향적 내적 분위기는 상존해 있다. "영해와 북방한계선(NLL)을 침범한 북한선박을 교전수칙에 따라 조치해야 한다고 했더니 정부와 여당은 총을 쏘고 전쟁을 일으키라는 것이냐고 말했다"(2001. 6. 29, 헌정회 원로초청 오찬간담회에서 한나라당 이회창 총재의 발언) 등에서 볼 수 있듯이, 제2서해교전과 같은 무력충돌을 부추기는 전쟁지향성은 우리 사회 전반에 깊이 깔려 있다.

하지만 전쟁위협의 핵심은 미국에서 온다고 볼 수 있다. 미국의 일방적 초패권주의와 9·11테러 이후의 야만적 패권추구는 한반도의 전쟁위협을 더욱 가중시키고 있다. 기회만 있으면 한반도 전쟁위협론을 펼치는 미국의 냉전주의자들은 9·11테러 이후에도 똑같은 모습을 보이고 있다. 매케인 상원의원은 2001년 9월 18일 텔레비전 쇼에서 북한도 테러리스트 국가로시 진면전의 내상이라 했고, 월포위츠 국방부 부장관은 쿠데타를 일으키는 방법을 제안하는가 하면, 미국 상원외교위원장을 지낸 제시 헬름즈 상원의원(공화당)은 황장엽을 초청하여 오사마 빈 라덴과 북한의 국제테러망 연루에 관한 황씨의 지식을 공유해야 한다고까지 주장했다.

이를 받아 미행정부는 북한을 압박하는 '연속극'을 계속 방영했다. 11월 3일 북한은 테러와 관련한 국제협약에 가입했으나 미국은 이에 만족하지 않고 핵·미사일은 물론 생화학무기 등 대량살상무기에 대한 해체

를 노골적으로 요구했으며, 존 볼튼 국무차관은 북한이 생화학무기를 개
발함으로써 생물학무기 금지조약을 위반하고 있다고 비난했고, 11월 26
일에는 부시 대통령이 대량살상무기 개발 여부를 판단하기 위한 사찰단
의 방북을 북한이 수용하기를 바란다고 밝혔다. 그리고 미의회는 북한
이 이집트에 장거리미사일을 제공했다는 거래설과 관련해 비공개청문
회까지 열 예정이었으나 당사자인 호스니 무바라크 이집트 대통령까지
사실과 다르다고 공개적으로 부인할 정도였다. 또 11월 25일 『뉴욕타임
스』는 미국의 2단계 테러응징전쟁 목표가 북한이 될 가능성을 보도했고,
이어 11월 30일에는 리처드 바우처 국무부 대변인이 "북한이 원자로 안
전과 보안절차를 검증하기 위한 국제 핵사찰을 당장 허용하지 않으면
이미 늦어지고 있는 경수로 건설이 더 지연될 수도 있다"면서 북미협정
에 위배되는 발언까지 했다(『한겨레21』 2001. 12. 5). 드디어 부시는 2002
년을 '전쟁의 해'로 선포하는 전쟁광의 정책을 취하고 있어 한반도는 언
제 제2, 제3의 아프간이 될지 모르는 극도의 불안한 정세에 놓여 있다.[3]

---

3) 북한은 미국이 2001년 12월중 160여 차례 북한을 공중정탐했다고 밝혔다. 조선중앙방
   송과 평양방송은 31일 "미제가 12월에 들어와 U-2고공전략정찰기와 EP3특수작전기,
   E3 지휘기 등을 동원해 우리 공화국에 대한 공중정탐행위를 감행했"고, 지난 29일 8시
   50분께 U-2고공전략정찰기가 덕적도 포천 속초 일대 상공을 장시간 비행했고, 같은 날
   7시 35분경 EP3 특수작전기가 대부도 양평 양양지역 상공을 반복 비행하면서 북한 동
   서해안을 정찰했다고 밝혔다. 또 18~20일에는 E3 지휘기가 미 공군전투기들을 지휘
   하며 북측 전략시설을 정찰하는 등 12월중 U-2기와 EP3, E3가 동원된 회수가 30여
   차례에 이른 것으로 전했다. 이 밖에 미국은 RC-12와 RC-7B기를 비롯한 전술정찰기와
   EH-60 전자전 헬기들을 매일 덕적도와 포천, 인제, 속초, 용유도 일대 상공에 출동시켰
   으며 5일과 18일에는 7대, 7일과 12, 19일에는 6대의 전술정찰기들이 북한 최전방을
   정탐했다고 보도했다. 또 26일 원주와 평창, 대구, 외연도 일대 상공에 120여 대의 미
   공군전투폭격기가 동원돼 공중전투 및 공대지타격 훈련을 벌인 사실 등을 예로 들며
   "미제가 전쟁분위기를 고조시키고 있다"고 비난했다. 특히 북측은 "F-15E 전투폭격기
   들과 F-16, A-10 등 전투기들이 동원된 이 공중전쟁연습은 아프가니스탄에서의 대규모
   군사적 보복공격과 때를 같이한 것으로 유사시 우리 공화국에 대한 전면적이고 불의적
   인 기습공격을 노린 소동이었다"고 주장했다(『연합뉴스』 2001. 12. 31).

이러한 수순밟기에 이어 부시는 2002년 연두국정연설에서 북한을 '악의 중심 축'의 하나로 규정하고 이어 "북한 등에 모든 대안이 검토되고 있다"며 기습전쟁의 가능성을 시사하면서, 북한을 겨냥하고 있는 미국의 가공할 핵무기나 군사무기에 대해서는 일언반구도 없이 일방적으로 북한군사력을 후퇴시키라고 윽박지르며 사실상 북한의 무조건항복을 요구했다. 잇따라 라이스 안보보좌관 등은 "사정을 봐주는 식으로는 아무것도 되지 않는다"며 우리의 대북한 포용정책을 정면으로 비판했다.

이러한 미국정부의 전쟁 광적인 정책에 대해『워싱턴포스트』는 "누가 이를〔북한을〕악마가 아니라고 주장하겠느냐"고 반문하면서 "미국정부의 의무는 공격이 취해지기를 기다리는 것이 아니라 공격의 기선을 제압하기 위해 최선을 다하는 것으로 보인다"고 기습공격을 부추기고 있다. 의회를 비롯해 미국국민의 80% 이상이 우리의 고귀한 생명권을 짓밟아버릴 한반도전쟁 위협에 박수갈채를 보내면서 막가파식 부시에게 백지수표를 위임하고 있다.

북한이 테러와 관련이 없다는 것은 주한미국대사도 인정한 것처럼 전쟁빌미가 되지 않음에도 불구하고 13.6억 달러의 군사비를 쓰는 북한의 재래식무기가, 그 300배에 가까운 군사비 3790억 달러(2003최계연도기준)의 미국과 또 그 10배인 151억 달러 군사비의 남한에 위협이 된다고 이를 후방으로 배치하고 감축하라고 강압하는 한편, 남한에 F-15K 등 무려 100억 달러의 무기를 강매하고 MD체제에 편입시키려 한다. 제정신을 가진 사람과 나라라고는 믿어지지 않는다. 이러한 전쟁위기를 맞아 600~700개의 민중시민사회단체가 부시의 방한에 즈음하여 대대적인 전쟁반대운동, 반미운동 및 그림자투쟁을 펼쳐 전쟁국면은 일시적으로 진정국면을 맞았다.

그러나 비록 전쟁의 불길은 약해졌지만 전쟁의 불씨는 여전히 강하게 남아 있다. 바로 2003년 한반도전쟁위기설이 긴박히 대두되면서 임동원 특사가 화급히 북한을 방문하여 전쟁위기 해소를 위한 남북공조를 시도했다.

앞에서 살펴본 대로, 우리 현대사는 끊임없이 외세의 개입과 외세와 야합한 일부 반민족세력에 의해 전쟁위협 아래 놓여 있다. 전쟁위기가 때로는 우리와 전혀 무관하게 외세, 특히 미국의 세계지배를 위하여 조성되어 왔다. 또한 우리 민족구성원이 전혀 알지도 못하는 상태에서 핵전쟁의 위협이 가해지고 있음을 확인한다. 곧 우리의 땅인 한반도에 대한 전쟁위기의 주체, 전쟁위기에 따른 이해관계, 전쟁위기의 요인 등이 우리 민족과 무관하게 외세에 의해 조성·확산되고 있는 특징을 띤다는 기막힌 현실을 확인했다.

2. 영변 핵위기와 민족의 생존

1993년 3월부터 시작된 영변 핵위기는 94년 10월 21일 북미협정이 체결되기까지 무려 다섯 차례나 군사적 긴장을 낳았고, 그 가운데 94년 6월의 긴장은 우리의 민족생명권을 벼랑 끝으로 모는 최악의 전쟁위기였다. 이미 미국은 6월 2일부터 매시간 단위로 한반도상황을 점검하는 비상체제를 갖추고 인디펜던스 항공모함을 환태평양군사훈련에 참가시켰으며, 미상원은 이미 퇴역한 고속정찰기 SR71을 복귀시켜 북한상공을 정기정찰하기 위해 1억 달러의 예산지출을 승인하고 예방폭격을 배제하지 않고 있음을 재확인하였으며 미군 1개사단 증파를 협의하는 등 군사적 대결상태를 준비해 나갔다. 또 존 매케인 상원의원 등은 "북한이 계속 버틸 경우에 대비해 핵시설에 대한 선제공격계획을 지금 준비해야 한다"

고 주장하였으며 언론이나 여론조사 등도 대화보다는 대결을 촉구하고
군사력 사용이라는 초강경 대결을 역설하였다(『한겨레신문』1994. 6. 7).
　최종의 순간은 94년 6월 16일이었다. 한국에서는 럭 주한미사령관과
레이니 대사가 미대사관저에서 몰래 만나서, 비상체제를 가동, 소개작전
을 추진하는 수밖에 다른 도리가 없다는 데 의견을 같이했다. 레이니는
공식명령도 기다리지 않았다. 당시 한국에 와 있던 딸과 세 손자·손녀
에게 사흘 뒤인 일요일까지 한국을 떠나라고 말한 것이다. 워싱턴시각
으로 16일 아침 10시경 백악관에서는 대통령, 부통령, 국무·국방 장관,
합참의장, CIA국장, 유엔대사, 안보보좌관 등 최고위 당국자들이 모두
모여 회의를 열었다.

　회의 서두에 클린턴은 유엔안보리의 대북한 제재 추진을 최종승인했다. 클린
턴의 최종승인이 떨어지자 〔합참의장은〕 한반도 주변지역의 미군증강계획을 설
명하기 시작했다. …대통령에게 추가병력을 제대로 배치하려면 한시적이나마
예비군을 소집할 필요성이 있다고 보고했다. 그렇게 되면 필연적으로 미국민이
사태의 심각성을 실감하게 될 것이다. …점진적 증강 안이 담긴 제1안에 대해
설명한 뒤 전투기와 또 다른 항모전단 그리고 1만 명을 웃도는 추가병력 배치에
관한 제2안에 대해 설명하기 시작했다. (Oberdorfer 1998, pp. 300~303)

　이미 북한은 미군의 추가배치가 있을 경우 이를 군사적 공격으로 간
주하고 선제공격을 할 것을 밝힌 상황이었다. 바로 이때, 이 긴박한 순간
에 백악관은 평양을 방문중인 카터 전 대통령으로부터 전화를 받았으며,
이로써 민족파멸을 초래할 전쟁고비를 가까스로 넘겼다. 실로 모골이
송연한 순간이었다. 물론 미국은 5월 18일 국방장관, 합참의장, 주한미
군사령관 게리 럭, 현역 4성장군과 제독, 세계 전역에 파견된 장성 등을
대거 소집하여 특별군사회의를 거쳐 도상훈련이 아니라 '실전회의'를 통

하여 만반의 준비를 거친 상태였다(같은 책, p. 291). 이때 제3안은 전면전, 곧 5027에 의한 북한섬멸전을 의미하는 것으로서, 최소한 40만 명 이상의 미군파병을 전제로 예비군 소집을 계획하였던 것으로 보인다(같은 책, p. 299). 전쟁경보국가정보 담당관 찰스 앨런은 미군의 무력증강은 북한의 전시동원령을 유발함으로써 선제공격의 위험성이 고조되고 있다고 대통령에게 보고하였는데, 대통령에 대한 전쟁경보보고는 전쟁개시가 임박했을 때만 이루어지는 것이 관례이다(Sigal 1998, p. 208). 그러나 이 책 머리말에서 인용한 대로 2001년 6월 제주도평화포럼에서 페리(Perry)가 밝힌 것처럼 "클린턴 대통령이 전쟁개시를 승인하기 불과 몇 시간 전에" 김주석과 카터의 합의를 받아들여 파국을 모면하였다.

남한정부 또한 전군의 경계태세를 강화하고 대통령은 "24시간 감시체제를 통해 한·미 양국은 북한의 움직임을 100% 장악하고 있다. …한·미 양국은 만일의 사태에도 대처할 수 있는 충분한 무력을 갖추고 있다"(『한겨레신문』 1994. 6. 4)면서 '여유'의 수준을 넘어서 '전쟁승리'를 자신하는 모습까지 보였다(『중앙일보』 1994. 6. 4). 6월 8일 김영삼정권은 출범 이후 첫 국가안보회의를 열고 예비군 동원태세, 국지전 대비태세, 심지어 전면전까지 상정하였다.[4] 이에 대해 북한의 '조국평화통일위원회'는 "제재는 곧 전쟁이며 전쟁에서는 자비가 없다. …동족에 대한 제재판을 벌여놓고도 자기만은 무사하리라고 생각한다면 큰 오산"이라고 대응하는(『중앙일보』 1994. 6. 6) 한편, 군 참모총장 최광을 중국에 급파하여

---

4) 두번째 국가안전보장회의는 김일성 주석 서거가 알려진 직후인 7월 9일에 열렸는데, 이는 "'김일성 사망—북한체제 붕괴—김정일 무력도발'이라는 시나리오에 기초한 정부의 비상계획에 따른 조치였다." 비상계획은 군사·안보 측면의 충무계획과 통일에 대비한 충무계획으로 나누어져 있고 이러한 시나리오와 비상계획에 따라 대통령은 전군 특별경계령, 공무원 비상대기령, 외교대책반 가동 등의 조치를 취했다(「빗나간 시나리오, 맥빠진 '비상계획'」, 『시사저널』 150호, 1994. 8. 11).

'혈맹관계'를 과시하고 핵확산금지조약(Non-Proliferation Treaty, NPT)
탈퇴불사를 선언하였다.

미국의 이러한 일촉즉발의 전쟁놀음 기도는 북한의 핵무기제조 봉쇄,
탈냉전과 걸프전쟁의 승리를 계기로 미국 단일패권주의 세계질서의 확
고한 구축, 제3세계에 대한 지배를 공고히 하기 위한 제3세계에 대한 냉
전의 강화, 소련의 멸망으로 이를 대체할 '새로운 적 만들기'(웰든 벨로,
블란츠 1996) 등 복합적 요인에서 비롯되었다고 볼 수 있다. 그러나 91년
말의 남북기본합의서 합의와 노태우정권의 정상회담 추진 등 남북의 자
주적인 민족사 행로에 대한 미국의 견제와 통제의 성격 또한 이에 못지
않게 짙은 것으로 추정된다.

걸프전쟁 이후 미국의 '북한 길들이기' 정책이 강화되고 소련이 몰락
함에 따라, 북한은 기존 정책을 바꾸어 생명권 확보를 꾀했다. 곧 유엔의
틀 안에 들어감으로써 남한은 중국·소련과 수교, 북한은 미국·일본과
의 수교라는 교차승인 구도로 나아가 생명권을 보장받을 것으로 기대했
던 것이다. 또 1991년 9월 부시 미대통령의 한반도 내 전술핵무기 폐기
선언과 12월 18일 노태우 대통령의 핵부재 선언을 계기로 1992년 1월
31일 국제원자력기구(IAEA)와 핵안전협정을 체결하고 1993년 2월까지
6차례의 사찰을 받았으며, 아울러 1991년 12월 13일 남북기본합의서, 12
월 31일 남북비핵화공동선언, 92년 팀스피리트훈련 중지발표 등으로 남
북관계도 상당히 개선되었다.

그러나 북한의 이러한 생명권 확보를 위한 노력에도 불구하고, 미국은
북한과의 관계개선을 추진하기보다 1993년에 팀스피리트 훈련을 재개
해 대북한 핵전쟁연습을 감행했을 뿐 아니라, 미국의 하위기관으로 전락
한 IAEA는 북한에게 미신고한 영변의 2개 기지에 대한 특별사찰을 요
구하였다. 미신고 시설에 대한 특별사찰은 사상 유례가 없는 것이었으

며, 더욱이 북한입장으로서는 IAEA의 특별사찰 요구는 미국의 사주를
받은 터무니없는 행위였다. 핵무기 보유국가인 미국이 핵무기 비보유국
인 북한을 겨냥해 스텔스폭격기 등을 동원해 핵전쟁연습을 강행하면서
북한을 위협하는 것은, 분명히 핵무기 보유국가가 비보유국가에 대해 핵
위협을 못하게 되어 있는 NPT조약을 위배한 행위였던 것이다. 그러나
IAEA는 미국의 위배행위를 응징하기보다는 오히려 북한에 특별사찰을
강요하는 불공정하고 불평등한 이중잣대를 들이대었으며 제국주의 미
국의 시녀행위를 자처했다.

한편 미국은 상대적으로 생산비용이 저렴하고 기술요구 수준이 낮아
제3세계도 쉽게 만들 수 있는 화학무기나 생물학무기의 생산을 전면 금
지시키고 이미 생산·비축된 무기까지도 일절 폐기처분하는 전향적인
국제협약을 이끌어내었다(그러나 부시정부는 72년에 체결된 이 조약마
저도 승인을 거부했다). 제3세계뿐 아니라 강대국의 화학·생물학 무기
를 전량 폐기함으로써 제3세계가 저렴한 무기로 강대국에 대항할 수 있
는 소지를 없애버린 것이다. 그러나 핵무기는 기술요구 수준과 생산비
용이 높기 때문에 제3세계에서 개발하기가 쉽지 않을 뿐더러 현존 NPT
는 핵무기 보유국가들에게는 핵무기 생산·개발·실험·증산 등에 아
무런 제재를 가하지 않으면서 핵무기 비보유국에게는 일체의 핵무기 생
산·실험·개발·비축도 허용하지 않는다. 핵 강국의 기득권을 철저히
보장하는 전형적인 불평등·불공정 조약이다. 미국은 바로 이 조약을
영속시켜 그들의 핵 기득권을 유지하면서 군사적 헤게모니를 지속하겠
다는 장기적인 세계지배전략을 추진하고 있었다.

이와 같은 미국의 패권주의 이해관계가 걸려 있는 NPT를 북한이 탈
퇴함으로서 미국의 장기적 세계전략에 차질이 빚어질 소지가 생겨났다.
사실 미국은 설사 핵문제가 해결된다 하더라도 곧 이어 미사일·인권·

화학무기·생물학무기·테러 문제 등으로 압력을 강화할 저의를 보였고, 이에 북한은 93년 3월 12일 NPT 탈퇴를 선언함으로써 핵카드를 통해 생명권을 확보하려는 고단위 처방으로 나아갔던 것이다. 바로 이를 둘러싸고 진행된 북미간 공방이 영변 핵위기의 실상이다.

북한 핵문제의 당사자는 북한이다. 그렇지만 남한 또한 준(準)당사자이다. 그래서 남한은 준당사자답게 민족적 차원에서 주도적으로 핵문제를 해결해야 할 책무를 가지고 있었다. 그러나 김영삼정권은 미국의 강경책에 적극 보조를 맞추다 때로는 이들의 강경노선을 능가하여 '더 크게 흔들기'를 자행하였고, 북미간 협상이 전진되어 돌파구 기미가 보이면 느닷없이 특사교환이나 특별사찰 등을 끼워넣어 '재 뿌리기'와 '판 깨기'를 일삼았다. 또한 도쿄에서는 대북 제재를 역설하다 하루 사이에 베이징에서는 대화를 강조하는 '비일관성의 일관성' 정책을 드러내었으며 '서울 불바다' 파문을 확산시키고 '전쟁불감증'을 질타하면서 미국의 군사무기를 도입하여 분단비용을 급증시키는 등 마치 적대당사자인 것처럼 대응했다(강정구 1994b).

북미협정이 마무리되는 1994년 10월 7일 『뉴욕타임스』의 발행인과 대담에서 김영삼 대통령은 "미국이 북한의 조작에 넘어가지 말아야 한다는 것, …그러나 그런 합의는 오히려 더 많은 위협을 불러올 것… 북한정권과의 타협은 북한정권의 생명을 연장해 줄 뿐이며 북한지도자들에게 잘못된 신호를 보내는 것이 될 수 있다"면서 예정된 북미합의에 대한 '막판 뒤집기'를 시도하는 무모함을 보여 미국과 심한 외교마찰까지 일으키는 촌극을 벌이기까지 했다. 이렇게 해서 김영삼정권하에서 민족공조나 민족 중심적인 접근은 실종되었고, 민족공멸을 가져올 수 있는 승부사적인 민족적대, 민족이 민족이기를 거부하는 반민족으로 일관했다.[5]

　1년 8개월 동안 긴박한 공방과 다섯 차례의 군사적 긴장을 겪은 끝에 마침내, '합의문 발표 후 1개월 이내 북한 핵활동 동결' '핵동결 뒤 연락사무소 연내 설치' '연간 중유 50만 톤까지의 대체에너지를 북한에 공급' '2천MW 경수로 제공에 대해 6개월 재계약 및 2003년 완공' '북한의 NPT잔류와 국제원자력기구 임시·일반 핵사찰 수용' '대북 핵 불사용에 대한 미국무부 보장' 등을 핵심 내용으로 하는 10·21북미협정이 타결되었다. 이리하여 북미관계는 적대적 관계에서 새로운 외교관계 수립의 단계로 전환하고 휴전협정 또한 평화협정으로 대체되어 북한의 생명권은 확보될 것으로 기대되었다.

　이러한 국제협정에도 불구하고 미국은 10·21북미협정을 제대로 이행하지 않았다. 일부에서는 북한이 극심한 식량난으로 곧 붕괴할 것으로 예견하였기 때문에 미국이 제네바협정을 제대로 이행하지 않았고 또 새로운 작전계획5027-98로 북한을 섬멸하려는 계획을 세운 것으로 분석하기도 한다. 미국의 속내야 어찌 되었든 그 동안 북한은 10·21협정이 규정한 핵연료봉을 97%까지 봉인하고 핵발전소를 중단하여 협정을 충실히 이행했다. 그러나 미국은 합의사항인 대북 경제제재의 해제를 거의 이행하지 않았고, 북한에 핵 선제공격을 하지 않는다는 정부의 공식적인 보증도 하지 않았다. 게다가 2003년까지 완료하게 되어 있는 2천MW의 경수로도 적기에 공급할 수 없게 되었고 2008~9년까지 제대로 이행될지도 의문이다. 북한과의 관계개선도 전혀 진전시키지 않았다. 또 중유 50만 톤을 적기에 제대로 공급하지도 않았다.

　그러나 북한은 핵연료봉의 97%를 이미 봉인한 데서도 드러나지만 협

---

5) 김영삼 대통령이 영변 핵위기 때는 전쟁을 부추기고 김주석 사망시에는 북한붕괴론을 가정하고 북한 식량지원은 '민족에 대한 배신행위'라는 기상천외의 화두를 제시한 것은 그가 북한붕괴를 통한 통일대통령이 되려는 과대망상적인 착각 속에 사로잡혀 있었기 때문이다(Oberdorfer 1998, pp. 340~41).

정을 거의 100% 이행했다. 당연히 북한은 미국의 이 같은 고의적인 불이행에 대해 공식적으로 문제제기를 했고 협정이행을 촉구하는 한편 경고도 했다. 그러나 부시 미국은 적반하장 격으로 대응하면서 한반도 전쟁위기는 고조되고 있는 실정이다.

이러한 견해는, 99년 3월 11일 임동원 외교안보수석의 "대북 경제지원, 관계개선, 북한의 안전보장 등을 내용으로 하는 북·미간 제네바합의를 지키는 대국의 아량을 보여야 한다. 북한이 먼저 이것을 해야 저것을 주겠다는 식으로는 해결이 어렵다"는 발언이나, 그 동안 우리 정부관계자들이 비공식적인 자리에서는 제네바협정을 지키지 않은 책임이 "엄밀히 따지면 미국 쪽이 더 크다"고 말하곤 했으면서도 외교적 파장을 우려해 공개하지 않았을 뿐이라는 『한겨레신문』(1999. 3. 11)의 분석과 일치한다.

3. 금창리 핵위기와 미국이라는 존재

금창리 핵위기라는 또 다른 한반도 전쟁위기는 해리슨이나 퀴노네스가 밝힌 것처럼 의회의 강경파, 국방부와 CIA의 매파 등이 미 국방정보국(DIA) 패트릭 휴즈 국장(현역중장)이 유출한 정보를 토대로 북한이 제네바합의를 위반했다고 주장한 것이 발단이 되었다(『중앙일보』 1998. 11. 24). 페리 북한정책조정관의 전략안 시안에서는 한반도를 전쟁상황으로 몰아넣는 3단계 안을 예고했으며, 미합참 간부회의에서 존 틸러리 주한미사령관은 "올 봄 한국에서 일종의 '긴급상황'이 예상된다"고 밝혔고, 99년 2월 2일 조지 테닛 CIA국장은 상원 군사위에서 "북한이 절박한 경제상황으로 '미국과 위험한 극한정책'으로 치달을 가능성이 높아졌다"고 경고했다(『한겨레신문』 1999. 2. 4). 앞에서도 밝혔지만 98년 10월 9일 주한미군 작전부참모장 레이먼드 아이어스 소장은 북한이 공격을 준비중임을 보여주는 모호하지 않은 조짐들이 나타날 경우 선제공격한다는 작전계획5027-98을 발표하면서 "우리는 그들을 모두 죽여 군대라고 할 수 있는 걸 가질 수 있는 능력을 없애버릴 것"이라고 전쟁위기를 확산시켰다. 또 군산복합체의 이익과 밀착한 공화당의원들은 북한에 제공해야 할 98년도분 중유 50만 톤의 예산을 승인하지 않으면서 협정이행을 방해하기 시작했다.

이렇게 98년 8월부터 본격화된 금창리 핵위기는 8월 말 북한의 인공위성 발사로 더욱 증폭되어 '한반도 봄 위기설'로 발화되면서 지난 1993~94년의 위기를 재현하는 듯했다. 그러나 94년 전쟁위기 때 전쟁을 부추겨 민족안보를 저버린 반민족적인 김영삼정부의 행위와 달리 김대중정권은 포용정책의 테두리 속으로 금창리 핵위기를 끌어들여 위기를 잠재우고 민족안보를 지키는 전향적 정책을 취함으로써 중대한 고비를 넘길 수 있었다.

금창리 핵위기에 대한 3·16북미합의는 △금창리 지하시설 의혹해소를 위해 현장조사단(30명) 방문과 추가 복수방문 허용 △정치·경제 관계 개선을 위한 조처로 60만 톤 식량지원 및 감자증산의 농업지원, 4월 29일 평양에서 4차 미사일회담 재개, 북한자산 동결 해제 등 부분적 경제제재의 완화를 골자로 하고 있다. 북한이 이 합의로 얻은 것은 식량지원 60만 톤과 약간의 농업지원밖에 없으며, 그 밖의 부분은 미국이 응당 10·21협정에 의해 이행했어야 할 사항이다. 그것도 경제제재의 부분적 완화에 그쳤다.

미국은 식량지원에 드는 약간의 비용만으로 '북한 적 만들기'를 시도했던 군산복합체 및 이들과 야합한 강경세력의 목표를 충분히 달성한 셈이다. 일본에 '전역미사일방어체제'(Theatre Missile Defense, TMD)를 강요하고 자신은 '국가미사일방위'(NMD) 개발을 확정했다. 물론 이들은 한반도의 전쟁위협을 볼모로 자신들의 추악한 잇속을 차린 것이다.

필자는 이미 영변 핵위기 당시 미국의 행위유형을 다음 몇 가지로 특징화한 적이 있다(강정구 1994b). 첫째, 미국은 이중삼중 잣대로 영변 핵위기를 조성하여 불공정 게임을 일삼았다. 이스라엘, 남아공, 일본 등의 핵은 문제삼지 않으면서 유독 북한에게만 온갖 혐의를 뒤집어씌웠다. 둘째, 강·온 양동작전으로 북한에 양보를 강요하고 의회 등을 핑계로 기존 합의를 파기하면서 무력제재 수순을 밟는 유형을 보였다. 셋째, 국무부는 일괄타결 등으로 유화책을, 국방부·CIA·군산복합체 등은 무력제재 불사의 강경책을 일삼았다. 넷째, 핵위기의 주기적 악순환을 이용하여 한미연례안보회의 등에서 의도적으로 위험을 고조시켜 한국에 무기구매를 유도 및 강요하였다. 다섯째, 궁극적으로 북한의 핵카드를 완전 소진시킨 상태에서 다음에는 미사일문제, 화학 및 생물학 무기, 테러문제, 인권문제 등 순차적으로 북한을 옥죄려는 경향을 띠었다. 여섯째, 국제원자력기구를 '긁어 부스럼 만드는 훼방꾼' 역할을 하게 함으로써 마치 미국의 행위가 객관적이고 정당한 것처럼 위장하는 행위를 일삼았다.

이를 보건대 3·16북미합의로 한(조선)반도가 미국의 볼모에서 벗어날 수 없다는 데 문제의 심각성이 있다. 부시정권이 들어서자, 클린턴정권 말기 조명록 북한차수가 방미하여 관계개선과 평화보장체제를 합의한 '10·12북미공동성명'을 헌신짝처럼 내팽개친 데서도 이는 확인된다. 미국은 대북한 경제제재의 해제와 단계적 관계정상화를 계속 카드로 악용하면서, 미사일·생화학무기 문제 등을 순차적으로 제기하는 '양파껍질 벗기기' 식으로 북한의 방어선을 하나씩 무너뜨리려 할 것이고, 이때마다 또다시 한반도에는 위기가 재연될 것으로 필자는 이미 예견하고 있었다.

미국의 연이은 미사일문제 제기에 대해 북한 외무성대변인은 "미국이 방대한 핵미사일과 대량살상무기로 우리를 항시적으로 위협하고 있기 때문에 나라의 안전을 지키기 위해 우리 자체의 노력으로 미사일을 개발·시험·생산하는 것은 우리의 자주권에 속하는 것"이라고 강조하면서 "미국이 아무리 우리의 미사일 위협을 떠들어대도 자신들의 군비증강책동을 정당화할 수 없다"고 문제의 핵심을 부각시켰다(『동아일보』 1999. 3. 31). 이제 미국은 대북한 위협의 메뉴를 금창리 핵위기에서 미사일문제로 바꾼 것이다. 이로써 또다시 미사일 위기라는 수없이 많은 "가지를 한반도라는 나무에 쳐놓아" 전쟁위험의 바람이 잘 날이 없게 되었다. 왜 우리 민족은 미국의 이 같은 전쟁놀음에 계속 놀아나는 꼴을 당해야만 하는가?

금창리 전쟁위기는 미국무부의 반대에도 불구하고 DIA가 북한 금창리지역의 인공위성 사진에서 '이상한 징후'가 나타난 것을 언론에 흘려(최원기 1998) 사건을 부풀린 대표적인 경우이다. 인공위성 사진에 나타난 뭔가 이상한 점에 대해서 제대로 검증절차도 밟지 않고, '북한은 으레 그럴 테니까'라는 근거 없는 낙인론에 매몰되어 무조건 북한의 핵무기개발로 단정지으면서 한반도 전쟁위기를 재연시킨 사건이다. 1년 반 이상의 협상과 진통 끝에 베를린합의에 이르러 미국은 북한에 60만 톤의 식량지원을 하고 금창리를 '사찰'했으나 결과는 아무런 징후도 발견하지 못했다. 이렇듯 금창리 핵위기 사건은 실재하지도 않는 북한 핵무기개발에 대한 의혹을 불러일으킴으로써 긴장을 고조시키고 전쟁도 불사한다는 미국 의원들이나 지식인의 냉전낙인론, 일방주의, 람보주의, 우월주의가 결합한 결과이다. 그러고도 이에 대한 사과나 유감의 표명도 없는 뻔뻔스런 모습을 보이는 미국이야말로 오늘날 지구촌의 가장 큰 불량국가 또는 황야의 무법자임을 누구도(최소한의 이성을 가진 사람이라면) 부정 못할 것이다.

금창리 전쟁위기에서 확인된 가장 큰 문제점은, 미국이라는 외세가 인공위성 사진 등에서 기후조건이나 다른 밝혀지지 않은 요인에 의해 이상징후만 나타나면 그것을 곧 바로 핵개발로 단정지어 한반도에 전쟁위기를 몰고 오는 데 있다. 이는 미국이 무언가 의심을 하기만 하면 우리의 죽고 사는 문제가 바로 경각에 달린다는 기막힌 현실을 말한다. 최근 금강산댐 안정성 문제제기도 다분히 미국의 음모적인 인공위성 사진 유출에 의한 것이다.[6] 왜 이러한 미국의 놀음에 우리의 죽고 사는 문제가

---

6) 최근 북한의 임남댐(남한에서는 금강산댐으로 부름)의 안정성 문제가 제기되어 임동원 특사가 긴급 방북하였고, 한반도 2003년 안보위기에 대처하기 위해 6·15국면으로 복원시켰던 남북관계가 다시 경색되고 이산가족 상봉의 성과물을 축소시켜, '악의 축' 전쟁위기 이후 간신히 조성됐던 한반도 화해분위기가 다시 암초에 걸리고 말았다. 이 댐에 대해 전두환 군부정권은 '수공위협설'을 조작하여 군부정권 연장을 시도했고 대북 적개심을 고양시켰다. 86년 10월 29일 이규효 건설부장관은 "북한이 서울을 삽시간에 쓸어버릴 수 있는 엄청난 규모의 '금강산 댐'을 건설한다"는 내용의 대국민 성명을 발표하면서, 길이 1100m, 높이 200m, 최대 저수능력 200억t의 초대형인 이 댐을 북한이 파괴할 경우 서울을 비롯한 남한 중부지역 일대가 물바다가 될 것이라고 주장했다. 이는 국민을 공포로 몰아넣고는 대응 댐인 '평화의 댐' 건설을 발표하면서 국민을 선동하여 코흘리개 유치원생부터 칠십 노인까지 앞다퉈 성금을 내게 한 결과 773억 원의 성금까지 모았던 대국민 사기극이었고 대북한 '냉전악마 만들기'였다.
실제 2000년 10월에 완공된 북한의 임남댐은 높이 121.5m, 최대 저수량 26억t, 연간 평균저수량 약 18억t으로 29억t의 소양강댐보다 규모가 작다. 이에 대한 안정성 의혹의 제기는 최근 미국 아이코너스 위성사진에 세 곳이 함몰된 것처럼 보이는 위성사진에서 비롯되었다. 그러나 2002년 5월 8일 '물 심포지엄'에서 충남대 토목공학과 임희대 교수는 "금강산댐에 대한 위성사진을 판독한 결과 댐이 함몰되거나 누수된 흔적이 없고… 댐에 누수가 발생했다는 주장은 암반의 색깔을 잘못 판독한 것이며, 만약 누수가 발생했다면 벌써 예측할 수 없는 사태가 벌어졌을 것"이라고 강조하면서 남한언론과 일각에서 제기하는 댐붕괴위협설에 의문을 제기했다(『한겨레신문』 2002. 5. 8). 이러한데도 한국언론의 냉전낙인론에 의해 일반국민들 사이에서 댐 안정성 위험은 이미 기정사실화되었고 그들의 무의식세계에는 또다시 대북 적개심과 북한위협론이 축적되고 증폭되어 버렸다.

농락당해야 하며 남북관계가 조금이라도 개선될 기미만 보이면 미국의 인공위성 사진 유출과 같은 딴지걸이에 의해 다시 원점으로 돌아가야 하는가?

4. 서해교전의 맹목·저돌성과 전면전 위기

앞의 한반도 전쟁위협은 주로 외세 미국의 주도에 의한 것이었다. 그러나 이런 외적 요소에 의한 전쟁위협 외에도 내적 요인인 남북 사이의 적대나 사소한 우발적 사건을 계기로 전면전이 발발할 가능성 또한 배제할 수 없다. 이 전형적인 보기가 1999년 6월 15일 서해의 북방한계선 근처에서 발생한 서해교전이다. 가끔씩 반민족적이고 반역사적인 명칭인 '연평해전'으로 불리는 이 사건은 남한 시민사회의 맹목성과 저돌성이 자칫하면 전면전을 몰고 올 뻔한 정말 위험한 순간이었다. 이를 면밀히 검토하여 우리의 내면이 얼마나 대북한 맹목성과 저돌성으로 가득차 있는지를 확인하고, 또 바로 이 때문에 우리가 전쟁위협에 얼마나 무방비상태로 노출되어 있나를 점검하고자 한다. 우리 사회 전체가 이러함에도 불구하고 우리는 우리 내면의 이 같은 전쟁지향성을 제대로 파악조차 못하는 자기기만증에 걸려 있다.

먼저 서해교전의 실상을 남쪽만의 편향적인 시각이 아니라 민족적 시각으로 살펴보면서 남한사회 전반에 만연해 있는 대북한 맹목성과 저돌성을 인지하고 우리 안의 이 전쟁지향성의 위험성을 드러냄으로써 간략하게 해결방향을 논하도록 하겠다.

북방한계선의 성격

북한경비정 등의 북방한계선(NLL) 진입을 '영해에 대한 침범'으로 보고 국토수호자원에서 강경대응해야 한다는 언론계와 야당정치권 그리고 반공지식인들로 대표되는 시민사회의 바람몰이는 최소한 국제법상의 규정도 존중할 줄 모르는 반이성적인 힘의 논리였다. 이러한 남한 시민사회 일부의 맹목성과 저돌성이 표출되자, 바로 북방한계선을 선언한 당사자인 미국조차 이를 남한의 영해로 인정하지 않고 공해나 분쟁해역이라고 선언하기에 이르렀다. 그런데도 억지로 남한의 영해로 주장하는 남한 주류언론과 주류정치권, 이를 무리한 줄 알면서도 받아들이는 김대중정부의 취약성은 통일기반 조성의 전면적 부재라는 남한의 현주소를 잘 말해 준다.

이미 알려졌지만 휴전협정 어느 곳에도 북방한계선에 대한 언급은 없다. 단지 제해권을 미군이 장악하고 있었으므로 정전협정 13조 2항은 다음과 같이 명시하고 있을 뿐이다.

단 황해도와 경기도의 도계선 북쪽과 서쪽에 있는 모든 심 중에서 〔유엔〕군사통제하에 남거두는 〔5도를〕 제외한 기타 모는 섬들은 북한인민군총사령관과 …군사통제하에 둔다. 서해안에 있어서 상기 경계선 이남에 있는 모든 섬들은 〔유엔〕의 군사통제하에 남겨둔다.

사실 이 한계선은 유엔군의 북상을 통제하기 위한 목적으로 클라크 주한미군사령관에 의해 일방적으로 설정된 것이고, 지금까지 북한은 이 일방적인 경계선을 군사분계선으로 인정하지 않았다. 73년 12월 북한은 군사정전위에서 이 문제를 본격적으로 제기하여 "서해 5개 도서의 해역이 북한군의 통제를 받는 곳으로 이 섬들을 드나들 때는 북한군의 승인을 받아야 한다”고 주장했으며, 이후 “북한의 12해리 영해 안에 있는 북방한 계선을 인정할 수 없다”며 해마다 20~30건의 월선을 감행해 자신의 영 해권을 의도적으로 부각시켰다. 사실이 이러한데도 “지난 40여 년간 사실상의 해상경계선의 효력과 기능을 하고 있[으]”며 “국제법적으로 실효성의 원칙과 응고의 원칙에 의해 수용되고 있다”고 말한 차영구 국방 부 대변인의 성명은 사실과 전혀 부합하지 않는 억지주장에 불과하다.

또 92년 9월 남북기본합의서 부속합의서 10조는 “해상불가침 경계선 은 계속 합의한다. 해상불가침 구역은 해상불가침 경계선이 확정될 때 까지 쌍방이 관할하여 온 구역으로 한다”고 명시하고 있어 북한이 동의 했다는 주장은 사실과 다르다. 그러므로 이 해상지역은 남쪽 관할권도 북쪽 관할권도 아닌 공동관리해역이거나 미국무부의 성명대로 분쟁해 역일 따름이다. 그런데도 남쪽언론은 남한정부가 독도의 주권도 미온적 으로 다루더니 이제 서해안의 ‘영해’도 지키지 못한다고 정부를 막판으 로 몰고 가는 무조건적 대북한 맹목성을 발휘하여 서해교전을 실질적으 로 ‘강제한’ 셈이다.

또한 야당국회의원은 외교통상부장관이 “만일 북한이 평화적인 방법 으로 이의제기를 한다면, 〔남한은〕 이 문제를 협의할 용의가 있다”는 지 극히 당연한 기자회견 내용을 문제삼아 사과할 것을 요구하였고, 월선이 라고 표현한 정부당국자의 합리적 발표에 대해 국정원장에게도 잘못되 었음을 시인하는 사과를 강요하는 막무가내식 람보행위와 반이성적인 작태를 보였다. 언론은 외교통상부장관의 대북협상 용의론을 문제삼으 면서 “지난 반세기 동안 우리가 실효적으로 지배해 온 NLL문제를 공론 화해 북한과 협상을 벌일 경우 일정 부분 양보가 불가피할 것이라”고 남측의 영해주장이 무리임을 자인했다. 그러나 이렇게 무리를 인정하면

서도 우격다짐으로라도 잘못된 관계를 유지해야 한다는 언론의 맹목성
은 외교통상부장관이 제기한 협상설을 "원칙과 순리를 벗어난 단적인
예"라고 비난 일변도로 나아감으로써 몰이성의 극치를 보였다. 그리고
일부 지식인은 미국 국무부와 언론들이 북한의 '도발'을 강조하기보다
남북한의 '상호교전'이라 호칭하고 '상호자제'를 요구하는 이성적인 논
평에 대해, 볼멘소리로 여야가 안보위협에 단합된 모습을 보여주면 북한
과 미국에 대한 주도권을 확보할 수 있다는 남한만의 나라사랑인 극단
적인 맹목성을 드러내기까지 했다.

그런데 우리는 6·15서해교전과 똑같은 사건이 김영삼정권하에서도
일어난 사실을 확인할 수 있다. 6·15서해교전 3년 전인 96년 7월에 이
양호 국방장관과 당시 야당의원이자 김대중정권 때 국방장관이 된 천용
택 의원 간의 국회 대정부질의에서 북방한계선 문제가 거론되었다. 이
국방장관은 "북방한계선은 어선보호를 위해 우리가 그어놓은 것으로
[북한측이 넘어와도] 정전협정 위반이 아니다"고 공식적인 견해를 당당
히 밝혔고, 이에 대해 천용택 의원은 "진짜 넘어와도 상관 없느냐. 지난
50년간 남북한이 잠정 인정한 통제선을 장관이 그렇게 얘기해선 안 된
다"고 질책하자, 다시 이 장관은 "넘어와도 괜찮다"고 내납했다(김성
걸·이상기 1998, 132쪽). 그러나 당시에는 남한 시민사회의 대북한 맹목
성이 표출되지 않았다. 동일한 사건이 김영삼정권 아래서는 맹목적 교
전으로 비화되지 않았지만 김대중정권하에서는 전면전 위기로 치달을
정도로 비화되는 현실에 대한 면밀한 연구가 필요할 것 같다.

민족문제를 남한만의 문제로 보는 편시안적인 환자, 남북문제를 건설
적으로 풀기보다는 냉전의식에 마비되어 남북의 대결구도 조성에 앞장
서는 근시안적이고 탈민족적인 주류 언론과 정치권, 이들이야말로 북한
에 관한 한 최소한의 이성도 상실한 채 바퀴 풀린 수레처럼 질주하는

맹목성병에 걸린 중환자이다. 물론 이 맹목성은 외세에 의해 강요되고 또 이 과정에서 내면화되어 버린 냉전제도·냉전문화·냉전의식·냉전심성 등에 의해 우리 내면 속에 자연스럽게 자리잡았다. 여기서 우리는 한반도 냉전구조의 청산이 시급하다는 사실을 다시 한 번 확인한 셈이다.

서해교전의 문제점

1953년 휴전이 성립된 이후 처음으로 남북 정규군의 교전으로 30~50명이 전사한 기록을 남긴 서해교전사태는 북한이 자제력을 잃고 옹진반도에 즐비해 있는 해안포나 미사일로 대응하였다면 전면전으로 비화될 수 있는 일촉즉발의 사건이었다. 그런데도 언론·정치권·지식인 등은 민족안보를 위하여 재발방지책을 논의하기보다 냄비 끓듯 하는 여론몰이로 일전불사의 전쟁무드를 조성하는 반이성적이고 반민족적인 맹목성을 드러냈다. 또 북한이 이 교전에서 30~50명의 인명피해를 입었는데도 남쪽은 최소한의 유감표명조차 하지 않았고, 오히려 전승가를 구가하며 신북풍설이라는 허무맹랑한 이야기까지 들먹이면서 이를 정략적으로 악용하는 등 최소한의 이성마저도 상실한 모습을 보였다. 이제 그 문제점을 하나씩 짚어보겠다.

언론에 의해 강제당한 서해교전

무엇보다 서해교전은 언론의 선동적이고 무책임한 냄비식 여론조장에 의해 강제되었다고 할 수 있다. 6월 7일 북한의 북방한계선 월선에 대하여 합리적이고 냉정한 대응을 하던 정부가 '영해침범' '국토수호' 등 극단적인 선동구호를 외치며 벌떼같이 날뛰는 언론과 일부 정치권의 정략적인 정치쟁점화에 힘없이 무너지면서 무력충돌은 예견된 수순이었다. 사흘 만에 여론에 굴복한 정부는 6월 10일 국가안보회의를 소집하여 "북한이 우리를 자극하고는 있지만 적대행위를 하고 있지는 않다"는 기존의 합리적인 대처방안에서 "NLL을 지상의 군사분계선과 같이 확고하게 지킬 것"이라며 강경대응으로 방향을 선회하였다.

이에 따라 '강력 대응'을 자제하던 군당국은 11일 북한경비정을 밀어내기 위하여 북한경비정의 뒷머리를 들이박는 선제공격을 감행하는 저돌성을 보였고, 이에 북한경비정 4척이 커다란 손상을 입었지만 북한은 군당국의 발표대로 소극적으로 대응하였다. '매운맛'을 보여주었다는 언론의 부추김에 우쭐했던지 국방부는 13일 "영해침범 즉각 중단 촉구하고 중단 않으면 응징한다"는 성명을 발표하고 14일에는 국방장관이 기자간담회에서 "북 경비정 차단 위해 한계선 봉쇄작전"을 천명했다. 이 작전명령에 따라 15일 남한함선들이 북한함선들을 포위하고 충돌식 밀어내기 선제공격을 감행하여 다시 한 번 저돌성을 보여주었다.

이에 쫓기고 밀리던 북한경비정은 남쪽 초계함에 기관포 선제사격으로 대응했으며, 남쪽은 기다렸다는 듯이 기관포와 74mm함포 등으로 응시히여 북한군 30여 명의 전사자를 내고 북한배 1척을 바로 격침시키고 2척을 대파했다. 정말 아찔한 순간이었다. 이 교전상황에서 만약 북한이 자제력을 잃고 바로 옆 옹진반도 쪽에 배치해 놓은 지대함 미사일이나 해안포 등으로 응사했다면 바로 전면전으로 치달았을 것이다.

북한의 선제공격이 아닌 남한의 선제공격

이 교전사태에 대하여 유엔사와 남쪽은 "북한이 선제공격을 해와 자위권 보호 차원에서 공격한 것"이라며 남한의 함포사격 등에 대한 정당화논리를 폈다. 또 국회 국방위 대북 결의안은 "북한측의 북방한계선 침범행위와 무력사용을 규탄하며, 이로 인한 모든 책임은 전적으로 북측에 있음을 분명히 밝힌다"고 선언했다. 그러나 "군당국은 북한이 그 동안 영해침범 후 해군의 밀어내기식 공격에 대한 소극적인 대응자세에서 돌변, 15일 선제공격을 감행한"것이라고 언급하고 있듯이(『한겨레신문』, 2001. 6. 16), 실질적으로 선제공격을 한 것은 북한이 아니라 남한임을 군당국의 성명조차 분명히 인정하고 있다. 그렇다면 남쪽의 자위권 차원의 정당화는 그 근거를 상실하게 된다. 자위권 차원에서 강력대응하는 것이 불가피하였다면 그것은 북한이 선제사격을 한 것에 대한 대응이라는 논리를 펴야 한다. 실제로 선제공격은 남한이 하고서도 북한에 모든 책임을 전가하는 것은 사실왜곡이다.

군의 한 고위관계자는 "지난 15일 북한경비정은 선제공격을 가하면 우리 쪽에서 뒤로 물러날 것으로 판단했겠지만 우리 쪽에서 기다렸다는 듯이 즉각 응사해 상황을 종료시켰다"고 말했는데, 이는 선제공격으로 북한의 선제사격을 유도하고는 이에 대해 과잉대응하여 응징하겠다는 면밀한 사전 시나리오를 암시한다. 여기에는 군대의 전쟁논리만 작동하지 민족논리나 정치논리는 끼여들 틈이 없어진다. 이렇게 정치논리가 무너지고 전쟁논리가 지배하고, 전쟁논리 그 자체가 가지는 저돌성이 시민사회나 국가에 의해 적절히 통제되지 않으면 전쟁이라는 막바지로 치닫는 것이 역사의 경험이었다.

더욱더 문제가 되는 것은 유엔사 교전수칙이 이 구역에서는 적이 먼저 무력도발을 하지 않는 한 우리 쪽에서 선제 무력사용은 자제하도록 되어 있는데도 불구하고 11일과 15일 남쪽이 선제공격을 감행하여 이 교전수칙을 어겼다는 사실이다. 배를 밀어붙여 충돌식 공격을 감행하는 것 역시 분명히 무력공격이다. 아울러 북한의 선제사격은 기관포 수준이었는데도 남한이 즉각 74mm함포사격으로 대응한 점은 과잉대응의 성격이 짙다. 과거 97년 6월에도 바로 서해안에서 교전상황이 벌어졌지만, 그때는 쌍방이 배의 후미를 공격하는 정도로 자제력을 가졌다. 이번에도 남한이 먼저 저돌적인 공세로 나갈 것이 아니라 자제력을 가지고 기관포 정도의 사격으로 대응하였다면 엄청난 인명피해와 일촉즉발의 전쟁위험은 막을 수 있었을 것이다. 교전수칙을 '위배'하고 선제공격을 가한 것과 함포사격이라는 과잉대응 여부 및 저돌성에 대한 면밀한 조사와 문책이 이루어지고, 이를 통해서 남과 북이 서로 과잉반응을 자제하는 장치를 마련하여야 함에도 이러한 건설적 대안은 재야세력 외에 어느 누구도 제기하지 않았다.

근거 없는 북한의 의도적 선제공격설

다음에 또 문제가 되는 것은 국방부가 아무런 근거도 없이 북한의 '의도적 선제공격설'을 유포하고 언론은 이를 그대로 맹신하여 여론을 오도하는 무비판적 왜곡행위이다. 곧 국방부는 6월 16일 유엔사-북한간 장성급회담에서 "오전 9시 15분 한국이 먼저 사격했다"는 북한측 이찬복 중장의 발언은, 사전에 공격사실을 계획하고 회담장에 나왔으며 각본에 따라 이러한 남한의 공격설을 주장했을 것이라는 국방부의 냉목적인 일방적 추론이다. 그러나 『한국일보』(6. 17)의 분석대로 북한측 대표단이 서해상에서 벌어진 교전사실을 회담장에 도착하기 전에 긴급보고를 받았을 수도 있었다. 이렇게 조그만 개연성만 있어 보이면 곧바로 음모론과 결부시키는 근원적인 불신과 이러한 음모론적 추론에 대한 확인이나 검증의 필요성마저 느끼지 않고 그대로 맹신하는 관성은 우리 언론, 정치인 및 지식인들의 현주소이다.

북한 악마론에서 조금만 빗겨가도 낙마하는 고위직

지극히 원색적이고 틀에 박힌 고정관념을 강제하는 전쟁망령에서 벗어나지 못하는 정치권과 언론의 고질적인 자폐증이 치유되지 않고 있다는 점이다. 김대중정부의 초대 정책자문위원장이었던 최장집 교수나 김영삼정권하의 개혁과 민주화 선두주자였던 통일부총리 한완상 교수가 『조선일보』의 이념공세에 중도하차하는 유사한 전철을 이번에도 겪었다. 반개혁과 극우진영의 이념공세에 가장 좋은 소재는 바로 한국전쟁이나 전쟁에 관련된 사항이다. 아직까지 우리 사회에서는 한국전쟁에 관한 한 비록 그것이 학문적이라 할지라도 객관적인 분석이나 이해가 용납되지 않는다. 무조건 남침이고, 모든 잘못은 북쪽에 있고, 그 엄청난 비극적 참화는 남한이 입었고, 전적으로 그 책임은 김일성에게 있고, 이에는 이로 대응해야 한다는 틀에 박힌 '정답'이 있다. 여기에서 조금이라도 어긋나면 모두 빨갱이 취급을 받고 심지어 생명까지 잃게 되어 있었다. 그러므로 이러한 질문에 대해 맹목적으로 정답만 외치거나 아니면 침묵할 수밖에 없는 것이, 곧 금기의 영역, 냉전성역이라는 것이 지금까지 우리의 엄연한 현실이다.

이번에도 차영구 국방부대변인의 전격적인 해임은 바로 이러한 냉전성역을 재미있게 묘사한 '불경'을 저질렀기 때문이었다. 그는 기자회견 뒤 지나가는 말투로 "부부도 싸운 뒤에 더 화목해지는 것 아니냐"면서 "군의 할 일은 대비태세를 완비하고 철저하게 지키는 것이다. 현상황을 톤다운시키는 것은 군의 임무가 아니니 오해 없기를 바란다"는 말을 덧붙이면서 브리핑을 마무리했다. 이는 교전이라는 최악의 상황에서도 포용정책의 기조를 살리면서 남북간에 접점을 찾을 수 있는 명분을 제공하고 새로운 전기를 마련하자는 유연하고 폭넓은 브리핑이었다. 그러나 확고부동한 정답이나 공식에서 조금이라도 이탈하면 용납하지 않는 맹목적인 냉전전사 격인 한나라당 국방위원들은 그날 오후 "교전상황을 어떻게 부부싸움으로 비교하느냐"면서 강하게 비난하고 나섰고 그 결과 대변인은 그날 밤 전격적으로 해임되었다. 이러한 상황, 곧 "처부수자 김정일"만을 읊조려야만 하는 맹목적 상황에서 내적 통일기반은 백년하 청일 수밖에 없다.

무조건적인 햇볕정책 귀착론으로 남북관계를 파탄으로 이끌려는 정 략주의

야당은 6·15서해교전 사태 당시 "햇볕정책과 비료지원, 금강산관광, 대북 송금 등은 즉각 중단돼야 한다"는 정략적인 주장을 펼쳤다. 그들은 서해교전사태는 햇볕정책이 북한을 오도해 일어난 것이라고 주장했지 만, 이 주장이 설득력을 갖자면 강풍정책을 쓰던 때는 북과의 무력충돌 이 없어야 한다. 그러나 80년대 이후에만 무려 24차례의 크고 작은 무력 충돌이 있어왔다.

햇볕정책의 가장 큰 역점은 바로 남북 화해와 협력의 기본 틀을 만들 어 이러한 전쟁위협이 발생하지 않는 평화구도를 정착시키는 데 있으며, 오히려 6·15서해교전 사태는 햇볕정책의 필요성을 너욱더 확인시켜 주었다. 북한이 교전을 통해 엄청난 피해를 입고 또 자존심이 상했음에 도 금강산관광사업과 교류사업에 대해 지속성을 보인 점은 햇볕정책이 아니었더라면 상상도 할 수 없는 일이었을 것이다.

한 가지 일이 잘못되었다고 해서 나머지 모든 일도 망쳐버리는 정책 을 취한다면 50여 년 동안 적대관계를 지속해 온 남북관계는 영원히 해 결 불가능할 것이다. 중요한 것은 대결구도와 맹목성으로 위험수위를 높이는 것이 아니라 상대적으로 여유가 있는 남쪽이 북쪽을 포용하여 힘들지만 하나씩 통일의 터전을 일구는 것이다. 지금까지 김대중정부는 잠수정사건, 인공위성 발사, 금창리 핵의혹 사건, 미사일 문제 등에도 불구하고 정경분리라는 기존의 정책기조를 일관성 있게 유지했다. 그리하여 6·15교전사태에도 불구하고 당연히 포용정책은 지속되어야 하고 실제 지속하였다.

북한군사력 우위라는 허구성의 탄로

이 사태에서 확인한 것은 남한의 엄청난 군사력 우위이다. 이번 교전에서 남쪽은 경미한 피해를 입는 데 그쳤으나, 북쪽은 30명 이상이 전사하고 수십 명이 부상당하는 인명피해를 입었고 어뢰정 1척이 침몰되고 다른 배 3척이 대파된 것으로 드러났다. 해군당국은 북한의 함정들은 대부분 60년대에 건조돼 기동성뿐 아니라 함포사격의 정확성이 떨어지기 때문에 이번 교전결과는 충분히 예상된 것이라는 반응을 보였다. 그러나 우리가 평소에 접하는 국방부의 발표는 언제나 북한군사력에 비해 열세이므로 군사비를 증액해야 한다는 주장이었다. 이번을 계기로 이러한 주장이 얼마나 허구였는지가 여실히 드러났다. 그런데도 일부에서는 해군력 증가를 역설하고 있는 실정이다.

이로써 김대중정부의 전진적인 포용정책에도 불구하고 우리 사회에 냉전의 벽이 얼마나 심대하고 또 내적 통일기반이 취약하고 부재한가를 확인하였다. 따라서 지금 당장의 통일은 민족 화해와 통합으로 이끄는 민족통일이 아니라 북한을 내부식민지화하는 민족 분열적 통일로 귀결될 것임을 암시한다. 결국 통일정책은 대북 포용정책 못지않게 남한 내의 냉전 제도와 문화를 허무는 통일기반 조성정책을 서둘러야 할 과제를 안고 있다.

북방한계선과 서해5도 해결방안

서해교전이 있은 후 2000년 초에 북한은 서해5도에 대한 통항로 설정을 선포했고, 이에 정부는 북방한계선 '침범'이 있을 경우 단호하게 대처할 것이라고 했다. 으레 그렇듯이 보수야당은 뜻밖의 호재를 만난 양 또다시 햇볕정책환원론으로 몰아가면서 국민일반의 원초적 정서를 자극하는 맹목성을 보였으며, 그 결과 여야는 앞다투어 강력대응의 목소리를 높였다. 또 지난 서해교전 때 '영해침범'이니 '국토수호' 운운하면서 국민의 밑바닥 정서를 자극하여 남북교전이라는 극한상황까지 내몰고 갔던 언론들은 이번에도 "우리를 무서워하지 않기 때문이다. 우리 군당국은 말로만 '좌시하지 않겠다'고 할 것이 아니라 단호한 행동을 보여야 한다" 혹은 "한마디로 휴전협정체제를 깨트리는 또 다른 도발로 볼 수밖에 없다"면서 은근히 '제2의 서해교전'을 획책하기까지 했다.

먼저 북한당국이 발표한 해상군사분계선 선포와 이번의 통항로 설정을 정전협정과 연관지어 이해할 필요가 있다. 앞에서 본 바와 같이 정전협정 13조 2항은 "황해도와 경기도의 도계선 북쪽과 서쪽에 있는 …기타 모든 섬들"은 북한관할이라고 명시하고 있다. 이 조항의 의미를 이성적으로 판단하면 서해5도를 빼고는 모두가 북한관할이라는 해석이나. 이렇다면 국제법이 바뀌어 12해리 영해가 합법화된 시점부터는 북방5도의 국제적 위치는 동·서독 분리 당시 서베를린과 같은 위치가 된다. 동독영토 속에 위치한 서베를린의 경우, 서베를린으로 통행할 수 있는 길을 동독이 제공해 주고, 서독은 이에 대한 대가, 곧 땅값이나 통행료 등을 지불하는 방식으로 해서 통행권과 통치권을 누릴 수 있었다.

이러한 정전협정 13조 2항의 함의와 서베를린이라는 국제적 관례 및 국제해양법을 기준으로 평가하면, 북한이 99년 9월 해상군사분계선을 공포하고 2000년 3월 통항로를 설정한 것은 국제법과 관례에 합당한 행위라 볼 수 있다. 북한이 선언한 해상군사분계선은 정전협정의 "도계선 서쪽에 있는 모든"이라는 규정에 걸맞다고 볼 수 있어 12해리 안에 있는 모든 바다는 북한의 영해라고 해석될 수 있다. 비록 이 해석에 따라 남한관할권에 있는 다섯 개의 섬이 북한영해에 속한다 할지라도 북한은 이 섬들에 대한 통행권을 남한에 제공해 주어야 한다. 그것이 북한이 선포한 '통항질서'인 것이다. 그리고 서베를린식으로 이 문제를 풀려면 남한은 북한에 이 통행에 대한 대가를 지불해야 하고 통행로의 관할은 북한이 맡아야 한다.

정전협정과 영해관련 국제법 및 베를린 국제관례를 볼 때 이러한 해석이 합리적인 것으로 보인다. 그렇다면 북방한계선 이남이 남한의 영해라는 주장은 전혀 근거가 없다. 미국무부까지도 공해(open sea) 또는 분쟁해역이라고 했다. 그런데도 이제까지 남한의 언론과 정치권은 북방한계선 이남을 남한이 "실질적으로 관할해 왔고" 기본합의서 11조에도 "지금까지 쌍방이 관할해 오던 구역"으로 경계선을 분명히 명시하고 있기 때문에 우리 영해라고 맹목적으로 주장해 왔다. 하지만 실질적으로 관할해 왔다는 식의 해석은 어디까지나 일방적인 우격다짐에 불과하며, 북한은 결코 이를 수용한 적이 없다.

또다시 꽃게잡이 철을 맞아 충돌이 일어날 위험이 있다. 단기적으로는 어민대표들간의 잠정적인 공동어로구역을 설정하여 이 문제를 해결하게 하고, 장기적으로는 평화협정체결 이전이라도 정전협정의 함의와 국제법과 서베를린 국제관례에 근거해 해결하는 것이 바람직하다. 정치권과 언론은 막무가내식 주장으로 전면전쟁으로 치닫는 잘못을 다시는 범하지 말아야 한다.

그러나 서해교전 3년 만에 이 우려는 현실로 드러났다. 그래서 필자는

7월 6일자 『한겨레신문』에 다음 글을 긴급히 실을 수밖에 없었다.

서해교전 위기를 기회로
―히딩크식 해법찾자―

또다시 서해교전이라는 화약이 터졌다. 1차 서해교전을 치른 후 남과 북은 재발을 막는 제도적 장치를 외면했다. 이러한 상황에서 꽃게잡이 철에 서해교전이 재발한 것은 이미 예정된 수순이었다.

주류 정치권이나 언론은 예나 지금이나 민족공멸을 가져올 '전쟁 한 번 해요. 한 번만 똑바로 하면 안 들어온다' 식의 확전론까지 거론하는 단세포적이고 정략적인 폭탄선언을 남발한다. 이래서는 희망이 없다. 어쩔 수 없이 다른 나라 사람인 히딩크에서 그 해법을 찾아야겠다.

히딩크 리더십은 고질적인 관행 깨기, 객관적인 기본 강조, 혁신추구, 장기적 안목, 연고주의 해체 등이다. 또 진짜 본받아야 할 것은 그 동안 잘 알고 있으면서도 행하지 못한 것을 기본 원칙에 따라 소신껏 실행한 점이다. 우리도 이 기본 원칙에 따라 해결을 모색하면 위기를 평화통일의 기회로 삼을 수 있다.

첫째, 기존관행을 깨자. 기존 관행과는 달리 북방한계선은 군사분계선도 영해도 아니고 그래서 침범도 아닌 단순한 월선이다. 이 한계선을 그은 장본인인 미국조차 공해나 분쟁해역으로 분류하는데 유독 우리만 기존 관행이라며 우겨다짐이다. 96년 7월 이양호 국방장관은 국회에서 "북방한계선은 어선보호를 위해 우리가 그어놓은 것으로 (북측이 넘어와도) 정전협정 위반이 아니"라 했다. "진짜 넘어와도 상관 없느냐"라는 질문에 여전히 "넘어와도 괜찮다"라고 대답했다. 기존 관행이 잘못되었으면 히딩크처럼 뜯어고쳐야 한다.

둘째, 객관적 기본에 따라 해결을 모색하자. 서해5도에 대한 기본 준거틀은 정전협정, 국제해양법 및 분단독일의 서베를린 국제관례이다. 정전협정 13조 2항은 "단 황해도와 경기도의 도계선 북쪽과 서쪽에 있는 모든 섬"을 북한관할하에 두되 서해5도만 유엔군 군사통제하에 두도록 명시하고 있다. 당시는 3해리 영해를 적용했기에 서해5도와 그 주변해역이 북한영해와 겹치지 않았다. 그러나 국제법이 70년대부터 12해리 영해를 설정하면서 이 북방한계선과 서해5도는 국제법상으로 북한영해 안에 들어가게 되었다. 마치 통일 이전 서베를린이 동독의 영토 안에 둘러싸여 있던 것처럼 말이다.

북한의 73년 12월 '서해 5개도서 주변수역은 북한의 관할수역', 99년 9월 새로운 해상군사분계선, 2000년 3월 '서해5도 통항질서'를 선포한 것도 이 객관적 기본에 따른 것으로 보인다. 또 이들 기본에 따르면 북방한계선을 점거하고 있는 남한은 남의 집을 불법무단 점거한 셈이 된다. 관례적이라 강변하지만 객관적 기본에 배치되는 관례는 정당화될 수 없다.

히딩크는 온갖 구설수에도 불구하고 기초체력 단련이나 멀티플레이어 육성의 기본 원칙에 충실했기에 한국팀을 4강에 입성시켰다. 이처럼 서해교전도 객관적 기본 원칙에 따라 혁신적인 해결점을 모색해야 한다.

셋째, 장기적 안목으로 풀어나가자. 프랑스와 5 : 0으로 졌을 때 주류언론의 냄비식 주문대로 히딩크가 기본을 뒤엎고 변신을 꾀했다면 우리 축구는 4강이란 꿈도 꾸지 못했을 것이다. 순간적 카타르시스를 위해 앞에서 주창한 확전론과 같은 광기의 해법으로 서해교전을 풀려 했다간 제2의 6 · 25가 터진다.

어부들의 증언이나 여러 정황에 의하면 우발적 사고인 것 같다. 민족의 평화와 통일이라는 큰일과 장기적 민족이익에 비한다면 이번 일은 충격적이지만 역시 작은 일이고 단기적인 것이다. 빈대가 성가셔서 통일과 평화라는 큰 초가삼간을 불태우는 어리석음에 빠지지 말고 히딩크처럼 장기적인 안목에서 근본적 치유책을 마련해야 한다.

넷째, 연고주의를 해체하여 교전의 장을 통일평화의 장으로 승화시켜 전화위복을 일구자. 교전규칙 개정은 절대 안 된다. 오히려 전쟁에 혈안이 된 부시 미국의 대북 선제공격 빌미를 주어 심각한 민족공멸의 위기를 초래할 것이다. 대북특사 파견을 철회한 미국의 움직임이 심상치 않다. 2003년 한반도전쟁위기설이 현실로 나타나지 않게 하는 민족적 예지가 결집되어야 한다.

이를 위해서는 기존의 연고주의를 뛰어넘는 북측의 양보와 남측의 협조가 필요하다. 먼저 서해5도 주변해역에 대한 북방한계선을 없애야 한다. 다음은 서해5도의 각 섬에 접근하는 주변해역은 남측이 통행 및 관할할 수 있고 북측이 접근할 수 없도록 하는 최소 수준의 남측관할 해상분계선을 설정한다. 또 북방한계선과 서해5도의 남쪽 해상분계선 사이의 해역을 통일해역과 평화해역으로 설정해 남북공동 항해나 공동어로의 장으로 삼으면서 가상적인 통일주권의 물적 토대로 삼는다.

히딩크는 축구계에 만연한 고질병인 ㄱ대학과 ㄴ대학의 연고주의를 해체함으로써 4강진출의 꿈을 이루었다. 이 북방한계선의 통일해역화는 남이나 북의 기존 연고주의를 해체하여 민족전체의 통일마당을 축성함을 의미한다.

위기도 사람에 따라 기회로 만들 수 있다. 그러나 히딩크 같은 사람만이 기회로 만들 수 있다. 그는 잘 알면서도 실행하지 못한 것을 기본 원칙에 따라 소신껏 실행해 4강을 일구었다. 이제 우리도 그처럼 민족의 평화와 통일을 위해 이미 우리가 잘 알고 있던 바를 소신껏 실행해야 한다. 그러면 서해교전의 위기도 통일마당을 일구는 전화위복의 기회가 될 것이다.

2차 서해교전이 발생한 지 열흘이 지난 지금까지 주류 언론과 정치세력은 한반도를 전쟁의 불섶으로 더욱 세차게 내몰고 있다. 99년과 달리 미국이 재빨리 끼여들어 심상치 않는 조짐을 보이고 있다. 대부분 국민들은 제대로 영문도 모르면서 집단의 광기 속에 빠지면서 자신들을 돌이킬 수 없는 전쟁의 나락으로 스스로 떠밀고 있는 것 같다. 전쟁의 광기가 온누리를 뒤덮고 있는 소름끼치는 상황이 서서히 다가오고 있는 것 같다. 이성의 회복을 갈구하면서 근본적 해결책을 제시해 본다.

첫째, 북한은 서해5도 해역에 한정하여 99년과 2000년에 선포한 '해상군사분계선'과 '통항질서'를 철회한다.

둘째, 남한은 북방한계선을 철폐하다.

셋째, 서해5도(엄밀하게는 6도)의 각 섬 연안해역 1km는 남한 해상군사분계선으로 설정한다. 서해6도 사이의 해역은 남한 해상군사분계선에 소속시키지 않고 평화해역 및 통일해역으로 귀속시킨다.

넷째, 북방한계선 서쪽과 공해 사이의 전해역은 가상 통일조국의 영해로 설정한다. 이 해역의 실제적 위상은 통일 및 평화 해역으로 자리매김한다. 비무장해역이므로 남북의 군함은 통과권만 가지고 군사력 배치나 훈련 등 일체의 군사행위는 금지한다. 군함 통과시 상대방에 사전통고한다. 또한 남북의 비무장 상선이나 어선 등은 자유롭게 항해할 수 있고 동시에 남북 공동어로 해역이 된다.

다섯째, 공동어로 해역 내 꽃게잡이나 조기잡이 등에는 쿼터제를 도입하여 남북간 우발적 충돌을 예방하도록 한다.

5. '악의 축' 한반도 전쟁위기

2002년 연두부터 한바탕 전쟁의 공포를 몰고 왔던 '악의 축' 발언의 전쟁위기는 이미 부시정권의 출범과 더불어 그 막가파식 정책 때문에 예정된 수순의 성격이 짙다.

이 전쟁위기는 첫째, 9·11테러사태에 대한 반테러(counter-terror) 전쟁의 일환이 아니라 대량살상무기(weapons of mass destruction, WMD) 반확산(counter-proliferation) 전쟁위기였다. 북한이 테러에 관련되지 않았다는 것은 주한미국대사나 미국무부관리도 시인했던 엄연한 사실이고 북한은 반테러국제협약에의 적극적인 참여의사를 밝혔다. 부시의 연두 국정연설에서 대북한 부문의 중심 내용은 대량살상무기인 미사일에 관한 것이었으며, 국무·국방 장관, 안보보좌관, CIA국장 등은 미사일 개발과 수출 문제를 집중적으로 제기했다. 부시정부의 대량살상무기 반확산정책은 9·11테러 이전인 부시집권 초기부터 채택된 것으로서, 북한을 염두에 둔 것이었기 때문에 이번 전쟁위기는 직접적으로나 본질적으로 9·11테러와는 무관한 미국의 전쟁책동이며, 다만 9·11테러는 전쟁위기의 조성을 앞당길 수 있게 한 촉진요인(reinforcing variable)이었다.

둘째, 돌출적 전쟁위협이 아닌 부시정권의 폭력 중심적 세계지배라는 지배적 패권주의 세계경영전략기조와 군사패권주의 전술기조의 결합에서 나온 결과물이다. 곧 군사패권주의 전술인 대량살상무기 반확산과 미사일방어체제(MD) 구축이라는 두 수준의 목표를 겨냥한 전쟁위협이었다.

셋째, 거족적인 반전운동과 반미운동으로 비록 2002년 전쟁위기를 극복한다고 해서 한반도전쟁위기가 해소되는 것은 아니다. 미국의 세계경영전략이 지도적 패권주의(leadership-oriented world hegemony)가 아닌 지배적 패권주의 전략기조를 유지하는 한 한반도전쟁위기는 언제나 재연되고 발발할 가능성이 높다. 미국의 부시정권이 클린턴 말기의 지도적 패권주의로 되돌아갈 가능성은 거의 없기 때문에 전쟁위기의 재연 가능성이 무척 높다. 바로 그것이 2003년 한반도전쟁위기설이다.

6. 2003년 한반도 전쟁위기

임동원 특보는 2002년 3월 19일 "1년 이내에 상당한 수준의 북미관계 진전이 이뤄지지 않을 경우 1994년 북한의 핵문제를 둘러싼 위기 때와 같이 한반도에 안보위기가 올 수 있다"고 했다. 또 김대중대통령도 남북관계와 북미관계의 정체, 불안정해진 한반도 정세를 언급한 사석에서 "평화를 확고히 구축하지 못하고 임기 말을 맞는 게 천추의 한"이라고 전쟁위기를 암시했다. 94년 영변 핵위기 당시 미국측 협상대표였던 갈루치 조지타운대 국제대학원장은 4월 10일 미군축협회 주최로 열린 기자회견에서 "현재의 상황은 내가 협상을 벌였던 1993년과 94년을 생각나게 한다"고 말해 전쟁위기를 확인했다(『경향신문』, "북핵 위기론 재 부상 실체 없는 수수께끼", 2002. 4. 29).

곧 이어 임동원 특사는 평양을 방문했고 이후 4월 20일 미래전략연구원 창립1주년 포럼에서 전쟁위기 사태의 심각성을 토로했다.

1994년 상황에 대해 미국사람들은 '전쟁 직전 기적이 일어났다'고 평하고 있

습니다. 이런 사태가 다시 와야 되겠습니까? 작년 가을부터 '2003년 한반도 위기
설'을 들어봤을 것입니다. 이 같은 상황을 막기 위해 미국, 일본과의 정상회담도
있었고, 저 역시 한반도 평화가 심각한 도전에 직면한 것을 방지하기 위해 평양
을 다녀왔습니다.

이러한 2003년 전쟁위기는 다섯 가지 요인에 기인한다.

첫째, 경수로발전소 공기지연에 따른 보상문제이다. 94년 영변핵무기
개발의혹에 즈음해 발생한 전쟁위기를 북한과 미국은 10·21북미제네
바협정으로 극복했다. 이 협정은 미국은 북한에 경수로 원자력발전소 2
기를 2003년까지 공급하게 되어 있다. 그러나 경수로공사 지연으로 인
해 공급이 2008년으로 미뤄지게 되었다. 이 때문에 북한은 전력수급에
차질을 빚어 막대한 손해를 입게 될 것이고 응당 이에 대한 배상을 미국
에 청구할 것이다. 부시 미국은 이를 이미 거절하고 있어 2003년에 보상
문제가 매듭지어지지 않으면 북한은 핵동결 조치를 해제하여 다시 중수
로 원자력발전소를 가동할 것이고 이 경우 전쟁을 통해서라도 대량살상
무기를 반(反)확산시키겠다는 미국의 전쟁주의와 마찰이 생겨 한반도
전쟁위기는 고조될 것으로 보인다.

둘째, 북한 과거핵에 대한 특별사찰을 2003년 이전에 받을 것을 미국
이 느닷없이 쟁점화하고 있다. 제네바협정은 특별사찰 시점을 "경수로
핵심부품을 인도하기 전"과 함께, "경수로사업의 상당 부분이 완료될
때"(When a significant portion of the LWR project is completed, but
before delivery of key nuclear components)로 규약하고 있다. 한반도에
너지개발기구(KEDO)는 내부적으로 2005년 5~6월을 핵심 부품 인도
시기로 잡고 있는 것으로 알려지고 있으나 갈루치는 "핵심 부품에는 비
핵관련 부문과 핵관련 부문이 있다"면서 "비핵관련 부문을 먼저 인도하

고 핵관련 부품을 나중에 인도하면" 특별사찰을 2003년에 실시할 필요가 없는 것으로 보았다. 또 사찰기간도 IAEA는 3~4년을 잡고 있지만 갈루치는 핵사찰 기술이 발전한 만큼 몇 개월이면 된다고 주장하면서 부시행정부의 의도적인 위기조성에 불만을 토로하고 있는 것으로 알려지고 있다(같은 곳).

94년 영변 핵위기 당시 미국과 IAEA는 기술적인 필요성을 근거로 북한에 대해 온갖 '긁어 부스럼 만들기'를 일으켜 전쟁위협을 획책했고 이때 IAEA는 완전히 미국의 꼭두각시였다. 지금도 KEDO나 IAEA는 미국 장단에 맞춰 춤추면서 한반도전쟁위기를 조장하는 광대역할을 할 것으로 우려된다.[7]

셋째, 북한이 10·12북미공동성명 당시 미사일 개발 및 발사를 2003년까지 유예했고 이전에 미사일협상을 매듭지을 것을 요구하고 있는 점이다. 클린턴행정부에서 암묵적으로 합의한 수십 억 달러 상당의 보상

---

7) 이러한 광대역할은 국제원자력기구와 같은 국제기구만 아니다. 정작 우리의 죽고 사는 문제가 경각에 달려 있는 이 절박한 상황에서 우리의 주류 정치계와 언론은 전쟁을 막기보다 오히려 미국의 주류처럼 전쟁을 부추기는 데 앞장서고 있다. 이들에게는 남과 북의 수천민이 전쟁으로 죽게 되는 상황 같은 것은 전혀 눈에 보이지 않고, 보이는 것이라고는 오로지 차기정권 야욕과 언론개혁에 대한 복수심밖에 없다. 이들은 북한이 "미사일개발은 물론 세계 제1의 미사일수출국"이며, CIA보고서를 바탕으로 작년에도 핵무기기술을 확보하려 했고 최소한 1~2개의 핵무기를 만들 만한 플루토늄을 생산해 왔다고 주장했다. 또 햇볕정책 때문에 한미간에 이견이 생겼으며 올바른 길은 햇볕정책을 버리고 부시행정부의 대북정책을 따르라는 것이라고 했다. 뿐만 아니라 대표적인 한 정치인은 미국까지 가서 이들 전쟁광 앞에서 북한이 핵에 대한 특별사찰을 받을 것을 주장하여 미국의 충실한 대변인 역할을 했다. 특별사찰을 요구하는 것은 북미제네바협정 위배이고 국제원자력기구 협정의 위배이다. 게다가 북한이 1억 달러도 채 안 되는 무기수출국인데 미국을 제치고 '세계 제1의 미사일수출국'이라는 터무니없는 주장을 앵무새처럼 되풀이하는 정당이 과연 수권능력이 있는 정당이라 할 수 있는가? 94년 이후 북미제네바협정에 의해 일체의 플루토늄 생산이 중단되어 있고 북한이 이 협정을 충실히 이행하고 있다는 것은 미국측도 인정하고 세계가 다 아는 사실인데 플루토늄을 생산해 왔다는 CIA주장만 금과옥조처럼 되풀이하는 이들의 지적 능력은 초등학교 수준에도 못 미치는 것 아닌가?

이 북미 미사일협상에서 2003년까지 타결되지 않을 경우 북한은 미사일 개발과 발사에 대한 유보를 해제할 것이다. 이 경우 전쟁을 통해서라도 대량살상무기를 반(反)확산시킨다는 부시의 전쟁 의존적 군사정책이 곧바로 북한에 적용될 가능성이 매우 높다. 북한의 미사일개발은 북한 주권의 문제이며 외화벌이의 수단이다. 개발과 수출을 중단할 것을 미국이 요구한다면 북한이 이로 인해 입게 되는 손실을 보상하는 것은 미국의 당연한 의무이다. 미국이 보상해 줄 의사가 없다면 북한의 주권행위인 미사일개발에 간섭하지 말아야 할 문제이다.

넷째, 미국의 이지스함 북한해안 배치계획이다. 영국의 『제인스 디펜스 위클리』 보도에 의하면, 동해에 SM-2 블록4 요격미사일 30기를 장착한 이지스함 두 척을 2003년까지 북한에서 20~50km 떨어진 해상에 배치를 구상하고 있다 한다. 또 4~5년 안에 50기의 SM-3 블록1 요격미사일을 장착한 이지스급 순양함 두 척을 북한에서 150~550km 떨어진 해상에 배치해서 대기권에서 북한미사일에 대한 요격을 가능하게 한다고 한다. 이러한 군사적 조치는 북한에 대한 전쟁준비의 일종이라고 볼 수 있다. 2002년 6월 14일 월포위츠 미국방부 부장관이 『월스트리트저널』에 기고한 「ABM협정을 넘어서」라는 글에서 "해상발사 요격미사일 배치를 2004~5년부터 시작할 수 있을 것"이라고 말했다(『한겨레』 2002. 6. 15). 이를 미루어보아 2004~2005년에 북한해안 가에 배치될 가능성이 높다.

다섯째, 남한의 정권교체로 부시-고이즈미-이회창 연대가 형성되어 과거 레이건-나카소네-전두환 연대구도를 재연할 가능성이 높다. 이 새로운 연대는 한반도 전쟁예방 역량을 후퇴시키고 오히려 전쟁 부추기기를 자행할 것으로 예견되어 전쟁촉발 가능성이 한층 높아질 것으로 우려된다.

이들 요인에 의한 2003년 전쟁위기의 심각성을 공동 인식한 남과 북은 임특사와의 공동보도문에서 "쌍방은 최근 조성된 한반도정세와 민족 앞에 닥쳐온 엄중한 사태, 그리고 남북관계에서 제기되는 제반문제들에 대하여 폭넓게 협의하고" 전쟁예방을 위해 서로 6·15공동선언정신으로 남북관계를 복원시킬 것을 합의했다. 또한 5대 과제—경의선 연결, 금강산 육로관광, 개성공단 건설, 군사적 신뢰 구축, 이산가족 상봉 정례화—를 진척시켜 한반도 안보위기를 미연에 방지하는 적극적인 전쟁방지정책을 추진했는데, 이는 미국이 개입할 여지를 축소하겠다는 정책이다.

이에 따라 이산가족 상봉이 금강산에서 이루어지고 남북관계가 회복되려는 조짐을 보였다. 그러나 바로 이 시점에서 임남댐(남쪽은 이를 금강산댐으로 부르고 있으나 잘못된 것임) 안정성문제가 불거졌다. 미국은 임남댐에 대한 인공위성 사진을 고의로 유출하고, 냉전에 마비된 모든 한국언론들은 안정성문제를 제대로 검증절차를 밟지도 않고 집중적으로 제기했다. 특히 주류 언론과 정치세력들은 엄밀한 검증도 없는 상태에서 1986년의 '금강산 수공위협'과 같은 사기극 수준의 안정성 문제를 거론하여 전쟁위기에 대한 능동적인 정부의 대처방안을 파탄시켰다. 이러한 상황은 우리 모두에게 전쟁막기라는 민족사적 책무에 더욱 매진할 것을 요구하고 있다.

7. 2003년 한반도 전쟁위기 극복방안

'민족 앞에 닥쳐온 엄중한 사태'인 2003년 한반도전쟁위기에 직면하여 필자는 아래 세 가지에 역점을 두어 이 위기를 극복할 것을 제안한다. 곧 영변 핵위기의 역사적 교훈을 제대로 살려야 하고, '악의 축' 전쟁위기 극복의 성과를 계승해야 하고, 50년 동안 고수한 한미동맹에 의존할 것이 아니라 남북공조로 미국이 전쟁책동과 같은 것으로 남북간에 끼여들 틈을 최소화해야 한다는 것이다.

영변 핵위기의 역사적 교훈 살리기와 대통령선거

먼저 영변 핵위기의 교훈을 살펴보자. 김영삼 전대통령과 당시 미국 방장관이었던 페리는 아래와 같이 당시의 급박한 전쟁위기를 실토했다.

당시 미국은 동해에 항공모함의 비행기를 몇 분 안에 북한에 갈 수 있는 거리에 배치했고, 함포사격하려고 준비했다…. 대사관 직원가족들의 철수를 발표한다는 것이었다. 미국이 전쟁 직전에 취하는 조처다…. 남북에서 얼마나 죽을 지 모른다. 천만 명에서 2천만 명이 죽을 것이다…. 그날 저녁 클린턴하고 32분 동안 통화했는데 대판 싸웠다. 내가 대통령으로 있는 동안에는 남북전쟁은 안 된다고 말했다. (『한겨레신문』, 1999. 5. 24)

이틀 동안 군 지휘자들을 만나 전쟁계획의 모든 세부상황을 검토했다…. 주한미군을 수만 명 증원하는 계획을 입안했고, 주한미대사관에 민간인 철수계획을 준비토록 지시했다. 그러나 클린턴대통령이 전쟁개시를 승인하기 불과 몇 시간 전에 우리는 "영변의 핵활동을 중지하고 의미 있는 협상을 할 준비가 됐다"는 김일성의 전언을 받아 협상에 나선 것이다. (『중앙일보』 2001. 6. 17)

94년 전쟁위기를 분석한 어떤 논문이나 책에서도 한국의 대통령이 전쟁을 반대했기 때문에 전쟁파국을 막을 수 있었다는 분석은 아직 없다. 앞의 페리언명에서 확인할 수 있듯이 미국은 남한의 대통령이 반대를 해도 전혀 개의치 않고 미국의 각본에 따라 전쟁계획을 그대로 진행하고 있었다. 곧 전쟁위기가 전쟁국면으로 진입하면 미국이 주도하는 한반도 내의 전쟁에서 대한민국의 대통령도 어쩔 수 없는 전쟁통제력 불가능상태에 돌입했음을 의미한다. 이러한 한국의 전쟁통제력 상실은 70년대에도 마찬가지였다. KISON의 한국안보문서 자료를 바탕으로 한 "미 비밀문서 속의 한국 현대사(1): 판문점 도끼 살해 사건(1)"은 76년 당시의 상황을 "휴전 이후 최대의 전쟁위기를 맞았으며 이러한 전쟁위기의 과정에서 한국은 철저히 배제되어 있었음을 확인해 준다"라고 서술하고 있다.

이 역사적 교훈은 한반도에서 전쟁위기의 조짐이 보이면 지난번 임동원 특사의 방북과 같이 이를 미리 파악하고, 미연에 전쟁위기가 전쟁국면으로 진입하지 못하도록 사전에 차단할 수 있는 예지와 역량이 있는 정권을 탄생시켜야 한다는 점을 엄중히 말해 주고 있다.[8]

현재 남한 내의 지배연합이 차기정권을 장악했을 경우 전쟁촉발의 구

---

8) 2002년 4월 20일 미래전략연구원의 "한반도 안보정세와 남북관계 전망"이라는 포럼에서 임특보는 그의 방북이 전면전으로 비화될 수 있는 한반도에서의 긴장조성을 막기 위한 것이었다며 94년 6월 위기상황을 환기시키면서 최근의 한반도상황이 '94년' 못지 않은 안보위기로 치달을 수 있음을 강조했다(임동원 2002).
"1994년 상황에 대해 미국사람들은 아래와 같이 '전쟁 직전 기적이 일어났다'고 평하고 있습니다. 이런 사태가 다시 와야 되겠습니까? 작년 가을부터 '2003년 한반도 위기설'을 들어봤을 것입니다. 이 같은 상황을 막기 위해 미국·일본과의 정상회담도 있었고, 저 역시 한반도 평화가 심각한 도전에 직면한 것을 방지하기 위해 평양을 다녀왔습니다….
1994년의 악몽을 환기시키겠습니다. …클린턴 대통령 주재로 국가안전보장회의가 열리고 있었습니다. 이 자리에서 전쟁3단계계획이 승인돼 행동에 들어가기 불과 몇 분을 남겨놓고 있는 상황이었습니다. 이렇게 한반도의 전쟁위기는 끝났지만, 우리는 알지도 못하고 당할 뻔했습니다. …부시행정부는 클린턴과는 접근방법이 전혀 다릅니다. 'Anything but Clinton' '클린턴행정부의 외교는 다 틀려먹었다'는 말이 미외교가에서 나옵니다. 클린턴행정부가 취한 외교적 비확산 노력에 대해 부시행정부는 '그런 방법으로는 악의 축 국가에 안 통한다'고 군사적 해결의사를 보이고 있습니다.
…북한도 한반도 안보위기설을 '민족 앞에 다가온 엄중한 사태'라는 다른 용어로 표현했고, 김정일 북한국방위원장도 한반도 정세의 심각성에 우려를 표명했습니다. …2시간 동안의 공식회담과 3시간 동안의 만찬, 총 5시간 동안 김정일 북한국방위원장에게 '군사적 비확산조치가 전쟁으로 비화될 위험이 있다'고 정확히 얘기해 줬습니다. 다행히 김위원장도 내 얘기에 화를 내지 않고 끝까지 경청했습니다."

성적 요소에 대한 사전예방 역량이 전무할 것으로 보인다. 지배연합의 주체는 수구정당의 정략주의, 주류언론의 패권주의, 독점자본의 재벌지배주의로 구성되고 있으며, 그 권력기반은 경상도 지역주의와 수구냉전주의의 결합으로 시너지효과를 가진 냉전지역주의인데다 호전적이고 막가파식의 부시정권이 이 지배연합을 후원하고 있다. 따라서 주체·수단·후원의 관계를 끊지 않고는 상층부의 전쟁통제 역량을 기대하기는 힘든다.

향후 남북관계를 원만히 풀어나가면서 전쟁위기가 전쟁국면으로 발전하는 것을 미연에 방지하는 데 북한과 공조를 취할 수 있는 정권을 창출하는 것이야말로 다가오는 대통령선거에서 최대의 관건임을 잘 말해 준다. 이는 우리 민족의 죽고 사는 문제와 직결된 것이다.

'악의 축' 전쟁위기 극복의 성과 계승

94년 전쟁위기 당시 전쟁위기의 긴박성을 제대로 인식한 국민은 1%에도 미치지 못했으며, 우리 자신의 죽고 사는 문제가 경각에 걸려 있었는데도 대중적인 전쟁반대운동이 거의 전무한 상태였다. 김영삼정부는 줄곧 전쟁을 부추기다가 마지막 전쟁국면에 접어들자 그때서야 정신을 차리고 전쟁반대를 천명했지만 이미 때는 늦어버리고 말았다.

그러나 2002년 2월의 '악의 축' 전쟁위기에서는 상황이 사뭇 달랐다. 전쟁위기의 긴박성에 대한 공론화가 우리 사회 전역에서 일어났다. 특히 600~700개의 사회단체가 전쟁반대운동과 반미운동을 전국적으로 펼쳤고, 지속적으로 사회적 쟁점화와 공론화를 꾀했다. 또 인터넷을 통해 위기상황에 대한 현장감 있는 취재와 대중화가 이루어져 범국민적 전쟁반대운동으로까지 확산되었다.

이 결과 전쟁의 불길을 잡는 성과를 거둘 수 있었다. 물론 전쟁의 불씨까지 꺼버릴 수는 없었지만 94년과 비교하면 사회의 전쟁통제력 수준은 크게 높아졌다. 바로 이 민중 수준의 전쟁통제력을 더 강화하는 것이야말로 다가올 2003년 전쟁위기를 극복할 수 있는 결정적인 필요조건의 하나이다.

금창리 핵위기 극복의 성과 발전: 한미공조보다 남북공조로

임동원 특사의 긴급 방북에 즈음하여 남측은 "한반도 긴장조성을 예방하고 6·15공동선언을 준수하며 남북간 합의사항 이행문제에 대해 폭넓은 의견교환이 있을 것"이라고, 북측은 "민족 앞에 닥쳐온 엄중한 사태와 함께 서로 관심 있는 북남관계 문제들에 대해 협의할 것"이라고 발표했다. 이렇게 외세에 의해 한반도 전쟁위기가 고조될수록 민족끼리 힘을 합쳐 난관을 헤쳐나가야 한다.

지난 98~99년에 발생한 금창리 핵위기 당시 미국방정보국(DIA)의 터무니없는 북한 금창리 핵개발론이 국무부의 반대에도 불구하고 미국의 공화당과 매파에 의해 한반도 전쟁위기로 치달았던 당시를 되새길 필요가 있다. 당시 남한은 김대중정권이 출범한 직후였다. 북한의 인공위성 발사로 미사일위기까지 겹쳐서 94년에 이어 한반도가 또다시 전쟁위기의 공포 속으로 서서히 몰리고 있는 상황이었다. 당시 김대통령은 북한미사일 문제는 북한주권의 문제라는 너무나 당연한 발언을 했음에도 불구하고 국내외에서 엄청난 지탄을 받았다. 그러나 국민의 정부는 북한과 미국 사이에서 능동적인 중재역할을 한 결과 1년 반여 만에 베를린합의를 일구어내었다. 이 합의는 금창리에 대한 미국의 사찰을 허용하는 대가로 북한에 식량 60만 톤을 제공하는 절충이었다. 사찰이 이루어졌지만 전쟁위협까지 자행하면서 한반도를 공포 속으로 몰고 갔던 핵개발 의혹은 전혀 사실무근임이 백일하에 드러났다. 이후 임동원-페리라인이 작동하여 페리프로세스(Perry Process)가 입안되었고 나아가 10·12공동성명으로 연결되어 한반도의 냉전체제 해소가 가시권에 들어오게 되었다. 이에 따라 한반도에는 평화보장체제가 이루어지는 듯했다가 결국 부시라는 황야의 무법자가 등장하면서 다시 원점으로 회귀하여 우리는 다시 '악의 축' 전쟁위기와 2003년 한반도전쟁위기를 맞고 있는 것이다.

한반도평화선언을 공동으로 발표하고, 아리랑축전과 월드컵대회에서 남과 북은 평화와 화해의 모습을 지구촌에 보이고, 경제와 문화 및 상징적 차원에서 부분통일의 진전과 상호의존성을 고조시키는 등 미국이라는 외세의 개입의 틈을 줄이는 노력이 필요하다. 물론 이러한 남북공조만으로 야만적인 미국의 전쟁책동을 근본적으로 막을 수는 없다. 그러나 앞의 두 방안, 정권 차원과 민중시민 차원의 대처방안이 접목될 경우 시너지효과에 의해 전쟁막기는 위력을 발휘할 수 있을 것이다.

이러한 남북공조가 제대로 위력을 가질 수 있으려면 남쪽의 전향적인 접근이 필요하다. 우리 남쪽은 과거 50년 이상 오직 한미공조만을 최우선정책으로 삼았고 또 이에 전적으로 의존하면서 남북공조는 철저하게 외면해 왔다. 그러나 50년이 지난 지금까지도 또 세계적인 탈냉전을 맞이한 이 시점까지도 한반도는 전쟁위협이 개선되기는커녕 오히려 악화되고 있는 실정이다. 사정이 이러함에도 불구하고 친미사대예속주의자는 입버릇처럼 한미공조 우선론과 한미공조 한계 내에서의 남북공조론을 펼치고 있다. 남쪽의 보다 자주적인 행보가 이뤄지지 않는 한 남북공조는 장기간 지속될 수도 없고 위력도 발휘할 수 없다.

8. 맺음말

이제까지 살펴본 대로 한반도는 미국주도의 외세에 의해 분단을 강요당한 이후 한국전쟁에서부터 최근 '악의 축' 전쟁위기와 '2003년 전쟁위기설'에 이르기까지 끊임없이 전쟁위협의 연속선상에 놓여 있다. 2002년 3월 9일 미국언론이 공개한 「핵 태세 재검토」 비밀보고서는 다섯 가지로 요약될 수 있는데, 북한이 각 경우에 으뜸 대상으로 지목되고 있어 한반도 전쟁위협이 얼마나 심각한지를 여실히 보여주고 있다. 첫째, 핵무기사용 가능 유형으로는 비핵공격에 견딜 수 있는 깊은 터널과 동굴 등과 같은 목표물(보기로 북한의 땅굴을 제시하고 있음)이나 핵 및 생화학 무기 공격시 또는 불시의 군사사태에 대해 미국이 핵 선제공격을 한다는 '원칙'이다. 둘째, 핵 공격대상 가상 7개국으로 북한, 중국, 러시아, 이라크, 이란, 시리아, 리비아를 지목하고 있다. 셋째, "즉각적이고 잠재적이며 예기치 못한 돌발상태가 가능한 나라"로 선제 핵공격 최우선 5개 표적을 북한, 이라크, 리비아, 이란, 시리아로 설정하고 있다. 넷째, 핵 선제공격의 구체적 사례로서 '북한의 남한공격' '중국의 대만공격' '이라크의 이스라엘 및 주변국 공격'으로 잡고 있다. 다섯째, 수형 핵무기 개발을 주진하고 있는데 그 용도가 북한의 지하군사시설 같은 것의 파괴를 목표로 하고 있다. 또 '국가안보전략'을 기존의 봉쇄 및 억제 정책을 그대로 유지한 채, 미국에 대해 대량살상무기를 사용할 것이 확실시되는 적대국이나 조직을 공식적으로 공격하기 위해 '선제공격'(first-strike, preemption)과 '방어적 개입'(defensive intervention) 같은 호전적인 전략으로 바꾸고 있다.

이러한 미국의 전쟁광적인 지배적 패권주의 때문에 한반도가 무방비 상태로 위험에 노출되는 것을 이제는 막아야 한다. 정부뿐 아니라 우리 모두가 분연히 일어나서 우리의 생명권을 우리 스스로 확보하여 한반도의 평화와 통일을 일구어내어야 할 것이다. 우리 모두 막연한 미국의 제국주의성만 이야기할 것이 아니라 보다 구체적으로 미국의 문제점을 파헤치고 이를 바탕으로 대응책을 모색하여 실천하는 앙가주망으로 나아갈 것이 요구되고 있다. 그리고 이러한 앙가주망만이 우리의 생명권을 확보할 수 있다는 역사적 교훈을 이번 '악의 축' 전쟁위기에서 확인할 수 있었다.

94년 전쟁위기 당시 남한의 대통령이 반대를 해도 한반도 내에서의 전쟁은 미국의 각본에 따라 그대로 진행되고 있었다는 사실은 정말 소름끼치는 이야기다. 김영삼 전 대통령의 말대로 32분 동안 클린턴과 전화상으로 싸울 정도로 전쟁불가론을 펼쳤는데도 결과적으로 전쟁계획을 막을 수 없었다면 이는 한반도전쟁에 관한 한 우리 대통령도 속수무책이란 의미이다. 곧 우리 국민의 생사여탈권을 남의 나라에 빼앗긴 채 우리 모두는 국가의 보호막을 기대할 수 없다는 의미이다.

한반도에 전쟁이 일어나면 그것은 미국과 북한 간의 북미전쟁으로 끝날 수 없다. 전쟁은 주한미군이 중심이 되고 작전지휘권도 없는 한국군은 원하든 아니든 미군의 작전지휘를 받아 자동적으로 미국의 전쟁에 동원되어 우리 북한동포에 총부리를 겨눠야 한다. 그 결과는 미국과 한반도 사이의 전쟁이며 남이든 북이든 우리 민족은 대부분 처참한 죽음으로 내몰리게 된다. 이런 점에서 남북은 한반도전쟁에 관한 한 운명공동체일 수밖에 없으며 북쪽만 죽고 남쪽은 살 수 있다는 희망은 망상에 불과하다.

비록 부시의 막가파식 전쟁위협인 '악의 축' 운운이 전쟁반대운동과 반미운동의 고양으로 일시적으로 수그러들기는 했지만 본질적으로 치유된 것은 아니다. 전쟁위기는 2003년에 재연될 가능성이 너무나 높다.

전쟁의 참극을 막기 위해 우리 스스로 나설 수밖에 없게 된 것이다. 동시에 우리는 미국에 의한 전쟁위험뿐 아니라 서해교전에서처럼 우리 내면에 있는 전쟁지향성을 근원적으로 치유하지 않으면 안 된다. 우리 내면에 자리잡은 냉전의식과 냉전문화를 청산하는 것과 아울러 제도적 차원에서 한반도 평화보장체제와 주한미군의 철수 등을 추진하여 명실공히 우리의 죽고 사는 문제를 우리 스스로 통제할 수 있는 생명권을 확보하여야 할 것이다.

앞의 예감대로 제2의 서해교전이 발발했다. 주류언론과 주류정치세력은 격침론, 확전론, 교전수칙변경론, 사수론 등으로 불씨를 안고 불섶으로 뛰어들고 있다. 미국의 2003년 한반도전쟁위협과 결합하여 되돌릴 수 없는 상황으로 치닫고 있다. 정부는 통제력을 잃고 있다. 전쟁의 광기가 온누리를 휘몰아친다. 6·25의 망령이 되살아나고 있다. 나는, 나는 무엇을 해야 하나???

2. 주한미군과 한반도 평화와 통일

역사적인 남북정상회담 합의가 발표되자마자 미 국방장관은 미군은 한반도에 계속 주둔할 것이라고 황급히 발표했다. 이에 짝 맞추기라도 한 듯 김대중 대통령은 통일 후에도 주한미군은 계속 주둔할 것이며 이는 동북아 세력균형을 위하여 필요하다고 화답했다.

남북정상회담의 결과가 성공적이지만, 모든 문제가 해결된 것은 아니다. 따라서 주한미군 철수나 감축은 시기상조이며, 이를 고려하지 않고 있다. (2000. 6. 23의 미 국무장관 올브라이트의 기자회견에서)

주한미군은 북한의 남침을 막는 것뿐만 아니라 아시아·태평양지역, 특히 동북아의 안정과 균형을 위해서도 필요하다. 우리의 국익을 위해서도 미군은 존속되어야 한다. (2000. 6. 29의 김대중 대통령 3군사령부 연설에서)

언제나 미국의 일거수일투족에 촉각을 곤두세우고 있는 사대주의 쓰레기 지식인과 언론은 마치 제철 만난 것처럼 "남북관계 개선이 한미관계에 금이 가게 해서는 안 된다"고 강조에 강조를 거듭하다가 급기야는 "반미주의를 경계한다"는 식으로 손뼉을 쳐댔다. 마침내 야당까지도 6·15공동선언의 자주적 통일에 대한 합의를 '한미관계의 손상'으로 몰아붙이고, 대통령마저 2000년 8월 한미행정협정의 개정협의가 시작되는 시점에 발맞추어 반미주의는 국익에 보탬이 되지 않는다고 일갈하기에 이르렀다. 또 야당지도자는 한 발 더 나가 "현정권의 방치 또는 방조 속에서 급진세력의 선동적 반미운동이 전통적 한미 우호선린과 안보동맹을 위협하고 있다"는 극언까지 서슴지 않았다. 이 발언은 한국의 정당지도자가 아니라 마치 '미국당'의 지도자나 대변인의 성명처럼 여겨진다.

이러한 숭미사대주의는 부시정부가 들어선 이후 개최된 한미정상회담 이후 극에 달하였다. 『조선일보』의 김대중 주필은 "대북 원맨쇼에 걸린 제동"이라는 글(『조선일보』 2001. 3. 17)에서 "지금 우리는 경제도, 남북도, 안전도, 평화도 미국에 많이 의존하지 않을 수 없는 형편이다. …미국에 관한 한 우리의 숙명이다"는 운명론까지 펼칠 정도이다.

이들 사대주의자들은 평화와 통일이라는 민족적 절대과제의 구현에 재갈을 먹이는 부시정권의 깡패주의에 대해 분노는커녕 (남북공조보다) 한미공조 우선론을 주장하면서 마냥 찬양만 늘어놓는다. 도대체 이들은 어느 나라 언론이고 정당이며, 정치지도자이고 지식인인가? 또 그들은 누구인가? 나라와 민족이야 어떻게 되든 자기들 패거리의 이익만을 위해 언제나 힘이 센 외세에 빌붙어 권력을 장악하고 자주노선을 파기시켜 장기적 민족사를 파행으로 몰고 가는 무리들이다. 통탄스럽게도 우리의 역사에서 민족사적 대전환기의 굽이굽이마다 이들 사대주의자들의 발호는 거듭되었다.

멀리는 통일신라의 김춘추와 김유신까지 거슬러 올라간다. 또 고려 귀족문신정치가 극에 달했던 12세기의 대금(對金)사대주의는 바로 권신 이자겸 패거리의 정권유지책이었으며, 명과 청 사이에서 실리외교를 펼치던 광해군을 명나라에 대한 불충이라는 어이없는 구실을 내세워 쿠데타를 일으킨 극단적 사대주의 무리인 서인들은 병자호란을 자초했다. 단재 신채호 선생이 임정회의에서 "미국에 위임통치를 청원한 이승만은 따지고 보면 이완용이나 송병준보다 더 큰 역적이다. 이완용은 있는 나라나 팔아먹었지만 이승만은 아직 나라를 찾기도 전에 팔아먹은 놈이다"고 칭한 현대판 사대주의자는 '건국' 수장이 되었다.

다른 한편, 남의 나라에 외국군을 주둔시키든 말든 그것은 우리가 결정할 문제이지 외국의 일개 국방부장관이 왈가왈부할 성격은 아니라는 반응이 통일세력은 물론이거니와 보수진영에서도 거세게 일었다. 이와 더불어 주한미군관련 사건들과 매향리사격장, 한강독극물 사건, 윤금이 살인사건, 미군 궤도차량에 치여 숨진 여중생 신효순·심미선 사건, 주한미군 고압선피해 전동록씨 사망사건 등이 폭로되고 사회문제화되었다. 또 한국전쟁중에 미군이 저지른 노근리 민간인학살, 대전형무소 정치범학살의 묵인 내지 조장이 50년이 지난 지금에서야 제대로 드러나고, 1960년대는 작업당사자인 한국군에게 제대로 알려주지노 않은 채 휴진선에 고엽제를 자기들 멋대로 뿌렸다는 사실도 알려졌다. 이렇게 미국이나 주한미군의 부정적인 측면이 밝혀지기 시작하면서 주한미군 철수에 대한 논의가 사회 곳곳에서 활발히 진행되고 있다. 국회에서도 주한미군지위협정에 대한 전면개정을 촉구하는 의원결의안이 발표되기도 했다.

그 동안 미군에 의해 희생된 수많은 고인들과 피해당사자들의 뼈저린 아픔과 사무치는 한과 분노를 조금이라도 이해한다면, 또 한반도에 진정한 평화를 정착시키고 나아가 민족사적 핵심 과제인 통일의 문을 제대로 열기를 원한다면, 이제 우리 사회는 마땅히 주한미군을 더 이상 신성불가침의 영역으로 존치할 것이 아니라 공론의 대상으로 끌어내려야 한다. 물론 주한미군에 국한시키지 말고 한미관계 자체에 대한 엄정한 평가 역시 내려져야 한다.

이러한 요구에 부응하여 이 글은 6·15공동선언 이후 통일성취시대를 맞아 외세인 미군이 우리 땅에서 왜 철수해야 하는지를 통일과 평화에 초점을 맞추어 논의하고자 한다. 이와 동시에 군사·정치적 측면, 인권·생활권·환경권 등 총체적이고 포괄적인 차원에서 주한미군의 문제를 비판적으로 검토하겠다.

1. 주한미군 접근법

주한미군문제는 군사안보, 주권이나 자주권, 인권, 생활권, 환경권 등의 다차원에서 이해되고 평가되어야 한다. 그러나 5·18광주항쟁 이전까지는 주한미군문제를 군사안보 차원에서만 접근했다. 인권·환경권·주권 차원에서 주한미군이 일으키는 문제들이 엄청남에도 불구하고 박정희 군사독재의 군사안보 절대주의에 압도되어 이러한 차원의 접근은 거의 봉쇄되어 왔다. 외국군인 주한미군의 문제는 논의의 대상이 될 수 없는 신성불가침 영역, 곧 냉전성역이었다.

그러나 5·18광주항쟁과 6월항쟁을 거치면서 주한미군에 대한 군사안보 일변도의 접근은 비판을 받게 되었다. 5·18광주항쟁에서 미국이 자유와 민주주의의 수호자가 아니라 군부독재정권의 후견자임이 확연히 입증됨에 따라 미국은 반독재 민주화투쟁의 중요한 표적이 될 수밖

에 없었다. 나아가 80년대의 '북한 바로알기운동' 과정에서 북한이 걸어
온 민족 주체적이고 자주적인 역사행로는 당시 남한의 청년세대들에게
신성한 충격을 주고 민족자긍심을 고취시켜 줌으로써 주권 중심의 주한
미군 접근이 시작되었다. 이제 이들에게 주한미군은 주권과 자주권을
침해하는 결정적 요소로 인식되었다.

이어 6월민주항쟁 이후 시민사회가 발전하고 이에 따라 시민운동이
활성화되면서 주한미군에 대한 접근도 시민운동의 다양한 영역처럼 분
화되기 시작했다. 여성해방, 인권, 환경권, 생활권, 평화 등의 다양한 차
원에서 주한미군 문제를 봄으로써 주한미군에 대한 접근이 거시적 수준
에서부터 미시적 수준까지 그 인식지평을 넓혀나갔던 것이다. 여기에다
탈냉전과 북한의 경제적 어려움으로 인한 생명권 위기 등이 안보 일변
도의 주한미군 접근을 약화시키는 바탕이 되었다.

특히 남북정상회담을 계기로 본격적인 통일시대가 열리면서 통일과
주한미군의 관계에 대한 근본적인 논의가 시작되고, 정상회담에 따른 동
북아 질서개편 움직임이 나타나면서 주한미군문제는 한반도 평화와 동
북아 평화체제 차원에서 재조명되기 시작했다. 또 최근에는 김대중 대
통령이 통일 이후에도 동북아 세력균형을 위해서 주한미군이 계속 주둔
해야 한다고 주장하면서 세력균형과 주한미군의 관계가 예민한 쟁점이
되었다(이삼성 2000).

게다가 매향리사격장, 한강 독극물투하, SOFA개정의 지연과 개정내
용 시안 중 한국의 주권과 사법권을 능멸하는 내용 등이 쟁점화되면서
주한미군문제에 대한 대중적 관심이 고조되었다. 미시적 수준의 주한미
군 접근은 근본적인 문제를 놓치는 경향이 있기는 하지만 주한미군문제
의 사회쟁점화와 대중성 확보의 폭발력을 가짐으로써, 이제 주한미군문
제는 시민운동 차원의 접근에서 자주와 주권 문제, 평화 및 통일의 문제

로 인식되어 본격적으로 총체적 접근이 이루어지고 있다.

하지만 주한미군문제에의 이러한 총체적이고 비판적인 접근에 대해 분단기득권세력은 여전히 군사안보 일변도의 시각에서 주한미군문제를 고착화시키면서 70년대로의 회귀를 시도하고 있기 때문에, 이들의 재(再)성역화 기도에 대한 논거의 허구성을 밝힐 필요가 있다.

2. 주한미군과 군사안보의 실상

북한 무력도발 가능성과 주한미군

군사안보 수준에서 주한미군의 필요성을 주장하면서 성역화하는 논거는 다음 두 가지를 전제로 하고 있다. 하나는 북한의 무력도발 가능성이 높다는 '북한전쟁위협론'이고, 또 하나는 한국군만으로는 전쟁억제력을 갖지 못하기 때문에 주한미군에 의존해야 한다는 '남한군열세론'이다. 그러나 이 두 가지 전제는 다 허구이다.

첫번째 전제인 북한의 무력도발 가능성은 거의 없을뿐더러 구체적인 역사적 실재를 바탕으로 해서 과학적으로 한반도 전쟁위기를 분석하면 한반도 무력도발 가능성은 오히려 미국이 압도적으로 높다. 이에 대한 논거로는 다음 몇 가지를 들 수 있다.

첫째, 탈냉전을 맞은 90년대 이후만 보더라도 한반도의 전쟁위기는 북한보다는 주로 미국과 남한에 의해 조성되었다. 걸프전쟁 이후의 한반도전쟁위기는 여섯 번이었다. 곧 1991∼92년 제2의 한국전쟁 시나리오, 94년의 전쟁발발 일보직전으로 치달은 영변 핵위기, 98∼99년 금창리 핵위기, 99년 서해교전, 2002년 악의 축 전쟁위기, 2003년 한반도전쟁위기설 등이다. 앞장에서 확인한 바와 같이, 이 가운데 남한은 서해교전 한 건을 주도했기 때문에 남한의 전쟁위기 책임율은 17%(1/6)이다. 미국은 나머지 다섯 번의 전쟁위기를 초래한 장본인으로 83%(5/6)이고 북한은 0%(0/6)이다. 이 경험적 사실은 한반도 전쟁위기의 주범은 북한이 아니라 바로 미국임을 엄중히 말해 준다.

둘째, 과거 70년대부터 지금까지 북한은 끈질기게 평화협정 체결을 촉구해 왔지만 미국은 전쟁을 제도적으로 막는 장치인 평화협정 체결을 계속 거절하고 있다. 더구나 한반도 냉전을 청산하겠다는 제안의 페리 보고서도 또 최근에 발표된 미의회 한반도보고서 역시 북미평화협정을 여전히 거절하고 있는 점을 주목해야 한다.

북한이 정말 남침야욕을 가지고 있다면 전쟁의 소지를 없애는 평화체제 구축을 지속적으로 추구하지 않았을 것이다. 또 미국이 진정으로 한반도의 평화를 원했다면 전쟁발발을 제도적으로 막아주는 평화협정이나 평화체제 구축에 벌써 응했어야 한다. 미국의 의도를 의심하지 않을 수 없는 것은 왜 말로만 평화를 주장하면서 오히려 한미·미일·한일 간의 군사훈련은 더 강화되고 있고 평화협정은 거부되고 있는가 하는 점이다. 이러한 문제제기를 해보면 의심받을 짓을 많이 하는 쪽은 북한이 아니라 오히려 미국이라는 결론을 내릴 수밖에 없다.

셋째, 바로 뒤에서 확인하겠지만 이미 북한군사력은 남한의 군사력보다 압도적으로 열세이기 때문에 주한미군이 없더라도 북한의 무력도발은 그들에게는 자살행위이다.

넷째, 앞장에서 본 바와 같이 정상회담 이전인 99년 6월의 서해교전에서도 북한은 병사들에게 경거망동을 하지 말 것을 강조하여 전투가 전쟁으로 발전하는 것을 막았을 뿐 아니라, 남한의 74mm 함포에 의해 북한배가 침몰되고 30~50명의 북한병사가 전사했는데도 옹진반도에 배치된 해안포와 미사일을 발사하지 않았다. 그에 비해 남한은 밀어붙이 기식 선제공격을 감행하여 무력도발을 이끄는 호전적 자세를 보였다.

다섯째, 이미 남북정상회담을 통해 남북의 화해와 협력이 고조되어 남북간의 군사적 긴장은 완화되었다.

이러한 구체적이고 객관적인 역사적 사실을 보면 북한의 무력도발 가능성이 오히려 미국보다 훨씬 낮은데도 불구하고, 우리 사회의 지배세력은 물론 많은 일반국민들까지도 주한미군이 철수하면 북한이 남침할 것이라는 검증되지 않은 종교적인 '믿음', 아니 일종의 맹신에 사로잡혀 있다. 이제 맹신과 신화에 의해 북한을 낙인찍을 것이 아니라 경험적인 객관적 사실에 바탕한 과학적 지식에 의거하여 올바르게 평가해야 할 것이다. 이와 더불어 숭미주의자의 맹목적 믿음에서 벗어나 객관적 실재를 바탕으로 한 과학적 지식에 의해 미국을 평가하는 이성적인 존재로 바뀌어야 할 것이다. 그래야만 미국과 주한미군의 문제를 우리 중심적이고도 객관적으로 분석 및 대처할 수 있을 것이다.

한반도 전쟁억제력과 주한미군

두번째 전제인 '남한군열세론'과 달리, 전쟁억제력은 남한군사력만으로도 충분하다. 남한군사력이 북한군사력을 압도하는 점을 몇 가지 논거로 증명하겠다.

한국은행 추계에 의하면, 97년 북한의 국민총생산(GNP)은 177억 달러이고 같은 해 남한의 군사비는 170억 달러였다. 또 99년의 북한예산은 94억 달러에 불과하고 GNP 또한 겨우 160억 달러이다. 예산의 30%를 군사비로 쓴다 하더라도 북한군사비는 28억 달러밖에 되지 않는다. 외국의 전문기관 등은 대략 10억~20억 달러로 보고 있으며, 2000년 국방백서요약은 북한이 자국의 군사비를 13.6억 달러로 밝히고 있다고 쓰고 있다. 이 백서는 "북한의 2000년도 군사비규모는 국가 총예산(95억 달러)의 14.5% 수준인 13.6억 달러로 발표하였으나, 실제 군사비는 총예산의 30% 이상이 될 것으로 추정되며, 실질구매력을 우리 군과 비교시 무기체계와 운영유지비가 저렴하여 동일 규모의 군사비로 3배 이상의 전력 증강효과를 달성할 수 있을 것"이라고 주장하고 있다. 국방부의 이 주장을 받아들인다 하더라도 북한군사비는 28.5억 달러이고 무기체계와 운영비가 저렴하다는 것은 구식무기가 대부분이어서 북한이 현대전의 공대지 군사전략에 취약하다는 것을 입증하는 셈이다. 또 스톡홀름의 평화연구소는 남한의 군사비를 151억 달러로 추정하고, 1995~99년 외국무기 구입비가 남한은 60억 달러인 데 비해 북한은 1.9억 달러에 불과하고, 2000년에는 남한은 북한 총군사비보다 많은 23억 달러를 외국무기 구입에 투입해 세계 3위의 무기수입국을 기록했다 말한다(*SIPRI Yearbook 2000*, 2001, pp. 414~15). 이와 같은 군사비의 격차는 한두 해가 아니라 80년대 중반부터 지금까지 지속되었다는 점을 고려하면, 북한군사력 규모를 쉽게 추정할 수 있다.

또 북한의 군사력 열세는 남한군부도 명백히 인정하고 있다. 99년 육군본부가 만든 '정훈교재'에서는 "북한군이 국군을 두려워하는 5가지 이유"를 들고 있다(『동아일보』 1999. 4. 25). 첫째, 북한군은 만성적 영양실조 상태이며 체격도 매우 작다는 것이다. "국군은 평균신장 171cm에 체중 66kg, 북한군은 162cm에 47~49kg 수준으로 이는 복싱 웰터급과 플라이급 선수의 차이에 해당한다." 둘째, "북한군은 유류, 탄약 등 군수물자를 아끼느라 제대로 훈련을 못하지만 국군은 첨단 장비와 무기를 이용한 강도 높은 훈련으로 최강의 전투력을 유지하며 월남전과 걸프전에 참전한 간부들이 이끌고 있다." 셋째, "북한군의 무기와 장비는 양적으로 국군보다 1.6배 많지만 육군무기의 40%, 해군함정의 70%, 공군전투기의 65%가 폐기처분 직전의 노후장비"라는 것이다. 넷째는 국력의 차이인데, 이 발표에 따르면 경제력 격차를 10배 정도로 잡고 있으나 99년 현재 남한 총생산액은 약 25.5배(4천억 달러 대 160억 달러) 북한을 앞지르고 있다. 다섯째로는 한미연합방위체제를 지적하고 있다.[1]

이상의 남한육군의 분석을 보더라도, 대북한 전쟁억제력은 주한미군 없이 남한군사력만으로도 충분하다는 것이 입증된 셈이다. 북한은 오히려 남한의 군사력에 위협을 느낄 수밖에 없으며, 실제 남한의 흡수통일 기도를 두려워하면서 끊임없이 경계태세를 갖추고 있었다. 김영삼정권 때까지만 하더라도, 북한은 주한미군을 남한의 무력도발에 대한 방패막이로 인식하고 있었다는 것은 이제 공공연한 사실이다. 1996년 봄 당시 북한 아시아태평양평화위원회 부위원장 이종혁은, 북한은 평화유지에 대한 미국의 역할에 반대하지 않는다고 밝힌 일이 있으며, 또 조선민족문제연구회 회장인 박성덕 교수는 "미국은 한반도의 평화유지자로서 직접적이고 강력한 책임을 가지고 있다"면서 이종혁 부위원장의 말을 재확인하였다.

우리가 보다 객관적이기 위해서는 우리의 입장만 고집하지 말고 상대방의 입장도 동시에 생각하는 역지사지(易地思之)의 균형 잡힌 자세를 지녀야 한다. 그래야만 주한미군의 문제점도 제대로 볼 수 있게 된다.

---

1) 이 연합방위체제는 주한미군이 없더라도 전시접수국지원협정이나 한미일 삼각군사동맹에 의해 그대로 유지될 수 있다. 궁극적으로 우리가 추구해야 할 것은 주한미군의 철수뿐 아니라 우리의 안전과 평화를 위협하는 이러한 일체의 군사동맹체제를 철폐하는 것이다. 동시에 주일미군의 철수까지 이끌어내야겠지만(김승국 2000), 주한미군의 철수를 위한 전술적 차원에서 주일미군 철수를 한꺼번에 추진하는 것이 과연 효율적인 운동인지는 보다 깊은 논의가 필요하다.

미국, 그들의 전쟁에 휘말릴 위험과 주한미군

실제로 군사안보 차원에서 주한미군은 전쟁을 억지하기보다 오히려 한반도가 미국 자기들의 전쟁에 휘말릴 위험성을 더 높이고 있다는 점을 우리는 주목해야 한다. 호전적인 레이건 대통령 재임 당시의 와인버거 국방장관은 주한미군이 북한보다는 소련을 겨냥하고 있다고 발표한 바 있다. 그는 만약 중동에서 소련과 전쟁이 일어난다면 미국은 한반도에서 전쟁을 일으킬 것이며, 그것도 일본군·미군·한국군이 합동으로 북한을 침공하고 이곳 한반도에서 소련에 대해 핵공격까지 벌일 것이라고 했다. 미국의 이익을 위하여 한반도가 그들의 대리 핵전쟁터가 되어 민족이 공멸하게 될 이 무시무시한 발언에 대하여 반대시위 하나 제대로 하지 못했다.

미국, 그들의 전쟁에 우리가 원하지 않더라도 그들을 위해 어쩔 수 없이 대리전쟁을 치를 수밖에 없는 기막힌 현실, 곧 미국의 대리전쟁터로서 한반도 전체의 생명권이 위협받는 현실은 지금도 계속되고 있다. 특히 중국과 대만 사이에 전쟁이 발발할 경우, 주한미군의 존재와 한미연합사에 소속된 우리 국군의 군사편제 및 작전권이 미군에 장악되어 있음으로 해서 우리는 중국과 전쟁을 치러야 하는 끔찍한 상황에 직면하고 이는 다시 남북간의 전쟁으로 이어질 것이다. 대만이 독립을 선언하게 되면 중국은 이제까지 공공연히 주장해 온 것처럼 통일을 위해 대만을 침공할 것이고 이 경우 미국과 일본이 전쟁에 개입하게 되는데, 이때 주한미군은 자동적으로 중국과의 전쟁에 돌입하고 한미연합사의 지휘를 받는 한국군 또한 저절로 중국과의 전쟁에 휘말리게 되는 것이다. 더욱이 미국의 대중국 공격의 최전선인 주한미군에 대해 중국은 당연히 미사일 등으로 공격을 해 한반도는 우리의 의지와 상관없이 전쟁의 불바다 한복판에 놓이게 될 것이다.

2001년 4월 1일 중국 하이난다오에 비상착륙한 미해군 EP-3 에어리즈 II사건을 계기로 미국의 대중국 군사포위망과 봉쇄가 어느 정도인지 세상에 알려졌다. 일본에 기지를 두고 있는 이 스파이비행기는 미국가안보국(NSA)이 육·해·공군과의 공조 아래 실시중인 작전의 일환으로서, 이 지역 중국군의 통신을 도청하고 중국의 방공망을 정찰하는 임무를 띠고 있었다. 중국해군 보유선박의 종류와 숫자, 작전패턴, 병참조직 등에 대한 정보를 비롯하여, 전시에는 미사령관들이 공격결정을 내리고 적의 반격을 피할 수 있도록 정보를 제공하는 해군 정찰업무 외에 중국 공중망을 정찰, 지대공미사일과 공중요격시스템을 추진하는 레이더 및 사격통제 장치 같은 시설의 데이터를 수집하고 있었다. 요컨대 이 시설들의 위치를 탐지해 둠으로써 전시에 미군은 공중방어망을 뚫고 목표물을 손쉽게 공격할 수 있는 능력을 갖게 되는 것이다.

또 미국방부가 2002년 초 의회에 제출한 "핵 태세 재검토(NPR) 비밀보고서"는 선제 핵공격 대상국에 중국을 포함시키고, 핵 선제공격의 구체적 사례로 '북한의 남한공격' '중국의 대만공격' '이라크의 이스라엘 및 주변국 공격'을 상정하고 있어 '중국주적론'이 결코 허풍이 아님을 보여주고 있다(『한겨레신문』 2002. 3. 11). 카네기재단의 핵무기전문가 조지프 시린시온의 지적처럼 "보고서는 부시행정부가 핵무기를 마지막 수단으로 사용한다는 오랜 전통을 깨"고 "핵을 억제수단이 아닌 전쟁의 도구로 만들고 있는 것이 분명하다." 미국의 이 같은 핵전략의 최우선 공격 대상이 바로 한반도와 중국인바, 어느 경우든 한반도는 전쟁에 휘말리게 되어 있는 셈이다.

이미 미합참본부는 '조인트 비전(Joint Vision) 2020'에서 태평양 군사 전략의 중심 축을 동북아지역에서 남중국해로 전환해야 한다고 지적하고 이를 위해 오키나와 등 태평양기지 외에 수빅만 기지와 베트남의 캄란만 해군기지까지 조차해야 한다고 주장했고, 중국도 미국의 이러한 움직임에 대비해 인도양과 마주보고 있는 미얀마의 해군기지를 임대하기 위해 노력하고 있다. 양국의 이와 같은 첨예한 대립은 21세기 미국의 패권에 도전할 중국의 잠재력에 대한 미국의 견제에서 비롯되었다. 남중국해에서 일어날 수 있는 대표적인 분쟁시나리오는 대만독립과 중국의 무력침공, 난사군도 영유권분쟁, 석유보급로 등 세 가지로 거론되고 있다. 그들 사이의 이러한 전쟁에, 앞에서 본 바와 같이 핵전쟁으로 곧바로 비화될 전쟁에, 남과 북이 주한미군 때문에 자동적으로 휘말리는 끔직한 일이 발생하지 않기 위해서도, 주한미군은 철수되어야 한다.

탈냉전시대 한반도 전쟁위협과 주한미군

이처럼 주한미군은 우리의 의사와는 무관하게 한반도를 전쟁의 장으로 끌고 들어갈 뿐 아니라 한반도에서 군사적 긴장을 높여 평화를 저해하는 결정적 요인으로 작용하고 있다. 탈냉전시대인 90년대에도 우리는 북한과 미국, 또 남북한 사이에 94년 6월 영변 핵위기, 1998~99년 금창리 핵위기, 2002년 악의 축 전생위기 등과 같은 전쟁위협 또는 군사적 긴장이 지속되는 것을 체험했다. 미군의 한국주둔을 정당화시키기 위해서는 북한으로부터 군사적 위협이 계속되고 있다는 것을 보여주어야 하기 때문에, 이들 위기는 미국이 필요 이상으로 조장한 측면이 짙다. 더구나 이제 미국은 미사일방어체제(MD)를 추진하여 한반도뿐 아니라 동북아 전체에서 중국과 러시아를 압박하면서 긴장고조를 획책하고 있다.

이미 앞에서 확인한 바와 같이 한반도에 주한미군이 주둔하는 한 우리 개개인의 죽고 사는 문제인 생명권을 제대로 보장받을 수 없으며, 이는 우리 대통령도 어찌할 수 없는 거의 불가항력에 가깝다. 자기 스스로 죽고 사는 문제조차 통제할 수 없는 상황, 이것만큼 중차대한 문제는 없을 것이다. 또 이러한 기막힌 상황을 끝장내는 것만큼 긴요한 일도 없을 것이다. 그런데도 우리는 바로 이런 위협을 끝장낼 통일이나 주한미군 철수에 대해서는 무관심하거나 소극적이면서 "통일 그것 해야 합니까?" 하고 반문을 하고 있다. 2002년 2월 용산 미8군사령부 앞에서 '악의 축' 전쟁위협을 자행한 부시의 방한을 반대하는 시위가 진행되고 있을 때 다른 한편에서는 "I Love USA"라면서 환영시위를 하고 있었다. 우리의 생사를 자기들 멋대로 주물럭거리는 미국과 주한미군을 짝사랑하고 영구주둔을 갈구하는 이런 노예근성은 하루빨리 청산되어야 한다.

1998~99년 금창리 핵위기 때 미국은 사실무근으로 판명이 난 북한 핵무기개발 의혹을 문제삼아 전쟁불사를 천명하면서 한반도에 전쟁위기를 조성했다. 98년 8월 말 북한의 인공위성발사에 대해서도 미국은 한반도에 항공모함 등 전투력을 증강시켜 무력위협을 했고, 일본은 마치 전쟁이라도 치를 듯한 광적인 모습을 보였다. 그리고 미국과 한국, 일본은 말로는 평화를 외치면서 군비경쟁을 가속화하고, 북한을 겨냥한 군사훈련을 점점 더 강화하고 있으며, 이제는 한일합동군사훈련을 실시할 정도로 한국과 일본의 군사적 동맹 또한 강화되고 있다. 이에 힘입어 일본은 가상의 독도상륙훈련까지 전개하는 군사주의성을 드러냈다.

북한의 입장에서, 곧 역지사지로 핵이나 미사일 문제를 본다면 한반도의 군사적 긴장이 미국에 의해 조장된다는 사실을 보다 잘 이해할 수 있을 것이다. 미국·일본이 가공할 군사력으로 전쟁위협과 봉쇄를 지속하고 있는 상황에서 북한으로서는 자신의 생명권을 보장받는 것이 최대과제일 것이다. 따라서 미사일개발은 공포의 균형이나 전쟁억제력을 행사할 수 있어 자위권 차원에서 북한 자신의 생명권을 보장받는 중요한 수단이 된다. 미국이나 일본의 전쟁위협이 지속될 때 북한은 빈사상태에 놓인 경제상황에서 더 이상 재래식무기의 군비경쟁으로는 자신의 군사적 안보를 보장받지 못한다. 그러나 미사일개발은 적은 비용으로 대북한 전쟁을 억제시키는 최대의 효과를 거둘 수 있는 합리적인 전략적 선택인데다, 이 밖에도 외화벌이 상품도 되고 김정일의 업적으로 삼아 정권의 정당성을 높일 수도 있는가 하면 외교카드로도 십분 활용할 수 있다.

미사일문제에서 핵심은, 북한의 미사일개발에 대하여 군사적으로 대응할 것이 아니라 북한이 미사일개발의 필요성을 느끼지 않도록 생명권을 보장해 주는 것이다. 그러나 클린턴 당시의 페리보고서조차도 북한의 생명권을 제대로 보장해 주지 않았다. 게다가 막가파식의 부시정권은 출범하자마자 의도적으로 근거 없는 북한위협론을 퍼뜨리고 남북간의 한반도평화선언을 무산시키고는 마침내 2002년 연초부터 '악의 축'이라는 전쟁위기를 초래하고 북한을 "즉각적이고 잠재적, 예기치 않은 돌발상태가 가능한 나라" "고질적인 군사적 우려의 대상"이라고 규정하면서 핵무기 사용의 0순위로 올려놓고 있다.

남북간의 군사적 긴장이 6·15공동선언으로 두드러지게 헤소되었는데도 미국은 이렇게 북한위협론을 조장하면서 한반도에서 긴장을 조성하고 있다. 결론적으로 미군이 한반도에 주둔하는 한, 그들의 필요에 따라 한반도의 군사적 긴장은 계속되고 평화는 끊임없이 위협받게 된다.

부시의 악의 축 전쟁위협은 남한의 600여 개의 민중시민단체와 일반 국민들의 범국민적인 전쟁반대운동과 반미운동으로 일단은 진정되었다. 그렇지만 여전히 한반도 전쟁위협은 아주 구체적인 모습으로 다가오고 있다. 특히 경수로협정이행의 마지막 해이자 미사일발사 유예기간이 만료되는 2003년이 한반도 생명권의 최대위기가 될 가능성이 높다. 부시정권은 미국의 새 '전략적 틀'을 대량살상무기 비확산과 반확산, 미사일 방어체계 등으로 제시하면서, 대량살상무기에 대한 외교적 비확산 노력이 결실을 보지 못할 경우 군사력 선제공격으로 반확산을 확보한다는 전쟁지향적 정책을 분명히 하고 있어, 이 지구촌에는 미국의 대량살상무기 반확산정책의 일환으로 전쟁 가능성이 극대화되고 있다. 그리고 바로 이 전쟁위험의 0순위가 바로 한반도이다. 이렇듯 여전히 전쟁의 그늘은 한반도를 짓누르고 있다.

군사안보를 위한 주한미군의 필요성이라는 허구

소련이 붕괴한 이 시점에서도 북한을 핑계로 미국이 한반도에 미군을 주둔시키고 또 통일 이후에도 기어이 주한미군을 유지하려는 속셈은, 바로 중국과 러시아에 대한 미국의 군사적 견제와 봉쇄를 위한 것이라고 보아야 한다. 이미 95년의 나이보고서, 1999년 '21세기국가안전보장위원회'의 동북아전망보고서, 2020년대의 미국전략계획인 '조인트 비전 2000' 등은 노골적으로 중국을 21세기의 적으로 간주하고 있다. 미국방장관 자문기관 '21세기국가안전보장위원회'가 1999년 10월 6일에 발표한 동북아전망보고서는 다음과 같이 서술하고 있다.

2025년께 동아시아(오세아니아 포함)는 세계 최강의 경제권이 되고 지역적 중요성이 증대될 가능성이 높다. 이 경우 전통적 가치관에 변화가 생겨 개인의 자유 및 민주주의 중시 풍조가 대두될 것이다. 그와 함께 경제붕괴, 중국정세의 급변, 한-중-일 3국간 관계악화와 세계 유일의 대국간 영토분쟁 등으로 대규모 전쟁이 일어날 가능성도 매우 높다. …동아시아 최대초점은 중국의 장래다. 체제가 어떻게 변화하든 실질 국내총생산은 2025년에 세계 최대가 된다. 군사대국이 된 중국에 국가주의가 대두하면 대만, 스프래틀리(난사군도) 문제 등으로 미중관계는 긴장한다.

　이같이 주한미군은 철저히 그들의 세계지배를 위한 것이다. 그런데 왜 그들 때문에 우리가 전쟁에 휘말리는 위협에 무방비상태로 노출되어야 하는가? 너무나 잘 알려진 것처럼, 주한미군이 있기 때문에 우리의 군사작전권이 미국에게 넘어가 한국은 군사주권을 제대로 행사할 수 없는 절름발이 주권국가가 되었다. 세계 어디에도 우리처럼 작전권을 다른 나라에, 이렇게 50년 이상 넘겨주고 있는 나라는 없다. 90년대 중반에서야 평시작전권은 한국군에 이양되었으나 전시작전권은 여전히 미군에 속한다. 작전권은 위기상황에서 필요한 것임을 볼 때, 이는 눈 가리고 아웅하는 격이다. 우리는 죽고 사는 문제를 남에게 맡겨버리는 너무나도 간이 큰 나라인 셈이다. 실제로 지난 서해교전이 일어났을 때 이미 작전권은 미군으로 넘어갔었다.

　이와 같이 자주적인 민족사행로를 가로막고 때로는 원천적으로 봉쇄하는 역할을 하는 것이 주한미군이다. 이러한 주권상실은 민족자존에 대한 침해이고 우리 민족사의 치욕이다. 또 세계 여러 나라들 앞에서 자주독립국으로 얼굴도 제대로 들지 못하는 수치스런 모습이다. 이 때문에 세계무대에서 떳떳한 세계공동체의 일원으로서의 존엄성을 훼손당하고 있다.

　결국 군사안보 측면에서 주한미군은 전쟁억제력을 행사하는 것이 아니라 오히려 계속해서 전쟁위협과 군사적 긴장을 강요하는 물적 토대이다. 결과적으로 미군이 이 땅에 존재하는 한 우리는 언제나 삶과 죽음의 기로 속에서 자신의 삶조차 제대로 통제하지 못하고 살아야 한다. 이제 우리는 이러한 죽음을 엎고 사는 삶에 종지부를 찍어야 할 것이다.

3. 통일과 주한미군

6·15공동선언, 매향리사격장, 한강 독극물투하, 노근리 양민학살 등을 계기로 주한미군의 철수에 대한 여론이 고조되자, 김대중 대통령은 통일 후에도 주한미군은 계속 주둔할 것이며 이는 동북아 세력균형을 위하여 필요하다고 역설했다. 그러나 미국의 동북아 및 세계 전략과 현재의 미국정책을 본다면, 이러한 주장이 전혀 허구임이 명백해진다.

먼저 주한미군이 존재하는 한 통일은 현실적으로 불가능에 가깝다. 미국은 주한미군을 발판으로 해서, 소련이라는 사라진 적 대신 북한을 새로운 적으로 삼고 이를 빌미로 동북아와 세계의 경찰역할을 자임하며 중국과 러시아를 군사적으로 봉쇄하는 전략을 펴고 있다. 한반도가 통일이 되면 이러한 구실이 사라지기 때문에 미국은 통일을 지원하지 않을 것으로 추정된다. 또 통일된 한반도에 미군이 주둔하는 한 미국과의 군사적 긴장상태에 놓여 있는 중국은 한반도통일에 협력하지 않을 것이다. 이러한 중국의 지정학적 이해관계는 우리의 역사에서 임진왜란, 한국전쟁 등에서도 그대로 드러났다.

일부에서는 독일에 미군이 주둔해도 통일이 되었다면서 이를 한반도에 적용할 수 있다는 주장을 편다. 그러나 독일과 한반도가 세계질서와 지역질서에서 차지하는 위치는 엄청나게 차이가 나기 때문에 독일의 사례를 교조적으로 적용할 수 없다. 독일의 경우는 냉전에서 탈냉전으로의 전환점에 통일이 되었고, 통일독일이 나토체제에 확대편입되는 것을 소련이 수용하였기 때문에 미군은 통일독일에 주둔할 수 있었다. 그러나 한반도의 경우는 탈냉전이 아니라 이미 한미일 삼각동맹과 중국·러시아·북한의 느슨한 연대 속에서 작은냉전으로의 이행과정에 있으며, 앞으로 동북아 신냉전으로 전환될 과정에 놓여 있다. 통일한국에 미군이 주둔하는 것은, 나토체제와 달리 통일한국이 한미일 삼각군사동맹에 편입되어 현실적으로 중국과 러시아에 위협요소가 더욱 커지는 것을 의미하므로 중국이 이를 수용할 수 없게 된다. 그러므로 주한미군의 철수와 한미일 삼각동맹의 해체나 현저한 약화를 전제로 하지 않는 한, 동북아질서는 한반도통일을 허용하지 않는 구도를 띠고 있다.

결론적으로 주한미군은 우리 민족사의 숙원인 민족통일의 걸림돌이다. 미국의 입장에서는 앞에서 본 바대로 주한미군의 존재가 그들의 이익을 위해 중요하다. 그러나 통일이 되면 통일한국에 미군이 주둔해야 할 거짓명분이 사라지고, 거짓 북한위협론으로 F-15K 등 천문학적 가격의 무기판매를 강요할 수 없게 되고, 통일한국 국민들이나 주변국가들이 주한미군 철수를 강력하게 요구하게 될 것이다. 이 경우 미국은 어쩔 수 없이 철군을 해야 하므로 남북한을 계속 분단시킨 채 미군을 주둔하려는 전략을 구사하고 있다고 보아야 한다. 물론 겉으로는 한반도통일을 지원한다는 그럴듯한 이야기를 하지만 그것은 어디까지나 사탕발림에 지나지 않는다.

또한 한반도통일에 영향을 끼칠 중요한 주변국은 미국 다음으로 중국이다. 한반도통일에 대한 중국의 입장이 남과 북이 서로 합의하여 평화적으로 통일하는 것이라면 비록 통일한국이 자본주의 체제를 지향한다 하더라도 굳이 반대하지 않는 것으로 보인다. 대만과의 통일을 가장 핵심적인 민족과제로 설정하고 있고 중국 자신의 경제체제 또한 기본적으로 자본주의 구도를 띠고 있기 때문이다. 그러나 남한이 일방적으로 북한을 흡수하는 통일이나 미군이 통일한국에 진주하여 중국의 안보에 위협을 가하는 통일행로에 대해서는 중국이 협력하지 않을 것이다. 러시아 역시 비록 영향력은 크지 않지만 중국과 비슷한 입장을 취할 것으로 보인다. 따라서 통일을 위한 주변국의 이해관계를 조정하기 위해서도 주한미군은 철수되어야 한다는 결론에 도달한다.

4. 동북아 세력균형과 조정자로서의 주한미군

김대중 대통령을 비롯하여 많은 친미파들은, 동북아의 세력균형을 통해 동북아평화를 보장받기 위해서는 통일 후에도 주한미군이 계속 주둔해야 한다고 주장한다. 그러나 이 주장은 전혀 설득력이 없다. 동북아 세력균형을 위해서는 무엇보다 일본의 군사대국화를 억제하는 역할을 미국이 수행해야 한다. 그러나 미국은 오히려 미일신안보공동선언, 미영동맹 수준으로의 미일동맹 격상, 한미일 삼각군사동맹 강화, 미일신방위협력지침 등을 추진하면서 일본의 군사대국화를 촉진하며 중국을 압박하고 있다. 또 거짓핑계로 MD를 구축하여 북한과 중국·러시아와의 군비경쟁을 가속화하여, 구소련을 굴복시켰던 것처럼 중국과 러시아를 군사적으로 완전 제압 및 봉쇄하려 하고 있다. 바로 이 동북아 패권전략의 튼튼한 물적 토대가 되는 것이 주한미군이다.

이러한 미국의 패권행위에 대해 중국과 러시아는 상호유대를 강화하고 북한과 결속하면서 대응체제에 들어가고 있다. 현재 미국의 동북아 패권전략은 이미 작은냉전 상태로 몰아가고 있고 앞으로 중국의 GNP가 미국을 능가하는 2020~30년경에는 신냉전으로 치달아 결국 중국중심의 반패권연대가 성립될 것이며, 주한미군은 바로 이러한 신냉전의 물적 토대가 될 것이다. 따라서 주한미군에 동북아지역의 세력균형의 역할을 기대하는 것은 허구에 지나지 않는다.

이처럼 주한미군이 존재하는 한 통일이 불가능할 뿐 아니라 오히려 전쟁을 강요당할 위험성에 직면하게 된다. 결국 동북아 세력균형은 외세인 미국에 의존할 것이 아니라 우리 남과 북이 주도하여 조정과 균형을 추진할 때 비로소 달성될 수 있다. 우리 남과 북의 군사력과 경제력은 결코 조선조 말의 보잘것없는 수준이 아니다. 충분히 조정자 및 균형자 역할을 담당할 수 있다. 우리 스스로의 힘으로 한반도평화와 동북아평화를 추진하는 세력균형자와 평화조정자로 탈바꿈해야 한다. 이렇게 한반도의 평화와 동북아평화를 도모하여 궁극적으로 세계평화에 이바지할 한반도의 위상설정이야말로, 김대중 대통령이 말하는 한반도시대를 열어 우리의 통일과 평화를 성취하면서 동시에 지구촌 평화에 기여하는 자긍심 높은 민족행로일 것이다.

5. 시민운동의 쟁점과 주한미군

다음은 우리의 일상적인 삶과 직결되는 인권침해·환경권침해·생활권 침해 등 시민운동의 측면에서 주한미군 주둔의 문제점을 살펴보겠다. 이들 문제의 근원은 너무나도 불평등한 한미행정협정(공식명칭은 한미주둔군지위협정 SOFA)에 있다. 미국은 이 불평등한 협정에 대한 우리 정부나 시민사회의 요구를 계속 거절하고 있다. 크게 세 가지 면에서 이 협정의 문제점을 지적하겠다.

첫째는, 형사관할권의 문제이다. 한마디로 이 불평등한 협정 때문에 주한미군이나 그 가족 및 군속 등은 이곳 남한땅에서는 명실공히 봉건시대의 특권귀족인 셈이고 피해를 보는 한국사람은 봉건시대의 농노 정도로 취급당하고 있다. 몇 가지 선별적으로 문제점을 구체적으로 제시하겠다.

① 한국이 1차 재판권을 가진 경우도 미국이 요청하면 포기하게 된다.

공무 중에 일어난 일이라는 핑계만 대면 재판권이 미국으로 넘어가기 때문이다.

② 미군범죄자는 최종판결 전까지 구속하지 못한다.

③ 1심에서 무죄를 선고받으면 한국검찰은 항소할 수 없다.

④ 주한미군은 재판을 거부할 권리가 있다.

⑤ 수감중인 미군도 미국이 요청하면 미국에 양도해야 한다.

둘째는, 민사청구권문제이다. 여기서도 불평등은 형사관할권과 비슷하다. 곧 미군이 저지른 공무 중 행위에 대한 배상의 경우 아무런 관련이 없는 한국정부가 배상의 25%를 부담한다. 또 책임소재가 불분명할 경우 무조건 미국과 남한이 반반씩 균등부담한다. 왜 일은 자기들이 저질러놓고 책임은 한국정부가 져야 하는가? 21세기에도 우리는 주한미군이라는 신판 봉건귀족을 모시고 살아야 하는가? 우리 모두가 냉정히 반문하여야 할 때이다.

셋째는, 미군공여지, 곧 미군이 한국땅에서 군사기지 등을 핑계로 해서 사용하고 있는 토지나 재산의 문제이다. 이에 대한 실상과 문제점은 다음과 같다.[2]

① 주한미군이 무상으로 사용하고 있는 땅이 약 8천만 평이며, 이 땅값은 1997년 현재 공시지가로 약 13조 원이다.

② 이로 인해 한국인 개인의 땅이 강제수용되고 보상도 미비해서 사

---

2) 이윤수 의원이 국방부자료를 토대로 주한미군에 대한 지원액을 분석한 결과 직접지원비가 4020억여 원, 간접지원비가 7216억여 원으로 모두 1조 1236억여 원이라고 밝혔다. 정부예산이 나가는 직접지원비는 방위비분담금 3961억여 원, 시설부지지원액 57억여 원(대민 피해보상비 6억 9천만 원 포함) 등이다. 예산이 투입되지는 않지만 토지공여와 조세감면 등에 따른 간접지원비는 부동산지원비용 4557억여 원, 조세면제 1341억여 원, 각종 사용료 및 공공요금 감면 23억 7천만 원 등인데, 구체적으로 관세면제(268억여 원), 전기사용료 감면(143억여 원), 고속도로통행료 면제(7억여 원) 등에서 상당한 간접지원이 이뤄진 것으로 드러났다(『한겨레신문』 2000. 8. 2).

유재산권 침해가 심하다.

③ 이 공여지 때문에 서울을 비롯한 도시 및 지역의 체계적인 도시계획이나 발전계획을 제대로 세우지 못하고 있다. 서울시의 신청사 이전계획이 무산되고, 국립중앙박물관 건립이 절름발이식으로 진행되고, 동작대교가 교통해소에 도움을 주지 못하게 운용되고 있는 것 등은 바로 미군이 사용하고 있는 군사기지 때문이다. 수출입 화물이 많은 부산의 부두는 짐을 실은 배가 바다에 몇 주씩 대기해야 하는 화물체증을 일으키고 있는데, 미군 전용의 한가한 부두를 같이 쓰거나 주한미군이 없으면 이 문제는 쉽게 해결될 수 있다. 그런데도 우리는 이 한국 속의 미국 별천지에 감히 접근도 하지 못한다. 이외에도 연천·동두천, 파주, 문산 등의 연례행사인 홍수피해 등도 바로 미군기지 때문에 발생 및 악화되고 있다.

④ 종종 언론에서 지적되고 있는 미군기지 주위의 환경오염문제이다. 환경에 관한 한 미군기지는 마치 치외법권지역이나 다름없다. 한강 독극물 투하사건이 전형적인 보기이다.

⑤ 매향리처럼 미군이 군사훈련장, 사격장, 폭격연습장으로 사용하고 있음으로 해서 주변의 주거지역이 임청난 생활위협을 당하고도 속수무책이다. 또 주한미군의 주둔과 공여지 때문에 발생되는 문제점은 이외에도 미군의 범죄, 미국의 저질문화 범람, PX물품 밀수출문제, 신형무기의 시험장으로 우리 국토를 황폐화시키는 문제 등 수없이 많다.

이러함에도 2000년 12월 29일 타결된 SOFA개정협상은 이러한 문제점을 거의 해소하지 못하였다.[3] 형사재판권에서 미군피의자의 신병인도

---

3) SOFA전면개정운동본부의 16개 주요 개정요구를 아홉 개 사항으로 나누어 정리하면 다음과 같다. 첫째, 형사재판권 관련사항—1. 재판권포기 조항: 대한민국 사법부는 범죄미군에 대한 재판권 대부분 포기할 수밖에 없다. 2. 공무수행 판단조항: 공무수행중 미군범죄 발생하면 한국사법부는 재판할 수 없다. 3. 형사관할 범위조항: '미군'뿐 아니

시점을 '재판종료 후'에서 '기소시점'으로 앞당기고 '계속 구금권'을 부분 도입하는 데 그치고, 오히려 '기소 뒤 불심문' '미군의 공무 여부 판단권 인정' '무죄판결 뒤 검찰의 상소금지' 등 기존 독소조항은 그대로 유지되어 "개정안은 되레 미군피의자의 법적 보호절차만 크게 강화한 꼴"이었다. 또 해당 범죄유형을 12개로 제한해 실효성이 의문시된다. 환경조항에도 환경운동연합의 주장처럼 "본협정도 아닌 부속문서인 합의의사록과 특별양해각서에 환경조항을 두기로 했지만 미군의 환경범죄행위자 처벌과 원상복구 의무조항 등은 전혀 포함돼 있지 않았고", 녹색연합도 "미군 시설·구역의 환경이행평가 때 한국정부의 이의제기권, 환경범죄 단속·지도권이 보장되지 않아 눈 가리고 아웅하는 격"이라고 주장했다.

2001년 6월 5일 민주노총 박용진 위원장이 옥중에서 한 이야기는 SOFA개정 이후에도 이 땅에서 여전히 봉건귀족의 지위를 누리는 미국

라 사돈의 팔촌까지 한미행정협정 특혜를 받는다. 4. 교도소에 수감중인 미군송환조항: 징역형을 받아도 언제든지 미국으로 돌아갈 수 있다. 5. 검찰의 상소권 불인정조항(상소권 박탈): 미군범죄에 관한 한 '신문고'가 없다. 6. 적대행위 발생시 재판권 불가조항: 제2의 노근리 양민학살, 일어날 수 있다. 둘째, 민사재판권 관련사항—7. 민사소송 현실적으로 불가능. 비공무중에 발생한 손해배상: 미군당국 처분만을 기다릴 수밖에 8. 100% 미군책임인데도 한국정부 배상조항(공무중 발생한 손해배상): 뺨 맞고 돈 내야 한다. 셋째, 미군주둔과 미군기지 사항—9. 미군은 미군기지를 돈 한푼 내지 않고 사용하고 있다. 넷째, 미군 기지 및 시설의 공여·관리·반환에 관한 사항—10. 무상사용과 불법사용으로 얼룩진 우리들의 땅 11. 주둔목적, 임대기간, 임대료에 관한 조항이 없다. 다섯째, 환경오염에 관한 사항—12. 합중국정부는 본협정의 종료시나 그 이전에 대한민국정부에 시설과 구역을 반환할 때에 이들 시설과 구역이 합중국군대에 제공되었던 당시의 상태로 동 시설과 구역을 원상회복하여야 할 의무를 지지 않는다. 여섯째, 미군기지의 한국인노동자에 관한 사항—13. 한국인노동자의 노동권 제약조항: 대법원 판결까지 무시하며 열악한 노동조건 유지 일곱째, 출입국, 통관, 관세 등에 관한 사항—14. 여권과 비자 없이 출입국 가능조항: 한국의 출입국관리에 혼란초래 여덟째, 범죄자 도주 방조에 관한 사항—15. 미군속 등 신분변경에 따른 통고기한 없어 범죄에 악용 아홉째, 기타사항—16. 규제 없는 물품반입, 무제한적인 관세면제조항: 반입량, 반입물품 규제 없어 한국 경제질서 혼란 야기

의 위상을 적나라하게 보여준다.

　　교도관들과 싸울 일은 아니지만 씩씩거리고 있는데 한국계 미국인(이 사람은
그 부인이 미군속인데 SOFA규정에는 미군 및 미군속 가족들까지 해당된다고
합니다. 그래서 그는 민간인 신분에도 이곳에서 특별대우를 받고 있었습니다)
이, 규정상 자기들이 더 많이 대접받아야 한다며 한국구치소는 인권문제가 형편
없다는 등 떠듭니다.

　　자기들 때문에 내가 옮겨가는 게 딴에는 미안한 모양인데, 그게 자기 잘못이
아닌 국가간 협정효력 때문이라는 둘러대기였습니다. 근데 그게 저를 더 열받게
했습니다. 무려 5분 동안 그에게 그 알량한 국제협약이 얼마나 주먹세계의 무식
함에 근거해 만들어진 협박서인지, 점잖은 말로 협정일 뿐 '불평등조약'이라는
사실에 대해 누구나 알 수 있다며 떠들어댔습니다.

　　…제가 얼마나 열받고 있는지 스스로도 느낄 정도로 "국제협정요? 왜 우리
정부가 그걸 잘 준수 않느냐고요? 당신네 권리? 당신은 한국말 잘하고 외모는
한국인이지만 미국시민권을 쥐고 있으니 그 협정 들먹이면서 잘 챙겨드슈. 한국
인 죄수들 7명 8명 자는 방에 침대 놓고 한 명씩 쓰고, 하루종일 문 열어놓고
생활하며 냉장고, 세탁기, 가스레인지, 식탁, 싱크대까지 잘 챙겨 생활하면서도
요리해 먹고 싶은 거 해먹고 겨울엔 전기히터, 여름에 에어컨까지 제공받으며
지내면서도 부족한 것 우리 정부에 항의해서 잘 받아드슈! 그런데 내 한마디만
합시다. 약소국 청년 비위 상하니까 내 앞에서는 그 깡패 같은 협정 들먹이지
마슈. 인권문제? 그건 우리가 알아서 투쟁해서 얻을 테니 당신들이 당신네 국가
의 힘을 믿고 우리 국민 세금에서 갈취해 가며 고상하게 떠들어대지 마쇼. '청도
협약'이라고 알아? '난징조약?' '베이징협약' 다 알아? 옛날 중국이 병신처럼 당
할 때 맺은 국제협약이야! 그거 지금 지키는 나라 있어? 웃기지 마! 당신한테는
국가간의 협약인지는 몰라도 당해야 하는 약소국 청년에게는 굴욕이고 치욕스
런 '협약에 대한 굴복'이야. 더 이상 내 비위 건들지 마슈."

6. 반미라는 올가미

이제까지 주한미군이 주둔함으로써 우리의 통일, 평화, 주권, 자주권, 동북아 세력균형, 전쟁위협 등 거시적 문제와 인권, 생활권, 환경권, 여성권 등 미시적 문제에서 발생되는 대표적인 문제점들을 살펴보았다. 이들을 다 포괄하는 총체적 수준의 접근에서 주한미군은 더 이상 허용되어서는 안 된다는 논거는 충분하다고 본다.

이런데도 우리 사회 일각에서는 아직도 주한미군 옹호론자들이 적지 않다. 더 문제가 되는 것은 이 옹호론자들이 최근에 우리 사회에서 일어나고 있는 주한미군에 대한 비판적 인식과 이제까지의 예속적인 한미관계를 종식시키고 인권, 환경권, 생활권, 자주권, 평화권 등 우리의 정당한 권리를 되찾겠다는 당연한 시민사회의 움직임에 대하여 반미라는 덫을 씌우고 있다는 점이다. 그래서 대통령까지도 한강 독극물 투하사건에 대한 진상규명과 사과 및 재발방지, 매향리 국제폭격장 폐쇄, 지배와 예속으로 점철된 한미행정협정의 대등한 관계로의 수정, 주한미군 철수운동 등 일련의 미국과 주한미군에 관련된 시민사회의 당연한 요구까지 맹목적인 반미감정으로 몰아붙이고 있다. 여기에다 야당은 한 술 더 떠 '급진세력'이라는 올가미를 덮어씌운다. 쓰레기 같은 사대주의 지식인과 언론은 과거 이광수, 최남선, 『조선일보』 등이 일본제국주의 식민시대에 일본을 칭송하듯 찬미가를 부르면서 반미, 불순세력, 급진세력 등의 조합을 통한 올가미를 휘두르고 있다.

필자가 만경대필화사건으로 구속되어 검찰의 조사를 받았을 때 공안검찰은 필자가 주체사상이 통일시대에 줄 수 있는 역사적 길잡이를 자주노선이라고 학술토론회에서 발표한 것을 문제삼았다. 다음의 변호사 신문과 필자의 답변에서 대한민국 검찰은 한국사회에서 거세게 일어나는 합리적 반미를 맹목적 반미로 낙인찍어 범죄로 몰아붙이고 있음이 그대로 드러난다. 그야말로 이들은 합리적 미국평가가 아니라 맹목적 숭미주의자라고 여겨진다.

변호사 검찰은 주체사상의 자주노선을 전적으로 외세배격노선이고 반미자주노선인데 피고인이 이를 전적으로 수용하여 북한을 찬양·고무하였다는 취지의 주장을 하는데 어떤가요?

필자 자주노선의 양 측면은 외세배격과 외세협력이고 열린 자주나 보편적 자주는 이를 둘 다 내포합니다. 외세가 부당하게 간섭하고 개입하면 배격하고 도움이 되면 협력해야 하는 보편적 원칙입니다. 북한의 자주노선도 바로 이러한 자주노선입니다. 10·21북미제네바협정이나 10·12북미공동성명이 이를 잘 말해 줍니다. 북한의 자주노선은 미국 등 자본주의 대국에 대한 자주노선이기도 하지만 소련 등 사회주의 대국에 대한 자주노선이기도 합니다. 이를 검찰이 반미자주로 한정시키는 것은 반쪽의 자주노선을 무시하는 것입니다. 또 미국 등 자본주의에 대해서도 외세배격만이 아니라 외세와의 협력도 전제한다는 사실을 검찰이 애써 외면한 해석입니다. 또한 제가 역사적 함의로 대외적 자주노선을 설정한 것은 무조건적인 외세배격식의 자주노선이 아니라 보편적인 자주노선이었고 열린 자주성이었습니다. 7·4공동성명, 남북기본합의서, 6·15선언 역시 반미자주노선이 아니라 이런 보편적 자주노선입니다.

변호사 피고인이 주체사상 강연회에서 주장한 "주체사상의 긍정적 측면인 대외적 자주노선"이라는 것이 결코 외세를 전적으로 배격하는 반미자주노선이라는 '북측의 것'과 동일한 것이라는 검찰의 주장에 대한 구체적 반박근거를 든다면 무엇인가요.

필자 북한의 자주노선은 실제 필요에 따라 외세협력을 적극적으로 수용하고 있는데도 검찰이 외세배격으로만 보는 것은 역사적 사실과 다릅니다. 주체사상연구소의 박성덕 교수가 미국을 연방제 통일을 지원하는 외세로 인식했고, 김정일 국방위원장이 주한미군의 주둔을 허용하는 발언을 한 것 등은 외세를 전적으로 배격하는 반미자주만을 일삼는 자주가 아님을 분명히 보여준다고 생각합니

다. 또 자주노선은 더 이상 북한이나 주체사상의 전유물이 아니라 남북이 7·4
공동성명, 91년 기본합의서, 6·15공동선언에서 합의 및 확인한 범민족적 원칙
입니다. 담당검사도 조사과정에서 '부당한 간섭에는 배격을, 도움이 될 때는 협
력'이라는 원칙은 북한이나 주체사상의 고유물이 아니라 보편적 원칙이라고 동
의했습니다. 북한의 자주노선 역시 이런 보편성을 띤 것이기 때문에 남한정부도
(박정희, 노태우, 김대중) 자주노선을 통일원칙으로 적극수용했던 것입니다. 제
가 주장한 자주노선 역시 무조건적인 외세배격식의 자주노선이 아니라 보편적
인 자주노선이었고 열린 자주성이었습니다.

이러한 반미＝용공＝친북＝불순세력＝급진세력＝탄압대상(무조건)이
라는 올가미는 다음과 같은 문제점을 가지고 있다.

첫째, 이 올가미는 남한에 진주한 미군정에서 비롯되어 그들의 지배를
위해 반미는 용공이고 용공은 무조건적 탄압이라는 도식과 낙인을 우리
남한사회에 강제한 것으로서, 그 뿌리는 내생적이 아니라 외생적인 것이
다. 이미 제1부에서 언급하였지만 해방공간의 지배적 이념은 친일파청
산과 민족통일국가 건설이었지 결코 반공은 아니었다. 1946년 8월 미군
정청이 전국 8453명을 대상으로 한 실태조사에서 사회주의와 공산주의
를 선호한다는 응답자가 무려 77%였고 자본주의의 경우는 14%에 불과
했다. 그러므로 현재까지 기승을 떨치고 있는 반공과 숭미의 이념지향
은 우리 사회의 내적 동력에 의해 형성되었다기보다 해방공간에서 미국
이라는 외세가 강제로 이식한 것에 불과하다.

둘째, 미국에 의해 강제이식된 이 올가미를 그대로 물려받은 친미정권
들은 지난 50년 가까이 반미·용공이라는 상호 결합된 올가미를 확대재
생산하여 민주화세력을 탄압하면서 자신들의 독재권력을 유지해 왔다.
국민의 정부라는 정통성을 제대로 갖춘 정권이 등장한 뒤로 이러한 올
가미가 약화되기는 하였으나, 여전히 반미·용공의 올가미는 우리 사회

구석구석에 포진하여 재등장할 기회만 엿보고 있다. 친미분단기득권 세력들은 최근의 남북정상회담 국면에서 '국면 뒤집기'를 위한 보도(寶刀)로 바로 이 올가미를 꺼내었다.

셋째, 이 올가미는 전적으로 스테레오 타입과 낙인론에 의존하고 있어 객관성과 합리성을 상실하고 있다. 앞에서도 강조하였지만 주한미군이 주둔함으로써 우리가 일방적으로 예속되고 강제당하는 불평등과 왜곡을 바로잡고 대등한 한미관계의 설정을 추구하는 시민사회의 움직임은 이런 비정상적인 한미관계를 정상적으로 만들자는 지극히 합리적이고 당위적인 행위이다. 곧 반미 합리성 혹은 반미 이성행위이고 합리적 반미(反米)이다. 그리고 피해당사자들인 서울시민, 매향리주민, 윤금이 같은 기지촌의 한국여성, 화장실에서 살해당한 홍익대 학생들의 가족과 친우들의 미시적 행위 또한 당연히 합리적인 반미행위이다. 그러나 이러한 피해당사자의 합리적인 행위를 옹호하고 한미간의 비정상적인 관계를 근본적으로 수정할 것을 촉구하는 시민운동에 대해 반미불순세력 또는 용공세력이라는 올가미를 씌우는 것은, 반공이면 모든 것을 정당화시켰던 냉전 및 군부독재의 반동의 시대로 되돌아가자는 반민주와 반합리의 극치이다.

넷째, 우리는 역사적인 6·15남북정상회담과 8·15이산가속상봉을 거치면서 통일성취시대를 맞았다. 통일은 두 개의 이념지향 세력이 각자의 이념을 초월하여 하나됨을 추구하는 융합의 과정이다. 이는 필수적으로 남과 북 각각의 이념을 인정하면서 서로의 공통점을 확대하고 또 외세에 의해 강제된 분단을 이제 외세에 의존하지 않고 남과 북의 협력으로써 자주적으로 극복하고 통일을 성취할 것을 요구한다. 이러한 시대적 요구를 거역하고 숭미주의를 강요하며 반미=친북=용공이라는 올가미의 도식을 휘두르는 것은 민족사의 도도한 흐름을 거스르는 반민족행위이다.

다섯째, 우리는 과거 일본제국주의 식민통치 35년 동안 조선의 수많은 지식인들이 조선총독부와 밀약하여 민족개량주의라는 이름 아래 망국의 잘못을 일본과 외세에서 찾기보다는 우리 민족에게 돌림으로써 크나큰 친일행위와 반민족행위를 한 사실을 기억의 역사에서 확인한다. 통일성취시대를 맞이한 오늘날 역시 맹목적 숭미주의에 빠진 정치인·언론·지식인들이, 비정상적인 한미관계를 바로잡으려는 시민과 시민운동에 이 같은 반미=용공=친북=불순세력=급진세력=타도대상이라는 올가미를 씌우는 것은 일제시대 이완용·최남선·이광수 등의 친일민족반역행위와 너무나 유사하다고밖에 볼 수 없다. 우리는 지난 역사에서 미래의 역사방향에 대한 중요한 역사적 교훈을 얻어야 한다. 바로 이들 친일파의 행적과 비슷한 행적들을 반미=용공=친북=불순세력=급진세력=타도대상의 올가미를 휘두르는 정치인, 언론, 지식인 등에게서 발견할 수 있는 게 아닌지 우리의 엄중한 경계를 요구하고 있다.

7. 주한미군 철수를 위하여

이제까지의 논의를 통해 우리는 주한미군은 철수되어야 한다는 결론에 필연적으로 도달하게 된다. 여기에서는 바로 이 미군을 한반도에서 철수시키기 위해서는 어떻게 접근해야 할 것인지 살펴보기로 하겠다.

첫째, 주한미군의 문제는 남한의 많은 사람들이 생각하듯이 미국이 대(對)북한 전쟁억제력 차원에서 주둔시키는 것이 아니라는 점을 제대로 인식할 필요가 있다. 주한미군은 미국의 한반도 개입 및 통제라는 전략과 더불어 동북아 및 세계 지배전략의 차원에서 주둔하고 있다. 그래서 주한미군을 한반도에 존재하고 있는 개별적 존재로 볼 필요도 있지만 이와 동시에 한미일 삼각군사동맹이라는 구도 속에 위치시켜 동북아질서와 세계질서 구조의 문제로 인식해야 한다. 따라서 주한미군과 주일미군, 주오키나와미군, 필리핀과 미국의 방문군협정(Visiting Forces Agreement), 미·일이 주축이 되어 추진하고 있는 MD문제 등과의 한 묶음으로 볼 필요가 있다(김승국 2000).

이렇게 인식지평을 한반도 수준을 넘어 동북아 및 세계 차원으로 넓혀서 볼 때, 주한미군의 철수는 미국의 동북아질서 및 세계질서 구도 전반에 대한 영향력 문제와 직결되어 있음을 확인하게 된다. 이러한 연계구조 전체를 한꺼번에 대폭발(big bang) 형식으로 파열시키기에는(동아시아 전체 미군을 철수시키기에는) 미국의 군사·경제적 패권력이 너무 막강하다. 따라서 동아시아 주둔미군 가운데 가장 약한 고리인 주한미군의 문제를 먼저 공략하고, 이 여세를 몰아 주오키나와 및 주일 미군의 철수로 나아가는 점진적 방식이 적절하다고 볼 수 있다.

둘째, 탈냉전 이후 미국은 군사력뿐 아니라 정보통신력·초국적자본에 의한 금융의 세계화 등 경제력 또한 다른 지역이나 국가를 압도하고 있다. 그래서 주한미군의 철수 쟁취는 마치 난공불락의 성인 것처럼 보이기도 한다. 그러나 우리는 이러한 패배주의를 넘어서야 한다. 베트남 민족해방전쟁에서 민족해방전선(NLF)이 구정공세(Tet Offensive)로 미국여론을 자극하여 반전운동에 불을 지핌으로써 미국의 군사력을 무력화시킨 역사적 교훈을 우리는 거울삼아야 할 것이다. 곧 튼튼하기만 한 미국의 동북아 질서구조 역시 우리의 주체적인 노력 여하에 따라 변경이 가능하다. SOFA개정요구, 평화운동, 통일운동, 반미운동 등의 확산이 미국여론을 자극하여 미국에서의 철군 거론 및 공론화로 이어질 수 있다.

셋째, 인권·환경권·생활권 등 민중의 삶에 직접적으로 영향을 끼치는 주한미군의 문제는 대중성을 높이는 결정적인 바탕이 된다. 그러나 평화와 통일의 걸림돌인 주한미군을 철수시켜야 한다는 데까지 인식지평을 확대하는 데는 한계를 가진다. 이 한계를 극복하기 위하여, 미시적이고 직접적인 삶의 장애로서의 주한미군 문제가 평화와 통일이라는 거시적인 문제와 직결되며 이 양쪽을 모두 공략하지 않으면 둘 다 성취하기 힘든다는 점을 부각시킬 필요가 있다.

넷째, 제3세계 저항민족주의가 자칫 잘못하면 빠지기 쉬운 배타적 민족주의를 경계해야 한다. 우리가 추구하는 민족주의는 저항민족주의인 동시에 열린 민족주의이어야 한다. 배타적 민족주의는 통일한국에 대한 주변의 우려를 확산시켜 통일방해세력을 부추김으로써 결과적으로 통일 순응적인 외적 조건을 만들어내지 못하게 할 수 있다. 영변 핵위기가 지속되는 동안 일부에서는 『무궁화꽃이 피었습니다』 등에서 나오는 핵무기주권론을 강력히 주장하였고 이에 대한 대중의 호응 또한 매우 높았다. 그러나 핵무기주권론은 결코 한반도평화와 동북아 및 세계 평화에 걸맞은 해결책이 아니거니와, 고구려와 발해의 땅이었던 우리의 옛 땅을 되찾으려는 허황한 동북3성 되찾기 운동 등과 같은 공세적인 복고적 민족주의 역시 자제되어야 한다.

다섯째, 한반도평화는 동북아평화와 세계평화에 기여하며 또 동북아 평화는 한반도가 통일이 되어야만 장기적으로 성취될 수 있다. 이러한 한반도통일과 동북아 평화구도의 직접적 연계성을 부각시켜 주한미군의 철수명분과 한반도통일의 당위성을 확보하여야 할 것이다.

여섯째, 상징적 평화·통일 토대의 구축을 외적으로 추진하여야 한다. 곧 지구촌의 국제기구나 국제모임에서 정상회담과 한반도 평화·통일에 대한 공동지지를 수시로 이끌어내는 것이다. 밀레니엄 정상회담에서 6·15공동선언 지지, 올림픽에서 단일기 및 공동입장, 노벨평화상 수상, 올림픽 단일팀 구성, ASEM회의에서의 평화선언 등이 그 예가 될 것이다. 이런 것들을 통해서 남과 북은 하나이고, 응당 하나가 되어야 하고, 또 머지않아 하나가 될 방향으로 나아가고 있음을 끊임없이 지구촌에 각인시켜 통일의 당위성과 이를 위한 평화체제의 당위성을 확보하는 것이다.

물론 이러한 외적인 상징적 평화·통일 토대만으로는 지구촌에서 우리의 평화와 통일을 완전히 기정사실화시킬 수는 없다. 실질적 통일토대가 나라 안팎에서 동시에 진행되어야 한다. 바로 남북국방회담을 통한 군사적 신뢰구축, 평화협정, 평화체제 구축, 남과 북의 군축, 주한미군의 역할변경과 철수운동 등이 진척되어야 할 것이며, 아울러 평화협정 및 평화체제, '민족연합'체제나 '민족연합성연방'으로의 이행과 같은 구체적 평화·통일 행로를 닦아나가야 한다. 이와 같은 과정에서는 세계 여러 NGO와의 연대나 주오키나와 및 주일 미군 철수운동과의 연대, 세계 평화 및 반전 운동세력과의 연대 또한 긴요하다.

일곱째, 철군투쟁은 전략적 유연성을 발휘하여 끊임없이 일반대중의 적극적인 참여를 유도해 내야 한다. 과거 반세기 동안 강제되었던 반공·반북 이데올로기가 대중들에게 내면화·체화되어 있기 때문에 주한미군 전체의 즉각적이고 완전한 철수 주장은 대중성을 약화시킬 우려가 있을 뿐 아니라 미국이나 친미진영의 대규모 반격공세로 운동의 약화가 초래될 수 있다. 그러므로 실제 철군투쟁은 역할변경, 규모축소, 후방배치, 부분철수 등과 같이 점진적이고 단계적인 접근을 꾀해야 할 것이다.

8. 맺음말

우리의 수도 서울의 심장부인 용산기지는 고려시대 원나라군대가 주
둔한 이래 조선조 말 청나라군대, 식민지기간 동안의 일본군, 해방과 더
불어 미점령군이 독차지하였고, 한국전쟁 이후 미군이라는 외세는 치외
법권지역을 설정해 우리나라 위의 상전나라 행세를 하고 있다. 이 망국
적 민족사 속에서 57년이라는 미군주둔만큼 오랜 기간 외국군이 주둔한
적이 없다. 이 미국과 주한미군은, 무역개방도 지수에서 세계31위로 한
국의 10위보다 훨씬 떨어지는데도 불구하고 국민적 차원의 근검·절약
운동까지도 수입규제라는 빌미로 내정간섭을 일삼았고,[4] 한강에 독극물
을 방출하고는 오리발을 내밀었고, 매향리에는 주일미군·괌미군 등의
미군전용 국제폭격장을 만들었고, 걸핏하면 '120일 전투시나리오' '제2
의 한국전쟁' 영변 핵폭격, 금창리 폭격, 악의 축 전쟁위협, 2003년 한반
도전쟁위기 등을 외치면서 우리 7천만 민족을 전쟁의 공포 속으로 몰아
넣고, 심지어 2002년 동계올림픽에서는 김동성의 금메달도 강탈해 간
의혹까지 사고 있다. 나아가 통일 이후에도 미군을 주둔시키겠다면서
통일을 한사코 막겠다는 저의를 노골적으로 드러내고 있다.

이렇게 주한미군은 우리의 미시적 삶에서부터 거시적인 민족사행로에
이르기까지 온갖 내정간섭을 하는 점령군 역할을 하고 있다. 하지만 이

---

4) 미국의 싱크탱크 CATO연구소는 △ 관세(평균관세율, 비관세장벽, 관세편차) △ 공식
  환율과 암달러환율의 격차 △ 자본의 대외이동제약도 △ 적정무역규모와 실제규모 간
  격차 등 4개 분야, 7개 항목에 대한 평가를 통해 산출한 무역개방도 지수에서(98년
  기준) 한국은 8.3점으로 세계 10위인 데 비해 미국은 7.7점으로 31위라고 밝혔다. 이에
  KOTRA 관계자는 "이번 보고서에 나왔듯이 한국보다 무역개방도가 떨어지고, 자국의
  이익에 따라 시장을 막기도 하고 열기도 하는 미국이 과연 한국을 상대로 자동차시장
  등에 대해 개방압력을 가할 자격이 있는지 의문"이라고 말했다(『한겨레신문』 2001.
  4. 21).

땅의 사대주의 분단기득권세력은 이러한 민족의 질곡과 예속으로부터의 해방을 추구하기보다는 지속적으로 예속과 분단의 길을 추구해 왔다. 바야흐로 6·15남북정상회담을 계기로 새로운 통일성취시대가 활짝 열렸다. 이제 통일시대의 민족사적 핵심 과제인 평화와 통일을 쟁취하여야 할 시점이다. 통일성취시대의 주한미군문제는 인권, 생활권, 환경권, 여성해방권, 민족의 자주권 및 주권과 통일의 수준에서 각기 분리하여 개별적으로 접근할 것이 아니라 총체적으로 접근할 것이 요구된다. 이로부터 분출된 동력을 바탕으로 평화와 통일의 문을 활짝 열어제치는 날을 기약해야 할 것이다.

우리와 민족의 미래를 더 이상 이들 외세, 이 외세와 야합한 사대주의자, 분단기득권세력 및 반공올가미세력에게 맡겨둘 수는 없다. 이제는 우리 보통사람들이 모두 나서야 할 때이다. 우리가 이 땅에서 주인다운 삶을 누리고 나아가 민족통일을 일구어 민족다운 민족으로 자존을 회복하기 위해서는 열정과 실천이 필요하다. 우리들 보통사람들이 목소리를 높이고 다양한 시민운동단체들과 연대활동을 강화한다면 우리의 운명을 우리 스스로 이끌어나가는 자존의 민족으로서 평화와 통일의 장을 기필코 열 것이다. '악의 죽' 전쟁위기 시점에 방한한 전쟁광 부시의 전쟁위협을 잠재운 역량을 가진 그 집단이 바로 우리들 자신이다.

(「주한미군의 반평화성과 반통일성」, 『진보평론』 2001, 가을호)

3. 민족의 생명권과 평화체제

우리는 지금 통일성취시대를 맞았으면서도 통일을 이룩하기 위한 통일기반의 조성은 아직 어린이 단계에 머물고 있다. 이 유아기적 통일기반의 대표적 보기 가운데 하나가 평화협정과 평화체제 분야이다. 이상적인 평화체제란 단순한 평화공존 차원이 아니고 남북간에 저대적인 무력행위가 발생할 근본 소지를 제거하여 평화를 보장하는 체제, 곧 냉선체제를 해체하는 것이다. 이러한 평화체제의 구현은 우리 자신의 생명권과 민족의 생명권, 나아가 민족통일 성취를 위해 필수조건이다.

세계적인 평화이론가이자 실천가인 요한 갈퉁(J. Galtung)은 세 수준의 평화개념을 제안한다. "참가자들이 적어도 물건이나, 상대방이나 자기자신들을 파괴하는 것을 막기 위한", 곧 파괴적 행위를 막기 위한 대응책을 강구하는 행위 지향적인(behaviour) 노력을 일컫는 평화유지(peace-keeping), "참가자들로 하여금 새로운 형성을 하게 하고, 덧붙여 그들의

태도와 가정들을 바꾸게 하는" 심성이나 태도(attitude) 지향적 평화조성
(peace-formation), "갈등구조의 근저에 존재하는 모순 극복을" 통해서
근원적인 평화상태를 보장하는 평화정착(peace-building)이 그것이다. 그
리고 폭력의 종류를 직접적·구조적·문화적 폭력으로 나누면서 폭력
은 "일반적으로 문화적 폭력으로부터 구조적 폭력을 거쳐 직접적인 폭력
으로 흐르는 인과적 흐름"이 있다고 본다(요한 갈퉁 2001, 420쪽). 폭력이
발생할 수 있는 근본적 소지를 없애는 적극적인 평화의 실현은 문화적
폭력의 밑바탕을 개조시켜야 하는데, 이것이 가능하기 위해서는 사회경
제적 발전이론과 문명이론이 상호 결합되어야 한다는 것이다. 그리고 이
러한 적극적 평화는 일국적 수준에서는 이룩할 수 없고 범인류적·전지
구적 접근이 요구된다.

이 갈퉁의 평화이론을 원용한다면, 한반도 평화협정이나 평화보장체
제는 남북간의 직접적 폭력행사의 축소를 지향하는 낮은 수준의 평화,
곧 평화유지(peace-keeping)를 지향하는 것에 머문다. 구조적 폭력행사
의 축소를 지향하는 평화형성 수준의 평화를 위해서는 냉전심성이나 냉
전문화 등이 해소되는 냉전체제가 해체되고 통일이 달성되어야 한다.
그러나 비록 낮은 수준의 평화이지만, 이를 달성하는 것은 우리 개개인
과 집단적 생명체로서의 민족의 생명권이 걸려 있는 절박한 문제이다.

두루 알려져 있듯이 8·15해방은 해방의 도래였지 평화의 도래는 아
니었다. 미국은 1945년 9월 8일 미군을 인천에 상륙시키면서 곧바로 여
운형을 중심으로 창건된 조선의 토착 자생국가인 조선인민공화국을 강
제로 해체하였으며 그 이후 귀국한 중경임시정부까지도 인정하지 않았
다. 이어 조선인에 의한 자주적 통일국가 건설노력을 폭력으로 좌절시
키면서 우리 현대사를 평화가 아니라 폭력과 전쟁으로 물들였다. 그 결
과 한(조선)반도는 동족상잔이라는 엄청난 비극의 전쟁을 치렀으며 오

늘날까지도 전쟁의 위협 아래 전전긍긍하고 있다.

지금부터 50년 전 4월, 다가오는 민족의 분단을 막고 통일국가를 수립하기 위해 김구와 김규식을 비롯한 남북의 수많은 정당·사회단체 대표자들이 남북협상과 연석회의에서 합의했던 역사적 합의서 2항은 "남북 제정당사회단체 지도자들은 외국군대가 철거한 이후에 내전이 발생될 수 없다는 것을 확인한다"였다. 그러나 이러한 평화에 대한 민족의 염원은 무산되었고, 한국전쟁이라는 엄청난 민족비극을 겪고 50년이 지난 지금까지도 남과 북은 평화를 구조적으로 보장받는 평화체제를 이룩하지도 못했거니와 평화협정조차 매듭짓지 못하고 있다.

이제 민족의 생명권과 남과 북의 공존공영을 위해서, 또 통일성취시대 통일기반의 조성을 위해서 이 평화협정과 평화체제는 긴급히 구현되어야 할 과제이다. 더구나 미국과 중국의 동북아신냉전이 도래할 것으로 예견되는 2020~30년 이전에 부분통일이라도 이루어 지구촌에서 우리의 민족통일을 기정사실화하는 과업이 시급히 요청되므로, 이 평화협정과 평화체제 구축은 더욱더 절실하다. 또 IMF경제신탁통치체제 아래서 허덕이면서도 전체 예산의 20% 가까이를 군사비에 투입하는 남한의 경제적 회생이나 민중생존권을 위해서도 이는 긴요한 과제일 수밖에 없다. 마찬가지로 극심한 식량난과 경제난으로 생존에 위협을 받으면서도 GNP의 10~20%를 군사비에 투입해야 하는 북한의 총체적 고통과 북한형제들의 생존을 위해서도 절실한 과제이다.

이 글은 이러한 문제의식 아래 민족통일과의 관계에 한정하여 통일사업으로서의 평화협정과 평화체제 구축을 자리매김하고, 구체적으로 논의되고 있던 4자회담을 통한 평화협정의 평화 및 통일 지향적 방향을 제시하고, 평화협정체결까지의 잠정적 조치로서 평화선언을 제안하고, 마지막으로 6자회담을 통한 다자간안보협력체제의 가능성과 문제점을

논의하겠다. 평화협정과 평화체제의 구축은 그 자체가 목적이 되어서는
안 된다. 이는 곧 평화공존 속의 분단고착화를 의미하기 때문이다. 민족
사가 요구하는 것은 통일이라는 행로의 한 과정으로서, 다시 말해 통일
을 위한 평화협정과 평화체제의 구축인 것이다.

1. 평화협정

평화협정문제는 1951년 정전회담이 시작되면서부터 제기되었다. 북한
과 중국은 정전협정을 단순한 휴전이나 정전에 그치지 않고 한반도의
통일, 주한외국군 철수, 평화체제 보장 등 정치·군사 회담, 곧 평화협정
을 추진할 것을 주장했으나 미국은 이를 단순한 군사협정으로 한정시키
려 했고, 결국은 미국의 정책이 관철되었다. 이 불안정한 정전협정을 평
화협정으로 대체하는 문제는 1953년 7월 정전협정이 체결되자마자 지속
적으로 대두되었다. 정전협정 자체가 평화협정으로의 전환을 위한 정치
회담임을 명시하고 있었기 때문이다. 그러나 1954년 제네바회담에서 미
국의 기피로 평화협정은 진전을 보지 못하고 1994년 10·21북미협정이
이루어지기까지는 남한이나 미국이 제대로 이를 이행할 의사를 보이지
않았다. 이후 미국 클린턴정부는 4자회담 등을 통해 평화협정 체결로 나
아가려는 듯한 자세를 취했으나 실질적인 진전은 없었다.

정전협정에서 규정된 평화협정 체결을 일관되게 외면하던 미국은 아
이젠하워 대통령의 대(對)공산권 핵무기사용을 공언한 대량보복전략을
국가안보전략으로 채택하여 이를 동북아에 적용하려 했다. 이에 따라
1957년 미국은 북한이 군사력을 증가한다는 것을 구실삼아 정전협정 13
조 d항(정전협정 당사자의 무장증강이 금지되고 이를 중립국감시단이

감시한다는 조항)을 파기했으며, 중국군이 철군한 58년에는 남한에 핵무기와 미사일을 배치하는 등 군사적 긴장을 고조시켰다. 또한 미국은 남한에 북한 핵보유설을 비밀리에 퍼트려 남한의 핵무기배치를 정당화시키는 사기극을 연출했다. 1957년 미군사당국이 이승만에게 보고한 '남북한 군사력비교 보고서'에서 "현재(1957) 북한공산군은 핵무기와 유도미사일 전력을 보유하고 있다는 보고가 있다"고 썼다(『연합뉴스』 2002. 1. 9).

북한은 1965년까지 군사비를 전체예산의 5% 이내로 할당했으나 5·16군사쿠데타 이후에는 남한 군사정부에 위협을 느껴 소련 및 중국과 상호우호협정을 체결했으며, 1966년 10월 조선로동당 2차당대표자대회에서 경제건설과 국방건설의 병진노선을 천명하면서부터 군사비를 30%로 급증시켰다. 1965년까지 5% 이하라는 북한의 주장은 사실과 다르고 실제로는 19%라는 주장이 제기되기도 한다. 그러나 전후복구에 매진하던 1957년까지 북한이 군사력을 대폭 증가시킬 여유도 없었으며 또 미국이 정전협정 13조 d항을 파기해야 할 만큼 군사력 증강이 이루어진 것도 아니었다.

이후 미국은 팀스피리트훈련에서부터 1994년 영변 핵위기에 이르기까지, '120일전투 시나리오', 작전계획5027, '제2의 한국전쟁론' '7대전쟁 시나리오' 등을 통해서 끊임없이 평화상태를 위협해 왔다(강정구 1991b). 통일성취시대인 이 시점까지도 미국은 평화협정을 거부하고 '순전히 군사적 성격'에 국한된, 곧 일시적인 전투행위의 중단에 불과하며 법률적으로는 어느 한쪽이라도 전투행위를 '합법적'으로 재개할 수 있는 준전시상태인 휴전상태를 지속시키고 있다. 비록 94년 10·21북미협정 이후에는 평화협정 체결의 의도를 보이고 95년 2월의 나이보고서에서 이를 공식화했지만, 여전히 진전시키지 않고 있다. 96년 4월 평화체제를 위한

4자회담의 제안이 있은 후 여섯 차례 회담이 열리긴 했으나 별다른 진전 없이 99년 8월 이후 중단되었다. 또 클린턴 임기 말인 2000년 10월의 북미공동성명에서 평화보장책에 대한 합의가 이루어졌지만 새로 등장한 부시정권은 이 10·12북미공동성명을 휴지조각으로 만들어버렸다.

평화협정 체결에 대한 미국의 일시적인 호의적 반응은 북한의 끈질긴 촉구와 압박의 산물이다. 북한은 91년 3월 군사정전위원회 유엔측 대표로 한국군 황원탁 소장을 임명하자 군사정전위 참석을 거부했으며, 94년 4월에는 평화협정 체결을 요구하며 군사정전위의 북한대표부를 철수시켰고, 5월에는 인민군 판문점대표부를 설치하였으며, 95년 2월에는 북미군사위원회를 근간으로 한 중간적 조치를 제안했다. 그리고 95년 6월 25일에는 일방적인 정전협정의 파기를 선언, 96년 2월 22일에는 '단계적 조치로서 군사적 충돌 등을 해결할 수 있는 잠정협정' 체결 제안, 4월 5일에는 비무장지대 불인정 선언 등으로 이어졌다. 이로써 남북간의 위기관리기제로 작동하였던 정전협정은 사실 94년 이후에는 사문화되어버려 이에 대한 대처방안이 시급하게 대두되었다.

앞에서도 언급하였지만 정전협정은 '외국으로부터 신무기 도입 금지' 등 군사력 증강을 억제하는 조항(2조 13항)이 이미 57년에 미국의 주도에 의해 사문화되고, 군사정전위원회와 중립국감시단의 기능도 북한의 주도로 유명무실화되어, 정전협정의 이행을 담보하고 감시할 기구가 사실상 소멸되었다. 또 북한의 비무장지대 불인정 선언으로 군사분계선의 효력이 형식상으로는 정지된 셈이다.

언제나 전쟁위협에 시달리는 한반도에 이를 제도적으로 막는 장치로서 평화협정만큼 긴요한 것은 없다. 기술적으로도 정전체제를 유지해온 분계선과 감독기구, 완충지대, 협정 등이 제 기능을 못하게 됨으로써 현실적으로 정전체제가 점차 의미를 잃어가고 있기 때문에, 평화협정에서 이에 대한 규정을 재확립할 필요가 있다. 나아가 군비억제와 군축, 군사적 신뢰 구축, 외국군 철수, 평화유지를 위한 장치 확보, 동북아협력 안보체제 등으로 통일성취시대의 요구를 충족시키기 위해서도 평화협정은 조속히 추진되어야 한다.

평화협정에 대한 본격적인 논의라고 할 수 있는 4자회담은 몇 차례 본회담까지 열렸지만 남북당사자 논리를 펴는 미국·남한과 '주한미군 철수와 북미평화협정 체결'을 세부의제로 다루자는 북한의 주장이 팽팽히 맞서 성과를 거두지 못했다. 4자회담은 평화협정에 대한 기존의 남북당사자 논리를 대변하는 '2+2'회담과 형식적으로는 다르지만 내용적으로는 동일하다고 볼 수 있다. 곧 출발은 4자이지만 궁극적으로는 남과 북이 당사자가 되고 미국과 중국은 보증국으로 남는 '4-2'의 구도를 가지고 있다. 김영삼 대통령은 4자회담을 제안한 직후 "4자회담은 어디까지나 남북이 주체가 될 것"이라고 강조했으며 97년 1월 7일 연두기자회견에서는 4자회담의 본질을 '4-2회담'이라고 확인했다. 이러한 기본적 입장이 김대중정권에까지 이어졌으며 또 이전 정권에 비해 김대중정권은 평화체제에 대해 적극적인 지향을 가지고 있다. 그러나 미국의 지속적인 소극성과 기피로 인해 평화체제 구축은 아직 제대로 신척되지 못하고 있다.

미국을 배제한 채 남북당사자간의 평화협정만을 주장하는 남한과 미국의 제안은 평화체제의 근간이라고 할 수 있는 한반도평화를 보장해 줄 수 없다. 한국전쟁에서 주도적인 전쟁주체인 동시에 정전협정 당사자라는 미국의 지위, 엄청난 무력을 갖춘 4만의 주한미군, 한미합동군사훈련 실시, 한국군의 전시작전권과 통제권 장악, 전시지원협정에 따른 미국본토의 신속한 배치군 파견 보장 등을 고려한다면, 미국이 평화협정의 주체가 되는 것은 당연하고 필수적이다. 한반도에 주둔하고 있는 엄연한 외국군의 존재인 주한미군의 문제 등이 다뤄지지 않고는 전쟁을 제도적으로 막는 장치인 평화협정 본연의 성격이 충족될 수 없다. 그러므로 실질적인 무력소지와 행위당사자인 남북한과 미국 3자가 평화협정의 당사자가 되는 것이 필수적일 뿐 아니라 가장 합리적인 방안이다. 형식논리상으로도 남북당사자 논리는 군사작전권도 없는 남한과 단독으로 협정을 체결하는 것이기 때문에 북한의 입장에서는 빈 껍데기와 협정을 맺는 것과 마찬가지라고 할 수 있다.

평화협정에 대한 북한의 기존 입장은 정전협정 당사자인 북한과 미국이 협정을 체결하고 남한과는 남북합의서의 불가침선언으로 협정의 효력을 기할 수 있다면서 남한 배제정책을 견지해 왔다. 북미 당사자를 주장하는 논거로서는 첫째, 정전협정의 서명당사자가 북한과 미국이라는 형식논리를 들고 있다. 둘째, 평화를 위해서는 북한과 미국 그리고 남한과 북한 사이에 할 일이 따로 있으므로, 북한과 미국 사이에서는 평화협정을 체결하고 남한과 북한 사이에서는 남북기본합의서를 이행하면 된다고 본다. 셋째, 남북은 나라와 나라 사이가 아니므로 협정을 체결할 필요가 없으므로 평화협정을 체결해서는 안 되고 기본합의서만 이행하면 된다고 본다. 넷째, 남한정부는 평화협정 체결의 의지와 능력이 없으므로 남한정부가 참여하면 평화협정 체결과정이 지연될 뿐이라고 본다.

그러나 이러한 북한의 주장은 다음과 같은 점에서 별로 설득력이 없다. 첫째, 국제적인 사례를 보더라도 정전협정의 당사자와 평화협정의 당사자가 반드시 일치하는 것은 아니다.[1] 둘째, 정전협정 제60조에 명시된 '한 급 높은 정치회담'을 위한 예비회담인 53년 10월의 판문점회담에

---

1) 필자가 미국이 협정당사자가 되어야 한다고 주장하는 이유는 '정전협정 당사자=평화협정 당사자'라는 단순한 형식논리 때문이 아니다. 한반도평화에 대한 미국의 '실재적인' 영향력 때문에 미국은 한반도 평화협정의 당사자가 되어야 하는 것이다.

는 남북한과 미국, 중국 등 4개국, 제네바회담에는 4개국 외에 영국과 소련까지 참가했다. 셋째, 74년 이전에 북한은 남한을 평화협정의 당사자로 인정하고 남북평화협정을 주장한 적이 있다. 넷째, 남한이 평화협정에 당사자로 참여하는 것이 남북한을 나라와 나라 사이의 관계로 만드는 것은 아니다. 다섯째, 남한정부도 4자회담을 통하여 평화협정을 체결하자고 제안하고 있으므로 평화협정에 대한 의지와 능력이 없다고 할 수 없다. 여섯째, 나아가 현실적으로도 실현 가능성이 없거니와 통일기반 조성이라는 민족사적 과제와 유기적으로 결합되기도 힘들다.

또한 북한은 남북간의 평화'협정'(합의) 체결을 불가침선언으로 대체하자고 제안하고 있는데 이는 평화협정을 체결함으로써 가져올 수 있는 통일 기여적 효과를 과소평가하는 것이다. 기본합의서 제2장(남북불가침) 9·10·11조와 부속합의서 1·2·3장은 무력불사용, 분쟁의 평화적 해결 및 우발적 무력충돌 방지, 불가침 경계선 및 구역 등을 규정하고 있고, 12조는 "남북군사공동위원회에서는 대규모 부대이동과 군사연습의 통보 및 통제 문제, 비무장지대의 평화적 이용 문제, 군인사 교류 및 정보교환 문제, 대량살상무기와 공격능력의 제거를 비롯한 단계적 군축실현 문제, 검증문제 등 군사적 신뢰조성과 군축을 실현하기 위한 문제를 협의 추진한다"고 규정하고 있어 원론적 수준의 합의에 불과하다. 이를 실질적으로 구체화시키는 세부적 합의는 평화협정이나 남북군사공동위원회를 통해 가능하지만 평화협정으로 합의하는 것이 구속력, 조기실현성, 초점의 집중화 등의 면에서 보다 바람직하다.

그리고 다음과 같은 이유에서도 남북간의 협정 혹은 합의는 이루어져야 할 것으로 보인다. 첫째, 기본합의서나 부속합의서는 군사적 신뢰 구축이나 군비축소에서 아주 초보적인 수준의 원론적 언급에 그치고 있어 정전협정의 대체, 평화구도의 정착, 군비 제한이나 축소, 군사적 신뢰 구축 등에 현실적인 효과를 가져올 수 없다. 이 경우 남북당사자간에 평화체제의 보장 문제를 효과적으로 다룰 수 있을지 의문이다. 둘째, 4자회담을 통한 남북간의 평화협정은 남과 북의 군부강경파나 수구주의자의 목소리를 약화시킬 수 있다. 곧 전쟁과 분단을 희구하는 국내 강경파의 제압을 기하자는 것이다. 셋째, 미국의 무기구입 압력을 남북평화협정상의 군비제한이나 군축합의로 약화시킬 수 있다.

이상을 고려할 때 필자가 이미 주장한 대로(강정구 1998i) 북한·남한·미국이 평화협정 당사자가 되고 미국과 중국이 보증국이 되는, 다시 말해 미국이 협정당사자인 동시에 보증국이 되는 '3+2'형식이 되어야 한다고 본다. 또한 주한미군문제 등은 평화구도와 통일기반 조성을 위해서 필수적으로 다루어져야 한다. 민족자주의 상징성만으로도 이 땅에 외국군이 사라져야 한다는 것은 당위이지만, 이미 앞장에서 확인한 대로 한(조선)반도의 평화나 통일을 위해서도 미군철수는 필수적이다. 물론 주한미군 철수의 논의는 단기에서부터 장기에 걸친 철수 등 여러 가지 탄력적인 방안을 모색할 것이 요구된다.

평화협정을 위한 4자회담이 교착상태에 빠지자 러시아측에서는 '2(남·북한)+4(미·일·중·러)' 방식 같은 6자회담을 제안하기도 한다. 그러나 러시아의 참여는 어느 정도 긍정적인 효과를 가져올 수 있고 수용될 수 있지만, 일본의 참여는 과거청산이 제대로 이루어지지 않았고 특히 최근 일본의 역사왜곡이나 우경화로 인하여 국민정서가 허용하지 않아 수용되기 힘들 것으로 보인다. 더욱이 실질적으로 일본은 미국의 하수인 역할 이상을 기대하기 힘들다.

2. 김대중정부와 평화체제

김대중정권은 초기부터 임기중의 궁극적인 대북정책 목표를 냉전청산과 한반도 평화체제의 실현에 두면서 평화협정 등에 대해 전향적인 접근을 취해 왔다. 특히 6·15공동선언과 노벨평화상 수상을 계기로 한반도 평화정착을 무척 강조했으며, 2000년 10월의 역사적인 10·12북미공동성명에서 한반도 평화보장체제와 '완전한' 북미관계 개선이 합의됨으로써 본격적인 평화구도의 추진시기가 무르익은 것으로 판단했던 것 같다.

2001년 새해 외교통상부 업무보고 석상에서도 "남북관계에서 평화와 교류협력이 정착돼 냉전이 종식돼야 한다"며 "냉전이 끝을 맺는 외교성과가 올해에 이루어져야 하며 그 가능성이 충분히 있다고 생각한다"고 밝혔는가 하면, 첫 국가안전보장회의와 통일부 업무보고 석상에서도 김대통령의 훈시는 평화체제와 냉전종식으로 모아졌다. 이를 종합한 듯 2월 18일 박준영 청와대대변인은 "남북관계에 있어서 올해 전쟁위험이 한반도에서 더 이상 없도록 평화롭게 남북이 공존하는 가운데 냉전이 종식되는 해가 되도록 노력할 것"라고 밝혔다.

이에 따라 정부는 제2차 남북정상회담에서 남북간 군사적 신뢰 구축조치 및 평화협정체결을 추진하는 등 한반도 긴장완화와 평화정착을 제도화할 방침이었다. 평화협정체결을 위해 4자회담 재개를 추진하고, 국방장관회담과 군사실무회담 등을 통해 △군인사 교류 △군사직통전화 설치 △군사훈련 사전통보 등에 대한 남북간 합의를 이끌어내기도 했다. 또 통일부는 '남북평화협력 실현을 위한 중점과제 추진계획'에서 2001년 6대 중점과제로 △2차 남북정상회담의 성공적 개최 △한반도 긴장완화 및 평화정착 본격추진 △남북경제공동체 건설 본격화 △이산가족문제의 획기적 근본적 해결 추진 △남북 사회문화교류 활성화 △

대북정책에 대한 국민적 합의 공고화 등을 설정했다(『동아일보』 2001. 2. 16).

김대중정부는 6·15공동선언 이후 남북의 화해와 협력이 어느 정도 진척됨에 따라 2차 남북정상회담을 평화체제를 위한 본격적인 출발점으로 삼고, 이를 계기로 한반도평화선언을 이루고, 이어서 평화협정에까지 이른다는 청사진을 가지고 있었다. 김대통령은 3월 초 국민과의 대화에 앞서 가진 언론과의 인터뷰에서 "김위원장의 답방 때 냉전종식을 위해 평화협정 또는 평화선언 등 어느 것이 될지 모르지만 군사적인 문제를 포함한 구체적인 합의를 이끌어내겠다"고 밝혔고, 청와대 관계자는 "평화협정은 장기적으로 추진해야 할 목표이지만 긴장완화, 신뢰구축, 평화협정 등을 단계적으로 추진한다는 게 김대통령의 구상"이라고 설명했다. 그리고 이러한 구상을 한러정상회담과 한미정상회담에서 양국의 협조를 이끌어내려고 했다(『국민일보』 2001. 3. 2).

실제 미국정부 소식통을 인용한 일본의 『요미우리신문』(讀賣新聞)에 의하면 김정일 위원장과 2차 남북정상회담에서 한반도평화선언을 하기로 북한과 원칙적 합의에 이른 것으로 보인다. 또 이 선언은 남측의 요구인 군사분계선에 배치된 재래식 전력 감축 방침, 남북 군사핫라인 개설, 군사옵서버 교환 등 긴장완화조치와 북한의 요구인 정전협정(1953)을 대체하는 "평화에 관한 모종의 합의도출을 목표로 한다"는 등 평화협정에 관한 구체적인 내용을 포함한 것으로 보인다. 하지만 미국정부는 "평화선언이 한반도의 평화분위기를 조성해 주한미군 철수문제가 본격 논의될 것을 우려해 김대중 대통령으로부터 초안단계에서 미국측과 협의한다는 약속을 얻어냈다"고 전해진다(『세계일보』 2001. 3. 14).

그러나 2001년 3월 초에 갓 출발한 미국의 부시 대통령과 가진 한미정상회담에서 김대통령은 한반도평화선언조차 포기할 수밖에 없는 퇴행적인 역사행보를 강요받았다.[2] 한미정상회담 이전의 평화선언에 대한 김대통령의 확고한 방침은 부시와 회동 이후 완전히 바뀌었다. 정상회담 직후 미국외교협회(CFR) 주최 오찬회에서 평화선언이 나오느냐는 질문에 대해 그는 "평화선언 논의는 없을 것이며 긴장완화문제는 평화선언식으로 생각하고 있지 않다"고 말했다. 또 부시의 대북 강경책에 부딪혀 '포괄적 상호주의'를 제안하고 미국이 강조하는 '철저한 검증'을 덩달아 재탕하였다. 포괄적 상호주의는 일종의 고육지책으로 북한으로부터 제네바합의의 철저한 준수, 미사일 제조에서 판매까지 완전한 해결, 무력도발 포기 보장 등 세 가지를 받고, 북한에게는 한미 양국의 북한안전 보장, 적정한 경제협력, 국제사회 진출 및 차관 지원 등 세 가지를 주는 것이다(『세계일보』 2001. 3. 10).

이렇게 김대중정권의 평화체제 추진은 새로 등장한 부시의 대북 강경책에 밀려 일시적으로 중단되었다. 그러나 김대통령이 자신의 임기중 핵심 과제로 설정하고 있는 전쟁위협으로부터 해방되는 평화체제의 구축에 대한 집착은 여전하다고 볼 수 있으며, 이는 2001년 4월 2일 청와대에서 중국『인민일보』바이커밍(白克明) 사장과의 인터뷰에서도 드러났다. 여기서 김대통령은 "현재 가장 시급한 것은 한반도 남북간의 상호불가침과 냉전종식을 협의하는 것"이며 "통일의 시기가 아직 성숙되지 않은 만큼 현재 남북 쌍방의 과제는 즉각 통일을 실현하는 것이 아니며, 한국이 희망하는 것은 전쟁을 방지하면서 평화체제를 만드는 것"이

---

2) 미의회 소속 미국평화연구소(USIP)의 윌리엄 드렌넌 선임연구원은 4월 4일 한국전략문제연구소가 주관한 정책토론회에서 "미국은 남북한이 비무장지대의 (군사적) 긴장을 그대로 둔 채 평화를 선언하는 것을 우려하고 있다. …남북평화선언은 주한미군, 대량살상무기, 지역안정 등 수많은 부분에 영향을 끼치게 될 것"이라며 "평화선언이 구체적으로 무엇이고 어떻게 작동하는지 미국에 이해시키려는 한국의 노력과 긴밀한 한-미협의가 필요하다"고 주장해 평화협정을 반대하는 미국정부의 견해를 대변했다(『한겨레신문』 2001. 4. 30).

라고 강조했다. 또 "남북 평화체제, 즉 평화협정을 만드는 것은 남북한
과 중국·미국의 4자회담에서 이루어질 문제"이고 "남북간에 평화협정
을 맺고 중국과 미국이 이를 지지했으면 좋겠다"고 밝혔다(『한국일보』;
『중앙일보』 2001. 4. 4). 그러나 김대중 대통령의 이러한 임기중의 냉전청
산에 대한 집착은 2001년 9·11테러 이후 더욱더 노골적이 된 부시 미
국의 막가파식 지배적 헤게모니(domination-oriented world hegemony)
와 임기 말의 권력누수를 맞이하여 흐지부지되어 버리고 말았다.

부시정권이 등장하자마자 대만에 대한 구축함 등 첨단무기 판매, 미군
의 대중국 정찰의 강화와 지속, 이로 인한 정찰기 충돌사건 등으로 중국
과 미국 사이의 작은냉전이 격화되고 있다.[3] 이러한 중·미의 충돌은,
한반도문제에 대해 양국의 이해가 상충하는 부분을 증가시킴으로써 한
반도 통일기반 조성에 부정적인 영향을 미칠 것이다. 곧 4자회담 재개가
곤란해질 것이고, 한반도문제 해결과정에서 중국의 협조를 구하기도 어
려워질 것이다. 주변4국에 대한 우리의 운신의 폭이 축소될 수도 있다.
이러한 난관을 헤쳐나가는 예지와 내적 역량의 결집이 요구된다.

평화협정이나 평화체제는 평화 자체라는 목적에 그칠 것이 아니라 통
일의 과정, 곧 통일 기여적이 되도록 추진되어야 한다. 이에는 한미상호
방위조약의 근본적 수정이나 폐기, 주한미군의 철수에 대한 장·단기적
합의, 남북 군축에 대한 실질적 진전, 군사적 신뢰 구축 등이 포함된다.
하지만 이러한 평화체제는 김대중 대통령의 적극적인 의지에도 불구하
고 정권 차원의 의지만으로는 전향적인 결과를 기대하기 힘들다. 더구
나 황야의 무법자처럼 힘으로 밀어붙이는 부시정부의 반동적인 미국을

---

3) 대만의 군비증강은 철저하게 미국과 합작으로 이루어지고 있으며 동아시아 평화를 위
협하는 뇌관으로 작용할 가능성이 높다. 1994~98년 대만은 세계1위의 무기수입국이
고 1995~99년에도 139억 달러의 무기를 수입하여 1위를 차지해 2위인 사우디아라비
아의 92억 달러보다도 무려 47억 달러나 많았다(아태평화재단 옮김 2001, 414쪽).

맞이한 이 시점에서 남한정부의 역량은 한계가 있을 수밖에 없다. 정부의 단독 차원이 아니라 여야를 초월한 초당적 지지와 협력, 시민 및 민중사회의 평화운동 차원의 압박 등 거족적으로 추진해야 할 과제이다. 동시에 남북한이 민족공조를 강화하여 이를 바탕으로 미국의 정책을 한반도 평화지향과 통일 기여적으로 갈 수밖에 없게 견인해 내야 할 것이다.

이 과정에서 가장 큰 걸림돌로 작용하는 것이 주한미군 철수문제일 것이다. 이와 관련하여 김대중정부는 이전 정부들과 마찬가지로 평화체제하에서도, 나아가 통일 이후에도 미군은 주둔해야 한다면서 주한미군의 존속을 기정사실화했다. 원칙적으로는 주한미군의 철수문제가 평화협정에서 논의되고 결정되어야 할 것으로 보이지만, 현시점에서는 전술적으로 주한미군의 완전철수와 평화협정을 바로 연결시킬 필요까지는 없을 것으로 생각된다. 후방배치나 감군, 군사훈련 중단이나 회수 줄이기, 최신병기 도입금지 등의 수준에서 합의를 이끌어내는 유연성이 필요할 것 같다. 한반도평화선언에서 남북간의 자주적인 평화분위기가 확보되고 평화협정에 의한 제도적 평화구도가 한반도 내부에서 충분히 진전된 상태에서 동북아협력안보를 진전시켜 동북아 수준의 평화구도에서도 진전이 이루어지면, 주한미군의 완전철수를 위한 조건이 갖춰지게 될 것이다. 이 시점에서는 미군철수의 명분과 바탕이 마련되므로 국민적 합의나 국제적 당위성을 쉽게 모을 수 있을 것이다.

3. 동북아 다자간안보협력체제의 추진

다자간안보협력체제를 구축하기 위해 제안한 6자회담에 대해 김대통령은 초보적 수준의 언급을 하였다.

　　자주국방 주장만 하는 것은 듣기는 좋지만 현실과는 안 맞는 부분이 있습니다. 자주국방을 하려면 당장 경제를 희생하면서 공중경보기도 사야 하고 함정, 잠수함도 사야 하고 다 사야 할 것 아닙니까. 그럴 돈이 없습니다. 현실과 안 맞아요. 물론 정신은 자주적으로 국방을 하겠다고 해야죠. 아마 〔자주적 집단안보체제〕가 올바른 표현이 아닌가 합니다. 우리 안보는 우리가 지킨다는 정신 위에서 미국과 긴밀한 안보체제를 유지하고 일본과도 간접적인 안보체제를 유지하는 등 외국과의 협력을 만들어가야 합니다. (『조선일보』 1998. 3. 5)

　　이런 간단한 언명에서도 다음과 같은 점이 분명히 드러난다. 첫째, 자주국방이라는 명분 아래 지속되는 군사비증가는 우리의 경제사정이 허용하지 않으므로 이에 대한 대안으로 다자간안보협력체제를 추구하겠다는 점이다. 겉으로 드러내지는 않았지만 장기적으로는 군비증강보다는 군비제한 및 군비축소까지 추진하겠다는 의지를 읽을 수 있다. 둘째, '미국과 긴밀한 안보체제 유지'는 한미상호방위조약이란 쌍무적 안보체제는 유지하고 또 일본과의 긴밀한 유대도 지속하겠다는 의지의 표명이다. 셋째, 미군의 동북아주둔은 몇 차례나 강조하였듯이 아시아의 안보에 필수적이라고 보며 다자간안보협력체제가 미군철수를 전제로 하지 않고 미국의 헤게모니성을 인정하겠다는 점이다.

　　동아시아에서의 다자간안보협력체제는 소련이 제안한 적이 있긴 하지만, 군사력이나 국력 수준 면에서 주변국들에 비해 상대적으로 열세인 한국이 이를 제안했다는 것은 1971년 대통령선거 당시 제시한 4대국보장론처럼 김대중 대통령의 적극적인 구상이라 볼 수 있다. 한반도통일이 기존의 동아시아 안보구도를 불안하게 한다거나 어느 특정 국가에 위협이 되지 않는 구도를 보장하여야 주변국의 동의를 이끌어낼 수 있으므로, 독일의 경험에서 보듯이 이러한 다자간안보협력체제의 추진은 한반도와 동북아의 평화와 통일을 위해서 추진되어야 할 필수사항 가운데 하나로 볼 수 있다.

다자간안보협력체제의 유형은 유럽안보협력회의(Conference on Security and Cooperation in Europe, CSCE)에서 찾아볼 수 있다. 그러나 동북아 다자간안보협력체제는 이와 동일한 구도로 진행시키기는 힘들 것으로 예견된다.[4]

첫째, 유럽안보회의(헬싱키결의) 결의 1부에 해당되는 안보문제에 관한 것으로 군사적 신뢰 구축이나 군비축소에 대하여 소련의 일방적 양보조치가 '합리적 충분성'(reasonable sufficiency)의 원칙 아래 이루어졌지만 동북아에서 군사대국 가운데 러시아를 제외한 미국·일본·중국의 경우 이러한 양보조치를 기대하기 힘들다는 점이다.

중국은 핵무기를 빼고는 '합리적 충분성'에 이르지 못하였다고 볼 수 있고, 일본의 경우 핵무기를 소유하지 않고 있기 때문에 재래식무기의 대중국 우위로 보상받기를 요구할 가능성이 높다. 관건은 미국이지만, 미국은 역사적으로 군사적 양보를 해본 적이 없는 전형적인 패권국가인데다 현재 부시정권하에서 군사비는 3790억 달러로 증액되어 일본의 500억 달러나 중국의 200억 달러 수준과 비교가 되지 않을 만큼 야만적인 군사패권을 계속 추구하고 있다. 게다가 미국의 경제력은 신자유주의에 입각한 WTO체제와 지구화를 기반으로 장기간 신장 및 활력이 이어질 것으로 예측되어 군사적·정치적 패권을 뒷받침할 수 있고 중국의 패권도전국가로의 부상이라는 잠재력을 억제하는 기본 전략 또한 가지

---

4) 현실적으로 이를 이행하는 데는 장애물이 너무 많아 결코 순탄치는 않을 것이다. 그럼에도 우리에게는 외적 통일기반 조성이라는 차원에서 다자간안보협력체제의 추진이 요구되고 또한 이의 진전은 군사비 감축구도를 만들어 분단비용의 축소, 군부강경파의 입지 약화 등 내적 통일기반 조성에도 기여할 것으로 보인다. 더구나 동북아신냉전의 도래가 예견되는 급박한 사정을 감안한다면 다자간안보협력체제의 진전은 더욱더 절실한 과제이다.

고 있어, 동북아에서 미국의 양보조치를 쉽게 이끌어내기 힘들 것으로 예견된다. 뿐만 아니라 미국은 한미상호방위조약, 미일신방위지침 등 쌍무협정을 맺고 있어 이를 그대로 둔 상태에서의 다자간안보협력체제의 성립은 중국이나 러시아로부터 동의를 받기 힘들 것이다. 이미 나이보고서(Nye Report)에서 10만 명의 미군을 동북아에 주둔시킬 것을 공언하였고, 이에 입각하여 동북아전략을 수립하고 있으며 한반도통일과 무관하게 이를 지속할 것을 천명하고 있어 미국의 양보를 기대하기는 어려울 것이다.

그러나 현수준에서 군사비를 동결한다든지 군사적 신뢰 구축에 초점을 맞추어 안보회의를 이끌 경우, 중국의 반발을 적게 살 수도 있을 것이다. 하지만 이 역시 일본이나 미국에 비해 군사력(병력 수 제외) 면에서 현저히 열세인 중국으로서는 받아들이기 힘든 제안임에 틀림없다. 왜냐하면 이것은 미국과 일본의 기득권을 인정하여 동북아 내에서의 미국의 지속적인 패권을 정당화시킬 우려가 있기 때문이다.

둘째, 헬싱키결의 2부 '경제·과학·기술·환경 분야에서의 협력' 부문과 관련해 미국과 일본이 중국과 북한에 대해 전향적인 지원을 제공해야만 한다.

셋째는 헬싱키 결의 3부 '인도주의적 접촉 및 인적·물적 교류에서의 협력'을 달성하기 위해 필요한 조치다. 아마도 북한과 중국이 제일 꺼리는 부문이 이 3부의 인권존중, 인적·물적 교류 부문일 것인데, 미국이 중국에 대해 지속적으로 제기하는 인권문제의 연장으로 인식될 수 있기 때문이다. 장쩌민(江澤民) 국가주석 겸 총서기가 15차 중국공산당전국대표자대회에서 "우리는 어떤 대국이나 국가의 군사적 집단동맹을 인정하지 않을 뿐 아니라 군비경쟁을 결코 하지 않는다"는 부정적인 반응을 보인 것은, 안보협력체제가 안보를 빌미로 북한과 중국에 대한 내정간섭의 길을 터놓는 역할을 할 것을 두려워하고 또 인적 교류의 확산이 서구 자유주의 침투로 인한 불안요소의 증가로 이어질 가능성을 우려했기 때문인 것으로 여겨진다.

간략하게 살펴보았지만 동북아 다자간안보협력체제의 성립이나 4대국보장론 등은 "넘기는 힘든 고개임에 틀림없지만 통일을 위해서 넘지 않을 수 없는 길"인 것 같다. 이해당사자의 첨예한 이해관계를 '균형자'로서 조정하고 견인하면서 외적 통일기반을 조성하는 민족사적 과업은 이미 김대중정권에게 부과되었고, 또 김대중정권은 내·외적 통일기반 조성에 대한 탐색전을 집권 이전부터 모색한 것으로 보인다. 4자회담은 내적 통일기반 조성을 위한 중·단기적 과제라면, 6자회담이나 71년 대통령선거에서 김대중후보가 제안한 4대국보장론 또는 4자회담의 연장선상에서의 '4+2'회담 등은 외적 통일기반 조성을 위한 장기적 과제이다. 문제해결의 핵심은 어떻게 한국이 미국의 패권주의를 조절·통제하면서 동북아 지역협력안보체제의 균형자로서 또 통일의 기수로서의 역할을 할 수 있을 것인가에 있다.

이러한 한국주도의 평화체제 구축은 이미 김대중정권에서 차기정권으로 이양될 수밖에 없다. 그러나 경상도 지역패권주의와 냉전주의가 김대중 대통령의 대북 포용정책의 출현으로 무조건 반DJ주의와 결합하면서 냉전지역주의화되어 시너지효과를 거두어 정치판도를 좌우하는 오늘의 정치현실에서 그 전망은 밝다고 할 수 없다. 과연 이러한 민족사적 과제를 짊어지고 또 한반도 전쟁위기를 제대로 통제할 수 있는 차기정권을 어떻게 창출할 것인가가 우리 모두가 고뇌하고 실천해야 할 단기적 과제이다.

4. 맺음말

우리는 미국과 남북이 언제나 한반도전쟁을 막고 평화를 위한다고 되뇌는 소리를 귀가 따갑게 들어왔다. 그러나 정작 전쟁을 제도적으로 방지할 수 있는 평화협정이나 평화체제의 구축에 대해서는 미국이 줄곧 거절해 왔다는 사실에 놀라움을 금치 못한다. 우리 모두 다 알다시피 북한은 과거 수십 년 동안 해마다 평화협정을 체결할 것을 미국에 촉구해 왔지만 그때마다 미국은 이를 일축했다. 2002년 3월 25일 발표된 '미의회 한반도보고서'는 여전히 미국이 1997~99년의 4자회담을 재개해 1953년 휴전협정을 대체할 한반도평화협정을 이끌어내도록 해야 한다는 한국정부의 입장에도 유보적이고 김대통령의 평화정책에 회의적이어서 평화협정을 반대하고 있음을 보여주고 있다.

6·15공동선언을 일구어낸 남과 북은 2차 남북정상회담에서 한반도평화선언을 할 것을 원칙적으로 합의하여 이제 우리의 생명권을 보장해 주는 한반도 평화체제 구축을 위해 스스로 발벗고 나섰다고 할 수 있다. 그러나 이러한 자주적 행보는 부시 대통령과의 한미정상회담 이후 여지없이 무산되고 말았다. 평화협정은 바로 인권 중에서 가장 기초적인 인권인 우리의 죽고 사는 문제, 곧 생명권을 보장하자는 것이다. 그런데도 이것이 미국이라는 외세에 의해 농락당하고 있는 것이 오늘의 기막힌 현실이다.

또한 통일성취시대라는 시대규정하에서 제일 핵심적인 과제와 책무는 통일기반 조성이다. 이 글에서는 이 가운데 평화협정과 평화체제 구축이 통일기반 조성에서 차지하는 지위의 자리매김을 시도하고 통일 지향적인 방향에 관하여 논의해 보았다. 통일기반 조성으로서의 평화협정이나 다자간안보협력체제는 다같이 험난한 과정이 예견된다. 그러나 이러한 어려움은 이미 주어진 것이다. 우리 개개인의 생명권과 민족이라는 집합체의 생명권에 대한 통제권을 우리 스스로 행사해야 한다는 절체절명의 명제와 민족적 숙원인 민족재통일은 뚜렷한 목적의식 아래서 끊임없이 추구하는 불굴의 의지와 민족의 열정이 어우러져야만 성취될 수 있을 것이다. 한반도 평화체제는, 평화선언에서부터 평화협정과 동북아 협력안보라는 구도를 향해 나아가는 도정에 이러한 열정과 고뇌가 응축될 때 비로소 우리 앞에 성큼 다가 설 수 있을 것이다.

(「통일과정으로서의 평화협정과 평화체제 구축」,『민족화해와 남남대화』, 한울, 1999)

4. 한반도 냉전구조와 그 해체방안의 모색

　세계적 수준의 탈냉전으로 통일시대라는 민족사적 전환기를 맞았음에
도, 1999년 6월 한반도에서는 서해교전이라는 남북 정규군의 무력충돌
이 있었다. 또 미국은 부시정권이 등장하자마자 북한을 여전히 깡패국
가(rogue state)로 재규정하고 "실수를 저지르지 않아야 할 것"이리는
경고와 더불어 무력중심의 정책기조를 드러내더니 드디어 2002년 벽두
부터 '악의 축' 전쟁위기를 조성함으로써 한반도에서 전쟁의 공포를 자
아냈다. 그리고 북·미간에는 영변 핵의혹으로 발생한 94년 6월의 일촉
즉발의 전쟁위기에서부터 98~99년 금창리 핵의혹으로 인한 한반도
3~4월 위기설, 북한의 미사일발사에 군사적 대응 운운 등에 이르기까
지 전쟁위협의 연속이었다. 북·일간에는 북한의 동해안 노동미사일기
지를 일본공군이 F4EJ 개량전투기 4대로 500파운드 폭탄 16발을 투하하
는 극비연습을 진행시키고, 동해안 섬에 대한 가상 상륙훈련을 실시하는

등 일본의 침략주의 형태(『한겨레신문』 1999. 7. 14)가 표출되기도 했다. 이는 한반도에서는 탈냉전이 아니라 여전히 냉전이 계속되고 있음을 의미한다.

냉전은 자본주의와 사회주의 양 대립물의 상호작용을 거치면서 양극이 모두 변증법적 지양을 통한 변혁으로 극복되고 이를 바탕으로 새로운 세계질서가 생성되는 창조적인 형식으로 해체된 것이 아니었다. 냉전의 한 축이었던 소련이 급진적이고 급속한 개혁을 시도하면서 일방적으로 해체되었고 잇따라 사회주의 체제가 몰락함으로써 탈냉전으로 나아가게 되었다.[1] 그 결과 미국진영의 냉전구도는 그대로 존속이 된 채 지구촌 곳곳에 냉전의 유산인 미국중심의 군사동맹체제 등은 잔존하고 있다. 게다가 탈냉전의 시점에서도 부시의 미국은 전체 예산의 18~20%, 곧 3790억 달러(2003년 회계연도 기준)를 군사비로 투입하고 있으며 이어 2007년 4510억 달러를 비롯하여 향후 5년 동안 무기와 기타 군장비 현대화에 무려 4080억 달러를 투입할 예정이라고 한다. 군사비지출 규모 세계 2위인 일본이나 프랑스의 무려 7배 이상의 군사비를 투입하면서 '별들의 전쟁' 후속판인 미사일방어체제(MD)를 추진하여 21세기 내내 유일 초패권주의를 유지할 것을 획책하고 있다. 이의 연장으로 제3세계에 대한 지배가 강화되고 있는바, 이 지배시도가 바로 북한 길들이기, 한반도 전쟁위기, 한반도 냉전구조의 강화로 나타났다.

우리의 생명권을 위해서나 또 민족통일을 위해서도 이러한 한반도 속 냉전을 청산하는 것이야말로 당면한 핵심 과제의 하나이다. 이를 위해 우리는 냉전구조라는 거시적 차원뿐 아니라 개인의식에 고착화되어 있

---

1) 냉전은 2차 세계대전 이후 미국과 소련이 각자의 이데올로기인 자본주의와 사회주의를 지향하는 이념적 대립과 적대가 주축이 되어 여타 모든 부문의 봉쇄와 단절, 적대로 확산된 대치상태로서, 양 강대국의 적대 수준을 넘어 전세계적인 이분법적인 편가르기를 강요하여 적대 수준이 전지구적 현상으로 비화된 세계질서를 의미한다.

는 냉전의식과 냉전심성 등 미시적 수준에 이르기까지 포괄적으로 살펴볼 필요가 있다. 그렇지만 가장 핵심적인 것은 미국과 일본에 의한 대북한 군사적 봉쇄, 적대관계 및 전쟁위협의 해소이다. 이와 더불어 남한사회 내에 팽배해 있는 북한에 대한 낙인론, 이데올로기를 빙자한 내부통제, 개인 수준의 반공 및 냉전 의식 등에 대한 포괄적 청산이 요구된다. 그러나 이 장에서는 이러한 포괄적인 냉전청산을 위한 전반적인 방향을 모색하기보다 가장 핵심적인 군사적 적대관계의 해소에 국한하여 살펴보도록 하겠다.

국민의 정부도 한반도 냉전청산과 평화체제 구축을 임기중의 중점 과제로 설정했고 6·15공동선언 이후 이를 위해 발빠른 행보를 보였다. 2001년 2월 16일 김대중 대통령은 "남북관계에서 평화와 교류협력이 정착돼 냉전이 종식돼야 한다"며 "냉전이 끝을 맺는 외교성과가 올해에 이루어져야 하며 그 가능성이 충분히 있다고 생각한다"고 말했다(『한겨레신문』 2001. 2. 17). 그러나 이러한 민족의 요구나 남한정부의 강력한 정책의지에도 불구하고 이 기대는 2001년 3월의 한미정상회담 이후 미국의 강요에 의해 허물어지고 말았다.

1. 세계적 수준의 작은냉전

탈냉전 속의 '작은냉전'(small cold war)은 지구촌 동쪽에서는 1996년의 미일신안보공동선언의 출발과 지구촌 서쪽에서는 NATO의 동진정책과 신NATO전략의 수립으로 구체적으로 모습을 드러내기 시작했다. 지구촌 서편에서는 탈냉전을 계기로 공산측의 바르샤바군사동맹체제가 해체되었는데도 서방측의 NATO군사동맹체제는 해소되지 않고 오히려 강화되고 있으며, 인권을 빌미로 한 유고의 공습, 유엔안보리와는 무관하게 NATO 권역 밖의 일에도 미국과 NATO가 무력개입하겠다는 침략적인 신NATO전략, 중부유럽을 NATO에 끌어들이고 다시 동부유럽까지 확장시켜 러시아를 압박·봉쇄한다는 NATO 동진정책 등의 형태로 러시아에 대한 군사적 포위전략이 추진되고 있다. 물론 여기에는 유럽통합군을 모색하는 유로를 NATO동맹체제에 묶어두고 지속적으로 견제를 하겠다는 미국의 전략이 동시에 관철되고 있다. 미국은 러시아를 삼층(tri-tiered)으로 고립시키기 위하여 '부드러운 봉쇄'(soft containment) 혹은 '가벼운 봉쇄'(containment lite)를 구사했는데, 곧 러시아를 구소련의 공화국이었던 인접한 독립국가연합국가들과 유럽 그리고 국제사회로부터 고립·무력화시킨다는 것이다.[2]

그리고 지구촌 동편에서는 중국에 대한 직접적인 정찰을 강화하여 EP3정찰기 충돌사건을 일으켰다. 이 스파이정찰기는 중국해군에 대한 모든 정보를 수집하고 있었으며, 전시에는 미 사령관들이 공격결정을 내리고 적의 반격을 피할 수 있도록 정보를 제공하는 것이었다. 또 미 합참본부가 2000년 6월 발표한 '조인트 비전 2020'에서 오키나와 등 태평양기지 외에 수빅만기지와 베트남의 캄란만 해군기지까지 조차해야 한다고 주장하여 중국에 대한 장기적인 군사봉쇄 프로그램을 추진하고 있음을 확인시켰다. 2001년 4월 1일자 『워싱턴포스트』의 보도에 의하면, 부시행정부의 새 핵무기 지침은 △러시아의 위협 감소 △작지만 점점 거세지는 중국의 도전 △북한·이라크·이란 등의 제한적 위험에 대응

---

2) Feffer 1999. 대(對)러시아 봉쇄는 가벼운 봉쇄의 수준이고 역시 21세기의 핵심적 봉쇄는 중국이라고 보아야 한다. 이는 2002년 5월 14일 아이슬란드 레이캬비크에서 끝난 NATO와 러시아 외무장관 회담에서 테러리즘 등 공동의 위협에 대응하기 위한 'NATO-러시아회의(가입예상국 3개국을 포함한 나토회원국 19+러시아)' 구성에 합의한 데서도 미국의 저의가 드러난다.

하기 위해 러시아의 목표물을 50% 줄이고, 중국 내 목표물을 100% 늘리는 등 러시아에서 중국으로 방향전환을 검토하고 있는 것으로 알려지고 있다(『한겨레신문』 2001. 4. 30).

이렇게 중국에 대한 직접적인 군사적 봉쇄 및 압박과 함께 미국은 미일신안보공동선언과 미일신방위협력지침으로 일본과의 군사동맹을 강화하면서 일본의 군사대국화와 우경화를 지원하여 충실한 하위동맹자로 삼는 한편, 대만에는 키드급 구축함 4척 등 첨단군사무기를 판매하여 중국과 대치시키는 동시에 TMD체제에 묶어 중국의 군사적 우위를 무력화시키고자 한다.[3] 또 필리핀을 방문군협정으로(Visiting Forces Agreement) 끌어들여 중국을 압박하는 군사적 봉쇄를 꾀하고 있다.

이러한 대중국 봉쇄정책은 근원적으로 중국을 21세기 미국의 단독 세계지배전략에 가장 큰 걸림돌과 잠재적 도전국으로 보기 때문이다. 그래서 미국은 중국위협론을 들먹이면서 인권문제, 대만과 티베트 문제, 미사일문제, 핵무기기술 절취 의혹문제, 핵확산문제, 최혜국대우 문제 등을 지속적으로 쟁점화하여 중국을 압박해 왔다(쏭창 외 1997; 허신 1999).

1997년 5월 19일 발표된 미국의 '4개년국방계획보고서'는 2015년까지 미국이 초패권국가로서 단극 세계질서를 계속 추진해 나갈 것을 선언하고, 또 중국을 암시하면서 2010~15년에 "1개 이상의 지역국가가 이 기

---

3) 군비증강 면에서 대만은 동아시아국가 중 선두를 기록하고 있으며 일본과 한국 역시 세계적으로 군비증강을 주도하고 있다. 영국의 군사주간지 *Janes Defense Weekly*에 따르면 지난 98년 대만이 약 62억 5800만 달러, 이어 일본과 한국이 각각 20억 8600만 달러, 13억 6600만 달러의 군사비를 지출했다. 중국은 4억 6900만 달러로 5위를 기록했으며 북한은 9000만 달러로 10위에 머물렀다(『문화일보』 2000. 5. 13). 또 세계적으로 가장 권위 있는 스톡홀름국제평화연구소에 따르면, 대만은 1994~98년 세계 1위의 무기수입국을 기록했으며, 1995~99년에도 세계 1위로 2위인 사우디아라비아의 92억 달러보다 무려 47억 달러나 많은 139억 달러의 무기를 구입하였다(아태평화재단 옮김 2001, 414쪽).

간중 미국의 이익에 군사적으로 도전하는 야망과 수단을 보유할 가능성이 있다"고 중국위협론을 공공연히 주장했다. 그 밖에 나이보고서(Nye Report)는 아시아·태평양지역에 10만의 미군을 계속 주둔시킬 것을 언명하고 있는가 하면, 2020년대의 미국전략계획 '조인트 비전 2020' 등은 노골적으로 중국을 21세기의 적으로 간주하고 있다. 미국방장관 자문기관 '21세기국가안전보장위원회'의 1999년 10월의 동북아전망보고서는 이렇게 서술하고 있다.

> 2025년께 동아시아(오세아니아 포함)는 세계 최강의 경제권이 되고 지역적 중요성이 증대될 가능성이 높다…. 그와 함께 경제붕괴, 중국정세의 급변, 한·중·일 3국간 관계악화와 세계 유일의 대국간 영토분쟁 등으로 대규모 전쟁이 일어날 가능성도 매우 높다. …동아시아 최대초점은 중국의 장래다. 체제가 어떻게 변화하든 실질 국내총생산은 2025년에 세계최대가 된다. 군사대국이 된 중국에 국가주의가 대두하면 대만, 스프래틀리(난사군도) 문제 등으로 미·중관계는 긴장한다.

이와 같은 진단 아래 미국은 중국과 러시아에 대해서는 군사적 봉쇄를, 동맹국인 EU 등에 대해서는 군사적 견제를, 라틴아메리카와 아프리카·아시아 등 제3세계에 대해서는 지배를 추진·관철시키고 있다. 이로써 세계는 미국의 일방주의(unilateralism)에 의해 탈냉전시기에도 '작은냉전'을 강요당하고 있다. 물론 경제적으로는 신자유주의로 미국주도의 자본주의 체제에 세계 각국을 철저히 순응시키고 있다. 다만 러시아나 중국에 대해서는 경제적 봉쇄를 취하지 않고 유대관계와 상호의존성을 높임으로써 통제를 유지시켜 나가고 있다.

우리는 유고공습을 미국주도의 초패권적 세계질서 구축과 작은냉전이라는 시각에서 점검할 필요가 있다. 이미 미국은 러시아의 반대에도 불

구하고 NATO를 중부유럽에 이어 그루지아와 우크라이나 등 구소련지
역까지 확장시켜 러시아중심의 슬라브문명권을 압박하는 동진정책을
추구하고 있었는데(Galtung 1999), 이 구상에 걸림돌이 되는 국가가 남슬
라브의 세르비아계 유고였다. 게다가 유로화의 출현으로 달러화의 독주
에 제동이 걸리고 NATO무용론과 함께 유럽통합군에 대한 논의가 제기
되는 상황에서 미국으로서는 유럽을 붙들어놓기 위한 명분이 필요했다.

그러나 무엇보다 탈냉전을 계기로 제3세계에 개입할 명분이 사라져
버리자 미국은 테러방지, 인권보호, 북한과 이라크 등에 대해 임의로 '불
량국가'(rogue state)로 낙인찍어 새로운 적을 만드는 식으로 자신들의
개입명분을 찾고 있었다. 이러한 중층적 요인들로 인해 미국은 쿠르드
족에 대해 잔악행위를 일삼는 터키나 92년의 보스니아에서와는 달리 코
소보의 경우에는 인권을 빌미로 해서 전쟁이라는 최강수를 구사하게 된
것이다.

이렇게 NATO의 동진정책과 신NATO전략을 통해서, 유엔안보리의
상임이사국인 러시아와 중국의 중동·아프리카에 대한 간섭을 따돌리
고 유엔의 권능을 무력화시킴으로써 개입하겠다는 정책을 노골화했고,
이는 코소보개입에서부터 본격화되어 9·11테러 이후에는 아프가니스
탄, 필리핀, 소말리아 등으로 테러전쟁을 확대하여 유엔과 국제기구의
권능을 완전히 무력화시키고 있다.[4]

---

4) 세계적인 평화주의자 요한 갈퉁은 이미 지구촌은 미국·NATO·일본(AMPO)를 한
축으로 하고 러시아·중국·인도를 또 한 축으로 하는 신냉전체제가 형성되어 마치
2차대전 이후 냉전체제가 형성되었던 1947~48년의 상황을 그대로 재현하고 있다고
본다. 오히려 지금이 세계대전이 일어날 가능성이 더 높다고 보고 인류의 경각심을 촉
구하였다. 그러나 그의 신냉전 개념은 동서냉전 당시의 냉전과의 차이점을 간과하고
있으며, 아직 미국과 NATO의 대항축인 중국·러시아·인도의 동맹형성이 모색단계
임을 감안할 때 신냉전의 개념 적용은 시기상조인 것 같다. 또한 인도는 오히려 미국과
의 동맹으로 중국을 포위하는 대열에 참가할 가능성이 높다(Galtung 1999).

한편 지구촌 동편의 구냉전구도는 군사적으로 한미일 삼각군사동맹체제로 소련과 중국·북한을 봉쇄하는 구도였다가, 이후 중소분쟁과 중미관계 개선으로 소련과 북한에 대한 봉쇄구도로 전환되었다. 탈냉전을 맞이한 지 불과 5~6년 만에 미국과 일본은 1996년 미일신안보공동선언, 1999년 '세계적 동반자' 관계 선언, 신가이드라인 입법화 완결을 이룩하였고, 미국과 필리핀은 방문군협정을 체결하였으며, 대만까지도 묶어두는 전역미사일방어체제(TMD) 구축을 획책하였다. 또 한국과 일본은 군사협력관계를 증진시켜 99년 8월 사상 처음으로 합동해군군사훈련을 실시하여 삼각군사동맹을 강화하는 반(反)탈냉전구도로 나아가고 있다.

대중국 봉쇄정책의 일환으로 강화된 대미동맹에 힘입어 일본은 방위정책 기본 개념을 영토가 공격받을 때 대응하는 '전수(專守)방위전략'에서 주변지역 유사시에도 대응하는 '전방위전략'으로 바꾸었으며, 신가이드라인 관련 3개 법안인 주변사태법안, 자위대법 개정안, 미일 물품역무상호제공협정을 통과시켰다. 또 98년 8월 북한의 인공위성 발사와 유엔을 무시한 미국과 NATO의 불법적 유고공습을 빌미로 미일방위협력지침 관련법안을 수정해 주변사태를 "그대로 방치하면 일본에 대한 직접적인 무력공격으로 발전할 위험이 있는 사태"라고 명기하였다. 일본은 주변사태법안의 적용범위를 기존의 △무력분쟁이 발생한 경우 △무력분쟁이 임박한 경우 △정치체제의 혼란으로 난민이 일본에 대량으로 유입될 가능성이 있는 경우 △주변국이 유엔안보리 결의로 평화에 대한 위협 또는 경제제재의 대상이 되는 경우 등 4가지에다 내란과 질서교란을 포함하는 "이웃나라에서 내란, 내전 등의 사태가 발생해 그것이 순수 국내문제에 머물지 않고 국제적으로 확대될 경우, 일본 주변지역에서 무력분쟁 그 자체는 일단 멈췄지만 여전히 질서회복 등이 달성되지 않은 경우" 등 두 가지를 추가하여 중국을 포함한 일본 주변에 대한 미일 군사패권화를 노골화했다.

일본은 이미 재무장단계를 넘어서 군사대국으로 동아시아 평화위협의 본체가 되어버렸음을 최근 일본 고위정치인의 호전적인 이야기에서 추정할 수 있다. 자유당 당수이고 일본 극우정치인 이치로 오자와는 2002년 4월 8일 "우리는 핵발전소에 많은 플루토늄을 가지고 있으며, 3천~4천 개의 핵탄두를 만들 수가 있다. 진지하게 생각해 보자. 군사력에서 누구에게도 얻어맞지 않을 것이다. …중국은 핵탄두가 있다고 하나 일본은 마음만 먹으면 하루아침에 수천 발의 핵탄두를 보유할 수 있다. …대륙간탄도탄이 될 수 있는 로켓도 갖고 있다. …그렇게 되면 중국에 군사력 면에서도 지지 않을 것"이라고 실토했다. 일본정부 대변인 후쿠다 야스오(福田康夫) 관방장관은 5월 31일 "법 이론적으로 말하면 전수(專守)방위를 지키기만 한다면 (핵무기를) 보유해서는 안 될 이유가 없다"고 말했다. 또 일본의 『마이니치신문』은 6월 1일 "일본정부 수뇌가 31일 핵무기를 '보유하지도 만들지도 반입하지도 않는다'는 일본정부의 비핵 3원칙을 국제긴장이 높아지면 바꿔야 할지도 모른다고 말했다"고 보도했다(『프레시안 인터넷신문』 2002. 6. 1).

98년 8월 북한이 인공위성을 발사했을 당시 일본은 안보히스테리증세와 정신도착증세를 보였다. 경수로 지원금을 유보하고 식량지원과 국교정상화 협상을 중단하고 북한을 유엔안보리에 제기하는 등 온갖 소동을 벌이더니, 마침내 방위청장관이 참의원 외교안보위원회에서 "앉아서 죽기를 기다리는 것이 아니라 스스로를 지키기 위한 대체수단이 없을 경우에는 필요한 최소한의 행동을 취할 수 있다"며 북한에 대한 선제공격까지 감행할 수 있다는 선전포고와 같은 말을 서슴지 않았다. 이 시점에서 일본은 북한의 미사일기지를 공격하는 극비준비를 하고 있었으며, 1999년 3월 동해에 나타난 '괴선박'을 나포하기 위해 패전 후 처음으로 해상자위대를 출동시켜 무력사용을 기정사실화했으며, 2001년에는 중국의 배타적 경제수역까지 추적하여 선박을 격침시키는 호전성을 드러냈다. 또 '조센징 가에로'(조선인은 너희 나라로 돌아가라) '폭파해 버리겠다' '없애버리겠다'면서 조총련계를 위협하고 북한돕기 콘서트까지도 협박하여 취소시켰다. 마치 '제2의 관동대지진 조선인학살'을 재현하는 분위기로 냉전의식과 융합된 조선족에 대한 인종주의가 극치를 이루었다. 이어 99년 3월 24일 이른바 '괴선박'사건이 일어났을 때 드러난 일본인의 대북한 냉전의식과 조선인에 대한 인종주의를 이찌로(富山一郎)는 잘 분석하고 있다.

물보라를 일으키며 달리는 두 척의 소형선과 이를 추적하며 포격을 가하는 군함의 사진은 압도적인 군사력을 가진 자가 무방비의 소형선에 일방적으로 공격을 가하는 구도를 보여주었다. 그러나 그 영상은 그것을 지켜본 많은 사람들의 눈길에는 압도적으로 강한 자가 약한 자를 공격하는 것으로 비치지 않았다. 그들은 공격받고 있는 것이 자기들이며 자위대의 포격은 그 공격에서 스스로를 지키는 방위행동이라는 식으로 이해했다. 하지만 방영된 영상의 어디에 이 작은 배로부터의 공격을 볼 수 있었던가? …인종주의 속에서 성립된 시선은 상대의 몸짓과 사고를 정의하고 역사도 정의한다. "저놈들을 잘 안다. 저놈들은 그런 놈들이다"라는 상투어는 이러한 사물화(事物化)의 가장 성공한 예를 나타낸다. (토미야마 이찌로 1999, 132~33쪽)

이처럼 냉전의식에 마비된 환자에게는 북한에 관한 일들이 사실인지 아닌지를 가릴 수 있는 인지적 합리성이 결여되어 사실확인 없이 모든 것을 '명약관화'한 것으로 인식하게 마련이다. 이러한 현상은 일본인에 국한된 것이 아니고 미국인과 남한사람에게도 정도의 차이는 있지만 만연해 있다. 금창리 핵위기 등은 사실무근인 핵무기개발에 대한 의혹을 불러일으켜 긴장을 고조시키고 전쟁도 불사한다는 미국 의원들이나 지식인들의 미국제일주의, 람보주의, 냉전주의가 결합한 결과이다. 이로써 동북아 수준에서는 작은냉전이 계속되고 있으며, 이는 한반도에서 냉전구도를 넘어 열전으로 비화할 수 있는 화약고 역할을 하고 있다.

민주·공화 양당 전 상원의원이 공동위원장을 맡고 뉴트 깅그리치 전 하원의장 등 정치가와 경제계·언론계 출신 인사들이 참여한 국방장관 자문기관 '21세기국가안전보장위원회'는 1999년 10월 6일 동북아전망보고서를 발표했다. 이 보고서는 2025년경 군사·경제 대국이 된 중국은 미국 최대의 정치·군사적 경쟁자로 등장하며, 과거사를 극복하지 못한 채 한국과 중국의 보복을 두려워한 일본은 핵무장과 함께 독자노선을 선언할 가능성이 있고, 한국은 장차 북한을 미국의 감시 아래 두는 것을 용인할지도 모르며, 향후 20년 내에 한반도통일이 실현되지 않을 수도 있다고 동북아정세를 내다봤다. 특히 우리가 주목할 점은 미국은 북한이 붕괴하면 통일을 지원하기보다는 유엔이나 국제기구의 외피를 쓰고 실질적으로는 미국의 감시 아래 두는 방안을 검토하고 있다는 대목인데, 이는 동북아에서 지속적으로 패권을 추구하겠다는 미국의 저의를 그대로 드러낸 것이다(『한겨레신문』 1999. 10. 7).

이렇게 세계 수준과 동북아 수준의 작은냉전은 이미 클린턴정부에서 그 기초가 형성되어 가벼운 군사적 봉쇄구도의 골격을 마련하였고 점진적으로 '큰냉전'으로 이행해 가는 과정에 있었다. 그러나 마치 황야의 무법자와 같은 부시정권의 등장으로 이 작은냉전은 '큰냉전'으로 급속하게 치닫고 있으며, 이는 동북아신냉전의 도래를 재촉하고 있다. 이 과정에서 한반도의 속냉전은 강화되어 한반도 평화와 통일은 먹구름으로 뒤덮일 위험에 놓일 것으로 보인다.

2. 한반도 수준의 속(續)냉전과 6 · 15공동선언

한반도에서는 냉전의 여러 특성인 군사적 봉쇄, 이데올로기적 배척, 북한 악마 만들기 식의 낙인론, 열전으로 비화될 전쟁위기, 이데올로기적 내부통제, 남북간의 대결 등이 북한을 표적으로 해서 지속되고 있었다. 이 결과 북한을 삼각군사동맹체제에 의해 군사적으로 봉쇄하고 한미일 공조체제로 외교적 고립을 꾀하는 한편, 적성국과 테러국으로 지정하여 경제적으로 봉쇄하는 등 적대와 대결 관계를 유지시킴으로써 한반도의 평화는 끊임없이 위협을 받아왔다.

군사적 측면에서 볼 때, 한반도의 냉전은 전혀 해소되지 않은 상태에서 삼각군사동맹이 더욱 강화되어 단기적으로는 북한을 겨냥하고, 장기적으로는 중국을 봉쇄하고 있다. 일본과 남한은 북한을 가상의 적으로 삼아 계속 군비증강을 해왔으며, 미일신가이드라인은 북한을 노골적으로 겨냥하고 있다. 70년대 이후 줄곧 북한은 평화협정 체결을 주창해 왔지만 언제나 평화를 사랑한다는 미국이 북미평화협정 체결을 기피함으로써 전혀 진전을 보지 못하고 있고, 10 · 21북미협정에서 약속한 미국의 대북 핵선제공격 포기나 관계개선 또한 이루어지지 않고 있다. 오히려 '핵 태세 검토보고서'(NPR)에서 밝힌 바와 같이 미국은 북한에 대해 핵 선제공격의 0순위로 올려놓고 있다. 또 미국은 1998년 10월 9일 주한미군 작전부참모장 레이먼드 아이어스 소장이 비보도를 전제로 밝힌 OPLAN(작전계획)5027-98을 수립했는데, 첫째로 "남한에 의한 통일의 전주곡으로 북한정권을 남한의 점령정권으로 대체하겠다는 노골적인 목표"를 설정하고, 둘째로 "방어진지로부터 탱크나 포대가 대규모로 이동하는 것과 같이, 북한이 공격을 준비중임을 보여주는 모호하지 않은 조짐들이 나타날 경우 '선제공격을 가할 가능성'을 강조"하고, 셋째로 심지어 "그들을 모두 죽여 군대라고 할 수 있는 걸 가질 수 있는 능력을 없애버릴 것"을 목표로 설정하고 있다(『한겨레신문』, 1999. 4. 4).

이렇게 한반도는 동서냉전의 시기보다 오히려 더 전쟁위협에 노출되어 탈냉전기간에 무려 대여섯 번의 전쟁위기를 겪어야 했다. 동서냉전 시기에는 최소한 소련의 견제 때문에 전쟁억제력을 확보할 수 있었으나 지금 속냉전(on-going cold war)의 경우는 이러한 전쟁억제력이 상실됨으로 해서 미국이나 일본 같은 외세의 자의에 의한 전쟁위기가 더 높아졌다는 사실을 우리는 직시해야 한다.

그러나 김대중정부의 대북 포용정책은 이러한 한반도 속냉전의 구도에 파열을 내기 시작했고 2000년 6월에는 6·15공동선언이라는 결실을 맺었다. 이 민족선언을 계기로 남북은 한반도문제에서 주도성을 발휘하면서 한반도 평화와 통일 기반조성으로 나아갔으며, 남한의 김대중 대통령은 자신의 임기중 과제를 한반도의 냉전해체에 둔다고 공공연히 언급할 정도였다. 하지만 이러한 남북화해는 기본적으로 미국의 21세기 세계지배전략과 상충하는 것이었다.

비록 공식적으로는 환영을 표명했지만 6월 22일 중국을 방문한 올브라이트 국무장관은 주한미군의 철수계획이 없다는 것을 굳이 밝히고 "정상회담에서 모든 문제가 다뤄졌다고는 생각하지 않는다"면서 긴급히 서울을 방문하는 등 미국의 딴지걸이가 뒤따랐다. 이에 앞서 5월 30일 미국은 미래전쟁에 대비하는 청사진을 담은 '조인트 비전 2020' 보고서(합참전략보고서)를 공개했는데, 공교롭게도 이 보고서는 남북정상회담을 앞두고 중국의 영향력이 점차 확대되는 가운데 공표되었다. 이 보고서의 핵심 내용은, 중국이 머지않아(2020년경) 동북아의 패자로 군림할 것이기 때문에 전면 핵전쟁에서부터 소규모 지역분쟁에 이르기까지 모든 종류의 전쟁에 충분히 대비해야 하고 또 승리할 수 있어야 한다는

것이다. 곧 이어 6월 21일 북한이 장거리미사일 시험유예(모라토리엄)
약속을 계속 준수할 것임을 거듭 밝힌 직후 마이클 라이언 미공군참모
총장은 국방 전문기자들과 만나 북한 이외의 다른 잠재적 문제국가들이
20년 이내에 미국본토를 공격할 능력을 갖게 될 가능성이 있다고 주장
하면서 북한의 모라토리엄 보장과 남북한 관계의 해빙 때문에 국가미사
일방어(NMD) 체제의 필요성이 줄어들지 않는다고 말했다(『한겨레신문』
2000. 6. 22).

　한편 일본정책연구소(JPRI) 소장 찰머스 존슨은 『로스앤젤레스 타임
스』에 기고한 글에서, 북한이 93년과 98년 한 차례씩 모두 4차례 미사일
시험을 했으나 이 미사일들은 낡은 옛 소련기술에 기초하고 있기 때문
에 NMD의 목표가 될 수 없다면서 북한은 미태평양7함대에 배치된 7천
여 개의 핵탄두와 주한미2사단, 북한보다 월등한 남한의 인구와 경제력
에 직면해 있는데도 미국과 일본의 의회 및 국방부 사람들은 이를 느끼
지 못할 뿐더러 미국인들은 신중한 반응을 넘어 노골적인 반대자세까지
드러내고 있다고 비판했다. 존슨이 한국인들은 남북을 분단시킨 강대국
의 도움 없이 스스로 태평양냉전을 종식시키고 있다며 동북아 안보의
최대 걸림돌은 '불량국가'가 아니라 태평양 건너의 '불량대국'(rogue
superpower)이라고(『한겨레신문』 2000. 6. 24) 격렬하게 비판할 정도로, 미
국과 일본의 딴지걸이는 심층적이고 포괄적이다.

　그러나 클린턴 임기 말 조명록 차수의 방미, 10·12북미공동성명, 올
브라이트 국무장관의 북한방문 등에서 북한과 미국이 전향적인 관계개
선과 평화보장책을 합의함으로써 한반도 속냉전은 종말을 고하는 듯했
다. 그러나 부시가 대통령으로 선출되어 클린턴 대통령의 북한방문이
무산되면서 이 속냉전 해체기획은 무산되고 말았다. 오히려 2002년 벽
두부터 악의 축 전쟁위협을 벼렸고, 2003년 한반도 안보위기설이 대두

되어 임동원 특사가 2003년 전쟁위기를 예방하기 위해 전격적으로 북한을 방문하는 화급한 전쟁위기 국면에 이르게 되었다.

3. 한반도 냉전청산의 방향

한반도의 속냉전은 언제든지 열전으로 비화될 수 있는 전쟁위기 상황을 내포하고 있어, 한반도는 오히려 기존의 냉전상태보다 더 심한 전쟁위험 아래 놓여 있다. 그러므로 이러한 냉전구조를 해체·청산하는 것은, 민족안보와 한반도 및 동북아 평화를 위해 시급한 과제이자 통일을 위한 전제이다.

세계적 수준이나 동북아 수준의 작은냉전과 마찬가지로, 한반도 냉전구조의 청산에서 가장 핵심은 미국과 일본의 대북한 군사적 봉쇄와 적대관계 및 전쟁위협을 해소하는 것이다. 이와 더불어 북한에 대한 낙인론, 이데올로기를 빙자한 내부통제, 개인 수준의 반공 및 냉전 의식 등의 청산이 요구되고 있다. 그렇지만 여기에서는 이런 포괄적인 냉전청산을 위한 방향을 모색하기보다 가장 핵심적인 군사적 적대관계 해소에 국한하여 냉전청산 방향을 논하겠다.

가장 핵심적인 군사적 수준의 냉전청산에 대한 근원적인 방안은 한미일 삼각군사동맹체제를 해소하고 동북아 지역협력안보체제를 구축하는 것이다. 그러나 이는 동북아 수준의 작은냉전의 해소를 의미하는 것으로 현실적으로 지난할 뿐 아니라 장기적인 사안이기 때문에 당면의 대안이라고 볼 수 없다. 그러므로 우선 단기적인 대안을 모색할 필요가 있는데, 그것은 미국이 중국이나 러시아에 대한 군사적 봉쇄정책을 유지하여 동북아에서 작은냉전을 견지하더라도 북한에 대한 생명권을 확고히 보장해 주는 것이다. 이 경우 북한은 자기의 생명권을 보장받기까지는 미국이나 일본에 대한 전쟁억제력을 확보하기 위해 의존할 수밖에 없는 대량살상무기의 개발을 자제할 수 있는 조건을 갖추게 되는 것이다. 이 점과 관련해서는 해리슨이 다음과 같이 잘 말해 주고 있다.

왜냐하면 북한은 미국의 선제공격 가능성을 무서워하기 때문입니다. 우리가 북한과 정상화를 하지 않는 한, 그들에게 에너지지원을 하지 않는 한, 한국전을 종식시키는 평화조약에 서명을 하지 않는 한, 군축에 동의를 하고 우리한테 두려움을 느낄 필요가 없다는 것을 납득시키지 못하는 한, 그들은 핵을 포기하지 않을 것입니다. 북한은 1994년 핵기본합의를 주목하고 있습니다. 그것이 단순한 동결조치라는 것도 알고 있습니다. 이 합의에 따르면, 미국이 동시에 합의안 3조 1항을 존중하지 않는 한 그들도 핵시설을 해체하거나 핵을 포기할 의무가 없습니다. 이 구절은 미국이 "핵위협을 하지 않고 핵을 사용하지 않겠다는 것을 공식적으로 확실히 할" 것을 요구하고 있습니다. 다른 말로 하면, 한국에 대한 핵우산을 포기하라는 것입니다. 북한은 지금 미국이 위협이 된다는 것을 더욱더 확신하고 있습니다. (Harrison 2002)

그럼 한반도 냉전구조 해체를 위한 구체적인 정책으로 거론되고 있는 김대중정부의 포괄적 대북정책과 페리보고서를 검토하면서 각각의 한계를 살펴보겠다.

김대중 대통령의 포괄적 대북정책의 5대과제

김대통령이 남북한과 미국 및 일본이 "북한에 대하여 성의를 가지고 대하면서 줄 것은 주고, 받을 것은 받는 실사구시적 입장에서 공정한 대북정책"이라고 자평하는 포괄적 대북정책의 '5대과제' 역시 북한생명권

보장에 대한 명확한 방안을 제시하고 있지 못하다. '남북기본합의서의 이행을 통한 화해와 협력의 남북관계' '북미·북일 수교' '대량살상무기 제거와 군비통제' '북한의 개방 및 시장경제 전환과 국제기구 참여' '남북간의 평화체제 전환'을 내용으로 하는 5대 과제가 구현될 경우 법적 통일(de jure unification)에 앞서 '사실상의 통일'(de facto unification) 상황을 실현하게 된다고 보고 있다(통일부 1999a; 김대중 대통령 CNN회견).

그러나 줄 것은 주고 요구할 것은 요구하자는 낮은 수준의 요청에도 불구하고, 미국은 대북한 경제봉쇄를 풀지 않았고 북한의 인공위성 발사를 빌미로 항공모함 파견 등으로 북을 위협했으며, 일본은 독자적 정보위성체제 구축 등 군비확장에 몰두하면서 경수로 지원을 중단하겠다고 위협하여 한국정부에 좌절감을 안겨주었다. 한반도냉전의 근원적 요인은 미국의 대북한 적대정책이기 때문에 남한정부 수준의 포괄정책은 한계를 가질 수밖에 없으며 미국의 탈냉전정책과 결합되어야만 그 실효성을 거둘 수 있다. 여기에다 일본이 급격한 우경화와 군사대국화로 나아가고 미일동맹관계의 미영동맹관계 수준으로의 격상을 추진하는 등 미국 못지않은 대북 적대정책을 펼치고 있어 오히려 일본이 이러한 포괄정책의 작동을 방해할 가능성도 있다. 베를린미사일협상의 합의와 페리 보고서는 한미일이 협의를 거친 '포괄적 타협안'이라고 하지만, 남한의 한반도 냉전구조 해체와 평화체제 구축이 얼마나 반영되어 있는지는 미지수였다.

이러한 한계에도 불구하고 김대통령의 포용정책은 6·15공동선언을 낳았고, 이 공동선언은 클린턴 임기 말기에 10·12북미공동성명을 낳아 한반도 평화보장체제에 합의하고 북미관계 개선을 확약함으로써 한반도 냉전구조를 해체할 것이 예정되어 있었다. 이에 고무된 김대통령은 자주적인 냉전구조 해체를 위해 2차 남북정상회담에서 한반도평화선언으로 1차적 발판을 마련한다는 구상을 추진했으나 2001년 등장한 부시정권의 신패권주의에 의해 급제동이 걸리기 시작했다. 부시의 신패권주의 세계지배전략은 지도적 패권주의가 아닌 철저히 군사력과 전쟁에 의존한 폭력중심의 지배적 패권주의이다. 그러자 김대통령은 한미정상회담에서 △제네바합의의 철저한 준수 △미사일문제 해결 △무력도발 방지 보장 등 세 가지 문제가 해결되면 △북한의 안전에 대한 한미 양국의 보장 △적정한 경제협력 △북한의 국제사회 진출과 금융기관 차관 주선 등을 제공하는 '포괄적 상호주의'를 제시하여 돌파구를 마련하고자 시도했지만, 결국 미국의 장기적 세계지배전략과 결합된 대북 적대정책과 노골적인 '악의 축' 전쟁위협 등으로 좌절되고 말았다.

냉전청산을 위한 5대과제 가운데 특히 '대량살상무기 제거와 군비통제' '북한의 개방 및 시장경제 전환과 국제기구 참여'는 북한이 수용하기 힘든 요소를 담고 있다. 북한이 보유하고 있거나 보유하게 될 대량살상무기의 제거는 반드시 남한과 미군의 군비축소와 병행되어 추진되어야 한다. 또 개방과 시장경제 문제는 북한의 자주권에 속하는 것으로서, 이의 유도는 남한의 장기적 흡수통일 의도로 해석될 여지가 있으므로 북한 스스로 선택할 수 있는 폭을 넓혀주는 방향으로 추진해야 할 사항이다.

「페리보고서」

북한의 제2인공위성 발사준비를 계기로 긴장국면으로 치달았던 한반도 대결구도는 북미베를린미사일회담 이후 완화되고 곧 이어 「페리보고서」가 공개되면서 한반도 냉전구조 해체는 새로운 국면을 맞았다. 이 보고서는 △북한의 미사일발사 자제와 미국의 일부 (대북)제재 해제, 이에 병행한 한국과 일본의 적절한 긍정적 조처 실행(단기목표) △북한으

로부터 핵무기와 미사일 개발계획 중단보장 획득(중장기목표) △ 한반
도에서의 냉전종식(장기목표)의 3단계 접근방안을 제시하고 있다. 그리
고 이런 접근방안을 바탕으로 △ 포괄적이고 통합된 대북 접근방식 채택
△ 대북정책 수행을 위한 미국 안의 체제 강화 △ 한국 및 일본과의 정책
협조와 조율을 위한 체제 유지 △ 미국의회 안의 초당적인 대북정책 추
진 △ 북한도발에 의한 긴급상황 가능성에 대한 대비 등 다섯 가지 대북
정책을 건의하는 한편, 북미정상화 과정에서 남한과 일본의 요구사항인
남북기본합의서 이행과 이산가족 재회, '납북일본인'문제, 마약밀매문제,
생화학문제도 다루어져야 한다고 덧붙이고 있다. 또한 북한이 미국의
이러한 정책에 언제나 긍정적으로 호응해 올 것은 아니기 때문에 억제
력 차원에서 주한미군은 반드시 유지되어야 한다고 명시하고 있다(『한
겨레신문』 1999. 9. 15; "Perry Report").

　일부 신문에서 보도하는 것처럼 이 보고서는 3단계 접근방식인 적대
해소→관계개선→냉전체제 해체 및 평화체제 수립을 담고 있다. 1단계
는 북한의 미사일발사 유보와 미국의 경제제재의 부분적 해제로 북·미
연락사무소 개설과 남북관계의 개선을 추진하며, 2단계는 북한이 미사
일과 핵무기 개발계획을 중단하고 북미 및 북일 수교협상의 진전과 대
규모 경제지원 및 일본의 배상금지불 등으로 관계개선을 이룬다는 것이
다. 그리고 3단계는 한반도 냉전종식단계로 북한은 생화학무기금지협정
(BWC, CWC)과 미사일기술통제체제(MTCR)에 가입하고 미·일은 북
한과 수교하며, 남북한은 평화협정으로 정전협정을 대치하고, 미군철수
를 배제한 주한미군의 지위 문제도 함께 논의하고 동북아 다자안보대화
도 추진한다는 것이다.

　보고서의 핵심은 한미연합군은 매우 강력하며, 따라서 대북 억제력은
여전히 강하다는 것이다. 그러나 북한이 핵과 미사일을 개발할 경우 이

억제력이 흔들릴 수 있기 때문에 이를 방지하는 것이 중요하다는 것이다. 또 하나는, 페리가 "궁극적으로 북한을 미사일기술통제협정의 기준인 사거리 300km 이내, 탄두중량 500kg 이내로 미사일개발을 제한하게 하는 것이 우리의 목표"라고 말하듯이 대량살상무기의 개발중단이다. 하지만 북한이 자신의 생명권을 보장받기 위하여 끈질기게 요구하는 작전계획5027의 폐기, 북미평화협정, 주한미군의 지위 변경과 군사력감축 및 미군철수, 남북평화선언이나 군비축소, 10·21북미협정에서 합의한 대북 핵선제공격 포기 보증 등 북한생명권에 결정적인 사안이 들어 있지 않거나 분명하지 않다. 평화협정은 남북한 합의만 이야기하고 북미평화협정은 언급하지 않고 있으며, 주한미군 철수는 배제하고 있고, 작전계획5027은 아예 거론조차 하지 않고 있다. 이렇게 북한생명권 보장의 핵심인 군사적 적대 해제에 대한 미국의 모호한 입장은 냉전체제의 해소를 낙관적으로만 보기 힘들게 하고 있다.

첫째, 「페리보고서」가 군사적대 해소와 관련하여 만족할 만한 대책이 없는데도 북한이 베를린미사일협상에서 유화적으로 나온 점은 양영식 통일부차관이 말했듯이 "북한 스스로도 체제능력의 한계와 기회포착의 긴요성을 인식하고" 있는 데서 찾아야 한다. 그러나 「페리보고서」에 언급된 단계적 냉전해소과정에서 북한은 미국의 군사적대 해소를 위해 앞의 조건을 요구할 것으로 보인다. 그래서 남한정부 고위관계자의 말처럼, 비록 한반도에 냉전체제의 해체는 시작되었지만 냉전종식의 12대문 가운데 겨우 첫번째 대문을 열었다고 보아야 할 것이다.

둘째, 94년 제네바 북미협정을 미국이 제대로 준수하지 않았던 점을 고려한다면 「페리보고서」의 경우도 과연 미국이 제대로 협정을 이행할지는 여전히 의문이다. 일반적으로 제네바협정은 미국이 북한붕괴론을 신봉했기 때문에 제대로 준수하지 않은 것으로 알려져 있지만, 이번의 경우는 페리도 "북한정권이 붕괴할 것이라고 전제하면 안 된다는 게 우리 결론이다. 우리는 북한정부를 있는 그대로 두고 다뤄야 하며, 우리가 그렇게 되기를 원하는, 희망 섞인 눈으로 봐서는 안 된다. 이런 결론에 따라 우리는 북한이 핵과 장거리미사일 문제를 해결하면 미국은 북한과 정상적인 관계를 가져야 한다고 권고했다"(『한겨레신문』 1999. 9. 18). 그렇지만 당시는 북한이 붕괴하지 않는다고 보았기 때문에 미국이 협정이행에 성의를 보일 가능성이 높기는 했으나, 이미 부시정권은 「페리보고서」를 백지화시킨 사실에서도 알 수 있듯이 힘을 바탕으로 한 미국의 현실주의 외교를 기준으로 본다면 낙관적 전망은 금물이다.

셋째, 1단계와 2단계에서 북한에 대해서는 주로 미국의 군사적 요구를 수용하는 조치를 취할 것을 요구하면서 미국은 이에 상응하는 평화협정, 군비축소, 작전계획5027의 완화, 군사훈련 축소, 다자간안보협력체제 등에 대한 점진적인 이행계획을 제시하지 않고 있는 불균형적인 제안이다. 미국은 2단계까지 주로 경제·외교·정치에 국한하여 관계개선을 꾀하는 것으로 되어 있고 마지막 단계에 가서야 군사적 적대 해소를, 그것도 북한이 만족할 수준도 아니고 한반도냉전 해소를 근원적으로 보장하지도 않는 수준으로 제안하고 있다.

넷째, 적대해소와 관계개선이라는 1, 2단계에서 남한·미국·일본의 경제협력으로 북한과 외부의 경제적 상호의존도가 높아짐에 따라 북한이 세계경제에 통합·속박되어 이제까지와 같은 대미 자주정책을 굳건히 구사할 자율성을 상실할 가능성이 높다. 따라서 미국은 3단계의 냉전해소를 위한 구체적인 정책이행을 기피할 가능성이 크다. 미국의 경우 동북아의 작은냉전을 지속시키기 위해서는 여전히 '북한 적 만들기'가 필요하고, 또 일본은 미국을 능가하는 대북한 적대정책을 취하여 군사대국화를 정당화해 왔기 때문에 미일신방위협력지침, 군비증강, MD 등의 진전을 위한 미·일 합작전략에 의해 이러한 상황이 발생할 가능성이 높다.

다섯째, 「페리보고서」도 궁극적으로 미국의 21세기 세계전략, 곧 작은 냉전을 지속하여 잠재적 패권경쟁자인 중국과 러시아를 군사봉쇄와 경제통합으로 미국지배의 세계질서하에 묶고, 제3세계를 지속적으로 길들이고 지배하며, 유럽연합이나 일본 등의 경쟁국에 대해서는 견제장치를 확보하는 일종의 총체적인 구상이다. 북한이 미국의 동북아전략 나아가 세계전략에 부응하지 않는 독자노선인 미사일·생화학무기 개발과 수출을 포기하되 북미수교를 통한 체제보장과 대규모 경제지원이라는 '반대급부'를 제공받게 한다는 복안인 것이다. 이는 이제까지 견지해 온 반제국주의와 반사회주의 대국주의를 중심으로 한 민족주체노선의 약화나 훼손을 의미한다. 이렇게 미국이 주한미군의 철수나 북미평화협정 체결 등에서 확실한 안전판을 제공해 주지 않은 상태에서, 북한이 기존의 노선과 생명권의 불확실한 보장을 궁극적으로 수용할지는 회의적이지만, 이러한 문제점을 6·15공동선언의 이행을 통하여 남북이 상호 협력함으로써 극복할 수도 있다고 보고 있는 것 같다.

여섯째, 따라서 북한은 미국이 진정으로 자신의 생명권을 보장할 의사가 있는지에 대해 의심할 수밖에 없게 되었다. 비록 미사일 발사시험 유예에 대해서 잠정적인 합의가 이루어지기는 했지만, 앞으로 미국이 한반도평화보장체제와 같은 전향적인 북한생명권 보장정책을 제시하지 않는한 한반도 냉전체제의 해소는 진통을 겪을 수밖에 없을 것으로 보인다.

결국 문제의 해결은 북한이 최우선적 과제로 설정하고 있는 군사적 적대관계의 해소를 경제·외교·정치적 적대관계 해소와 병행할 때 가능하다. 90년대 후반 이후 조금씩 나아지고는 있지만 아직도 경제적 어려움에 허덕이고 있는 북한에 대해 안보위협 운운하는 미국·일본·남한의 주장은 전혀 설득력이 없다. 미국의 대북정책은 실질적으로 북한 죽이기 정책을 추구해 왔을 뿐 아니라 사실확인의 필요성조차 느끼지 못하고 '저놈들은 저렇다'는 불문가지(不問可知) 식의 낙인론에 매몰되어 있다고 볼 수 있다.

이러한 한계에도 불구하고 「페리보고서」는 미국의 기존 대북정책에 비해 매우 전향적인 것이었고 6·15공동선언 등 김대통령의 포용정책과 결합되면서 10·12북미공동성명을 낳아 한반도 냉전체제 해소는 상당한 진전을 이루는 듯하였다. 하지만 이러한 일말의 기대는 황야의 무법자와 같은 부시정권의 등장으로 다시 물거품이 되어버리고 한반도 냉전체제 해소는 전망이 잡히지 않는 상황으로 되돌아가고 오히려 전쟁위기가 더욱 첨예화되는 상황으로 진입한 셈이다.

대안적 해소방안

이제 냉전해소의 대안방안을 좀더 구체적으로 제시해 보겠다.

첫째는, 작전계획5027이라는 북한섬멸작전계획을 폐기하고 1983년 이전의 작전계획인 휴전선을 현상유지하는 것에 그치는 전략으로 바꾸는 것이다. 말만이 아니라 구체적인 작전계획으로 북한생명권을 보장해 주어야 한다.

둘째는, 북미간의 평화협정을 조속히 진전시키는 것이다. 남한과 미국은 남북당사자 논리를 펴면서 남과 북이 평화체제 당사자가 되고 미국과 중국은 보증국으로 남는, 곧 '4-2'의 구도를 고수해 왔지만 부시정권은 이것마저도 거절하고 있는 셈이다. 또한 북한은 정전협정 당사자인 북한과 미국이 협정을 체결하고 남한과는 남북합의서의 불가침선언으로 협정의 효력을 기할 수 있다면서 남한 배제정책을 고수하고 있다. 그러나 이미 앞장에서 주장한 대로, 미국과 중국이 보증국이 되는, 곧 미국이 협정당사자이면서 동시에 보증국이 되는 '3+2'형식이 되어야 한다.

셋째는, 한반도에 주둔하고 있는 엄연한 외국군의 존재인 주한미군의 지위 문제——감군, 후방배치, 장기적 철군 등——가 다뤄지는 것은 냉전해체와 통일기반 조성을 위해 필수적이다. 미국과 김대중 대통령은 평화체제가 구축되고 통일이 된 뒤까지도 동북아지역의 안정자 역할을 수행하기 위하여 주한미군이 필요하다고 역설하고 있지만, 오히려 남북한이 이 조정자나 균형자 역할을 수행하는 방향으로 나아가야 한다. 남북한이나 통일한국은 작지도, 크지도 않은 경제·군사적 지위 때문에 동북아 강대국들에게 결코 장기적인 위협요소가 되지 않을 뿐더러, 그들 사이에서 어느 쪽에도 가담하지 않고 중립적인 위치에서 균형추로서 안정자 역할을 수행할 수 있으며 또 추구하여야 한다(와다 하루끼 1999b).

넷째는, 동북아에서 한국·일본·필리핀(방문군협정으로 다시 미국과 쌍무적 안보체제에 의존함) 등의 주둔미군에 대한 의존과 한미상호방위조약과 미일안보조약 등 미국과의 위계적이고 쌍무적인 안보질서에서 벗어나 미국을 포함한 동북아국가들끼리 상호 횡적으로 결속되는 지역협력안보체제를 구축하는 것이다(이장희 1999; 이삼성 1999a). 앞에서 와다 하루끼도 언급했지만 이 과정에서 서로가 위협을 느끼는 강대국이 아니라 크지도 않지만 작지도 않는 남북한이 주도적인 역할을 할 수도 있을 것이다.

그런데 이러한 대안적 냉전체제 해소방안의 장기전략을 근원적으로 봉쇄하려는 움직임이 있다. 그것은 다름아니라 21세기 미국의 신패권주의를 위한 전쟁시스템 구축에 남한이 편입되어 미국의 21세기 세계지배전략의 군사통합체제에 통합되는 것이다. 2001년 봄 남한을 방문한 미국무부의 아미티지 부장관은 남한의 편입을 요구한 것으로 알려졌다.

비록 국제적으로는 김대중정권이 TMD와 MD에의 참여를 거절한 것으로 알려져 있을지라도, 실제로는 이미 상당 부분 참여의 길로 접어든 것으로 평가된다. 정부가 4대 전력사업으로 추진하고 있는 차세대전투기 F-X사업, 차세대공격헬기(AH-X)사업, 차기방공망(SAM-X)사업과 이지스급 구축함(KDX-Ⅲ)사업 중 SAM-X사업으로 추진되고 있는 PAC-3 요격용 미사일 도입은 미국이 유일하게 개발 완료한 MD무기체계로서, 실질적으로 MD에 대한 한국참여의 첫 발을 의미하며, 이지스함 역시 TMD의 일환이다. 이렇게 비밀리에 추진하고 있는 MD체제의 편입이 현실화되면 한반도는 냉전해체는커녕 오히려 신냉전의 본마당이 될 위험에 놓인다. 마치 지난날 동서냉전의 격화로 한반도에서 한국전쟁이 발생하여 냉전의 본마당이 되었던 것처럼 말이다.

이제까지 주로 국제적 수준에서 냉전구조 청산을 위한 방향을 모색해 보았는데, 이는 한반도냉전이 미국을 중심으로 한 외세에 의해 구조화되었기 때문이다. 그렇지만 국내 수준에서도 서해교전의 경우처럼 냉전은 구조화되어 있고 이 역시 해소되고 극복되어야 할 중요한 요소이다.

4. 맺음밀

'탈냉전'의 시점에서도 한반도는 열전으로 비화될 전쟁위기 속에 있다. 한반도에서의 미국은 오히려 더 냉전전사 같은 모습을 보여주었다. 걸프전쟁 직후인 90년 대 초반에는 '제2의 한국전쟁론'이 비등하더니, 94년에는 영변 핵위기에 의해 우리 민족은 민족공멸로 이어질 엄청난 전쟁위기를 마지막 순간에야 넘겼고, 다시 이러한 위기는 98~99년 금창리 핵위기 당시 OPLAN5027-98로 발화하려다가 김대중정권의 주도로 넘길 수 있었다. 이어 99년 북한의 제2인공위성 발사준비를 계기로 한반도에 미사일 관련 긴장이 고조되었다가 그해 9월 베를린합의로 진정국면으로 들어갔으며, 「페리보고서」가 발표되고 미국의 1단계 대북 경제제재 완화조치로 나아갔다. 그리고 남북정상회담을 계기로 탈냉전을 향한 남북의 주체적인 행보는 가속도를 보였고, 이에 자극받아 미국은 10·12 북미공동성명을 통해서 한반도평화보장체제와 북미관계의 획기적인 개선을 약속했다.

그러나 클린턴의 북한방문까지 추진되었던 한반도 탈냉전의 마지막 고비는 부시정권의 등장으로 무산되었다. 이 결과 또다시 속냉전의 마당으로 돌아가 드디어 악의 축 전쟁위기로까지 악화되더니 2003년 한반도전쟁위기설이 발화함으로써 임동원 특사가 북한을 긴급 방문하여 전쟁위기 해소에 나설 수밖에 없었다.

미국의 21세기 세계지배전략, 부시정권의 폭력 중심적인 지배적 패권주의, 세계적 수준의 작은냉전 구도 등을 보건대, 냉전해소에 대한 청사진을 제시한 「페리보고서」에 대한 낙관론은 시기상조이다. 가능성은 희박하지만 설령 부시정권이 「페리보고서」의 각 단계를 밟아나간다 하더라도, 물론 이 과정에서 화급한 전쟁위기는 완화되겠지만 북한의 미사일협상, 생화학무기, 심지어 재래식무기에 이르기까지 또 평화협정이나 주한미군문제와 나아가 북한의 인권문제, 개혁·개방의 문제 등이 계속 긴장의 메뉴로 등장할 것으로 예견된다.

이러한 긴장은 세계적 수준에서의 '탈냉전'이 도래했다는 평가와는 달리, 지구촌과 동북아가 진정한 탈냉전이 아닌 작은냉전 상태에 머물러 있는 데서 비롯된다. 지구촌 전반이 이러한 형편이니 한반도야 두말할 나위도 없다. 탈냉전은 냉전의 두 대립물인 소련주도의 사회주의 체제와 미국주도의 자본주의 체제가 변증법적 지양을 통해 극복되는 방향으로 도래한 것이 아니었다. 단지 한쪽 대립물이 몰락함으로써 다른 한쪽의 냉전체제는 아직 건재해 있다. 아니 오히려 기존 대립물의 견제기능 상실로 이 부시 미국이라는 외팔이 냉전전사는 더욱더 기세를 올려 지구촌을 야만의 세계로 몰고 있다.

한반도냉전은 일시적인 미국의 세계정책에서 기인한 것이 아니라, 2차대전 이후 미소냉전의 확장이 한반도에 투영되면서 강제적으로 구조화된 산물이다. 따라서 이 냉전구조는 어떤 한 정권의 전향적인 정책으로 일거에 해소될 수 있는 성격의 것이 아니다. 정권의 정책은 정권 핵심자의 의도적 행위의 결과이지만, 한반도를 둘러싼 냉전구조의 엄청난 규정력으로부터 제약을 받게 마련이다. 김대중정부의 냉전해체를 위한 포괄적 접근과 대북 포용정책은 금창리 핵위기를 넘기는 데 지대한 역할을 했다. 그러나 서해교전과 북한의 제2인공위성의 발사준비에 이르러서는 체계적인 구조적 제약에 직면하여 표류하였다. 다시 남북정상회담으로 한반도 냉전해소에 대한 자주적인 성과가 결실을 향하여 순조로운 출발을 하여 10·12북미공동성명으로 이어지면서 낙관적 전망을 가지게 하였으나, 부시정권의 등장은 이를 원점으로 되돌리고 있다.

이러한 구조적 제약을 형성하는 것도 인간이지만 또 극복할 수 있는 것 역시 우리 인간이다. 그러나 그 인간은 역사적 주체로서 조직화되고 연대한 집단으로 비약할 때만 가능하다. 바로 여기에 우리 역사주체로서의 역할이 부여되고 있다. 김대중정권의 대북정책은 김영삼정권에 비하면 코페르니쿠스적 전환을 이루었고 남북정상회담이라는 훌륭한 성과도 일구었다. 그러나 정권기반의 취약과 세계질서와 동북아 및 한반도 수준의 냉전구조의 강고함은 정부 차원의 힘으로만 냉전구조를 넘어서기 힘들게 하고 있다. 바로 여기서 평화운동, 주한미군기지 되찾기 운동, 범아시아 차원의 미일신방위협력지침 철폐운동, 국가보안법 철폐운동, 동아시아평화공동체 운동, 우발적 전쟁비화 방지운동 등과 같은 시민사회의 역할이 수행될 필요성이 제기된다. 역사의 주체로서의 인간이 필요하다. 그러나 그 인간은 흩어진 개인이 아니라 연대한 조직 속의 인간이다.

（「한반도 냉전구조의 현황과 청산방안 모색」, 『이제 문제는 냉전세력이다』, 중심, 2001）

제3부
민족통일의 모색

1. 남과 북의 자리매김

2. 남과 북의 새로운 자리매김

3. 김대중정권의 통일정책

4. 남북정상회담과 통일

5. 미국의 신패권주의와 한반도 평화·통일

6. 친미사대주의 냉전세력과 민족앞길 가로막기

1. 남과 북의 자리매김

　80년대 후반부터 우리는 제4의 민족사적 전환기인 통일시대를 맞았다.[1) 그것은 6월항쟁의 성과물인 더 넓혀진 민주화공간, 7~8월의 노동자대투쟁의 결과 확대된 사회운동의 지평 속에서 태어났다. 곧 88년 전대협의 6·10남북학생회담 통일투쟁으로 시작되어 89년 문익환 목사, 임수경, 문규현 신부의 방북과 전대협을 비롯한 민간통일운동의 활성화로 이어지면서 통일시대는 우리 민족사에 의연히 자리잡게 되었다. 또 89년의 몰타협정에 의한 탈냉전과 노태우정권의 북방정책 등으로 통일시대가 순조롭게 출발하는 듯했다. 그러나 김영삼정권의 흡수통일 지향이 노골화되면서 통일시대는 오히려 후퇴하였고, 김일성 주석의 퇴장에

---

1) 우리 민족사를 민족사적 전환기 또는 역사갈림길이라는 개념을 바탕으로 시기구분을
　　한다면 첫번째 민족사적 전환기는 신라에 의한 민족통일국가 수립시대, 두번째는 1860
　　~90년대의 '반침략반봉건시대', 세번째는 '해방공간시대', 네번째는 1988년 6·10통일
　　투쟁 이후 90년대의 '민족재통일시대'로 나눌 수 있다(강정구 1996a).

즈음한 남쪽의 조문파동으로 남북관계는 다시 적대적으로 되돌아갔다. 이후 국민의 정부인 김대중정권의 등장은 정권 초기부터 포용정책으로 일관하여 역사적인 남북정상회담과 민족대장전인 6·15공동선언을 일구어내어 분단 55년 만에 본격적인 통일시대 혹은 통일성취시대를 출범시켰다.

통일과 남북관계에 대한 논의에서 언제나 부딪히는 가장 예민하면서도 어려운 문제가 바로 정통성이다. 이는 한 나라 한 땅덩어리 한 민족에 두 개의 정부가 들어서게 된 민족분단이라는 구도 속에서 발생한 남북 정권의 태생적 조건에서 비롯된 것으로, 이에 관한 논쟁은 결코 피할 수 없을 것이다. 아무리 예민한 문제이긴 해도 이제 본격적인 통일행로로 나아가는 이 시점에서 이를 계속 외면할 수만 없다. 이제 정면으로 이 정통성문제를 논의해야 할 시점이 도래했다. 이 글은 이러한 시대적 요청을 국가보안법과 같은 온갖 냉전제도와 냉전문화 등의 엄청난 제약에도 불구하고 더 이상 회피할 수만 없다는 인식 아래 씌어졌다.

필자는 2001년 2월 8일 MBC TV의 국가보안법 개폐에 관한 〈100분 토론〉에 출연하여 이승만정권이 정통성을 제대로 가지지 못하였다는 발언을 한 적이 있다. 아무런 근거 없이 즉흥적이거나 감성적으로 이러한 주장을 한 것이 아니라, 아래에 논의될 세 가지의 포괄적 기준에 의거하여 정통성이 별로 없다는 논지를 펼친 것이다. 그러나 토론상대방의 즉각적인 반응은 이성적 반론이 아닌 감성적 발악이었다. 일부 네티즌은 바로 빨갱이 운운하며 필자를 향해 원색적인 비난과 적개심을 드러냈다. 이러한 뜨겁고 예민한 주제를 외면만 한다고 해서 통일의 빗장을 풀 수 있는 것은 아니다. 돌이켜보면 바로 이 같은 개인적 체험이 더욱더 이 글을 쓰게 한 요인이 되었던 것 같다. 또한 필자가 이와 유사한 냉전 성역 허물기의 학문연구 결과 때문에 국가보안법위반 혐의로 기소되어 옥살이를 겪었음에도 불구하고, 아니 옥살이를 겪었기 때문에, 더욱더 이 냉전성역 허물기와 같은 통일의 빗장을 푸는 과업은 긴요하고 당연하다고 인식하지 않을 수 없었다.

1. 정통성에 대한 포괄적 기준 설정

정통성은 민족·국가·정권 등의 수준에서 다양하게 논의될 수 있을 것이다. 그러나 국가·정부·정권 등의 개념은 합의된 것이 없이 혼용되고 있어 혼란스런 개념이다. 국가는 ① 영토에 기초한 정치적 공동체 ② 상부구조 ③ 지배블록 ④ 사회적 관계의 응집 ⑤ 제도 내지 조직의 집합 ⑥ 국가운영자 등으로 다양하게 구분된다. 그리고 이들 국가개념은 각기 ① 국가의 일반적 특성 ② 객관화된 구조로서의 국가 ③ 하나의 지배연합 ④ 사회 제세력간의 힘관계 내지 균형상태의 반영 ⑤ 국가기구 내지 장치의 총체 ⑥ 핵심적인 국가운영자들의 집합 등의 특징을 가진다. 이 글에서는 통례에 따라 국가는 사회적 관계의 응집이라는 ④의 개념을, 정부는 국가의 억압기구와 법적 기구를 포괄하는 ⑤의 개념을, 정권은 정부기구의 인적 요소를 핵심적으로 하는 ⑥의 개념을 사용한다 (손호철 1991a). 이 글에서 국가정통성은 초기정권의 정통성을 기준으로 하고, 정권정통성은 각 개별정권에 국한시켜 논의하겠다.

80년대 북한 바로알기 운동의 시점에서, 운동권은 정통성에 관한 남북 비교평가에서 북한이 우위를 가졌다고 보았다. 이는 북한의 나라 세우기가 항일무장투쟁의 계승, 친일파 및 민족반역자의 철저한 숙청, 민족해방투쟁가들의 핵심 권력체 부상, 반제반봉건혁명의 수행 등을 기반으로 삼았으므로 민족, 국가 및 정권 차원의 정통성을 한껏 누릴 수 있다고 보았기 때문이다. 또 북한에서는 항일무장투쟁의 지도자였던 김일성이 최고권력자로 군림하고 있었던 데 반해, 남한은 전두환이나 노태우 군부세력이 광주학살을 딛고 정권을 장악하여 군부독재를 하고 있는 대조적인 상황이었기 때문이다. 그러나 20세기 후반과 21세기를 맞이한 오늘의 시점에서는 남북이 다함께 새로운 정권을 출범시켜 정통성문제는 이전 80년대와 다른 양상을 띠게 되었다.

이제 좀더 분석적인 수준에서 정통성 논의가 필요하다. 이 글에서 정통성논의는 민족정통성, 국가정통성, 정권정통성의 세 가지 수준에서 논의될 것이다.

정통성에 대한 학술적 논의는 서구학계에서 제대로 발전·정립되어 있지 않다. 특히 정권 차원의 정통성 논의는 전무하다. 이는 정통(orthodox)이라는 개념이 종교에서의 정통과 이단 논쟁에 주로 집중되었기 때문이다. 단지 정당성(legitimacy)만이 루소로부터 마르크스, 베버에 이르기까지 고전적인 논의가 진전되었고 최근에는 하바마스와 푸코에 의해 일부 논의가 진행되었다. 그러나 그 이후의 논의들은 정당성의 위기나 정당성, 효율성, 생산성 등에 초점이 맞추어져 정통성과 정당성의 관계 등은 별로 논의되지 않고 있다. 이러한 서구의 기존 정당성에 관한 이론적 논의는 외세의 지배를 받았거나 최소한의 절차적 민주화가 정착되지 못한 제3세계의 역사성을 제대로 반영할 수 없다.

5·16쿠데타 주동자였던 김종필은 한때 문민정부의 역사적 뿌리를 3공과 유신에 두는 기승전결의 논법으로 군부독재정권인 3공에서 6공까지 모두 정통성을 가졌다고 주장했다. 박정희의 3공과 유신정권이 경제성장으로 '신한국'의 기틀을 닦았고, 5공이 이를 승계하고, 6공이 민주화로 방향전환을 하고, 문민정권이 민주화의 마무리를 짓게 되었다는 역사관을 피력한 것이다.

그리고 최장집은 자신의 한국전쟁관에 대한 『조선일보』의 이념공세에 시달리자 자신의 이념에 불과한 자유민주주의라는 고정된 기준으로만 평가하는 몰역사적 결과론을 펼쳤으며, 이승만정부가 자유민주주의를 제도화했다는 단 하나의 사실만으로(물론 이승만정권은 제도화는커녕 파괴로 일삼았지만) 이승만정권의 정통성을 인정하기도 하였다.

> 북한과 남한의 제1공화국으로 제도화되는 정치체제 사이에 정통성을 비교하는 것은 비교의 대상조차 안 된다고 생각합니다. 저는 기본적으로 자유민주주의자입니다. 북한체제는 자유민주주의를 근본적으로 부정하는 사회이기 때문에 인정할 수가 없습니다… 물론 이승만의 단정노선으로 시작해서 단독정부로 만들어지는 과정에서 이승만정부의 정통성을 인정합니다. 그 이유는 이승만정부가 자유민주주의를 제도화했다는 것입니다. 이것이 정통성의 근본이 됩니다.[2] (『동아일보』 1998. 11. 18)

이렇게 현시점의 지배적 이데올로기인 자유민주주의를 토대로 이승만정권의 정통성을, 또는 경제성장을 '이루었다'는(이 역시 논란의 대상이지만) 단일 기준만으로 박정희정권의 정통성을 주장하기도 한다. 이 같은 주장은 첫째, 당시의 역사성을 반영하지 못하는 몰역사적 접근이다. 둘째, 단일 환원론으로서 정통성에 대한 다양하면서도 포괄적인 기준을 배제하여 어떠한 정권도 정통성을 가질 수 있게 되는 '정통성 무용론'으로 귀결시킨다. 곧 어떤 정권도 최소한 한 가지 분야에서는 긍정적인 측면을 가지고 있을 테니까, 자의적으로 이 분야를 정통성의 기준으로 설

---

2) 최장집은 『조선일보』의 이념시비에 휘말려 정통성에 대해 충분한 학문적 고민을 하지 않은 상태에서 이와 같이 임기응변씩 답변을 한 것으로 보인다. 그렇지만 학문하는 사람으로서 이렇게 중요한 사회과학의 주제를 단순환원론이나 몰역사적 결과론으로 가볍게 결론짓는 것은 비록 언론과의 인터뷰라 하더라도 지식인으로 결코 바람직하지 못하다.

정하게 되면 모든 정권은 정통성을 다 가진다는 결과를 가져오기 때문
이다.

　이러한 한계를 극복할 수 있도록 정통성과 정당성을 다음의 〈표〉와
같이 세 가지의 작은 범주──권력뿌리(역사)정당성(historical legitima-
cy), 권력창출정당성(representation legitimacy), 권력행사정당성(perform-
ance legitimacy)──로 나누어 접근하는 총체적이면서 분석적인 개념을
도입하였다(강정구 1996c). 이러한 포괄적인 개념규정은 보다 객관적이고
보편적인 준거틀로 설정될 수 있는바, 이 세 영역의 정당성을 다 포괄하
는 포괄개념으로 정통성을 설정할 수도 있고, 또 필요한 경우 역사정당
성과 권력창출정당성만 포괄하는 좁은 의미의 정통성으로 개념설정을
할 수 있다. 이 글에서는 좁은 의미의 정통성과 권력행사정당성으로 나
누어 평가를 하기로 하겠다.

　이런 객관적 평가기준과 달리, 피지배인민 일반이 핵심 지배권력의 통
치를 자발적으로 수용하는 의미의 정통성, 곧 주관적 수용도를 중심으로
한 정통성을 하나의 기준으로 설정할 수도 있을 것이다. 그러나 이 기준
은 주관적 인식과 보편타당한 객관적 기준 사이의 괴리의 문제를 야기
한다. 스탈린치하의 소련인민이 당시에는 스탈린정권을 지지했다고 해
서 스탈린통치의 정통성을 높게 평가하기는 힘들 것이고 주관적 평가
역시 시간의 변화나 사회의 변화에 따라 달라지게 마련인 문제점을 가
지고 있다. 그리고 주관적 수용도 기준의 정통성은 건국 50주년을 계기
로 이승만에 대한 평가가 올라가고 IMF지배를 맞아 '박정희 되살리기'
가 등장하는 점 등을 어떻게 극복할 것인가 하는 문제점이 있다. 물론
북한처럼 역사적 특수성에 기인하여 시간의 변화에도 불구하고 주관적
수용도에 변화가 없을 경우 그 자체로서는 정통성을 갖춘 것으로 볼 수
도 있다. 그러나 역시 이 주관적 기준은 보편적 기준이 될 수 없는 약점

을 가질 수밖에 없다.

그러면 좀더 구체적으로 이 세 영역에서 정당성을 개념규정하고 또 측정기준을 설정해 보기로 하겠다.

〈표〉 정통성의 개념화 및 조작화

	좁은 의미의 정통성			권력행사정당성		
권력뿌리정당성	권력창출정당성			권력행사정당성		
민족사적 핵심 과제를 위한 실천행위	경기규칙 정당성	경기규칙 제정과정의 정당성	절차정당성: 경기규칙 집행의 합법성, 도덕성, 민주성, 합리성	민족사적 핵심과제 실현성	당대사적 보편과제 실현성	절차정당성: 권력 행사에서 합법성, 도덕성, 민주성, 합리성

첫째의 권력뿌리정당성은 정권을 구성하는 핵심 주체가 정권창출 이전에 당대에서 민족사적으로 요구되는 핵심 과제들에 대한 실천행위를 하였고, 또 정권창출 후 그것을 계승할 수 있는 정책지향이 구비되었는가 하는 점이다. 이 기준에 의한 정당성 판별은, 성권 핵심 주체가 정권 창출 이전에 적극적으로 당대가 요구하는 민족사적 과제에 대한 실천행위에 종사한 것으로 판단될 경우 우리는 그 권력 핵심 주체에 권력뿌리정당성을 부여할 수 있을 것이다. 이와 관련해서는 그 시대마다 내용이 다르겠으나 식민지하에서는 민족해방, 해방공간에서는 통일 및 민주화 등을 위한 실천행위가 주된 내용이 될 수 있다.

둘째의 권력창출정당성은 권력창출이 여러 가지 경기규칙(보편선거, 쿠데타, 세습, 국민투표 등) 가운데 얼마나 공정한 경기규칙에, 또 국민의 자유로운 선택이나 자발적 동의에 의존하고 있느냐에 따라 가늠된다. 이는 권력창출을 위한 경기규칙 자체의 정당성, 경기규칙 제정과정의 정당성, 그 경기규칙이 시행되는 절차정당성으로 나누어진다.

경기규칙 자체의 정당성은 정권창출이 국민의 자유로운 선택이나 자발적 동의를 수렴할 수 있는 올바르고 공정한 경기규칙에 의해 이루어졌느냐를 가늠하는 것이다. 이 경기규칙에는 흔히 대의제선거, 임명제, 국민투표, 대통령직선, 세습제, 간접선거 등이 포함되며, 이러한 경기규칙들이 그 당시의 역사적 상황에서 과연 국민의 자발적 동의를 수렴할 수 있는 적합하고 공정한 경기규칙인가를 판별하는 것이다. 비록 세습제라 하더라도 왕조가 지배하던 시대에서는 충분히 정통성이 인정되어야 한다. 그러나 21세기 기준에서 세습제는 보편적인 권력창출의 정당성을 가졌다고 보기 힘들다.

나아가 이러한 경기규칙을 제정하는 과정인 헌법제정이나 개헌이 자유·공정·의견수렴 등의 보편적 기준을 얼마나 충족시키는가 하는 점이다. 똑같은 보통·평등·비밀 선거의 경기라 해도 역사적 맥락에서는 그 정당성을 인정받지 못할 수도 있다. 가령 5·16쿠데타 이후 기존의 경쟁 정치세력들을 정치정화법으로 묶어놓고 군부가 독단적으로 경기규칙을 군부에게 일방적으로 유리하게 만들고 또 경쟁자를 경기에 참여하지 못하게 제한하여 집권한 박정희의 경우는, 설령 경기규칙 자체가 하자가 없다 하더라도 정당성을 가질 수 없다.

절차정당성은 국민의 자발적 동의를 수렴하는 형식으로 채택된 경기규칙을 집행하는 절차에서 얼마나 공정성과 자유가 보장되었는가를 기준으로 설정하는 것이다. 국민투표나 의회제선거에서 자유와 공정성 등이 보장되지 않을 경우, 선거라는 경기규칙은 단지 하나의 요식행위에 불과하므로 국민의 자발적 동의를 수렴하는 실질적 합리성은 전혀 성취되지 못한다. 따라서 경기규칙 그 자체의 중요성 못지않게 절차정당성이

주요하다. 우리는 4·19혁명과 필리핀의 '2월혁명' 등이 바로 이 절차정
당성을 가지지 못함으로 해서 발생했다는 사실을 유의할 필요가 있다.

세번째의 권력행사정당성은 민족사적으로나 세계사적으로 당대에서
핵심적이고 보편적인 과제라고 일반적으로 합의될 수 있는 과제의 구현
정도에 의해서, 그리고 일반적인 권력행사에서 얼마나 합법성, 민주성,
대표성, 합리성, 도덕성 등을 구비하였는가에 의해서 판별된다.

이 범주는 민족사적 핵심 과제의 실현성과 보편과제의 실현성으로 나
눌 수 있다. 이 두 가지는 서로 중첩될 수 있지만, 핵심 과제의 경우 정
권창출 이전부터 민족사적으로 최소강령 수준에서 실현이 요구되는 공
통적 과제로서 미완의 과제를 지칭하며, 보편과제는 과거로부터 역사적
으로 이월된 것이라기보다 당대에서 대두된 과제를 일컫는다. 무엇이
민족사적으로 핵심 과제인가를 판별하는 어려움이 있겠지만 당대나 정
권창출 이전의 시점에서 보편적으로 쉽게 공유되었던 최소강령적 공통
분모라고 볼 수 있다. 해방공간에서는 친일파 및 민족반역자의 인적·
물적 청산을 포함하여 일제식민지 잔재의 청산과 통일지향성 등이 공유
된 최소강령이라고 생각된다.

민족사적 핵심 과제의 실현성은 권력뿌리정당성과 밀접히 관련되어
있다. 권력뿌리정당성이 확고할 경우 이러한 민족사적 핵심 과제의 실
현에 대한 의지가 정당의 정강이나 선거공약에 반영되고 최우선정책으
로 부각되게 마련이다. 따라서 정권창출 이전에 권력뿌리정당성을 판별
하는 기준은 바로 이러한 민족사적 핵심 과제에 대한 공약이나 정강의
반영도 등이 될 수 있다.

보편과제의 설정에서는 정권 차원에서 과제로 설정한 것들과 국민대
중이 설정한 과제 사이에는 상당한 상충이 있을 수도 있는데, 이에 대한
올바른 과제의 설정기준은 보편적 가치지향, 연구자의 가치관 및 경험적

인 문제라고 볼 수 있다. 그리고 비록 그 보편과제가 인류보편사적으로 정당하고 국민일반의 동의를 얻어 정책적으로 추진되었고 또 어느 정도 실현되었다 하더라도, 그 실현과정에서 합법성·민주성·도덕성·합리성 등을 갖추었느냐 하는 것이 정당성 판별에 대한 또 하나의 기준이 될 필요가 있다. 목적을 달성하기 위하여 무엇이든지 최적의 수단을 강구하면 된다는 맹목적인 도구합리성은 정당성의 차원에서 수용될 수 없다.

그러면 정통성과 정당성의 관계를 살펴보기로 하겠다. 정통성의 핵심은 역사성에 있다. 그러므로 보다 엄밀하게 정통성을 역사성에 맞추는 것이 필요하다. 앞에서 살펴보았듯이, 우리 사회나 제3세계에서 정통성 문제는 주로 정권출범 이전에 권력핵심체가 지녔던 성격이나 실천행위에 초점이 맞추어진다. 곧 권력뿌리정당성과 권력창출정당성에 국한되는 경향이 있다. 이 좁은 의미의 정통성은 보다 학술적인 개념으로 자리잡은 정당성의 개념을 살리면서 우리 사회나 제3세계에 통용되는 정통성을 포괄할 수 있는 장점이 있다.

그러나 정통성을 정권창출 이후의 권력행사정당성까지 포함하여 넓은 의미로 개념구성을 할 경우 역사성과 당대의 실천성을 동시에 수용할 수 있는 유용성이 있다. 이제 우리 사회도 '국민의 정부'인 김대중정권을 계기로 좁은 의미의 정통성이 당대사적 과제로 등장할 단계를 지나 성숙단계로 이행해야 할 과제를 안고 있다. 따라서 그 초점은 정권의 정통성보다 권력행사의 정당성을 확보하는 것으로 서서히 바뀌어야 할 것이다. 물론 2002년 대통령선거에서도, 과거의 반독재 민주화라는 시대적 소명을 배반하고 유신정권이나 전두환정권의 독재권력에 빌붙어 권력을 누려왔던 유신잔당(김종필, 박근혜 등)이나 5공잔당(최병렬 등) 등이 예비후보자로 등장하여 권력핵심을 노리고 있는 것이 현실이지만 이러한 현상은 곧 종식될 것이다. 이러한 변화된 역사적 조건을 감안하여,

이 글에서는 정통성을 권력뿌리정당성과 권력창출정당성에 국한하는 개념, 곧 좁은 의미의 정통성으로 개념규정하겠다.

2. 북한의 정통성 평가

국가정통성

남북한 국가로서의 정통성은 초기정권의 정통성을 바탕으로 논의될 필요가 있다. 이는 초기정권에서는 건국이념이 필연적으로 제시되고 또 초기정권이 틀지어 놓은 역사지향이나 이념, 헌법이 권력구도에 반영되어 일반적으로 이후 정권에 지속적으로 계승·발전되기 때문이다.

우선 북한의 초기 김일성정권의 권력뿌리정당성을 평가해 보겠다. 여기서 정당성의 기준은 권력핵심부가 권력창출 이전의 시대적 민족사 과제를 위한 실천행위이다. 제1부 1장에서 확인한 바와 같이, 해방공간이나 일본제국주의 지배 당시의 민족사적 핵심 과제는 민족해방투쟁, 통일민주국가 수립, 친일파와 식민지잔재 청산, 민족정기 수립 및 봉건유제 청산 등일 것이다. 항일무장투쟁을 주도한 김일성은 말할 것도 없고, 북한 초기정권의 권력핵심인 북로당의 경우도 당시의 민족사적 핵심 과제였던 민족해방투쟁에 열렬히 참여했던 것은 잘 알려진 사실이다. 1946년 8월 29일에 열린 북조선로동당 창립대회 대표자 801명에 대한 심사위원회의 심사결과를 보면, 북한권력 핵심인 북로당의 인적 구성이 얼마나 친일파를 배제하고 항일민족해방투쟁세력 중심으로 이루어졌는가를 확인할 수 있다. 대표자 801명 중 해외에서 항일혁명사업을 전개한 대표자와 국내의 항일투쟁과정에서 감금을 경험한 당대표자 수는 무려 718

명으로 전체 당대표의 89.6%였다.

> 1945년 8월 15일 전에 일제에게 체포당한 동지들 중 감금자수 291명 36%, 1
> 년~5년 징역자수 149명 18%, 6년~10년 징역자수 71명 7%, 10년 이상 징역자
> 수 26명 3%, 최고 징역자 년수 18년인데 그 수는 1명이고 옥중생활한 동지들의
> 총수 263명이며, 그 징역의 총연장 년수는 1087년이었습니다. …반일투쟁으로
> 혹은 지하운동 혹은 무장폭동 등 망명으로 외국에서 혁명사업하던 동지들의 수
> 는 427명 53%이었습니다. (국토통일원 편 1988, 20쪽에서 재인용)

북한정권이 공식적으로 창출되기 이전에도 이의 전신인 북조선임시인
민위원회는 친일파숙청이나 일제잔재의 청산을 추진하여 과거청산을
거의 완벽하게 해내었고, 건국사상총동원운동을 통해 민족자긍심과 민
족정기의 수립을 도모했고, 남녀차별금지법 등을 통해 봉건유제의 청산
에 매진했고, 또한 항일무장투쟁의 계승을 정권의 건국이념으로 설정하
는 등 해방공간의 민족사적 과제를 실천하였다. 이로써 북한은 권력뿌
리정당성에서 남한을 훨씬 능가했다.

권력창출과정에서는 비록 나름대로의 선거절차를 통해 국민일반의 선
택에 의해 국가권력이 창출되었다 하더라도, 절차제도상으로 찬반투표
제도 때문에 선택권이 제한된 점에서 권력창출정당성은 일정한 한계를
지녔다. 그러나 북한은 남한과 달리 48년 7월, 비록 한계는 있지만 연판
장 선거를 통해 남한지역을 대표하는 1080명의 인민위원을 선출하였고,
이중 1002명이 38선을 넘어 해주에서 남조선인민대표자대회를 열어 남
한을 대표하는 최고인민회의 대의원 360명을 뽑아서 북한대의원 212명
과 합쳐 572명이 조선최고인민회의를 구성하여 초대정권이 출범되었다.
여기서는 실질적으로 조선인민을 전적으로 대표하였느냐 하는 문제가
제기될 수밖에 없다. 하지만 형식적으로는 전체 조선인민의 선택에 의

해 북한정권이 창출되었다는 점에서 북한지역의 선거를 아예 외면한 남한과는 대조를 이룬다.

권력행사정당성에서도, 북한은 토지개혁을 비롯하여(강정구 1990b) 반제반봉건 민주개혁과 식민지잔재의 구조적 및 인적 청산을 거의 완벽하게 이룩하여 초기정권 차원의 정통성과 정당성이 높은 수준이었다. 여기에다 해방공간 당시의 조선사회가 가지고 있었던 내재적 역사행로인 사회주의를 사회구성체로 채택한 점은 민족정통성을 충족한 것으로 볼 수 있다(강정구 1994a).

북한은 권력창출과정 면에서 한계를 가졌지만 권력뿌리와 권력행사에서 높은 정당성을 가졌기 때문에, 국가 수준의 높은 정통성을 지녔다고 보아야 하고 바로 이 때문에 오늘날 극심한 식량난과 경제난에도 불구하고 정권의 생존권을 지금까지 유지할 수 있는 것으로 보인다.

그러나 현재의 김정일정권은 비록 북한인민의 '전폭적'인 지지를 받고 있다 하더라도, 초기의 김일성정권과 같은 정통성을 갖추었다고 보기 힘들다. 권력뿌리정당성 면에서는, 김정일이 후계자수업을 받았고 김일성에 의해 선택되었고 북한인민의 '전폭적'인 지지를 받았다 하고 또 다른 대안이 없었기에 북한 나름대로의 뿌리정당성을 가졌나고 볼 수 있겠지만 객관적 기준에서는 수긍하기 힘든 측면이 있는 것도 사실이다. 또 권력창출정당성의 기준에서는 권력창출 경기규칙 자체가 정치권을 기본적으로 제한하고 있어 북한인민 일반의 자유스런 선택이라는 요건을 객관적으로 갖추었다고 보기 힘들다. 권력행사정당성에 대한 평가는 시기상조이다.

종합적으로 북한의 정통성은 초기 김일성정권을 중심으로 한 국가정통성 차원에서 높은 수준의 정통성과 정당성을 가졌다고 볼 수 있다. 그러나 현 김정일정권은 이전의 김일성정권과는 격차를 보이고 있음을 부인하기 힘들다.

민족정통성

북한의 민족정통성에 대한 평가와 관련해서는 보다 엄밀하고 심층적인 연구가 요구되지만, 여기에서는 논의의 핵심만 제시하도록 하겠다. 이 역시 보편타당한 공인된 평가기준이 없이 각기 자의적인 판단에 의해 선험적으로 평가하여 역사를 왜곡하는 것이 지금까지의 실정이었다. 또한 국가정통성과 함께 이 민족정통성 문제도 냉전성역이 되어, 그것이 비록 학문적 접근일지라도 국가보안법의 희생이 되는 가장 예민한 문제이다. 공안당국은 바로 필자의 기존 연구물인 나름대로의 정통성평가를 문제삼아 기소를 했을 정도이다. 그러나 이러한 국가보안법이나 냉전성역에도 불구하고, 또 이렇기 때문에 더욱더 과학적 평가를 통해서 냉전성역을 허물어뜨릴 것을 오늘의 통일성취시대는 요구하고 있다.

민족정통성에 대한 준거기준 역시 다양한 논의가 있을 수 있으나, 제국주의의 식민통치를 강제당한 우리의 경우 다음 네 가지 요소가 핵심적인 기준이라고 할 수 있다. ① 독립운동 등 민족을 위해 헌신한 사람들을 기리고 보상하는 민족정기 바로 세우기 정도 ② 이들이 실제로 사회의 중추세력이 되는 민족성의 구현 정도 ③ 친일파청산이나 통일국가 수립 등 당시의 민족사적 핵심 과제 구현 정도 ④ 외세가 아닌 내적 역사흐름에 순응하는 민족사 행로의 이행 정도가 그것이다.

이와 같은 기준에 따라 시론적 수준에서 간략한 평가를 시도해 보겠다. 본격적인 평가는 아주 세밀한 경험적 자료에 의해 심층적인 논의가 이루어져야겠지만 여기서는 윤곽만 제시하는 것으로 하겠다.

첫째 기준인 민족정기 바로 세우기 정도는 친일파청산이나 만경대혁

명열사유자녀학원 등을 바탕으로(강정구 1996a, 125~28, 150~51쪽) 평가
될 수 있을 것이다.

　둘째 기준인 사회 중추세력 구성상의 민족성 구현 정도는 앞에서 확
인한 대로 1946년 8월의 북로당 창립대회 전체 당대표 801명 중 718명
(89.6%)이 항일투쟁으로 구금당한 경력이 있어 항일민족세력이 사회 중
추세력이 되어 권력 핵심 체제를 구성한 것으로 잠정 평가할 수 있을
것이다. 북한의 경우, 로동당이 사회 전체가 나아갈 역사지향을 제시하
고 지도하는 권력의 핵심 구성체이므로 당 지도부에 대한 분석이 필수
적이다. 이에 덧붙여 행정실무를 담당하는 정무원이나 내각의 구성에
대한 분석도 요구되지만 이는 본격적인 연구에서 할 일이다.

　셋째 기준인 민족사적 핵심 과제의 구현 정도는 해방공간의 민족사적
핵심 과제였던 친일파 등 식민지잔재 청산, 민족통일국가 수립, 민족자
주와 민주주의 구현 정도, 민중의 권익실현 정도 등에 대한 경험적 연구
가 요구된다.

　넷째 기준인 내재적 민족사행로의 이행 정도는 역사추상에 의한 해방
공간의 내재적 민족사행로에 대한 역사추상형을 먼저 제시하고 이 추상
형의 구현 정도에 의해 경험석으로 평가되어아 힐 깃이다.

　이와 같이 국가정통성이든 민족정통성이든 남쪽에서는 정통성이 무조
건 남쪽만 있거나 높고 북쪽은 없거나 낮으며, 북쪽 역시 남쪽은 무조건
전무하고 북쪽만 온전한 것으로 선언적으로 규정되어서는 안 된다. 해
방공간 당시의 구체적인 역사적 조건에 걸맞은 보편타당한 기준을 먼저
설정하고 이 준거틀에 따라 구체적인 경험자료에 근거해서 엄밀한 평가
를 하는, 곧 맹목적 신념이 아니라 과학적 지식에 따른 평가가 요구된다.
그러나 국가보안법이 엄존하여 학문사상의 자유를 억누르고 있는 남한
이나 시민사회의 자율적 영역이 전무한 북한 모두에서 이에 대한 과학

적인 평가는, 설령 그것이 학문적 논의라 할지라도, 옥살이 등과 같은
학문 외적인 억압이 따르는 게 우리의 엄연한 현주소이다.

3. 남한의 정통성 평가

　이러한 북한과는 대조적으로 남한의 국가정통성은 논란의 여지가 많
다. 초기 대한민국의 정통성을 유엔의 책임과 관리 아래(실제로는 유엔
이라는 이름 아래 미국의 군사정부에 의해 주관된 관권 및 탈법 선거의
전형이었다) 실시된 5·10선거에 의해 정권이 수립되고 유엔의 승인을
받았다는 데서 정통성을 찾고 있었다. 정통성의 근거를 나라 안에서 찾
는 것이 아니라 나라 밖에서 찾았다는 점은 사대주의적인 발상이라는
비난을 면하기 힘들 뿐더러 당시의 대부분 정치세력에 의해서도 이승만
정권의 정통성이 부정되었다.

　김구, 김규식 등 남한 내 주요 정당과 사회단체(5·10단독선거에 참
여한 한민당과 이승만계를 제외한) 대표자 대부분이 참여한 가운데 열
린 48년 4월 평양의 남북제정당사회단체대표자 연석회의의 합의사항은
5·10선거와 이 선거에 의해 수립되는 남한 단독정부의 합법성 및 정통
성을 부인했다. 이는 남한정부가 출범하기도 전에 대부분의 남한 내 정
당·사회단체와 북한 내 정당·사회단체에 의해 그 정통성이 아예 부
정되었음을 의미한다. 이 연석회의의 공동성명은 4개항을 포함하고 있
는데 그 4항에서 "남한 단선을 인정치 않으며 이를 통해 수립되는 단정
도 인정하지 않는다"(김인걸 외 1998, 61~62쪽에서 재인용)고 명시하고 있
다. 이들은 5·10선거는 필연적으로 남한만의 단독선거로 귀착되고 이
는 민족을 분단시키는 것으로 보았기 때문에, 아예 5·10선거 자체를

부정했고 이 부정된 선거에 의해 창출된 정권 역시 그 정통성을 갖출
수 없다고 보았던 것이다.

  필연적으로 분단을 가져오게 되어 있는 5·10단독선거에 의해 출범한
초기 이승만정권은 친일파들로 권력핵심체를 이루었다는 점에서 권력
뿌리정당성이 훼손되었다. 또 권력창출정당성의 차원에서도 5·10선거
가 당시 남한주민의 자유의사를 제대로 반영하지 않았다는 점에서 커다
란 하자가 있었다. 그리고 미군정에 의한 관권선거였고 자유를 보장하
지 않은 선거였다는 점에서 권력창출 절차정당성도 제대로 갖추지 못했
다. 더 문제가 되는 것은 당시 모든 좌익, 김규식을 중심으로 한 모든
중도파, 김구를 중심으로 한 우파진영의 많은 정당과 사회단체가 5·10
선거를 분단선거로 규정짓고 선거참여를 거부했다는 점이다. 단지 극우
진영인 이승만세력, 친일파가 주축을 이룬 한국민주당, 서북청년단·대
동청년단 등 테러집단들만 5·10선거에 참여했다. 당시 남한의 400여
정당·사회단체의 불과 10% 정도만 참여한 셈이었다. 그래서 5·10선
거는 투표 이전에 이미 극우분단세력이 집권하는 것이 예정되어 있어
권력창출정당성에 심각한 훼손을 겪을 수밖에 없었다(강정구 1993a).

  이러한 문제점은 이미 김규식에 의해서 예견되었고 한민당을 미군정
의 여당이라는 세간의 평가에서도 암시되고 있었다. 당시 남조선과도입
법의회 의장이었던 김규식은 친일파가 미군정을 장악하고 있는 통치구
조 등에 대한 전반적 개혁을 수행하지 않고 전조선 총선을 통한 임시정
부를 수립하게 되면, 극우세력이 선거를 지배하게 되고 친일파들이 권력
을 잡을 것이라고 예상했다. 그래서 그는 2차 미소공동위원회가 열리자
임시정부 수립에 관한 한 미국측의 총선거 방식보다는 지명에 의한 내
각선출 방식을 선호한다는 것을 분명히 하였다.[3] 1947년 4월 당시 국민
의회의 의장 조소앙 역시 이승만의 단독정부수립 안은 정통성이 없다는

것을 밝혔는데, 그는 상해임정측의 정부수립계획안, 이승만의 단정안, 미군정안의 과도정부안이 지향하는 노선은 각기 통일독립국, 국부적 독립국, 국부적 비독립 지방정부라고 보았다(『경향신문』 1947. 4. 2).

권력행사 면에서도 당시의 민족적 핵심 과제였던 친일파청산이나 민족통일을 위한 노력, 민주주의 구현 등에 역행하는 정책으로 일관하여 그 정당성을 전반적으로 상실했다(강정구 1996c). 나아가 해방공간 이전의 민족사적 핵심 과제를 위한 실천행위나 해방공간에서의 민족적 과제의 구현에서도 긍정적인 평가를 받기는 힘들 것으로 보여, 민족정통성의 차원에서도 엄청난 문제를 가진 정권으로 평가할 수 있을 것이다.

결론적으로 남한의 국가 차원 정통성은 이후 상해임정의 계승 등의 노력에도 불구하고, 초기 이승만정권에 대한 객관적 분석에서는 결코 만족할 수준이 못 된다는, 곧 정통성부재라는 것은 엄연한 역사적 사실이다. 권력행사정당성의 부재 또한 마찬가지이다. 최근 일부 언론이 국가 차원의 정통성 부재를 '이승만 되살리기' 등 역사왜곡을 통해서 억지 정당화시키는 시도를 하는 것은 역사에 대한 도전이다. 오히려 자신을 겸허하게 반성하고 과거를 통한 역사적 교훈으로 통일한국의 정통성을 되세우기 위한 노력을 배가하여야 할 것이다.

그러나 현 김대중정권은 정권정통성 차원에서는 객관적으로 정통성을 제대로 갖추었다고 볼 수 있다. 김대중정권은 정권창출 이전의 민족적 과제인 민주화나 통일을 위한 실천노력과 이론적 탐구 등으로 높은 뿌리정당성을 가졌으며, 권력창출정당성에서도 비록 안기부의 북풍공작이 있긴 하였지만 97년 대선이 공정하고 자유스러운 분위기에서 치러져 국민의 선택에 의해 권력이 탄생한 것으로 평가될 수 있다. 권력행사정당

---

3) 미소공위 문서철, 롤번호 6, "브라운과 김규식의 면담" 1947. 6. 9(정용욱 1995, 198쪽에서 재인용).

성에 대한 평가는, 신자유주의 매몰정책으로 국민경제의 토대상실이 예견되고 친인척비리가 드러나는 등의 문제가 있긴 하지만 아직 구체적으로 논의하기에는 시기상조이다. 비록 군부독재의 개척자인 김종필을 필두로 하는 자민련과의 연합정권이라는 한계는 있음에도 이제까지 남한의 역대정권 가운데 가장 정통성 있는 정권이라고 보아야 할 것이다. 우리는 정통성이나 정당성의 측정에서 완벽성만을 추구할 것이 아니라 정도의 문제로 설정하는 현실적인 접근을 취해야 할 것이다.

4. 맺음말

이제 보다 보편적이고 객관적인 기준에서 정통성문제를 종합한다면, 국가정통성에서는 북한이 남한을 능가하고 현정권의 정통성에서는 남한정권이 북한정권에 비해 우위를 차지한다고 볼 수 있다. 국가정통성을 제대로 못 가진 남한은 북한의 초기 국가정통성 구비를 높게 평가하고 뼈아픈 자성을 하여야 하며, 북한의 현정권은 비록 주관적 수용도라는 측면에서 정통성을 '향유'한다 하더라노 보편적이면서 객관적인 수준에서 정통성의 한계를 인정해야 한다고 본다.

북한과 일부 통일운동진영의 대남 인식은 발생적 결정론(genesis determinism)과 영역오류(instance fallacy)를 범하는 경향이 있다. 비록 남한이 국가정통성의 부재와 종속체제하에서 출발했지만 이 태생적 한계가 지금까지 불변적으로 존재하는 것은 아니다. 이제 남한은 형식민주주의의 제도화와 국민정부의 출범으로 정통성부문을 향상시켰으며, 3저호황 이후 국내시장 기반의 확충으로 경제적 종속 또한 상당히 개선된 적도 있었다. 이를 고려하지 않고 북한의 태생적 국가 및 민족 정통성을

바탕으로 여러 가지 다른 부문에서도 북한의 대남 우위를 주장하는 것
은 영역오류를 범하는 것이다.

　남한 또한 이러한 역편향을 가지고 있다. 지금이 좋으니까 옛날도 응
당 좋았다고 보는 몰역사적 결과론이다. 이는 역사평가의 기준을 편의
적이고 자의적으로 조작할 수 있어 당대의 시대적 요구를 전혀 수용하
지 못할 뿐더러, 역사를 제멋대로 재단하게 되어 정통성논의 자체를 무
의미하게 만든다.

　상대방에 대한 나의 우위를 불문가지(不問可知)의 냉전성역으로 안
치할 것이 아니라 나에 대한 상대방의 우위성을 적극적으로 평가하고
수용하는 접근이야말로 이 시점에서 남북화해와 내적 통일기반 조성을
위한 통일 지향적 역사인식이다. 남한의 대북 인식은 초기 북한의 국가
정통성을 우리 통일조국이 계승하는 인식으로 바꾸어야 한다. 북한의
대남 인식은 비록 초기 국가정통성은 빈약하지만 지금의 남한정권의 정
통성은 훌륭한 것으로 인정하여 미래 통일사회의 지표로 삼는다는 인식
으로 바꾸어야 할 것이다. 곧 자기성찰과 상대방의 정당한 자리매김이
서로 변증법적 지양으로 승화하는 인식으로써 남과 북 그리고 통일운동
진영은 나아가야 할 것이다.

2. 남과 북의 새로운 자리매김

통일이나 남북 문제가 나오면 언제나 부딪히게 되는 예민하고도 당혹
스런 주제가 바로 정통성이라고 앞장에서 지적했다. 정통성 못지않게
우리를 당혹하게 만드는 주제가 전민족적 과제인 자주·민주·통일이
라는 영역에서의 남과 북의 자리매김이라고 힐 수 있다. 이 주제 역시
통일성취시대를 맞아 이제는 짚고 넘어가야 할 당면과제의 하나이다.

흔히들 4월혁명을 '미완의 혁명'으로 성격규정하고 또 1960년 이후 이
제까지의 한국 사회운동을 통해 이어지고 있는 '계속혁명'으로 자리매김
한다. 이는 4월혁명이 추구했던 핵심적 이념지향인 자주·민주·통일
이 아직도 한국 사회운동의 당면과제로 설정되고 있음을 뜻한다. 그러
나 4·19 당시와 21세기 초입인 지금의 경우, 이 자주·민주·통일의
기본적인 이념지향이나 이를 구현하는 방향과 구체적인 내용이 동일할
수는 없다. 거의 40년이라는 시간흐름 속에서 남쪽이나 북쪽 모두 엄청

난 역사의 변화를 겪었고, 지구촌도 냉전의 극한적 상황에서 탈냉전으로 나아가는 등 여러 가지 변혁을 겪어왔기 때문이다. 따라서 4월혁명의 숭고한 이념적 지향을 기계적이고 경직되게 추구할 것이 아니라 오늘의 변화된 사회·역사적 조건에 맞게 유연하고 창조적으로 추구해야 할 것이다.[1]

이 글은 이러한 문제의식 아래 자주·민주·통일이라는 4월혁명의 이념적 지향을 21세기 초의 변화된 객관적 조건 속에서 추구하고 구현해야 할 방향과 내용을 제시하도록 하겠다. 지구촌, 남한, 북한의 수준에서 4월혁명 당시 자주·민주·통일의 각 조건이 어떠한지 살피고, 21세기 초인 오늘의 조건을 제시하여 그 차이를 확인하고, 이 변화된 조건 속에서 이 세 가지 이념을 구현할 방향과 내용을 제시할 것이다. 특히 남과 북의 달라진 위상을 점검하면서 이 새로운 위상에 맞는 모색을 시도하겠다. 이를 통해서 4월혁명 과제의 현재적 구현운동이 21세기 초의 통일성취시대를 맞아 살아 있는 역사와 유기적으로 결합하여 생명력을 얻는 데 보탬이 되고자 한다.

1. 자주의 과제

1961년 2월 '2·8한미경제협정반대 공동투쟁위원회'와 '서울대학교 민족통일연맹'의 성토문은 민족자주를 다음과 같이 강도 높게 외쳤다.

---

1) 자주성이나 민주성의 경험적 연구는 하나의 연속체(continuum) 위의 정도 문제로 설정되어야지 완결성의 개념으로 파악되어서는 안 된다. E. H. Carr가 이야기했듯이 역사에서의 진보란 분명한 시작과 끝이 있다고 가정해서는 안 된다. 민주나 자주도 완결된 끝이 있는 것이 아니라 끊임없이 민주성과 자주성을 확장하는 과정에서 역사의 진보가 구현되는 것이다.

　　전세계 식민지 약소민족들은 저마다 영광스러운 자유와 독립을 쟁취하여 새
로운 역사의 전진을 추구하는 오늘 우리 조국은 아직도 외세에 의하여 분할지배
되고 있으며 갖은 굴욕과 참극을 강요당하여 왔습니다. …민족의 분할을 영구화
하고 조국의 주권을 굴욕적으로 침해하는 한미경제협정을… 한민족의 자유와
통일독립 그리고 빛나는 문화적 전통이 전민족의 과감한 자기희생적 투쟁[을
촉구한다.]

　이에서 확인할 수 있듯이 4월혁명은 민족자주 구현을 그 이념적 지향
으로 삼았다(사월혁명연구소 1990, 287~88쪽). 이는 일본제국주의의 식민
지통치에 의한 민족자주의 상실, 해방 후 외세의 강압에 의한 민족분단,
한국전쟁에서의 외세의 개입과 그로 인한 분단의 공고화, 주한미군의 존
재, 신식민지적 예속성, 남북의 적대적 대치 등의 역사적 경험에서 도출
된 우리 민족의 고뇌가 응축된 결과물이다.

　4월혁명 당시 자주이념에 대하여 공유된 구체적 내용은 제시되고 있
지 않지만 북한의 주체사상이 제시하고 있는 '지도원칙'의 본질이나 세
칙과 궤를 같이한다고 볼 수 있다. 사상에서의 주체를 구현하기 위하여,
자기 나라를 위하고 자기 것에 정통하고 높은 민족적 자존심과 자부심을
가지고 민족문화를 발전시키고 시대주의를 비롯한 낡은 사상을 배격하
여야 하며, 이러한 세칙을 진척시켰을 때 인민대중이 혁명과 건설의 주
인이라는 자각을 가지게 되고 자기 나라의 혁명과 건설을 중심에 놓게
되고 모든 문제를 자기의 힘과 지혜로 풀어나가는 관점을 가지게 된다고
본다. 이로써 주체적인 역량이 강화되어 대외적 예속에서 벗어나 민족의
완전한 자주권과 평등권을 행사하고 고수할 수 있다는 것이다(김창원
1988). 민족의 자주권과 평등권 구현의 수단으로서 이러한 지도적 원칙
이나 세칙이 과연 걸맞은 것인가에 대한 논란이 있겠지만, 이는 당시 남
과 북을 아우르는 공통된 이념지향이었고 민족주의의 내용이었다.

이제 민족자주를 중심으로 세 가지 수준——지구촌, 남한, 북한의 수
준——에서 4월혁명 당시의 조건을 살펴보고 21세기 초인 오늘의 조건
을 제시함으로써 그 차이를 확인하고, 이 변화된 조건 아래서 자주의 이
념을 구현할 방향과 내용을 제시하도록 하겠다. 이러한 접근방식은 3절
의 민주, 4절의 통일에서도 동일하게 적용될 것이다.

1950년대의 지구촌은 미국과 소련의 양극화된 세계질서 아래 냉전의
심화로 인해 제3세계가 독자적인 자주성을 견지하기가 어려운 상황이었
다. 특히 1947년 3월 미국의 트루먼선언(Truman Doctrine)은 각 나라에
'내편이 아니면 악마의 편'이라며 줄서기를 강요하던 상황이었다. 그러
나 다른 한편 2차대전 이후 사회주의의 비약적 발전에 힘입어 자본주의
체제에 대항할 수 있는 사회주의 체제가 성립되면서 제국주의의 일방적
이고 일원적인 제3세계 지배체제를 견지할 수 없게 되었다. 소련과 사회
주의 체제의 후견세력에 힘입어 아시아와 아프리카에서 민족해방투쟁
이 가열되고 민족주의가 고양되었다.

이들 신생 아시아·아프리카의 제3세계는 친사회주의적인 경향을 띠
었다. 자본주의가 발전한 제국주의에 의해 식민지를 강요당했던 제3세
계가 독립을 쟁취한 후 반제국주의 및 반자본주의 노선을 택하는 것은
자연스런 현상이었다. 특히 미국의 뒷마당이라고 볼 수 있는 쿠바에서
카스트로 지도 아래 일어난 민족혁명은 제3세계의 많은 민족주의자들에
게 신선한 충격과 희망을 불어넣어 주었다.

한편 이러한 편가르기가 강요되는 세계질서 아래서도 제3세계의 일부
중진국들(인도네시아, 인디아, 이집트, 유고슬라비아)은 1955년 반둥회
의를 계기로 미국과 소련, 어느 한편에 줄서기를 거부하고 독자노선을
추구하는 움직임을 보이면서 세력화되기 시작했다. 이는 양극 세계체제
가 행사하는 제3세계 자주성에 대한 객관적 규정력이 강화되었음에도

불구하고 주체적 역량에 따라서는 독자노선을 추구할 수 있는 가능성이 있음을 보여주었다(홉스봄 1997, 499~502쪽).

1950년대 자주성에 대한 남한의 객관적 조건이나 주체적 역량은 그야말로 황무지였다. 우선은 해방 후 민족적 최우선과제였던 일제식민지 잔재 청산이 인적 수준과 물적 수준에서 전혀 이루어지지 않아 자주성의 내적 터전이 없었다. 또한 친일·친미파의 권력장악과 급진·중도·우익에 이르는 '모든' 민족주의자의 소멸로 주체적 정치역량이 소진되어 정치적 토대가 전무했을 뿐 아니라, 대외적으로는 미국의 신식민지 예속하에 놓여 있어 정치·경제·외교·사상·군사 등 전사회영역에서 미국에 의한 일원적 예속화는 절정을 이루었다.

이 예속성의 단적인 보기가, 물론 한미상호방위조약 등 수없이 많지만 4월혁명 당시에 체결된 2·8한미경제협정이다. 협정의 예속성은 "기존의 예속관계를 정리하여 문서화한 것일 뿐 새로이 예속, 종속 관계를 창설하는 내용은 아니라는" 평가에서도 확인되듯이(사월혁명연구소 1990, 287~88), 새삼스러운 것이라기보다 항상적인 것이었다.

첫째, 한국은 미국에 대하여 재정, 예산, 금융통화, 무역외환, 경제계획과 경제개발에 이르기까지 완전한 정보를 제공하여 미국기관의 감독과 지시를 받도록 하고…;

둘째, …미국정부가 통고하는 일체의 미국인 또는 기타 외국인은 무조건 접수하고…;

셋째, …미국인과 기타 〔외〕국인에 대하여 관세·통관세를 비롯하여… 일체의 조세를 면제〔하며〕,

넷째, 미국이 …원조물자의 수시적이며 일방적인 중단을 감행할 수 있도록 규정하고 있다.

이제 북한의 조건을 살펴보자. 북한의 자주성에 대한 내적인 물적·인적 토대는 남한과 비교가 되지 않을 정도로 높았다. 또한 정치권력의 안정성과 정통성은 자주성에 대한 정치적 토대를 구축 가능케 하였다. 북한은 1946년 토지개혁을 필두로 전개된 반제반봉건 민주개혁으로 제국주의 침투의 물적 토대가 소멸되고 자립적 민족경제노선으로 자주적인 물적 토대를 갖추었으며, 인적 토대는 친일파의 완벽한 청산과 민족해방투쟁세력의 권력장악으로 갖추어졌다. 1946년 8월 29일의 북조선로동당 창립대회 대표자 801명에 대한 심사결과는 북한권력의 주체가 친일청산과 항일민족해방투쟁 종사자 중심으로 형성되었음을 잘 보여준다. 또한 1946년 11월 3일 실시된 도·시·군 인민위원회 인민위원선거에서 친일분자들은 선거권과 피선거권을 박탈당했으며, 후보자 가운데 숨겨진 친일행위를 밝히기 위해 리총회에서 거르는 과정을 거침으로써 인민정권에서도 로동당과 마찬가지로 철저한 인적 청산이 이루어졌다.

이후 1955년에는 사상에서의 주체가, 56년에는 경제의 자립노선이 선언되고, 58년에는 중국군이 완전히 철수하여 미군이 주둔하는 남한과 대조를 이루었다. 이어 1962년부터 소련과의 관계에서 적극적으로 대외 자주노선을 추구하여 1966년에는 대외 자주노선의 완결선언을 하게 되는데, 이는 대내적 주체노선과 대외적 자주노선의 완결을 의미하는 것이었다.

여기서 우리가 주목할 것은, 북한의 경우 이러한 대내적 인적·물적·정치적 토대를 중심으로 대소 자주노선을 추구하였고 또 괄목할 만한 성과를 거두었다는 점이다. 이는 자주노선 관철에 대한 대내적 조건이 구비된데다 대외적 조건도 뒷받침되었음을 의미한다. 이들 조건은 물론 정권 초기부터 철저한 민족성과 자주성을 추구한 역사적 요인이 결정적이었지만 그 밖에도 다음과 같은 조건들이 촉진요인으로 작용했다. 첫째 미국과 소련의 양대 편가르기 냉전체제가 성립되어 있었지만 반둥체제와 같은 제3의 영역이 실존하고 있었다는 세계질서구도의 특성, 둘째 중국과 소련이라는 사회주의 강대국들간의 대립과 상호견제라는 사회주의 중심국들간의 균형, 셋째 자본주의 체제로부터의 생존권 위협에 직면했을 경우 최소한 소련이나 중국이 이를 보호해 줄 수 있는 보호막 및 방패막이의 확보, 넷째 비록 자주노선을 유지하였지만 사회주의권과 경제 협력이나 지원의 지속과 보호막으로 자립경제의 추구가 가능한 구도의 형성 등이 그 요인일 것이다.

그러나 사회주의 체제가 몰락하여 생존권에 대한 보호막이 사라지고, 미국을 중심으로 한 단일자본주의 세계체제의 규정력이 전면적인 지구촌화로 별다른 저항 없이 작동하는 21세기 초에는 자주노선 견지의 대외적 조건이 거의 붕괴되었다. 더구나 자력으로 회생이 쉽지 않은 최악의 경제상황하에서 자주노선의 물적 기반인 자립적 민족경제가 더 이상 지속 가능한 대안이 될 수 없기 때문에 자주성의 지속은 심대한 제약을 받을 수밖에 없다.[2] 특히 경제회생을 위하여 미국이나 남한·일본의 지원에 의존할 수밖에 없어 자주성에 대한 제약은 더욱 커질 것이다. 더구나 지구화, 정보화, 초국적 금융자본의 세계지배와 소비주의 이데올로기의 심화를 특성으로 하는 21세기의 세계경제시대에는 국민국가의 역할이 제한되고, 상호 의존적인 통합성 속에서 종속성이 구조화되고 있다. 경제 및 정치 영역뿐 아니라 문화 및 일상생활의 영역까지 종속성이 구조화되는 보편적 추세 속에서(초스도프스키 1998) 북한의 자주성 견지는

---

2) 남북한 경제위기를 세 가지 분석수준, 곧 체계(구조·제도), 환경(외적), 행위주체 수준에서 검토한 박순성의 지적은 설득력이 있다(박순성 1998, 9쪽). 이들 각각을 권위주의적 개발국가 대 유일체제(주체형 공업화), 과잉개방(조절되지 못한 세계화) 대 과잉폐쇄(탈냉전과 동요하는 개방정책), 도덕적 해이와 집단이기주의 대 관료일탈과 주민이탈이라는 구도 속에서 비교하면서 남북한의 경제위기와 사회위기를 분석하고 있다.

더욱 어려운 외적 구조 아래에 있다.

이제 4월혁명 당시에 추구하였거나 또 추구할 가능성이 높았던 자주 노선의 내용과 방향을 고찰해 보기로 하겠다. 우선 세계사적 수준에서 제3세계의 자주성과 그나마 친화력을 가질 수 있는 진영은 사회주의 진영이었다. 선진자본주의는 독점자본의 속성상 제3세계를 예속화하여 식민지 초과이윤을 실현시키는 경향을 가지고 있기 때문에 친자본주의적 역사행로는 4월혁명 당시에 자주적 역사행로가 되기 힘든다는 인식이 지배적이었다. 또 식민지지배에서 갓 독립을 쟁취한 제3세계는 바로 제국주의의 식민지배를 받았다는 자신들의 역사적 체험 때문에 반자본주의적일 수 있었다. 나아가 동유럽에서 볼 수 있듯이 사회주의의 경우에도 소련의 '위성국화'라는 문제가 있었지만, 당시 이에 대한 제3세계의 인식이 불철저하였고 아시아·아프리카의 경우 동유럽과 같은 역사적 사례가 없었기 때문에 세계사적 수준에서 제3세계 민족주의는 사회주의 지향적이었다.

남북한 수준에서 자주성 행사와 지향은 〈표 1〉에 명시되어 있듯이 크게 대조적이었다. 남한의 경우 민족자주성의 인적·물적·정치적 토대가 전무하였다. 친일·친미파의 반민족적이고 탈민족적인 세력들에 의한 정치권력의 장악, 이로 인한 정권의 정통성 부재, 주한미군 주둔, 국가예산의 대미의존율(50%) 심화, 군사작전권의 미군장악, 한미상호방위조약 등에서 미국의 정치적·경제적·군사적 지배가 절정을 이루었다. 자주성은 바로 대미 민족자주성을 의미하게 되었고 그 정도는 자주성의 엄청난 상실이었다. 이는 "미국은 한국민이 자주민족이라는 것을 인식하고 그에 기하여 한국과의 평등하고 민주적인 관계를 수립하라!"(사월혁명연구소 1990, 290쪽에서 재인용)는 '전국학생한미경제협정반대투쟁대회'의 대미(對米) 메시지에서 잘 확인된다.

〈표 1〉 자주조건의 어제와 오늘

수준	4월혁명기	21세기 초
지구촌	· 미소냉전에 의한 양극체제로 제3세계의 편가르기 구도 강요의 세계질서 · 사회주의의 비약적 발전 · 아시아·아프리카 민족해방투쟁 고양과 민족주의 지향 · 반등회의에서 비동맹체제 출현 · 제3세계 민족주의의 친사회주의 경향 보편화 · 일원적 종속성의 보편화	· 사회주의 체제의 소멸로 미국주도의 단극질서 형성과 자본주의 세계체제의 규정력 강화 · 국가사회주의 역사적 대안 상실 · 지구촌화로 국경을 초월한 상호의존 및 지배관계 심화 · 일원적 지배·예속 관계에서 국제분업체계에 의한 상호 의존적 종속성 심화 · 국민(민족)국가의 약화 · 세계화, 초국적 금융자본의 지배, 신자유주의로 제3세계에서 비경제영역(문화 및 일상생활 영역 포함)까지의 통합적 종속성 구조화
남한	· 일제식민지 인적·물적 청산 좌절과 친일파의 권력장악으로 인적 토대 황무지 · 신식민지적 종속자본주의 심화로 국가예산의 대미원조 의존률 50% 정도로 물적 토대 빈약 · 정처·군사·외교·사상·문화 등 전영역의 대미예속화와 정권의 정통성 부재로 정치·사상적 토대 전무 · 예속적 2·8한미경제협정 등 반민족자주의 전형	· 신국제분업체계에서 NICs로서 모순적 위치를 차지 · 광주항쟁 이후 반미자주화운동의 강화로 인적 토대 증가 · 3저호황 이후 경제적 자생력, 곧 물적 토대 증가 · 정통성정권 출범과 정치민주화 진전으로 정치적 토대 증가 · 이 결과 김영삼정권하 일시적인 상대적 자율성 증가 · IMF체제로 상대적 자율성 다시 하락 · 김대중정권의 과잉세계화와 종속적 신자유주의로 타자 지향적 몰자주 지향과 대북정책에서의 자주화 증가
북한	· 친일파 및 민족반역자의 철저한 청산으로 인적 토대 구축 · 반제반봉건 민주개혁과 자립적 민족경제 건설 노선으로 물적 토대 구축 · 항일무장투쟁의 권력장악과 정권의 정통성 확보로 정치적 토대 구비 · 1차당대표자회의(58. 3)에서 종파종결과 전후 복구노선 합의로 권력핵심의 통합성 증가 · 중소분쟁으로 독자적 영역공간 확대 · 사상의 주체(55), 경제의 자립(56), 정치의 자주(57) 노선 천명과 외국군철수(58), 국방의 자위(63), 대외 자주노선 추구(62)와 완결(66) 선언	· 사회주의 체제 소멸과 세계자본주의 체제의 규정력 증가로 자주의 대외적 조건 약화 · 극심한 식량난과 경제난으로 물적 토대 약화 · 주체와 자주 전통의 지속, 사상에서의 주체 등 인적·사상적 토대는 견지될 것이나 이를 뒷받침할 물적 토대의 약화로 자주의 장기적 지속성 조건의 약화 · 개방과 개혁에 대한 객관적 규정력이 세계체제의 변화로 강화되면서 열린 자주성이 요구됨

북한의 경우 국가 공식매체인『로동신문』의 "사회주의 진영을 옹호하자"라는 제하의 사설(1963. 10. 28)은 대외적 자주노선을 강도 높게 외치고 있다. 물론 이 사설은 4월혁명 2년 후에 씌어졌지만, 4월혁명 당시에도 이미 북한은 이러한 대소 자주노선을 추구하고 있었고 어느 정도 성과를 이룬 상태였다. 궁극적으로 북한은 60년대 중반이 되면서 자주에 대한 완결을 선언할 정도였고,『로동신문』의 "자주성을 옹호하자"라는 사설(1966. 8. 12)은 이를 잘 보여주고 있다. 이 사설에서는 ① 자기 머리로 사고 ② 자기 힘을 믿고 ③ 마르크스-레닌주의는 행동적 지침으로 삼고 ④ 남의 경험을 기계적으로 모방하지 말고 ⑤ 민족적 긍지를 가지고 ⑥ 자립적 민족경제는 자주성의 물질적 기초이고 ⑦ 자주성을 서로 존중하고 ⑧ 자주성을 견지하면서 반제공동투쟁을 강화한다는 자주성 옹호의 8대 원칙이 제시되고 있다.

이러한 성과에다 당시 남북한의 사회 모든 영역에서의 역량차이는 북한 쪽으로 두드러지게 기울어져 있어 현실적으로 북한모델이 더 적실성을 갖는 것으로 인식되었다. 이와 같은 상황 속에서 4월혁명 당시 자주노선은 북한식의 자주노선과 친화성을 가지고 또 그쪽으로 기울어질 수밖에 없었다. 그러나 그 친화성은 북한 자체에 대한 친화성이라기보다 북한의 자주노선에 대한 친화성이었으며, 이는 단순한 친북한이 아니라 바로 친민족이었다.

하지만 이러한 사회주의 역사행로와 북한모델을 통한 자주성의 지향이, 40년 가까이 지난 지금까지도 유효한 것이라고는 보기 힘들다. 이 기간 자주성을 둘러싼 여러 조건들이 지구촌·남한·북한의 세 차원에서 변화를 겪었기 때문이다.

지구촌에서 자주조건의 변화는 무엇보다 사회주의 체제 소멸로 인해 자본주의 세계경제체제가 전일적으로 지배하면서 일국 사회주의에 대한 규정력이 극단적으로 강화되어 북한이나 베트남 등 잔존 사회주의 국가의 자주성이 근본적으로 제약을 당하게 된 점이다. 그러나 자본주의권에서는 일부에 국한되긴 하지만 상대적 자율성을 높일 수 있는 물적 토대가 향상되었다. 50년대의 경우 선진자본주의 국가와 제3세계는 일방적이고 일원적인 종속의 관계였지만, 70년대 이후는 (냉전구도하의 특수적 위치를 차지한 일부 NICs 국가 등에 한정되지만) 생산영역에까지 국제분업체계가 확장되어 상호 의존적인 종속관계가 성립되었다. 이 경우 제로섬게임에 의한 일방적인 수탈과 착취와 달리, 자본주의 선진국의 이해관계와 피종속국의 이해관계가 서로 접목되어 상호이익을 가져오는 상승게임(positive-sum game)이 작동할 수도 있다. 바로 이러한 종속관계를 통해서 세계체제에서 반주변부로 부상한 동아시아신흥공업국가들(NICs) 등이 일정한 지분을 갖게 된 셈이다. 이렇게 상호 의존적인 종속관계를 기반으로 성장한 반주변부는 마치 중간계급처럼 핵심부에 대해서는 종속되면서 주변부에 대해서는 지배자로 자리잡는, 모순된 위치에 놓이는 구도 속에서 자주성의 물적 토대를 향상시킬 수 있었던 것이다.

남한 역시 이와 같은 구도 속에서 특혜를 받아 80년대 중반에 3서호황을 계기로 경제적 자생력을 어느 정도 확보함으로써 물적 토대의 구축에 진전을 이루었다. 여기에다 80년 광주항쟁과 87년 6월항쟁 이후 반미 자주화운동이 활성화되면서 인적 토대 또한 초보적인 수준이나마 형성되었다. 또 정치적 민주화가 진척되어 김영삼정권에서부터 정치권력이 일정 정도 정통성과 안정성을 갖게 되면서 정치적 토대도 향상되었다. 이 결과 전반적으로 미국에 대한 남한의 상대적 자율성이 일시적이나마 함양되었다.[3] 그러나 한국전쟁 이후 사상 면에서의 주체나 민족자주나 민족평등을 추구하는 민족주의가 거의 사멸해 버려 그 기반이 취약하고,

다시 지구화와 신자유주의의 광풍과 IMF지배체제 속에서 남한은 과잉 세계화로 타자 지향적 몰자주성으로 치닫고 있다.

50~60년대의 북한은 대내적으로는 독자적인 사상, 건설노선, 정책 등의 '대내적 주체성'을, 대외적으로도 사회주의의 대국주의 간섭을 물리치고 독자노선을 견지하는 '대외적 자주노선'을 견지함으로써, '주체의 나라'라는 명성을 누릴 정도였다. 이러한 자주성의 견지 덕분에 북한은 동유럽사회주의 국가의 붕괴가 도미노현상을 일으킬 때도 그 체제를 유지할 수 있었다. 또한 1993~94년 북한 핵위기 당시 미국의 초제국주의적 공세와 이에 덩달아 춤춘 김영삼정권의 공세에 맞서 1994년 10·21 북미협정을 이끌어냄으로써 장기적인 생명권을 어느 정도 확보할 수 있었다(강정구 1996a, 1부 4장). 그러나 90년대 후반 들어서 북한은 비록 사상적으로는 주체의 노선을 견지하고 있지만, 사회주의 체제의 몰락과 세계화의 범람으로 이를 뒷받침할 대외적 조건이 소멸되었고 내적인 물적 조건 또한 크게 취약해졌다.

우리는 2차 베트남 민족해방전쟁에서 승리한 베트남이 도이모이 개혁 정책 이후 미국으로부터 과거 사이공정부가 진 부채를 갚을 것을 강요받고, IMF의 이름으로 미국연방준비은행이 베트남의 조폐권한까지 장악하는 상황을 목격하게 된다(초스도프스키 1998, 8장). 구소련과 같은 보호막이 사라지고 미국 일변도의 단일패권주의 세계질서 속에서 물적 토대가 없는 자주성은 제약받게 마련이고 자본주의 세계체제의 규정력을 외면 일변도로 대응하는 폐쇄적 자주성은 북한의 자생력을 저해하고 생존권 위협을 초래할 수 있는 등, 객관적 조건이 구비되지 않은 상황에서

---

3) 이의 전향적인 보기가 김영삼정권의 북한 목조르기에 의한 흡수통일기도의 대북정책과 미국의 대북 연착륙정책의 마찰에서 비롯된 한미 외교갈등이다. 물론 이 과정에서 북한은 극도로 취약한 물적 조건하에서도 자주성을 지키는 저력을 보였지만 남한 또한 해방 이후 가장 상대적인 대미 자율성을 구가한 시기였다(강정구 1996b).

주체적 의지만으로는 자주성이 제대로 구현되기 힘든 조건이 형성되고 있다. 북한이 그간 이룩한 진귀한 성과물인 민족자주성을 전민족사적으로 보전하는 것은 남과 북을 아우르는 민족사적 과제이다. 그러나 21세기의 변화된 대내외적 조건에서 그 자주성은 폐쇄적 자주성이 아니라 지구촌과 어느 정도의 접목을 이루는 열린 자주성이어야 한다.

오늘날 북한이 추진하고 있는 개방과 남북협력은 이러한 조건을 고려한 능동적이고 적극적인 열린 자주의 추구라 할 수 있다. 특히 2001년 4월 김정일의 신사고에 따라 가공무역법을 제정한 것은 주목할 만하다. 북한이 채택한 가공무역법의 경우 삯가공과 위탁가공을 나진·선봉특구뿐 아니라 북한 전지역으로 확대한 것 등과 같이 개방에 따른 체제위협에도 불구하고 외부의 참여를 지역적으로 제한하지 않은 점은 높게 평가되어야 한다(『한겨레신문』 2001. 4. 24).

이제 통일기반 조성을 위해 자주성이 지향해야 할 방향은, 비록 추상적 수준이나마 남과 북의 접목인 것 같다. 물적 토대가 빈약하지만 북한의 대내적 주체성과 대외적 자주성은 남과 북을 아우르는 지표가 되어야 한다. 물적 토대를 어느 정도 갖추었고 대외적 관계에서 상대적 자율성의 조건이 조금 향상되었지만 사상적 기초가 자주나 주체에 기반해 있지 않음으로 해서 자주성을 제대로 구현하지 못한 상태에서 IMF지배를 받게 된 남한은 더욱더 북한이 간난 끝에 이룩한 대내적 주체성과 대외적 자주노선을 지향점으로 삼아야 한다.

그러나 IMF체제를 극복하기 위해 사회 전영역에 걸쳐 개방을 무차별적으로 진행하면서 과잉세계화로 치닫고 있는 김대중정권의 정책이 자주적 세계화가 아닌 맹목적 세계화로 지속될 때, 남한이 일시적이나마 누렸던 상대적 자율성은 자발적인 타자 지향적 몰자주와 몰주체로 치달을 가능성이 높다. 지구화로 인해 문화생활이나 일상생활까지 초국적자본의

소비주의와 결합되어 민족정체성이나 민족 고유문화가 잠식될 것으로
예상되어 민족자주성의 견지는 더욱 긴요한 민족사적 과제가 되었다.
　결론적으로 21세기 지구촌화의 질서 아래서 북한의 사상·문화·일
상생활 등에서 민족정체성을 견지하는 자주를 토대로 해서 남한의 타자
지향적인 몰주체가 안고 있는 허약성을 상호 보완하여 물적 토대를 갖
춘 내실 있는 자주를 지향해야 할 것으로 보인다. 그것은 열린 자주성으
로서, 장기적 물적 토대와 결합되는 자주성일 것이다.

2. 민주의 과제

　해방을 맞자 우리 사회는 서로 대립되는 두 개의 민주주의 개념을 갖
게 되었다. 하나는 절차와 형식을 중요시하는(how to rule의 문제) 형식
적 민주주의이고, 또 하나는 절차와 형식보다는 인민권력의 창출(who
rules의 문제)과 인민대중에 대한 실질적 이익이 보장되는 내용을 중요
시하는(who benefits의 문제) 실질적 민주주의였다. 당시 미국의 트루먼
대통령은 소련과 미국이 한반도에서 첨예하게 대립하는 상황을 지적하
면서 이 두 가지 민주주의 개념이 한반도에서 병존·대립하는 모습을
다음과 같이 서술하고 있다.

　　소련은 '민주주의'라는 매력적 용어를 미국이 독점하는 것을 허용하지 않으려
　는 의도를 명백히 보여주고 있다. 소련식의 민주주의와 우리 미국식의 민주주의
　는 서로 아주 다른 뜻을 가진다. 우리식 민주주의는 다른 여러 가지 특징들 가운
　데서도 언론, 결사, 표현의 자유를 의미한다. 그러나 소련은 인민대중의 복지를
　기준으로 민주주의를 해석하고 있다. (Truman 1956, pp. 302~22)

　이와 같은 민주주의 개념의 대립은 냉전기간 내내 지속되었으나, 일반적으로 형식적 민주주의를 자본주의적 민주주의, 실질적 민주주의를 사회주의적 민주주의로 등치시키면서 병존했다. 그러나 사회주의 체제의 몰락 이후 형식적 민주주의를 민주주의 일반으로 확대해석하면서 실질적 민주주의의 내용을 간과하는 것이 오늘의 세계사적 흐름이다.

　사회주의적 민주주의는 국가권력 주체의 노동계급성 또는 인민성(who rules)과 인민대중의 이익실현이라는 결과(who benefits 또는 사회권)를 민주주의의 배타적 기준으로 설정하고 있기 때문에 형식적 민주주의가 중시하는 통치형태의 형식(how to rule 또는 정치권)을 간과해 왔다. 곧 '높은 추상성 수준의 민주성과 낮은 추상성 수준의 비민주성'으로 단순화시킬 수 있는 유형이 존재할 수 있고 또 스탈린식의 국가사회주의에서 실존하였음을 무시하는 인식이다. 동유럽사회주의 체제의 몰락에서 사회주의 인민대중이 낮은 추상 수준의 민주주의인 통치형태상의 형식적 민주주의를 갈구하고 있었음은 권력주체라는 높은 추상 수준의 민주주의가 갖는 한계를 분명히 보여주는 것이다.

　형식적 민주주의는 단지 민주주의의 필요조건의 하나에 불과하다. 그러함에도 불구하고 의회민주주의와 정치조직의 다원수의(다당제) 제도 자체가 마치 국가권력이 다원적 성격을 띤 것으로 확대해석하면서 실질적 민주주의의 내용성을 간과하고 있다. 오늘날 민주주의에 대한 보편적 인식 또한 국가권력 자체가 보편적으로 부르주아의 배타적 계급이해를 구조적으로 재생산하는 본질을 가진 점에서, 특히 인민대중의 이익실현이라는 점에서(who benefits 또는 사회권) 민주성은 낮을 수밖에 없는 한계를 가진다(손호철 1992). 나아가 형식적인 의회민주주의는, 일상생활 영역이나 작업장에서 인민이 주체가 되어 이들이 권력주체로서 의사결정권을 가지는 풀뿌리민주주의, 참여민주주의의, 작업장민주주의의 결여로 제한적일 수밖에 없다.

다음의 '반민주악법반대 공동투쟁위원회' 선언에 나타나듯이, 4월혁명 당시 일반적으로 공유된 민주주의는 주로 형식적 민주주의였다. "진정한 민주주의는 모든 기본적 인권과 언론의 자유를 비롯해서 정치활동의 자유를 보장함을 그 대본으로 하거니와 일체의 정치세력의 자유로운 활동을 보장해야 하는 것이다."(사월혁명연구소 1990, 298쪽에서 재인용)

이에 비해 북한은 "민주주의는 근로인민대중의 의사를 집대성한 정치"라고 정의하면서 민주주의를 국가권력 주체의 인민성과 인민의 이익 실현이라는 결과에 관한 문제로 집약한다. 곧 민주주의의 본질 또는 핵심 구성요소를 첫째 "국가가 로동자, 농민을 비롯한 광범한 근로인민들의 의사에 따라 정책을 세우는 것", 둘째 "국가가 근로인민들의 의사에 따라 세운 정책을 인민대중의 이익에 맞게 관철하는 것", 셋째 "국가가 근로인민대중에게 참다운 자유와 권리, 행복한 생활을 실질적으로 보장하여 주는 것"으로 설정하고 있다(리기섭 1987, 1장). 또한 민주주의를 "근로인민대중을 위하여 복무하는 국가활동의 기본 방식"이라고 자리매김하면서 동시에 반인민적·반사회주의적 요소에 대한 독재를 옹호하고 있다. 사회주의 사회에서는 아직도 적대적 요소와 낡은 사상의 잔재가 남아 있기 때문에 이에 대해서는 계급투쟁과 프롤레타리아독재를 지속하여야 한다는 것이다. 이렇게 북한은 소수에 대한 독재와 민주주의가 상호 배타적인 것이 아니라 상호 융합할 수 있다는 고전적 마르크스주의 입장을 취한다.

여기서는 민주성에 대한 논의를 단순화하여 마셜이 이야기하는 시민권(civil rights), 정치권(political rights), 사회권(social rights)의 소범주로 나누어 논의하겠다. 시민권은 사상과 신앙, 결사와 집회 등 개인의 자유에 입각한 인권의 보장을, 정치권은 보통선거권의 쟁취로 인민이 선거권과 피선거권을 가지고 정치적 제권리를 행사할 수 있는 보장을, 사회권은 사회적 복지와 사회보장을 실시하여 인민일반이 인간으로서 존엄성을 유지할 수 있는 생존권의 보장을 의미한다(Marshall 1950; 1973). 이는 대체로 형식적 민주주의와 실질적 민주주의의 내용을 아우르는 포괄적 민주주의 개념으로 설정될 수 있다.

한편 민주주의에 대한 지구촌의 인식은 50년대에는 시민권과 정치권을 중시하는 자본주의적 민주주의와 사회권을 중시하는 사회주의적 민주주의가 병존하면서 어느 한쪽도 배타적 우위성을 주장할 수 없는 상황이었다. 그것은 당시의 낮은 생산력 수준으로 인해 사회권의 중요성이 부각될 수밖에 없었고, 또 스탈린독재에 대한 부정적 인식이 공유되지 않았으며, 인류사적으로 부르주아계급이 인류사의 진보적 계급으로서의 한계를 드러내는 한편 노동자계급은 인류사의 보편적 계급으로 부상하는 시점이었기 때문이다.

그러나 사회주의 체제의 몰락으로 시민권과 정치권을 중시하고 사회권을 부정하는 형식적 민주주의가 마치 민주주의 일반인 것처럼 과대일반화되었다. 여기에다 서구의 복지제도는 계속 축소되어 인류사적으로는 형식적 민주주의는 진전되었지만 실질적 민주수의는 퇴조하고 있으며 이 경향은 신자유주의의 범세계화와 지구화(globalization)로 당분간 이어질 것으로 전망된다.

자유민주주의로 귀결되는 '역사의 종말'을 선언한 후쿠야마의 민주주의는 그야말로 자유주의의 전통을 그대로 답습하면서 민주주의를, 그의 표현대로 '지극히 형식적인' 것으로 정의한다. 그는 '고전적 명저'라는 브라이스(J. Bryce)의 『근대민주주의』(*Modern Democracies* vol. 1)를 수용하여 인간기본권을 "각자의 인격이나 재산에 대해서 사회로부터 통제를 받지 않는" 공민권, "종교상의 견해의 표현이나 신앙생활을 하는 데 있어서 통제를 받지 않는" 종교권, "공공의 복리에 막대한 영향을 미쳐 통제가 불가피한 상황을 제외하고는 통제를 받지 않는" 정치권에다 출판의 자유를 포함하는 것으로 정의하고 있다. 또 민주주의는 "국민이, 성인의 평등한 보통참정권에 기초하여, 복수정당제의 정기적인 무기명투표를 통해서 자신들의 정부를 선택할 권리를 인정받는" 정치제도라고 일컬으면서 "금세기 민주주의의 최대의 적대자들은 실질적인 민주주의라는 이름하에 이 형식적인 민주주의를 공격했다"고 진단하여 민주주의의 정의에 사회주의적 민주주의의 내용을 배제하고 있다(Fukuyama 1992, pp. 82~83).

후쿠야마의 자유나 인간기본권 개념은 기본적으로 xxx로부터 간섭이나 '통제를 받지 않는' 해방의 자유(free from xxx)라는 소극적 개념의 자유에 국한되고 있다. 그러나 단순히 통제를 받지 않는 소극적 자유는 자유나 인간기본권의 핵심에서 필요조건이지 충분조건은 될 수 없다. 곧 xxx통제로부터 해방될 뿐 아니라 xxx를 실현할 수 있는 조건을 창출해 주는 적극적 자유가 보장되어야만 진정한 자유권과 인간기본권이 충족될 수 있다. 이런 점에서 후쿠야마나 오늘날 지구촌을 덮치고 있는 신자유주의는 기본적 한계를 가진다.

민주성에 대한 남한의 변화는 두드러진다. 4월혁명의 성격이 바로 민족민주혁명이듯이 이승만정권하의 한국사회는 냉전독재와 반민주의 절정인 파시즘적 통치체제였다. 경찰을 중심으로 한 국가억압기구를 통한 테러통치 그리고 이승만의 사조직인 독립촉성회를 확대개편한 국민회, 여러 청년단체를 통합한 대한청년단, 중·고등학교에서 대학에 이르기까지 모든 학생을 묶은 학도호국단 등 관제대중조직의 관제데모, 관제국민대회 등으로 독재정권을 유지해 나가는 파시스트적 통치의 극치였다. 이러한 파시스트적 통치구조하에서는 시민권과 정치권의 보장을 기대할

<표 2> 민주조건의 어제와 오늘

수준	4월혁명기	21세기 초
지구촌	· 민주주의 이념의 인류사적 보편화 · 자본주의적 민주주의와 사회주의적 민주주의 병존 · 스탈린독재에 대한 부정적 인식의 미확산 · 사회권이 민주주의의 중요 구성요소이고 실질민주주의의 중요성이 부각됨 · 작업장에서 참여민주주의나 일상생활의 풀뿌리민주주의에 대한 인식결여로 쟁점화되지 못함	· '자유민주주의=민주주의 일반'으로의 보편화 경향 · 사회주의적 민주주의의 공민권과 정치권의 제한성에 대한 인식 공유 · 민주주의 구성요소로서의 사회권에 대한 인식 퇴조: 탈복지국가주의 · 참여민주주의나 풀뿌리민주주의의 결여로 민주주의의 근본적 한계
남한	· 3선개헌, 3·15부정선거, 지자체 폐지 등으로 정치권의 심대한 제약 · 국가보안법 개악, 경향신문 폐쇄 등으로 시민권 상실 · 사회권은 원천적 부재 · 파시스트적 통치형태로 시민권·정치권·사회권 세 차원의 민주성이 최악의 상황	· 6월민주항쟁 이후 시민사회의 성장으로 시민권 신장 · 절차적 민주화 이행 및 공고화로 정치권 신장 · 국가보안법의 존속으로 시민권과 정치권의 기본적 제약조건 상존 · 노조의 세력화로 사회권의 전진과 신자유주의하 복지정책의 축소로 사회권 신장의 장애 예상 · 작업장이나 일상생활의 민주화, 곧 참여 및 풀뿌리민주주의의 취약
북한	· 8월종파사건과 항일유격대로의 권력집중으로 정치권의 심각한 제약 · 전반적 무상치료제와 중등의무교육제 실시 등으로 사회권의 괄목할 진전 · 시민권의 원초적 제약	· 수령에로의 권력집중, 개인숭배, 권력세습으로 정치권 훼손 · 최악의 경제난으로 사회권의 물적 토대 상실 · 시민사회의 미발전 · 정권안보와 체제안보를 위한 시민권의 근본적 제약

여지가 없었다. 사회권의 개념은 헌법상으로만 존재했을 따름이다.

그러나 오늘의 남한사회는 비록 국가보안법이라는 악법이 김대중정권 하에도 버젓이 존속하고 있어 사상과 결사의 자유 등 시민권에 기본적 제약이 있긴 하지만, 6월민주항쟁과 노동자대투쟁 등으로 시민권과 정치권의 수준에서 괄목할 진전을 이루었다. 하지만 사회권은 6월항쟁과 민주노총 창설 등 노동자의 세력화로 신장되었지만, 지구화시대의 신자유주의 기조에 밀려 더 이상의 진전을 기대하기 힘든 상황이다.

북한의 경우 50년대보다 민주성이 전반적으로 퇴조 및 악화되었다. 수령, 당, 인민의 삼위일체를 기조로 한 사회정치적 생명체로서의 수령관은 인민일반의 시민권이나 정치권을 제한하고 있으며, 사회권의 경우 훌륭한 제도의 구비에도 불구하고 물적 토대의 빈약으로 말미암아 제대로 실현되지 못하는 한계를 가졌다.[4]

이제 우리가 지향해야 할 민주성의 방향과 내용을 살펴보기로 하겠다. 사회주의 체제의 몰락 이후 사회주의적 민주주의의 중요 구성요소였던 사회권이 배제되는 세계적 흐름은 우리가 지향하는 민주성에 수용되어서는 안 된다. 물론 북한이나 다른 사회주의 국가들이 주장하는 국가권력 주체의 노동계급성 또는 인민성이라는 선언적 규정 자체가 사회권을 자동적으로 보장해 주는 것은 아니다. 오히려 노멘크라트류의 특권계급의 재등장이나 트로츠키가 이야기하는 카스트신분제의 부활 같은 결과를 초래할 수도 있다. 인민성이 진정으로 실현되는 권력주체이든 혹은 스웨덴의 사회민주주의처럼 '헤게모니적 부르주아권력'이든 권력주체의 '본질성'에 상관없이 사회권이 보장될 가능성은 충분히 있다고 본다.

또한 "근로인민대중을 위하여 복무하는 국가활동의 기본 방식"이라는 북한식의 민주주의는 민주주의의 구성요소에서 시민권이나 정치권을 배제 혹은 간과할 위험성이 있다. 바로 인민대중 중심의 주체사상이 사

---

4) 북한의 사회권은 제도적으로 고도의 민주성을 나타내고 있음을 보건·의료 영역이 잘 보여주고 있다. 북한 의료제도의 특징은 전반적인 무상치료제, 의사담당구역제, 주체의학, 예방의학으로 인민성에 충실한 제도를 갖추고 있다(강정구 1996a, 1부 3장).

회정치적 생명체를 바탕으로 하는 수령관과 결합된 점은 정치권과 시민권을 원초적으로 제한한다. 수령의 영도에 의해서만 역사의 주체 또는 자기 운명의 주인이 될 수 있다는 인민은 수동적일 수밖에 없다. 인민의 자유스러운 선택에 의한 권력창출은 정권정통성의 요체이다.[5]

　결론적으로 우리가 지향해야 할 민주는 시민권, 정치권, 사회권을 아우르는 포괄적 민주주의라고 여겨진다. 여기에서 더 나아가 일상생활과 작업장에서의 민주성이 신장되는 경제민주주의, 생활민주주의 및 풀뿌리민주주의, 소수자의 인권이 존중되는 민주주의가 동시에 발전하는 민주주의를 지향하여야 할 것이다.

3. 통일의 과제

　1960년 11월 '서울대학교민족통일연맹결성대회'의 전문은 통일을 4월 혁명의 핵심 과제로 설정하고 다음과 같이 선언한다.

　　우리들은, 굴종과 예속의 구별 없는 연면인 이 타율의 역사에 종언을 고하고, 빈곤과 기아의 질곡을 파쇄하여 다시는 외세에 의하여 분단되지 않는 나라, 참으로 우리 민족에 의한 나라, 참으로 배고픈 사람이 없는 나라를 건설하는 전선의 기수가 되기 위하여 이 자리에 모여 다음과 같이 규약한다. …총칙 제2조. 본 연맹은 민족통일과 후진성 극복과 평등사회의 실현을 위한 연구 및 활동을 목적으로 한다. (사월혁명연구소 1990, 309쪽에서 재인용)

---

5) 필자가 여기서 주장하는 인민의 자유로운 선택에 의한 권력창출은 꼭 의회민주주의식의 선거나 다당제를 전제로 한 것은 아니다. 중국식의 권력창출을 반드시 정치권의 부재로 볼 필요는 없다고 본다.

　이처럼 혁명이 고양·발전하면서 4월혁명세력들은 자주, 평화, 민주의 통일기조를 중심으로 미국중심의 'NATO체제'도 아니고 소련중심의 '바르샤바체제'도 아닌 아시아·아프리카 및 라틴아메리카의 '반둥체제'의 중립화 통일방안을 제시하였다. 또 "배고파 못살겠다! 통일만이 살길이다"라고 외치며 남북학생회담 등을 추진함으로써 통일운동은 동력을 받기 시작하였다.[6]

　이러한 통일운동의 발전에도 불구하고 당시 통일에 대한 객관적 조건은 고무적이지 않았다.[7] 먼저 지구촌 냉전의 격화와 한반도에서의 동·서 대치상황은 민족 내적인 주체적 역량의 높고 낮음에 상관없이 상수적인 역할을 할 정도로 그 규정력이 막강하였다. 미 상원의원 맨스필드의 중립화통일방안은 제안 수준에 머물러 있었고, 미국의 기본적인 전략은 미국의 국제수지 악화와 일본의 상대적 위치상승으로 동북아에서는 한미일 삼각군사동맹을 통한 대소 봉쇄정책의 강화였다.

---

6) 이를 두고 이종오는 "이 시기 통일운동은 농촌의 보릿고개, 도시의 실업자로, 절망과 기아선상에 허덕이는 민중생존권의 요구가 통일이라는 민족적 요구로 표현되었다고 할 수 있다"고 생존권투쟁으로 환원시켜 설명한다. 이는 통일운동의 독자성을 부정하는 것으로서, 통일운동의 독자적 논리인 또 하나의 4월민족민주혁명의 이념지향인 민족자주와 민족정체성 지향을 간과하는 것이다. 4월혁명은 시점으로는 민족분단을 고착화한 한국전쟁이 끝난 지 겨우 7년이 된 시점이고, 주체세력으로는 반분단 좌익잔존세력인 혁신계와 민족주의에 철저한 학생세력에 의해 주도되었으며, 또한 피학살유족회운동이 활성화된 점을 고려하면 민중생존권 환원론은 설득력이 약하다. 서울대 민통련 전문도 생존권과는 별개인 민족적 요구들을 통일운동이 추구하고 있음을 보여준다 (이종오 1991, 217쪽).

7) 김동춘과 일부에서는(황건의 지적) 이를 두고 객관적 조건을 간과한 모험주의라고 평가하면서 5·16쿠데타의 빌미를 제공한 것으로 보기도 한다. 그러나 군부쿠데타는 단지 이를 사후정당화의 논리로 삼았을 따름이지 이에 상관없이 4·19 이전에 이미 계획되어 있었다. 또 사후적 결과와 상관없이 민족적 당위와 과제에 입각한 통일운동 그 자체는 민족사의 필연적 수순일 수밖에 없음을 6월항쟁과 이후에 전개된 통일투쟁에서도 확인된다. 물론 통일의 객관적 조건이 성숙된 것은 아니지만 우리는 이 통일운동이 4월혁명의 과정중에 혁명이 고양·발전되면서 등장한 점에 유의하여야 한다. 진공의 상태에서 처음부터 목적의식적으로 추진하였다면 현실의 객관적 조건을 무시한 모험적 성격이라는 자리매김은 정당하다고 본다(김동춘 1997; 황건 1990).

남한의 통일환경 역시 우호적이지 못하였다. 이승만정권의 허구적 북진통일론은 반통일정책의 수사학적 표현이었으며, 장면정권 역시 유엔감시하의 총선거와 선건설 후통일론으로 기존 통일정책과 다를 바 없었다. 시민사회 차원 역시 시민사회의 미발전으로 독자적인 세력을 갖기 힘들었고, 반공이데올로기의 내면화로 통일운동의 대중적 기초가 형성되기가 쉽지 않은 상태였다. 그러나 "배고파 못살겠다! 통일만이 살길이다"라는 통일구호가 말하듯이 남한 단독으로는 제대로 경제적 자생력을 가지기 힘든다는 비관적 전망이 확산되어 오직 통일을 이룩하여 남북 경제공동체를 복원하여야만 남북이 상호 연관효과를 기하여 잘살 수 있을 것이라고 보았다. 군사쿠데타가 없었더라면 통일운동은 대중적 기반을 확충할 수 있었을 것으로 역사추상된다.

이와 대조적으로 당시 북한은 남쪽에 비해 전체 사회적 역량이 우위에 있었고, 공세적인 통일정책을 취하여 통일역량도 남한을 압도했다. 또 당시의 북한정권은 남쪽에 비해 정통성에서 우위에 있었기 때문에 남북간의 자유교류나 협력에 적극적이었다. 상대적으로 남한정권은 통일의지가 전무하여 이러한 북한에 대해 부인과 비난 일변도의 대응만 일삼았다.[8]

그러나 오늘의 통일조건은 4월혁명 당시와 완전히 다른 모습을 보여주고 있다. 지구촌의 상황은 탈냉전으로 기존의 동서 냉전체제가 가졌던 강력한 규정력이 약화되고 세계체제에서의 남한의 위치가 상승되어,

---

8) 1960년 11월 23일 북한 최고인민회의의장이 보낸 서한은 '자유선거에 의한 통일' '또는 잠정적 조치로서의 연방제' '경제적 협조와 교류' '우편, 전화, 기자 등의 교환과 상호교류' '무상몰수 무상분배의 토지개혁 실시' '10만으로의 감군'을 제안하였다. 이에 대하여 남쪽은 24일 외무부장관의 담화에서 거절과 매도 및 비난 일변도로 대응하여 장면정권이 남북화해나 통일기반 조성을 위한 정책의지가 없음을 나타내었다(사월혁명연구소 1990, 313~15쪽).

<표 3> 통일조건의 어제와 오늘

수준	4월혁명기	21세기 초
지구촌	· 미소냉전 격화로 외세가 통일환경의 상수 역할 · 동북아 대치구도의 지속 · 이 결과 내적인 통일역량은 근원적으로 제약되고 위축되어 자주적 통일조건 빈약 · 맨스필드 미상원의원의 중립화 통일방안 제기 · 미·중보다는 미·소 중심의 세계체제로부터 오는 통일규정력이 내적 통일역량을 압도	· 탈냉전으로 외세는 통일환경에서 내적 역량 정도에 따라 변수화 · 미국과 중국 간 동북아신냉전의 가능성 증가 · 자본주의 세계체제의 규정력 때문에 사회주의 통일은 객관적으로 불가능 · 단기적으로는 자본주의와 사회주의 양분법 무의미, 자본주의 내의 어떤 자본주의냐가 관건 · 세계체제 수준에서 남한의 위치 상승
남한	· 북진통일과 유엔감시하의 통일정책으로 실질적인 반통일정책. 장면정권 역시 선건설 후통일로 반통일정책 계승 · 생존권과 통일이 결합하는 통일운동(통일만이 살길) · 국가 차원의 통일역량이 상대적으로 약세 · 반공과 반북 이데올로기의 생체화로 통일운동의 대중적 기초 허약	· GNP 세계 11위 등을 기반으로 공세적 통일정책 · 대북 흡수통일세력의 세력화 · IMF체제로 대북 흡수통일 역량 상실 · 군사력과 경제력 등 총체적 통일역량에서 북한을 압도
북한	· 과도기적 연방제와 자주적 총선거 통일방식으로 공세적인 통일정책 · 물적 토대의 상대적 압도성 · 국가와 사회 차원에서 통일역량의 상대적 압도성 · 정권의 정통성 우위	· 생존권 위협과 통일역량 열세로 수세적 통일정책 · 북의 내·외적 역량의 급격한 축소로 통일 주도성 상실

이제 통일은 남과 북이 하기 나름이라는 점이다. 다른 한편 20~30년 내에 미국과 중국 간의 동북아신냉전 도래의 우려가 있어 이 사이에 남과 북이 부분통일이라도 이루지 못하면, 기존의 양대 냉전체제처럼 외적 규정력의 강화에 의해 통일이 장기적으로 지연될 수도 있다. 곧 통일의 길은 열려 있지만 오랫동안 지연시킬 때 또다시 통일의 문이 닫힐 우려

가 높다(강정구 1997d). 또한 사회주의권의 몰락과 북한체제의 위기상황으로 사회주의 지향의 통일체제는 불가능에 가깝다.

내적으로는 사회 전체의 역량이나 통일역량 면에서 남쪽이 북쪽보다 우위에 서게 되었다. 남한은 김영삼정권 당시 북한 목조르기에 의해 암묵적으로 대북 흡수통일을 추구하여 남북간의 긴장이 최고조에 이르렀으며, 북한의 극심한 식량난과 경제난 때문에 한때는 북한붕괴론이 급속히 확산되기도 했다. 물론 이러한 전망은 북한이 지닌 민족정기의 확립과 내부의 끈질긴 자생력을 간과한 잘못된 전망임이 판명되었다. 그러나 북한은 여전히 스스로가 '고난의 행군'이라 할 정도로 생존권에 허덕이고 있다. 이러한 상황에서 통일은 그나마 상대적으로 여유가 있는 남한이 먼저 물꼬를 트는 등 보다 적극적으로 나갈 것이 요구된다. 북한의 경우 적대적인 미국과 일본의 위협 아래 놓여 있고 언제나 흡수통일을 우려할 위치에 있기 때문에 실제 정책에서는 적극적일 수 없다.

내·외적 조건을 고려할 때 우리가 주목해야 할 점은 우리는 통일딜레마에 처해 있다는 점이다. 앞에서 살펴보았듯이, 외적 조건으로는 미국과 중국 사이에 도래할 동북아신냉전에 대처하기 위해 하루빨리 통일을 서둘러야 한다. 그러나 내적으로는 남북의 역량차이가 너무 크고 (1995, 97년 각각 GNP 4517억 달러와 4300억 달러로 230억과 177억 달러의 격차가 나며 2000년의 국민총소득은 각각 4552억 달러(514조 6천억 원)와 168억 달러(18조 9천억 원)로 1/27 규모),[9] 남한의 통일역량이 북한을 민족공동체로

---

9) 한국은행 추계에 의하면 97년 북한 GDP는 −6.8%를 기록해 92년의 −7.7% 이후 가장 낮은 수준이며, 지난 90년 이후 8년째 마이너스성장을 기록하였다. GNP는 전년보다 17.3% 감소한 177억 달러, 1인당GNP는 18.6%가 줄어든 741달러이다. 원화로는 GNP가 96년보다 2.6% 감소한 16조 8140억 원, 1인당GNP는 3.7% 줄어든 70만 5천 원이다. 북한의 1인당GNP는 한국의 지난해 1인당GNP(904만 6천 원)의 월평균 75만 4천 원에도 미치지 못하는 수준이다. 남북한 경제격차는, GNP 기준으로는 90년 10.9배, 96년 22.4배, 97년 24.7배이고, 97년 북한의 교역규모는 총 21억 8천만 달러로 96년(19억 8천

수용하기보다는 내부식민지의 대상으로 전락시킬 우려가 있어, 북한이 어느 정도 자생력을 갖출 때까지 기다려 지배와 예속의 통일이 되지 않도록 해야 한다. 이와 같은 딜레마를 헤쳐나가는 데 민족적 예지가 모아져야 할 것이다. 사살 6·15공동선언 2항의, 남의 연합제와 북의 낮은 단계의 연방제를 결합한 연합성연방단계의 추진은 이러한 딜레마를 푸는 훌륭한 예지이다. 따라서 현시점의 과제는 6·15공동선언을 조속히 이행하여 실질적으로 이러한 연합성연방단계의 부분통일을(이 책 마지막 장에서 자세히 다루고 있음) 성취하는 것이다.

이제 이러한 변화된 조건 속에서 우리가 추진해야 할 통일의 방향을 시론 차원에서 살펴보기로 하겠다. 첫째, 통일경제형태는 시장경제를 기본으로 한 형태일 수밖에 없으며 물론 중국형 사회주의를 포함한다. 이는 선택의 문제나 주관적인 호불호(好不好)에 따라 변화될 수 있는 문제가 아니고 이미 자본주의 세계체제가 행사하고 있는 객관적 규정력의 산물이다. 물론 현재 남한식의 천민자본주의가 아니라 최소한 복지국가 지향적인 사회민주주의식, 곧 사회권이 고도로 보장되는(제도적 차원에서 지금 북한이 보장하고 있는 정도의 사회권) 경제형태를 지향하거나 중국식의 시장경제여야 한다. 사실 현실세계에서는 자본주의 경제도 이념형처럼 순수한 시장경제원리에 의해 운영되기보다는 북유럽자본주의, 미국자본주의, 독일자본주의, 일본자본주의 등 중앙계획과 시장의 다양한 결합유형을 띠고 있다. 사회주의 체제가 몰락하여 단기적으로는 전

만 달러)보다 2억 달러가 늘어났지만 수출은 한국의 1/150, 수입은 1/114 수준이다. 또 북한의 수출입의존도는 12.3%로 전년의 9.3%보다 다소 높아졌다(남한 64.2%). 산업별로는 농업·임업·어업이 -3.9%, 제조업 -16.8%, 건설업 -9.9% 성장을 기록했으며, 서비스부문만 플러스 성장을 했다. 곡물수확량은 평년작(420만t)을 크게 밑도는 349만t에 그쳤는데, 북한이 주장하는 연간곡물수요는 480만t이지만 농업진흥청은 640만t으로 추정하고 있다(『세계일보』 1998. 6. 16).

통적 국가사회주의가 역사적 대안으로 등장할 가능성이 없는 시점에서
사회주의냐 자본주의냐의 이분법적인 접근은 더 이상 실용성이 없다(박
순성 1998, 10쪽).

둘째, 북한붕괴유도론에 의한 흡수통일은 추진되어서도 안 되거니와
설사 북한정권이 붕괴된다 하더라도 흡수통일은 불가능하다. 인위적으
로 김정일정권을 붕괴시켰을 경우 흡수통일보다는 분단고착화나 전쟁
으로 귀착될 가능성이 높다. 붕괴의 경우, 완충지역의 필요성이라는 중
국의 안보이해관계와 전통적인 조·중 유대관계를 고려할 때 가장 가능
성이 높은 것은 중국의 적극적 개입에 의한 친중정권의 수립이다. 두번
째로는 6·25전쟁 때와 같이 북한을 유엔의 잠정적 통치 아래 두는 시
나리오인데, 남한이 김영삼정권 때처럼 대북 봉쇄정책이나 동족의 굶주
림을 외면하는 반민족정책을 추진한다면 지구촌에서 남한주도의 통일
을 수용하지 않을 터이기 때문에 이 가능성 또한 매우 높다. 이 경우
일정 기간의 신탁통치 후 국민투표에 의해 북한진로가 결정될 것으로
예견되므로, 북한주민이 남한에 흡수당하는 통일행로를 택하기보다 분
단고착화를 택할 가능성이 높다. 97년 10월 31일 미국해군분석센터의
안전보장 모의실험에서 북한정권이 붕괴할 경우 통일보다 한반도의 안
정과 북한민주화가 최우선정책이라는 결과가 나왔다는 것은 이 두번째
시나리오를 뒷받침해 준다. 세번째는 남한과 미국이 적극 개입하여 급
속한 흡수통일을 추진할 경우로, 이는 미국과 중국의 직접적인 충돌로
귀결될 가능성이 높다. 네번째는 남한 단독으로 북한을 접수하기 위해
군대를 파견하는 경우인데, 이는 내전으로 이어지고 다시 국제전으로 비
화하게 될 것이다. 결론적으로 계속 북한 목조르기를 하여 북한붕괴를
촉진한 후 흡수통일을 조기달성하려는 정책은 당위적 차원에서도 반민
족적일 뿐 아니라 현실적으로도 분단고착화를 가져오는 반통일정책이

다(강정구 1997d).

셋째, 통일방안으로 부분통일의 단계인 연합성연방 또는 연방제를 반드시 과도기적 단계로 수용해야 한다. 연방제라는 과도기를 거치는 동안 남북의 상호의존성이 높아져 일정 정도 사회경제적 통합이 진척된 후에 완전통합적 통일을 이루도록 해야 한다. 그리고 동북아신냉전 도래 이전에 남북이 이 연합성연방단계에 진입할 수 있게 추진해야 하며, 이를 바탕으로 한반도의 통일을 지구촌에서 기정사실화시켜야 한다.

다섯째, 남한은 통일문제에서 대북 지도력을 발휘하여야 한다. 이 지도력은 일방적인 내리누름의 패권행사가 아니라 북한의 이익과 남한의 이익을 서로 접목시키는 것을 바탕으로 해야 한다.

4. 맺음말

4월혁명 당시처럼 지금도 우리 사회의 숭고한 이념적 지표는 자주, 민주, 통일이다. 이 이념적 기조를 바탕으로 우리가 구현해야 할 구체적인 내용과 지향은 40년 가까운 기간 동안에 변화된 조건에 맞는 것이어야 한다. 자주, 민주, 통일의 이념기조는 유지하되 그 구현의 구체적 내용은 4·19의 그날로 돌아가는 것이 아니라 오늘의 이 토양에 뿌리를 내릴 수 있는 유연하게 변화된 것으로 채워져야 할 것이다.

이러한 이념지향은 남한사회에만 국한될 수 없다. 통일성취시대를 맞아 응당 우리의 고뇌와 시각은 남북한을 망라하여야 한다. 오늘의 남북한은 거의 모든 부문에서 북측이 남측을 능가하던 4월혁명 당시의 남북한이 더 이상 아니다. 또 한반도를 둘러싼 외적 조건 역시 탈냉전, 전일적 자본주의 세계체제, 초강대국 미국의 단일패권주의 세계질서, 신자유주의의 범람과 세계화 혹은 일체화(북한이나 중국은 지구화를 일체화라고 부름), 정보사회로의 진입 등에서, 미소냉전이 극에 달했던 60여 년 전의 상황과는 매우 다르다. 이러한 변화된 조건 속에서 남북과 통일조국이 지향해야 할 이념지향의 기조는 비록 같다 할지라도 그 구체적 내용은 과거와 다른 성격이어야 한다.

이 글도 바로 이러한 변화된 조건에 걸맞은 내용을 채워나가기 위한 고뇌의 결과물이다. 비록 남과 북을 아우르는 이념지향이라는 예민한 주제일지라도 통일성취시대를 맞은 시점에서 이제는 마냥 외면할 수만은 없다. 눈앞에 닥친 당면과제라는 인식이 확산되어 이에 대한 활발한 논의가 이루어져야 할 것이다. 그러나 이러한 인식이나 논의는 어디까지나 통일행로와 접목을 꾀해 궁극적으로 통일 일구기에 기여하는 것이 되어야지 통일 가로막기를 위한 것이 아니어야 함을 또한 유념해야 할 것이다.

(「4월혁명과 현단계 자주·민주·통일의 과제」, 『경제와 사회』 1998년 가을호)

3. 김대중정권의 통일정책

김대중정부의 여러 정책 가운데 가장 지지를 받아왔던 것이 대북정책이었다. 이는 남북정상회담, 금강산관광, 이산가족상봉, 금창리 핵위기에 즈음한 한반도위기설 극복 등 대북 포용정책의 가시적 성과를 국민들이 높게 평가했다는 것을 의미한다. 특히 이전 김영삼정부의 대북 적대정책과 비교해 볼 때, 단기간 내에 남북화해 지향적인 대북 포용정책의 기틀을 다진 점은 매우 돋보인다. 또 6·15공동선언을 일구어내어 통일성취시대라는 민족전기를 마련한 점은 우리 민족사에 우뚝 솟을 거목을 심었다는 것을 의미함을 누구도 부인하지 못할 것이다.

그러나 포용정책의 획기적인 남북화해·평화·통일 지향성에도 불구하고, 신자유주의 경제정책의 반통일성 때문에 김대중정권의 통일정책이 반통일성이라는 모순구조로 귀결될까 염려스럽다. 신자유주의 정책의 전면적 추구와 과잉세계화로 인해 민족경제와 국민경제가 초국적 외래자본에 잠식되어 통일추진의 물적 기반 상실로 이어질 때, 통일은 이제 더 이상 민족 자체의 동력으로 추진될 수 없을 것이다. 이는 비록 제한적이지만 탈냉전으로 외세가 통일의 상수가 아닌 변수로 된, 통일시대의 외적 통일기반의 유익한 조건을 다시 원점으로 되돌리는 결과를 가져오게 될 것으로 우려된다. 곧 대북정책의 혁혁한 성과에도 불구하고, 종속적 신자유주의라는 경제정책 때문에 민족통일이라는 긴 여정에는 반통일 또는 비통일로 귀결될 가능성 또한 상존한다.

이 글은 바로 이러한 문제점들에 초점을 맞추어 2절에서는 포용정책의 원칙, 기조, 추진방향 등에 관한 내용을 개략적으로 검토하면서 이들과 김영삼정권의 정책들의 차별성을 들추어내고, 이에 대한 평가를 간략히 내린다. 3절은 통일성취시대를 개척한 6·15공동선언의 민족사적 의의를 논하고, 4절은 포용정책 전반의 민족친화성에도 불구하고 IMF경제신탁통치의 극복을 위한 종속적 신자유주의 정책이 의도치 않게 반통일성으로 귀결될 것임을 강조한다.

1. 김대중정부의 대북정책

"지금은 통일의 단계가 아니고 교류협력의 단계라고 보아야 한다. 이제 너무 통일을 말할 필요는 없다. 통일은 궁극적 목표이지만 당장은 화해·교류협력이 중요하다"는 김대통령의 언명처럼, 김대중정부는 통일방안마저 공식화하지 않고 단지 햇볕정책 또는 포용정책이라고 일컬어지는 대북정책만 제시하고 있다. 대북정책 기조는 화해·협력·평화정착이다. 여기에다 대북정책의 3원칙으로 무력도발 불용, 북한 목조르기나 인위적 흡수통일 배제, 화해와 협력의 적극적 증진을 설정하고 있다.

이 3원칙에 입각하여 대북정책 추진기조를 △안보와 화해협력의 병행 추진 △평화공존과 평화교류의 우선실현 △화해협력으로 북한의 변화 여건 조성 △남북간 상호이익의 도모 △남북 당사자해결 원칙하에 국제적 지지 확보 △국민적 합의에 의한 대북정책의 추진 등으로 설정하였으며, 그 구체적인 추진과제로는 △남북간 대화를 통한 남북기본합의서의 이행·실천 △정경분리원칙에 입각한 남북경제협력의 활성화 △남북이산가족문제의 우선적 해결 △북한 식량문제의 해결을 위한 대북지원 △대북 경수로지원사업의 차질 없는 추진 △한반도 평화환경의 조성을 설정하였다(통일부 1999a).

종합해 보면 포용정책은 첫째 선평화·후통일 정책, 둘째 조기붕괴를 전제로 한 흡수통일 포기정책, 셋째 남북협력을 통한 북한의 개혁·개방 유도정책, 넷째 정경분리에 의한 경제협력 증진정책, 다섯째 4자회담과 다자간안보협력체제를 통한 평화체제 구축정책, 여섯째 한미일 공조정책, 일곱째 실행방도로 기본합의서 이행정책, 여덟째 실행원칙으로 상호주의 정책, 아홉째 냉전구조 해체를 위한 일괄타결정책 등을 그 핵심 내용으로 하고 있다.

이러한 포용정책 전반에 대한 1999년의 조사에서 일반국민의 70.5%와 진보적 학자들로 구성된 학술단체협의회(학단협) 회원의 절대 다수인 95.5%가 "햇볕정책이 남북관계에 긍정적 영향을 미칠 것"이라고 보았고, 일반국민의 67.5%, 학단협 회원의 89.0%가 김영삼정부보다 가장 나아진 분야로 '남북관계'를 꼽았다(『한겨레신문』 1999. 2. 23). 또 『기자협회보』가 지령 1000호를 기념해 전국의 기자 437명을 대상으로 한 여론조사 결과, 응답자의 90.4%가 현정부의 대북 포용정책을 지지했다(『한겨레신문』 1999. 5. 14). 이들 여론조사가 말해 주듯이 대북 포용정책은 과거 김영삼정부 정책과의 비교 속에서 제대로 평가될 수 있을 것이다.

　　김대중정부와 달리 김영삼정부의 대북정책은 첫째 흡수통일, 둘째 북한붕괴 촉진, 셋째 긴장해소 정책부재로 인해 영변 핵위기시 전쟁 일보직전으로 치닫는 전쟁위기 방치 및 조장(강정구 1994b), 넷째 지속적인 남북대결, 다섯째 일관된 정책기조를 가지지 못하는 비일관성, 다섯째 국내외적으로 인도주의적 차원의 대북 식량지원마저 거절·봉쇄하는 반인도주의와 반민족성 등으로 요약될 수 있다.

　　이러한 김영삼정부의 정책에 비해 김대중정부의 대북정책은 그야말로 코페르니쿠스적 전환이다. 이 극적인 통일정책의 변화를 1 : 1 대비시켜 평가해 보겠다. 김대중정부는 첫째, 흡수통일정책에서 흡수통일 배제정책을 3원칙으로 제시했다. 둘째, 북한붕괴 촉진정책에 대해 그럴 가능성도 없거니와 바람직하지 않다고 본다. 셋째, 긴장해소정책과 관련하여 금창리 핵위기를 대처하는 과정에서도 확인되었듯이 '일괄타결안'으로 전쟁위기 국면을 넘겼고 미사일이나 교차승인 문제 등을 일괄적으로 해결하여 긴장이 대두되는 근원적 조건을 해소하려는 정책을 추진해 왔고, 2003년의 전쟁위기에 즈음하여 임동원 특사를 파견하여 이에 대한 적극적인 대응책을 강구했다. 넷째, 정책의 일관성에서는 잠수정사건, 인공위성 발사, 금창리 핵의혹 사건, 미사일문제 등에도 불구하고 정경분리 원칙에 의한 남북협력 등 기존의 정책기조를 유지했다. 다섯째, 식량지원 봉쇄정책 대신 북한의 식량문제 해결을 위한 대북지원을 추진하고 있다. 김영삼정권이 미국이나 일본의 대북 식량지원까지 봉쇄하는 반민족적인 대북정책을 추진했던 것과 달리, 외국의 대북한 식량 및 경제 지원을 요청하고 민간 수준의 지원을 장려하고 정부 차원의 지원도 국민 여론이 허용하는 범위 내에서 증진시키려는 기본 방향을 가지고 있어 김영삼정권과는 근본적으로 다르다. 결론적으로 김대중정부의 대북정책은 격세지감을 가져다줄 정도로 전향적이고 민족 친화적이다.

하지만 이러한 총체적 긍정성에도 불구하고 세부적으로는 많은 개선점이 요구되고 있다. 이 글에서는 자세히 다루지는 않겠지만, 이미 지적한 바와 같이 대북한 상호주의에서 상대방 배려 또는 보답주의로, '2+2의 평화협정방식'에서 '3+2'로, 개혁·개방 유도정책에서 북한경제 현대화정책으로, 한미일 공조정책에서 남북 공조정책, F-15K도입 등 군사력 증강주의에서 군비축소로의 전환 등이 요구된다.

특히 포용정책은 분단관리정책으로는 훌륭하지만 통일에 대한 청사진을 제공하지 못하고 있다. 곧 통일방안이 공식적이건 비공식적이건 간에 정립되지 않았거니와 이들 구체적인 정책이 궁극적인 목표인 통일과 어떻게 유기적으로 결합되는지 가늠할 수 있는 기본 틀이 없다는 점이다. 이렇게 구체적인 통일방안이 확정되지 않은 것은, 그 자체가 매우 예민한 문제인데다 포용정책의 추진에 전술적으로 도움이 되지 않고, 보수적인 시민사회나 야당의 집중공세를 받아 포용정책이 흔들릴 위험성뿐 아니라 경상도 지역주의의 무조건적인 반DJ정서에 불을 지필 우려, 곧 냉전지역주의의 발화 우려가 있기 때문인 것으로 볼 수 있다. 물론 이것은 김대중정부에 전적으로 책임이 있다고 보기는 힘들지만, 아무튼 이로 인해 포용정책이 통일정책으로서 충분한 요건을 갖추지 못하는 한계를 가지는 것은 사실이다.

2. 6·15공동선언과 통일성취시대의 출범

2001년 6월 남측의 김대중 대통령과 북측의 김정일 국방위원장 사이에 합의된 6·15공동선언은 남측의 남북연합방안과 북측의 낮은 단계 연방제 통일방안을 다함께 수용함으로써, 기존의 흡수통일과 적화통일의 우려를 불식시켜 통일을 본격적으로 추진할 수 있는 터전을 마련했다. 이렇게 장기적 민족사의 핵심 과제인 통일에 대한 이정표를 세움과 동시에 이산가족의 상호방문과 민족경제 추진을 합의함으로써 단기 현안과제에 대해서도 엄청난 성과를 거두었다. 뿐만 아니라 이제까지 북측은 통일과 평화 등 본질적인 문제 해결에 중심을 두었고 남측은 교류와 협력 같은 현안문제에 치중하는 경향을 보였으나, 공동선언문을 도출함으로써 남과 북은 서로를 포용하는 성숙성을 보였다. 이 결과 통일부 조사에 의하면 국민의 96.7%가 이를 성공적으로 평가하고 있다. 이제 민족사적 과제는 이 통일의 이정표인 6·15공동선언의 조속하고도 성실한 이행으로 통일을 일구는 것이다. 이로써 우리는 본격적인 통일시대, 곧 통일성취시대에 진입한 셈이다.

한편 클린턴행정부는 임기 말에 10·12공동성명을 발표하여 한반도 평화체제와 북미관계의 완전한 정상화를 협약함으로써 냉전청산, 나아가 드디어 외적 통일조건의 본격적인 추진을 전망할 수 있게 했다. 또 이 통일성취시대의 민족사적 요구에 응답하듯 김대통령은 3월 초 국민과의 대화에 앞서 "김위원장의 답방 때 냉전종식을 위해 평화협정 또는 평화선언 등 어느 것이 될지 모르지만 군사적인 문제를 포함한 구체적인 합의를 이끌어내겠다"고 밝힘으로써, 비록 부시 새 행정부에 의해 제동이 걸리기는 했지만 한반도 평화와 통일에 대한 획기적이고도 역사적인 발판을 마련했다.

이렇게 민족사적 전기를 만든 남북정상회담의 '성공'은 몇 가지 요인으로 설명될 수 있는바, 자주적인 합의, 포용정책의 연장선에서 추진된 일관되고 지속적인 남한의 대북정책, 남북 다같이 정상회담을 요구하는 구조적 조건, 외세가 강제하는 구조적 제약이 완화된 점 등이 그것일 것이다. 그러나 무엇보다 평양회담의 성과는 기존의 고정된 틀을 뛰어넘을 수 있는 정상회담이라는 그 자체가 가지는 특수한 성격에다 민족주의 자체가 지닌 폭발성이 서로 결합하여 시너지효과를 거둔 것에 기인한다고 볼 수 있다. 정상회담은 최고위급 지도자라는 위상과 정상회담이라는 특수한 성격 때문에 실무·관료적 성격에서 벗어나 정치적 및 전략적 결단이 이루어질 수 있는 특성을 가진다. 그래서 냉전구도 속에서 고착화된 남북관계에 돌파구를 마련할 수 있는 큰 폭의 회담이 될 수 있다. 여기에다 60~80만의 열광적인 환영인파와 김정일 국방위원장의 파격적인 손님맞이 등이 잠재해 있던 민족주의 정서와 열정을 폭발시켰기 때문이다(강정구 2001c).

6·15공동선언의 민족사적 의의 가운데 가장 핵심적인 것은 통일방안에 대한 합의일 것이다. 한반도를 둘러싼 장기적 통일정세 전망은 강대국간, 특히 미국과 중국 간에 동북아 현상유지를 위한 협력관계가 지속될 경우 남북의 적극적인 통일 의지와 실천에 의해 이룩될 수도 있는 성격, 곧 통일은 우리하기 나름이라고 볼 수 있다. 그러나 서서히 드러나고 있듯이 미국과 중국의 마찰이 심화되어 동북아에 신냉전질서가 형성될 경우 한반도는 또다시 분단고착화시대로 귀착될 가능성이 높다. 앞으로 2020~30년경에 도래할 동북아신냉전 이전에 남과 북은 최소한 부분통일이라도 이루어 지구촌에서 우리의 민족통일을 기정사실화하는 작업이 시급히 이루어야 한다. 더구나 미국에 부시정권이 등장하면서 황야의 무법자와 같은 신패권정책을 펼치며 중국과의 신냉전을 촉진하고 있어 동북아신냉전이 당겨질 가능성이 높아지고 있다.

6·15공동선언의 2항에서 "남측의 연합제 안과 북측의 낮은 단계의 연방제 안이 서로 공통성이 있다고 인정하고 앞으로 이 방향에서 통일을 지향시"키기로 합의한 것은 동북아신냉전이 도래하기 이전에 우리 민족이 부분통일이라도 이룰 수 있는 터전을 마련하였다고 볼 수 있다.

연합제와 연방제의 결합에 의한 '실질적 통일' 추진은 남북 지역정부에 의한 외교·군사권·경제체제유지권의 독자적 행사라는 연합제의 특성을 살리면서 낮은 단계(또는 느슨한) 연방제의 특성인 상징적인 수준이나마 연방정부라는 형식적인 통일정부를 수립하여 지구촌에 우리가 통일국가임을 부각시킬 수 있다. 이렇게 되면 동북아신냉전 이후 전개될 수 있는 분단고착화라는 장기적 통일정세의 딜레마를 풀어나가는 전기를 마련하는 셈이다.

3. 포용정책의 세부 평가

포용정책은 남북정상회담과 6·15공동선언을 성사시켜 민족사적 전기를 마련한 획기적 성과에도 불구하고 세부적으로 비판받을 부문도 적지 않다. 이 절에서는 포용정책 전반에 대한 세부평가를 해보겠다. 앞에서 포용정책의 핵심 내용으로 아홉 가지를 제시하였는데, 분석을 위해 이 각각의 핵심 정책들을 대북정책의 3대기조——화해기조, 협력기조, 평화기조——별로 단순분류하여 평가하고자 한다. 화해기조에는 흡수통일 포기정책과 조기붕괴 유도정책의 포기가, 협력기조에는 협력을 통한 개혁·개방 유도정책과 정경분리정책, 평화기조에는 선평화·후통일 정책, 4자회담과 다자간안보협력체제 추진정책, 냉전구조 해체를 위한 일괄타결정책, 한미일 공조정책 등이 포함된다. 그리고 이 기조를 실행하는 방도와 원칙은 기본합의서 이행정책과 상호주의 정책을 그 내용으로 하고 있다.

화해기조정책

남북화해를 위한 전제는 흡수통일 및 북한붕괴유도에 대한 포기정책이라고 볼 수 있다. 이 점에 대해 김대중정권은 출발시점부터 명확한 입장을 밝혔으며, 이는 화해모색을 위한 최소한의 전제조건을 충족시킨 것으로서 과거 문민정부의 노골적인 붕괴유도나 흡수통일정책에 비해 커다란 진전이라고 평가될 수 있다. 그러나 이 정책들은 어디까지나 전제조건을 충족시킨 수준에 불과하지 남북당국간의 화해 증진을 위한 적극적인 정책은 아니었다. 또 이러한 언명에도 불구하고 평화정착 정책에서 실질적인 효과는 별로 크지 않고 오히려 전력증강사업이나 F-15K도입 등으로 군비경쟁을 유발하고 군사훈련어 강화된 측면이 짙다.

김대중정부는 초기에는 화해모색을 위하여 장기수 송환이나 비료지원을 추진하였으나 상호주의 원칙이라는 자승자박에 묶여 남북화해는 전혀 진전을 보지 못하다가 남북정상회담이 열리면서 획기적으로 개선되었다. 그러나 남북관계의 이러한 전향적인 개선은, 뒤에서 다시 논의하겠지만, 포용정책의 산물이라기보다 북한의 내부상황에서 그 요인을 찾아야 할 것이다. 6·15공동선언 이후에도, 아니 이 공동선언의 올바른 이행을 위해서도 상호주의 실행원칙은 근본적으로 수정되어야 한다. 다음과 같은 요인 때문에 '상대방배려주의' 또는 보답주의로 바뀌어야 할 것이다.

첫째, 상호주의는 양자간의 관계가 남과 남의 관계이면서 대등한 관계일 때 일반적으로 적용된다. 곧 시장에서 남과 남 사이에 단지 화폐를 매개로 서로 1 : 1로 조응하는 값어치를 지불하고 또 그것에 상응하는 상품을 교환하는 관계를 상호주의라고 일컫는다. 그러나 부모·자식 간이나 부부지간에는 이러한 상품교환관계의 상호주의가 이루어지지 않는다. 설사 있다 하더라도 그것은 지배적인 관계가 아니라 보조적인 관계이다. 그런데 남과 북의 관계는 별개의 주권을 가진 나라와 나라가 아니라 언젠가는 한 나라가 되어야 하는 민족 내적인 관계이다. 그러므로 적용하는 전제조건 자체, 곧 남과 남 사이라는 전제가 성립되지 않는다는 데 문제가 있다.

둘째, 상호주의라는 장군·멍군 식의 주고받기나 치졸한 '잔 싸움'으로는 50년 이상 지속되어 온 분단문제를 해결할 실마리를 잡을 수 없다. 적대관계로 얼룩진 남북 사이를 해결하려면 무언가 획기적인 계기를 통해 물꼬를 트는 작업이 긴요하다. 이것은 결코 주고받기 식이 아니라 서독의 브란트가 동독에게 일방적으로 먼저 양보하여 돌파구를 마련한 것과 같은, 상대방배려주의를 펼쳐야만 가능하다. 서독은 무려 100억 달러를 동독에 제공하면서 인적 교류의 물꼬를 텄다. 그것도 전혀 통일을 전제하지 않고, 단지 같은 민족이기 때문에 제공한 것이다. 바로 이러한 일방적 양보 또는 배려주의가 냉전이 해제되는 시점에서 작동하여 전혀 예기치 않은 통일을 일구었던 것이다. 서독이 상호주의 정책을 폈더라면, 탈냉전이 되었다고 해서 독일통일을 달가워하지 않는 주변국가의 반대를 극복하고 통일을 이루어낼 수 없었다는 사실을 우리는 역사적 교훈으로 삼아야 한다.

셋째, 남과 북은 지금 전혀 대등한 관계가 아니다. 1997년과 99년 남한의 GNP는 약 4200억, 4000억 달러이고 북한은 한국은행 추계에 의하면 177억, 160억 달러이다. 북한자체의 UN보고는 1995년 GNP가 불과 69억 달러였다. 한국은행 추계를 기준으로 하더라도 북한의 97년 GNP는 남한의 군사비인 170억 달러 정도에 불과하다. 2001년 5월 28일 한국은행의 발표에 의하면 북한의 2000년 추정 명목국민총소득(GNI)은 168억 달러(18조 9천억 원)로 남한의 4552억 달러(514조 6천억 원)의 1/27 규모다. 또 1인당국민총소득은 757달러(85만 6천 원)로 남한의 9628달러 (1089만원)의 1/13에 불과하다. 98년은 1/24.8, 99년 1/25.4 등으로 경제 규모의 차이가 커지고 있다(『한겨레신문』 2001. 5. 29).

이러한 경제적 격차 외에도 북한은 외교·군사적 고립과 식량난으로 생존권 위협을 받으며 전전긍긍하고 있다. 굶어죽어 가고 있는 사람에 게 쌀 한 말 줄 테니까 옷 한 벌 내놓으라고 요구하는 상호주의 행위는 철저한 원한만 불러일으킬 것이다. 이러고도 통일을 이야기하고 동포사 랑 운운한다면 그것은 위선일 뿐이다. 상대방 배려주의나 보답주의는 일본의 평화문제 전문가이자 도쿄대 명예교수인 사카모토 요시카즈(坂 本義和)도 강조하고 있다.

비대칭성을 고려할 때 북한에 서구의 제의에 부합하는 반대급부를 기대한다 는 것 자체가 비현실적이고 어리석다는 것입니다. 다시 말해 북한의 제한된 정 책선택의 범위를 염두에 두면 '주고받기' 식의 정상적인 외교협상 유형이 북한 에는 적용되지 않는다는 점을 서방이 인식해야 한다는 것이지요. 서방의 비대칭 적 우월성은 서방국가들이 '주고+주고받기'(give+give and take) 식의 외교협상 전략을 채택함으로써 경직된 악순환의 반작용을 중단시킬 수 있는 일방적인 이 니셔티브를 취할 수 있다는 것을 의미합니다. (『동아일보』 1999. 4. 25)

국민의 정부도 초기 베이징비료회담에서 상호주의 원칙을 발표하였다 가 이것이 자승자박임을 깨닫고는 비등가적 혹은 비동시적 상호주의라 는 형용 모순적인 억지개념으로 상호주의 이름만 유지하는 고육지책을 쓰고 있다.[1] 그러나 이제는 과감히 이에서 벗어나야 한다. 가장 성공적

---

1) 국민의 정부의 출범 직후 열린 베이징차관급 당국자회담에서 남측은 상호주의 원칙을 적용한 것 자체가 잘못이었으며 또 상호주의 원칙이라는 기준에도 못 미치는 조건을 제기함으로써 이중적인 과오를 저질렀다. 곧 북한은 조문파동 때문에 김영삼정권과 4 년여 동안 단절된 당사자회담을 조건 없이 재개하는 일방적 배려주의를 남쪽에 베풀었

인 정책이 대북정책이라는 여론조사가 이를 뒷받침하듯이, 여론 추수적인 정책이 아니라 통일에 대한 장기적 전망과 철학을 바탕으로 국민의 참여와 수용을 이끌어가는 지도력을 현정권이든 차기정권이든 발휘해야 한다.

화해기조를 저해하는 두번째 정책은 개혁·개방 유도정책이다. 김연철이 주장하듯이 "대북정책이 북한의 개혁·개방 유도전략에서 북한경제의 현대화 지원전략으로 바뀌어야 한다." 햇볕정책이 햇볕으로 북한의 옷을 벗겨 장기적으로 흡수통일한다는 가정을 가진 것으로 평가되는 것처럼, 북한의 개혁·개방 유도정책 역시 북한의 흡수통일에 대한 경각심을 자극하고 있다. 그래서 "정부는 흡수통일전략과 차별성이 거의 없는 개혁·개방 유도전략에서 공존공영을 뜻하는 북한의 경제현대화 지원전략으로 전환해야 한다"(『한겨레신문』 1999. 4. 23). 북한이 '개방·개혁 유도정책'을 '미소 속에 비수를 품은 가증스러운 정책'으로 간주하고 있다는 점을 주목해야 한다. 비록 북한의 내적 조건 때문에 정상회담에 응하였지만 남북관계를 통일 기여적으로 개선하기 위해서는 이 개혁·개방 유도정책은 포기되어야 한다. 개혁·개방은 북한 스스로 결정할 수 있도록 해야 한다.

협력기조정책

둘째 기조인 협력기조에서는 개혁·개방 유도정책과 정경분리정책이 핵심이라고 볼 수 있다. 이 가운데 제대로 효율적인 결과를 가져온 정책은 정경분리정책과 민간 교류와 협력 간섭 자제주의이다. 앞에서도 언

다. 북한의 이러한 양보에 대한 남한의 상호주의식 화답은 없었다.

급하였지만 잠수정사건, 금창리 핵의혹사건, 인공위성 발사사건에도 불
구하고, 소몰이와 금강산관광 등과 같이 남북간의 민간 경제협력이나 교
류 등은 예정대로 잘 진행되었다. 이러한 남북간의 협력, 특히 경제분야
의 협력증진은 북한의 절박한 경제난을 해소하는 데 도움을 줄 뿐 아니
라 남북간의 상호의존성과 동질성을 높여 궁극적으로 통일환경 조성에
크게 기여할 것이다.

  그러나 남북협력을 통한 개방·개혁 유도정책은 그 의도도 순수하지
않거니와 오히려 통일 터닦기에 장애만 될 따름이다. 이 유도정책과 상
관없이 북한은 이미 개방과 개혁에서 엄청난 변화의 길로 접어들었다.
98년 헌법개정에서 김일성 유훈통치의 제도화, 군부중심의 위기관리체
제 제도화와 더불어 소유·무역·경제 활동의 범위를 확대하였다.[2] 이
를 두고 정부는 "북조선식 시장경제체제로의 전환 조짐으로 볼 수 있다"
고 평가했다. 주목되는 개정내용은 △기업 독립채산제와 원가·가격·
수익성 개념을 도입한 점 △합법적 경리(경제)활동을 통해 얻은 수입을
개인소유로 인정한 점 △경제특구 안에서 개인의 기업창설과 운영을 장
려한 점 △거주·여행의 자유를 보장한 점 등이라고 지적하면서 "이미
현실적으로 나타난 변화를 헌법에 공식화한 것이 대부분이지만 시상경
제체제 도입의 조짐으로 평가할 수 있다"는 적극적인 해석을 하였다
(『한겨레신문』 1998. 9. 14).

  2001년 초 김정일 위원정의 상하이방문과 신사고에 발맞추어 가공무

---

2) 제24조(합법적인 경리활동을 통하여 얻은 수입도 개인소유에 속한다), 제33조(국가는
  경제관리에서 대안의 사업체계의 요구에 맞게 독립체산제를 실시하여 원가, 가격, 수익
  성과 같은 경제적 공간을 옳게 이용하도록 한다), 제36조(대외무역은 국가 또는 사회
  협동단체가 한다), 제37조(특수경제지대에서의 여러 가지 기업창설 운영을 장려한다)
  는 개인소유의 확대, 사적 시장경제의 합법화, 기업의 경영자율권 허용, 해외기업의 단
  독투자 허용을 강화·발전시키는 합법적 발판을 제공한 것으로 해석될 수 있다.

역법을 확대하여 삯가공과 위탁가공을 북한 전역으로 확대하는 획기적인 개방정책을 취했으며, 4월 5일 최고인민회의에서는 가공무역법과 함께 북한 내 각 항구에 대한 외국선박들의 입출항과 통관절차·관세·위생방역 등을 다루는 갑문(閘門)법과 정보기술(IT) 도입 등과 관련된 저작권법도 승인했다(『한겨레신문』 2001. 4. 24). 북한의 이 같은 흐름에 비추어볼 때 내정간섭인 개혁·개방 유도정책은 오히려 남북관계를 해칠 소지만 있다.

1990년부터 시작된 극심한 식량난과 경제난으로 북한사회는 92년 이전부터 기존의 배급체제에 의한 중앙계획경제가 정상적으로 작동하지 못함으로 해서 대다수 하부단위나 개인이 자체적으로 생존을 해결하는 경제체계로 들어갔다. 이는 중앙계획경제체제에 의한 국가영역인 '제1의 경제'와 개인적 방도에 의한 비공식경제로 이중구도를 띠게 됨을 의미한다.

이 이중구도로의 변화는 북조선정권의 의도적인 정책적 산물이라기보다 중앙계획경제체제의 마비와 생존경제의 '활성화'에서 비롯된 결과물이다. 이러한 변화, 곧 국가배급제의 형해화, 비공식경제의 활성화, 국가의 자원동원력과 자원통제력의 약화로 인한 '약한 국가화'는 경제영역을 뛰어넘어 북한사회의 전영역에 의도하지 않은 결과를 가져오고 있다. 북한은 경제토대, 생활양식, 사회의식과 가치관, 인구분포 등에서 점진적이지만 근원적인 변화를 겪고 있는 것이다(강정구 1999a). 북한의 이러한 변화가 굶주림에 시달리는 북한인민의 삶을 얼마나 개선시키고 통일기여적으로 진행될 수 있는가는 우리에게 초미의 관심일 수밖에 없다. 바로 이러한 역사경로에 친화적인 조건을 제시하고 지원하는 것이 남한이나 우리가 해야 할 통일시대의 민족사적 과제이다.

북한의 개방과 개혁에 대한 인식이나 이해 역시, 일방적인 기준을 설정하고 이에 조금이라도 못 미치는 경우 북한의 잣대로는 엄청난 변화임에도 불구하고 그 변화를 전혀 인정하지 않고 북한과의 대치를 부르짖는 냉전시각에서 벗어나야 한다. 마찬가지로 개혁·개방 유도라는 비현실적이고 민족 분열적인 정책으로 귀결될 여지가 있는 정책은 시급히 시정되어야 할 것이다.

평화기조정책

평화기조와 관련해서는 선평화·후통일 정책, 4자회담과 다자간안보협력체제 추진정책, 냉전구조 해체를 위한 일괄타결정책, 한미일 공조정책 등이 있는데, 이 가운데 한미일 공조정책을 빼고는 올바른 지향성을 가진 것으로 평가된다. 선평화·후통일 정책은 장기적인 전망과 결합된 통일정책을 제대로 갖지 못하는 한계를 지녔지만, 평화의 실현은 선차적이든 병행적이든 우선적으로 추진되어야 할 것이다. 다만 선평화로 끝남으로 해서 분단고착화로 나아가지 않도록, 어디까지나 평화정착을 통일의 과정으로서 설정하는 확고한 원칙을 가져야 한다.[3] 6·15공동선언은 포용정책의 기조인 선평화·후통일 정책에 걸맞지 않는 결과로서, 오히려 통일 우선주의가 관철되는 듯하다. 이것은 북한의 통일 우선주의와의 합의를 시도한 결과로 해석할 수도 있기 때문에, 김대중정부의 선평화·후통일 정책이 통일 우선주의로 바뀌었다거나 실질적으로 분

---

3) 앞에서도 밝혔지만 여기서 평화정착은 갈통의 평화유지(peace-keeping)와 평화조성(peace-making) 수준이다. 궁극적으로는 평화수립(peace-building)을 지향해야겠지만 초보적 수준의 평화유지가 절실하다. 갈통은 평화유지를 "적어도 물건이나 상대방, 자신들을 파괴하는 것을 막기 위한 행위 지향적" 개념, 평화조정은 "새로운 형성을 하게 하고 또 참가자의 태도와 가정들을 바꾸는 태도 지향적" 개념, 평화수립은 "갈등구조의 근원에 존재하는 모순을 극복하는 모순극복 지향적" 개념으로 정의한다(요한 갈통 2001, 231쪽).

단관리정책에 불과하다고 속단하기는 힘들다.

4자회담을 통해 남북간의 평화체제를 구축하고 다자간안보협력체제를 통해 동북아 전체의 평화체제를 확대시킴으로써 한반도통일이 동북아 전체의 평화와 결합되는 구도로 나아가게 하는 것은 통일의 내외적 기반을 구축하는 것으로서, 시급히 추진될 사항이다. 단지 평화협정에 대한 세부적 지침은 아직도 김영삼정부의 기존 정책(4-2회담 식의 남북 평화협정 추진정책)을 답습하고 있어 이에 대한 근본적인 수정이 요구된다. 앞에서 살펴본 대로 김대중정부는 한반도의 평화정착을 위해 다양한 시도를 하고 있는데, 이에 접근하는 방법론적 원칙인 일괄타결정책에 대한 평가가 필요하다.

한반도 평화정착과 냉전구조 해체에 대한 기존의 개별사안별 접근법으로는 언제나 미국의 이해관계에 따라 '북한 적 만들기' 등과 같이 쉽게 한반도가 희생양으로 몰려 94년 6월의 영변 핵전쟁위기와 98~99년 금창리 핵위기 같은 위기를 맞게 되어 있다. 일괄타결정책은, 이러한 상황에서 미국과 일본이 북한에 줄 것은 주고 받을 것은 받는 포괄적인 일괄타결방식으로 위기발생의 근본적인 소지를 줄인다는 의미에서 현실적이고 바람직한 냉전구조 해체의 접근방식이다. 정세현 당시 통일부차관이 한림과학원 주최 DMZ야외토론회에서 제시했듯이 5대과제 중 남한과 미국은 북한으로부터 △'북한의 대량살상무기 개발 포기 및 한반도 군비통제' 부분을 받고 △남북한 적대관계 해소 △북한의 정상적인 대외관계 회복(미·일과의 관계개선) △북한의 외부세계와의 협력관계 구축(세계은행 등 국제기구 가입) △정전협정의 평화협정으로 대체 등(『한국일보』 1999. 4. 28)을 한 묶음으로 처리하는 것이다. 이러한 접근으로 금창리 핵위기를 극복할 수 있었다는 것은 민족안보 측면에서 찬사를 받아 마땅하다. 그러나 영변 핵위기 당시 김영삼정권은 전쟁을 억제하기는커녕 오히려 부추겨서 민족안보를 풍전등화로 내모는 반민족적 정책을 펼쳤다. 이 김영삼정권의 정책과 비교해 보면 이 일괄타결정책의 진가를 제대로 확인할 수 있을 것이다.

그러나 우리가 주목할 것은 바로 1993~94년 핵위기를 해소한 10·21 북미협정 역시 이러한 일괄타결방식이었다는 점이다. 10·21협정은 북한은 핵활동 동결, NPT복귀, 국제원자력기구 임시·일반 핵사찰 수용을 미국에게 주고, 미국으로부터 연락사무소 연내 설치와 북미관계 개선, 연간 중유 50만 톤까지의 대체에너지 공급, 2003년까지 2천MW 경수로원자발전소 제공, 대북 핵 불사용에 대한 미국무부 보증을 받게 되어 있었다.

이에 따라 북한은 그 동안 10·21협정이 규정한 핵연료봉을 97%까지 봉인하고 핵발전소를 중단하여 협정을 충실히 이행하였다. 그러나 미국은 합의사항인 중유 50만 톤을 적기에 공급하지도 않았고 대북 경제제재 또한 거의 해제하지 않았으며 북한에 핵 선제공격을 하지 않는다는 보증도 하지 않았거니와 2003년까지 완료하게 되어 있는 경수로도 적기에 공급할 수 없게 되는 등, 북한과의 관계개선을 전혀 진전시키지 않았다. 북한이 제대로 이행하지 않은 부분은 단지 남북관계 개선이었다. 이러함에도 불구하고 미국은 금창리 핵위기를 불러일으켜 한반도에 긴장을 조성함으로써 민족안보를 위협하는 제국주의적 행위를 자행했으며, 부시정부는 오히려 2003년에 특별사찰을 받을 것을 요구하여 제네바협정 위배를 서슴지 않고 있다.

이후의 과제는 미국이 이러한 일괄타결 합의사항을 또다시 자신의 제국주의적 이해관계나 내부사정 때문에 파기하지 않게 보증을 철저히 하는 것이 일괄타결정책의 또 하나의 과제이다. 그러나 부시정권은 이러한 일괄타결방식을 거절하고 있는데다 제네바핵협정을 개정하고자 하

여 현실적으로 어려움이 있지만, 그럼에도 불구하고 이 일괄타결정책의
올바른 지향성은 높게 평가되어야 할 것이다.

4. 종속적 신자유주의의 반통일성

앞에서 언급하였지만 김대중정권의 대북 포용정책은 한반도 평화와
민족통일 기반 조성에 획기적인 계기를 가져왔다. 그러나 김정권의 경
제정책인 종속적 신자유주의와 통일정책인 포용정책은 서로 상승적으
로 결합되지 못하고 오히려 상충되고 있다. 통일 지향적인 포용정책에
도 불구하고 종속적 신자유주의의 경제정책으로 국민경제의 토대가 약
화됨으로써 오히려 반통일적인 결과를 가져오고 있다는 것이다. 그러면
IMF경제신탁통치와 결합된 종속적 신자유주의를 살펴보겠다.

80년대까지 냉전구도 아래서 미국의 철저한 보호를 받아왔던 한국과
아시아 발전국가들은 사회주의 체제가 몰락한 시점에서 더 이상 미국의
보호막에 안주할 수 없게 되었다. 오히려 1993년부터는 클린턴 독트린
의 표적이 되었고, 그 결과 한국은 6·25전쟁 이후 최대의 민족비극이라
는 IMF경제신탁통치에 들어갔다. 커밍스는 클린턴 독트린을 "수출을
장려하고 특정 지역을 개방시켜 미국의 상품과 투자를 허용하도록 하는
공격적인 대외 경제정책으로" 정의하면서, 이 "미국의 상품은 주로 미국
GDP의 85%를 차지하고 세계적으로 경쟁상대가 없을 정도로 경쟁력이
절대적인 서비스산업, 곧 금융산업이나 정보지식산업이다. 또 경쟁상대
국인 일본이나 독일에게는 냉전구도에서 확보한 영향력으로, 잠재적인
적대국인 중국의 경우에는 면밀하고도 명백한 위협을 구사하여 이 정책
을 관철시키며, 이를 뒷받침하는 이념은 바로 신자유주의와 로크의 민주

주의”라고 보고 있다(Cumings 1998).

한국 역시 1980년 초반의 경제위기와 달리 탈냉전으로 접어든 90년대 후반에는 이미 미국의 안전보호막이 없어짐으로 해서 무방비상태가 되었다. 하루 1조 5천억 달러 이상의 투기(도박)자금이 미국 재무부와 IMF 등 ‘국제기구’의 보호를 받으면서 국경을 무너뜨린 세계화의 초고속도로를 타고 질주하는 마당에, 세계화와 신자유주의를 미국 못지않게 외치는 김영삼정권하의 한국은 쉽사리 포획될 수밖에 없었다. 97년 7월부터 동아시아 외환위기가 시작되고 한국에서 외환위기가 고조되던 97년 11월 7일 김영삼정부는 일본으로부터 빌린 단기자금에 대한 회수를 자제해 달라고 하기 위해 엄낙용 차관보를 일본특사로 파견하기로 비밀리에 결정하였다. 그런데 바로 이 시점에 우연이라고 보기는 힘들 정도로 일본증시에서 월가 투기자금의 대탈주극이 벌어졌고, 이 여파로 일본 증시가 폭락하면서 일본금융권에서는 한국의 연기요청에 대해 설사 연기해 주고 싶어도 불가능한 상황이 전개되었다. 뿐만 아니라 이미 일본 수상은 클린턴으로부터 “한국정부에 협조융자를 해주지 말라”는 편지를 받았다고 한다(이교관 1998, 48~51쪽).

이러한 미국의 음모혐의가 사실인지 여부는 그리 중요하지 않다. 문제는 IMF프로그램과 김대중정권의 위기극복 경제정책이 워싱턴합의가 제시한 8개항의 필요조치[4]를 전적으로 수용할 뿐 아니라 자발적인 과잉 세계화와 종속적 신자유주의를 추진함으로써 IMF의 요구를 능가하는 대외개방을 급진적이고도 광범위하게 진행시키는 IMF 특별장학생이 되었다는 사실이다.

---

4) 신자유주의적 경제구조조정을 위해 필요한 조치들로서 “정부예산의 삭감, 자본시장의 자유화, 외환시장 개방, 관세인하, 국가기간산업의 민영화, 외국자본에 의한 국내 우량 기업들의 인수·합병 허용, 정부규제 축소 그리고 재산권보호” 등 8개항이 제시되었다 (이교관 1998, 79~81쪽).

이에 대한 김대중정권의 논거는, 민족주의를 폐쇄적인 것으로 매도하고 세계적 보편주의를 내세우면서 외환위기와 이에 따른 경제위기를 내인구조론과 내인정책부재론으로 설명하는 것이었다(이병천 1998; 김균·박순성 1998). 곧 비효율적인 박정희식 발전국가의 모순인 재벌경제, 정경유착, 불공정거래, 정부의 지나친 시장개입 등을 극복·전화하여 시장의 보이지 않는 손에 의해 자동조절되게 하는 시장근본주의로 변신하지 못하였고, 또 한보 및 기아 사태와 동아시아 외환위기가 발생한 시점에서도 이에 대한 적절한 대응정책이 부재하였기 때문이라는 분석이다.[5]

그러나 우리의 IMF신탁통치는 이러한 내인구조론의 요인 외에도, 미국의 세계지배전략에 의해 세계자본주의 체제가 이미 금융투기자금이 판치는 '도박판자본주의'로 탈바꿈하여 어느 누구나 제물이 될 수 있는 구조라는 외인구조론, 또 1993년의 클린턴 독트린과 1995년의 WTO출범 등 외인국면적 요인, 김영삼정권의 OECD가입의 대가로 경제기획원의 폐지와 급속하고도 광범위한 개방으로써 우리의 경제를 무방비상태로 노출시킨 내인국면적 요인, 앞의 미국음모론 등과 같은 외인사건사적 요인 등이 복합적으로 작용한 결과이다(김균·박순성 1998).

더 분명한 사실은 이 모든 외인론과 내인론의 기원에는 미국이 직·간접적인 행위주체로 개입하였다는 점이다. 남한이 발전국가의 모순이 누적되어 있는 상황에서 미국의 세계자본주의 질서재편전략에 휘말린 것이다. 남한의 최대 채권국이 미국이 아니라 일본과 유럽연합인데도, IMF신탁통치에 대한 모든 조치와 처방은 주로 미국재무부의 손에서 이

---

5) 그러나 최근 정부가 발표한 국제금융체제 개편 한국보고서(G-33회의 보고서)는 금융위기 원인으로 국제금융체제의 문제점을 더 지목하였다 한다. 이 보고서는 "아무리 작은 카누를 튼튼히 만들어도 태평양에 폭풍이 몰아치면 배가 뒤집힐 수밖에 없다"면서 "개방정책을 취하는 작은 나라가 국내적으로 잘해도 국제금융시장의 풍랑이 치면 헤쳐나가기 힘들다"고 보았다(『대한매일』 1999. 4. 25).

루어졌다. 미국은 동남아 외환위기가 고조되는 상황에서 일본 아시아투자기금(Asian Monetary Fund)의 시도를 저지시켰고 한국의 '투명성'이 부족하다고 떠벌려 외화유출을 부채질하였으며, IMF와 협약을 체결하는 시점에서는 미재무장관 루빈은 추수감사절 휴가까지 취소하고 제2의 맥아더라고 불리는 섬머스 등 고위관리를 급파하여 미국의 대리인에 불과한 IMF당국자를 제치고 "한국에 대한 구제금융은 단지 IMF프로그램을 준수하는 조건하에서만 제공될 수 있다"고 선언함으로써 그 가혹한 조건을 강요하였다(Cumings 1998). 이렇게 미국은 남한에 '병 주고 약 주는' 척하면서 한국을 경제식민지화하고 있는 것이다.

IMF경제신탁통치와 이후 김대중정권의 '세계에서 제일 기업 하기 좋은 나라 만들기'라는 신자유주의 정책은 전적으로 대미 예속의 심화와 전면화로 몰아가고 있다. 이 결과 "대외개방은 IMF의 요구수준을 훨씬 능가하는 거의 전면적 대외개방이다. IMF가 제시한 일정보다 앞당겨 외국인 주식투자한도를 대폭 확대하고 적대적 인수합병을 허용하였으며, 채권 및 단기금융 상품시장을 완전개방하고 외국은행과 증권회사의 국내 현지법인 설립을 허용했다. 또한 부동산시장을 열었는가 하면, 한미투자자유화협정 체결을 추진하고 있다. 뿐만 아니라 외환시장을 완전 자유화하였으며" 외환관리법도 2000년부터는 전면 폐지되었다. 이로써 남한의 국민국가의 경제정책 자율성 내지 주권은 근본적으로 제약되어 국민경제라는 개념 자체가 무색해지는 과정에 놓여 있다(김균·박순성 1998, 385~86쪽).

통일성취시대는 남북간의 군사적 대결의 소지를 해소시키는 평화체제의 구축과 경제와 정치 등 다분야에서 남북간 공통분모성과 상호의존성을 확대하는 통일터닦기를 요구한다. 이 가운데 특히 경제분야의 협력과 교류는 통일터닦기의 핵심이다. 그러나 종속적 신자유주의 정책으로 이미 국민경제와 민족경제의 자율성과 주권이 상실된 상황에서는, 남한 국가는 국민국가로서 통일의 물적 자원을 동원하여 남북의 경제 협력과 교류를 주도적으로 추진할 수 있는 동력을 구조적으로 상실하게 된다. 종속적 신자유주의 정책으로 IMF장학생이 된 김대중정부의 단기적 성과 덕분에 우리는 장기적으로 통일동력의 상실이라는 민족적 희생을 치르는 방향으로 질주하고 있는 셈이다. 통일 배제적으로 구조화되어 가는 남한 경제구조의 대미예속화는 1999년 4월 현재 이미 놀랄 정도로 진척되었음이 다음의 글에서 생생하게 확인된다.

작년 한 해 증권투기와 환차익으로 내준 100억 달러 이상의 국부유출이나, 5조 원의 부실채권을 떠맡고 8000억 원에 팔아버린 제일은행 얘기만이 아니다. 포항제철은 세계 1위의 조강생산업체로서 지난해 1조 1229억 원의 순익을 냈다. 포철의 외국인 소유한도는 법적으로 30%이나 실제로 38.10%에 이르렀고, 올해 산업은행 주식 21.07%를 마저 팔면 외국인지분은 거뜬히 절반을 넘어선다. 메모리 반도체 부문에서 세계 1위의 삼성전자는 3132억 원의 순익을 냈다. 이 알짜배기 회사의 외국인지분이 벌써 51.06%이니 그 알짜가 과연 누구의 차지겠는가? 지난 달 한국전력 주식 7억 5000만 달러 어치의 해외매각에 이어, 내달에 또 12억 달러 규모의 한국통신 주식을 해외에 처분할 방침이다. 외국인주주들이 착해서(?) 경영에 손대지 않을 뿐이지, 지분으로 보자면 주택은행이나 에스케이 텔레콤 등 남의 것으로 호적이 변한 기업이 수두룩하다. 이들은 단순한 기업이 아니라 국가의 기간산업이다. 나라의 생산력을 이렇게 막 넘겨주고 나서 뒷날 우리는 무얼 먹고 살려는가? (『한겨레신문』 1999. 4. 7)

이러한 국민경제의 토대약화와 대외종속성은 더욱 심화되고 있다. 1998~2000년 3년 동안의 외국인투자액이 1962~91년 30년 동안 투자액의 4배 이상이다. 이 결과 2001년 4월 30일 현재 삼성전자 58.30%, 포항제철 57.94%, 에스케이텔레콤 48.96%, 현대자동차 52.25% 등 국내 간판기업에서 외국자본은 내국자본을 능가하고, 우량은행인 국민은행과 주택은행은 60% 이상이 외국지분이며 제일·외환·하나 은행의 대주주 역시 모두 외국인으로 바뀌었다(『한겨레신문』 2001. 5. 15). 더욱이 국내산업은 독과점구조를 띠고 있어 외국자본의 이 같은 국내기업 인수는 곧 국내시장 장악으로 이어진다. 외국자본은 종묘·신문제지·맥주 등에서 이미 한국시장을 지배하고 있다. 전국경제인연합회가 "외국기업이 조세, 국공유재산 매입, 도시계획법 등에서 우대를 받고 있다"며 역차별을 주장한 것은 국내기업들의 위기의식을 보여주는 것이기도 하다.

여기에다 외양적인 노사정합의주의와 실제적인 노동자배제정책으로 인해 이미 남한은 '한 나라 두 국민의 분열위기'를 맞았다 한다. "1997년 509만 원의 월소득을 올리던 최상위 10% 계층은 98년 국제통화기금 관리의 고통 속에서도 수입이 529만 원으로 4.0%가 늘었으나, 73만 원을 벌던 최하위 10% 계층의 소득은 56만 원으로 22.8%가 줄었다." 국세청 발표에 의하면 2000년 연봉 1억 원 이상이 1만 5천 명으로 98년의 2배가 넘고 상류층 1.6%의 씀씀이는 전체 소비의 25%를 차지한다. 또 통계청의 97년부터 3년간 도시가구 총소득 분석을 보면, 상위 20%의 소득은 증가한 반면 하위 60%는 줄었다. 지난 2월 한국개발연구원은 99년 기준 가구실질소득이 월 85만 원에도 못 미치는 극빈층가구가 전체의 17%에 이른다고 밝혔다. 이는 97년(79만 3천 원 기준) 9.7%의 약 2배나 된다. 비정규직노동자 비중 또한 58.4%(758만 명)나 되고 실업자 100만명시대는 고착화할 조짐이다(같은 곳).

이러한 추세는 개선되지 않고 오히려 점점 더 악화·고착화되어 가고 있는 실정이다. 2002년 5월 17일 통계청이 발표한 '1분기 도시근로자가구 가계수지동향'을 보면, 상위 20% 계층의 월평균 소득은 563만 3400원으로 하위 20% 계층 104만 3700원의 5.4배이며 이는 2001년 4분기의

5.18배보다 높아진 것이다. 상위 20%에 속하는 가구의 평균소득이 하위 20% 가구 평균소득의 몇 배인가를 나타내는 소득5분위비율은 1997년 1분기 4.81에서 외환위기 직후인 98년 1분기 5.52로 치솟은 뒤 줄곧 높은 수준을 유지하고 있다(『한겨레신문』 2002. 5. 16).

이 같은 '한 나라 두 국민'이라는 결과는 남한의 계급구조가 초국가적이고 초민족적인 최상층의 초국적 자본가계급, 천민스럽게 비만해진 국내 자본가계급, 기초생존권의 위협 아래서 신음하는 노동자와 농민 및 실업자군의 피지배계급 등으로 과거와 다른 특성을 띠는 것으로 나타난다. 변형된 계급구성의 시민사회를 반영하는 국가는 이미 기존의 적대적인 두 개의 기본계급구조가 아닌 특성을 지니며, 여기서 통일에 대한 국가행위는 필연적으로 초국적 지배계급에 의해 엄청난 제약을 받게 된다. 이러한 상황에서 김대중정부나 차기정부는 '한 나라 두 국민'의 첨예한 갈등을 해소하는 데 국력을 소진할 수밖에 없어 통일정책을 전진적으로 추진할 역량을 상실하게 되고, 동시에 초국적 지배계급의 통일 비친화적 행위에 압도당할 가능성이 높다. 결과적으로 김대중정부의 통일정책은 의도치 않게 반통일적 구조를 응고시킬 것으로 전망된다.

5. 맺음말

김대중정권은 집권 전반기부터 대북 포용정책을 추진하여 6·15공동선언이라는 민족사의 금자탑을 쌓는 데 초석 역할을 하였다. 이 공동선언은 통일의 외적 조건과 내적 조건 사이에 놓여 있는 통일딜레마라는 모순관계를 해결하는 데 충분조건은 아니지만 필요조건을 어느 정도 충족시켰다.

집권후반기의 과제는 이 6·15공동선언의 실행을 강력히 추진하여 과거로 되돌아가지 않도록 하는, 곧 비가역적으로 되게 하는 6·15공동선언 굳히기를 이룩하고, 나아가 6·15공동선언에서 제대로 다루지 않았던 평화체제 구축의 과제를 남북공조를 기축으로 해서 진전시키고 남쪽의 연합제와 북쪽의 연방제 요체를 접합시켜 '연합성연방국가' 단계로 진입하는 기초를 완전히 닦는 것이었다. 그래서 차기에 누가 집권을 하든 2006년경 비록 형식적이고 상징적인 수준에서나마 연합성연방 통일국가를 이루어 지구촌에 상징적 수준의 통일국가를 선보임으로써 우리의 통일을 기정사실화하는 물적 토대를 확보하는 것이었다.

그러나 집권후반기를 맞은 김대중정권은 미국의 부시정권이 등장하면서 6·15공동선언 굳히기에서 심대한 장벽에 부딪혔다. 남북정상회담과 6·15공동선언을 가능케 했던 '베를린선언'의 이행이 부시정권에 의해 근원적으로 제동이 걸린 셈이었다. 북한의 '근본적인 농업구조개혁'과 '사회간접자본의 확충과 안정된 투자환경 조성'을 남한정부가 제공하고 이를 바탕으로 남북이 다함께 냉전종식과 평화정착을 이루자는 제안을 했지만 부시정권과의 1차 한미정상회담에서 김대중정권의 한반도평화선언안의 포기가 강요되었고 북한에 대한 전력지원과 금강산관광[6] 지

---

6) 연합뉴스 강진욱기자의 분석인 "금강산관광사업 위기와 미국의 역할"에 의하면 "지난해 1월 말부터 갑자기 금강산관광 위기론이 불거지기 시작해 현대가 추진하던 금강산 카지노사업이 불허되고 이후 현대상선 채권단이 금강산관광사업 포기를 권유하는 사태로 발전했다. 미의회조사국(CRS)의 한반도전문가인 래리 닉시 박사가 미국의 자유아시아방송(RFA)에 출연해 부시행정부 출범시 북한에 현금을 지불하는 금강산사업 재검토를 요구할 것이라고 밝힌 것이 2000년 12월 13일이었고 CRS보고서가 정식으로 한국정부에 전달된 것은 2001년 2월이었다. 1월 말부터 불거진 금강산관광 위기론은 미국측의 이런 움직임과 무관하지 않다는 분석이 나올 만하다. 미국이 금강산관광 재검토를 정식 요구한 지 얼마 지나지 않은 지난해 3월 1일 김대중 대통령은 '국민과의 대화'에서 '남북경협은 시장경제원리에 따라 해야 하며 정부가 마구 돈을 집어넣을 수는 없다'고 밝혔다"(『연합뉴스』 2002. 3. 27). 또 2002년 3월 25일 발표된 "미의회 한반도보고서"도 이를 확인하고 있다. 미CIA는 현대그룹이 금강산개발 등의 명목으로

원까지도 미국에 의해 거의 좌절되는 상황을 맞이하게 된 것이다.

2002년 3월 25일 발표된 '미의회 한반도보고서'는 부시행정부가 햇볕정책을 실질적으로 비토하고, 북한을 테러국가명단에서 제외해야 한다는 한국의 주장에 동의하지 않고, 4자회담에 의한 평화협정에 회의적이고, 북한의 재래식무기 감축과 휴전선 부근의 군사력철수를 요구하고 있고, 경수로의 핵심 부품 인도시기를 2003년 말 혹은 2004년으로 잡음으로써 북한이 2003년 이전에 핵사찰을 받지 않을 경우 경수로 건설계획을 중단해야 하고, 미사일협상에서 보상문제의 재검토를 포기하고, 남북협상에 의한 재래식무기 해결방안을 반대하고, 주한미군의 평화유지군으로의 변경을 검토할 수 있을 것 등을 밝혔다.

이러한 부시 미국의 대한반도 정책은 김대통령의 임기중 목표인 한반도 냉전구조 청산을 원천적으로 무산시키고 전쟁위협 등으로 긴장국면을 계속 유지하여 남북 화해와 협력 및 평화·통일 기반 조성을 가로막는 반평화·반통일 정책이자 민족앞길 가로막기이다. 미국의 이 같은 폭력·전쟁 지향적인 지배적 패권주의가 한반도에 관철되는 것을 차단하는 것이 김대중 이후 정권과 남한 민중시민사회에 주어진 과제이다.

김대중정권은 미국의 불량국가적·일방주의적 폭력 중심의 단일초패권주의, 이에 부화뇌동하는 국내 사대주의 냉전수구세력(주로 주류 언론과 정치세력), 또 이 냉전세력과 야합한 경상도중심의 냉전지역주의를 비롯하여 포용정책 추진의 과단성과 자주성 부족 그리고 타분야 정책의 연속적인 실정 등으로 6·15공동선언의 굳히기에 실패하였다. 그러나 최소한 민족통일사의 대장정인 정상회담과 6·15공동선언을 일구

1998년부터 지급한 4억 달러가 군사목적으로 전용되었고, 또 현대가 4억 달러를 비밀리에 지급한 것으로 보고 있다. 미국은 이를 2001년 2월 한국정부에 전달했다고 한다(『대한매일』 2002. 3. 27).

었고 평화통일에 대한 막중한 출발의 문을 열어 다음 정권과 민족구성
원에게 이를 계승·정착시켜야 하는 기본 틀을 제공하고 과제를 부여한
점은 민족사에 우뚝 남게 될 것이다.

　그러나 6·15공동선언의 통일지향성과 포용정책의 민족대장정에도
불구하고 김대중정권은 '세계에서 제일 기업 하기 좋은 나라 만들기'라
는 신자유주의 매몰정책으로 대미예속의 심화와 전면화를 주도했다. 이
결과 국민경제의 토대는 약화되고 초국적 지배계급이 등장하고 국민국
가의 물적 토대가 허물어지는 상황이 전개되고 있다. 이로써 남한 내의
통일동력의 기반이 상실될 우려가 있다. 비록 김대중정권이 의도하지
않았다 하더라도 과잉세계화와 종속적 신자유주의 때문에 '대북 및 통일
정책'은 반통일성으로 귀결되고 민족사의 준엄한 심판을 면하기 어려운
딜레마에 놓이게 되었다. 여기에다 부시정권 등장 이후 F-15K도입과 4
대 전력증강사업 등 급증하고 있는 남한의 군비증강은 김대통령의 한반
도 냉전청산이라는 임기중 목표와 상충되는 결과를 가져오고 있어 김대
중정권의 대북정책은 또 따른 딜레마에 처하게 되었다.

(「김대중정부 통일정책의 평가와 전망」, 『진보평론』 창간호, 1999)

4. 남북정상회담과 통일

    분단 반세기가 넘은 2000년 6월에 비로소 남북최고위급회담이 평양에서 열렸다. 지난 반세기 동안 남과 북은 언제나 민족통일을 지상과제로 설정하면서도 정작 정상간의 회담 한 번 열지도 못하는 기형적인 관계였다. 최초의 역사적인 정상회담에서 탄생한 6·15공동선언은 그야말로 스쳐 지나가는 일회성의 역사가 아니라 통일이라는 민족사의 대장정에 결정적인 이정표로 자리매김될 것이다. 동시에 남쪽에서 열릴 2차 남북정상회담 역시 제2의 대장정으로 자리매김되어야 할 것이다.

    이러한 정상회담의 올바른 자리매김은 무엇보다 정상회담의 민족사적 의의를 제대로 인식하고, 이 인식을 바탕으로 민족적 과제에 복무하는 것으로 만드는 것이다. 이를 위해서는 정상회담이 남북 최고위급지도자들만의 회담과 선언으로 되어서는 안 되며, 우리 시민사회와 민중사회가 또 하나의 주체로서 앞으로 지속될 정상회담과 합의사항 이행이 평화와

통일 지향적으로 나아갈 수 있게 때로는 힘을 실어주고 때로는 제어·
견인하고, 또 필요하다면 압박해 나가야 할 것이다. 이 글은 이러한 문제
의식하에 1차 정상회담에 대한 평가와 2차 정상회담의 과제를 논한다.

1. 1차 정상회담의 성격과 민족사적 의의

역사적인 평양정상회담의 특성을 몇 가지로 나누어 살펴보겠다. 첫째,
무엇보다 민족 자주적으로 합의에 이르렀다. 일부에서는 전적으로 '페리
프로세스'(Perry Process)의 일환으로 미국의 음모론적 작품이라는 주장
이 있지만(한호석 2000; 채만수 2000), 외적 조건이 정상회담을 성사시킨
것으로는 볼 수 없다. 물론 탈냉전과 클린턴 미국의 대북정책의 전환
——단기적 봉쇄압살정책에서 장기적 연착륙정책 혹은 개방유도정책으
로의 전환——이 정상회담을 가로막는 구조적 제약조건을 완화하였기
때문에 정상회담이 남북의 의도에 따라 실현 가능한 구도로 형성되어
간 것은 사실이다.

그러나 이 구조적 제약조건의 완화 자체가 곧바로 정상회담의 성사로
이어지는 것은 아니다. 상대적으로 구조적 제약이 풀린 조건에서 남북은
정상회담에 이를 수도 있고, 이르지 않을 수도 있기 때문이다. 따라서
설사 이러한 제약 속에서 이루어진다 하더라도 정상회담 자체가 꼭 이러
한 제약조건에 묶일 수밖에 없다는 결정론적 시각은 배격되어야 한다.
구조적 제약을 뛰어넘을 수 있는 행위주체를 남북 정상뿐 아니라 우리
민중사회나 시민사회가 만들어나갈 수 있기 때문이다. 결국 남북정상회
담에 이르렀다는 사실은 바로 지도부의 의도적이고 자주적인 행위선택
이 있었기에 가능한 것이었고, 또 이 지도부의 선택적 행위는 민중사회

나 시민사회의 통일운동이나 통일열망을 받아들일 수밖에 없었기 때문
이다.

둘째, 평양정상회담은 김대중정부 출범 이후의 일관성 있는 대북 포용
정책의 연장선상에서 이루어진 것으로서 과거 김영삼과 전두환이 추진
한 정상회담과 질적으로 다르다. 전두환은 '아닌 밤에 홍두깨' 식으로 완
전히 정략적 의도에서 추진했고, 김영삼의 경우는 일관된 대북 및 통일
정책이 없는 상태에서 즉흥적인 정상회담 국면에서 흡수통일주의자와
냉전전사가 갑자기 정상회담에 임하는 식이었다. 이와 달리 김대중정권
의 평양정상회담은 노벨평화상 수상을 위해 정략적으로 급조된 회담이
라는 일부 언론과 야당의 주장과 거리가 멀다. 김대통령의 대북정책과
통일정책의 기조는 최근에 급조된 가공물이 결코 아니다. 오히려 베를
린선언에서 천명한 것처럼, 보다 실질적으로 남북문제와 통일문제를 진
전시키는 구도를 띨 수밖에 없었기 때문이라고 보아야 한다.

1971년 대통령 출마시 김대중은 4대국보장론을 주장하여 박정희 독재
자에 의해 빨갱이로 몰렸던 것처럼, 그의 전향적인 통일 의지와 열정은
30년 전부터 시작되었다. 이후에도 끊임없이 통일이론을 개발하여 김대
중의 3원칙3단계통일방안을 내놓았고, 1992년 대통령선거에서 낙선한
이후에는 아태재단을 만들어 통일문제에 전념하였다. 이러한 통일에 대
한 그의 고뇌와 헌신성은 집권하자 곧바로 대북 포용정책으로 나타났다.
그리하여 취임사에서도 정상회담을 제안하고 임기 중 최대목표를 한반
도 냉전청산과 평화체제 구축을 통한 '실질적 통일'의 실현으로 설정하
였으며, 정상회담의 실질적 제안이 베를린선언으로 나타난 것이다. 이렇
듯 1차 정상회담은 분단 반세기 동안 통일을 위하여 투쟁해 온 수많은
통일일꾼의 고난과 30년 각고의 김대통령의 결단이 결합된 결과물이다.

셋째, 평양정상회담은 남북 최고위급지도자의 결단이라는 행위의도만

으로 성사된 것이 아니라 북한이 처한 구조적 조건이 이를 요구하고 있기 때문에 우여곡절은 있겠지만 지속성을 가질 것으로 보인다. 북한은 1999년을 기해서 지난 수년 동안의 혹독한 시련과 암울함을 벗어나 단기적 안정채비를 갖추면서 이제 경제회복을 통한 장기적인 안정을 추진해야 하는 상황에 놓여 있다. 그러나 경제회복은 이미 자력으로 추진할 수 있는 한계를 벗어나 외부의 협력이 절실히 요구되고 있다. 이러한 조건을 감안할 때 남한이야말로 실질적인 협력대상이고, 이를 김대중정부는 일관되게 추진하고 또 베를린선언에서 이에 대한 획기적인 약속을 제안했기 때문에 북측은 정상회담을 경제협력의 계기로 삼고자 한 것으로 풀이될 수 있다.

첫째, …북한이 경제적 어려움을 극복할 수 있도록 도와줄 수 있는 준비가 돼 있다. …북한이 겪고 있는 식량난은 단순한 식량지원만으로 해결할 수 있는 것이 아니다. 비료, 농기구 개량, 관개시설 개선 등 근본적인 농업구조개혁이 필요하다. 이와 같은 사회간접자본의 확충과 안정된 투자환경 조성 그리고 농업구조개혁은 민간 경협방식만으로는 한계가 있다. 따라서 이제는 정부당국간의 협력이 필요한 때다. 둘째, 현단계에서 우리의 당면목표는 통일보다는 냉전종식과 평화정착이다. 셋째, 북한은 무엇보다도 인도적 차원의 이산가족문제 해결에 적극 응해야 한다. 넷째, 이러한 모든 문제를 효과적으로 해결하기 위해 남북한 당국간의 대화가 필요하다. (『한겨레신문』 2000. 3. 10)

이와 동시에 남북관계 개선은 미국과 일본의 일관된 북한 생명권억압 정책을 어느 정도 무디게 하는 효과를 가져올 수 있고 또 북미관계 개선의 돌파구를 마련하는 카드로도 활용할 수 있기 때문이다. 최근 대북 강경책을 구사하는 부시정부의 등장으로, 남북관계의 긴밀성과 공동 주도성은 더욱더 절실히 요구되고 있다.

남한은 구조적 조건보다는 행위적 결단이 정상회담을 이끌었다. 김대
통령은 일관되게 추진해 왔던 대북 포용정책의 진전에 따라 한반도 평
화위협 제거와 평화정착, 대북 협력사업의 안정적인 지속, 이산가족문제
해결, 장기수문제, 내면화된 냉전의식과 국가보안법 같은 냉전제도의 청
산 등을 곧바로 풀어야 할 과제로 안게 되었다. 임기의 절반을 보낸 김
대중정부로서는 임기 내의 공약인 한반도 냉전청산과 평화정착을 통한
'실질적(de facto) 통일'을 획기적으로 진전시켜야 하는 시간압박을 받고
있었다. 이러한 한반도 냉전구조 청산이라는 정책추진의 결과물이 바로
정상회담이다.

정상회담의 이러한 특성은 앞으로의 정상회담이 의례적인 만남의 차
원을 넘어서 실질적으로 현안을 풀어나가도록 조건지었으며, 정례화 또
는 지속화로 이어질 가능성을 높였다. 그러나 남한의 정권이 바뀌게 될
경우 비록 북한의 구조적 조건이 정상회담의 지속을 요구하더라도 남한
의 새 정권의 정책(행위)선택이 이를 수용하지 않을 가능성도 있어 정
상회담은 단절될 수도 있다. 특히 미국의 6·15공동선언 죽이기와 대북
강경책에 직면한 현재, 자주적인 민족문제 해결에 뚜렷한 철학적 기조를
가진 정권이 아니면 정상회담의 지속은 비관적일 수밖에 없다.

넷째, 정상회담의 열림 그 자체만으로도 역사적이다. 한 가정의 가족
사에서 외적인 힘에 의해 강제로 헤어진 형제가 반세기 만에 서로 만난
다는 사실 그 자체가 역사적이고 자연적이며 인간적일 수밖에 없다. 이
렇듯 남과 북 정상의 만남 그 자체는 민족사적인 것일 수밖에 없었고
민족주의 정서를 불러일으킬 수 있었다.

분단 반세기여 동안 남북은 1972년 미국과 중국의 관계개선을 계기로
7·4공동성명을 일구어낸 만남, 탈냉전을 계기로 기본합의서와 한반도
비핵화선언을 만들어낸 1989~91년의 남북고위급회담, 1994년 영변 핵

위기로 전쟁 일보직전까지 가는 국면에서 극적으로 이루어질 것으로 계획된 정상회담이 무산된 사실 등이 있어왔다. 하지만 이러한 남북회담은 정상회담과 달리 이미 주어지고 한정된 기본 방향과 틀 안에서 실무적인 결과를 산출하는 행정실무 수준의 내용과 전술적 수준의 회담일 수밖에 없었다.

이에 비해 정상회담은 최고위급지도자라는 위상과 정상회담이라는 특수한 성격 때문에 실무·관료적 성격에서 벗어나 정치적·전략적 결단이 가능하다. 그래서 냉전구도 속에서 고착화된 남북관계에 돌파구를 마련하는 큰 폭의 회담이 될 수 있다. 여기에 만남 그 자체가 역사적 의의를 가지고 또 기존의 관료적 제약을 뛰어넘어 남북관계를 비약시킬 수 있는 특성이 존재한다. 바로 이러한 정상회담의 특성 때문에 평양정상회담은 남북관계와 통일문제에 숨통과 물꼬를 틀 것이라는 범민족적 요구를 받을 수밖에 없었다.

실제 평양정상회담은 현재 남과 북을 압박하고 있는 관료적 제약을 완화시키는 데 엄청난 기여를 했다. 열광적인 평양시민의 모습에 많은 남쪽시민들은 감격의 눈물을 흘리면서 평소 김정일 위원장과 북쪽에 대해 가지고 있던 이데올로기적 거리감을 상당히 떨쳐버릴 수 있었다. 또 김위원장의 활달하고 인간미 넘치면서 예의바른 행동은 평소 악랄하게 왜곡되었던 그에 대한 불신을 한껏 씻어주어 남북의 신뢰성 회복에 결정적인 기여를 했다. 이러한 상징적인 성과 외에 실질적으로 6·15공동선언은 연합과 연방을 결합시킨 통일방안을 합의함으로써 본격적인 통일시대로 진군할 수 있게 했고, 예상을 뛰어넘은 이산가족방문의 실현은 인도주의 문제에 새 장을 열었다.

이러한 평양회담의 성과는 기존의 고정된 틀을 뛰어넘을 수 있는 정상회담의 성격에 민족주의 자체가 지니는 폭발성이 결합하여 시너지효과를 거둔 데서 그 요인을 찾을 수 있다. 그러므로 이후의 정상회담은 이러한 시너지효과를 살려 제2의 6·15선언이 나올 수 있게 추진되어야 한다. 단순히 평양방문에 대한 답방 형식의 건성으로 하는 회담은 평양회담의 장기적 시너지효과를 무위로 돌릴 수 있다.

2. 정상회담의 민족사적 과제

이와 같은 역사적 의의를 지닌 정상회담의 민족사적 과제는 역시 남북관계의 포괄적 과제를 해결하는 본격적인 출발로 삼는 것일 터이다. 이 포괄적 과제는 한마디로 남북의 화해·협력·평화를 이룩하여 통일로 나아가는 것으로 집약할 수 있다. 이들은 서로 유기적으로 통합되어 있지만 분석목적을 위하여 따로따로 접근할 것이 요구된다. 또 흔히들 쉬운 것부터 먼저 하고 어려운 것은 나중에 한다는 남한식의 '올림차순 접근법'이 강조되고 있지만, 오히려 북한이 선호하는 '내림차순 접근법'이 요구된다. 행정·실무적인 회담과 달리 본질적인 문제에 새로운 전기를 마련하기 위한 성격의 정상회담에서는, 보다 핵심적인 동일이라는 궁극적인 목표를 중심 의제로 설정하고 여기에 요구되는 과정으로서 평화, 협력, 화해 등을 접목시키는 방식이 필요하기 때문이다.

그러나 김대중정부의 경우 대통령 스스로 대북정책은 있어도 통일정책은 없다고 주장하면서 아직 통일정책을 이야기하기에는 너무 이르다고 보는 올림차순 접근법에 경도되어 있었다. 그럼에도 이것은 흡수통일에 대한 북한의 심각한 우려를 고려한 전술적인 정책표명으로서, 1973년 박정희 당시의 6·23선언 같은 분단고착화 정책과는 전혀 다른 성격이라는 것이 이번 평양회담에서 판명되었다. 이제 앞에서 간헐적으로

언급되었던 '통일딜레마'를 먼저 살펴본 뒤, 정상회담의 과제를 내림차
순으로 접근해 보기로 하겠다.

동북아신냉전과 통일딜레마

외세의 강압에 의해 분단된 우리 민족이 지상과제로 설정하고 있는
민족통일은 그저 오는 것이 아니라 목적의식적 실행에 의해 온갖 어려
움을 뚫고 만들어나가야만 이룩될 수 있는 것이다. 그러므로 무엇보다
정상회담은 민족사적 핵심 과제인 통일터닦기의 초석을 다지는 전환의
계기가 되어야 한다. 이를 위해서는 현재의 통일정세가 처한 엄정한 문
제점에 대한 인식을 공유하고 그 대응책을 고뇌할 것이 요구된다. 필자
는 우리 민족이 당면한 장단기적 통일정세는 이른바 '통일딜레마'로 집
약할 수 있다고 본다.

한반도를 둘러싼 장기적 외적 통일정세 전망은 비관적이다. 서서히
드러나고 있듯이 미국과 중국의 마찰이 심화되어 동북아에 신냉전질서
가 형성될 경우 한반도는 또다시 분단고착화시대로 귀착될 가능성이 높
다. 구소련과 미국을 중심으로 형성되었던 동서 냉전체계하에서 미국이
견지하였던 세계지배전략은 첫째가 소련을 핵심 대상으로 한 대(對)공
산권 봉쇄, 둘째가 북한이나 남한 같은 제3세계에 대한 지배, 셋째가 일
본이나 독일 같은 핵심부 경쟁국가에 대한 견제였다. 그러나 서서히 형
성될 조짐을 보이고 있는 동북아 신냉전구도에서 미국의 대중국 정책은
현재는 예비봉쇄단계로서 냉전의 제3성격인 견제와 제1의 성격인 봉쇄
사이에 놓여 있다. 그러나 앞으로 2020~30년경 중국의 GNP가 미국을
능가하면 중국은 미국의 동북아패권에 제동을 걸 가능성이 높다. 이 경
우 미국은 대중국 봉쇄정책을 단행할 것으로 보이는데, 이는 바로 동북

아 신냉전의 도래를 의미한다.[1]

미국의 대표적 이데올로그 헌팅턴(S. P. Huntington)의『문명충돌론』
은, 21세기 국제관계에서는 국민국가간의 갈등이나 이념적 대립에서 오
는 갈등보다는 7개 문명권으로 구성된 문명간의 갈등이나 전쟁 등이 주
도하게 된다고 본다. 이 가운데서도 특히 중화문명과 서구문명의 충돌,
보다 구체적으로는 미국과 중국의 충돌을 핵심으로 여기고 있음을 갖가
지 문사에도 불구하고 쉽게 파악할 수 있다. 또 신NATO전략은 나토권
역 밖의 갈등이나 테러, 대량파괴무기 위협 등에 대해서도 군사행동이
가능토록 나토역할을 확대하기로 했으며 유고에 대한 해안봉쇄를 결의
하여 국제법 위반의 불법행위를 공식화했다(『한겨레신문』 1999. 4. 25). 이
조치는 헌팅턴의 예견대로 미국과 나토의 결합이라는 서구문명권의 야
합을 비롯하여 미일신안보공동선언, 미일신방위협력지침, MD 및 TMD,
필리핀의 방문군협정 등으로 아시아판 나토를 창설해 중국문명과 슬라
브문명을 봉쇄하려는 것으로서, 세계제패를 지속시키기 위한 문명권 대
결의 출발단계라는 의혹을 자아내고 있다. 부시정권이 등장한 이후 이
러한 중국과 러시아에 대한 예비봉쇄 움직임은 더욱 노골화되고 있을
뿐 아니라 북한이나 이라크 등을 빌미로 해서 MD와 TMD를 강력하게
추진하고 이를 뒷받침하기 위해 대북한 강경책을 가시화하고 있는 실정
이다.

이 같은 동북아의 장기적 질서구도 전망은 우리에게 심각한 통일딜레

---

1) 1999년 현재 구매력 기준의 GDP는 미국이 9조 달러로 1위, 중국 4조 5천억 달러, 일본
3조 달러, 인도 2조여 달러 그리고 2조 달러에 육박한 독일의 순이다. 그 뒤를 프랑스·
영국·이탈리아·브라질·러시아·멕시코·캐나다가 잇고 있고 한국은 1조 달러로
13위이다. 그러나 국가별 물가차이를 감안하지 않고 시장환율로 단순 환산한 GDP 순
위는 미국, 일본, 독일, 프랑스, 영국, 이탈리아, 중국, 브라질, 캐나다, 스페인, 인도 등으
로 한국은 이 순위에서도 세계 13위이다(『한겨레신문』 2001. 5. 14).

마를 안겨준다. 과거 미소냉전하에서는 남북이 아무리 통일을 이룩하기 위해 공조를 취하려 해도 거의 불가능했던 역사적 교훈을 되새겨볼 필요가 있다. 곧 통일의 대외적 조건은 미국과 중국 사이에 동북아신냉전이 도래하기 이전에 남과 북이 최소한 '부분통일'이라도 이루어 지구촌에서 우리의 민족통일을 기정사실화하는 작업을 시급히 할 것을 요구하고 있다. 그렇지만 대내적 조건은 남과 북의 사회경제적 역량차이가 너무나 크고, 서해교전이나 북한상선의 제주해협 통과와 북방한계선 통과에 대해 합리적인 해결보다는 무력대응을 하여 전쟁마저 감행해야 한다는 언론과 야당의 주장에서 재확인되었듯이 남북의 적대관계가 정부 수준이나 시민사회 수준에서 완화되지 않고 있다. 또 남한의 통일준비가 미성숙하여 통일을 빨리 진행하였을 경우 이는 북한을 '내부식민지화'하는 결과를 가져오기 쉽다. 남북의 역량차이가 너무 심대하고(앞에서도 밝혔지만 GNP가 1995년 현재 4517억 달러 대 230억 달러, GNI는 2000년 4552억 달러(514조 6천억 원) 대 168억 달러(18조 9천억 원)으로 1/27분 규모), 남한의 통일역량이 북한을 민족공동체로 수용하기보다 99년 6월 서해교전에서 확인한 바와 같이 내부식민지 대상으로 전락시킬 우려가 있다. 그래서 북한이 어느 정도 자생력을 갖추도록 해서 지배와 예속의 통일을 막아야 한다. 이같이 외적조건은 통일을 서두를 것을 요구하지만 내적 조건은 내적 통일기반 조성이라는 오랜 과정을 필요로 하므로, 가능하면 통일준비는 서두르지만 마지막 완결체로서의 통합적 통일은 늦춰야 한다는 점, 바로 이것이 통일딜레마이다.

통일의 과제

이러한 통일딜레마 속에서 통일기반을 조성하기 위해서는 내·외적 차원에서의 작업이 동시에 요구된다. 먼저 내적 통일기반 조성을 위해서는 세 가지 차원의 접근이 필요하다. 첫째는 정부 차원이든 시민사회 차원이든 남북의 적대관계를 완화·해소하여 화해관계를 이룩하는 것이다. 둘째는 남북협력을 통해 사회경제적 역량의 현격한 차이를 줄이는 것이다. 셋째는 남한 내에서 북한을 통일의 주체로 인정하는 '상호주체성'을 기반으로 한 사회통합의 기초를 증진시키는 통일성숙도의 고양이다.

외적 통일기반 조성은 무엇보다 한반도에 지속되고 있는 냉전구조를 해체하여 평화체제를 구축하고 나아가 동북아 협력안보체제를 출범시키는 것이다. 물론 냉전구조의 해체는 미국과 일본의 대북한 적대관계의 해소라는 외적인 요소가 중요하지만 남북한 내부에 상존하는 냉전의식, 냉전제도, 냉전문화 등 내적인 요소의 청산 역시 중요하다.[2]

이와 같이 내·외적 통일기반을 조성하여 동북아신냉전이 도래하기 전에 최소한 (남북 연합성연방의 합의 및 이행을 통한) 부분통일이라도 이룩해야만 이 통일딜레마를 해결할 수 있을 것이다. 이를 종합하면 현 시점에서 민족사적 과제는 남북화해로서 적대관계를 해소하고, 북한을 통일 주체와 동반자로 받아들이고, 협력으로 북한의 역량을 높이고, 냉전체제를 해소하고 평화체제를 이룩하여 전쟁위협을 불식시키고 민족안보를 도모하면서 나아가 동북아 협력안보체제를 구축하여 통일 외적 조건을 다지는 것이다.

남한은 1차회담에서 남북경제협력, 냉전종식과 평화정착, 이산가족문제, 남북당사자 대화 상설화라는 베를린선언을 중심으로 의제 설정과 합

---

2) 엄밀한 의미에서 한반도 냉전구조의 청산은 외적인 문제만은 아니고 내적인 문제와 서로 결합되어 있다. 그러나 한반도냉전은 내적인 요인에서 비롯되었다기보다는 거의 전적으로 외적인 요인에 의해 조성되었고, 또 현재의 한반도 속냉전구도 역시 미국과 일본의 대북 적대정책이 핵심적인 요소이다.

의를 추진했다. 또 북한은 "민족의 화해와 단합, 교류와 협력, 평화와 통일을 앞당기는" 근본적인 문제에 초점을 맞추고 있었다. 남한의 접근은 북한의 접근과 유리되거나 배타적이진 않았지만 여전히 기능주의 접근이 우선하고 올림차순식 접근에 기울어 있는 한계가 있었다. 또 북한의 접근은 추상성에 쏠리다 보면 현실을 무시한 채 공허한 결과를 가져올 우려를 안고 있었다. 그러나 이러한 각각의 한계를 인식하면서 통일딜레마 속의 통일기반 조성이라는 궁극적 목표에 대한 인식이 공유된다면 이러한 한계는 극복될 수 있다.

평양회담은 양측의 이러한 불균형을 시정한 훌륭한 성과를 낳았다. 6·15공동선언은 남측의 연합제와 북측의 낮은 단계 연방제 통일방안을 다함께 수용함으로써, 기존의 흡수통일과 적화통일의 우려를 불식시켜 통일을 본격적으로 추진할 수 있는 터전을 마련했다. 민족사의 장기적인 핵심 과제인 통일에 대한 이정표를 세우는 동시에 이산가족의 상호방문과 민족경제 추진을 합의함으로써 단기 현안과제에서 가시적 성과를 거두었다는 점에서, 균형 잡힌 합의이다. 동시에 이제까지 북측은 통일과 평화 등 본질적인 문제해결에 중심을 두었고 남측은 교류와 협력 같은 현안문제에 치중하는 경향을 보였으나, 공동선언문을 도출함으로써 서로를 포용하는 성숙성을 보였다.

특히 남측의 연합제와 북측의 연방제를 결합한 통일방안 합의는 통일의 과제에 한 획을 긋는 역사적 사건이다. 연합제와 연방제의 결합에 의한 '실질적 통일' 추진은, 남북 지역정부의 외교·군사·경제체제권의 독자적 행사라는 연합제의 특성을 살리면서 낮은 단계(또는 느슨한) 연방제의 특성인 비록 상징적 수준이나마 연방정부라는 형식적인 통일정부를 수립하여 온 지구촌에 우리가 통일국가임을 부각시킬 수 있는 절묘한 접목이라 할 수 있다. 이는 현실과 이상을 결합하여 민족사적 핵심 과제를 구현하는 통일정신의 발로이고 그 결과는 부분통일의 달성이다. 2020~30년경에 나타나게 될 동북아신냉전 이전에 우리가 부분적이고 형식적인 통일이라도 이루어 지구촌에서 한반도통일을 기정사실화하는 것을 의미한다. 이로써 동북아신냉전 이후 전개될 장기적 통일정세인 분단고착화라는 통일딜레마를 풀어나가는 전기를 마련하게 되는 셈이다.

그럼에도 불구하고 일부에서는 북측의 낮은 단계의 연방제를 수용한 것을 문제삼아 정상회담 죽이기를 펼치고 있다. 이들은 그야말로 반민족·반통일 세력으로 기본적으로 분단문제를 풀 의향이 없는 자들이다. 남북이 각기 서로 다른 경제체제를 가지고 있는 현실적 조건에서 과도기적으로 연방제(반드시 북한의 고려민주연방공화국 통일방안을 의미하는 것은 아니다)를 수용하지 않는 것은 통일을 하지 말자는 이야기와 마찬가지이다. 현실적 대안도 제시하지 못하면서 연방제라면 맹목적으로 반대하는 주류정치인, 주류언론인, 사대주의 지식인 등은 그야말로 분단에 목을 매달고, 미국과 일본이라는 외세에 빌붙은 괴뢰가 되어 기득권을 유지하려는 것으로 비판받아 마땅하다.

평화와 화해이 과제

분단 이후 한반도는 푸에블로 간첩선사건, EC121기 스파이정찰기 사건, 판문점 미루나무사건 등 끊임없이 전쟁위협 속에 놓여 있었다. 또 탈냉전기의 90년대에도 무려 다섯 번의 전쟁위기가 있었다. 걸프전쟁 이후 '제2의 한국전쟁' 시나리오 소동이 무성했고, 1994년 6월 영변 핵위기 당시에는 미국의 전쟁선발대원 300명이 의정부에 도착하여 전쟁 초읽기에 들어갈 정도로 긴박한 상황으로 내몰리다가 아슬아슬하게 전쟁국면을 벗어났다. 의정부에서는 300명의 정보·작전·군수 요원들이

전쟁시나리오를 만들거나 이미 만들어놓은 상태였다(김성걸·이상기 1998, 269~71쪽). 이후 금창리 핵위기와 미사일위기에서도 여전히 전쟁위협은 계속되었다. 일본 또한 북한의 미사일개발을 저지하기 위해 북한에 대한 기습폭격계획까지 세우는 상황이었다.

　이러한 미국이나 일본 주도의 전쟁위협 외에도 남북의 갈등이 전쟁위협으로 치닫기도 한다. 이미 살펴본 대로 99년 6월 서해교전의 경우에도 북한이 자제력을 잃고 장산곶과 옹진반도에 배치되어 있는 해안포와 미사일로 대응했더라면 곧바로 전쟁국면으로 접어들 뻔했다. 또 김영삼정권 당시 동해 잠수정침투 때도 북한 잠수함기지인 장전항을 폭격하려는 계획을 세워 미국과 심한 마찰을 빚은 것으로 알려졌다. 이렇듯 한반도의 전쟁위기는 대부분 우리가 모르는 사이에 주로 미국이라는 외세에 주도되어 아슬아슬한 국면을 오가는 상황이다.

　정상회담은 응당 이러한 위기국면을 해소하기 위한 출발이 되고 궁극적으로 평화보장체제로 이행하는 출발이어야 한다. 이를 위해서는 북미평화협정, 남북평화협정(또는 선언), 군비축소, 주한미군의 장기적 철수와 단기적 지위변경의 문제, 서해교전 같은 군사적 충돌의 방지책, 경수로 협력문제 등 흔히들 이야기되는 본질적 문제인 정치·군사적 문제에 대해 성역 없는 논의가 이루어져야 한다. 이를 바탕으로 동북아 협력안보에 대한 남북의 적극적인 구상과 주도를 통해서 괄목할 진전을 이루어야 한다. 우리의 평화문제나 통일문제는 동시에 동북아 평화문제로 직결되는 점을 부각시키고 이를 통해서 통일에 대한 주변국의 우려나 안보위기의식을 극복시키는 적극적인 역할이 남북에게 동시에 요구된다. 물론 이를 위해서는 북한이나 중국이 참여할 수 있는 조건을 창출하는 데도 적극 나서야 한다.[3]

　무엇보다 필요한 것은 전쟁방지특별위원회 같은 비상특별조직을 가동하여 서해교전, 94년 영변 핵위기, 98~99년 금창리 핵위기, '악의 축' 전쟁위기, 2003년 전쟁위기설과 같은 전쟁위기를 막는 것이다. 동시에 어떤 일이 있어도 한반도에서 두 번 다시 전쟁이 일어나서는 안 된다는 민족평화선언을 대내외에 선포하여, 한반도의 비정상적 상태를 빌미로 계속 전쟁위협을 하고 있는 미국과 일본의 한반도 농락행위에 민족과 세계평화인의 이름으로 제동을 거는 것이다.[4]

평양회담의 아쉬운 점은 '한반도평화선언'이나 '전쟁방지특별기구' 같은 합의를 이루어 한반도에서 결코 전쟁이 일어나서는 안 된다는 점을 전민족과 인류에게 공포하는 전기를 마련하지 못한 점이다. 흔히들 이야기하는 기본합의서의 불가침합의로 충분하다는 견해는 한반도전쟁이 내적 요인 때문에 일어날 경우에만 유효하다. 그러나 실제로 전쟁위기는 내적 요인보다 94년 영변 핵위기나 99년 금창리 위기처럼 미국이라는 외세에 의해 조성된다는 점을 우리는 직시해야 한다. 또 남북화해의 본질은 무엇보다 적대관계를 구성하고 있는 국가보안법과 같은 냉전제도, 냉전의식, 냉전문화를 해소하면서 동시에 정치·군사 문제에 대한 해결에 주안점을 두는 것이다. 이를 기반으로 신뢰구축이 진척되고 교류와 협력이 증기된다면, 남북의 적대관계는 서서히 해소되고 북한을 봉일의 주체와 동반자로 설정하는 자리매김이 가능할 것이다.

화해와 협력·신뢰에 대한 접근법은 작고 쉬운 것부터 시민사회에서 추진하는 것을 우선시하는 기능주의 접근보다는 정치·군사적 접근법을 중심에 두고 정상회담에서 논의가 이루어져야 한다. 물론 기능주의

---

3) 이에 관해서는 「동북아시아 다자간협력과 한반도평화」(『통일시론』 통권6호 특집) 참조.
4) 이와 관련, 1981년 12월 미국의 퍼싱-Ⅱ미사일과 소련의 SS-20 중거리핵미사일 배치라는 대립 긴장국면에서 동서독 정상은 5차 정상회담을 긴급 개최하여 미국과 소련의 이해관계와 갈등에 의해 임의적으로 조성되는 전쟁위협의 긴장국면을 해소하였던 점을 주목할 필요가 있다(이장희 2000).

접근도 병행되어야겠지만 교류·협력의 문제는 민간 수준에서 일정 부문 담당하고 있으므로 정부는 민간에서 추진하기 힘든 부문을 보완하는 역할로 한정할 필요가 있다.

협력의 과제: 상호주의를 넘어 상대방 배려주의 또는 보답주의로

남북협력은 협력 그 자체가 목적이기도 하거니와 통일을 이루는 과정 또는 통일에 복무하는 방향으로 진행될 것이 요구된다. 이를 위해서는 김대중정부 출발시점에서부터 시행되어 실행원칙으로 자리잡은 상호주의는 폐지되고, '상대방 배려주의'나 보답주의로 대체되어야 한다. 이미 살펴본 대로 상호주의 실행원칙은 여러 가지 문제점을 가지고 있어 남북관계에 적용될 수 없다. 엄격히 따진다면 남북 사이에는 상호주의의 기초가 아예 형성되어 있지 않다. 뭐니뭐니 해도 남한에는 무려 4만 여의 미군이 주둔하고 있으나 북한에는 외국군이 일절 주둔하고 있지 않다. 상호주의가 전제될 수 있는 기초를 마련하기 위해서는 이 주한미군부터 철수하고 논의해야 한다고 볼 수도 있는 문제이다.

진정한 협력은, 비록 힘이 들고 어려움이 있더라도 상대방이 서로 간절히 원하는 바를 나의 것에 앞서서 특별히 수용하고 지원할 때 달성될 수 있다. 바로 이 정신의 구현이 상대방 배려주의나 보답주의이다. 현시점에서 북한이 절실히 요구하는 문제는 군사적 생명권 요구인 평화체제, 한미일 공조에 의한 대북한 군사적 압박의 중지, 경제회생에 의한 장기적 생명권 확보(이를 위해서 전력·비료·에너지·철도 등에서 민족경제 차원의 남북협력이 필요하다), 국보법 철폐 등을 포함한 냉전잔재 청산 등일 것이다. 남한에 절실히 요구되는 문제는 언론의 전폭적인 조명을 받고 있는 이산가족문제, 경제계의 주목을 받고 있는 민족경제공동체 형성의 문제 등일 것이다.

여기서도 확인되듯이 긴박하고 절실하게 요구되는 문제들은 남한보다는 북한에 쏠려 있다. 바로 이러한 점이 화해와 협력의 과제를 풀어나가는 데 상대방 배려주의의 진가가 발휘될 수 있는 지점이다. 남한은 북한에 대해 전향적인 상대방 배려주의를 적용하여 협력과 화해의 장에 전기를 마련하는 적극성과 일방적이지 않는 지도성을 발휘하여야 할 것이다.

이번 평양회담은 김대중정권의 권력기반 취약으로 이러한 남한의 적극적 지도성이 제대로 발휘되지 못한 회담이다. 오히려 이산가족의 대규모 상호방문을 수용함으로써 북한이 상대방 배려주의를 먼저 실행한 셈이다. 북한이 남한에 비해 엄청난 열세에 놓여 있고 또 생명권 위협에 시달리면서도 이러한 상대방 배려주의를 실천한 점을 우리는 높게 평가해야 한다. 이에 대한 남한의 균형 있는 대응은 민족경제 추진 등과 같은 6·15공동선언의 실행에 북한의 기대와 요구를 뛰어넘는 진전을 이루는 것이다.

3. 정상회담 접근법

정상회담이 민족사적 핵심 과제인 통일과 평화의 터전이 되기 위해 요구되는 접근 자세와 방법 그리고 통일의 '걸림돌'을 살펴보고자 한다. 물론 1, 2차 정상회담에 국한하지 않고 지속적인 정상회담을 상정하고 그 접근법을 논하고자 한다.

첫째, 민족의 핵심 과제인 통일터전 만들기라는 '큰일'에 초점이 맞추어져야 하고 다른 보편과제는 그 위상이 '작은 일'로 설정되어야 한다. 그래서 너무 작은 일에 매달려 통일기반 조성이라는 큰일을 그르치지 않도록 해야 한다. 큰일을 제대로 하기 위해서는 '구더기 무서워서 장 못 담그는' 소탐대실(小貪大失)의 소인배적 자세에서 벗어나야 한다. 또 '빈대가 성가셔서 초가삼간 태워버리는' 즉흥적이고 단선적인 발상에서 벗어나야 한다. 그래야만 큰일을 큰일답게, 작은 일을 작은 일답게 배치할 수 있게 된다. 조그만 절차와 형식, 위신 등에 매달릴 게 아니라 큰일을 위해서 보다 목적의식적인 확고함과 의연함으로 나아가야 할 것이다.

최고위급회담으로 하느냐 정상회담으로 하느냐, 상봉으로 하느냐, 기자단이 40명이냐 80명이냐 등 서로의 알량한 체면문제라든가 『조선일보』가 제기한 평양공항에서의 환영노래의 성격에 우리의 관심과 역량이 쏠려야 할 만큼, 우리 민족사는 한가롭지 않다. 앞에서도 언급했지만 통일딜레마 등을 해결해야 하는 긴요한 과제와 책무를 가지고 있다. 일부 반통일적이고 또 반민족적인 주류언론, 30년 이상 지역패권을 휘둘러왔으면서도 반성은커녕 더욱더 기승을 부리는 경상도중심의 지역분열주의, 이 망국적인 지역분열주의에 빌붙은 비주체적인 사대주의 쓰레기 지식인 등이 제기하는 이러한 사소한 문제는, 작은 문제 그 자체를 진정으로 염려한다기보다 정상회담과 통일행보 자체를 죽이기 위한 정략적인 저의의 발로로 보아야 할 것이다. 이는 본질 자체를 곧바로 문제삼지 못하니까 변죽을 두들겨서 우회적으로 본질을 파괴하려는 수법이다.

둘째, 장기 구조사적 의제나 사안과 단기 사건사적 의제 중 장기 구조사적 사안을 회담의 중심으로 설정하여야 한다. 북한의 대만 핵폐기물 문제, DMZ생태계 보존문제, 이산가족면회소를 금강산으로 할 것인가 판문점 근처로 할 것인가의 문제 등은 단기적이고 표면적인 문제이다. 이 표면적인 사건의 해결은 통일이라는 긴 장정에서 장기적인 목표와 접목되는 방식으로 해결되어야 한다. 단기적이고 표면적인 미사일문제 등은 심층적이고 거시적인 통일정책의 하위정책으로, 곧 통일정책을 뒷받침하는 식으로 구상·집행되어야 한다. 단기적인 사건사 중심으로 정상회담에 임할 때는 정상회담이 정략주의와 한건주의에 악용되기 쉬운바, 우리에게는 역대정권이 정국주도권 확보나 정국돌파의 일시적 방편으로 정상회담을 추진해 왔던 쓰라린 경험이 있다.

물론 그렇다고 해서 단기사적 사안을 무시하거나 소홀히 해서는 안된다. 당장 현안으로 등장해 있는 이산가족문제 등이 실마리를 제대로 찾지 못할 경우 많은 사람들이 실망하여 정상회담 무용론이나 정상회담 폄하론·경계론 등으로 발전할 우려가 있다. 사실 정상회담 무용론과 폄하론·경계론이 대두할 가능성은 높다. 특히 주류 극우언론, 무조건 반DJ주의에 매몰된 경상도중심의 지역분열주의, 이에 기생하는 많은 정치세력, 정파적 견지에서 정상회담에 접근하는 정치세력 등은 이산가족문제 같은 현안문제에 진전이 없을 경우 정상회담 무용론으로 나아갈 것이고 장기사적 의제에 상당한 진전이 있을 경우 정상회담 경계론으로 나아갈 것이다. 이미 '북한 퍼주기' '속도조절론' '엄격한 상호주의' 아웅산사건과 KAL사건 나아가 6·25전쟁에 대한 '김정일 사과론' 등으로 나타났다.

셋째, 전통적으로 남쪽이 선호하는 시민사회의 상호 교류와 협력을 중시하는 기능주의 접근(이는 부분적·실용적 경향을 띤다)과 정치·군사적 문제를 우선시하면서 포괄적으로 접근하는 북한의 포괄·근본적 접근 사이에서 포괄·근본적 접근을 중시하면서 기능주의 접근을 병진하는 방식으로 추진되어야 한다. 이미 시민사회 수준에서 기능주의 접근은 상당히 진척되어 있어 정부 차원에서는 보완역할만 하면 될 것이다. 그러므로 정상회담에서는 보다 근본적인 문제를 포괄적으로 접근하여 통일과 평화, 화해와 협력에 얽힌 수많은 본질적인 문제를 진정으로

풀어나갈 수 있도록, 곧 명목적인 회담이 아니라 일이 되도록 하는 회담
이 되어야 한다. 서로 왕래하고 가까이 하다 보면 신뢰가 구축된다고 보
고, 쉬운 것부터 먼저 풀어나가자는 올림차순의 남쪽논리는 바로 강자가
약자를 흡수하는 논리에 가깝다. 6·15공동선언은 북측의 통일과 평화
등 포괄적이고 근본적인 접근과 남측의 기능주의 접근을 서로 균형적으
로 반영하고 있어 남과 북은 서로를 포용하는 성숙성을 보였다.

넷째, 정상회담을 계기로 민족공조를 회복하고 한반도문제의 한반도
화를 기해서 민족문제를 자주적이고 민족 주도적으로 풀어나가 외세가
끼여들 틈새를 최소화하는 전통을 확립해야 한다. 우리는 1948년 4월 민
족분단을 필연적으로 가져오는 5·10선거를 맞아 남북이 자주적으로
민족분단을 막기 위해 남북정당사회단체대표자 연석회의 등을 열어 민
족공조를 이룩한 훌륭한 전통을 복원시켜야 한다. 그리하여 걸핏하면 50
여 년 동안 철칙으로 준수했지만 전쟁위기와 통일터닦기에 훼방꾼 역할
만 해온 한미일 공조체제를 내세우는 탈주체적이고 탈민족적인 타성에
서 벗어나야 한다(이철기 2000; 홍근수 2000b).

다섯째, 앞에서도 지적하였지만 상호주의는 폐지되고 상대방 배려주
의와 보답주의로 대체되어야 한다. 김대중정부는 일부 극우세력의 딴지
걸이 때문에 1 : 1의 주고받기식 상호주의를 기치로 내걸었으나 그것이
자승자박이 되어 이제는 비등가·비대칭·비동시 상호주의라는 형용모
순의 변형을 꾀하고 있다. 이것은 역지 춘향이 식이다. 1997년 군사비가
170억 달러인 남한이, 한국은행 추계에 따르면 같은 해 GNP가 177억
달러에 불과한 북한에 대해 상호주의를 주장하는 것은 남북관계를 전혀
해결하려는 의사가 없음을 의미한다. 진정한 화해와 협력은 상대방이
간절히 원하는 바를 비록 힘이 들고 어려움이 있더라도 앞서서 수용하
고 지원할 때 달성될 수 있다.

여섯째, 정상회담은 단기적인 제로섬(zero-sum) 게임으로 접근할 것이 아니라 장기적인 민족사의 이익을 위한 게임으로 접근해야 한다. 비록 단기적으로는 과거 한소수교 당시 30억 달러의 경협차관을 제공했던 것처럼 대북한 차관을 제공함으로써 남한에 부담이 될지라도, 장기적인 통일의 역정을 앞당기고 통일투자로서 장기적인 민족이익에 기여한다. 야당이 요구하는 상호주의 원칙 견지, 안보문제나 정체성의 양보 불가, 국민적 부담이 가는 지원의 국회동의 등에서부터 2차 정상회담의 전제조건으로서 과거사에 대한 사죄에 이르기까지, 이 모든 것은 민족통일이라는 지상과제를 방기하고 정상회담까지도 정략적인 공략대상으로 전락시키는 행위로 엄정한 역사의 심판을 받아야 한다. 야당은 민족문제나 통일문제를 보다 건설적으로 해결하기 위해 정부를 견인하고 채찍질해야지 일을 못하도록 발목을 잡는 구태의연한 작태에서 하루빨리 벗어나야 한다.

이제까지 정상회담에 대한 통일 및 민족 지향적인 접근법을 한정적으로 살펴보았다. 이러한 접근법이 그대로 구현되기에는 아직도 우리에게는 수많은 제약과 걸림돌이 있다. 현정권이 이러한 접근법을 원한다고 볼 수 있지만 내적으로는 반통일주의자이면서 친미사대주의자늘, 지역분열주의 수령에 빠진 일부 지역세력과 그들을 업고 있는 정치세력과 대통령병에 걸린 속물정치인 등의 딴지걸이 때문에 제동이 걸리게 마련이다.

또 외적으로는 정상회담 발표가 있고 곧바로 주한미군의 계속주둔을 발표하고, 평양회담이 끝나자 굳이 북한의 핵과 미사일은 여전히 미국에 위협이 되고 있다는 발표를 결행하는 미국의 행보 등에서도 확인되듯이, 외세는 겉으로는 평양회담을 환영하면서도 실제로는 온갖 트집을 잡고 6·15정신 죽이기에 나서고 있다. 이는 자주적 정상회담이나 전향적인 접근법은 정상 당사자만으로 성취될 수 있는 것이 아님을 의미한다. 여기에 우리 모두의 민족사적 책무가 있다. 다름아니라 우리 모두가 또 하나의 정상회담의 주체로 승화하는 것이다.

4. 부시정권의 대북 적대정책과 2차 정상회담의 과제

미국의 부시행정부 출범을 계기로 악화된 통일정세와 관련지어 2차 정상회담에서 요구되는 과제와 장기적 전망에 따른 요구를 간략히 살펴보겠다. 이미 앞에서 지속적인 남북정상회담에서 추진해야 할 과제를 포괄적으로 다루었기 때문이다.

첫째, 한반도문제에서 주인은 명실공히 남과 북이고 한반도문제를 남과 북이 주도할 것을 대외적으로 공포하고 민족대장전인 6·15공동선언의 조속한 이행을 민족과 세계 앞에 다시 한 번 서약해야 한다. 분단 55년 만에 거둔 평양정상회담의 성과를 계승하고 평화와 통일의 길이 비가역적(非可逆的)으로 나아가도록 하는 일, 곧 정상회담 굳히기를 일구어내어야 한다. 이를 위해서는 한반도문제의 한반도화를 구현할 수 있도록 남북문제에 관한 남과 북의 주도성을 공고히 해야 한다.

부시정부는 "김정일 국방위원장의 답방은 한미간에 대북정책을 조율한 이후에 이루어져야 한다"고 제동을 걸어 민족문제에 대해 노골적으로 내정간섭을 했다. 이러한 미국의 제국주의적 행패를 극복하지 못한다면, 91년 남북기본합의서 당시 남북간의 전향적인 정상회담 추진이 무산되었듯이 이번의 6·15공동선언으로 마련된 민족전기를 또다시 허물어뜨리는 결과를 가져올 것이다.

둘째, 우리 민족 전체의 죽고 사는 문제, 곧 생명권을 보장받기 위해서 남북간 핫라인 설치, 어떠한 일이 있더라도 한반도에서 무력행위를 해서는 안 된다는 '한반도평화선언', 전쟁방지특별기구의 설치와 그 운영의 상시화가 이루어져야 한다. 부시정권의 등장으로 한반도에는 전쟁의 해선포, 악의 축 전쟁위협, 2003년 한반도전쟁위기설, 핵태세 재검토 비밀보고서에서 밝힌 선제 핵공격의 최우선대상으로 북한 설정, 신국가안보전략으로 선제공격론[5] 등과 같이 무력충돌이나 전쟁의 위험이 급증하고 있다. 조그마한 무력충돌도 곧바로 전면전으로 치달을 위험을 안고 있고 전면전은 바로 민족공멸로 귀결되는 상황을 더 이상 방치할 수 없다. 우리의 생명권은 우리 스스로 확보해야 한다. 한반도평화선언과 같은 장치로써 한반도 평화보장체제의 발판을 마련해야 한다.

셋째, 한반도의 평화와 통일 문제에 대한 미국의 부당한 간섭을 단호히 배격하고 그 대신 6·15공동선언 지지와 10·12북미공동성명 이행촉구, MD·TMD 추진의 중단을 미국에 강력히 요구하는 공동성명을 발표해야 한다. 이제 남한은 미국외교의 하위동맹자 수준에서 벗어나 남과 북이 운명공동체라는 인식을 공유해야 한다.

넷째, 6·15공동선언의 2항인 통일방안에 대한 합의의 구체적 실현을

---

5) 『워싱턴 포스트』(2002. 6. 10)에 게재된 Thomas E. Ricks와 Vernon Loeb의 「부시, 선제공격 신군사정책 추진중」(Bush Developing Military Policy Of Striking First)은 이렇게 밝히고 있다. 이 새로운 독트린인 선제공격론은 "'국가안보전략'의 일환으로 입안하고 있고, 그 초안이 올 가을 초에 공개될 예정이〔고〕… 봉쇄 및 억제 정책을 그대로 유지한 채, 미국에 대해 대량살상무기를 사용할 것이 확실시되는 적대국이나 조직을 공식적으로 공격하기 위해 '선제공격'(preemption)과 '방어적 개입'(defensive intervention) 개념을 처음으로 도입"하는 것이다. 이를 위해 '합동 비밀 태스크 포스'(Joint Stealth Task Force)를 설치해 "현재 어떻게 기습적인 공습을 뛰어넘어 '경고의 틈도 주지 않고'(no warning) 급습하는 방법을 연구중"이며 대량살상무기의 위협에 대응하기 위해 국방위협감소국(Defense Threat Reduction Agency)은 "첨단 재래식무기와 저준위 방사능핵무기 또는 고준위 방사능핵무기를 사용하는 한이 있더라도, 땅속 깊숙이 벙커 속에 저장되어 있는 생화학무기 및 방사능무기를" 파괴시킬 무기인 "지하 콘크리트 벙커를 뚫고 들어가 고열로 생물 제재를 녹여버릴 수 있는 탄두를 장착한 첨단 재래식폭탄 개발을 연구중"이다.

위하여 상징적 수준의 연방정부 구성에 대한 기초적 합의가 이루어져야 한다. 이 합의를 통해 연합성연방단계로 이행되어야만 이 지구촌에 한반도의 통일을 기정사실화할 수 있고 동시에 외세간의 갈등에 한반도가 희생되는 제2의 냉전희생물로 전락하는 것을 막을 수 있다.

다섯째, 경의선과 경원선의 복원, 서해공단 조성, 대북 전력·식량 차관과 지원 등으로 남북을 관통하는 민족경제의 청사진을 마련하고 그 1단계사업의 조속한 추진을 공포하여야 한다. 민족경제는 남북 상호에 이익을 가져올 뿐 아니라 상호의존성을 높여 평화와 통일을 향하는 우리의 행로가 옛날로 되돌아갈 수 없도록 비가역적 쐐기를 박는 물적 토대의 역할을 한다. 이로써 우리는 명실공히 6·15공동선언 굳히기를 확보할 수 있게 된다.

여섯째, 평화와 통일을 외치면서도 남과 북에는 반평화적이고 반통일적인 법과 제도가 냉전의 굴레를 쓰고 아직도 건재해 있다. 국가보안법이나 노동당규약, 남한헌법의 영토조항과 통일조항 등 서로를 적대시하는 냉전의 잔재를 말끔히 청산한다는 합의를 이루어야 한다.

결론적으로 2차 정상회담의 과제는 단기적으로는 '악의 축'이나 2003년 한반도전쟁위기설과 같은 전쟁위협 등에 대한 위기관리체제를 공고히 하는 것이고 장기적으로는 6·15공동선언의 이행으로 통일터전 닦기의 발판을 마련하는 것이다. 두 과제 다 남북관계의 급속한 진전을 요구한다. 힘과 채찍이라는 야만의 외교로 긴장과 전쟁위협을 조성하는 극단적 미국패권주의에 적절한 대응책은 바로 그들의 빌미를 우리가 원천적으로 제거하는 것이기 때문이다.

6·15공동선언을 계기로 우리는 한반도시대의 서막을 열었다. 금창리 핵위기 당시 남한은 94년의 영변 핵위기와 달리 미국 강경파들의 무력위협을 효과적으로 극복하는 엄청난 성과를 거두었다. 더 이상 미국 그

들만의 놀음의 장은 아니다. 이제 일정 정도 우리들 남과 북의 하기 나름이다. 그들이 끼여들 틈새를 남과 북의 민족공조로 제거해 버리는 것이다. 여기에는 외세 미국에 대한 적절한 대응과 동시에 집권후반을 맞는 김대중정권의 권력의 누수와 경제악화를 기회로 발호하는 수구냉전 세력에 대한 제어가 요구된다. 물론 이러한 과업은 남북정상들만의 몫만이 아니라 남과 북의 민중·시민사회의 공통된 과업이다.

5. 누가 2차 남북정상회담을 가로막는가?

2001년 중·후반까지 김대중 대통령은 몇 차례에 걸쳐 북한에 2차 남북정상회담의 조기실현을 촉구했다. 또 많은 사람들은 북한이 정상회담을 기피하고 있는 것처럼 생각하고, 그래서 북한을 이해할 수 없다고 섣불리 단정짓는다. 과연 그럴까? 여기서는 2차 남북정상회담을 가로막거나 훼방놓는 여러 중요한 요인들에 대한 '심층적'인 이해를 시도함으로써 정상회담의 현주소를 짚어보고자 한다.

우선 북한이 어떤 이유로 정상회담에 임했는지를 검토해 볼 필요가 있다.

북한은 1999년을 기해 지난 수년 동안의 혹독한 시련과 암울함을 벗어나 단기적 안정채비를 갖추면서 경제회복을 통한 장기적인 생명권을 추진하는 전략을 세운 것으로 보인다. 그러나 경제회복은 외부의 협력 없이는 어렵고 또 현실적으로 협력을 제공할 수 있는 곳은 남한밖에 없다는 판단을 내린 것으로 추정된다. 왜냐하면 미국의 경우 일정 정도 경제봉쇄를 해제하고 관계개선을 진전시켜 북한지원을 가로막는 구조적 제약을 해소하는 데는 긴요한 역할을 할 수 있지만 실제 북한에 대한 대대적이고 지속적인 지원을 기대할 수는 없었다. 미국의 하수인에 불과한 일본도 마찬가지다. 이러한 조건을 감안할 때 남한이야말로 실질적 협력대상이었다. 김대중정부는 베를린선언을 통해 "비료, 농기구 개량, 관개시설 개선 등 근본적인 농업구조 개혁"과 "사회간접자본의 확충과 안정된 투자환경 조성"을 정부당국이 제공하겠다고 밝히면서 남북이 다함께 냉전종식과 평화정착을 위해 협력하자는 간곡한 제안을 했다.

이 같은 사정을 감안하면 북한은 정상회담을 경제협력의 계기로 삼아 체제의 장기적 생명권을 확보하고 나아가 남북관계를 개선하여 자주적으로 평화와 통일의 발판을 마련하는 동시에 이 남북공조를 통해 클린턴정부와 관계개선을 매듭지어 군사적인 생명권까지 확보하려는 장기적 포석을 한 것으로 풀이된다.

또 한편 북한은 정상회담과 6·15공동선언으로 대폭적인 개방과 남쪽과의 교류가 불가피해졌다. 이와 동시에 북한체제의 극한적 경제난이나 전반적 취약성이 노출되고 북한주민에게 이를 확인시키는 체제위협의 대가를 치를 수밖에 없게 되었다. 바로 장기적인 체제생존을 위한 불가피한 남북 협력과 개방 교류가 트로이의 목마가 되어 체제위협으로 다가올 위험을 감수하는 딜레마인 것이다. 북한의 정상회담과 6·15공동선언에 대한 결단은 이러한 위험을 감수하겠다는 고뇌의 산물이었다.

평양도 울고 서울도 울었고, 평양도 환희하고 서울도 환희한 역사적 평양정상회담을 통해서 6·15공동선언이라는 금자탑을 이루어내었다. 이로써 민족통일과 평화, 화해 및 협력에 대한 이정표가 세워지고 민족의 운명에 전환기가 마련되었다.

이산가족의 상봉, 비전향장기수의 귀환, 언론인단의 북한방문 등 화해부문에서 괄목할 진전이 이루어졌고, 민족경제를 도모하자는 민족선언에 따라 남북간 경제협력이 경의선 복원의 시작으로 출발하는 듯했다.

또 조명록 차수의 미국방문을 기해 지난해 10월 12일에는 북미공동성명으로 한반도 평화보장체제와 북미간의 '완전한' 관계개선이 협약되어 해방 이후 무려 55년 동안 지속됐던 냉전체제가 해체되고 진정한 평화의 시기가 임박한 것으로 기대되었다.

한미정상회담 직전 김대통령은 2차 남북정상회담에서 '한반도평화선언'을 발표하고 이어 평화협정으로 나아가 냉전상태를 해체하겠다고 공개적으로 밝히기도 했다. 그러나 이러한 낙관적 전망은 부시 미대통령과 한미정상회담을 가진 이후 허망하게 무산되었다. 미국에 의해 한반도평화선언은 포기되었으며, 북측이 절실히 요구했던 전력지원은 완전히 제동이 걸렸다. 또 미국은 북미관계의 기본 구도를 설정했던 10·21 북미협정을 위협하며 북한의 재래식무기 감축까지 강요하고 있다.

게다가 영국의 군사문제 전문잡지『제인스 디펜스 위클리』2001년 4월 18일자 보도에 의하면 2003년이면 북한해안 25～50km 지점에 요격미사일을 약 30기 장착한 이지스함이 배치된다고 한다(이후 미국의 MD 진행에 의하면 2004년이 될 것으로 추정됨). 이는 실질적으로 TMD체제가 북한을 겨냥하는 것을 의미한다. 이 경우 미국이나 일본의 무력공격에 최소한의 억지력 역할을 하던 북한의 중거리미사일이 무용지물이 되고, 북한은 미국과 일본의 군사공격에 무방비로 노출된다. 북한의 군사적 생명권이 심대한 위기에 봉착하는 것이다. 더구나 2003년은 10·21 북미제네바협정에 의해 미국이 북한에 경수로발전소 2기를 완공, 인도하기로 되어 있는 마지막 해이다. 그러나 경수로발전소 완공이 2008～2009년으로 지연될 것으로 보여 이에 따른 북한의 전력손실에 대한 손해배상문제가 북한과 미국의 험난한 협상의 파고가 될 것으로 보인다. 군사력 행사, 즉 전쟁을 결정적이고 중요한 외교수단으로 삼고 있는 부시정부의 외교정책 기조로 보아 2003년이야말로 한반도 전쟁위협이 마치 94년 영변 핵위기의 아슬아슬한 순간처럼 최고조에 달할 것이다.

6·15공동선언 일년 후 북한이 추구했던 청사진의 대차대조표를 한번 그려보자. 북은 정상회담을 통해 북미관계의 개선을 촉진함으로써 장기적인 군사적 생명권을 확보하려 했으나 호전적이고 깡패두목 같은 부시정권의 등장으로 오히려 전쟁위협이 가중되었다. 또 북한이 그렇게 절실히 남북협력의 중점 사업으로 설정한 전력지원문제는 남한 내 냉전수구세력에 의해 발목이 잡히고 다시 미국에 의해 결정적으로 제동이 걸렸다. 남북협력으로 경제를 복구, 장기적 경제생존권을 확보한다는 북한의 청사진은 미국이 금강산관광에 대해 은밀히 제동을 걸어 파탄에 이르게 한 데서 볼 수 있듯이, 심대한 타격을 입었다. 한국은 베를린선언에서 전폭적인 협력을 약속했지만 이 약속이 과연 제대로 이행될 수 있을지에 대해서도 북한은 심각한 의문을 품게 되었을 것이다. 남한은 미국의 제국주의적 행태에 속수무책으로 민족자존을 훼손당하는 무력한 모습을 적나라하게 보여주었기 때문이다.

이러한 조건에서 북한은 2차 남북정상회담을 남북공조라는 당위적 차원에서 진행시키기에는 얻는 것보다 잃는 것이 더 많은 위험상황에 놓여 있다. 물론 남한이 미국이라는 외세에 대해 어느 정도 자주성을 가지고 남북공조로써 이 국면을 돌파할 의지와 역량이 있다면, 북한도 기꺼이 정상회담에 임할 수도 있을 것이다. 그러나 한미정상회담 이후 남한의 무기력함은 이를 기대하기 힘들게 만들었다. 남한 내부사정 또한 우호적이지 않다. 김대중정부의 인기는 바닥에 떨어져 권력누수현상이 나타나고, 대북 적대정책을 공공연히 표명하는 '주류' 언론과 정치세력이 미국의 적대정책에 부화뇌동하여 더욱 기승을 떨고 있다.

북측은 득과 실을 면밀히 따져 챙길 것은 확실하게 챙기면서, 이산가족 상봉 등과 같이 위험부담이 큰 사업을 연계시키는 호흡조정이 필요하다고 보았던 것 같다. 지금까지 이야기한 맥락과 여러 가지 변수를 종합적으로 고려해야만 2차 남북정상회담이 지연되는 까닭이 드러난다. 단순히 김대통령의 촉구로 2차 남북정상회담이 열릴 수 있는 것은 아니다. 이제 정상회담을 발목잡고 있는 훼방꾼들을 세부적으로 점검해 보자.

남북정상회담을 가로막는 제1의 훼방꾼은 뭐니뭐니해도 부시정부의 대북정책기조——'일방적 양보불가론' '엄격한 상호주의론' '철저한 검증론' '평화선언불가론' '재래식무기 감축론' '북한빌미 TMD 및 MD 추진론' '대량살상무기 반확산(counter-proliferation)의 최우선대상으로서의 북한론' 등——이다.

이들 세부 정책기조는 미국의 세계 및 중국에 대한 정책의 하위정책의 성격을 띤 것으로 북한을 희생양으로 삼으려는 저의가 보인다. 동시에 전쟁까지 불사하겠다는 것을 노골화하는 정책기조로, 북한이 남북정상회담을 통해 성사시키려 했던 체제생존권이 심대한 위협을 받게 되었다. 이 가운데 대표적인 것이 핵문제, 미국의 협정위배문제, 한반도평화선언 불가론과 북한 재래식무기 선(先)감축론 등이다. 이렇게 미국의 북한 죽이기가 노골적으로 진행되는 상황에서 남북정상회담과 이산가족 상봉이나 교류 등이 이루어질 때 북한의 체제위협은 더욱 가중될 것이다. 북한이 움츠러들지 않을 수 있겠는가?

정상회담 훼방꾼은 태평양 건너에만 있는 것은 아니다. 이곳 남녘땅에서도 그 광기가 열풍을 타고 있다. 이정빈 전 외교통상부장관은 이임사에서 "한국언론은 미국언론이 동으로 가면 동, 서로 가면 서로 간다"고 한탄했다. 전형적인 보기가 금강산댐 안정성 문제제기이다.

이 댐에 대해 전두환군부정권은 '수공위협설'을 조작하여 군부정권 연장을 시도했고 대북 적개심을 고양시키는 사기극을 연출한 적이 있다. 86년 10월 29일 이규효 건설부장관은 "북한이 서울을 삽시간에 쓸어버릴 수 있는 엄청난 규모의 '금강산 댐'을 건설한다"는 내용의 대국민 성명을 발표하면서 길이 1100m, 높이 200m, 최대 저수능력 200억t의 이 초대형 댐을 북한이 파괴할 경우 서울을 비롯한 남한 중부지역 일대가 물바다가 될 것이라고 주장했다. 이렇게 국민을 공포로 몰아넣고는 대응 댐인 '평화의 댐'을 건설한다며 국민을 선동하여 코흘리개 유치원생부터 칠십 노인까지 앞다퉈 성금을 내게 해서 773억 원의 성금까지 모았던 대국민 사기극이자 대북한 '냉전악마 만들기'였다.[6]

실제 2000년 10월에 완공된 북한의 임남댐은 높이 121.5m, 최대 저수량 26억 톤, 연간 평균저수량 약 18억 톤으로 29억 톤의 소양강댐보다 규모가 작다. 이 댐의 안정성에 대한 의혹제기는 최근 미국 아이코너스 위성사진에 세 군데가 함몰된 것처럼 나타난 데서 비롯되었다. 북한은 "남이 준 위성촬영자료"를 근거로 붕괴위험을 거론하는 것은 "분명 외세가 끼여들어 있고 그들의 조종하에서 불순한 목적을 추구하려는 것"이며 "남측주민들에게 우리에 대한 대결의식을 고취시켜 북남관계를 '4월 5일 공동보도문' 발표 이전으로 되돌리기 위한 의도적인 행위라고밖에 달리는 볼 수 없다"고 비난했다(『연합뉴스』 2002. 5. 7).

충남대 임희대 교수(토목공학과)는 '물 심포지엄'에서 "금강산댐에 대한 위성사진을 판독한 결과 댐이 함몰되거나 누수된 흔적이 없"고 "댐에 누수가 발생했다는 주장은 암반의 색깔을 잘못 판독한 것이며, 만약 누수가 발생했다면 벌써 예측할 수 없는 사태가 벌어졌을 것"이라면서 남한언론과 일각에서 제기하는 댐붕괴위협설에 의문을 제기했다(『한겨레신문』 2002. 5. 8). 이러한데도 일반국민들 사이에서는 한국언론의 냉전낙인론에 의해 댐 안정성 위험은 이미 기정사실화되었고 또다시 국민들의

---

6) 이 당시 평화의 댐 건설을 위해 초등학생의 경우 의무적으로 1천 원씩 징수한 것으로 알려져 있다.

무의식세계에서는 대북 적개심과 북한위협론이 축적되어 증폭되었다.

이렇듯 국내 사대주의 세력들은 부시정권의 민족앞길 가로막기에 부화뇌동하고 있다. 허구의 일방적 양보불가론과 철저한 검증론을 앵무새처럼 외쳐대고, 나아가 남북공조보다는 50여 년 동안 유지된 한미공조가 우선되어야 한다는 '괴뢰주의 찬양론'까지 내놓고 있다. 또 한러정상회담에서 ABM조약 준수를 동의한 첫 자주외교의 금자탑을 마치 엄청난 과오를 저지른 것인 양 ABM실책론을 들고 나오는 이들은 국제조약 파기와 사대주의를 찬양하고 있는 것이다. 이들의 사대주의는 마침내 MD 지지론에 이르면서 제2의 냉전론을 펴는 한국판 냉전전사의 위용을 과시하고 있다. 심지어 박근혜는 2002년 4월 21일 『뉴욕타임스』와의 인터뷰에서 '악의 축' 전쟁위협까지 적극 지지하고 있다. 신문은 그녀가 반북친미노선에서 아버지를 닮았고 마치 '아시아의 공화당원' 같은 인상을 풍긴다고 지적했다. 이러한 미국 전쟁광의 하수인 노릇을 자청하는 언론과 정치인 및 지식인이 난무하는 게 현실이다.

이런 상황에서 김대중정권 임기 내 2차 정상회담은 기대하기 힘들 것 같다. 그러나 악의 축 전쟁위기와 2003년 전쟁위기라는 화급한 한반도 정세는 임동원 특사의 파견을 가져왔다. 남북이 합의한 공농보노문은 전쟁위기를 "최근 조성된 한반도정세와 민족 앞에 닥쳐온 엄중한 사태"라고 공동 인식하면서 "쌍방은 역사적인 6·15공동선언의 기본 정신에 부합되게 서로 상대방을 존중하고 긴장상태가 조성되지 않도록 노력하기로" 합의하여 민족생명권의 위기에 대처하고 "그 동안 일시 동결되었던 남북관계를 원상회복하기로" 했다.

이처럼 남과 북은 공조체제를 이루어 전쟁위기에 긴급 대처하는 등 한반도문제의 한반도화를 추구해야 한다. 여기서 남한정부에는 "우리 민족끼리 힘을 합쳐 나라의 통일문제를 자주적으로 풀어나가기 위한 공동선언의 합의사항”의 약속대로 적극적이고 자주적인 역할이 요구된다. 자주적인 견지에서 민족문제에 접근하고 베를린선언에서 약속한 대로 “사회간접자본의 확충과 안정된 투자환경 조성 그리고 농업구조개혁” 등에 대한 정부 수준의 협력을 북한에 제공해야 한다. 그 발판은 무엇보다 북한이 시급히 요구하는 전력지원과 철도연결 등을 미국의 간섭을 받지 않고 제공함으로써 마련할 수 있을 것이다. 그러나 이러한 남한정부의 추진동력은 역시 ‘악의 축’ 전쟁위기 때처럼 민중 및 시민 사회의 운동과 실천적 뒷받침에 의해서 담보될 수 있을 것이다.

6. 맺음말

이제까지 평양회담에서부터 김위원장 답방과 이어 정례화되어야 할 남북정상회담에 이르기까지 포괄적으로 정상회담문제를 접근해 보았다. 비록 분단 반세기 만에 정상회담의 문은 열었지만 6·15공동선언을 이해하여 통일터닦기를 하는 데는 아직도 많은 제약이 따를 것이다. 곧 지역분열주의 수렁에 빠진 일부 지역세력과 그들을 엎고 있는 정치세력의 딴지걸이, 정상회담 발표가 있자 곧바로 주한미군의 계속주둔을 발표하는 미국의 행보, 덩달아 춤추는 일본이라는 외세, 미국 부시정부의 전쟁위협까지도 앞장서 찬양하는 박근혜 같은 주류정치인과 주류언론들의 사대주의적 민족앞길 가로막기는 지속될 것이다. 바로 여기에 우리 모두의 민족사적 책무가 있다.

민족앞길 가로막기에 대해 적절하게 통제력을 행사하여 정상회담이야말로 그 본연의 과제인 민족통일, 평화, 화해, 협력을 위한 과정으로 자리매김될 수 있는 조건을 조성하는 것이 우리 시민 및 민중 사회의 역사적 책무이다. 이런 의미에서 우리 모두는 정상회담의 주체가 되어야 한다.[7] 이를 위해서는 정상회담의 흠집내기 및 깎아내리기 등에 대해서 '정상회담에 힘 실어주기', 정부나 여권에 의한 정략적 이용 등에 대해서 '제어하기', 보다 민족적인 결실을 거두고 장기지속이 되도록 견인·추동하기, 외세 특히 미국의 딴지걸이에 대한 강력한 대응, 시민사회 각 영역에서는 고유 영역별로 남북의 화해·협력·평화·통일에 기여할 수 있는 방안을 창출하여 실행에 옮기는 통일일터 만들기와 통일쌓기 등을 본격적으로 전개해서 통일 주체로 나아가는 것이다.

이렇게 해서 다가오는 차기정권의 정상회담을 계기로 남한대통령은 민족대통령으로, 북한의 총비서는 민족의 총비서로, 남북주민은 민족의 주민으로 탈바꿈하여 남과 북에서 본격적인 통일시대를 열어가는 전환을 이룰 것이 요구된다. 바로 이러한 과업은 결코 정상들, 그들만의 몫이 아니라 나와 우리들의 몫이기도 한다. 우리 모두가 또 하나의 정상회담의 주체로 승화되어야 할 것이다.

(「남북정상회담과 한반도 통일정세」,『한반도 통일논의의 쟁점과 과제』, 한신대학교출판부, 2001)

---

7) 이장희(2000)는 이들 역할을 의제선정 관철 건의문, 여야 정략적 이용 감시, 언론의 색깔론적 접근 감시, 인간적 고통 경감을 위한 시민연대 구성, 정부와 민간의 역할분담, 정당·사회단체 연석회의 재개최, 민간대표단 정상회담 참여, 민족화해 캠페인 및 대중행사 실시 등을 제시하고 있다.

5. 미국의 신패권주의와 한반도 평화·통일

2000년 10월 12일 북한의 조명록 차수가 미국을 방문하여 클린턴정부와 북미간 과거 반세기의 적대관계를 해소하고 평화보장체제를 진행시키기로 합의하였다. 이 역사적인 10·12북미공동성명은 한반도 평화와 통일에 밝은 전망을 안겨주는 듯싶었다.

두 나라는 한반도에서 긴장상태를 완화하고 1953년의 정전협정을 공고한 평화보장체계로 바꾸어 6·25전쟁을 공식 종식시키는 데 4자회담 등 여러 가지 방도들이 있다는 데 대하여 견해를 같이하였다. …첫 중대조치로서 두 나라는 그 어느 정부도 다른 쪽에 대하여 적대적 의사를 가지지 않을 것이라고 선언하고 앞으로 과거의 적대감에서 벗어난 새로운 관계를 수립하기 위하여 모든 노력을 다할 것이라는 공약을 확언하였다. 두 나라는 1993년 6월 11일부 북·미공동성명에 지적되고 1994년 10월 21일부 기본합의문에서 재확인된 원칙들에 기초하여 불신을 해소하고 상호신뢰를 이룩하며….

그러나 이러한 낙관적 전망은 공화당의 부시가 미국대통령에 취임하면서 일시에 먹구름이 드리워졌다. 부시는 취임사에서 "도전을 받는 것 이상으로 방위력을 구축"하고 "새로운 공포에 시달리지 않도록 맞설 것"이라면서 지구촌 모두가 반대하는 미사일방어체제(MD) 구축을 강행하여 냉전구도를 되살릴 것을 노골화했다. 이와 동시에 북한 등을 겨냥해 "실수를 저지르지 않아야 할 것"이라고 경고했는데, 국무부 부장관이 된 아미티지가 주도한 「아미티지 보고서」는 북한선박 나포, 해상봉쇄, 핵과 미사일 기지에 대한 선제공격 등을 제안하고, 취임 전부터 우리 정부의 햇볕정책의 '햇볕'용어까지 시비를 거는 등 제국주의성을 그대로 드러냈다. 체니 부통령과 함께 초강경파로 알려진 럼스펠드 국방장관은 우주공간에까지의 전쟁시스템 구축을 추진하면서 '불량국가'라는 북한을 그 정당성의 근거로 삼는 위선을 강변하고 있다.

북한을 '불량국가'로 볼 것이 아니라 한반도에서 끊임없이 전쟁위협을 획책하는 미국을 '불량 대국'으로 봐야 한다는 동북아전문가 찰머스 존슨이나 촘스키(노엄 촘스키 2001)의 지적이야말로 전적으로 타당하다. 부시집단은 '별들의 전쟁'을 추진하면서 가공할 군사무기개발을 서두르고 있으며, 2003년 회계연도에는 세계 2위의 군사비투입 국가보다 무려 7배가 넘는 연 3790억 달러, 2007년에는 4510억 달러를 책정하고 향후 5년간 군장비현대화에 4080억 달러를 투입할 예정이다. 이렇게 지구촌에 계속 새로운 공포를 불러일으키면서도 '새로운 공포' 운운하는 노골적인 위선과 협박의 깡패논리를 휘두르고 있다.

탈냉전시대에 냉전의 전사가 우글거리는 백악관은 이제 레이건이 겨냥했던 소련이라는 가상의 적이 사라진 이후 새로운 가상의 적을 노골적으로 조작하고 있다. 바로 중국과 러시아, 북한 등과 같은 자칭 '불량국가'이다. 한미정상회담에서 남북이 추진하던 '한반도평화선언'을 강제

로 중지시켰다. 그리고는 북한에 대해 철저한 검증주의와 엄격한 상호
주의를 천명하면서 한반도문제의 한반도화를 추구하던 남과 북을 옥죄
고 있다. 이어 미일정상회담에서는 남한의 대북 포용정책에 제동을 걸
기로 합의했다.

미국 부시정권의 이러한 위험천만한 대북 강경책에도 불구하고 이곳
한국땅에서는 이를 찬양하는 사대주의 언론과 정치세력들이 물을 만난
물고기처럼 날뛰고 있다. 노벨평화상 탐욕론, 북한불변론, 속도조절론,
북한 퍼주기론, 김정일 과거사 사죄론 등이 기승을 부리고 있는 것이다.
남북공조로써 자주적으로 한반도 전쟁위협을 제거해 나가야 하는데도
한미안보공조만 읊조리는 사대주의 쓰레기 지식인들이나 자칭 안보전
문가들이 덩달아 춤을 추고 있다. 무조건 반DJ주의로 치닫는 경상도중
심의 맹목적 지역분열주의 집단과 이에 기생하는 정치세력이 맹위를 떨
친다. 이 결과 경상도 지역패권주의에 대한 향수병과 냉전주의의 결합
이 낳은 시너지효과로 냉전지역주의가 고조되고 있다.

이러한 민족앞길 가로막기는 결코 일시적 현상이 아니고 통일의 그날
까지 지속될 것으로 예견된다. 따라서 통일성취는 이러한 외세 미국과
일본의 반통일적 기도와 이에 야합한 사대주의 세력들을 극복함으로써
만 가능할 것이다. 이런 안팎의 반통일적 기도에 즈음하여 이 글은 미국
부시정권의 21세기 세계지배전략인 신패권주의를 살펴보고 대북정책의
반통일성과 반평화성을 들추어내도록 하겠다.

1. 냉전으로 치닫는 미국의 신패권주의

10·12북미공동성명 이후 초읽기 수순에 들어갔던 북미정상회담이

부시정부의 등장으로 갑자기 무산되고 한반도에는 삽시간에 긴장이 감돌기 시작했다. 한미정상회담을 계기로 이러한 긴장을 누그러뜨리려던 김대중 대통령의 설득외교는 그 바람이 완전히 꺾여버렸다. 부시집권 후 가진 1차 한미정상회담 이래 미국의 대북정책 기조는 '일방적 양보불가론' '엄격한 상호주의론' '철저한 검증론' '한반도평화선언 불가론' '재래식무기 감축론' '북한빌미 MD추진론' 등 강경 일변도와 일방주의로 나아가고 있다. 이러한 미국의 대북정책은 대북정책이라는 단일수준을 넘어 미국의 21세기 세계지배전략이라는 큰 구도 속의 하나의 하위정책인 동시에, 군산복합체의 이해와 직결되어 있으므로 이들과 연관시켜 파악할 필요가 있다.

부시 미국의 21세기 세계지배전략인 신패권주의는 세 가지로 구성되어 있다고 볼 수 있다. 첫째, 전략기조를 인류사회의 보편적 이익이나 다른 국가의 이익과의 상호접목(articulation)을 통해서 미국의 이익을 공존시키는 지도력을 갖춘 지도적 패권주의(leadership-oriented world hegemony)가 아니라 미국의 배타적 이익을 위해 군사력과 전쟁 같은 폭력에 철저히 의존하여 지구촌 전체의 보편적 이익과 다른 나라의 이익을 일방적으로 희생시키는 폭력 지향적인 지배적 패권주의(domination-oriented world hegemony)로 설정하고 있다. 이 지배적 패권주의는 일방주의, 군사주의 등으로 나타나며 그 예가 '전쟁의 해' 선포나 테러와 반테러의 이분법적 줄서기 강요, 교토기후협약 탈퇴, ABM조약 파괴 등이다. 둘째는, 신자유주의의 전지구적 관철이다. 이에는 월가 초국적 금융자본의 투기자본화로 자본주의 속성을 카지노자본주의로 변모시키고 이를 통해 신자유주의 세계화를 강요하며, 투자협정과 아시아태평양자유무역지대 등의 경제적 일방주의에 의해 경제적 세계지배를 꾀한다. 셋째는, 군사적으로 대중국 포위전략을 통한 신냉전구도의 추진이다. 이는 21세기 미국의 야만적 패권에 도전할 잠재력을 가진 나라는 어떤 나라든 그 싹을 잘라버리겠다는 미국지상주의의 발로이다.

이러한 야만적인 신패권주의의 관철을 위한 군사적 패권주의는 다음과 같은 세부정책을 두고 있다. 첫째, 미사일방어체제의 구축을 우주공간까지 확대하여 절대적 군사력 우위를 확보함으로써 21세기 미국의 절대적 패권에 대한 도전을 막기 위한 수단을 갖춘다. 둘째, 레이건정권이 대소련 대결정책을 펼쳐 소련을 붕괴시켰듯이 21세기 잠재적 패권도전 국가인 중국, 러시아 등에 대한 군비경쟁을 가속화하여 이들 나라의 경제성장을 지체시킴으로써 도전의 잠재력을 미리 꺾어버린다. 셋째, 동시에 대만, 오스트레일리아, 남한, 인도, 아프가니스탄, 중앙아시아, 필리핀 등을 끌어들여 힘의 동맹을 굳건히 하고 군사기술적으로 통합체제를 편성해 중국포위라는 미국군사전략체제에 묶어둔다. 특히 일본의 군사대국화와 우경화를 지원하여 미일군사동맹을 강화함으로써(미영동맹 수준으로 격상) 동아시아에서 중국과 러시아를 군사적으로 봉쇄한다는 것이 기본 구도이다. 넷째, 제3세계에 대해서는 외교적 수단을 통해 대량살상무기(WMD) 비(non)확산을 추진하지만 이것이 여의치 않으면 전쟁을 통한 반(counter)확산을 관철시킨다는 전쟁불사정책의 성격을 띤다.

이 결과 부시집권 1년 만에 세계평화는 근원적으로 위기를 맞이하였으며, 반테러전쟁이라기보다 일방적 침략인 아프가니스탄전쟁, 지배적 패권주의를 전시하기 위한 대이라크 폭격감행과 전쟁획책, 팔레스타인전쟁의 가열화와 전쟁부추기기, 전쟁의 해 선포, 악의 축 전쟁위협, 핵 선제공격을 당연시한 핵무기태세보고서(NPR), 새로운 국가안보전략이라는 선제공격론(first-strike) 등으로 표출되고 있다.

필자는 미국의 21세기 세계지배전략은 '작은냉전→큰냉전→신냉전' 세 가지 단계로 이행하면서 추진될 것으로 전망하고 있다. 기존의 미소냉전은 이데올로기적 적대가 주축이 되어 이데올로기·군사·경제·외교·문화 등 전면적인 봉쇄와 단절 또는 적대로 나아가는 것을 특징으로 했다면, 여기서의 작은냉전은 이데올로기·외교·경제·문화·사회 등에서는 유대관계를 유지하면서도 군사적 봉쇄가 주축이 되어 적대관계를 형성하고 있는 현상이다. 그리고 '큰냉전'을 거쳐 새롭게 형성될 '신냉전'은 바로 군사적 적대가 주축이 되어 점차 이데올로기·경제·문화·외교·사회 등 전영역의 대립·적대·봉쇄·단절 등이 진행됨으로써 정도는 약하지만 과거 미소냉전과 유사한 대립기가 재연되는 현상을 말한다. 물론 미소냉전은 자본주의 체제와 사회주의 체제라는 양대 경제체제간의 집단적 대결상태였지만 신냉전은 경제체제를 근간으로 한 대치구도라기보다 국가군(群)간의 대치구도이다.

최근 중국과 미국의 적대관계는(작은냉전) 주로 군사적 대결이나 봉쇄에 의한 군사 수준의 적대이지 경제나 문화·외교 수준의 적대관계는 아니다. 러시아와 미국의 관계 역시 동일한 군사적 차원의 적대이다. 그러므로 작은냉전은 군사적 봉쇄가 핵심이고, 외교·경제· 문화 등과 같은 다른 분야에서는 상호의존성을 높이는 이중적 양상을 그 특징으로 한다. 이 새로운 냉전구도를 좀더 세부적으로 개념정의하고 이념화된 특성을 정리하면 〈표 1〉과 같다.

이러한 세계질서의 흐름은 필자가 1996년 미일신안보공동선언을 계기로 이미 전망했던 동북아신냉전의 도래라는 기본 구도와 유사한 양태로 나아갈 것임을 암시한다(강정구 1997d). 필자는 중국의 GNP가 미국에 버금가게 될 2020~30년경이면 90년대부터 등장하기 시작한 미국의 중국위협론을 바탕으로 한 미국의 단일패권주의와 중국의 중화민족주의가 충돌하여 비록 세계 수준은 아니라 하더라도 최소한 동북아 수준에서는 신냉전이 도래할 것으로 전망했다. 이러한 동북아질서의 장기적

<표 1>

	개념정의	이념화된(ideal type) 특성[*]
(구)냉전	2차대전 이후 미·소 각각 자본주의와 사회주의를 이념적 지향으로 삼아, 이 이념적 대립·적대를 주축으로 해서 여타 부문의 봉쇄·단절·적대로 확산된 대치상태. 양 강대국의 적대 수준을 넘어 전세계적으로 이분법적 편가르기가 강요되어 적대 수준이 전지구적 현상으로 비화된 세계질서	· 진영간의 전면적 대결과 봉쇄 지속 · 전지구촌을 '적과 아'라는 양분구도로 나누는 이분법적 편가르기 · 핵무기를 중심으로 한 무기경쟁 · 진영간의 이데올로기 선전전: 소련은 미국을 제국주의로, 미국은 소련을 나치독일로 낙인찍음 · 성공적 협상 부재 · 제3세계의 대리전형식의 열전전개: 한국전쟁, 베트남전쟁, 앙골라내전 등 · 두 진영간의 내부통제력 강화: 미국의 매카시즘과 레이건주의(신개입주의), 소련의 반체제인사 탄압과 브레즈네프선언(사회주의 제한주권론)
작은 냉전	미국의 일방적인 세계지배전략에 의거 21세기 잠재적 대미 패권도전국으로 지목된 중국(러시아)에 대해 이데올로기, 외교, 경제, 문화, 사회 등에서는 유대관계를 유지하면서도 군사적 봉쇄가 기축이 되어 적대관계를 형성하고 있는 현상	· 1996년 미일신안보공동선언 이후부터 출범 · 미국의 일방주의에 의한 군사적인 가벼운 봉쇄 · 미국의 동맹국인 일본, 대만, 필리핀, 오스트레일리아, 남한을 묶는 군사적 봉쇄군 기초형성 · 중국·러시아의 집단적 대응구도 미미 혹은 부재: 조중, 조러, 중러, 중인, 러인 관계증진 수준 · 신냉전 유아기 · 군사적 적대·단절·봉쇄 구도 형성기 · 경제, 사회, 문화 등의 교류·협력 병진
큰 냉전		· 미국의 부시정부 출범과 더불어 시작, · 견고한 봉쇄 · MD 등 별들의 전쟁으로 군사적 봉쇄의 구체적인 이행단계 · 미국의 동맹국인 일본, 대만, 오스트레일리아, 남한을 MD에 참여시켜 견고한 봉쇄고리 형성 · 중국, 리시아, 북한, 인도(?) 등의 동맹수준의 집단적 대응, 반패권연대 추진, · 작은냉전 격화기 · 군사적 적대, 단절, 봉쇄와 경제·사회·문화 등의 교류·협력 병진
신 냉전	미국의 일방적인 군사적 적대와 봉쇄가 기축이 되어 여타 부문의 포괄적인 봉쇄와 적대관계가 형성된 중국과 미국의 대치상태	· 미국의 일방에 의한 포괄적인 느슨한 봉쇄 · 포괄적 봉쇄구도 속에서 경제적인 통합구도 지속: 단일자본주의 세계경제체제라는 특성 때문에 · 구냉전처럼 지구촌이 전면적으로 '적과 아'로 양분되는 이분법적 구도가 아니라 동아시아 수준에서 적대적 대치관계 형성 · 유럽과 미국의 동맹관계가 구냉전 때처럼 견고하지 못하고 이완된 동맹관계 형성 가능 · 일본과 대만이 적극적인 미국과의 동맹관계 주축이 될 가능성이 높음 · 반패권연대에 의한 역봉쇄는 연대주체에 국한되는 미약한 수준에 그칠 것으로 예상

[*] Halliday(1983)의 논지를 중심으로 재편성하였음.

전망하에서는 남과 북이 조속히 부분통일이라도 이룩하여 이 지구촌에서 한반도 통일을 기정사실화하는 일이 시급하고 긴요하다는 것을 역설했다. 그러나 이러한 동북아 신냉전은 20~30년이라는 장기간에 걸쳐 서서히 이행될 것으로 전망되었으나 부시정권의 등장과 더불어 큰 냉전과 신냉전으로의 이행이 빨라질 것으로 예견된다.

2. 부시정권의 출범과 큰냉전의 출발

부시정권이 출범하자 지구촌에는 갑자기 냉전의 기운이 감돌기 시작했다. 구체적으로는 북한에 대한 '깡패국가' '독재자' '망나니'(spoiled) 의 낙인론 등장과 강경일변도 정책, 국가미사일방어체제를 넘어서 우주공간의 전장화 추진, 러시아와의 ABM조약 파기, 러시아외교관 무더기 추방, 대만에 대한 첨단무기 판매추진으로 첸지천 중국 부총리로부터 "이미 분쟁의 불꽃이 튀고 있는 대만해협에 무기를 파는 것은 불에 기름을 끼얹어 커다란 화염을 만드는 꼴" "대만해협이 전쟁의 화염으로 변하는 것을 원치 않는다"는 경고 등의 연속이었다. 이는 일방적인 협박과 무력에 의한 세계지배전략의 전형이다.

부시정부는 이에 그치지 않고 제3세계에 대해서도 일방주의와 폭력적 지배질서를 강요한다. 출범하자마자 이라크에 대해 공습을 가함으로써 진짜 깡패국가의 본보기를 과시하였고, 팔레스타인과 이스라엘 간 유혈충돌에서도 팔레스타인에게 "내가 보내는 신호는 팔레스타인이 폭력을 그만두라는 것" "아라파트 의장이 이 신호를 크고 분명하게 듣기를 바란다"면서 일방적이고 막무가내식 이스라엘 편들기에 나섰다. 동맹국에게도 마찬가지다. 북한과의 긴장완화를 바라는 한국과 EU 등의 바람을 한미정상회담에서 헌신짝처럼 내팽개치자 EU가 대북 수교와 평양방문을 서두르기도 했다.

정성배 교수에 따르면, 유일 초강대국 미국에게는 첫째 다자주의와 평화회복을 지향하는 세계시스템의 공동운영을 위해 국가간의 협조를 우선하는 헤게모니(hegemony) 정책, 둘째 19세기에 영국이 채택한 고전적 세력균형정책, 셋째 '수위전략'을 통한 단극체제의 영구화정책으로 일방적 힘에 의한 지배정책(domination) 등 세 가지 전략적 선택이 있는데, 부시는 이 가운데 단연코 수위전략을 취했다. 이는 "미국의 패권주의를 클린턴 때보다 더 강화하겠다는 정도가 아니라 세계지배를 영구화하겠다는 것이며, 이를 실현하기 위한 수단으로 미사일방어체제 개발을 통한 군사력의 질적 비약을 이루겠다는 것이다." 이 기본 개념은 1992~94년의 방위정책지침(DPG)에서 "미국은 어느 지역을 지배함으로써 그 자원을 발판으로 강대국의 지위에 오를 수도 있는 모든 적대적 국가를 저지하고, 미국의 리더십에 도전하거나 기존 정치·경제 질서를 무너뜨리려고 기도하는 선진산업국을 저지하며, 앞으로 등장할 수 있는 어떤 총체적 경쟁자도 사전 방지한다"로 기본 구도가 짜여졌지만 부시정부에서는 이것이 노골화되고 있다.

이러한 부시정권의 일방적인 무력중심의 신패권주의 세계질서 추구는 단순히 군사부문에 국한되지 않는다. 부시는 "우리에게 가장 중요한 것은 미국국민이며 우리는 우리 경제에 해가 되는 것은 결코 하지 않겠다"면서 '교토(京都)기후협약' 탈퇴 방침을 밝혔다. 이에 유럽의 환경각료들은 이산화탄소 세계 최대 배출국가인 미국이 국내 경제사정을 이유로 교토협약에서 탈퇴할 경우 100개국 이상이 수년간 노력해 마련한 교토협약 자체가 무산될 수 있다고 반발하였으며, 도미니크 부아네 프랑스 환경장관은 "부시 대통령의 결정은 매우 도발적이고 무책임한 것"이라고 비난했고 마이클 미처 영국 환경장관도 "기후변화는 금세기 인류가 맞고 있는 가장 위험하고 두려운 도전"이라고 경고했다(『한겨레신문』 2001. 3. 30).

클린턴정부하의 미국은 10·12공동성명에서 확약한 대로 이곳 한반도에서도 냉전청산을 추구했지만, 부시정권은 오히려 냉전강화 기조를 보이고 있다. 이러한 두 정권의 차이점을 요약하면 〈표 2〉와 같다.

〈표 2〉 부시정권과 클린턴정권

	부시정권	클린턴정권
미사일방어체제	MD와 BMD까지 우주공간의 전장화(절대적 군사력우세주의)	TMD와 소규모 NMD (공포의 균형, 최소억지)
대외정책기조	고립주의 전통의 군사력 우선 일방주의(전쟁전면론과 전쟁불사론의 외교적 수단화)	국제주의의 전통인 다자주의를 통한 개입주의, 상대적인 군사력 제한주의
세계전략	철저히 힘에 의존한 폭력중심의 지배적 패권주의 전략	상대적으로 절제된 힘을 바탕으로 한 지도적 패권주의 전략
군산복합체와의 관계	강력한 결합	느슨한 결합
중국 자리매김	공식적으로는 전략적 경쟁자 (실질적인 적대자)	공식적으로는 전략적 동반자 (실질적인 경쟁자)
가상적국에 대한 전략적 대응방식	군비경쟁을 통한 소련몰락이라는 80년대 레이건 신화의 부활	미국 우위라는 전제 아래 협력구도 속에 묶어두기
대통령 참모구성 특성	레이건정권의 냉전전사들	실무형중심 (대통령의 의지나 선택권 우세)
경제상황	침체국면	호황국면
전반적인 전략기조	봉쇄정책지향, 갈등과 대립 및 전쟁 불사정책 지향	포용과 제한 정책 지향, 적극적 개입에 의한 종속적 협력구도 지향

이러한 차이점은 냉전시점인 1960년대와 80년대에도 유사하게 나타났다고 볼 수 있다. 윌슨, 루스벨트, 트루먼으로 이어지는 뉴딜연합의 전통을 이어받은 케네디정권에서부터 존슨에 이르기까지 미국의 대소 봉쇄정책은 봉쇄적 자유주의 형식을 띠어 그나마 자유주의적이고 세계은행 등을 이용한 제3세계의 경제발전을 지원하는 다자주의적인 측면이 강했으며 일정 정도의 지도적 헤게모니 세계전략이었다. 그러나 80년대의 레이건주의는 그야말로 군사력 제일주의와 일방주의라는 깡패국가의 모습으로 폭력중심의 지배적 패권주의에 의한 세계지배전략을 추구하였다. 이러한 대결주의가 평화와 인권의 세기라고 일컫는 21세기 탈냉전의 시점에서 다시 부시정권하 레이건의 잔당들에 의해서 중국과 러시아를 겨냥하는 봉쇄전략으로 급속히 가시화되고 있다. 바로 이것이 신패권주의의 본질이다.

현 부시정권의 안보보좌관 라이스는 미국외교의 원칙을 국익 우선에 두고 그 우선순위를 공개적으로 천명하면서 이 원칙에 따라 외교를 펼쳐나가야 한다고 역설하였다. 그 순위는 첫째가 무력시위와 필요한 경우 전쟁불사론의 확신을 천명하고, 둘째 신자유주의 경제체제의 세계적 확산을 꾀하고, 셋째 미국가치관을 수용하는 일본과 같은 동맹국과의 강력하고 친밀한 관계를 재정립하고, 넷째 강대국인 중국과 러시아와 포괄적 관계에 외교를 집중하고, 다섯째 깡패국가 또는 적대국가의 위협에 단호히 대처하고, 여섯째 깡패국가의 테러와 대량살상무기 개발에 대비하는 대응책, 곧 MD를 추진하는 것이다(장성민 2001, 32쪽).

이러한 외교기조는 부시의 무역대표부 대표를 맡고 있는 졸릭의 공화당 외교원칙에도 그대로 반영된다. 첫째 힘에 대한 존중으로 무력사용 우선주의를 택하고, 둘째 미국은 중국·러시아·인도 등의 도전에 직면해 있으므로 일본 등과의 동맹연합을 강력히 추진해야 하고, 셋째 국제협약이나 기구는 하나의 수단에 불과할 뿐 그 자체가 목적이 되어서는 안 되고, 넷째 세계화·정보통신화 등을 추진하고, 다섯째 미국가치를 적대시하는 적의 존재에 대한 대응을 공화당 외교원칙으로 제시했다. 또 이 기조는 럼스펠드 국방장관, 체니 부통령, 아미티지 등 모든 참모들 사이에 공유되고 있다.

이와 같은 힘에 의한 지배전략을 뒷받침하는 가장 강력한 물적 토대가 미사일방어체제(MD)의 추진이다. 이 미사일방어체제는 첫째, 그 자체로서 중국이나 러시아의 미사일체제를 무력화하여 공포의 균형이나 최소억지력(minimum deterrence)을 붕괴시킴으로써 절대적 군사력 우위를 이루는 것을 노리고 있다. 이를 위해 레이건 때 중지되었던 '별들의 전쟁'을 부활시켜 우주공간의 전장화까지 추구하고 있다.

둘째, 동시에 이 미사일체제의 추진은 경제적으로 취약한 중국·러시아·인도 등에 군비경쟁을 유발해, 과거 소련이 레이건의 군사대결주의에서 국력을 소진해서 자멸하듯이 이들이 미국에 맞설 패권국가로 성장할 수 있는 잠재력을 미리 소진시키려는 데 더 무게가 실린 것으로 보인다. 이렇게 군비경쟁을 유발해 '잠재적인 패권도전국가 묶어두기' 정책은 미사일방어체제의 기술적 문제를 해결하든 그렇지 못하든 미국의 전횡적 이익에 복무한다. 특히 2025년경 미국의 GNP를 능가할 것으로 보이는 중국에 대한 군비경쟁 가속화는, 중국의 현 경제성장률을 7~8%에서 2~3% 수준으로 떨어뜨려 중국이 미국의 패권에 도전할 역량을 갖추지 못하게 미리 묶어두는 데 초점을 맞추고 있는 것으로 추정된다.

셋째, 군산복합체의 이익을 도모하여 공화당 정권기반을 강화시키는 것이다. 군산복합체의 정치자금은 공화당에 65%, 민주당 35%로, 전통적으로 공화당과 군산복합체의 밀착은 높다. 여기에다 부통령과 국방장관을 비롯해 부시정부의 핵심 참모는 그 어느 정권보다 군산복합체와 밀

착되어 있다. 나아가 부시정부는 TMD나 NMD의 구별이 없어지는 방
향으로 논의를 이끌어 NMD에서 국가를 지칭하는 ‘N’을 없애고 MD로
명명함으로써 국제사회의 반대를 희석화하고 동맹국인 일본, 대만, 오스
트레일리아 등을 적극적으로 끌어들이고 있다. 이는 이들을 동참시킴으
로써 개발비용을 분담케 하고 이들 나라에 미사일체제를 판매·구축하
게 함으로써 미국 군산복합체의 천문학적 이익을 확보하는 동시에 공화
당의 권력기반을 더욱 강화하자는 것이다.

넷째, 일본·오스트레일리아·대만·남한 등을 끌어들여 군사동맹을
굳건히 하고 군사기술적으로 통합체제를 편성해 미국 군사전략체제에
장기적으로 묶어둔다는 것이다.

다섯째, 특히 일본의 군사대국화와 우경화를 지원하여 미일군사동맹
을 미영동맹 수준으로 강화하고 동아시아에서 중국과 러시아를 군사적
으로 봉쇄하려는 기본 구도를 공고화하는 장기전략을 추구한다.

여섯째, 경제적으로는 철저한 신자유주의를 관철하고 투자협정과 아
태자유무역지대 등을 꾀해 이상의 군사경쟁에 대한 물적 토대를 굳건히
한다.

이상의 전략구도와 다목적 아래서 추진되는 미사일방어체제에 북한위
협론이 거짓명분이지만 필요하다. 곧 북한 자체가 위협적인 것이 아니
라 미국의 원대한 무력의존적 세계지배전략에 북한위협론이 필요한 것
이다. 세계적 수준의 큰 냉전을 위하여 한반도에서는 기존의 속냉전이
나 오히려 전쟁위협 등을 포함한 더 첨예한 한반도 속냉전 구도가 미국
으로서는 필요하다고 볼 수 있다. 바로 여기에서 우리 정부 차원의 대미
설득외교는 그 설 자리를 잃어버릴 수밖에 없었다. 게다가 부시정권은
미사일방어체제 구축계획에 연이어 육·해·공군 영역을 뛰어넘는 새
로운 21세기 우주방위전략 구상을 내놓았다. 미사일방어체제 추진과 함

께 우주공간에도 위성보호 및 적대적 위성공격에 대응한다는 평계로 우주방어망을 구축하겠다는 것이다. 이렇게 절대적 군사력의 우위를 확보하여 이를 바탕으로 '힘의 우위를 통한 미국의 가치 구현'이라는 대외정책기조를 제시하고 있다.

이 틀에 맞추어 미국은 새 전략적 틀로서 대량살상무기 비확산과 반확산, 미사일방어체계 등을 제시했는데, 외교적 노력에도 불구하고 대량살상무기에 대한 비확산이 성공하지 못할 경우 군사력 선제공격으로 반확산(counter-proliferation)을 추진하겠다는 것이다. 그리고 바로 이 반확산전략의 제1후보지로 북한을 지목하고 있다. 이러한 새로운 전쟁시스템 구축의 일환으로 아미티지 미 국무부 부장관은 한국을 방문하여 남한이 이 시스템의 한 축을 맡을 것을 요구한 것으로 알려졌다.[1] 이렇게 되면 한반도 냉전체제의 해체와 군축, 평화체제는 불가능해지고 계속해서 한반도는 속냉전상태로 머물러 평화통일의 행로는 좌초되며 6·15 공동선언은 또다시 문서로만 남게 될 것이다. 또 엄청난 군사비 증가로 민중들의 삶은 더욱 핍박해질 것이다. 여기에서 통일성취시대의 민족적 이해와 신패권시대 미국의 전략적 이해가 근본적으로 충돌한다.

냉전시기에 반평화적인 세계질서를 주도했던 미국은 탈냉전시기에 들어와서 지구촌을 평화와 화해의 장으로 만드는 데 앞장서는 지도력을 발휘하기는커녕 자신의 압도적인 군사력과 경제력을 발판으로 무력에 의존한 세계지배전략인 신패권주의를 추진하고 있다. 이를 통해 잠재적 패권도전국가인 중국과 러시아를 군사적으로 봉쇄하고 나아가 장기적으로 다른 부문의 봉쇄를 추진하여 신냉전구도로 몰아갈 것으로 예견된

---

[1] 김대중정부의 공식적 참가거부에도 불구하고 차기방공망(SAM-X)사업에서 PAC-3 요격용 미사일 도입과 이지스급 구축함(KDX-Ⅲ) 사업은 TMD와 MD의 출발로서 실질적으로 미국의 MD체제에 편입되고 있음을 시사한다.

다. 그러나 동서냉전과 달리 동아시아의 중국 주변국들과 유럽의 여러 나라들이 탈냉전기 미국의 이 같은 신냉전주의에 동조하지 않을 것으로 보여 미국의 전면적인 대중국 봉쇄정책은 실패할 것으로 예상되지만, 동아시아의 군사적 긴장은 지속될 것 같다. 한반도 역시 이러한 봉쇄구도에 편입되어 민족 분열과 공멸의 위험에 노출되고 있다.

3. 부시 대북정책의 패권성

앞에서 밝힌 대로 미국의 대북정책 기조는 '일방적 양보 불가론' '엄격한 상호주의론' '철저한 검증론' '한반도평화선언 불가론' '북한의 재래식 무기 선(先)감축론' '북한빌미 MD추진론' '전쟁위협론' 등으로 세분할 수 있다. 이들 세부 정책기조는 국제정치에서 기본적인 게임규칙을 전적으로 위배한 것으로 최소한의 이성마저 저버린 '불량국가'의 행위지향이다(노엄 촘스키 2001). 21세기의 패권적 지배를 위하여 북한을 희생양으로 삼는 미국의 오만 및 야만성과 불량국가성을 세부정책 기조별로 점검해 보겠다. 이에 앞서 2001년 3월 한미정상회담에서 한국의 노(老) 대통령이 부시라는 새파란 젊은이에게 '뺨 맞은' 속사정을 살펴봄으로써 한국이 얼마나 자주성 없이 미국이라는 제국주의에 예속되어 있는지를 확인해 보겠다.

자주외교의 새싹조차 짓밟은 미국의 제국주의성

2001년 2월 방한한 푸틴 러시아대통령과 김대중 대통령은 정상회담 후 7개항의 공동성명을 발표했다. 이 성명은 1972년에 체결된 미사일요격방어체제반대(ABM)조약을 보존하고 강화하는 데 합의하고 미국이 주도하는 미사일기술수출통제체제(MTCR)에 대항해 러시아가 추진하고 있는 세계미사일통제체제(GCS)를 언급하였다. 이는 미국이 추진하고 있는 MD체제가 한반도 평화와 통일을 가로막는 가장 큰 장애물이라는 인식에 바탕한 것으로 한반도 평화와 통일을 위해 한국의 당연한 입장표명이라고 볼 수 있다. 동시에 미국의 신패권주의에 비판적인 러시아의 입장에 동조하는 것이다. 이러한 외교정책은 그야말로 남한 50년사에 우뚝 솟을 자주외교의 표상이다.

이에 미국은 '격렬한 분노'를 표시하며 패터슨 미국가안보회의(NSC) 선임보좌관이 유명환 주미공사에게 "부시대통령이 NMD추진에 최우선순위를 두고 국내외적으로 어려운 싸움을 하고 있는 상황에서 한국과 같은 동맹국이 러시아와 함께 ABM조약을 지지하는 내용을 발표한 것은 정말로 분탕질하는 것이다(really disturbing). …라이스 보좌관은 물론 부시 대통령도 화가 나 있다(upset)"고 전했다. 그리고는 "다음 주 (한미)정상회담이 좋은 분위기에서 진행될 수 있도록 한국정부가 3월 2일 예정된 NSC회의 후 다음과 같은 발표문안으로 입장을 발표해 달라"며 5개항의 발표문안까지 작성해 강요했다(『한국일보』 2001. 6. 15).

오늘날의 세계는 냉전시대와는 근본적으로 다르다. 억제와 방어에 대한 우리의 접근법도 변화가 필요하다.

부시 대통령은 대량살상무기와 운반수단으로서의 미사일 위협이 점증하고 있다고 강력하게 주장해 왔으며, 우리는 이 문제에 대한 부시 대통령의 리더십을 신뢰하고 있다.

미사일방어는 이런 반응의 중요한 요소다. 우리는 미국이 이 점에 대해 합당한 태도를 취하고 있는 점을 인정하며, 특히 우리 군과 영토 방위를 위해 효과적인 〔미사일〕 방어망을 배치할 필요를 인정한다.

이에 대해 한국은 3월 2일 다음과 같이 공식입장을 발표했다. 첫번째와 두번째는 미국의 '지시명령문'을 그대로 옮겼다. 그러나 세번째는 "필요를 인정한다"는 미국요구 대신 "국제 평화와 안전을 증진하는 방향으로 동맹국 및 관련국가들과 충분한 협의를 통해 이 문제에 대처해 나가기를 바란다"고 자주적인 입장을 천명했다.

오늘날 세계 안보상황은 냉전시대와 다르기 때문에 이에 대한 접근도 새로운 변화가 필요하다.
우리는 이러한 새로운 접근방법을 추구하고 발전시키는 데 있어 부시 대통령의 지도력을 신뢰하는 바이다.
우리는 미국정부가 국제 평화와 안전을 증진하는 방향으로 동맹국 및 관련국가들과 충분한 협의를 통해 이 문제에 대처해 나가기를 바란다.

김대통령이 부시에게 '뺨을 맞았다'는 것은 NMD 지지와 참여를 강요하는 미국의 요구를 '동맹국 및 관련국가들과 충분한 협의'가 요구된다는 수준에서 동의하자 '괘씸죄'를 적용한 것을 두고 말하는 것이다. 이 결과 김대통령은 한미정상회담을 마치자마자, 2차 남북정상회담에서 '한반도평화선언'을 하겠다고 한 국민과의 약속을 하룻밤 사이에 뒤집어 기본합의서로 대체한다고 발표했다. 또 한러정상회담에서 공동성명으로 발표한 ABM조약 준수와 강화에 대한 한국의 합의는 잘못된 것이었음을 인정하고 공개적으로 유감을 표명했다.
주권을 대표하는 대통령이 한국땅이 아닌 미국땅에서, 그것도 외무장관이 아닌 최고통수권자 대통령이 한미정상회담을 마치자 부랴부랴 유감성명을 직접적으로 발표하지 않을 수 없었다. 이 어처구니없는 민족적 굴욕과 주권의 훼손, 바로 이 관계, 곧 미국은 식민지적인 지배와 예속의 관계를 끊임없이 강제하고 우리는 당하기만 하는 것이 한미관계의 엄연한 현주소이다.

이러한 외교주권과 민족의 평화와 통일을 위한 김대중정부의 고육지계에 대해, 언제나 미국을 하늘처럼 떠받치며 노예근성에 매몰된 듯한 주류언론과 주류정치세력 및 국제정치전문가들은 외교실책론을 외치면서 정부를 질타했다. 특히 한나라당측은 "ABM 강조는 결국 NMD 반대로 볼 수밖에 없다"면서 "미국측은 김대중 대통령이 민족주의로 흐른다고 볼 수 있는 우려가 있다"고 지적, 한·미간의 오해를 불식시킬 수 있는 대책을 요구했다(『문화일보』 2001. 3. 1). 민족의 평화와 통일을 위한 최소한의 요구인 이러한 고육지계를, 미국 눈치만 보면서 국수주의적 민족주의로 보는 이러한 극단적 사대주의 세력은 준엄한 역사의 심판을 받아야 한다.

한반도평화선언 불가론

2차 남북정상회담에서 남과 북은 한반도평화선언을 하기로 원칙적인 합의까지 했으나, 한미정상회담에서 미국의 강요로 무산되었다. 이로써 평화선언→평화협정→평화체제→냉전해체라는 김대중 대통령의 임기 중의 원대한 구상은 좌초되고 말았다.

우리는 미국이 겉으로는 한반도의 평화를 부르짖으면서 과거 북한이 줄곧 촉구해 온 평화협정 체결을 계속 외면해 왔다는 사실에 주목해야 한다. 세계사적으로는 탈냉전시대이고 민족사적으로는 6·15공동선언을 계기로 통일성취시대에 진입한 오늘의 시점까지 이 평화선언과 평화협정을 거절하는 미국의 저의는 위험스럽기 짝이 없다. 이러한 미국의 평화선언 불가론은, 미국이 21세기 신패권주의 전략을 이행하기 위해서 한반도의 긴장이 필요하거나 또는 전쟁이 필요한 경우——한반도의 희

생양화가 요구될 경우——전쟁까지 불사하겠다는 의도라고 볼 수밖에
없다. 이는 곧 통일은커녕 남북전쟁 부추기론이고 민족 죽이기론이다.
평화협정 불가론은 2002년 3월 25일 발표된 「미의회 한반도보고서」에
서도 재천명되고 있다.

미국이라는 외세의 주도에 의해 강제적으로 분단되고 그 결과 동족간
의 전쟁까지 강요당한 한반도가 또다시 미국의 야만적인 신패권주의 전
략을 위해 비극을 강요당할 수는 없다. 우리는 미국의 이러한 저의에 대
해 언제나 경계와 단호한 대응책을 갖추어야 할 것이다.

북한 먼저 재래식무기 감축론

부시정부가 등장하자 북한의 재래식무기 위협론과 북한 먼저 감축론
이 등장했다. 무기감축론 또는 군축론 일반은 환영할 일이다. 그러나 이
는 형평성과 평화체제 구축이라는 장기적 목표와 결합되었을 때 의미가
있는 것이다. 미국은 북한에 일방적으로 재래식무기 감축을 요구하면서
남한에는 최신무기를 강매하는 이율배반적인 모습을 보이고 있다. 게다
가 남한군의 전력증강5개년계획은 무려 30조 원을 책정하고 있으며, 또
우선적인 4대전력사업으로 6조 원 규모의 차세대전투기사업(F-15K), 2
조 원의 차기대공미사일사업(SAM-X), 2조 원의 육군 차세대공격용 헬
기사업(AH-X), 이지스급 구축함(KDX-Ⅲ) 사업 등에 13조 원 등 100
억 달러라는 가공할 군사비를 쏟아부을 예정이다. 4대전력사업만 보더
라도 북한 연간 군사비총액 13.6억 달러의 8배에 달하는 군사력 증강을
꾀하게 강요하면서 북한에 재래식무기를 감축하라고 으름장을 놓는 미
국이라는 제국의 오만함은 그야말로 뻔뻔스럽고 부끄러움도 모르는 후
안무치의 전형이다.

나아가 미국은 2003년 회계연도의 군사비를 3790억 달러로 책정하고 2007년에는 4510억 달러로 급증시키고, 또 2003~2004년까지 북한해안에 이지스함을 배치하여 TMD체제를 완전히 구축하는 계획을 추진중인 것으로 알려져 있다. 북한의 군사비는 겨우 13.6억 달러로 남한의 10% 남짓이고 미국의 1/300 수준에 불과하다. 이렇게 남한과 미국의 군사력은 가공할 수준으로 증강시키면서 북한에 대해서는 재래식무기를 먼저 감축하라고 요구하는 것은, 마치 북한이 입고 있는 옷을 모두 벗어 무방비상태가 되라는 날강도식의 일방주의이다.

일방적 북한병력 후방배치론

미국은 군사분계선 근처에 집중배치하고 있는 북한병력을 후방으로 이동시킬 것을 요구하고 있다. 그러나 북한이 휴전선 부근으로 군사력을 집중배치한 시점이 레이건하의 미국이 작전계획5027을 수립한 1983년이란 점을 우리는 유의해야 한다. 기존의 미국 작전계획은 휴전선 근처에서 무력충돌이 발발할 경우 미국은 북한군을 격퇴하여 휴전선을 원상회복하는 것이었으나 5027을 계기로 북한정권을 섬멸하는 작전으로 바뀌었다. 이에 북한은 엄청난 생명권 위협을 느껴 그 대비책으로 군사력을 전방에 배치시켜 '공포의 균형'을 이루자는 전략이었다. 전략물자 수송력이나 공중전에서 상대가 되지 않는 군사력으로서 미국의 무력공격을 받을 경우 군사력을 전진배치해야만 미2사단 주둔지역과 서울을 집중공격함으로써 막대한 피해를 입힐 수 있다는 계산이다. 바로 이러한 '공포의 균형'이란 위협 때문에 미국이 북한에 대해 함부로 전쟁을 획책하지 못하게 하는 방패막이를 확보할 수 있다는 것이 북한의 군사적 생명권 전술이다. 또한 전쟁이 발발할 경우 곧바로 미군 및 한국군과 인접함으로써 북한군에 대한 핵무기 사용을 막을 수 있고, 병력을 전방배치함으로써 제공권을 장악한 미군이나 남한군의 공중공격에 북한의 군사력을 보전할 수 있다는 전술적 고려가 작용해, 북한은 병력을 집중적으로 전방배치하고 있다.

북한병력 후방배치론은 미국이나 국내 사대주의자들이 그렇게 좋아하는 상호주의 원칙에도 어긋나는 터무니없는 억지이다. 현재 북한의 병력만 전방배치되어 있는 것이 아니고 남한군과 미군도 전방배치되어 있는데, 왜 남한군과 미군 병력에 대한 후방배치 이야기는 없이 북한에게만 일방적으로 요구하는 것인가? 북한은 70% 정도가 전방배치되어 있지만 남한은 병력의 80%를 전방에 배치하고 있고 미군은 거의 100% 전방배치하고 있다. 또 미잠수함 등은 북한연안에 수시로 배치되며 2003년에는 이지스함 두 척을 북한연안에 배치한다는 계획이 보도되고 있다.

이러한 요구가 깡패논리인 일방주의가 되지 않으려면 미국의 공대지전략과 제공권의 미군 및 남한의 장악 때문에 북한이 전방배치를 하지 않을 수 없는 군사적 필요성을 인정해 주는 것이다. 이를 인정한다면 당연히 문제해결은 북한에 대해 병력 후방배치 요구를 하기 전에 평화협정이나 평화체제를 수립하여 북한의 생명권을 보상해 주는 것이다.

철저한 검증론과 과거 핵 특별사찰론

북한에 대한 철저한 검증론은 98년 8월부터 본격화된 금창리 핵위기 때부터 대두되었다. 98년 8월 말 북한이 인공위성을 발사한 것을 계기로 이 금창리 핵위기는 더욱 증폭되어 '한반도 봄 위기설'로 발화되면서 지난 1993~94년의 위기를 재현하는 듯했다. 이 위기는 해리슨이나 퀴노네스가 밝힌 것처럼, 당시 의회를 장악한 공화당 강경파와 국방부, CIA

의 매파 등이 국방정보국장(DIA) 패트릭 휴즈가 유출한 인공위성 사진
을 근거로 북한이 제네바합의를 위반했다고 주장한 것이 그 발단이었다
(『중앙일보』 1998. 11. 24). 제대로 된 검증절차도 없이 북한은 으레 저렇다
는 식으로 낙인찍으면서 북한이 금창리에 핵무기개발을 하고 있다는 것
을 확증된 것으로 간주해 전쟁위기로 치달았던 것이다.

공화당주도의 미국의회는 북한이 △94년 경수로협정을 준수하며 △
폐연료봉 저장을 위한 봉인작업에 협조하고 △미국이 지원한 식량을 적
절히 사용하며 △탄도미사일 개발과 수출 시도를 하지 않는다는 네 가
지 조건을 충족할 경우 공급하기로 되어 있는 연간 50만 톤의 중유 중
1차분인 1500만 달러를 3월 1일 이후 지급하도록 규정했다. 그리고 2차
중유제공 지원금 2천만 달러는 북한의 지하핵시설 의혹 해소에 큰 진전
이 있고 미사일 위협이 감소됐을 때 지급한다는 조건을 달았다.

미의회의 이 같은 조치는 10·21제네바북미협정에 전적으로 위배된
다. 특히 제네바협정에서는 전혀 언급되지 않은 미사일 개발과 수출을
중단하는 조건을 사후에 일방적으로 끼워넣는 것은 그야말로 국제협정
을 헌신짝처럼 취급하는 행위이다. 법을 제정하는 의회에서 국제법 위
배를 자행하는 미국의 불량국가성이 그대로 드러나는 조치이다. 또
NPT의 국제법에 의하더라도 미국은 금창리의 사찰을 요구할 권리가 없
다. NPT규약에는 미신고한 '핵의혹' 시설에 대해 국제원자력기구가 임
의로 특별사찰을 할 수 없게 되어 있다.

이러한 미국의 오만한 전쟁불사 위협에 직면한 북한은 김대중 대통령
의 중재노력에 힘입어 베를린합의를 이끌어내어, 마침내 식량 60만 톤
등을 지원받는 조건으로 금창리 특별사찰을 허용했으며, 사찰 결과 미국
이 혐의를 두고 있었던 것이 사실무근임이 판명되었다. 이렇게 해서 비
록 한반도 전쟁위기는 가라앉힐 수 있었다 해도 이러한 사실무근에도

불구하고 미국이 자의적으로 전쟁소동까지 벌이는 발작성 질환에 우리의 죽고 사는 문제가 그대로 노출되고 있다는 어처구니없는 현실에는 실로 경악하지 않을 수 없다.

또한 미국은 북미제네바협정을 근거로 북한 과거 핵에 대해 2003년에 특별사찰을 받을 것을 요구하고 있는바, 이러한 터무니없는 요구가 2003년의 한반도전쟁위기설의 요인이 되고 있다. 미국은 2003년이면 경수로 핵심 부품이 북한에 인도될 예정이므로 제네바협정(Agreed Framework, 1994)의 "경수로 핵심 부품을 인도하기 전"에 과거 핵의 특별사찰을 받게 되어 있는 조항을 근거로 해서 2003년에 북한이 특별사찰을 받아야 한다고 주장한다. 하지만 제네바협정은 영변의 과거 핵을 규명해 줄 수 있는 두 곳의 특별사찰은 "경수로사업의 상당 부분이 완료될 때"로 못박고 있어 비록 2003년에 핵심 부품이 인도된다 하더라도 사업의 상당 부분이 완료되는 시점인 2005년까지는 북한이 특별사찰을 받지 않아도 된다. 따라서 정작 2003년에 완공하기로 한 협정을 위배한 것은 미국이면서 이에 대한 사죄나 보상은커녕 오히려 북한에 대해 억지사찰을 주장하여 한반도 전쟁위기를 조장하는 미국이야말로 이 지구촌의 가장 악랄한 불량국가임에 틀림없다. 미국의 이 같은 요구는 분명히 국제법 위반이고 북한주권의 침해행위이다. 현시점에서 다시 이러한 사찰론 또는 철저한 검증론을 주장하는 것은, 마치 미국이라는 무법적인 깡패국가에 주권을 내맡기라는 것과 마찬가지이다.

일방적 양보 불가론

북한에 대한 일방적 양보론은 크게 세 가지에 근거한다고 볼 수 있다. 곧 1994년 영변 핵위기와 관련된 10·21북미제네바협정, 98~99년 금창리 핵위기와 관련된 3·16베를린합의 그리고 미사일협상일 것이다. 이 세 협상은 북한에 대한 미국의 일방적 양보가 결코 아니었다. 서로 주고받기 식의 상호주의적 합의 및 타협이었다.

10·21북미협정은 1년 8개월 동안 지루한 공방과 무려 다섯 차례의 군사적 긴장과 94년 6월의 아슬아슬한 전쟁위기를 겪은 끝에 체결된 국제협약으로서, '합의문 발표 후 1개월 이내 북한 핵활동 동결' '핵 동결 뒤 연락사무소 연내 설치' '연간 중유 50만 톤까지의 대체에너지를 북한에 공급' '2천MW 경수로 제공에 대해 6개월 내 계약 및 2003년 완공' '북한의 NPT복귀와 국제원자력기구 임시·일반 핵사찰 수용' '대북 핵 불사용에 대한 미국무부 보증' 및 경제봉쇄의 해제와 관계개선 등을 핵심 내용을 하고 있다. 이로써 북미관계는 적대적 관계에서 새로운 외교관계 수립의 단계로 전환되고, 휴전협정 또한 평화협정으로 대체되어 북한의 생명권은 확보될 것으로 기대되었다.

이 협정에 따르면, 미국이 북한에 경수로원자력발전소 2기를 지어주고(이 경수로발전소 건설자금은 실제 남한이 대부분(70% 이상)을 부담하고 나머지는 일본이 부담하는 형식이다), 발전소가 완공되어 전력을 생산할 때까지 연간 50만 톤의 중유를 공급하게 되어 있다. 그러나 이것은 결코 일방적 양보가 아니다. 북한은 미국의 전쟁불사 위협 앞에서 민족생명권을 지키기 위하여 중수로원자력발전소의 건설을 중단하고 그에 따른 전력수급의 차질을 감수하는 대가로 경수로발전소와 중유를 보상받는 주고받기식 거래였다. 그리고 이로써 미국은 북한의 핵무기개발 가능성을 원천적으로 봉쇄하는 비핵확산이라는 외교적 목표를 달성했다. 결국 서로간의 주고받음이지 일방적인 양보가 전혀 아니다.

터무니없는 미국의 금창리 핵위기는 전쟁위기까지 겪은 이후인 99년의 3·16베를린합의로 타결되었는데, 합의내용은 △금창리 지하시설

의혹 해소를 위해 현장조사단(30명) 방문과 추가 복수방문 허용 △정치·경제 관계개선을 위한 조처로 60만 톤 식량지원 및 감자증산의 농업지원, 4월 29일 평양에서 4차 미사일회담 재개, 북한자산 동결 해제 등 부분적 경제제재 완화였다. 미국의, 북한 특정 지역 핵무기개발 의혹을 해소시켜 주는 대가로 북한은 식량지원 60만 톤과 약간의 농업지원을 보상받은 것이다. 곧 북한이 자신의 시설에 대한 외국의 '사찰'을 수용함으로써 심대한 주권침해를 감수했고 이에 대한 보장이 식량지원이었던 것이다.

미사일협상에서 북한은 미사일 수출을 중단할 용의를 밝히고, 이 경우 미사일 수출로 벌어들이는 외화를 포기하게 되므로 이에 대한 보상을 미국에 요구했다. 미국이 북한의 미사일 수출과 개발을 동결시켜 자신들이 추구하는 대량살상무기 비확산의 목표를 달성하기를 원한다면, 응당 그에 따른 보상을 북한에 제공하여야 할 것이다. 이러한 북한의 요구 역시 주고받음의 전형으로 너무나 당연한 요구라고 할 수 있다.

이상과 같이 미국이 북한에 제공하는 것은 일방적인 양보나 시혜 차원의 도움이 결코 아니다. 북한의 주권침해에 대해 응당 치러야 할 값에 불과한 것이다. 그런데도 미국의 공화당과 한국의 친미사대주의 언론과 정치인무리들은 마치 클린턴정권의 미국과 김대중정권의 남한이 북한에 일방적으로 양보만 하는 '유약한' 협상을 전개한 것처럼 몰아붙여 대북 강경책을 강제하고 정략적으로 악용하는 파렴치한 행패를 부리고 있다.

엄격한 상호주의론

상호주의는 출발 자체가 균형적이지 못한 경우 적용되기 힘들다. 단순히 군사비만 비교해 보아도 13.6억 달러에 불과한 북한과 약 300배에 달하는 3790억 달러의 미국 사이에 1 : 1의 교환관계를 주장하는 것 자체가 일방적이고 비합리적인 발상이다. 그러나 문제는 이러한 상호주의마저 미국이 제대로 이행했느냐 하는 데 있다. 북한과 미국 사이에 최근에 체결된 유일한 국제협정인 94년의 10·21북미협정을 보기로 하여, 미국이 이 상호주의마저 얼마나 준수하지 않고 있는지 확인해 보겠다. 국제협약은 실제 국내법과 동일한 효력을 가지기 때문에 반드시 준수해야 하지만, 미국은 1차대전 이후 체결한 국제연맹을 비준하지 않은 사례 등에서 볼 수 있듯이 자신이 체결한 국제협약을 가장 많이 위배하는 불량국가였다. 그러면서 엄격한 상호주의를 주장하는 것은 소가 들어도 웃을 일이다(노엄 촘스키 2001).

그 동안 북한은 10·21북미제네바협정이 규정한 핵연료봉을 97%까지 봉인하고 핵발전소를 중단하여 협정을 충실히 이행했다. 정부의 『2000년도 외교백서』도 "북한은 제네바합의에 따른 핵관련 시설 동결 및 5MW 실험용 원자로에서 인출한 사용 후 연료봉의 안전한 보관을 위한 조치 등 비확산관련 의무사항을 계속 이행했〔고〕… 영변 및 태천 지역의 핵관련 시설 및 활동의 동결이 유지됐고, 이는 국제원자력기구(IAEA) 사찰관에 의해 확인됐〔으며〕 8천여 개에 달하는 사용 후 연료봉에 대한 봉인작업도 지난해 4월 18일 완료됐다"고 쓰고 있다(『연합뉴스』 2001. 7. 23에서 재인용).

그러나 미국은 합의사항인 대북 경제제재도 거의 해제하지 않았거니와 북한에 핵 선제공격을 하지 않는다는 정부의 공식적인 보증도 지금까지 해주지 않았을 뿐 아니라 부시는 이를 거절해 협정을 노골적으로 위배했으며, 중유 50만 톤을 적기에 제대로 공급하지도 않았다. 그리고 2003년까지 완료하게 되어 있는 2천MW의 경수로발전소도 현재의 공정으로는 2008년이 되어야 완결될 수 있어 적기에 공급할 수 없게 되었으며, 북한과의 관계개선도 전혀 진전시키지 않았다. 이러한 미국의 고의적인 불이행과 국제협정 위배에 대해 북한은 공식적으로 문제제기와 협정이행을 촉구 및 경고까지 했다.

99년 3월 11일 임동원 당시 외교안보수석도 "대북 경제지원, 관계개선, 북한의 안전보장 등을 내용으로 하는 북미간 제네바합의를 지키는 대국의 아량을 보여야 한다. 북한이 먼저 이것을 해야 저것을 주겠다는 식으로는 해결이 어렵다"면서 제네바협정을 지키지 않은 책임은 "엄밀히 따지면 미국 쪽이 더 크다"고 했다.

이러한데도 이제 와서 미국은 경수로발전소 건설을 화력발전소로 대체하려는 움직임을 보이고 과거 핵에 대한 특별핵사찰을 요구하고 있다. 자신들의 협정 불이행이나 위법행위 같은 것은 아랑곳하지 않고 국제관계를 제멋대로 끌고 가려는 미국의 행위는 오만을 넘어서 범법과 불법을 일삼는 영화 속에 나오는 황야의 무법자나 '불량국가'와 다름없다.

북한 빌미 MD론과 남한의 미국 MD체제 편입론

우리는 앞에서 미국이 대(對) 중국 및 러시아의 군사적 봉쇄를 목적으로 한 MD체제 구축의 명분을 북한위협론에서 찾고 있음을 확인했다. 그래서 자기들 멋대로 북한과 이라크를 불량국가 또는 깡패국가로 낙인찍는 오만한 제국의 버릇을 드러내고 있는 것이다. 이의 대표적인 경우가 미국의 4차 MD실험이 성공할 무렵인 2001년 6월 12일 미 상원 2002년 회계연도 국방예산심의회에서 폴 월포위츠 국방부 부장관의 발언이다.

그는 "북한은 현재 수백 기의 재래식 탄도미사일을 보유해, 한반도전쟁 재발시 미국이 직면하게 될 가장 가공할 위협 가운데 하나는 북한의 미사일 위협이 될 것… 재래식 탄도미사일에 대한 우리의 방어력은 취약한 편… 현시점에서 한국과 페르시아만에 주둔하고 있는 미군병력과 미군이 지켜야 할 민간인들은 화학탄두와 재래식 탄두를 탑재한 북한의 탄도미사일 공격에 전혀 방어수단을 갖고 있지 못하다"고 주장했다. 또한 북한은 현재 미국영토 깊숙이 공격할 수 있는 대포동2호 미사일을 개발하고 있다며 이에 대한 방어대책을 수립하지 않을 경우 북한은 핵무기 및 화학생물병기를 사용해 미국과 동맹국들을 공격할 능력을 갖추게 될 것이라고 경고하면서 이를 극복하기 위한 공중 레이저무기의 개발·배치 필요성과 공군 및 함정작전 능력 강화를 위한 예산증액을 촉구했다(『한겨레신문』 2001. 7. 13).

이에 대해 상원군사위원장인 민주당의 칼 레빈 의원은 "북한이 우리에게 미사일을 발사할 경우 이는 그들의 즉각적인 파멸을 이끌 뿐 아니라 그들의 제1목표인 생존과 정면 배치되는 행위… 북한은 아직까지 그들이 보유한 미사일을 사용한 적이 없다"며 북한의 미사일위협론에 이의를 제기했다. 또 국회 통일외교통상위 소속의 김성호·장성민·김원웅 의원은 "북한의 재래식미사일 위협을 경고한 월포위츠 미 국방부 부장관의 발언은 사실상 한반도를 미국의 미사일방어(MD) 체제에 포함시키겠다는 분명한 의지를 밝힌 것… 한국정부와 충분한 사전협의 없는 이런 발언은 동맹국의 주권을 무시하는 외교적 무례… 수백 기의 방사포가 배치돼 있는 상황에서 미사일이 가장 시급한 위협이라는 것은 실효성이 없다. … 한반도의 MD체제 편입을 반대한다"는 비판성명을 냈다(『한겨레신문』 2001. 7. 15에서 재인용).

그리고 천용택 국회 국방위원장은 "미사일방어계획을 강행하기 위해 북한미사일을 빌미로 불안을 조장하고 있다"며 "휴전선 인근에 배치된 자주포, 방사포 등 장사정포가 서울에 훨씬 더 위협적이며 방어수단이 없다"고 밝혔다. 미사일보다 더 위협적이라는 이 자주포(170mm)와 방사포(240mm) 등 장사정포는 서울 등 수도권을 사정거리로 두고 있고 전술 핵뿐 아니라 생화학탄두의 장착이 가능하며, 방사포는 최대 사거리가 65km로 서울 관악산까지 90kg짜리 포탄 4752발을 일시에 퍼부을 수 있다. 북한은 12개 대대가 18문씩(1문당 발사관은 22개) 216문을 휴전선에 배치하고 있다(『내일신문』 2001. 7. 16). 물론 이러한 군사적 대치상태는 북한에 국한된 것이 아니다. 남측과 주한미군 역시 북한을 겨냥하여 군사적인 공격태세를 갖추고 있다.

이러한 상호 군사력대치의 전쟁위협을 극복하기 위해서는 한반도 평화체제와 주한미군의 철수와 남북군축으로 접근할 문제이지 MD체제에 한국이 편입됨으로써 해결될 수 없다는 점은 명약관화하다. 그런데도 미국은 북한빌미 MD론과 한국의 MD체제 편입론을 강변하고 있어 한반도 평화위협과 세계평화 교란자의 범죄행위를 자행하고 있다.

김대중정부는 미국의 TMD체제 편입 요구에 대해 이를 한반도 실정에 맞지 않는다고 거절한 바 있다. 또한 MD체제 편입론에 대해서도 한러정상회담에서 ABM조약 준수론을 합의함으로써 표면적으로 거절하는 모습을 보였다. 그러나 실제로는 미국의 강요에 의해 이미 상당 정도 미국의 MD체제에 편입되어 있는 실정이다.

국방부의 '4대전략사업'은 성능과 기술이전 및 경제성에서 월등한 프랑스 라팔을 온갖 술수와 강압으로 젖히고 F-15K로 결정해 무려 6조 원을 투입하는 '차세대전투기사업'(F-X)을 필두로 2조 원이 투입될 것으로 예정된 '차세대 공격헬기사업'(AH-X), 역시 2조원이 투입될 것으로 예정된 '차기방공망사업'(SAM-X)과 3조원 규모의 '이지스급 구축함사업'(KDX-Ⅲ) 등 무려 13조 원(100억 달러)이 지출될 예정이다. 이 가운데 차기방공망사업과 이지스급 구축함 사업은 부시행정부의 신전략 구상의 핵심인 MD체제 구축과 직결되어 있는 사업이다.

SAM-X사업으로 추진되고 있는 PAC-3 도입은 단순히 나이키 미사일을 대체하는 것에 국한된 것이 아니라 "MD 참여의 첫 발을 내딛는다는 엄청난 비밀이 숨어 있는 사업이다. PAC-3는 현재 미국에서도 강조하고 있듯이 유일하게 개발 완료한 MD무기체계이기 때문이다. …이지스급 구축함 사업 역시 MD와 밀접한 연관이 있는 것으로… 이지스 체계의 핵심인 SPY-1 다기능 위상배열 레이더의 최신 개량형인 SPY-1D는 중단거리 미사일 요격용인 SM-2 BlockIV-A뿐만 아니라 이론적으로는 대륙간탄도미사일 요격까지 가능한 SM-3 미사일까지 유도할 수 있는 기능을 보유하고 있다"(정욱식 2002).

이와 같은 남한의 실질적인 MD체제 편입에 대해 국방부는 "우리가 독자적으로 탄도미사일 요격력을 갖추는 것과 미국이 주도하는 MD에 참여하는 것은 별개"라며 변명했지만 "한미군사동맹 구조에서 어떻게 독자적인 탄도미사일 요격력을 갖추는 것이 가능하느냐"는 반론에 대해서는 입을 다물고 있어, 남한의 MD체제 편입을 시인하는 것으로 해석할 수밖에 없다.

이로써 남북의 군비경쟁과 군사적 긴장은 미국의 강요에 의해 장기적으로 고조될 수밖에 없는 구조가 되었다. 나아가 중국과 러시아의 미사일은 바로 남한에 구축될 미국MD의 하위체계인 남한MD를 제1의 표적으로 삼지 않을 수 없게 되었다. 물론 남한의 MD체제는 북한을 제1의 표적으로 한 것이 아니라 중국과 러시아를 겨냥한 것이다. 이는 만약 중동에서 전쟁이 일어나 소련이 개입하게 되면 소련의 군사력을 분산시키기 위해 미국과 일본 및 남한은 주한미군을 바탕으로 북한에 대한 무력침공을 개시하여 시베리아까지 침략할 것이고 여기에는 핵무기까지 사용할 것이라는, 레이건 집권 당시 와인버거 국방장관의 작전과 대동소이한 것이라 볼 수 있다.

왜 한반도가 미국의 세계지배전략을 위해 전쟁터가 되어야 하며 왜 우리 민족은 미국의 황야의 무법자식 세계지배를 위해 공멸할지도 모르는 위험에 그대로 노출되어야 하는가? 21세기 강대국간의 무력충돌의 유력한 시나리오는 미국과 중국 또는 미국과 러시아 간일 것임은 삼척 동자도 다 알고 있다. 이 경우 미국은 주한미군을 중국 혹은 러시아에 대한 무력공격의 전초기지로 삼을 것은 너무나도 자명하다. 당연히 중국과 러시아는 미국본토보다는 이곳 한반도, 곧 주한미군과 이에 예속되어 있는 한국을 1차 공격목표로 삼을 것이다. 결과적으로 주한미군이 주둔함으로써 또 미국의 MD체제에 편입됨으로써 우리는 이러한 민족공멸의 위험에 스스로 노출되는 자살행위를 하고 꼴이다.

대량살상무기 반확산의 시범으로 북한 표적화

이미 살펴본 대로 미국은 새 '전략적 틀'을 제시하면서 대량살상무기에 대한 외교적 비확산 노력이 실패할 경우 전쟁을 통해서라도 대량살상무기의 반확산을 확보한다는 전쟁위협을 분명히 밝혔다. 바로 이 반확산의 시범이 한반도로 잡힌 것 같다. 악의 축 전쟁위협도 반테러전쟁 성격이 아니라 대량살상무기의 반확산정책의 일환이었음을 미국은 분명히 했다. 또 핵태세검토(NPR)도 북한을 선제핵공격 0순위로 잡고 있다. 영국 군사전문지『제인스 디펜스 위클리』의 보도에 의하면, 2003년까지 북한에서 20~50km 떨어진 동해상에 SM-2 블록4 요격미사일 30기를 장착한 이지스함 두 척을 배치할 구상이며 4~5년 안에 50기의 SM-3 블록1 요격미사일을 장착한 이지스급 순양함 두 척을 북한에서 150~550km 떨어진 해상에 배치해서 대기권에서 북한미사일에 대한 요격을 할 수 있게 한다는 것이다.

이렇게 북한에 대해 정조준을 하고 있는 미국에 대해 북한은 기존 입장을 고수할 것으로 보인다. 1999년 3월 31일 북한 외무성대변인은 "미국이 방대한 핵미사일과 대량살상무기로 우리를 항시적으로 위협하고 있기 때문에 나라의 안전을 지키기 위해 우리 자체의 노력으로 미사일을 개발·시험·생산하는 것은 우리의 자주권에 속하는 것"이라고 강조하면서 "미국이 아무리 우리의 미사일위협을 떠들어대도 자신들의 군비증강책동을 정당화할 수 없다"고 문제의 핵심을 부각시키며 맞대응했다(『동아일보』 1999. 3. 31).

미국의 노골적인 전쟁위협은 북한 자체의 문제점에서 비롯된다기보다 미국의 21세기 세계지배전략과 결부된 신패권주의에서 기인한다고 볼 수 있다. 황야의 무법자적인 미국의 신패권주의에 의해 한반도는 앞으로도 전쟁위협이 상존하고 통일장애물이 겹겹이 쳐질 것으로 예견되어 지속적인 민족의 시련을 부정할 수 없는 현실이다.

4. 맺음말

2001년에 부시정권이 등장하면서 미국의 모습은 급격한 변화를 보이고 있다. 공화당의 전통적 호전주의를 기반으로 한 군사력중심의 일방적 관철주의가 지배하면서 전쟁전면론과 전쟁불사론이 외교적 수단이 되었다. 미국은 지구촌 질서를 어느 정도의 합리성과 도덕성을 갖춘 지도력(hegemonic leadership)으로 이끌어나가는 지도적 패권주의가 아니라 자국의 이익을 위해 타국과 인류의 보편적 이익을 희생시키고 이를 관철시키기 위해 철저하게 군사력에 의존한 무력이나 전쟁중심의 세계지배전략인 지배적 패권주의라는 신패권주의를 택하는 야만성의 극단으로 치닫고 있다.

미국은 바로 이 지배적 패권주의에 도전할 잠재력이 가장 큰 나라로 중국을 지목하고 중국을 전략적 동맹자의 관계에서 전략적 적대자로 자리매김했다. 이에 따라 미국의 대외정책은 중국과 러시아를 군사적으로 봉쇄하고 군비경쟁을 통해 소련을 몰락시켰다는 80년대 레이건신화의 부활을 그 기조로 하고 있다. 레이건정권의 냉전전사들과 그 후예인 체니 부통령, 럼스펠드 국방장관, 아미티지, 켈리, 월포위츠 등이 미국을 주름잡으면서 미사일방어체제에서부터 우주공간을 전장화하는 우주미사일체제에 이르기까지 새로운 전쟁시스템을 구축함으로써 공포의 균형을 깨뜨려 중국과 러시아에 대한 절대적 군사력우위를 확보하겠다는 것이다. 그래야만 미국의 안보가 보장된다는 피해망상적인 중환자의 증상을 보인다.

바로 이들의 피해망상증 때문에 통일성취시대를 맞이한 우리 민족사의 앞길이 가로막힐 수는 없다. 또 거의 무방비상태로 민족공멸의 전쟁 위험에 노출될 수 없다. 두 번 다시 외세에 의해 한반도가 농락당할 수는 없다. 이런데도 한반도에는 여전히 이들 민족앞길 가로막기의 선봉장인 외세 미국에 기생하려는 국내 사대주의 세력이 부시정권의 등장을 계기로 발호하고 있다.

이에 대해 남북은 공조체제를 이루어 한반도문제의 한반도화를 추구해야 한다. 여기에서는 남한정부의 적극적이고 자주적인 역할이 요구된다. 6·15공동선언처럼 자주적인 견지에서 민족문제에 접근하고 베를린선언에서처럼 북한에 대해 "사회간접자본의 확충과 안정된 투자환경 조성 그리고 농업구조개혁" 등 정부 수준의 협력을 제공해야 한다. 2003년 안보위기설에 즈음하여 임동원 특사가 파견되어 "쌍방은 최근 조성된 한반도정세와 민족 앞에 닥쳐온 엄중한 사태 그리고 남북관계에서 제기되는 제반문제들에 대하여 폭넓게 협의하고" 5대 과제인 경의선 연결, 금강산 육로관광, 개성공단 건설, 군사적 신뢰 구축, 이산가족상봉 정례화 등 괄목할 합의를 일구어내었다. "북한도 한반도 안보위기설을 '민족 앞에 다가온 엄중한 사태'라는 다른 용어로 표현했고, 김정일 북한 국방위원장도 한반도정세의 심각성에 우려를 표명"함으로써 민족공조가 복원되고 있다.

그러나 이러한 남한정부의 추진동력은 사회운동진영과 민간인 일반의 전쟁반대운동, 미국에 대한 자주운동, 사안에 따른 합리적 반미운동 등과 같은 실천이 뒷받침되어야 힘을 얻을 것이다. 이들 민간 차원의 주체적 운동은 그 자체가 역사의 줄기를 돌리는 밑바탕이 된다는 것이 '악의 축' 전쟁위기의 역사적 체험에서 터득한 위대한 역사적 교훈이다.

(「미국의 신패권주의와 한반도 평화와 통일」, 『국제고려학회 서울지회 논문집』 2, 2002)

6. 친미사대주의 냉전세력과 민족앞길 가로막기

1. 한미정상회담과 친미사대주의

우리는 앞장에서 부시정권이 등장하자 촉발된 미국의 야만적인 신패권주의가 우리 민족의 평화와 통일을 가로막는 주범이라는 것을 확인했다. 그러나 이러한 민족앞길 가로막기는 미국 등 외세에 국한되지 않고 민족 내부에서도 발호하고 있는 실정이다. 이들은 바로 해방공간의 친일파와 같은 부류의 친미사대주의 냉전세력이다.

한러정상회담과 한미정상회담 당시 외교통상부장관을 지냈던 이정빈이 말했듯이 "한국언론은 미국언론이 동으로 가면 동, 서로 가면 서로 간다." 또 한미정상회담 직후 우리의 언론들이나 야당을 중심으로 한 정치세력 및 정치지도자들의 사대주의적 작태에 대해 정치평론가인 김민웅은 통탄해 마지않았다.

『조선일보』를 필두로, 대부분의 국내언론들과 특히 야당인 한나라당 그리고 이회창 총재는 미국의 이러한 패권적 내정간섭을 비판과 항의의 도마 위에 올려 놓기보다는, 미국의 비위를 제대로 맞추지 못하고 외교적 물의를 일으켰다는 식 으로 그 책임을 김대중정부에게 따져들고 있다. 이들은 도대체 어느 나라 언론 이며, 어느 나라 정치집단이며 어느 나라 지도자인가? (김민웅 2001)

이렇듯 사대주의 세력들은 부시정권의 민족앞길 가로막기에 부화뇌동 하고 또 이정빈 전 장관의 개탄보다 훨씬 더 나아가 극동 혹은 극서로 나가면서 마치 물을 만난 물고기처럼 기승을 부렸다. 미국이 부르짖는 허구적인 일방적 양보불가론과 철저한 검증론 따위를 앵무새처럼 외쳐 댔고, 남북공조보다는 한미공조가 우선되어야 한다는 예속주의 찬양론 까지 들먹이는 지경에 이르렀다. 이들 주류언론과 주류정치세력들은 냉 전지역주의와 야합하여 본격적으로 6·15공동선언 죽이기를 시도해 남 북관계를 과거로 환원시키려고 발버둥치고 있다. 이러한 반평화적이면 서 반통일적인 역사행로를 추구하면서 ‘노벨평화상 탐욕론’ ‘북한불변론’ ‘속도조절론’ ‘북한 퍼주기론’ ‘과거사 사죄론’ ‘엄격한 상호주의론’ 등의 허구적 논리와 주장을 펼치고 있다. 이에 이 장에서는 이들 민족앞길 가 로막기 논리의 허구성과 반통일성을 폭로하고 이에 대한 대응책을 강구 해 보고자 한다.

2. 정상회담 죽이기 논리의 허구성과 반통일성

역사적인 6·15공동선언 이후 통일정세는 가파른 상승곡선을 그리다 가 노벨평화상 수상 이후 상승세가 주춤하더니 미국의 부시정권이 등장 하자 가파른 하향곡선을 그리면서 곤두박질쳤다. 『중앙일보』의 통일 당위성에 관한 여론조사에서 "반드시 이뤄져야 한다"는 답이, 남북정상회담 직후인 8월 15일에는 71.2%인데 비해 12월 조사에서는 48.6%로 낮아졌다(『중앙일보』 2001. 1. 3).

이것은 노벨평화상 탐욕론, 북한불변론, 속도조절론, 북한 퍼주기론, 과거사 사죄론, 상호주의론 등과 같은 포용정책 비판론이 수구냉전에 마비된 주류 정치세력, 주류언론, 이에 덩달아 춤추는 아류언론, 반공과 남북적대 속에 권력토대를 이룬 재향군인회 등 냉전세력들에 의해 주도되었기 때문이다. 여기에다 김대중정권의 권력기반 취약이 아우러지면서 통일정세는 점차 탄력성을 잃어 가고 있었다. 경상도중심의 지역분열주의가 무조건 반DJ주의로 치닫고 이를 주류언론이 부채질하고 여기에 주류정치세력이 편승하면서, 행위와 구조의 상호작용으로 상승되어 나간 것이다. 여기에다 미국에 부시정권이 들어서면서 막가파식의 대북 강경책이 가시화되자 이와 직·간접적으로 연계된 위의 국내 사대주의 세력들이 가세하면서 전반적인 통일정세는 악화되었다.

이러한 6·15공동선언 죽이기론은 그 논거가 박약하고 허구적임에도 불구하고 구조적 요인과 국면적 요인이 결합되어 상승국면에 있다는 사실은, 앞으로의 평화·통일 기반조성의 험난함을 예고하고 있다. 물론 6·15공동선언을 전민족적 성과와 업적으로 승화시키는 '6·15선언의 전민족 선언화' 같은 발돋움이 제대로 진척되지 못한 점은 그 행위주체인 김대중정부의 잘못이라고 볼 수 있다. 그러나 역시 문제의 핵심은 외적으로는 미국의 신패권주의, 내적으로는 냉전지역주의, 언론개혁의 부재, 지역주의를 기반으로 한 정치세력 및 정당구조이다. 이와 같은 구조적 암초는 김대중정부에 국한되지 않고 차기정권에까지 이어질 것으로 예견되어 장기적인 내적 통일정세를 낙관적으로만 보기 힘들다.

이런 구조적 제약을 감안한다면 김대중정부의 과제는 현 대북정책의 추진 못지않게 구조적 제약을 혁파·극복하여 차기정권에서도 계속 통일 지향적인 대북정책을 추진할 수 있는 구도를 형성하는 것일 터이다. 따라서 대외적으로는 한반도문제의 한반도화를 위한 민족공조와 남북관계의 획기적 개선을 기함으로써 미국의 개입틈새를 줄이고, 대내적으로는 언론개혁 및 정계개편 등이 절실히 요구된다고 볼 수 있다. 그러나 이미 권력누수기를 맞은 김대중정권은 이에 대한 동력을 상실했다. 이제 평화통일정책에 대한 비판론 하나하나의 허구성과 반평화성, 반통일성을 들추어보도록 하겠다.

노벨평화상 탐욕론

국민의 96.7%가 성공적이라 평가하는 정상회담의 성과를 죽이려는 기도로 처음 등장한 것이, 정상회담을 정략적인 것이나 한건주의로 치부하는 노벨평화상 수상을 위한 음모론이다. 이 음모론 자체야말로 악의적이고 비열한 음모이다. 뿐더러 일부 정상배들은 어이없게도 노벨평화상을 저지하기 위해 외국행을 계획하는 파렴치한 행위까지도 서슴지 않았다.

그러나 이 음모론은 전혀 근거가 없다. 왜냐하면 김대통령의 대북정책과 통일정책의 기조는 최근에 급조된 가공물이 결코 아니기 때문이다. 앞에서 밝혔지만 분단 이후 지금까지 통일을 위해 목숨과 정열을 바친 통일일꾼들과 30여 년 동안 김대통령 나름대로 고뇌한 결과이다. 그가 집권하자 곧바로 통일에 대한 자신의 고뇌와 헌신성의 연장선상에서 대북 포용정책을 내놓고 취임사에서도 정상회담을 제안하였는가 하면, 임기중 최대목표를 한반도 냉전청산과 평화체제 구축을 통한 '실질적 통일'의 실현으로 설정하였다. 이러한 과정 속에서 남북정상회담의 실질적 제안이랄 수 있는 베를린선언을 통해 정상회담을 성사시켰던 것이다.

따라서 역사적인 남북정상회담은 결코 아닌 밤에 홍두깨 격이 아니고 백범 김구에서부터 조봉암, 장준하, 문익환, 문규현과 임수경을 비롯한 수많은 통일일꾼들의 반세기에 걸친 투쟁의 집적물(集積物)이고 김대통령의 각고가 응축된 장기적 결과물이다.

정상회담과 6·15공동선언의 실행으로 한반도에 평화토대가 구축되고 통일의 문이 열린다면, 이는 한반도뿐 아니라 동북아와 세계 평화에도 엄청난 기여를 하는 것이다. 이러한 평화의 길을 닦은 김대중 대통령과 김정일 국방위원장이, 유감스럽게도 공동수상은 못했지만 노벨평화상을 받는 것은 너무나 당연하다. 베트남전쟁과 중동전쟁의 양측 대표가 노벨평화상을 받은 것처럼 말이다.

노벨상 수상은 개인적인 명예에 그치는 것이 아니고 이 상의 상징적 의미 때문에 한반도평화를 위협하는 외세의 책동에 대해 방패막이 구실을 하는 엄청난 성과를 가져다줄 수 있다. 또 한반도통일의 당위성을 온 지구촌에 굳게 심어주는 계기가 되기 때문에 상징적인 통일토대 구축에 가장 안성맞춤이다. 이 결과가 한미정상회담 이후 무기력증에서 벗어나지 못하고 퇴행하고 있는 햇볕정책에 활력을 넣어준, 스웨덴총리가 이끈 유럽연합(EU) 대표단의 남북 동시방문이다. 이 시기 EU대표단의 남북 연쇄방문은 한반도평화에 새로운 돌파구를 마련해 주었을 뿐 아니라 미국의 제국주의적 지배에 대한 지구촌의 공동대응 성격을 보여주어 막가파식 미국에 제동을 거는 단초가 되었다.

노벨평화상 탐욕론이 허구적 선동이 아니고 과학적 이론으로 정립되려면 노벨상 수상 이후 김대중정부의 대북정책이 기존의 포용정책에서 크게 후퇴되거나 약화되어야 한다. 그러나 현정권의 의지는 기존 포용정책의 유지·강화이다. 따라서 노벨상 탐욕론은 그야말로 과학적 실체도 없이 정상회담 죽이기에 함몰된 정략적인 거짓주장에 불과한 것이다.

북한불변론과 속도조절론

6·15공동선언 이후 남북관계가 진전되자 앞에서 언급한 일부 언론·정치세력, 특히 수구의 표본인 '바른 통일과 튼튼한 안보를 생각하는 국회의원모임' 등은 한결같이 북한이 변하지 않았는데 우리만 앞서나간다면서 북한불변론과 속도조절론을 외치고 있다. 정상회담이나 언론사 사주의 방북 당시 김정일 위원장이 보여준 소탈한 모습까지도 돌출적이고 의도적인 것으로 비하하고, 주한미군에 대한 북한의 유연한 대응도 연막탄으로 의심하고 있다. 그러면서 정상회담 분위기 때문에 우리의 안보관이 해이해졌고 경각심이 상실되었으며, 6·15공동선언의 금자탑인 자주통일과 연합제·연방제가 결합한 통일방안 합의와 국가보안법 철폐는 마치 나라를 거덜내는 것인 것처럼 단정한다.

그러나 북한의 변화는 김정일 위원장의 주한미군에 관한 발언을 비롯하여 여러 곳에서 나타난다. "그 동안 미군더러 나가라고 했지만 그들이 당장 나가겠습니까? …주한미군 문제는 우선 그들 스스로가 우리 민족의 통일을 적극적으로 돕는 방향에서 알아서 결정해야 합니다"라고 김 위원장은 파격적인 발언을 했다. 이런 북한변화의 징후는 조건부 미사일개발 중단, 김위원장의 상하이 방문에서 중국개혁에 대한 극찬과 신사고 선언, 남북 국방장관 회담, 조명록 차수의 미국방문과 미국무장관의 북한방문, 10·12북미공동성명, 남북 외무장관 회동, 대남 비방방송의 북한 먼저 중단, 북한의 전방위외교와 남북 외교공조 등 여러 곳에서 확인되었다. 어디 그뿐인가? 북한의 잠수함기지인 장전항이 남한 금강산관광객의 출입구가 되었고, 무려 350개의 상설시장이 생겨 북한주민의 90% 이상이 시장경제를 체험하고 있으며, 휴전선상에 놓여 있는 개성에 남쪽주도로 서해공단이 곧 들어선다. 끊어졌던 경의선이 복원되어 남북

물자교류가 급류를 탈 것이며, 남한기업이 북한 전역에서 임가공과 위탁가공을 할 수 있게 관계법을 고쳐 북한 전영토를 개방했다.

이제 북한은 남한에서 불어오는 남풍에 노출되는 위험을 감수하지 않을 수 없게 되었다. 이러한 엄청난 변화에도 불구하고 이곳의 수구냉전세력은 막무가내로 북한불변론을 외치며 이를 빌미로 속도조절론을 펴면서 6·15공동선언 이행에 발목을 잡고, 현상유지 논리를 펴면서 반공과 냉전에 뿌리박은 자신들의 기득권을 유지하려고 발버둥치고 있다. 그러나 속도조절론은 사실 포용정책을 지연·무산시키려는 책략에 불과하다.

이 북한불변론과 속도조절론은 몇 가지 공통성을 가진다. 첫째, 정권이나 체제가 근본적으로 바뀌는 혁명이 일어나지 않는 한 북한의 변화는 변화가 아니라고 본다. 둘째, 그러면서도 남한의 조그만 변화에 대해서는 극도의 히스테리증세를 나타내는 반동 지향적이다. 이는 자신들의 이기적인 기득권 수호라는 숨은 의도가 있기 때문이다. 셋째, 이 결과 겉으로 드러내지는 않지만 북한붕괴에 의한 남한의 일방적 흡수통일 외에는 길이 없다는 철칙을 견지하고 있다. 넷째, 특히 한미관계에 금이 가서는 안 된다고 보면서 대등한 한미관계를 요구하는 시민사회의 정당한 목소리를 반미주의로 확대왜곡하는 숭미예속주의 경향을 띤다. 좋은 말로 숭미주의이지 이들이야말로 사대주의와 괴뢰주의 찬양론자이다. 이들에게는 합리적 반미주의와 맹목적 반미주의를 구분할 수 있는 능력도 없다. 설사 있다 하더라도 아예 그 차이를 인정하지 않으려는 맹목적 친미·숭미주의자이다. 다섯째, 그들이 과거의 잘못에 대해서, 예를 들어 의도적으로 김정일 위원장을 호색한, 잔인하고 무능하고 대인기피증 환자 등으로 낙인찍고 북한을 왜곡했던 것 등에 대해서 추호의 반성도 없다. 여섯째, 자기논리의 정당화 구실을 주로 군사안보 제일주의에서 찾는다. 일곱째, 이들은 그 권력기반을 분단에 의존하고 있는 냉전분단 기득권세력이다.

이와 같은 인식으로는 통일시대를 풀어나가 민족통일이라는 대위업을 이룰 수 없다. 평화공존과 통일은 기존의 분단냉전체제를 허물어서 새로움을 창조하는 커다란 변화의 과정이다. 사회변화는 필연적으로 옥동녀를 탄생시키는 산모의 진통과 같은 일시적인 진통을 요구한다. 이 일시적 진통이 어떠한 것이어야 하는지를 살펴보자.

첫째, 북한도 변하고 남한도 변해야 한다. 서로가 변하지 않고 남쪽은 기존의 적대체제를 유지하고 북쪽만 변하기를 요구한다면 이는 북한을 내부식민지로 만들자는 것이나 다름없다. 둘째, 남북관계 변화의 물꼬는 여유 있고 역량이 높은 남쪽이 먼저 터야 한다. 북한은 생존권에 허덕이고 그 경제력은 남한의 1/27도 못 되는 만큼 남한이 앞장설 수밖에 없다. 셋째, 이제까지 우리는 한미안보라는 이름 아래 미국추종 일변도의 안보·외교 정책을 펼쳐왔다. 그러나 50년 동안 끊임없이 외쳐되던 한미공조의 결과는 끊이지 않는 외세주도의 전쟁위협과 한국국민의 자주권·인권·환경권·생활권 등의 침해이며, 분단의 골은 결코 낮아지지 않았다. 이제는 한미동맹이라는 맹목성에서 탈피해야 한다. 다섯째, 우리의 역량을 더 이상 소모적인 남북적대에 쏟을 것이 아니라 일을 되게 하는 방향으로 결집하고 북돋워야 할 것이다.

이러한 변화 지향적 인식과 실행, 변화를 위한 진통의 적극적 감내만이 민족의 숙원인 통일의 대장정으로 이끌 것이다. 북한불변론에 시각이 응고되고 이를 바탕으로 속도조절론을 편다면 우리 민족은 여전히 분단의 늪을 벗어날 수 없을 것이다.

북한 퍼주기론

북한 퍼주기론은 대북지원을 빗대어 무턱대고 북한에 퍼주면서 그에 상응하는 대가도 받지 못해 국내경제의 어려움이 가중되고 있다는 주장으로, 2차 남북정상회담을 가로막는 제1의 훼방꾼이다. 또 이 주장은 실제와 달리 과장되었을 뿐 아니라 '퍼주기'라는 선동적이고 자극적인 용어로 6·15공동선언을 죽이려는 정략적인 기도다.

실제 95년 6월 이후 대북지원은 총 4억 7천만 달러인데, 이중 김영삼 정권 기간인 98년 2월(2년 8개월)까지의 지원액이 2억 8천만 달러로 98년 이후 김대중정부가 지원한 1억 9천만 달러보다 많다. 물론 앞으로 논의될 50만KW의 전력지원, 식량지원 60만~70만 톤이 있긴 하지만, 이는 장기차관이나 북한어장 등과의 상호교환 성격으로 진행될 것으로 예상되어 무상지원이라고 보기 어렵다. 더구나 2000년 국제사회를 통한 한국의 지원액 중 민간지원이 3513만 달러를 차지하여 민간 차원의 인도적 지원을 제외한다면 실제 김대중정부하의 대북지원은 김영삼정부의 지원에 비해 훨씬 적은 셈이다.

억설적이게도 북한지원은 한 겨레 한 동포인 남한정부보다 늘 북한 죽이기에 혈안이 되어 있는 미국정부 지원이 오히려 앞서고 있다. 95년 이후 지금까지 한국정부의 대북지원은 모두 4억 4515만 달러이고 민간지원까지 다 합치면 국제사회의 전체 지원액 20억 2457만 달러의 29% 수준이다. 이 기간 미국은 정부지원액만 5억 1699만 달러에 이른다(『한겨레신문』 2001. 7. 5). 물론 미국의 지원은 인도적 차원이라기보다는 금창리 사찰 등에 대한 보상 차원이긴 하다.

우리는 IMF를 기해 일개 재벌과 기업에 불과한 대우와 제일은행을 구조조정하고 정상화하는 데 각각 20조 원과 12조 원을 투입하고, 사주가 구속된 한라그룹의 경우 4조 7천억에 가까운 공적 자금을 투입하고 있다. IMF 이후 수많은 기업에 대해 무려 예산의 두 배인 200조 원의 공적 자금이 투입되고 2002년 6월 현재 회수 불가능한 공적자금이 무려 69조에 달한다. 이 '부실기업 퍼주기'에 비하면 식량난에 허덕이는 북한주민에 대한 인도적 지원 수천억 원은 결코 퍼주기라고 볼 수 없다.

게다가 정작 우리가 본격적인 퍼주기를 하는 곳은 미국의 군산복합체이다. 군 전력증강 5개년계획에 30조, F-15K 구입에 6조, 이지스함 도입 등에 3조 원 등 총 13조원을 투입하여 미국 군산복합체에 진짜 퍼주기를 계속하고 있다. 그야말로 우리는 굶어죽는 동포에게는 인색하면서 '부실기업 퍼주기'와 '미국 퍼주기'에 여념이 없다. 퍼주기는 실제 미국의 군산복합체와 방만한 재벌에 해당되는 것인데, 정작 진짜 퍼주기는 문제삼지 않고 통일투자를 퍼주기로 왜곡하여 민족앞길을 가로막는 세력은 바로 북한 퍼주기론을 퍼뜨리는 주류언론과 정치권 등 친미사대주의 냉전세력이다.

강의시간에 한 학생이 질문을 했다. 주위에 있는 많은 사람들이 남한에도 극빈자가 많은데 우리가 무슨 여유가 있다고 북한 퍼주기를 하느냐는 의문을 제기하지만, 이에 대해 납득할 만한 답변을 해줄 수 없다는 것이었다. 그래서 필자는 그러면 북한에 지원을 해주지 않으면 남한에 극빈자가 없을 것 같으냐고 역으로 질문을 했다. 북한에 대해 일체의 지원을 해주지 않던 군부독재시절에는 사회보장비가 3%도 채 안 되는 실정이었고 극빈자에 대한 기초생활보호법 같은 혜택도 일절 없었다. 김대중정부에 와서야 기초생활보호법이 제정되고 사회보장비가 그나마 전체 예산의 5%를 약간 상회하는 등, 극빈자에 대한 정부 차원의 지원이 조금 이루어졌다. 여기서 확인할 수 있듯이 북한지원 때문에 이들 극빈자가 복지혜택을 받지 못하는 것은 결코 아니다. 문제는 인간으로서 존엄성을 유지할 수 있도록 최소한의 물질적 지원을 국가가 의무적으로 제공하는 사회권에 대한 의식과 공감대가 형성되어야 하는 것이다. 모든 사람이 부자가 되어야만 가난한 사람을 도울 수 있는 것이 아니라, 오히려 부자가 될수록 인색한 현실을 보더라도 이런 논리로 북한지원을 저지하려는 주장은 설득력이 없다.

또 경제협력만큼 남북의 상호의존성을 높이는 것이 없다. 경의선·경원선 복원이나 서해공단 조성은 남북 모두에 이익을 가져다줄 뿐 아니라 일본·러시아·중국의 공동이익에도 기여하기 때문에 동북아 경제공동체 추진에 도움이 된다. 또 경협은 남북의 상호의존성을 높여 남북관계를 냉전시대로 되돌아가지 않게 해서, 곧 비가역적으로 만들어 통일 기반 조성에 기여하는 바가 엄청나다. 동시에 군사비를 줄여서 사회보장비로 충당할 수 있는 재원을 확보할 수 있게 하는 등 남북한 민중의 복지 향상에도 기여한다.

한완상 전 부총리의 말처럼 "한반도 냉전의 얼음이 6·15남북정상회담을 계기로 깨지기 시작했고 그 동안 평화유지에 든 비용에 비하면 대북지원은 비중이 크지 않으며 후손들에게 한반도평화의 유산을 물려주려면" 이러한 경협은 통일비용이 아니라 평화보장비이고 통일투자라는 인식이 필요하다. 2002년 4월 20일 미래전략연구원의 '한반도 안보정세와 남북관계 전망' 포럼의 발표에서 임동원 특별보좌관의 다음과 같은 지적은 우리에게 깊은 자성을 촉구하고 있다.

국민의 세금으로 '퍼준 게' 식량·비료·의약품 지원 등을 합쳐 지난 4년간 3440억 원이다. 국민 1인당 2천 원씩을 준 것이다. 이것을 퍼줬다고 할 수 있나? 금액으로 따진다면 제일 많이 퍼준 나라가 미국이고, 그 다음이 일본·중국·한국 순이다. 동서독이 분단됐을 때, 서독에서 동독에 보내준 지원규모가 민간 차원까지 포함해서 32억 달러에 이른다. …금강산관광사업을 하면서 긴장이 완화됐고, 한국도 투자할 만한 곳이다라는 인식이 퍼져 국제신용등급이 상향되는 효과를 거뒀다. 가본 사람은 알겠지만, 북한의 장전항이 최전방 해군기지인데, 금강산관광이 시작되면서 그곳을 개방하게 됐다.

엄격한 상호주의론

남북관계에서 상호주의는 결코 통일 기여적인 것이 아니다. 앞에서도 지적했지만 25~27배의 부자와 가난뱅이 간의 1 : 1 교환관계를 원칙으로 하는 상호주의는 가난뱅이 죽이기 논리, 곧 북한 죽이기에 불과하다. 그러나 주류 정치세력을 비롯하여 냉전수구세력은 끈질기게 상호주의 혹은 엄격한 상호주의를 주창하고 있다. 특히 이산가족문제에서 이 상호주의는 극성을 부린다. 장기수를 송환하였으니 이제 국군포로와 납북자를 송환받아야 한다는 것이다. 그러나 이 주장은 실제로는 반상호주의이고 얼치기 상호주의의 궤변에 지나지 않는 것이어서 남북관계를 파탄으로 이끌 위험을 안고 있다. 이산가족문제를 중심으로 상호주의의 반통일성을 살펴보겠다.

이미 제1부 2장에서 확인한 대로 이산가족의 범주는 다양하다.

첫째는, 해방공간과 한국전쟁기간에 월남 및 월북하였던 집단으로, 월남인은 약 85만, 월북인은 30만~40만 명으로 추정된다.

둘째는, 장기수들과 같은 남파 및 북파 공작원들이다. 일부에서는 상호주의 원칙에 따라 장기수의 북송과 국군포로의 남쪽송환을 교환해야 한다고 주장하지만, 장기수의 상호주의 등가(等價) 상대는 북파공작원이지 국군포로는 아니다. 남한에 의해 북파공작원으로 파견되어 행방불명된 숫자가 무려 7726명, 여기에다 미국이 공작원으로 북한에 파견시켰다 실종된 숫자가 약 3천 명이라고 한다. 그러므로 장기수의 상호주의 상대는 국군포로가 아니라 바로 미국과 남한이 북한에 침투시켰다 실종된 북파공작원들임을 이제는 남쪽도 인정해야 한다.

셋째는, 국군포로와 인민군포로로서 각기 남과 북으로 송환되지 못하고 있는 집단이다. 국군포로를 비자발적으로 억류하는 것은 불법이다. 그러나 이런 불법행위는 남한이 더 노골적이고도 대대적으로 감행했다. 1953년 휴전협정 직전 이승만은 포로수용소에서 인민군포로 약 2만 7천 명을 불법으로 '석방'했다. 그러므로 국군포로를 상호주의적으로 송환받으려면 바로 이들 불법으로 석방한 인민군포로들 가운데 북송을 원하는 사람들을 북으로 보내야 한다. 또 포로교환과정에서 비자발적으로 남쪽에 남은 인민군들 가운데 북송을 원하는 사람도 송환해야 한다.

넷째는, 동진호 선원처럼 납북되거나 실수로 월북한 사람들이다. 당연히 이에 상응하는 상호주의 상대는 남쪽으로 납치된 사람들이다. 납남의 숫자가 어느 정도인지는 제대로 밝혀지지 않고 있으나 동진호 선원 등을 송환하려면 이들 납남자 역시 북으로 송환되어야 한다.

이같이 이산가족문제는 분단과 전쟁의 소용돌이 속에서 대부분 남북이 서로 불법행위를 저지르는 과정에서 발생했다. 이늘을 상호주의 원칙 아래 엄격하게 송환절차를 밟게 하려면 남북은 과거의 불법행위를 드러내지 않을 수 없다. 역사적 진실이나 인권 차원에서는 이 문제의 진상이 밝혀져야겠지만, 지금 통일성취시대를 맞이한 시점에서 이렇게 상호주의적으로 이산가족문제를 해결하려는 방안은 실현 가능성도 없거니와 화해와 통일에 결코 도움이 되지 않는다. 오히려 갈등을 다시 불러일으켜 그나마 진전되고 있는 이산가족문제마저 중단시킬 위험이 있다.

이산가족문제는 상호주의만으로 풀 수 없을 뿐 아니라 이제까지 남측의 일부 주장들은 상호주의마저 제대로 견지하지 못하는 막무가내식 우격다짐이었음을 겸허하게 반성해야 한다. 이산가족 모두를 한 범주 속에 넣어 '분단과 전쟁의 희생자로서 이산가족'이라는 포괄적 범주를 설정하고 일괄적으로 해결하는 탈상호주의 방식과 점진적 방식을 취해야 한다. 이러함에도 남북 분단과 전쟁에서 파생된 역사성과 북한의 현실성을 무시한 채 얼치기 상호주의나 기계적 상호주의를 고집한다면, 남북 화해나 협력 및 평화통일의 과정에는 먹구름이 드리워질 수밖에 없을 것이다.

과거사 사죄론

김정일 위원장 서울답방이 임박하자 김영삼 같은 전직 대통령을 비롯해 주류 정치세력 등은 김위원장이 미얀마 아웅산사건과 KAL폭파사건, 심지어는 6·25전쟁에 이르기까지 먼저 사과를 해야 한다고 주장한다. 또 이에 대해 반대론을 개진한 황태연 교수에게 가한 막무가내식 돌팔매질은 광기의 수준이었다. 필자의 집에도 걸핏하면 전화질로 '빨갱이' 운운하는 이들 파시즘과 매카시즘의 후예들과 일부 언론 및 정치세력들은 기존 반공이데올로기나 자기 집단의 정략적 이익에 완전히 매몰되어 민족과 나라의 미래는 아랑곳하지 않고 역사의 순리와 통일의 행로에 역행하고 있다.

정치권의 정략적 접근은 치졸의 극단을 달리고 있어 이러한 정치권의 정화가 급선무임을 직감케 한다. 자민련은 황교수가 김일성대학 교수인지 의심스럽다는 식의 극단적 매카시즘을 휘둘렀다. 또 한나라당 이회창 총재의 측근인 윤여준 의원은 2001년 2월 12일 국회 통일·외교·안보 분야 대정부 질문 중 답방에 앞서 김위원장이 밝혀야 할 네 가지 조건으로 △대량살상무기 포기 △휴전선에 전진배치된 재래식무기와 전

력의 후방배치 △6·25전쟁, 아웅산테러 등에 대한 사과 △국군포로·
납북자에 대한 조건 없는 송환 약속 등을 제시했고, 김광원 의원은 한
술 더 떠 "김정일은 살아 있는 최악의 폭군" "답방이 이뤄지면 기업인
등의 조국이탈 현상이 심화될 것"이라는 등 야당 내 극단적 수구세력의
반통일적 시각을 적나라하게 드러냈다.

이와 대조적으로 민주당 김민석 의원은 "답방이 성공적으로 이뤄지면
남북간 신뢰가 깊어지고, 남북 양측에 대한 국제사회 신뢰도 높아질
것… 과거사를 잊어선 안 되겠지만, 과거에만 집착할 경우 한 치도 앞으
로 나아갈 수 없다"며 야당의 주장을 반박했다. 이낙연 의원 또한 "김위
원장의 답방이 남북관계를 한 차원 더 높여 안정적인 궤도로 올려놓을
수 있는 결정적 계기가 될 것"이라며 "남북관계를 발전시켜 가면서 그
과정에서 과거사를 정리하는 것이 성숙한 자세이지, 지금 거론하는 것은
남북간에 아무런 도움이 되지 않는다"고 가세했다(『경향신문』 2001. 2.
13). 이제 이 과거사 사죄론의 반통일성을 살펴보겠다.

먼저, 김위원장의 답방은 온 민족과 세계인 앞에서 공포된 6·15공동
선언이라는 민족대장전에서 합의한 사항이다. 이 합의서는 답방에 대한
전제조건이나 꼬리표를 전혀 달지 않았다. 이제 와서 불쑥 이러한 전제
조건을 내건다면 이는 민족대장전에 대한 심각한 위배다. 우리는 72년
의 7·4공동성명이나 91년의 기본합의서 같은 민족대장전이 대장전의
구실을 제대로 하지 못한 쓰라린 전철을 되풀이할 수 없다.

또한 김대중 대통령은 평양방문시 이러한 과거사에 대해 사과하지 않
았다. 김일성 호색한 만들기, 기쁨조의 날조, 김정일 악마 만들기, 인민
군포로 2만 7천의 불법석방, 외국의 대북한 식량지원 봉쇄, 조문파동과
김일성 전범 운운, 북일수교 방해공작, 수지 킴 간첩조작으로 북한 덤터
기씌우기 등 남쪽이 저지른 여러 종류의 부끄러운 과거사들이 있다. 저

들이 그토록 좋아하는 상호주의 원칙에 의하면 김대통령이 이 일들에 대해 사과하지 않았으니까 김위원장에게 사과를 요구하는 것은 상호주의 위배이다.

그러면 북한은 미얀마나 KAL 사건 등 수없이 많지만 남한은 이런 '극단적'인 짓거리는 하지 않았다고 강변할지 모른다. 하지만 일부에서 주장하고 있듯이, 이들 사건에 대한 객관적이고 결정적인 증거에 의해 북한책임론으로 결론지을 수 있을 것인가 하는 점은 아직도 논란의 여지가 있다. 하지만 이 점을 차치하고라도 이 주장은 너무나 순진한 생각인 것 같다.

간단히 간첩이야기 하나만 해보자. 우리는 이제까지 간첩은 북한만 보내는 것으로 믿었지 남한이 북한에 보낸다는 것은 꿈에도 생각지 못했다. 정보사령부에 의하면, 휴전 이후 남한이 북한에 보낸 간첩 중 실종된 사람이 7726명이고 이들의 위패를 전부 모시고 있다 한다. 또 미군이 보냈다 실종된 사람이 3천 명이란다. 김원웅 의원은 국방부 자료를 인용하여 1950년 이래로 99년까지의 남파공작원은 모두 6446명이며, 그중 생포자 3177명, 사살자 1644명, 자수자 275명이라고 밝혔다(『동아일보』 2000. 11. 8). 이에 따르면, 휴전 이후 남한에서 생포·사살되거나 자수한 수가 5096명이고 1350명은 북으로 도주한 것으로 보인다. 남파간첩의 생존귀환율이 어느 정도인지 알 수 없어 전체 숫자는 파악하기 힘들다. 그러나 북파간첩의 경우에는 생존율이 50년대에는 10%에 불과했지만 60년대 이후에는 90%에 이른다고 한다(『신동아』 2001년 1월호). 따라서 60년대부터의 북파간첩 중 약 2150명이 실종되었으므로 실제 파견된 숫자는 연인원 2만 1500명 가까이 된다. 이 정도면 미군이 북한에 보낸 간첩은 빼더라도 남한이 북한보다 더 많이 보낸 것으로 풀이될 수 있다.

이것만 보더라도 북한만 잘못했다는 주장은 맹목적인 것이지 경험적이고 구체적인 자료에 의해 입증된 과학적 지식이 아님을 알 수 있다. 그러므로 섣불리 북한에 대해서만 과거사 사죄 운운하는 것은 우격다짐에 가깝다.

가장 뜨거운 감자인 한국전쟁을 보자. 결론적으로 한국전쟁 발발 책임론에 입각하여 사과를 요구하는 것은 남북관계를 파행으로 이끌 뿐 아니라 일반국민들의 정서와도 맞지 않다. 6·25전쟁 발발 50주년을 맞아 실시한 여론조사 결과, "남북간에 6·25문제를 어떻게 해결해야 하는가"라는 질문에 응답자의 76.3%가 "전쟁의 원인과 책임을 떠나 미래지향적으로 해결해야 한다"고 응답한 반면 "전쟁의 원인과 책임에 대한 철저한 규명부터 있어야 한다"는 응답은 21.5%에 머물렀다(『문화일보』 2000. 5. 12).

이러한 국민들의 인식과 별개로 한국전쟁 자체의 성격을 과학적으로 엄밀히 분석해 보더라도 '북측만의 사과 먼저'라는 논리는 수용되지 않는다. 제1부 3장에서 밝힌 것처럼, 한국전쟁은 6·25 이전에 시작되었다. 48년 2·7구국투쟁부터 50년 6월까지 인민항쟁, 유격대투쟁, 38선 충돌 등 작은전쟁에서 무려 10만이 죽었고, 38선에서는 대대나 연대급 전투까지 벌어지고 있었다. 이렇게 6·25 이전에 이미 전쟁은 진행되고 있었던 것이다. 또 6·25는 확대전쟁이었고, 당시의 식자라면 누구나 이것은 거의 불가피한 것으로 예측하고 있었다. 48년 4월 남북협상의 합의문 2항은 외군철군 후 전쟁을 하지 않는다고 합의하였고, 김구 선생이 제일 우려한 것이 바로 이러한 내전의 발생이었다. 한국전쟁은 별개의 주권국가간의 전쟁이 아니라 한 국가 내의 단일 정치권력 확립을 위한 내전이었다. 물론 내전을 만든 것은 미국중심의 외세이다. 내전에는 침략이라는 개념이 성립되지 않는다.

이제 이 과거사 사과문제를 미래지향적으로 보자. 전쟁, 간첩, 포로처리, 납치, 휴전협정, 여러 가지 국제법 등에서 남과 북은 정도의 차이는 있지만 서로 엄청나게 불법행위를 저질렀다. 기존의 이데올로기와 선입관으로 단죄하지 말고 실사구시의 정신에서 제대로 역사의 진실을 보면, 남과 북 어느 쪽도 이러한 불법행위에서 면죄부를 받을 수 없다. 그런데도 화해와 협력, 평화와 통일을 일구자고 만나는 이 마당에 과거사를 끄집어내어 서로의 치부를 드러내고 자기 잘못은 숨긴 채 상대방 불법행위만을 문제삼는다면, 외세가 끊임없이 남북간의 이간책을 쓰고 있는 이 시점에서 과연 민족 화해와 통일 행로에 무슨 도움이 될지 심히 우려된다. 한반도문제의 남북주도로 외세가 끼여들 틈을 없애 남북민족의 생명권과 통일권을 확보하는 당면사적 과제에 해악만 끼칠 따름이다.

우리 남과 북은 분단과 전쟁의 비극적 현상에 대한 책임을 상대방에 전가하는 자폐증에 걸려 있다. 이에 대한 궁극적이고 원초적인 원인은 남과 북이 아니라 바로 외세가 제공했다. 이런 민족중심의 인식을 바탕으로 남과 북은 자폐증에서 벗어나 남북공조를 통해 자주적으로 현안문제에 접근해야 할 것이다. 이와 동시에 분단과 전쟁 과정에서 발생한 여러 가지 잘못과 '작은 일'에 얽매어 통일이라는 큰일을 그르치는 어리석음을 되풀이해서는 안 된다. 이 과거사의 진상은 역사가에 맡기고 당면 사이면서 장기적 민족사인 평화와 통일을 위한 행로를 뚫어야 한다. 빈대 때문에 초가삼간 태우는 어리석음을 더 이상 되풀이해서는 안 된다.

국가보안법 개정 불가론

국가보안법의 개폐논의가 거의 회기마다 제기되었으나 지금까지 번번이 밀려나고 중단되었다. 이제는 국보법논쟁에 마침표를 찍어야 할 시점이다. 지구상에서 가장 악법 중 악법으로 알려진 이 일제의 치안유지법 잔재를 폐기하는 것은 민족적이고 시대적인 요구이다. 그러나 수구 냉전세력은 국론분열론, 사회갈등론, 북한 군사위협론, 상호주의론 등의 궁색한 논리를 들먹이며 끝까지 반대하고 있다. 이에 대한 반론을 펴겠다. 그리고는 인권의 시대인 21세기 시대적 요구, 통일시대를 맞이한 민족사적 요구, 법치주의 구현이라는 사회적 요구에 부응하기 위해 국보법은 폐지되어야 한다는 주장을 펼치겠다.

국회에서 어느 야당수뇌는 국보법 개정으로 "극심한 국론분열과 갈등을 감내할 불가피성이 없다"면서 국보법 철폐 또는 개정을 반대했다. 그러나 2000년 8월 『동아일보』의 여론조사에서도 75%가 개폐를 지지하고 있어, 이 국론분열론은 주류 기득권세력 그들만의 여론임이 입증되었다. 갈등설은 과연 사회일반의 보편현상인지 의심스럽다. 물론 일부의 갈등은 있을 수 있고 또 있지만, 결코 우려할 성격은 아니다. 지금 우리는 새로운 민주사회를 일구고, 남북대결을 끝내고 통일터전을 닦는 민족사적 과제를 이행하고 있는 중이다. 이 과정은 50여 년 고여서 혼탁해진 물을 흘러내리게 하는 변화를 추구하는 것이다. 여기에는 산모의 산고(産苦)처럼 필연적으로 진통이 따르게 마련이다. 그러나 진통이나 갈등 때문에 역사의 순리와 변화를 거역할 수는 없다.

북한위협이 상존하기 때문에 개폐가 불가하다는 북한위협론에서 우리는 주관적 평가와 객관적 실재 사이에 엄청난 괴리가 있음을 발견한다. 객관적으로 북한이 극심한 식량난과 경제난으로 생존권에 허덕인다는 사실은 삼척동자도 안다. 1997년 남한군사비만 해도 170억 달러였는데 그해 북한의 GNP가 약 177억 달러였으며 99년 북한의 예산규모는 겨우 94억 달러이다. 이미 살펴보았지만 군사비의 경우 북한은 13.6억 달러에 불과한데 남한은 무려 151억 달러이다. 또 육군은 99년 북한군사력 평가에서 "북한군의 무기와 장비는 양적으로 국군보다 1.6배 많지만 육군무기의 40%, 해군함정의 70%, 공군전투기의 65%가 폐기처분 직전의 노후장비"라고 밝혔다. 이러한데도 북한위협론을 주장한다면 그것은 하나의 종교적 믿음이지 객관적 자료에 입각한 과학적 지식은 아니다. 이 종교적 믿음은 북한이 패망하기 전에는 결코 치유될 수 없는 불치병이다. 국민의 74%가 북한이 반국가단체가 아니라고 응답한 것을 보면(『동아일보』 2000. 6. 12), 우리 일반국민들은 종교적 믿음보다는 객관적 실재를 더 신뢰하는 건전한 판단력을 가졌다.

상호주의론은 남북관계에서 1 : 1의 등가교환과 등가변화를 추구해야 한다는 논리로, 국보법에 상응하는 노동당규약을 고치지 않기 때문에 우리도 국보법을 개폐할 수 없다는 주장이다. 국보법은 25조나 되는 법이고 실질적 집행력을 가지며 일년에 최소한 몇백 명이 처벌받는 가장 무섭고 악랄한 법이다. 그러나 노동당규약은 단 한 문장으로, 집행력을 가진 규정이나 법이 아니라 정강과 가치지향의 선언에 불과하다. "조선로동당의 당면목적은 공화국 북반부에서 사회주의의 완전한 승리를 이룩하며 전국적 범위에서 민족해방과 인민민주주의의 혁명과업을 완수하는 데 있으며 최종목적은 온 사회의 주체사상화와 공산주의 사회를 건설하는 데 있다"가 전부이다. 법은 구체적 집행력을 가지고 모든 국민에게 적용되며, 시행의 당면성을 지닌 집행력의 실체이다. 그렇지만 당규약은 집행력보다는 정강이나 가치지향, 당원에 제한적으로 적용·시행의 잠재성으로 정책으로 나타나지 않을 수도 있다. 이런 차이점을 인정한다면 법과 당규약은 상호주의의 등가교환물이 아님은 자명하다.

또 북한형법과 국가보안법을 비교하더라도 상호주의 논리에 따라 국보법은 폐지되어야 한다. 이미 북한의 형법은 반체제 처벌을 반국가범죄로, '국가주권 반대 죄'와 '민족해방투쟁 반대 죄'를 공화국전복·폭동참가·테러·간첩행위 처벌 등으로 대폭 축소하여 남한형법의 내란죄 및 간첩죄와 동일한 내용으로 개정했다. 남한도 이와 동일한 형법이 있음에도 불구하고 굳이 국가보안법을 별도로 두어 그 추상성, 모호성, 포괄성 때문에 귀에 걸면 귀고리 코에 걸면 코걸이 식의 막걸리 보안법이 되어 인권탄압의 주범이 되고 있다.

진짜 상호주의 문제는 헌법에 있다. 남한헌법 3조 영토조항(영토는 한반도와 그 부속도서로 한다)은 북한을 반국가단체로 규정하고, 4조 통일조항(통일을 지향하며, 자유민주주의적 기본 질서에 입각한 평화적 통일정책을 수립하고 추진)은 '자유민주주의적 기본 질서'에 입각한 통일로 못박고 있어 흡수통일을 실제로 천명한다. 그러나 북한헌법에서는 수도와 영토 조항은 애초부터 없었거나 수정되었다. 다만 1조에서 "조선민주주의인민공화국은 전체 조선인민의 리익을 대표하는 자주적인 사회주의 국가이다"와 9조에서 "조선민주주의인민공화국은 북반부에서 인민정권을 강화하고 사상기술문화혁명을 힘있게 벌여 사회주의의 완전한 승리를 이룩하며 자주, 평화통일, 민족대단결의 원칙에서 조국통일을 실현하기 위하여 투쟁한다"고 명시되어 있을 따름이다.

이미 북측은 당규약 개정을 약속하고 있는데도, '국가역량'에서 북측을 압도하는 남측이 오히려 움츠러드는 자세는 결코 남북 화해와 협력을 모색하는 통일성취시대에 걸맞지 않다. 21세기는 인권과 생명권의 시대라고 한다. 그러나 남한은 국보법을 폐지 않으면 인권시대에 동참할 수 없다. 유엔인권위는 한국대법원의 국보법판결을 패소시키면서 금지된 것에 대한 명확성과 구체성을 갖출 것, 국가안보 저해의 결과를 객관적으로 입증할 것, 개연성과 가능성만으로 처벌하지 말 것을 요구했다. 국보법이 일제식민지의 치안유지법처럼, 독립운동을 했기 때문에 처벌하는 것이 아니라 할 것 같으니까 처벌하는 사전규제법이라는 해석이다. 한국의 수치스런 자화상을 정곡으로 찌르고 있다. 또 국보법은 걸핏하면 사형을 규정하고 있어 생명권을 여지없이 짓밟는다. 법다운 법도 못 갖춘 나라가 국제사회에서 제대로 설 자리는 없다.

우리는 민주주의의 기본인 자유권을 보장하고, 통일터전을 닦아야 하는 통일시대의 과제를 이행하고, 법치주의의 최소요건이라도 갖추고, 세계화시대에 지구촌의 당당한 일원이 되기 위해서도 국보법논쟁에 마침표를 찍고 개정이라는 과도기를 거친 다음 폐지로 나아가야 할 것이다. 이것은 통일이라는 긴 여정의 출발에 해당되는 초보적 요구이다.

3. 민족앞길 헤쳐나가기

앞장과 이 장에서 고찰한 내외적인 민족앞길 가로막기에 즈음하여 이를 헤쳐나가기 위해 수행해야 할 당면과제를 간략하게 논해 보겠다. 한반도역사의 중요한 굽이마다 지배자로 또는 개입자로 군림해 온 미국이라는 실체[1]가 또다시 적나라하게 드러난 것이 2001년 부시와의 첫 한미정상회담이다. 이 예속의 끈을 끊지 않고는 우리 민족의 자주적 역사행로는 원천적으로 뒤틀릴 수밖에 없다는 점을 이번 기회에 다시 한 번 절감케 되었다. 6·15공동선언을 계기로 민족전기를 맞은 이 시점에서까지도 미국의 이러한 제국주의적 행패를 허용할 수 없다는 공감대가 우리들 사이에 확산되고 있는 것은 사필귀정이다.

한국정부의 대북 포용정책과 남북문제 해결에서 김대통령의 주도적 역할에 대해 지지를 표명한 공동발표문과 달리, 대북 포용정책의 핵심과 남북한 주도성이 오만한 제국 미국에 의해 엄청나게 훼손당하고 있다.

---

1) 이에 관해서는 강정구(1999c; 1999d) 참조.

정부는 김정일 위원장의 답방시 한반도에 어떠한 일이 있더라도 전쟁을 하지 않는다는 한반도평화선언을 하기로 기정사실화하고는 평화협정에 대한 구체적인 탐색을 하고 있었다. 그러나 한미정상회담 직후 정부는 이 평화선언을 이미 빛바랜 기본합의서의 불가침선언으로 대체한다고 180도 방향선회를 강제당했다. 또 한러정상회담에서 한국은 ABM조약 준수에 대한 지지를 표명함으로써 미국의 MD에 대한 실질적인 부정적 입장표명이라는 독자외교의 금자탑을 쌓는가 싶었는데 미국의 안마당 까지 가서 우리 대통령이 이에 대한 유감의 뜻을 직접 표명하는 것을 강요당한 셈이다. 나아가 10·21북미협정에 대해서도 공동발표문은 지 지를 표명했으면서도 협정의 핵심인 경수로발전소를 화력발전소로 대 체하자는 목소리가 줄을 잇고 협정자체를 원천적으로 파기하자는 주장 이 제기되기도 했다.

북한과 미국이 약 2년 동안 전쟁위기까지 겪으면서 일구어낸 이 협정 을 파기하려는 것은 마치 소련과 맺은 탄도미사일방어(ABM)조약을 미 국이 이제 MD구축을 위해 일방적으로 파기한 것과 대동소이하다. 이렇 게 자신이 직접 체결한 국제조약까지 파기하면서 오히려 북미협정을 97% 이상 성실히 이행한 북한에 대해 '신뢰할 수 없는 나라' '불량국 가'(rogue state)라는 딱지를 붙이는 행위는 막가파식 깡패두목의 광기 와 전혀 다를 바 없다. 그러면서도 언제나 겉으로는 자유, 평화, 민주주 의라는 위선의 가면을 쓰고 말이다.

미국의 오만과 위선은 여기에 그치지 않는다. 부시정권이 등장하자마 자 다음 회기의 군사비를 3300억 달러로 대폭 증가하더니 다시 2003 회 계연도 국방비를 3790억 달러로 늘렸다. 이 국방예산 규모는, 군비증강 에 박차를 가했던 1981~82년 레이건정부의 증가폭을 뛰어넘어 20년 만 에 최대로 늘어난 것이며(14.5% 증액), 탈냉전 평화시대에 전체예산의

17.9%를 군사비에 투입하고는 저소득층 지원·고용안정 예산 등은 대폭 삭감하는 반시대적 행보이다. 게다가 국방예산을 매년 증가하여, 오는 2007년까지 총 4510억 달러 규모로 늘리고 향후 5년 동안 무기 및 기타 군장비 현대화에 4080억 달러를 투입하여 무인폭격기 개발과 무인정찰기 증대, 스마트탄 재고량 확대 등에 주력할 방침이라고 한다. 미국 군사비는 미국 다음으로 강대국인 10개국 군사비를 모두 합친 것보다 큰 규모이다. 이로써 미국은 스스로 전쟁광임을 다시 한 번 확인시킨 셈이다(『한겨레신문』 2002. 2. 5).

부시는 취임사에서 "도전을 받는 것 이상으로 방위력을 구축"하고 "새로운 공포에 시달리지 않도록 맞설 것"이라고 후안무치한 안보제일주의를 부르짖었다. 여기에다 미국이 중국이나 러시아를 겨냥하고 있다는 것을 만천하가 다 알고 있는데도 여전히 북한과 같은 '불량국가'의 위협 때문에 MD를 추진해야 한다는 어불성설의 정당화 논지를 펼치는 데 이르러서는 어이가 없어질 지경이다. 어디 이뿐인가? 국무장관 파월은 "북한이 국제사회로 들어갈 수 있는 열쇠"라면서 북한의 재래식무기 감축을 세 가지 조건 중 하나로 내세웠다. 그러면서 남한에는 F-15K 같은 미국의 허드레무기를 강매하여 이중잣대의 극치를 연출했다.

이러한 미국의 막무가내식 폭력 중심적 세계지배체제에 대해 능동적이고 적극적인 대응이 우리 모두에게 요구된다. 첫째, 우리 모두가 한미정상회담의 대응주체가 되는 것이다. 외교다운 외교를 처음으로 전개하기 시작한 김대중정부가 부시와의 정상회담 이후 보여준 무력감은 우리의 민족문제가 정부 차원의 노력과 투쟁만으로 해결될 수 없음을 입증한 것이었다. 지난 6·15공동선언 이후 젊은 한국인의 민족주의가 미국으로 하여금 주한미군 철수를 심각하게 고려하지 않을 수 없게끔 옥죄고 있다는 사실에서도, 우리 모두의 주체화는 훌륭한 대안이 될 수 있음을 확인할 수 있다. 6·15공동선언 실행을 위한 국민연대, MD저지 공동대책위원회, 김정일 위원장 답방추진위, 우리 땅 되찾기 운동본부, 주한미군철수운동본부, 악의 축 전쟁위협 반대운동 등 다양한 사회조직을 결성하고 서로 연대하면서 민족문제를 평화와 통일로 이끄는 작업을 추진해야 한다. 이는 바로 우리 모두가 주어진 위치에 걸맞게 생활 속의 통일운동 또는 통일운동의 생활화를 함께하여 통일일꾼으로 나아가는 것일 터이다.

둘째, 2차 남북정상회담의 조속한 실현과 더불어 정상회담에서 남과 북이 하나의 운명공동체라는 인식을 바탕으로 어떤 일이 있더라도, 그리고 미국을 비롯한 어떤 외세의 간섭에도 불구하고 한반도에서 다시는 무력행위와 전쟁이 되풀이되어서는 안 된다는 '한반도평화선언'을 전민족과 세계에 천명해야 한다. 더 이상 우리가 죽고 사는 문제를 미국의 장단에 맡길 수 없다. 이러한 상징적 선언과 더불어 이를 위한 구체적인 보장책은 남북 군사비 동결, 핫라인 설치, 군사훈련 감축과 동결, 군축회담일정 합의 등이다. 이는 6·15공동선언 실행을 위한 국민연대(가칭) 등과 같은 조직을 통해서 강력히 추진될 필요가 있다.

더불어서 지금 국방부가 추진하는 30조 원 규모의 군 전력증강5개년 계획이나 당면 4대전력사업을 중단시키는 시민운동이 긴급히 전개되어야 한다. 이러한 미국무기 구입은 필연적으로 우리의 군사체제 전체가 완전히 미국의 MD체제에 기술적으로 통합되어 버리는 결과를 가져올 위험이 있다. 더구나 안보신비주의에 빠진 우리 사회에서 이런 무기구입은 정치권이나 시민사회의 제동도 제대로 받지 않은 채 자기관성의 논리에 따라 한국이 미국의 MD체제에 '자연스럽게' 통합되게 만들기 십상이다. 이렇게 되면 한반도 평화나 통일은 물 건너가 버리는 형국이 될 것이다. 그러므로 우리는 어떠한 일이 있어도 미국의 MD체제에 발을 들여놓아서는 안 된다.

셋째, 한반도문제의 한반도화에 대진전을 이루어 외세인 미국이 끼여들 틈을 최소화하는 것이다. 이를 위해서는 한반도평화선언은 물론이거니와 6·15공동선언 2항에서 합의된 바와 같이 연합과 연방이 결합된 연합성연방이라는 민족통일기구에 대한 합의를 진전시켜 부분통일을 이루어서 지구촌에 우리의 통일을 기정사실화해야 한다. 이러한 정치군사적 진전과 더불어 올림픽이나 세계체육대회 등에 단일팀을 만들고 경의선 복구에 박차를 가하는 등 경제, 문화 및 상징적 차원에서 부분통일의 진전과 상호의존성의 고조를 꾀해야 한다.

넷째, 미국의 대북 강경책은 단순한 대북정책의 차원에서 비롯된 것이 아니라 MD추진이라는 21세기 세계지배전략과 군산복합체 이익과 결부된 부시행정부의 태생적 구도에서 비롯된 것이기 때문에, 미국에 대한 설득이나 이해촉구 식의 대응만으로는 해결될 수 없다. 그러므로 내적으로는 전쟁반대운동, 이를 획책하는 미국에 대한 합리적 반미운동이 전개되어야 한다.[2] 나아가 미국의 제국주의적 개입까지 무조건 부화뇌동하는 주류 정치·언론 세력을 비롯한 쓰레기 사대주의에 대한 배척운동을 맹렬히 전개해 나갈 필요가 있다. 외적으로는 시민사회 차원이든 정부 차원이든 중국이나 러시아 등 반MD세력과 국제적 연대를 강화하여 공동대처방안을 모색해야 한다. 이러한 과제들은 지난한 것이기 때문에, 결코 어느 정파나 정부의 과업이 아니라 우리 모두의 당면과업임을 자각하여 우리 스스로가 적극적인 대응주체로서 실천운동에 매진할 것을 요구한다.

---

2) 여기서의 반미운동은 미국일반을 반대하는 맹목적 반미운동이 아니라 미국의 지배적 패권주의와 제국주의성에 대한 반대운동인 합리적 반미운동임은 부언할 필요가 없는 사항인 것 같다. 그러나 국가보안법이라는 올가미의 미끼가 되지 않기 위해서 이러한 각주를 군이 붙여야 하는 것이 대한민국의 학문의 자유의 현주소이다.

다섯째, 막가파인 부시 미국대통령과 1차 한미정상회담이 열린 후 절호의 기회를 맞은 듯 나라 안에서 사대주의 세력이 발호하고 있다. 제2의 친일파청산 차원에서 이들에 대한 청산운동을 전개해야 한다. 이들은 나라와 민족이야 어떻게 되든 자기들 패거리의 이익만을 위하여 언제나 힘이 센 외세에 빌붙어 권력을 장악하고 자주노선을 파기시켜 장기적 민족사를 파행으로 몰고 가는 무리들이다.

평화와 통일이라는 민족 절대과제의 구현에 재갈을 물리는 부시정권의 깡패주의에 대해 분노는커녕 한통속이 되어 마냥 찬양만 일삼는 일부 언론, 정치인, 대권주자, 망국적인 지역분열주의자, 국제정치학자, '여론주도층' 등이 오늘의 사대주의자다. 도대체 이들은 어느 나라 언론이고 정당이며 정치지도자이고 지식인인가? 또 그들은 누구인가? 바로 이들, 곧 아래에 열거한 미국의 대북 적대정책의 근간을 무조건 부화뇌동하는 무리가 그 쓰레기 사대주의자들인 것이다.[3]

한미공조 (남북공조보다) 우선론, 미국의 대북 일방적 양보불가론, 엄격한 상호주의론, 철저한 검증론, 평화선언 불가론, 재래식무기 감축 북한 먼저론, ABM준수지지 실책론, MD지지론 등을 찬양·추종하는 이

---

3) 한국의 냉전수구세력은 동시에 철저한 친미예속주의와 사대주의성을 띤다. 대표적인 한 사람이 경상도 출신 국회의원인 김○○이다. 그는 그야말로 반공반북이면 모든 것을 정당화한다는 냉전의 최첨단에 서서 마녀사냥을 전개하면서 철저한 친미사대주의 성향을 드러냈다. "김대중정권은 친북좌파적 시각에 따라 김정일수령체제의 강화를 앞장서 돕고 있습니다. …친북적 사고로 북한 김정일정권을 찬양하고 대한민국의 정통성을 부정하는 세력들, 더 나아가 북한의 김정일정권 자체가 이 정권에게는 누구보다 가까운 동지가 되어 있습니다." 그는 2001년 12월 12일 주한미군의 용산기지 내 아파트건설추진 반대움직임에 대한 성명에서 "이것을 빌미로 반미감정을 확산시키고 국가의 안보까지 위협하려는 일부 세력들의 움직임은 분명 위험하기 짝이 없는 것… 숨은 의도가 무엇인지를 직시해야만 한다"고 주장했다. 이 같은 주장에 대해 같은 당 김원웅 의원은 "우리나라의 수구세력들은 국적이 한국인지 미국인지 분별을 못하겠다"고 비난하면서 "주한미군이 용산기지에 아파트를 짓는 행위는 용산을 미국영토로 착각하는 것"이라며 "미국은 용산이 미국영토가 아니라 한국영토라는 인식을 분명히 해주기 바란다"고 이들의 친미예속주의를 질타했다.

사대주의자들에 대해 시민·민중 사회는 '제2의 친일파청산' 차원에서 배척과 청산 운동을 맹렬히 벌여나가야 할 것이다.

4. 맺음말

6·15공동선언을 계기로 우리는 한반도시대의 서막을 열었다. 금창리 핵위기 당시 남한은 94년의 영변 핵위기와 대조적으로 미국강경파들의 무력위협을 효과적으로 극복하는 엄청난 성과를 거두었다. 더 이상 미국 그들만의 놀음의 장은 아니다. 이제 일정 정도 우리들 남과 북의 하기 나름이다. 그들이 끼여들 틈새를 남과 북의 민족공조로 제거해 버리는 것이다. 여기에는 외세인 미국의 제국주의적 개입에 대한 철저한 합리적 반미대응이 요구된다. 동시에 집권 후반을 맞은 김대중정권의 권력누수와 부시 새 정부의 대북 강경책 및 폭력지향적 세계지배질서의 추구를 기회로 발호하는 수구냉전사대주의 세력을 제어하는 것이 요구된다.

2003년 한반도 전쟁위기를 해소하기 위한 임동원 특사파견에 대해 한나라당 대변인은 "갑작스런 특사 파북에는 뭔가 미심쩍은 부분이 많다. …국민적 합의와 공감대도 얻지 않은 채 밀실에서 엄청난 퍼주기 같은 이면거래를 한 것 아니냐"고 논평했고, 한나라당 정책위원회는 "선거를 앞두고 김정일의 서울답방을 구걸하거나 김대중 대통령의 재방북이 추진된다면 국민과 함께 대처할 것"이라고 말했다. 『조선일보』는 3월 26일자 사설에서 "특사파견이 성사된 과정을 놓고 이미 정치적 의도 등 의혹이 제기되고" 있다면서 임특사의 활동이 "무슨 비밀거래하듯 음험한 분위기를 풍겨서는 역효과를 낼 뿐"이라고 지적했다. 우리의 죽고 사는 문제가 걸린 전쟁위기의 해소 문제를 이렇게 정략적으로만 환원시키는 주류정치와 주류언론에 맡길 수는 없다. 물론 민족앞길 헤쳐나가기에서도 이들에게 일말의 기대도 할 수 없다는 것은 자명하다.

또한 남북 정부 차원의 대응만으로는 미국의 막가파식 지배적 패권주의 광기를 쉽게 잠재울 수 없다는 사실이 2001년 1차 한미정상회담에서 여실히 증명되었다. 주체는 역시 시민·민중 사회세력이고, 과제는 역시 남북정상들만의 몫만이 아닌 우리 남과 북 민중·시민 사회 공통의 것이다. 바로 여기에서 우리 남과 북의 민중·시민 사회에는 운명공동체로서의 역할과 시대적 사명이 주어져 있다.

우리 사회에서 민족주의는 일반인들의 가슴속 깊숙 내재되어 언제나 밖으로 분출될 준비가 되어 있다. 지난번 평양에서 열린 역사적인 남북정상회담에서 이러한 민족주의 정서가 폭발하는 것을 우리는 생생히 목격했다. 그도 그럴 것이 근대사회로 이행하는 시점에서 우리는 일본제국주의의 식민지로 전락하여 민족해방을 갈구하고 또 이를 위해 투쟁해 온 한의 민족사를 가졌기 때문이다. 더욱이 해방과 동시에 우리는 외세에 의해 분단을 강요당하였으며 지금까지도 민족주의의 핵심인 민족통일국가를 이루지 못한 채 미국주도의 지배체제 아래서 신음하고 있는 상황이다.

그렇지만 이러한 일반인들의 자연스러운 민족주의 경향과 달리, 나름대로 진보적인 지식인들 가운데 많은 이들이 민족주의에 대해 원초적 거부감을 가지면서 마치 모든 악의 근원을 민족주의로 귀착시키는 민족주의 환원론을 주창하고 있다. 물론 일부에 해당되겠지만 민족주의를 여성해방주의자는 가부장주의로, 개인자유 지상주의자는 부국강병주의나 원형적 파시즘으로, 해체주의자는 극단적 공동체주의로, 생태주의자는 발전지상주의로, 자유해방론자는 억압제일주의로, 세계화론자는 국수주의로 제멋대로 매도하고 있다. 그러나 외국의 경우 이러한 극단주의자가 대부분 민족주의의 탈을 쓰고 있지만 이 땅의 극단주의자들은 대부분 친미사대주의 극우세력으로 반민족주의자 일색이라는 현실을, 이들은 전혀 직시하지 못하고 있다.

한나라당 보수파의원 62명으로 구성된 '바른 통일과 튼튼한 안보를 생각하는 의원 모임'(안보모임)을 이끌고 있는 신군부정권의 일당인 김○○은 대표적 극우주의자이고 철저한 숭미사대주의자의 모습을 보여 주고 있다. '악의 축' 전쟁위기를 몰고 온 막가파 부시에게는 개인성명을 내어 "한나라당까지도 부시의 대북정책에 동의하지 않는 것처럼 보이는 방식으로 대처하는 것은 결코 좋은 방법이 아니다"고 막가파 미국을 지지했고(『한겨레신문』 2002. 2. 15) 주한미군의 용산기지 내 아파트건설 반대에 대해서는 "이것을 빌미로 반미감정을 확산시키고 국가의 안보까지 위협하려는 일부 세력들의 움직임은 분명 위험하기 짝이 없는 것"이라고 주장했다.

뭐니뭐니해도 해방공간부터 반탁운동을 주도해 온 극우파의 화신인 이철승의 김용갑의원 후원회 연설은 숭미사대주의와 반민족주의의 극치를 이룬다.

부시가 이북을 '악의 축'이라고 한 것은 김대중 대통령을 '악의 씨'라고 한 것이 아니겠는가. 한반도의 평화가 유지되는 것은 현정권의 햇볕정책 때문이 아니라 한미동맹 때문이다. …부시가 우리나라를 왔다 간 뒤에도 반미친북 부패정권이 활개를 치고 있다. …방송과 반미운동세력은 지난 4년 동안 급속도로 부상했지만 우리도 베트콩 못지않은 세력으로 지하조직도 있고, 땅 위에도 있다. … 6·25때 5만 명이 죽은 동맹국의 국가원수가 왔는데 〔방송은〕 반미운동만 보도하고, 미상공회의소를 점거하고, 경찰은 파업에 손도 못 대고 있다. 전교조, 민주노총을 키워준 현정권은 그 세력들에게 자승자박을 당하는 부메랑 현상이 벌어지고 있다. 쇼트트랙〔불공정심판〕 얘기를 자꾸 하는데 스포츠문제 하나 가지고 미국 인터넷에 반미운동을 하고 있는 것을 우리도 보고 있다. 이런 사태가 발생한다면 미군이 왜 주둔하겠는가….

죽음을 각오해야 한다. 여러분〔한나라당〕이 정권을 잡아도 〔이런 상황이라면〕 이끌어나갈 수 없다. 좌익은 흉악한 악이고, 사대주의자들이고, 민주주의도 없는 반동이다 그리고 보수가 아니라 민족정기, 민족정신, 자유민주주의의 진영이라고 봉어를 정리해야 한다.

한국의 일반지식인 역시 민족주의나 민족에 대해 부정적인 선입관을 가지고 있다.

첫째는, 남한의 역대 독재정권이 정권의 민족정통성 부족으로 민족이나 민족주의에 대한 담론과 학문적 관심을 극도로 제약해 왔기 때문이다. 이승만 정권에서부터 박정희·전두환 정권에 이르기까지 민족이나 민족주의를 잘못 이야기했다가는 빨갱이로 몰리기 일쑤였다. 이러한 '붉은 색 덧칠하기'는 아직도 존재하고 있어 필자가 주체사상이 통일시대에 가지는 역사적 교훈으로 대외적 자주노선과 대내적 주체노선이라고 주장하자 공안검찰은 이 자주노선은 바로 반미자주노선이라고 자의적으로 규정하여 국가보안법에 저촉되는 것으로 기소했다.

둘째, 한국지식인의 과잉서구화에 따른 몰주체성에서 비롯된다. 2차대전 이후 제3세계 민족해방투쟁에 직면한 서구학계는 민족주의 일반에 대해 부정적이었고 이는 서구지식인의 일종의 오리엔탈리즘의 발로이다. 또 독일의 경우 나치의 배타적 민족주의로 인해 파시즘체제를 경험하였으므로 당연히 민족주의에 대한 경계를 소홀히 할 수 없다. 미국이라는 나라는 원초적으로 민족이 없는 곳이고 또 패권주의를 오래오래 구가하려면 민족주의가 등장하는 것이 자기들의 제국주의적 지배에 결코 도움이 되지 않는다. 이런 요인들 때문에 제1세계 학문계는 전반적으로 민족주의를 경원시한다.

그러나 그들에 의해 간악한 식민통치를 받은 우리와 같은 제3세계는 민족해방과 민족통일국가 수립, 민족정체성 확보, 민족자결주의와 민족자주를 추구하는 저항민족주의를 지향하고 있고, 이는 역사적으로 당연한 귀결이다. 또한 내적으로는 동질화 및 단일화를 추구하여 통합성을 높이고 사회적 동력을 형성할 필요가 있다. 특히 우리의 경우 민족의 숙원인 통일국가를, 외세에 의해 분단이 강제되어 이미 반세기가 지난 이 시점까지도 달성하지 못하고 있다. 이러한 상황에서 통일의 동력은 민족주의 이념일 수밖에 없음은 너무나도 자명하다. 그런데도 제3세계 지식인인 우리 지식인은 이러한 역사적 맥락을 제대로 가늠하지도 못하고 1세계 지식인 흉내를 내면서 그저 민족주의 일반에 대하여 사갈시해 오는 서글픈 형상을 보이고 있다.

셋째, 박정희의 한국적 민족주의와 민족중흥을 빌미로 유신독재체제의 강화를 일삼았던 반동적 민족주의라는 역사적 경험에 대한 즉자적인 반응에서 비롯된 측면도 있다. 이들은 마치 박정희식 민족주의만 민족주의인 것으로 착각하고 있다. 박정희야말로 민족주의자라기보다는 철저한 황군으로서 반민족주의의 표본이었다는 사실을 주목할 필요가 있다.

넷째, 세계화·신자유주의·탈근대주의·탈국가·개인주의 등 서구사조의 범람으로 이들에 걸림돌이 되는 민족주의를 덩달아서 시대착오적인 것으로 인식하는 경향이 있다. 세계화는 국경을 초월하여 우리 일상생활의 상호의존성이 높아지는 현상이라고 중립적으로 볼 수 있다. 그러나 다른 각도에서 보면 미국의 초국적 금융자본이 주도하여 금융뿐만 아니라 일상생활방식인 문화까지도 미국식으로 일체화시키는 신제국주의성이 지배하는 현상일 따름이다. 바로 이러한 세계화의 신제국주의에 제동을 걸 수 있는 힘은 민족과 민족주의에서 나온다. 그저 서구 것에만 매몰된 사대주의 한국지식인에게 세계화의 다른 측면은 보이지 않게 마련이다.

신자유주의와 세계화는 동전의 앞뒤처럼 동일한 현상이다. 단지 경제분야에 한정시켜 신자유주의라고 부를 수 있을 것이다. 그러나 민족이나 국가라는 보호막이 없으면 자본축적에서 국경이라는 걸림돌이 '완전제거'되고 시장에 의한 자유경쟁만 허용되는 신자유주의하에서 그 승리자나 독식자가 누가 될 것인가는 자명하다. 100미터 달리기 경주에 20세 장년인 초국적자본과 이제 10세도 안 된 애송이 제3세계자본이 경기를 하면 결과는 뻔한 이야기다. 민족과 민족주의, 이에 뒷받침되는 민족국가를 없애버리거나 무력화시키면 미국이나 초국적자본인 힘센 놈의 세상이 될 것은 분명하다. 민족주의에 대한 맹목적인 비판은 결과적으로 이러한 놀음에 놀아나는 꼴이 아닌지 의심스럽다.

이 점에서는 김대중 대통령노 예외는 아니다. 세계적으로 경쟁력을 갖춘 포항제철이나 한국전력 같은 공기업을 종속적 신자유주의 정책에 의해 분할하고 해외매각화해서 초국적자본의 수중으로 넘기게 되면, 단기적 외화는 불어나겠지만 장기적으로 우리 경제는 스스로 조절할 수 있는 토대를 잃어버리게 될 것이다. 캘리포니아는 전력을 사기업화했다가 큰 재앙을 입었는데, 이제 이 전력사업을 공기업화한다고 한다. 이렇게 정부 스스로가 먼저 나서서 공기업을 남의 수중에 안겨주어 국가가 빈손이 되었을 때 통일이 오는 결정적 시기에 우리 국가는 무슨 힘으로 통일을 이끌어갈 통일자원을 확보할 수 있을지 모르겠다.

탈근대주의와 탈국가주의는 깊이 들어가면 세계화, 신자유주의와 한 통속이다. 그저 민족, 계급, 해방, 연대, 억압 등 거시적 현상을 외면하고 나 또는 개인만의 그리고 소집단만의 문제인 미시현상에 집착하는 탈근대주의는 도대체 이 세상을 어디로 끌고 가자는 것인지 큰 그림과 방향성이 없다. 거대구조만 해체하면 개인해방이 저절로 오는 것일까? 초국적자본이 활개 치는 시장이라는 질서 속에서 자그만 개인이 나 홀로 어떻게 살아갈 수 있을까? 힘없고 약한 자는 연대를 통해 집단적 힘을 갖지 못하면 강한 자의 밥이 되게 마련이다. 또 국가라는 보호막이 있어야만 나라 안팎에서 불어닥치는 무자비한 한파를 막을 수 있다. 물론 국가나 민족이 억압성 등과 같은 양면성을 가진 것을 부인하는 것은 아니다. 그러나 이 양면성 때문에 국가일반이나 민족일반에 대한 환원론이 설득력을 가지는 것은 결코 아니다.

　미국이나 초국적자본처럼 '잘나고 잘사는' 사람에게는 공동체주의가 필요없을지 모른다. 그런데 현실은 이러한 미국이 오히려 더 미국국가라는 공동체의 배타적 이익을 위해 인류사회의 보편적 이익을 침해하는 야만적인 지배적 패권주의(barbarian domination-oriented world hegemony)를 휘두르고 있다. 미국조차 이러할진대 우리처럼 강대국의 틈바구니에 끼여 있는 약한 자는 민족·민족주의로 연대하여 집단적 힘을 길러야 한다. 그리고 국가라는 보호막을 쳐야만 우리 집이라도 지킬 수 있다. 더욱 단단하게 뭉쳐야만 미국과 같은 제국주의 외세의 간섭을 물리치고 민족의 숙원인 통일도 이룰 수 있다. 이런 민족과 민족주의라는 동력의 뒷받침 없이 통일하자는 이야기는 겉으로 통일 운운하면서 실제로는 오히려 분단 속에 안주하는 결과를 가져오기 십상이다.

　그러면 작금의 한국지식인의 민족주의 알레르기에 대해 살펴보자. 먼저 일부 여성해방주의자들은 민족주의가 우리 사회의 가부장제를 가져온 것처럼 이야기한다. 그러나 가부장제는 유교문화의 전통에서 비롯되었다는 것쯤은 누구든 쉽게 알 수 있을 텐데 굳이 민족주의를 끼워넣어 민족주의가 마치 악의 화신인 것처럼 매도한다. 여성해방은 당연히 추구해야 할 가치지향이다. 그러나 일본제국주의 지배하에서 수많은 조선여성이 종군위안부로 성노예를 강요당했을 때 우리의 민족주의는 민족해방을 추구하여 이러한 성노예

예를 해방시키려 했다. 또 주한미군의 윤금이 살해사건 등에서 보는 것처럼 민족주의가 발로하여 주한미군 철군운동과 반미주의로 확산되어 미군의 오만함에 재갈을 물리는 역할을 하였다. 이러한 민족주의 역시 여성해방에 악의 근원이 되는지 반문하고 싶다.

개인자유 지상주의자는 국가에 의한 자유의 억압을 그 원죄로 보고, 또 이 국가를 뒷받침하는 이념을 민족주의로 본다. 그래서 이들 역시 민족주의를 악의 화신으로 본다. 물론 역사적으로 국가에 의한 억압이 개인의 자유와 해방을 가로막는 역할을 많이 해왔다. 그러나 국가는 때로는 사회보장제나 인권법 등을 통해 가진 자에 의한 못 가진 자의 억압과 착취를 제한하고 기초생존권을 보호하기도 했다. 지난번 세계적 깡패국가 우두머리가 된 부시 대통령 뽑기 미국선거에서 아프리카계 미국인들은 유럽계 백인미국인들의 억압과 차별 때문에 투표권이라는 권리조차 제대로 행사하지 못하여 자유권을 심대하게 훼손당한 사실을 우리는 확인하였다. 그러나 미국이라는 국가는 이러한 억압체제를 제대로 규명하지도 못했고 흑인들을 보호하지도 못했다. 하지만 60년대 미국의 국가는 이러한 인종차별과 억압에 대해 민권법을 제정하여 남북 시민사회의 아프리카계 미국인 억압과 지배에 제동을 걸었다.

이는 어디까지나 민권운동이라는 민중의 힘에 의해 국가를 강제한 것이었다. 이떠한 국가를 만드느냐에 따라 국가는 달라지는 가변태이지 불변태는 아니다. 여기서 보는 바와 같이 국가도 어떤 국가이냐 민족주의도 어떤 민족주의냐에 따라 그 성격은 확연히 달라진다. 그런데도 이 개인자유 지상주의는 마치 모든 민족주의는 개인자유를 본질적으로 박탈하는 존재인 것처럼 낙인찍고 있다. 국가의 독재 못지않게 자본주의 시장의 독재가 가혹하다는 사실도 제대로 인식 못하는 게 아닌지 의심스럽다.

같은 맥락에서 한국의 일부 진보적 지식인은 민족주의를 극단적 공동체주의, 발전지상주의로 인한 생태계파괴 주범, 국수주의 등으로 낙인찍어 마치 민족주의가 모든 잘못의 화신인 것처럼 민족주의 환원론을 펼치고 있다. 이들은 자기도 모르는 사이에 민족과 국가를 해체하여 모든 것을 시장에 맡기자는 신자유주의 시장근본주의자, 곧 미국의 초국적 금융자본의 이익에 충실한 역할을 하지 않는지 심각하게 자성해야 한다. 또 개인자유 절대주의자들이 관성적으로 외치는 작은국가론은 자칫 1%의 자본이란 거대개인, 19%의 중간치 개인 그리고 80%의 작은 개인이라는 80 : 20의 절망적인 지구촌을 가져오기 십상임을 직시해야 할 것이다.

이제 우리 지식인계의 민족주의 논의는 민족주의 일반에 대해 도매금으로 난도질하거나 원초적 환원론으로 재단하는 반분석적이고 반역사적인 접근이 아니라 구체적 역사와 살아 숨쉬는 민중의 가슴속에서 통일동력과 체제동력으로 발전될 수 있는 우리 역사 속의 민족주의 논의로 나아가야 할 것이다. 특히 통일성취시대를 맞은 이 시점에서 우리가 추구하는 민족주의는 최근 일본에서 일고 있는 배타적이고 반동적이면서 공세적인 민족주의가 되어서는 안 된다. 중국의 동북성에 우르르 떼거리로 몰려가 고구려땅을 되찾자, 우리도 핵무기를 만들어 통일 이후를 도모하자, 민족중흥을 위해서 노동자는 일시적 고통을 참아야 한다, 노근리 학살과 일본군 종군위안부 만행은 파헤치면서 베트남전 한국군 민간인 학살일랑 덮어두자는 목소리가 끊이지 않는다.

이러한 폐쇄적이고 국수주의적인 민족주의가 아니라 필리핀과 네팔의 노동자를 우리의 노동자로 또 나와 같은 지구촌공동체의 당당한 일원으로 받아들이면서 우리의 자존과 자주와 자결을 추구하는 열린 민족주의로 나아가야 한다. 이래야만 우리 주위에 있는 외세들이 통일한국이나 통일조선의 출현을 경계하지 않고 그들의 협력을 이끌어낼 수 있다. 내키지는 않지만 우리의 통일이 주변국의 이해와 협조 없이 달성되기 힘들다는 것은 자명하다.

'아리랑통일민주공화국'을 주창하며

    분단 55년 만에 평양에서 역사적인 남북정상회담이 열렸다. 김대중 대통령을 환영하는 60만 북한인민들의 환호에 평양도 울고 서울도 울었다. 단순한 민족주의 열정만으로 끝난 것이 아니었다. 민족분단사에서 분수령을 가져올 민족대장전인 6·15공동선언을 일구어내었다. 이러한 남과 북의 통일 지향적 움직임은 지구촌을 감격시켰다. 그 결과 김대중 대통령이 우리 민족사에서 처음으로 노벨평화상을 수상하였다. 노벨평화상은 수상자의 과거업적을 단순히 기리는 성격의 것만은 아니다. 오히려 수상자가 추진해 왔던 평화추구를 더욱 진전시키고 마무리하라는 지구촌공동체의 요구라는 성격이 짙다.

    이로써 우리는 본격적인 통일시대로 진입했음을 확인했다. 통일성취시대가 열린 것이다. 이는 6·15공동선언에 그대로 나타나고 있다. 이 통일헌장인 6·15공동선언이 7·4공동성명이나 남북기본합의서처럼 서류상의 합의로 끝날 수는 없다. 이미 남과 북은 이 민족선언의 합의를 구체적으로 이행시키는 단계에 들어갔다.

　남북 정상들은 분단역사상 처음으로 열린 이번 상봉과 회담이 서로 이해를 증진시키고 남북관계를 발전시키며 평화통일을 실현하는 데 중대한 의의를 가진다고 평가하고 다음과 같이 선언한다.

　　1. 남과 북은 나라의 통일문제를 그 주인인 우리 민족끼리 서로 힘을 합쳐 자주적으로 해결해 나가기로 하였다.
　　2. 남과 북은 나라의 통일을 위한 남측의 연합 제안과 북측의 낮은 단계의 연방 제안이 서로 공통성이 있다고 인정하고 앞으로 이 방향에서 통일을 지향시켜 나가기로 하였다.

　통일은 이제 먼 훗날의 이야기가 아니다. 지금 우리 앞에 다가선 문제이다. 그러므로 우리에게는 통일의 구체적 역사행로, 이를 이루어내는 구체적 방안과 실행이 요구된다.

　이에 발맞추어 이 장에서는 기존의 통일방안에 대한 분석과 평가를 하고, 6·15공동선언에서 합의한 "남측의 연합 제안과 북측의 낮은 단계의 연방 제안"의 공통성을 확충하는 방향에서 '아리랑통일민주공화국' 통일방안을 모색 및 제안한다. 이제까지 이 책의 논의는 궁극적으로 바로 이 통일을 이루기 위한 고뇌였고 이 마지막 장은 이 고뇌들이 응축된 결과물이라 할 수 있다.

1. 통일시대 통일방안의 분석과 평가

통일방안의 분석과 평가는 6월항쟁 이후의 통일시대에 제기된 대표적 통일방안에 국한하여 논의하겠다. 이전의 통일방안은 군부독재와 생체화(生體化)한 반공·반북 논리 때문에 참된 통일지향적 논의가 제약받았고 최소한의 합리성도 갖추지 못했다. 이 기간의 통일방안은 북진통일, '선걸설 후통일', 북측만의 선거에 의해 남한 국회에 편입시키는 통일방안, 승공통일 등으로 통일방안으로서의 적실성을 상실한 것이었다.

그러나 6월항쟁으로 이념적 지평이 넓어졌고, 탈냉전으로 외세가 더 이상 통일제약의 상수(constants)가 아니라 외세도 우리가 하기 나름에 따라 극복될 수 있는 변수(variables)가 되었다. 이 결과 1988년에 노태우 대통령의 7·7선언이 나오고 남한정부의 공식적인 '한민족공동체통일방안'이 나오면서 시민사회에서 통일방안다운 통일방안이 등장하기 시작했다. 물론 북한은 초기부터 통일에 대해 나름대로 일관성 있는 정책을 추구해 왔으나 역시 가장 핵심적인 통일방안은 1980년 조선로동당 6차당대회에서 확정한 고려민주연방공화국(이하 고민연) 통일방안이다. 이 글에서는 북측의 통일방안으로서 이 통일방안을 중점적으로 논의하고 6·15공동선언 이후 논의되고 있는 '낮은 단계의 연방제'안을 핵심적으로 다루겠다.

논의의 편의를 위해 〈표 1〉과 같이 통일방안에서 중요한 구성요소인 '복합국가 유형' '통일과정의 단계설정' '통일기반 조성방안' '통일국가상' '평화보장방안' 등 5가지 기준에서 각 통일방안을 대비 및 평가하겠다.

<표 1> 통일방안 비교표

통일 방안	복합 국가 유형	단계별 통일과정	통일기반 조성방안	통일국가상/ 평화보장책	기타
한민족 공동체 통일방안	국가 연합	민족공동체→남북연합→통일국가(2국가2정부2경제체제)→(2국가2정부2경제체제)→(1국가1정부1경제체제)	교류와 협력을 통한 신뢰 구축, 정치군사회담에 소극적	자유민주주의, 비중립화	노태우 정권
문민정부 3단계 통일방안	국가 연합	화해협력→남북연합→1민족1국가(2국가2정부2경제체제)→(2국가2정부2경제체제)→(1국가1정부1경제체제)	한민족공동체와 동일	자유민주주의적 민주공화체제, 비중립화	김영삼 정권
고려민주 연방공화국 통일방안	연방	고려민주연방공화국(1단계)(2국가2정부2경제체제)에서(1국가2정부2경제체제)로	군축, 적대관계 해소, 미군철수, 한반도비핵지대화, 평화협정	2체제 병존, 비동맹·중립 노선	80년 6차 당대회에서 공식화
김대중의 3원칙 3단계 통일방안	연합과 연방	공화국연합→연방제→완전통일(2국가2정부2경제체제)→(1국가2정부2경제체제)→(1국가1정부1경제체제)	군축, 적대관계 해소, 평화정착, 다자간안보협력체제	민주주의, 시장경제, 복지사회, 다자간안보체제	평화공존 평화교류 평화통일
문익환의 3단계 분권연방제 통일방안	연합과 연방	국가연합→연방국가→분권연방국가(2국가2정부2경제체제)→(1국가2정부2경제체제)→(1국가다정부다경제체제)	평화협정, 미군철수, 적대관계 해소, 남북교류	자치주별 다양한 경제체제 영세중립	
김낙중의 3차7개년 4단계 통일방안	연합과 연방	평화공존→국가연합→연방국가→통일민족국가(2국가2정부2경제체제)→(2국가2정부2경제체제)→(1국가2정부2경제체제)→(1국가1정부1경제체제) 동반자관계→초보협력관계→고도협력통합관계→민족공동체관계	평화협정, 적대관계 해소, 불가침협정, 미군단계적 철수	혼합경제체제, 중립조약	

복합국가 유형별 평가

첫째기준인 복합국가 유형별로 각 방안을 비교 평가하겠다. 한민족공동체통일방안과 문민정부의 '3단계통일방안'만 연방제방안을 설정하지 않고 국가연합만을 상정하고 있다. 나머지 방안들은 모두 연방제를 북한처럼 완결된 최종단계이거나 완전통일단계 이전의 과도기적 단계로 설정하고 있다. 남과 북이 과거 50년 동안 서로 적대적인 사회경제체제나 이념적 지향을 추구하고 있어, 비록 화해·협력단계나 남북연합단계를 거친다 하더라도 여전히 체제통합과 동질성 회복을 위해서는 상호체제간의 협력과 교류가 개방된 상태에서 상호의존관계를 높여 조정과 변형을 이룩할 수 있는 과도적 시간과 준비가 필요하다. 동시에 통일충격(통합비용, 통합에 따른 심리적 갈등, 통합적응능력 배양 등의 변혁을 위한 진통)을 시간적으로나 공간적으로 분산시켜 통일 및 통합 부작용을 줄일 수 있기 때문에 기존의 사회경제체제를 유지하는 두 지역자치정부를 허용하는 연방이라는 과도기가 필수적으로 요구된다. 이런 점에서 한민족공동체방안이나 문민정부의 방안은 연방제라는 과도기 형태를 이예 배제하고 있어 합리적이지도 현실적이지도 못하다.

북한은 "북과 남에 서로 다른 사상과 제도가 있는 우리나라의 구체적 현실로부터 출발하여 가장 빠르고 확신성 있는 조국통일방도"로서 연방제를 인식하고 있고, 또 "만일 북과 남이 제각기 자기의 사상과 제도를 절대화하거나 그것을 상대방에 강요하려 한다면 불가피하게 대결과 충돌을 가져오게 되며 그렇게 되면 도리어 분열을 심화시키는 결과를 낳게 될 것"이기 때문에 연방제가 필수적이라고 보고 있다.[1]

---

1) 북한은 통일국가가 지향해야 할 시정방침을 '고려민주연방공화국 10대시정방침'에서 다음과 같이 밝히고 있다. ① 자주성 견지 ② 민주주의 및 민족대단결 지향 ③ 남북간

김대중의 통일방안 역시 첫째 반세기 이상 이질화과정을 걸어왔기 때문에 남북한 체제통합의 충격을 완화하고, 둘째 "북한체제의 특수성과 북한 주민의 자존을 존중하여 지역자치를 실시할 필요성이 있"고, 셋째 "연방정부가 북한지역을 상당 기간 '특별지원'해야 할 필요성이 있기" 때문에 연방제가 필요하다고 보고 있다(김대중 1994, 41쪽).[2] 나머지 문익환과 김낙중의 통일방안도 연방제를 제안하고 있어 연방제의 불가피성을 잘 반영하고 있다.

통일단계 설정별 평가

둘째기준인 통일과정으로서 단계설정의 문제이다. 북한의 고민연 통일방안은 90년대에 들어와서 '느슨한 연방'을 둠으로써 2단계를 설정하고 있으나, 처음 80년대의 고민연안은 단계적 연방제가 아닌 즉각적 연방제안으로서 1단계방안이었다. 서로 적대적인 이질성이 상존해 왔음을

의 경제합작 및 교류와 민족경제의 자립적 발전 ④ 남북간의 과학·문화·교육의 교류 및 협조 ⑤ 남북간의 교통·체신 연결 및 자유로운 이용 ⑥ 전체 인민의 생활안전과 복리증진 ⑦ 군사적 대치상태 해소, 민족연합군대 조직, 쌍방병력 축소 ⑧ 해외동포의 민족적 권리보장 ⑨ 두 지역정부의 대외활동 조절 및 공동보조 ⑩ 대외관계에서 비동맹, 중립노선 견지, 한반도 평화비핵지대화 등이다.

2) 이러한 점진적 전형(transformation)보다는 급진적 전형이 오히려 통일비용을 절감하고 통일과정에 장애요소의 발생과 부작용을 방지하여 통일을 가능하게 한다는 경제환원론적인 통일론도 있다. 김용구는 경제질서의 기본형을 결정짓는 '구성적 질서'와 이를 보완하는 계획질서, 소유질서, 기업질서, 시장질서, 대외경제질서 등의 '부분질서' 또는 '보완질서'가 서로 모순되지 않는 '질서정합성'을 가져야 한다고 보고 급진적 전형을 옹호한다. 곧 "중앙관리경제가 새로이 시장경제로 전환되는 경우에, 모든 요소형태들이 이 새로운 기본형태에 정합되도록 형성되느냐 아니냐 하는 문제와, 각 개별요소형태들을 어떻게 하면 최종적으로 이 기본형 내지 구성적 질서형태들에 정합되게 형성하느냐"의 문제가 관건이라고 보았다. 이 주장은 이 급진적 방안이 가져올 엄청난 민족적이고 사회적인 통일충격과 이로 인해 야기될 수 있는 결정적 갈등(민족간의 또다른 내전까지도)을 제대로 고려하지 않은 주장이다(김용구 1994, 252쪽).

강조해 온 북한이 하루아침에 분단상태에서 어떻게 연방통일단계로 이행하는지에 대한 구체적 경로나 방안이 없이 연석회의에서 결정한다고만 하는 것은 비현실적이어서 선전용이라는 비난을 받을 여지가 있었다. 김낙중의 '3차7개년4단계통일방안'은 연합과 연방단계 이전에 평화공존단계를 설정하여 4단계이고 나머지는 모두 3단계방안이다.

연합단계를 첫 단계로 설정한 김대중 통일방안은 '시작은 빨리 하되 진행은 천천히 한다'는 원칙하에 '통일에 대한 적극적 의지 표명'이 긴요하다고 보고 공화국연합단계를 설정하고 있다. 10·21북미협정, 남북간 신뢰구축과 긴장완화, 교차승인 등은 필요하지만 반드시 연합단계의 전제조건은 아니라고 보고 남북주민과 당국의 적극적 의지만으로도 연합단계로 진입할 수 있다고 보았다(같은 책, 38쪽). 문익환 역시 80년대 말의 높은 통일 열기와 분단 반세기를 넘기지 말자는 적극적 의지에 따라 첫 단계로 연합단계를 설정하는 적극성을 보였다.

그러나 한민족공동체나 문민정부의 3단계안은 연합이전 단계로 민족공동체나 화해·협력단계를 설정하고 있고, 김낙중은 평화공존단계를 설정하고 있다. 김영삼 문민정부는 "남북기본합의서와 비핵화공동선언에서 합의된 사항들을 성실히 이행·실천해 나감으로써 남북간의 적대와 반목, 불신의 관계를 화해와 협력의 관계로 전환시키는 단계"의 필요성을 주장하고 있다(통일원 1993, 37~38). 김낙중은 평화협정, 적대관계 해소, 상비군을 각각 30만 명 수준으로의 감소, 불가침협정, 미군의 단계적 철수, 국가보안법과 북한형법 13장 철폐, 교류와 협력사업 전개 등을 평화공존단계의 사업내용으로 제시하고 있다.

필자의 생각으로는 현재의 남북관계를 고려할 때 연합단계 이전에 화해·협력이나 평화공존단계의 전 단계를 설정할 필요는 없다고 본다. 김대중정부가 일관성 있는 대북 포용정책을 추진한 결과 역사적인 남북

정상회담이 2000년 6월에 열리고 민족사의 대장전이라고 볼 수 있는
6·15공동선언이 성취되었기 때문이다. 이제 문제의 핵심은 이 6·15
공동선언을 충실히 이행하는 것이다. 뒷절에서 논의하겠지만 통일 외적
조건은 연합제로의 이행을 재촉하고 있다.

통일기반 조성방안별 평가

셋째기준인 통일기반 조성방안은 대내적 기반 조성과 대외적 기반 조
성으로 나누어 접근할 필요가 있다. 대외적 기반 조성은 북미평화협정,
미군 주둔과 지위·철수에 대한 합의와 방안, 한반도 냉전체제 해체, 동
북아 다자간안보협력체제 등이 제시될 필요가 있다. 대내적 기반 조성
에서는 남북의 평화선언, 평화체제 구축과 군축 등 정치·군사적 긴장
상태의 완화와 더불어 화해와 협력 및 교류 등을 통한 민족동질성과 남
북간 공통분모의 확산 등을 꾀해야 한다.

여기에 덧붙여 남한에서 민주화를 견인하는 시민사회세력의 성장을
통해 민간 통일주체를 형성시키는 작업이 긴요하다. 동시에 현재 북한
이 봉착해 있는 최악의 시련을 어느 정도 극복하여 최소한의 자생력을
갖추도록 경제협력과 북미 및 북일 수교를 지원하여 자체변화를 꾀하는
정책을 추진해야 한다. 지금 김대중정부의 주도 아래 진행되고 있는 경
의선과 경원선의 복원, 금강산 육로관광, 서해공단 조성 등 경제협력을
통한 민족경제공동체 형성의 추진은 남북 상호의존관계를 높여 통일기
반 조성에 중요한 계기를 조성할 수 있는 귀중한 사업이다.

결론적으로 민족공동체적 통일을 이루기 위해서는 북한이 경제적·
외교적으로 역량이 증가하여 남한에 대한 열세를 어느 정도 만회하고,
개방과 개혁을 진척시켜 자생력을 회복해야 한다. 남한 역시 민주세력을

중심으로 피지배계급의 계급역량이 증가되어 힘의 균형을 통한 민주화 기반이 어느 정도 갖춰지고 냉전청산이 군사·문화·심성·제도적 차원에서 진전되어야 한다. 이럴 때만 통일은 가능하고 또 바람직한 통일이 될 수 있다. 이에 대한 프로그램이 통일방안에 포함될 필요가 있다.

평화보장방안별 평가

넷째기준인 평화보장책을 보면, 문익환·고민연·김낙중은 중립화와 평화협정을, 김대중은 다자간안보협력체제와 평화정착을 제시하고 있으나, 문민정부나 한민족공동체 안은 이에 대한 언급이 없다. 이는 현재 미국과의 쌍무적 안보관계를 지속하겠다는 것으로 해석할 수 있어 통일방안으로 유효성을 상실하고 있다. 김대중의 통일방안이나 현재의 통일 정책을 볼 때 주한미군의 주둔이나 한미간 쌍무적 안보조약을 지속할 것으로 예견되어 다자간안보협력체제를 통한 평화보장책이 북한의 합의를 어느 정도 이끌어낼 수 있을지 의문이다. 6자회담 등을 통해 남과 북이 동북아안보의 균형자로서 역할을 다지게 되면 중립화선언을 하지 않더라도 실질적인 중립화의 효과를 거둘 수도 있고 미군의 철군이나 감군을 도모할 수도 있다. 문익환 등의 중립화방안은 당위적 차원에서 당연한 것이다. 그러나 미국의 초패권적 세계질서 구도하에서 통일에 대한 미국의 협조가 현실적으로 긴요한 점을 고려한다면, 국내의 제반 세력이 결집하여 미국으로 하여금 이를 수용하지 않을 수 없도록 옥죄는 일이 중요하다.

경제체제별 통일국가상 평가

다섯째기준인 경제체제별 통일국가상에 대해서 문익환은 다원주의 연방체제하에 각 연방이 경제체제를 선택하는 다경제체제를, 김낙중은 혼합경제체제를, 고민연은 남쪽은 자본주의, 북쪽은 사회주의의 공존을, 김대중은 실질적인 복지 지향적 자본주의를(비록 민주적 시장경제와 복지사회로 명시하고 있지만), 나머지는 자본주의를 상정하고 있다. 당위적 차원에서는 김낙중·문익환·고민연의 통일국가상이 이상적이라 볼 수 있다. 그러나 현존 국가사회주의가 자본주의의 대안으로서의 유효성을 상실한 시점에서 현실성에 대한 논란이 있을 수 있다.

그렇다 하더라도 혼합경제체제라는 최소한의 공통분모는 공유되어야 통일 지향적인 방안이라 볼 수 있다. 물론 국유국영기업, 사유사영기업, '향진기업류', 협동적 소유·협동적 경영기업 가운데 어느 것이 지배적일 것인가는 통합과정에서 민족성원의 지배적 의사에 의해 결정될 성격의 것이다. 이 점에서 문민정부나 한민족공동체 안은 지나치게 경직되어 있어 유효한 방안이라 보기 힘들다. 김대중의 방안은 혼합경제에서 사유사영기업의 주도성을 분명히 하고 있지만 복지사회의 추구를 강조한 점에서 이들과는 구분된다.

북한의 고민연 통일방안은 남은 자본주의, 북은 사회주의라는 2경제체제를 완결된 통일국가의 최종 경제체제로 규정하고 있다. 단일 경제체제로 통합하는 문제는 통일 후세대들이 결정할 문제로서 미리 이를 확정지으면 남북간의 갈등과 서로의 두려움 때문에 통일성취를 가로막게 된다고 보았기 때문인 것으로 추정할 수 있다.

문익환의 분권연방제 통일방안은 최종 통일단계의 경제체제를 각 자치 도별로 자주적으로 선택할 수 있도록 한 점이 특색이다. 그러나 최종

단계인 분권연방단계는 1국가다정부다경제체제로 각 도단위의 자치정부가 경제체제까지 선택할 수 있게 하고 있어 현실성도 없거니와 바람직하지도 않은 것으로 보인다. 각 도별 지역정부가 독자적인 경제체제를 선택했을 경우 규모의 경제에 미달되어 경제의 효율성도 문제거니와 중앙집권적 전통이 강하고 수도권 인구가 거의 50%에 육박하는 실정을 감안하면 현실성 없는 방안이다. 그러나 다른 영역에서는 자치권을 대폭 강화하는 것은 현재의 첨예한 지역주의를 해소하는 데 상당한 기여를 할 수 있을 것으로 보여 고려해 볼 수 있는 방안일 수 있다.

남북의 공식적 통일방안 평가와 6 · 15공동선언 2항 및 문익환의 4 · 2공동성명

이제까지 통일방안의 다섯 가지 핵심적 요소를 기준으로 각 통일방안을 평가해 보았다. 이제 남북의 공식적 통일방안인 문민정부 3단계통일방안과 북측의 고민연에 국한하여 큰 틀에서 개괄적인 평가를 해보겠다. 우선 문민정부의 3단계통일방안은 첫째, 남북연합단계에서 시민사회의 교류를 통한 경제공동체를 형성하여 북한의 자유민주주로의 이행을 전제로 한 흡수통일 방안이다. 둘째, 2국가2정부2경제체제의 남북연합단계에서 어떤 과정을 거쳐 1국가1정부1경제체제인 완벽한 통일국가로 이행하는지에 대한 방안과 경로가 설정되어 있지 않다. 셋째, 통일로의 이행을 강제하거나 규정하는 구속력이 너무 약하여 연합단계의 장기화와 후퇴의 여지가 높다. 곧 비가역성이 되도록 쐐기를 박는 장치가 약하다. 넷째, 남북연합단계까지는 통일국가의 미형성으로(주권의 측면에서 아직까지 남북은 별개의 주권 국가임) 주변국의 신분단고착화 정책에 결과적으로 부응하는 방안이 될 수 있다.

다음 북한의 고민연 통일방안은 첫째, 앞에서 밝혔듯이 분단상태에서 어떻게 연방단계로 즉각적인 이행이 가능한지에 대한 구체적 방안이나 경로가 없다. 특히 군사권과 외교권을 연방국가로 통합하는 것은 점진적이고 장기적인 통합과정이 요구되는 것으로 이를 단기적으로 통합한다면 이에 대한 현실적이고 구체적인 방안이 제시됐어야 한다. 둘째, 최고민족연방회의와 연방상설위원회는 의결기구이지 집행기구는 아니다. 집행기구에 대한 상이 불분명하여 논란의 여지가 있다. 셋째, 연방제 통일국가를 먼저 이루었기 때문에 한편으로는 지역정부에 여러 가지 통합을 촉진시킬 수 있는 명분이나 상징적 구속력이 높아 통합촉진을 꾀할 수 있다. 넷째, 다른 한편 이러한 상징적 구속력 때문에 남북간 자유왕래 등을 허용하지 않을 수 없게 되고 이 결과 오히려 역량이 우세한 남측 지역정부가 북측 지역정부를 압도하여 '합법적'인 흡수통일을 진척시키는 조건을 만들 우려가 있다. 아니면 남북 예멘과 같은 통일 이후의 무력충돌이나 이전의 분단상태로 되돌아갈 우려가 있다. 이종석도 이러한 점을 잘 지적하고 있다.

두 개의 서로 다른 제도의 공존을 표방한 연방제가 오히려 일방체제를 붕괴시킴으로써 흡수통일을 촉진할 수 있다는 역설이 현실화될 가능성이 높다. 다시 말해서 연합에 비해서 양 체제간의 통합강도가 훨씬 강한 연방제가 체제통합의 실질적인 첫걸음으로 멈추는 것이 아니라 흡수통일 양상의 통합을 귀결시킬 가능성이 높은 것이다. (이종석, 2002)

이들 두 공식적인 통일방안 중 남한 통일방안의 기본적인 문제점은 흡수통일을 상정하고 있어 통일방안으로서의 적합성을 아예 상실하고 있다는 점이다. 동시에 연방제라는 과도적 기간의 설정으로 남과 북이 서로 통합할 수 있는 장기간의 조정기간이 없다면 통일방안으로서 요건을 제대로 갖추었다고 보기 힘든 기본 문제를 가지고 있다. 이제 통일성 취시대를 맞이한 이 시점에서는 남한의 공식적인 통일방안은 통일방안다운 방안으로 근본적인 변화를 보여야 한다.

북측의 고민연 방안 또한 단기간에 군사·외교를 통합하는 것을 상정하고 있어 전혀 현실성이 없는 기본적인 문제점을 가지고 있었다. 그러나 6·15공동선언을 기해 낮은 단계의 연방제로 기본적인 변화를 꾀하고 있어 치명적인 자신의 약점을 교정하는 교정력을 보였다. 북한이 공식적으로 낮은 단계의 연방에 대해 해명을 한 것은 2000년 10월 6일 고려민주연방공화국 창립방안 제시 20주년기념식에서 북한의 조국평화통일위원회 안경호 서기국장의 보고에서였다. "북과 남에 존재하는 두 개 정부가 정치·군사·외교권 등 현재의 기능과 권한을 그대로 갖게 하고 그 위에 민족통일 기구를 내오는 방법"이라고 밝혔다. 이는 남한의 연합제안의 군사, 외교, 경제체제 권한을 남북 정부가 각기 가지는 방안을 수용한 것으로 북한의 낮은 단계의 연방제는 남한의 통일방안에 상당히 수렴한 것이라고 볼 수 있다. 그러면서도 '민족통일기구를 내옴으로써' 주권이라는 측면에서는 연방통일정부에 주권을 귀착시켜 상징적 통일을 일구어내는 절묘한 방안이라고 볼 수 있다.

이렇게 역사적인 평양남북정상회담은 통일민족사에서 거대한 족적을 남긴 6·15공동선언 2항(남과 북은 나라의 통일을 위한 남측의 연합제안과 북측의 낮은 단계의 연방제안이 서로 공통성이 있다고 인정하고 앞으로 이 방향에서 통일을 지향시켜 나가기로 하였다)을 일구어내었다. 이는 남북한의 공식적인 통일방안의 기본적이고 핵심적인 문제점들을 한꺼번에 해결한 민족사적 쾌거로 평가되어 마땅하다. 물론 다른 여러 측면에서도 문제점은 있겠지만 이러한 6·15공동선언 2항 정신을 살리면 해결 가능할 것이다.

그러나 이러한 낮은 단계의 연방제 방안을 실질적으로 이끌어낸 분은 큰 통일일꾼이었던 문익환 목사이다. 그는 1989년 3월 역사적인 북한방문을 통해 4·2공동성명을 일구어내었다. 북한의 조국평화통일위원회 허담위원장과의 이 공동성명은 9개항으로 구성되어 있다.[3]

1항은 7·4공동성명의 "3대 원칙에 기초하여 통일문제를 해결해야" 하고, 2항은 "어떠한 경우에도 분열의 지속을 목적으로 하는 두 개 조선 정책을 반대하고 끊임없는 하나의 민족 그리고 통일된 나라를 지향해야 한다"고 합의했다.

3항은 "정치군사회담을 추진시켜 북남 사이의 정치·군사적 대결상태를 해소하는 동시에 이산가족 문제와 다방면에 걸친 교류와 접촉을 실현하도록 적극 노력한다".

4항은 "누가 누구를 먹거나 누가 누구에게 먹히지 않고 일방이 타방을 압도하거나 타방에게 압도당하지 않는 공존의 원칙에서 연방제 방식으로 통일하는 것이 우리 민족이 선택해야 할 필연적이고 합리적인 통일방도가 되며 그 구체적인 실현방도로서는 한꺼번에 할 수도 있고 점차적으로 할 수도 있다".

5항은 "팀스피리트 합동군사연습이 북남대화와 평화 및 통일의 성취와는 양립될 수 없다는 것을 확인한다".

6항은 "문익환 목사는 교차승인·교차접촉에 대한 북의 거부적 입장과 통일의지를 확인하고 조국평화통일위원회 쪽은 문익환 목사가 주장하는 북남교류와 점진적인 연방제 통일방안이 두 개 조선을 지향하는 것이 아님을 확인하고 이를 긍정적으로 평가하였다"로 되어 있다.

이 4·2공동성명은 우리 통일운동사에 다음과 같은 성과를 남김으로

---

3) 노중선 엮음, 『연표: 남북한 통일정책과 통일운동 50년』 사계절, 1996, 365~66쪽.

써 6·15공동선언을 잉태한 것으로 평가된다.

첫째, 공동성명 1항에서 7·4공동성명이 천명한 통일 3대원칙을 재확인함으로써 이후 통일여정에 이 3대원칙이 뿌리내리는 연결대 역할을 하였다. 이후 이 원칙은 남북기본합의서, 6·15공동선언 등에서 재확인되었다.

"남과 북은 역사적인 7·4공동성명에서 천명된 조국통일 3대원칙을 재확인하면서…"라고 명기하여 남북정상회담 합의가 '조국통일 3대원칙'에 입각해 성사됐음을 밝히고 있다. 남한의 경우 비록 내용적으로 민족대단결 대신 민주원칙을 주장해 왔지만 북한과의 공식적 합의에는 언제나 "사상과 이념·제도의 차이를 초월하여 우선 하나의 민족으로서 민족적 대단결을 도모하여야 한다"고 확인하고 있다.[4]

둘째, 4항에서 통일방안에 대하여 점진적인 연방제에 대한 합의를 이끌어냄으로써 이후 91년 김일성 주석의 신년사에서 '느슨한 연방제'가 나오게 되었다. 이를 기반으로 6·15공동선언에서 '낮은 단계의 연방제'와 연합제의 접목에 대한 합의가 가능해졌다.

---

4) 93년 4월 7일 최고인민회의 제9기 5차회의에서 제시된 "조국통일을 위한 전민족대단결 10대강령"은 ① 전민족의 대단결로 자주적이고 평화적이며 중립적인 통일국가를 창립해야 한다. ② 민족애와 민족자주정신에 기초하여 단결해야 한다. ③ 공존, 공영, 공리를 도모하고 조국통일위업에 모든 것을 복종시키는 원칙에서 단결해야 한다. ④ 동족사이에 분열과 대결을 조장시키는 일체의 정치적 논쟁을 중지하고 단결해야 한다. ⑤ 북침과 남침, 승공과 적화에 대한 우려를 다같이 없애고 서로 신뢰하고 단합해야 한다. ⑥ 민주주의를 귀중히 여기며 주의, 주장이 다르다고 하여 배척하지 말고 조국통일의 길에서 함께 손잡고 나가야 한다. ⑦ 개인과 단체가 소유한 물질적·정신적 재산을 보호해야 하며 그것을 민족대단결을 도모하는 데 이롭게 이용하는 것을 장려해야 한다. ⑧ 접촉, 왕래, 대화를 통해 전민족이 서로 이해하고 신뢰하며 단합해야 한다. ⑨ 조국통일을 위한 길에서 북과 남, 해외의 전민족이 서로 연대성을 강화해야 한다. ⑩ 민족대단결과 조국통일위업에 공헌한 사람들을 높이 평가해야 한다.
또 98년 4월 20일 발표된 '민족대단결 5대강령'은 △민족자주원칙 △애국애족 단결 △남북관계 개선 △외세지배와 반통일세력 반대투쟁 △온 민족의 접촉·대화·연대·연합 강화이다.

셋째, 남북접근법에서 남쪽의 교류와 협력 및 신뢰구축을 우선하는 기
능주의적 접근법과 정치군사문제의 해결을 우선하는 본질주의적 접근
사이에서 양쪽의 병진을 이끌어냄으로써 남북기본합의서와 6·15공동
선언에서 이 병진주의를 따르게 하였다. 6·15공동선언은 1, 2항의 통일
에 대한 본질적 문제에 대한 합의와 3, 4항의 이산가족상봉, 교류협력의
강화 등과 같은 기능주의 문제를 서로 포용 및 공유함으로써 이 병진주
의를 실현한 셈이다.

넷째, 남북교류와 협력 및 통일논의에서 정부의 창구단일화를 무너뜨
려 통일과 남북관계 개선의 주체를 다변화했다. 문익환 목사의 방북은
이제까지 굳게 닫혀만 있던 남북 사이의 빗장을 풀어서 임수경, 문규현
으로 이어지는 통일열차의 출발을 가능하게 했다. 공동성명 7항의 "돈
있는 사람은 돈을 내고, 힘 있는 사람은 힘을 내며, 지식 있는 사람은
지식을 내어 나라의 통일위업 실현에 적극 이바지할 데 대한 공동의 염
원을 표시하였다"에서도 확인되듯이 각계각층의 적극적인 통일집짓기
를 촉구하였다.[5]

---

5) 그러나 한나라당의 이회창 대통령후보는 2002년 5월 22일 관훈클럽 토론회에서 "하지
만 2항은 그대로 갈 수 없다. 분명히 짚고 정확히 해야 한다. 연방제와 연합제가 공통
성이 있고 통일 지향한다는 것이라고 계속 고집하면 합의를 계속할 수 없는 것이다.
폐기를 주장해야 한다고 생각한다"고 밝혔다. 이러한 발언이 지나친 것임을 의식한 듯
말미에 그는 "아까 6·15선언 2항을 폐기할 것이냐는 말이 나왔다. 대통령후보로 나온
사람이 '바로 폐기해야 한다'고 하는 것은 너무 오만한 자세로 보이기도 한다. 2항은
반드시 짚고 넘어가야 하고, 실행의 구속성이 있다면 우리 국민이 동의하지 않을 것이
다. 문제점을 짚고 넘어가야 한다는 취지로 다시 말한다"고 수정했다. 그렇지만 그의
본의는 분명히 폐기라고 보아야 할 것이다. 물론 국민의 일부나 다수가 2항에 동의하
지 않을 수도 있다. 그러나 지도자다운 지도자가 되려면 민족과 역사에 대한 장기적
전망을 하면서 이와 유기적으로 결합될 수 있는 역사행로를 제시하고, 이를 일반국민
들에게 설득시키면서 이끌어갈 철학과 예지, 확고한 의지 및 역량을 갖추어야 한다.
단지 국민일반의 산술평균값에 해당하는 것들만을 현상 추수적으로 주워모으거나 또
는 이들보다 더 후퇴한 퇴행의 역사행로를 고집하는 사람은 집권자는 될 수 있을지언
정 민족지도자가 될 수는 없다. 6·15선언 2항을 대체할 훌륭한 방안을 제시하지도

이렇게 민족통일사의 분수령을 장식한 공동선언 2항은 갑자기 나온 산물이 결코 아니고 남과 북의 통일일꾼들이 서로의 접점을 찾기 위한 오랜 동안의 고뇌와 인고의 결과물이다.

2. 내외적 통일정세와 부분통일의 모색

역사적인 6·15남북정상회담과 8·15이산가족 상봉을 계기로 본격적인 통일성취시대가 열렸다. 이제 우리 모두의 역사적 과제는 통일터전의 마련에서 일익을 담당하는 통일일꾼으로 나아가 통일집짓기에 나서는 것이다.

이에 구체적인 통일방안과 궁극적인 통일나라의 상을 구상하고 다듬어나갈 것이 요구된다. 이러한 요구에 따라 통일행로에 제기되는 핵심 문제를 중심으로 단편적으로나마 그 방향을 모색해 보겠다.

외적 통일정세와 부분통일의 긴요성

우리는 과거 미소냉전과 우리 민족의 관계에서 중요한 역사적 교훈을 얻을 수 있다. 그것은 또다시 지구촌이나 동북아에 신냉전이 발생하게 되면, 우리 민족이 아무리 남북공조를 취하여 통일을 이룩하려 노력해도 이 신냉전에서 오는 강제력 때문에 민족통일은 거의 불가능해지고 말 것이라는 사실이다. 통일에만 문제가 생기는 것이 아니라 잘못하면 다시 국지전이든 전면전이든 전쟁까지 강요당할지도 모른다.

못한 채 현재의 수준에서 최상이라고 볼 수 있는 통일방안에 대한 폐기 운운하는 것은 민족사의 준엄한 심판을 받아 마땅하다.

앞으로 2025년경이면 중국의 GNP가 미국을 능가할 것으로 예측되고 있다. 이때면 중국은 더 이상 미국의 일방적이고 야만적인 동북아패권을 수용하지 않을 것이다. 곧 중국의 중화민족주의와 미국의 일방적 패권주의가 충돌하고 그 결과 동북아에는 중국과 미국의 신냉전이 도래하게 된다. 만약 그 시점까지 우리가 통일을 이룩하지 못한다면 남과 북은 또다시 과거 미소냉전시대처럼 북은 중국에, 남은 미국에 종속되어 민족의 재통일은 거의 불가능해지고, 민족분단은 장기간 지속될 것이다. 그러므로 남과 북은 이런 신냉전의 도래 이전에 부분통일이라도 이루어 이 지구촌에서 한반도의 통일을 기정사실화하여 우리의 통일을 굳히는 작업을 시급히 추진해야 한다.

내적 통일정세와 통일딜레마

이같이 통일을 서두를 것을 요구하는 통일 외적 조건과 대조적으로 통일의 대내적 조건은 상반된 모습을 보이고 있다.

먼저 1999년 남북 GNP가 각기 4천억과 160억, 2000년의 국민총소득 (GNI)이 4552억 달러(514조 6천억 원) 168억 달러(18조 9천억 원)인 데서 드러나듯이 남과 북의 사회경제적 역량은 27 : 1로 크게 차이나며, 1999년 6월의 서해교전이나 최근 국방부의 국방백서 발간 유예결정에서 보여준 북한주적론 철폐 논쟁에서[6] 확인한 것처럼 대북 적대가 높고, 북한을 동등한 통일동반자로 수용하지 않아 통일성숙도가 미약하다.

남북정상회담 이후 적대관계가 상당히 완화되었지만 아직까지도 이것

---

6) 다른 모든 나라들은 단지 가상의 적(hypothetical enemy)을 상정하고 있지 주적이란 개념을 설정하고 있지 않다. 유일하게 남한만이 구체적으로 주적을 명시하고 있는 점이야말로 지구촌 보편사의 흐름에도 어긋나거니와 민족의 하나됨을 모색해야 하는 민족사에도 배반하는 행위이다.

이 국가보안법 철폐와 같은 제도와 구조적 차원의 완화로 발전하지 못하고 있다.

이처럼 내적 통일기반이 저조한 조건에서 급박하게 독일식의 통합적 통일을 이루었을 경우, 이는 북한을 내부식민지화하는 민족 분열적 통일로 귀결될 가능성이 높다. 곧 남북의 역량차이가 너무 심대하고, 남한의 통일역량이 북한을 민족공동체로 수용하기보다는 흡수대상으로 삼고 있고, 적대의식이 아직 만연해 있다는 것이다. 이 점은 6·15공동선언이 발표된 현재의 시점에서도 나라와 민족의 운명에 대해 최소한도의 책임을 통감해야 할 정치인에게서 그대로 드러나고 있다. "영해와 북방한계선(NLL)을 침범한 북한선박을 교전수칙에 따라 조치해야 한다고 했더니 정부와 여당은 총을 쏘고 전쟁을 일으키라는 것이냐고 말했다"고 하기도 하고, 북한을 여전히 남한군의 주적으로 낙인찍기도 한다. 이렇게 북한을 통일동반자로 수용하는 통일성숙도가 낮은 상태에서 1국가1정부1경제체제의 급박한 완전 통합적 통일은 북한을 내부식민지의 대상으로 전락시킬 것이 필연에 가깝다.

이에 우리는 북한이 어느 정도 자생력을 갖추도록 하고, 남북간에 형성된 '제2 자연화'의 적대관계를 완화하고, 북한을 통일동반자와 상호주체로 인식하는 통일성숙도를 높여서 내적 통일기반을 조성하여 지배와 예속의 민족 분열적 통일을 막는 역사행로를 서둘러야 한다.

이와 동시에 완전한 통합적 통일은 가급적 늦추어야 한다. 하지만 동북아신냉전의 도래라는 외적 통일정세는 통일을 서두를 것을 요구하고 있다. 이렇게 통일 외적 조건의 통일긴박성을 통일 내적 조건이 제대로 따르지 못하는 불균형 상태, 이 현상이 바로 통일딜레마로 나타나게 된다.

6 · 15공동선언 2항과 통일조감도

이런 통일딜레마를 해소할 수 있는 해결책을 바로 6 · 15공동선언 2항이 제시하고 있다는 점에서 6 · 15공동선언의 민족사적 의의는 지대하다. 이 2항은 연합제와 낮은 단계의 연방제가 결합한 통일방안에 합의함으로써 북한을 내부식민지화할 민족 분열적인 완전 통합적 통일이 아닌 부분통일을 가능하게 하여 이 통일딜레마에 대한 돌파구를 연 셈이다. 동시에 앞에서도 보았지만 공동선언 2항은 남측 공식적 통일방안의 기본적 문제점인 흡수통일을 배제하고, 북측 통일방안의 기본적인 문제점인 단기간의 군사 및 외교권의 통합이라는 비현실성을 극복했다. 이로써 통일이야기만 나오면 남과 북이 서로 경계하는 흡수통일과 적화통일의 우려가 극복된 셈이다.

그래서 우리의 통일기획은 기본적으로 6 · 15공동선언 2항에 근거해야 하고 그 경로는 다음과 같이 되어야 할 것이다.

내외적 통일기반 조성

　　내적 기반: 남북적대 해소, 북한역량 증진, 남북 통일성숙도 고양, 한반도
　　　　　　　냉전구조 해체와 평화보장체제 구축
　　외적 기반: 동북아협력안보 진전, 미군철수와 비동맹중립화
민족연합과 민족연합성연방 단계로 이행하여 부분통일 추진
　　　　: 민족통일과 사회통합 병행추진
부분통일(민족연합성연방과 높은 단계의 민족연방)=**민족통일**
　　　　: 민족·사회통합 진전, 체계통합
민족통합(1통일주권국가 2단순지역정부 1통합복합경제체제)
　　　　: 사회통합의 지속적 추진[7]

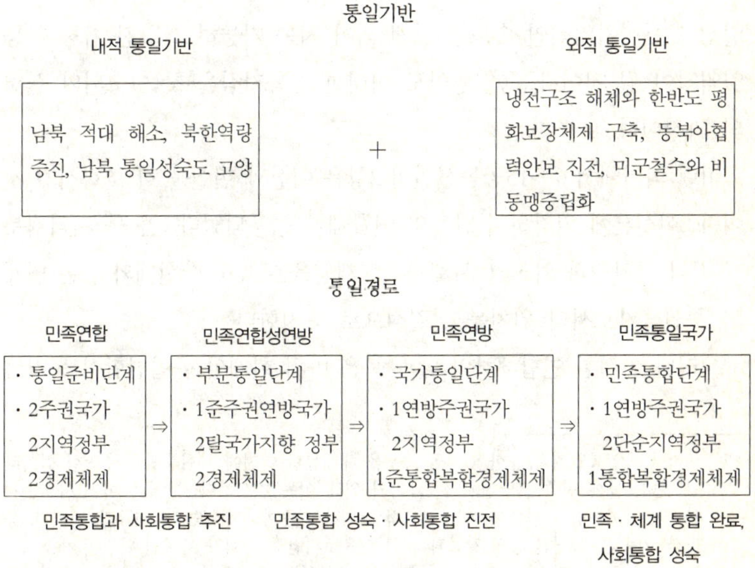

통일기반

내적 통일기반　　　　　　　　　　　　　　　　외적 통일기반

| 남북 적대 해소, 북한역량 증진, 남북 통일성숙도 고양 | + | 냉전구조 해체와 한반도 평화보장체제 구축, 동북아협력안보 진전, 미군철수와 비동맹중립화 |

통일경로

민족연합	민족연합성연방	민족연방	민족통일국가
·통일준비단계 ·2주권국가 　2지역정부 　2경제체제	·부분통일단계 ·1준주권연방국가 　2탈국가지향 정부 　2경제체제	·국가통일단계 ·1연방주권국가 　2지역정부 　1준통합복합경제체제	·민족통합단계 ·1연방주권국가 　2단순지역정부 　1통합복합경제체제

민족통합과 사회통합 추진　　　민족통합 성숙·사회통합 진전　　　민족·체계 통합 완료,
　　　　　　　　　　　　　　　　　　　　　　　　　　　　　　사회통합 성숙

〈그림 1〉 통일조감도

연합제와 연방제의 접목인 부분통일을 통일경로의 핵으로

앞에서 살펴본 대로 동북아신냉전이 도래하기 이전에 부분통일이라도 이루어 지구촌에서 우리의 민족통일을 기정사실화하는 것은 현시점에서 우리의 긴요한 과제이다. 아니면 우리 민족은 분단고착화로 나가 통일의 기회를 또다시 50년이나 100년 동안 놓치는 민족위기에 처할 가능성이 높다.

이러한 절박한 조건에서 지나친 이상주의는 현실이 뒷받침되지 않아 공허할 뿐 아니라 좌절되기 쉽다. 또 지나친 현실주의는 장기적 전망을 상실하여 중도하차하게 마련이다. 이상주의적 전망과 현실주의적 구체성이 접목되는 속에서 외세에 의해 강제된 분단은 서서히 극복되고, 통일행로는 비가역적인 속도를 갖게 되어 지속 가능하고 발전 가능한 통일역정이 될 것이다. 통일방안도 이러한 접목지점을 찾는 고뇌와 실천의 과정이다.

이런 의미에서 6·15공동선언의 2항은 이상과 현실을 잘 조화시킨 것이다. 현실론에 입각하여 남측의 연합제가 수용되었다. 곧 두 지역정부가 각각 군사권과 외교권, 사회경제체제권을 보유하여 현재와 같은 별개의 주권국가로서의 위치를 실질적으로 유지한다.

그러나 이러한 연합제하의 남과 북은 마치 현재의 유럽연합이 통일국

---

7) 흔히들 독일통일의 유용한 역사적 교훈을 체계통합 이전에 사회통합을 추진한 점이라고 한다. 물론 민족 분열적 통일을 막기 위해 이는 긴요하다. 그러나 어느 사회든지 완벽한 사회통합을 이룬 사회는 역사적으로 거의 존재하지 않는다. 계급간, 지역간, 종교간, 인종간, 학력간 등의 갈등과 균열은 유토피안적 사회가 아니면 완전히 해소되기는 불가능하다. 민족통일이나 민족통합을 추구하는 과정에서 사회통합은 지속적으로 추구해야 하지만 이는 정도의 문제이지 완벽한 사회통합이 선행되어야만 민족통일이나 민족통합이 가능하고 그래야만 된다는 주장은 실현 불가능한 것을 주장하는 무책임한 주장이고 결과적으로 반통일적인 발상이다.

가가 아니듯이 결코 통일된 국가는 아니다. 그러나 연방제안은, 비록 낮은 단계라 할지라도 이상적인 면을 지니고 있다. 그것은 실질적으로는 어떠하든 형식적으로는 연방정부가 구성되어 1국가2정부2체제의 통일국가로 진입함으로써 한반도의 단일한 통일주권국가가 상징적 수준에서 창설되는 것을 의미한다.

비록 연합제와 연방제가 결합한 이 연합성연방국가가 지극히 상징적 수준에 머문다 하더라도 외부적으로는 통일국가라는 이미지를 제시하고, 장기적으로는 통일을 이끄는 상징적인 힘을 가질 수 있는 것이다. 물론 이 경우 한반도에는 때로는 한 개의 통일주권국가, 때로는 두 개의 별개의 주권국가, 또 때로는 세 개의 주권국가가 존재하는 과도기적 현상이 조성된다. 통일을 위해서는 이러한 과도기적 과정이 필연적이다.

이 연합성연방국가는 처음에는 실질적인 역량행사에 한계가 있다 할지라도 부분통일을 이루었다는 상징성을 가짐으로써 지구촌에서 우리의 통일을 기정사실화할 수 있는 형식성을 갖게 된다는 것이 핵심이다. 그러나 통일성숙도가 높아짐에 따라 연합성연방국가의 역할과 권한도 증가시켜 통합성을 추진해 나가도록 해야 한다.

연합성연방국가의 구성은 여러 가지 논의가 필요하겠지만 연방정부, 연방의회, 연방내각, 연방지방의회 등 행정부와 의회 수준의 민족통일기구를 두어야 한다.

사법부는 연방의 실질적인 권한이 약하므로 지극히 초보적 수준에 머물게 된다. 이들 수반을 비롯하여 각 의회나 내각의 구성원은 남과 북이 모두 추앙하는 원로급으로 옹립할 수도 있고, 아니면 남과 북의 현직 당사자들이 2년 정도씩 순번제로 맡을 수도 있다.

연합성연방단계에서 국방·외교·경제체제 영역은 통합의 정도가 느슨할 수밖에 없다. 그래서 한편으로는 지역정부가 그 관할권의 대부분을 행사하게 되어 두 개 독자정부로서의 위상이 강하게 나타날 수밖에 없다. 그러나 다른 한편 체육·문화·관광 등의 영역은 강력한 통합이 가능하기 때문에 많은 부분을 중앙정부가 관할하여 2탈정부와 1준통일국가로서의 위상을 가지게 된다.

또 민족경제의 진전으로 남북 공동사업인 경의선, 경원선, 서해공단, 금강산개발 등의 경제영역도 상당 부분 통일중앙정부가 관할하게 된다. 이렇게 점차적으로 통일중앙정부의 영역을 확대해 나가면 부분통일의 엄연한 물적 토대가 된다.[8]

바로 이러한 접목이 가능한 구도를 문익환 목사가 1989년 방북하여 일군 4·2공동성명에서 북측과 합의한 점을 우리는 주목해야 한다. 4·2공동성명 4항에서 "공존의 원칙에서 연방제 방식으로 통일하는 것이… 필연적이고 합리적인 통일방도가 되며… 한꺼번에 할 수도 있고 점차적으로 할 수도 있다"고 함으로써 6·15공동선언에서 북의 '낮은 단계의 연방제'와 남의 연합제의 접목이 가능한 기초를 이미 닦아놓았던 것이다 (강정구 2001d). 이제 우리의 과제는 4·2공동성명과 6·15공동선언이 일구어놓은 훌륭한 방도와 지침을 실현하는 것이다. 바로 이 맥락에서 필자는 '아리랑통일민주공화국' 4단계통일방안을 제안한다.

---

8) 지난 시드니올림픽의 최고 하이라이트는 바로 남과 북이 한반도기를 앞세우고 동시입장하여 우리가 하나임을 세계만방에 보여준 것이다. 차기 아테네올림픽에서는 아리랑연합성연방국가의 중앙통일국가 명의로 단일팀을 구성하게 되면 우리의 상징적 통일기반은 이 연합성연방을 계기로 굳건히 다져질 수 있다. 이같이 연합성연방단계의 통일정부가 체육, 문화, 관광 등 남과 북이 쉽게 통합될 수 있는 부분에 관해서는 남북지역자치정부의 권한을 대폭 이양받아 실질적인 중앙정부로서의 역할을 수행하도록 하는 것이다. 이러면 민족경제부문에서는 통합이나 통일이 90% 가까이 될 수 있고, 체육부문은 이미 70~80% 가까이는 통합된 것이 되고, 관광부문 등도 통합 내지 통일이 상당히 진척된다. 동시에 경의선, 서해공단, 임진강수해대책본부 같은 남과 북의 협력 및 공동사업의 경우 그 관할권을 중앙정부가 행사하도록 하여 실질적인 통합분야를 확대해 나가야 할 것이다.

3. '아리랑통일민주공화국' 4단계통일방안

우리의 통일방안은 남쪽의 한민족공동체통일방안의 흡수통일 지향성과 북쪽의 고려민주연방제통일방안의 비현실성을 극복하면서 우리 민족의 한결같은 과제인 민족자주, 평화, 민족화합을 통한 민족공동체 구현을 지향하는 것이어야 한다. 동시에 우리의 통일과정은 한반도평화체제 구축과 함께 동북아 및 세계 평화체제에 기여 및 접목하고, 남북의 민중이 함께하는 과정이어야 한다.

이러한 요구를 담은 통일방안을 필자는 '아리랑통일민주공화국 4단계통일방안'으로 명명하고자 한다. 아리랑통일민주공화국에서의 아리랑은 남과 북의 민족성원 어느 누구에게서도 쉽게 일체감과 공속의식을 자아내는 민족상징으로 자리잡았으며, 남과 북의 적대관계를 넘어서서 쉽게 동의할 수 있는 상징어이다. 동시에 우리 민족의 역사 속 한과 얼이 무형적으로 녹아들어 있는 상징어로서 각고 속에서 '우리 됨'을 확인할 수 있어 소아적 이해관계를 초월하여 진정한 일체감과 화해와 협력을 자아낼 수 있을 것이다.

이 4단계통일방안은 통일준비단계인 민족연합(2수권국가 2정부 2경제체제), 부분통일단계인 민족연합성연방(1준주권연방국가 2탈국가지향 정부 2경제체제), 국가통일단계인 민족연방(1연방주권국가 2지역정부 1준통합복합경제체제), 민족통합단계인 민족통일국가(1연방주권국가 2단순지역정부 1통합복합경제체제)로 구성된다.

민족연합단계는 통일진입을 위한 준비단계이자 남북기본합의서 및 6·15공동선언을 이행하는 단계로, 2개의 완벽한 주권국가, 2경제체제, 2국가적 정부를 5년 정도 설정한다. 민족연합은 통일을 지향하는 '특수관계'에 있는 남북의 사회가 민족연합성연방인 부분통일로 진입하기 위한 최소한의 여건, 즉 냉전 적대적 법·제도의 청산, 남·북·미 3자의 평화협정 체결, 남북 화해와 협력 증진, 민족경제의 기초 형성 등을 이루는 단계이다. 한민족공동체통일방안에서의 '국가연합'이 장기간의 분단질서 관리기 또는 흡수통합 여건 조성기로 설정된 것과 달리, 이 민족연합단계는 부분통일기인 연합성연방단계로 이행하기 위한 준비단계이다.

이 과정을 주도적으로 추진할 조직은 당국자회의와 전민족회의이다. 당국자회의는 남북기본합의서에 제시되어 있는 남북합의서와 6·15공동선언 이행기구로서 정례적인 남북 정상회의·각료회의·의원회의, 남북상주대표부, 화해공동위원회, 군사공동위원회, 핵통제위원회 등이 포함된다. 전민족회의는 남북정당사회단체공동회의로서 통일과정이 당국간만이 아니라 민중과 시민 등이 동시에 주도하는 과정이 될 수 있도록 하기 위함이다. 양자의 관계는, 원칙적으로 당국자회의의 안건은 모두 전민족회의에서 논의를 거쳐 동의, 개정, 폐기 등을 결의하고 이를 당국자회의와 공동으로 다룸으로써 실질적인 주체의 역할을 한다. 물론 당국자회의에서 다루지 않는 독자적 안건을 결의하고 이를 당국자회의에서 수용하도록 하는 독자성을 가진다.

민족연합은 통일 준비단계임에도 불구하고 통일국가로서의 위상을 제대로 가질 수 없어 통일단계는 아니다. 그러므로 단기간으로 국한되어야 하고, 이 기간 남북의 최우선정책은 상징적 및 실질적 통일기반 조성이 되어야 한다.

민족연합성연방단계는 부분통일단계로 역내 국경이 존재하는 1준주권연방국가 2탈국가지향정부 2경제체제이고 15년 정도를 상정한다. 이 단계는 연합제의 요체인 외교·군사·사회경제체제의 독자권을 각기 남북정부가 갖는 것과, '낮은 단계 연방제'의 요체인 상징적 수준의 민족통일기구인 연방통일중앙정부 구성을 접목시킨 단계이다. 남북의 이질성 및 이해차이 등이 심화되어 있는 점 때문에 군사·외교권을 지닌 강력한 통일중앙정부를 구성하는 것은 현실적으로 매우 어렵다. 실질적인 정치통합이 이루어지는 높은 단계의 연방제는 남북 각각의 경제체제와 사회체제의 상호적대성이 완화·소멸되어 상호접목의 토대가 마련되고, 민족경제 등을 발판으로 상호의존성이 강화되어야 가능하다.

앞에서도 밝혔지만 이 연합성연방단계의 초기에는 국방·외교·경제체제 영역은 통합의 정도가 느슨할 수밖에 없다. 그래서 지역정부가 독자적 주권정부로서의 위상을 여러 영역에서 강하게 가지게 된다. 그렇지만 체육·문화·관광·민족경제 등의 영역에서는 연방통일정부로의 통합이 가능하기 때문에 2탈국가적 지역정부와 1준주권연방통일국가의 위상을 가진다. 또 민족경제공동체의 진전으로 경의선, 경원선, 서해공단, 금강산개발 등의 경제영역도 상당 부분 통일중앙정부가 관할하게 된다. 이런 식으로 연방통일중앙정부의 영역을 점차적으로 확대하면 2탈국가지역정부와 1준주권연방통일국가의 체제가 강화되어 부분통일의 엄연한 물적 토대가 형성 및 강화되는 것이다.

이 단계의 초기에는 체육부문의 경우 70～80%의 통합이, 문화부문은 50% 정도의 통합이, 관광부문은 30% 정도의 부분통합이 이루어지겠지만, 중간이나 말기에는 체육부문은 100%의 완전통합을 일구고 문화부문은 80% 정도 등으로 진척·확대되어 나갈 것이다. 또한 이 기간 상호협력과 화해와 교류 및 통일 지향적 정책의 수행으로 군사, 외교, 경제 등 초기에 통합을 일구기가 힘든 영역에서도 통합정도를 높여나가 부분통합도를 30～40% 등으로 증진시켜 나가 완전통합의 물적 토대와 공동기반을 계속 확충하여 민족연방으로 이행할 채비를 갖춘다.

민족연방단계로의 진입은 민족연합성연방단계에서 남북적대가 거의 해소되고, 북한의 역량이 크게 증가되어 북한주민의 경제수준이 남한의

60% 정도가 되고, 한(조선)반도 평화체제가 실질적으로 구현되고, 민족경제의 진전으로 사회경제체제간 상호통합성이 증가되고, 여타 사회통합부문의 진전이 상당 정도 이행되는 시점에서 이루어지게 된다. 민족연방단계는 국가통일단계로 역내 국경이 폐지된 1연방주권국가 2탈국가적 지역자치정부 1준통합복합경제체제로 1국가 1준체제 2탈정부 단계이다. 이 단계는 정치통합이 이뤄진 단계로서, 입법·사법·행정·군사·외교 등이 대부분 민족연방국가에 의해 행사된다. 따라서 남북의 각 지역자치정부는 독자적 주권이 약화되어 기존의 주권국가적 성격이 현저히 퇴색하여 강한 탈국가적 지역정부 수준에 머물게 된다.

민족연방단계의 사회경제체제는 민족경제의 진전으로 남북의 상호 의존성과 통합성이 증가되어 기존의 고정개념인 자본주의나 사회주의의 이분법적인 구분이 무색해진다(박순성, 1999). 경제의 기본적 작동기제는 시장경제가 주축이겠지만 공적 영역에 대한 중앙정부와 지역정부의 소유 및 통제의 폭은 현재 남한의 정도를 능가하여 북한이 지속해 왔던 사회주의적 요소 가운데 사회권에 해당되는 부문이 유지되는 사회경제체제가 되어야 한다. 또한 노동계급의 공동결정권이 제도적으로 보장되는 탈자본주의를 지양해야 한다. 탈자본주의성이나 탈사회주의성의 정도는 상당 부분 지역정부의 자치권을 인정하는 방향에서 자율적으로 조정되어야 한다.

4단계의 민족통일(합)단계는 국가통일단계인 민족연방에서 사회·민족적 통합이 진척되어, 독일과 달리 북한지역이 내부식민지화나 2등지역 및 2등시민으로 전락되는 불균형관계가 거의 사라지는 단계이다. 이를 위해서는 장기간의 민족연방단계 동안 남과 북이 상호주체성을 바탕으로 통합의 기초를 쌓는 오랜 기간이 필요하다. 통일독일의 사례에서도 알 수 있듯이 정치통합과 민족통일(합)에는 시간적 격차가 존재한다. 민족의 이질성을 극복하는 민족통합은 정치통합이 이뤄지고 나서도 지속적으로 추진할 과제이다. 민족통합이 거의 이루어진 시점에서 민족연방국가는 민족통일국가로 이행하여 국가통일에서 민족통일(합)로 이행한다. 이 단계의 정치체제는 지역의 이해관계를 잘 반영할 수 있는 지역자치권이 보장되고 다양한 사회세력이 연대나 연합을 통해 정치권력을 구성하는 내각책임제를 채택한다.

분단 55년 동안 심화된 남북간의 이질성과 적대성 때문에 과도적 단계의 연방이 불가피하다고 볼 수 있다. 그러나 재분리의 위험성을 내포하고 있는 연방체계는 완성된 통일국가의 형태로는 부적합하다. 따라서 민족의 동질성이 회복되고 사회통합이 진척된 민족통일국가단계에서는 1연방주권국가 2단순지역정부 1통합복합경제체제의 형태를 취하지만 지역정부는 단순한 지역자치정부의 수준에 머물게 해야 한다. 아울러 이 단계에서는 통치구조가 대통령중심제에서 내각책임제로 변화될 필요가 있다. 민족연방단계까지는 강력하면서도 민주적이고 자주적인 지도력과 정책결정의 효율성 그리고 무엇보다도 민족통일국가 지향 등의 문제를 고려할 때, 대통령중심제가 상대적으로 통일과업을 보다 효율적으로 수행할 것으로 판단된다. 그러나 사회·민족통합단계인 민족통일국가단계에서는 이해관계나 정견의 다양화를 고려할 때, 위계적인 지도력보다는 합의적 지도력이 필요하기 때문이다. 이런 점에서 의회의 구성체계도 양원제가 단원제보다 상대적으로 바람직할 것으로 보인다.

4. '아리랑통일민주공화국' 성취를 위한 단계별 통일행로

단계별 통일행로를 시도해 보면 다음의 표와 같다.

단계	민족연합 (Korean Confederation State)	민족연합성연방 (Korean Confederation-based Federal State)
단계 성격	통일준비단계: 남북기본합의서 이행단계 민족연합성연방단계를 거쳐 민족연방단계로 이행하기 위한 잠정적·임시적 시기(국제법상 2국가)	부분통일단계
추정 시기	2003~2007(5년)	2008~2022(15년)
국가 체제	2주권국가 2지역정부 2경제체제 (역내국경 존재)	1준주권연방국가 2탈국가지향 지역정부 2경제체제 (역내국경 존재)
경제 체제	남: 자본주의, 북: 사회주의 (민족경제공동체 추진으로 상호의존성 증가)	남북 양 체제 유지 및 자체 내 상호 수렴과 통합을 위한 개혁으 로 경제통합기반 확충
법제도 / 헌법	남: 헌법개정(3조 영토조항, 4조 통일관련 이념조항)과 국가보안법 폐지 북: 당규약 등 개정(통일관련 이념조 항)	통일연방헌법과 지역정부 개별헌법의 공존(개별헌법은 남북 상호 이념·경제체제 등이 접목·공존할 수 있도록 개헌)
법제도 / 사법 통합	남북기본합의서 이행을 위한 법제정비 사상과 이념의 자유보장 법체계로 개조	각 영역별로 민족통합을 위한 특별법 제정(과도기 입법조치), 다방면 교류·협력을 위한 법제정비
국호/ 국기	국제 문화·체육·사회 행사에서 단일기 상징적 사용	단일 국호·국기 사용(남북정부 국호·국기 병존) 아리랑통일민주공화국의 단일국호
이행 위한 전제조건	남북기본합의서 국회비준, 한반도평화선언, 남북당국간 상설협의기구 구성, '주적' '괴뢰' 개념 등 적대규정 폐지	북미평화협정 이행
주요 과제	냉전과 분단의 잔재 청산 시작, 남북미 평화회담 추진과 평화협정 체결(적대관계의 상징적 해소), 이의 국제적 보장, 평화체제의 여건 조성, 남북기본합의서 이행기구 설치, 남북정당사회단체공동회의 및 남북정당연석회의 개최, 남북간 사회·경제·문화 교류 증진	냉전과 분단 잔재의 법, 공식적 제도, 규정 등 완전청산과 기타 냉전문화, 냉전의식, 냉전심성 등 해소 노력, 남북미 평화협정 이행(적대관계의 실질적 해소), 평화체제의 안정화와 냉전체 제 해체 본격화와 마무리, 연방국가구성(상징적 중앙정부, 국 가수반 남북 윤번제), UN의석 단일 및 복수 의석 병존, 통일정 치협상 추진, 억압적 국가기구 폐지(국정원, 국가정치보위부 등)
국가기구·국가통합 / 당국회의 또는 중앙정부 / 전민족회의	남북정당사회단체공동회의, 남북정당연석회 의, 남북상주대표부(서울, 평양), 부문별 남북 공동위원회(민간) 설치·운영 → 한반도 평화 체제 이행을 위한 정치협상 → 남북당국자회담 과 전민족회의의 병행추진	통일협상	전민족적 정치회담과 당국자회담 병행추진 → 연방정부 를 구성하기 위한 '임시민족의회' 구성 → '임시민족의회' 에서 민족통일을 위한 특별법 제정 → 연방정부 구성
	남북정상회의(정례화) 남북각료회의(정례화) 남북의회회의(정례화) 남북상주대표부(서울, 평양) 화해·군사·핵통제 공동위원회 등 구성 부문별 남북공동위원회(당국) 설치·운영	연방 의회	남북 동수 + 해외 10%로 연방의회(단원제) 구성 → 남 북의원은 각기 남북의회에서 선출 → 통일연방헌법 제정
		연방 정부	연방대통령(주석): 남과 북 2년간 순번제 연방내각(남북한 내각을 총망라하는 부서설치, 관광· 체육·문화 부문 등 통합이 쉬운 부문부터 먼저 연방 내 각 부서에 권한이양, 타부분은 부분적이고 점차적 권 한이양, 민족경제부 같은 통일이행 특별부서 창출) 연방경찰청 창설
	각급 단위에서 상징적 연방정부의 수립을 논의, 쌍방의 합의하 에 추진!		상징적 연합성연방정부 수립, 남북 지역정부가 외교·군사· 체제유지 권한을 독자행사, 상호 합의되는 부문은 연방정부가 단독행사, 책임 있는 각급 단위가 통일정치협상을 통해 다음 단계인 민족연방 추진

아래 당국회의 또는 중앙정부 셀 구성:

당국회의 또는 중앙정부	당국자회의	

단계			민족연방 (Korean Federal State)	민족통일국가 (Korean Reunification State)
단계 성격			국가통일단계	민족통합단계
추정 시기			2023~	민족연방 이후 10년 내
국가 체제			1연방주권국가 2단순지역정부 1준통합복합경제체제(국경 폐지)	1연방주권국가 2단순지역정부 1통합복합경제체제
법제도	헌법		통일연방헌법(개별헌법 폐지)	단일통일헌법
법제도	사법통합		지방자치 활성화 및 직접민주제를 위한 각종 법제 마련과 정비 연방정부-남북지역정부-지방자치정부 간의 유기적 분권화를 위한 형법·민법 등 각종 법제 정비	통일헌법 제정(국가·사회·경제이념 명시) 단일법제 완성
국호/국기			단일 국호(아리랑통일민주공화국)·국기	단일 국호(아리랑통일민주공화국)·국기
이행 위한 전제조건			민족연합성연방의 과제 완료 통일연방헌법에 대한 국민투표 실시	민족연방의 과제 완료 자유·민주적 총선거에 의한 단일국가 형성
주요 과제			연방정부-남북지역정부-지방자치정부 간의 유기적 분권화 연방정부는 외교, 군사, 재정, 사법, 입법 등에서 실질적인 주권국가로 기능 남북지역정부는 조세징수, 지역치안, 자치입법, 경제정책의 자율성을 상당 정도 보장 지방자치정부에 연방정부나 남북지역정부가 상당한 자치권한 이양 주민참여의 직접민주제 대폭 확대실시 국가권력에 대한 사회구성원의 감시외 통제 활성화	민족통합 완성(민족공동체의 형성) 주민소환권과 발안권 등 사회구성원 참여의 직접민주제를 전국적 차원에서 실시하고, 전면적으로 확대·강화 국가권력에 대한 노동자와 민중 등 사회구성원의 감시와 통제 제도화 단일중앙정부-지방자치정부 간의 유기적 분권화 완성
국가기구·국가통합	당국회의 또는 중앙정부	국민투표	연방통일헌법에 대한 국민(인민)투표 실시→투표 이후 연방국가 구성	민 주체의 자주적 단일정부 수립→자유·민주 총선거에 의한 국회의원 선출 정부형태: 대통령(주석)제→'대통령(주석)-수상'의 내각책임제 의회형태: 양원제의회
국가기구·국가통합	당국회의 또는 중앙정부	연방정부	연방대통령·부통령(또는 주석·부주석)→연방정부선거로 선출(단 주석, 부주석은 같은 지역(남과 북) 출신이 독점하지 못함) 남과 북 지역정부 별도구성, 연방내각 구성	
국가기구·국가통합	당국회의 또는 중앙정부	연방의회	남북 동수＋해외 10% 원칙 유지→남북 각기 연방의회 선거에 의해 연방의회 구성→각종 법제의 정비	
국가기구·국가통합	당국회의 또는 중앙정부	연방법원	연방헌법재판소 설치 연방법원(또는 연방사법재판소) 설치	
국가기구·국가통합	당국회의 또는 중앙정부	연방은행	연방은행: 민족연방정부의 중앙은행	
국가기구·국가통합	전문기구 외에, 각종 이해상충을 조정하는 조정기구를 연방정부-남북지역정부-지방자치정부(민족연방단계) 또는 단일중앙정부-지방자치정부(민족통일국가단계) 등 각급 단위에 설치·운영			

5. '아리랑통일민주공화국'이 지향해야 할 역사행로

이와 같은 통일방안과 통일과정을 거치면서 성취해야 할 통일국가인 아리랑통일민주공화국의 역사행로를 간략히 논하겠다. 이미 북한은 고 민연 통일방안을 제안하면서 "전영토와 전민족을 포괄하는 통일국가로서 전체 조선인민의 근본 리익과 요구에 맞는" 10대시정방침을 제시했다. 이에 구애되지 않고 근간이 되는 아리랑통일민주공화국의 시정방향을 모색해 보겠다.

우리는 이 책의 머리말에서 통일의 당위성을 네 가지 차원에서 논의했다. **민족사적 차원**에서는 "외세에 의해 강제된 분단과 전쟁 및 남북 적대라는 굴절의 민족사를 민족 자주적으로 복원 및 극복하여 민족사의 정도를 정립"하고 "끊임없는 전쟁위기에 노출되어 있어 민족공멸의 위기를 극복"하는 것이었다. **동북아 및 세계사적 차원**에서는 "세계에서 가장 전쟁이 발발하기 쉬운 지역에 통일을 이루게 되면 세계평화에 기여"하고 "21세기 동북아세력균형자로서 평화조정자로서 한반도시대를 연다"는 것이었다. **사회경제적 차원**에서는 "분단비용과 같은 불필요한 민족역량 소모를 막고 민중과 민족 전체의 편익을 위"하고 "통일편익을 증진시키고 민족경제공동체의 상승효과를 이루어 번영된 민족국가를 건설"하고 "이를 통해 인간다운 삶을 영위케 하는 사회권의 증진을 위해"서였다. **개개인과 민족집단의 차원**에서는 "인간의 기본권 가운데 기본권인 문제, 곧 죽고 사는 문제인 생명권을 확보"하고 "동시에 분단에 의해 끊임없이 제약을 강요당한 자유권, 시민권을 확충"하기 위함이었다. 이를 기준으로 아리랑통일민주공화국이 나아가야 할 핵심적 역사지향을 이끌어낼 수 있을 것이다.

민족사 및 세계사적 차원	· 대외적 자주성과 대내적 주체성 · 열린 민족주의 · 동북아 세력균형과 평화조정자로서의 통일조국을 자리매김하는 한반도시대 개척 · 쌍무적인 군사동맹을 배격하고 비동맹 중립노선과 동북아 협력 안보체제로서 한반도 평화체제를 보장하고 이를 바탕으로 동북아 및 세계 평화 실현에 적극적인 평화주체로 위상 추진
사회경제와 개인적· 민족집단적 차원	· 민족생명권과 더불어 개인생명권이 주변국에 의해 위협받지 않는 평화제일주의체제 · 시민권·정치권·사회권이 공히 보장되는 포괄적 민주주의 체제 · 시장경제와 중앙계획경제의 혼합형 복합경제형태 · 동북아 또는 동아시아 경제공동체 구성 · 남북 및 동서의 지역차이에 따른 억압과 차별이 해소되는 사회

6. 맺음말

이 책의 머리말에서 필자는 현시점에서 우리가 논의해야 할 통일남론은 당연히 '통일은 왜 해야 하는가'가 아니라 '어떻게 통일을 이룰 것인가'에 모아져야 하고 또 '때가 오면' 되겠지가 아니라 '지금 때를 놓치면' 우리의 민족적 숙원인 통일은 또다시 반세기를 넘기게 된다는 데 모아져야 한다고 역설했다. 이러한 확고한 의지를 갖게 되면 이 장에서 보는 바와 같이 아리랑통일민주공화국과 같은 통일방안으로 부분통일을 달성하는 것이 그렇게 어렵지 않음을 확인할 수 있다.

이에 호응하듯 '천주교안동교구정의평화위원회'와 전교조안동지회의 통일강연 초청장에는 우리 모두가 통일일꾼으로 거듭날 것을 촉구하고 있다.

우리의 번영과 쇠퇴, 삶과 죽음이 달린 겨레의 통일을 누군가가 떡 주무르듯 하고 있습니다. 우리는 그 광경을 바라보며 일희일비하고 있는 구경꾼입니다. 이제 우리가 눈을 똑바로 뜰 때가 되었습니다. 제대로 알고 겨레의 통일운동에서 각자의 자리를 찾아야겠습니다.

2003년 한반도전쟁위기설에 직면해 부랴부랴 평양을 방문한 임동원 특사 방북에 즈음하여 남과 북은 그 사태의 긴박함을 인식하고는 아래와 같이 '겨레 앞길 헤쳐나가기'에 뜻을 모았고 6·15공동선언의 복원을 확약했다.

쌍방은 최근 조성된 한반도정세와 민족 앞에 닥쳐온 엄중한 사태, 그리고 남북관계에서 제기되는 제반문제들에 대하여 폭넓게 협의하고 다음과 같이 합의하였다.
1. 쌍방은 역사적인 6·15 남북공동선언의 기본정신에 부합되게 서로 상대방을 존중하고 긴장상태가 조성되지 않도록 노력하기로 합의하였다.

그러나 이러한 '겨레 앞길 헤쳐나가기'는 안팎으로 많은 장애물에 봉착해 있다. 먼저 2002년 3월 25일에 발표된 '미의회 한반도 보고서'는 이러한 '민족앞길 헤쳐나가기'와 통일의 걸림돌이 무엇인지를 확연히 보여준다. 요약하면 대북 햇볕정책 비토, 북한 테러국 제외 거절, 4자회담에 의한 평화협정 거절, 북한 재래식무기의 감축과 휴전선 부근의 군사력철수 요구, 2003년 이전 북한 과거 핵사찰 요구, 미사일 보상문제 부정, 재래식무기 남북협상에 의한 해결방안 반대, 주한미군의 평화유지군으로의 변경 검토 등이다.

나라 안에는 전쟁위기에 즈음하여 한반도가 전쟁국면으로 치달아 민족공멸로 이어지는 것을 미연에 방지하려고 화급히 북한을 방문하는 임동원 특사파견에 대해 주류언론과 주류정치세력은 또 다른 '민족앞길 가로막기'에 혈안이 되어 있다. 어느 야당 대변인은 "갑작스런 특사 파북에는 뭔가 미심쩍은 부분이 많다. 국민적 합의와 공감대도 얻지 않은 채 밀실에서 엄청난 퍼주기 같은 이면거래를 한 것 아니냐"고 말했다. 또 같은 당 정책위원회는 "선거를 앞두고 김정일의 서울답방을 구걸하거나 김대중 대통령의 재방북이 추진된다면 국민과 함께 대처할 것"이라고 위협했다.『조선일보』는 3월 26일자 사설에서 "특사 파견이 성사된 과정을 놓고 이미 정치적 의도 등 의혹이 제기되고" 있다면서 임특사의 활동이 "무슨 비밀거래하듯 음험한 분위기를 풍겨서는 역효과를 낼 뿐"이라고 지적했다.

이렇게 나라 안팎에서 '우리의 번영과 쇠퇴, 삶과 죽음이 달린 겨레의 통일'과 평화문제를 '떡 주무르듯' 하고 있다. 어떻게 그네들이 나와 우리, 민족과 동포의 죽고 사는 문제를 제멋대로 주무를 수 있단 말인가? 50여 년 전의 해방공간에도 그들은 우리 민족을 떡 주무르듯 하여 결국은 분단과 전쟁이라는 한(恨)과 비극의 역사를 강요했다. 이제 21세기 초의 한반도는 새로운 해방공간과 통일공간을 맞았다. 남북정상회담과 6·15공동선언을 계기로 반세기 만에 맞이한 이 공간을 50년 전의 바로 그 미국이라는 외세와 황야의 무법자 같은 미국사람보다 더 미국적인 한국인, 곧 숭미사대주의자들의 노예근성이 또다시 난무하려 한다.

이에 우리 모두는 50여 년간 강요된 침묵과 망각에서 벗어나 기억의 역사와 실천의 광장으로 힘차게 나아가야 할 것이다. 40여 년 전 4·19 혁명 당시 우리의 통일일꾼들과 민중은 "통일만이 살길이다"고 외쳤다. 당시 최악의 경제상황하에서는 통일로 남북간의 유무상통의 옛 경제순

환구도를 회복하는 것만이 경제적으로 살 수 있는 유일한 대안이었던 셈이다. 그런데 그후 40여 년이 지난 이 시점에서도 우리는 다시 "통일만이 살길이다"고 더욱 세차게 외치지 않을 수 없다. 탈냉전과 평화의 시기라고 일컫는 90년대 이후 오늘날까지 한반도는 무려 대여섯 번의 전쟁위기를 겪고 있다. 이제 우리의 죽고 사는 문제인 생명권이 외세에 의해 이렇게 농락당하는 기막힌 형극의 길에서 해방되기 위해서도 '통일만이 살길이다'는 기치 아래 우리 모두는 일어서야 한다. 우리 자신과 우리 민족은 전쟁과 죽음으로부터 해방될 권리와 자유를 소유한다. 이 해방과 자유를 구현하는 것은 우리의 신성한 의무이고 권리이다.

우리의 분단은 미국을 중심으로 한 외세에 의해 주어지고 강제되었지만 우리의 통일은 외세에 의해 시혜적으로 주어지거나 저절로 자연스럽게 오는 것은 결코 아니다. 통일은 우리 모두의 목적의식적인 투쟁과 실행에 의해 만들어지는 것이다. 우리 모두가 때로는 정상회담의 주체가 되기도 하고 또 때로는 냉전구조 해체의 역군이 되는 통일일꾼으로 승화될 때만 냉전이라는 역사의 간계에 의해 강제된 우리 조국의 분단은 극복되고, 우리와 우리 민족의 고귀한 생명권은 확보되고, 민족통일은 성취될 것이다. 또 이러한 통일이야말로 통일된 조국의 안과 밖이 외세의 얼룩이 가셔진 우리의 형상을 제대로 갖춘 우리다운 우리의 통일조국이 될 수 있을 것이다.

되짚어본 통일독일의 역사적 교훈

우리 할아버지께서는 동무를 사귈 때 그 동무의 훌륭한 점을 본받도록 노력해야 하는 것도('긍정으로부터의 교훈') 중요하지만 그 동무의 잘못된 점을 보고 나 스스로 본받지 않을 것을 다짐하는 일('부정으로부터의 교훈')이 더 중요하다고 가르치셨다.

이 가르침은 독일통일로부터 우리가 배워야 할 점에 대해 중요한 시사점을 준다. 이제까지 우리는 독일통일에 대한 부정으로부터의 교훈인 통일비용과 체제통합 문제점 등에만 초점을 맞춰왔고 긍정으로부터의 교훈인 동방정책이나 외세의 독일경계론을 극복한 점 등에 대해서는 너무 외면만 해왔다.

부정으로부터의 교훈을 먼저 살펴보자. 독일통일은 사회통합 기반을 마련하지 못한 상태에서 성급한 체제통합을 진전시켰기 때문에 동독의 내부식민화, 동독주민의 2등국민화, 동독의 서독화를 겪어 1국가2국민이라는 민족 분열적 구조를 띠게 되었다.

완전통일보다 부분통일 방식으로

우리는 어떤가? 북한을 통일의 주체와 동반지로 수용하는 통일성수도도 미숙하고, 남북 적대관계를 극복하고 민족화합단계로 나아갔다고 보기도 힘들다. 바로 1년여 전에 일어난 서해교전과 최근 인도적 차원의 대(對)북한 차관 및 지원과 관련하여 북한뿐 아니라 현정권에 대해서 원초적 적대감을 드러내는 일부 언론과 시민사회의 움직임이 이를 잘 말해 주고 있다.

우리는 독일처럼 체계통합을 추진하여 북한을 흡수하고 보자는 민족분열적 통일보다는 민족연합성연방을 수용하여 제도적으로 체제통합을 유보하는 장치를 취해야 한다. 이런 의미에서 공동선언문 2항의 연합제와 연방제가 결합한 통일방안에 대한 전폭적 수용과 채비를 갖추어야 한다. 나아가 남북공동협력사업이나 이산가족 상봉과 경의선 복원 같은 민족경제를 진척시켜 사사회통합을 동시에 추구해야 한다.

　다음은 통일비용이다. 독일은 흡수통일을 하는 과정에서 기존의 동독의 것들을 해체하고 서독 것으로 새로 지었기 대문에 통일비용이 과다할 수밖에 없었다. 우리는 연합제의 요체인 경제체제를 각 지역정부가 독자적으로 관할하는 연합성연방이라는 부분통일의 방도로서 이 문제를 해결할 수 있다. 또한 경의선 복원이나 서해공단의 조성과 같이 민족경제의 터전을 넓혀나가면 통일비용은 얼마든지 줄일 수 있다.

　이제 긍정으로부터의 교훈을 살펴보자. 통일 직전만 하더라도 독일통일은 그들이 저지른 침략성 때문에 국제무대에서 전혀 고려될 수 없었다. 그러나 독일은 통일의 외적 조건에 대한 기회를 잘 포착해서 능동적으로 이를 극복하였다.

　우리는 어떤가? 중국의 GNP가 미국을 능가하게 되는 2020년경이 되면 동북아에서 중국의 중화민족주의와 미국의 단일패권주의가 충돌하는 신냉전이 발생할 것이다. 과거 미소냉전하에서 우리의 통일은 거의 불가능했다는 사실을 명심하자. 우리의 시급한 과제는 동북아신냉전이 도래하기 이전에 최소한 부분통일이라도 이룩해 지구촌에서 우리의 통일을 기정사실화하는 것이다.

　더구나 우리는 서독에 비해 국제적 역량이 훨씬 약하기 때문에 외적 통일 조건을 제대로 이끌어나갈 수가 없다. 그러므로 사회통합이 미진하다고 해서 통일을 미룰 수는 없다. 주어진 기회를 제때에 포착하는 기동성을 보여야 한다. 이 방안의 하나가 독일의 완전통일과는 다른 부분통일인 연합성연방제의 이행이고 또 이번 노벨평화상을 한반도 평화와 통일기반 조성의 전기로 승화시키는 것 등일 것이다.

　또 하나 주목할 점은 서독은 통일 이전에 장기간에 걸쳐 동서독간의 적대관계 해소, 교류와 협력 등으로 내적 통일기반을 조성했다는 점이다. 이산가족상봉을 위해서만 100억 달러 이상을 투입한 브란트 동방정책을 통해 서로의 적대관계가 대부분 해소되었다. 이 때문에 미국이나 소련 등 주변 이해당사자로부터 통일에 대한 동의를 이끌어낼 수 있었다.

　남한이 소련에는 30억 달러라는 돈을 빌려주면서 식량난에 허덕이는 북한에 대해서는 식량지원차관마저도 외면한다면 한반도 주위의 외세는 과연 남북한을 통일의 당사자로 인정해 줄까? 오히려 갈등과 분쟁의 증폭을 염려하여 통일을 막을 것이 뻔하다.

　일부 주류언론과 전직대통령, 다음 대통령과 여당을 꿈꾸는 정치세력 등은 독일통일의 역사적 교훈의 두 측면을 제대로 볼 줄 아는 최소한의 이성을 회복하길 바란다. 그들이 그렇게 좋아하는 국가와 민족을 위해 말이다.

(『내일신문』 2000. 10. 20)

만경대 필화사건을 되돌아보며

이른바 만경대 필화사건을 계기로 나는 옥살이와 직위해제라는 철퇴를 맞았다. 그러나 아무리 생각해도 이것은 반민주적인 파시즘의 발로이고 반민족적인 역사행로의 광기로밖에 보이지 않는다. 먼저 나는 흔히들 이야기하는 만경대정신 때문에 구속되었다고 하지만 만경대 방명록에 관한 공안측의 조사는 10%에 불과했다. 나머지 90%는 학술연구자로서 지난 10여 년간 일구어낸 연구업적에 대한 조사였고 또 공소장의 90%도 바로 이들 연구업적에 대한 것이었다.

먼저 방명록에 기재된 만경대정신에 대하여 검찰은 만경대정신=김일성정신=주체사상 신봉이라는 일원론적 도식을 적용하였다. 북한전문가에게 만경대정신이란 여러 가지 다양한 해석이 가능함에도 불구하고 단일해석만 강요하는 검찰과 주류언론의 행위는 바로 전체주의이고 파시즘이다. 파시즘체제에서는 공식적인 단일해석만 허용되고 일체의 다른 해석은 허용되지 않는다. 이러한 파시즘은 국가기관만 아니라 언론이나 대학에까지 그대로 드러나고, 오히려 국가기관보다 시민사회가 더욱더 기승을 부리는 변화된 양태로 나타난다.

우리 사회가 6월민주항쟁으로 민주화로의 이행기를 거쳐 공고기로 접어들었다고 자축하는 많은 민주주의 예찬론 학자들이 간과하고 있는 것이 바로 남북관계와 같은 특수 분야의 파시즘과 반민주성이다. 비록 총체적 측면에서 민주화가 진전되었다 하더라도 어떤 특정한 분야, 특히 국가보안법에 관련된 영역에서는 우리 사회는 여전히 반민주와 파시즘의 표본임을 이번 사건은 잘 보여준다.

만경대정신은 만경대라는 지역의 상징과 관련된 것으로 최소한 여섯 가지 해석이 가능하다. 첫째는, 1866년 셔먼호가 격퇴된 장소로서 반외세 반침략 민족자주의 상징이다. 둘째는, 김일성 생가의 긍정적 의미에서 항일 및 민족독립 정신이다. 셋째, 역시 김일성 생가로서 부정적 의미에서 김일성주의 또는 주체사상신봉주의라는 해석이다. 넷째, 조선조 말 극빈소작농이 살던 곳으로 가난한 농민의 상징일 수 있다. 다섯째, 1948년 조국의 분단을 막고 통일을 이루기 위하여 평양에서 열린 남북제정당사회단체연석회의에 참석했던 김구 선생이 방문하여 기념의 글을 남긴 남북협상의 기념비적 장소로서의 상징이다. 여섯째, 1947년 항일투쟁 등 민족의 해방과 독립을 위해 헌신한 애국자들의 자녀늘에까지 명예를 기리고 보상을 베풀어 민족정기를 함양하기 위하여 세운 만경대학원의 민족정기정신이다.

이러한 여섯 가지 해석 가운데 필자가 의미한 만경대정신은 민족정기정신이었다. 이미 96년에 펴낸 두 권의 책 네 곳에서 만경대학원과 그 상징인 민족정기정신이 분석되었기 때문에 필자에게 만경대는 바로 민족정기정신으로 자연스럽게 와닿았던 것이다. 일반인들의 경우 여기까지 상상력을 발휘하기란 쉽지 않겠지만 언론의 경우는 사정이 다르다. 그들은 이러한 다양한 해석이 가능한 줄 알면서도 붉은 덧칠에만 관심이 쏠렸기 때문에 아예 김일성정신으로만 해석을 내린 것이다. 그들은 당연히 당사자에게 확인을 해야 하는 최소한의 원칙마저도 아랑곳하지 않았다.

이러한 사적인 언론 수준의 파시즘권력체제의 왜곡과 반민주성은 고스란히 공적 수준의 검찰파시즘으로 이관되고, 그리고는 필자가 몸담고 있는 대학에까지 확대재생산되었다. 그 결과 옥살이와 직위해제라는 철퇴가 자연스럽게 내려지는 게 우리 대한민국의 엄연한 현실이다. 냉전의 해체와 민주화의 공고화는 바로 국가영역의 변혁뿐 아니라 시민사회, 특히 주류언론의 변혁과 함께하지 않는 한 제대로 구현될 수 없음이 이번 사건에서 입증된 셈이다.

나에 대한 조사와 공소장의 90%를 차지했던 학문업적에 관해 살펴보겠다. 그 세부내용은 한국전쟁, 주한미군, 미국의 대한반도 정책, 정통성, 자주노선, 연방제통일방안, 평화협정, 주체사상 등이었다. 이 주제들은 누구든 쉽사리 연구주제로 다루지 않으려는 불가촉(untouchable)으로 금기시되어 왔고 냉전의 성역(cold war sanctuary)이었다. 이들 냉전성역에 대해서는 우리 사회가 철저하게 표준정답을 강요해 왔다. 누구든 이 표준정답과 다른 견해나 분석을 내어놓으면 그것이 아무리 학문적 연구결과라 하더라도 국가보안법이라는 서슬 퍼런 칼날의 휘둘림을 당하게 된다.

2001년 국군의 날 기념사에서 김대중 대통령이 6·25전쟁을 통일시도라고 이야기했다가 언론의 색깔논쟁에 휘말려 곤혹을 치른 적이 있다. 대통령마저도 6·25전쟁에 대한 견해를 제대로 밝히지 못하는 것이 우리의 현주소이다. 멀리는 죽산 조봉암이 평화통일을 주창하여 법살을 당하였고, 또 '냉전의 벽' 허물기에 앞장섰던 수많은 통일운동가들이 죽음이나 옥살이를 당했다. 가까이는 통일부장관을 지낸 한완상, 정책자문회의 위원장을 지낸 최장집을 비롯해서 박지동·이장희 등의 대학교수들이 냉전의 성역 허물기 때문에 고난을 겪었다.

표준정답으로 제시되었던 공식적인 해석, 곧 "6·25전쟁은 침략전쟁이다"는 유일한 해석만을 강요하는 파시즘적 해석독점권이 주류언론과 주류정치세력에 의해 기승을 부리는 한 진정한 남북화해는 불가능하다. 진정한 남북화해 없이 통일성취시대의 과제인 한반도 평화만들기와 통일터닦기는 이루어질 수 없다. 바로 이 때문에 냉전의 성역 허물기라는 민족사적 책무가 우리 지식인에게 부과될 수밖에 없다.

이제까지 필자의 학문적 궤적은 이들 냉전의 성역을 허무는 작업이었다. 그리고 학문적 좌표는 민족학문, 민중학문, 비판학문이었다. 물론 이는 필자만의 학문좌표가 아니라 한국 전체의 인문사회과학이 지향해야 할 학문좌표라고 역설해 왔다. 그간 우리의 근대학문이 식민사관과 지적 과잉서구화에 빠져 주체성과 민족중심성을 상실해 왔기에 민족학문이어야 하고, 여러 가지 사회적 모순에 눈감아 와 이들 모순에 일방적 희생을 강요당하는 민중의 고통을 외면해 왔기에 민중학문이 필요하다고 보았다. 또 식민지지배체제, 분단냉전체제, 군부독재, 역사청산의 실패, 사대주의 등 때문에 역사의 진실이 은폐되고 왜곡되어 비판학문을 지향해야 한다고 보았던 것이다.

이러한 필자의 학문지향에 대하여 법정에서 변호사는 "혹자는 피고인의 이러한 태도가 너무 비판적인데 치우쳐, 학문으로서의 객관성이 약한 것이 아니냐는 비판에 대하여는 어떻게 생각하는가요?"라는 질문을 했다. 이에 대해 필자는 아래와 같이 대답했다.

저는 저의 학문이 객관적이라고 확신하고 있습니다만 저의 학문적 연구결과가 객관성이 약한 것처럼 보이고 마치 학문이 아닌 것처럼 보이는 것은 너무나도 당연하다고 봅니다. 왜냐면 저의 주 연구분야가 현대사, 통일, 북한이고 이 분야의 연구주제는 대부분 냉전에 의해 왜곡되고, 은폐되었기에 이것을 바로잡고 진실을 밝히는 것이 마치 학문이 아닌 것 같고 객관성이 덜한 것처럼 보이게 마련입니다. 대표적인 본보기가 한국전쟁입니다.

비정상적인 사람이 정상적인 사람을 보면 오히려 비정상적으로 보이게 마련입니다. 저의 학문 연구결과가 마치 객관성이 약한 것처럼 보이는 것 자체가 제 자신이 추구하는 학문적 좌표인 민족·민중·비판 학문에 충실하다는 증거라고 생각합니다.

냉전의 성역 허물기와 통일집짓기는 분단시대를 마감하고 본격적인 통일시대로 진입하기 위한 첫 관문이다. 6·15공동선언을 계기로 이 첫 관문이 반쯤은 열렸다. 그러나 정략주의에 눈먼 특정 지역에 기반한 정치세력, 패권주의에 탐닉된 주류언론, 옛날로 회귀하는 재벌의 3자지배연합이, 지역주의와 냉전주의가 결합되어 형성된 냉전지역주의를 발판으로 삼고 미국이라는 외세의 든든한 후원에 힘입어서 첫 관문을 봉쇄하고 있다.

이러함에도 불구하고 또 이렇기 때문에 더욱더 냉전성역 허물기와 통일집짓기의 과업이 늦출 수 없는 나의 과업이 되어야겠다. 이러한 나의 모습은 그들에게는 아마도 너무나 비정상적인 탈각의 화신일 것이다.

(『통일맞이』 2001년 12월호)

참고문헌

강만길 (1995a), 「분단 50년을 되돌아보고 통일을 생각한다」, 『창작과비평』 봄호.
______ (1995b), 「장준하와 민주·민족운동」, 장준하선생추모문집간행위원회, 『민족혼·민주혼·자유혼』, 나남.
______ 외 (2001), 『이제 문제는 냉전세력이다』, 중심출판사.
강수택 (2001), 『다시 지식인을 묻는다』, 삼인.
강인철 (1992), 「월남 개신교·천주교의 뿌리」, 『역사비평』 여름호.
강정구 (1988), 「현대사 연구방법론의 방향」, 『문학과사회』 겨울호.
______ (1989), 『좌절된 사회혁명』, 열음사.
______ (1990a), 「벼랑에선 페레스트로이카」, 『경제와사회』 봄호.
______ (1990b), 「남·북한 농지개혁 비교연구: 민족주체적 시각에서」, 『경제와사회』 가을호.
______ (1990c), 「연구방법론: 우리의 반쪽인 북한사회를 어떻게 이해하고 설명해야 할까?」, 강정구 엮음, 『북한의 사회』, 을유문화사.
______ (1990d), 「북한 사회구조의 변혁」, 『북한의 사회』.
______ (1990e), 「한국전쟁의 성격에 관한 재인식」, 『현대사회』 봄/여름호.
______ (1990f), 「한국전쟁과 북한 사회주의 건설」, 경남대극동문제연구소, 『한국과 국제정치』 통권12호.
______ (1991a), 「주체사상과 북한의 사회정책」, 동국대안보연구소, 『안보연구』 제20집.
______ (1991b), 「걸프전은 ‘제2의 한국전쟁’을 부추기는가」, 『사회평론』 6월호.
______ (1991c), 「하나된 조국, 그 대안적 사회체제의 모색」, 『경제와사회』 봄호.
______ (1992a), 「한국전쟁과 북한사회의 사회구조 변화」, 경남대학교 극동문제연구소, 『한국전쟁과 북한사회주의 체제 건설』, 경남대학교출판부.
______ (1992b), 「해방 후 월남인의 월남동기와 계급성에 관한 연구」, 한국사회학회, 『한국전쟁과 한국사회변동』, 풀빛.
______ (1992c), 「6·25 전후 월남인들의 월남동기와 계급성에 관한 연구」, 『사회평론』 8월호.
______ (1992d), 「한국전쟁과 미국의 세균전」, 동국대학교사회조사연구소, 『동국

사회연구』 창간호(「한국전쟁시 미국의 세균전 의혹」, 『말』 1992. 8의 요약
수록).

_____ (1992e), 「세계사적 전환과 통일운동의 접합」, 『창작과비평』 가을호.

_____ (1993a), 「5·10선거와 5·30선거의 비교연구」, 『한국과 국제정치』 봄/여
름호.

_____ (1993b), 「친일파 청산의 좌절: 그 원인과 민족사적 교훈」, 『한국사회학』
27집.

_____ (1993c), 「미국과 한국전쟁」, 『역사비평』 여름호.

_____ (1993d), 「5·10선거의 절차적 민주성」, 『동국사회연구』 통권2호.

_____ (1993e), 「북한의 토지개혁과 협동농장」, 『쟁점 한국근현대사』 3호, 한국근
대사연구소.

_____ (1994a), 「북한정권의 공고화 과정」, 장을병 외, 『남북한 정치구조와 전망』,
한울.

_____ (1994b), 「북핵문제를 둘러싼 국제적 대응의 실체」, 『역사비평』 겨울호.

_____ (1994c), 「남북한 사회·문화공동체 형성방안」, 통일원, 『민족동질화 촉진
의 모색』.

_____ (1994d), 「북한연구의 동향과 전망」, 한림대학교, 『한국사회학평론』 1호.

_____ (1994e), 「인민정권 수립과 민주개혁(1945~47. 2)」, 『한국사』 21, 한길사.

_____ (1995a), 「이승만의 민족사적 평가」, 한국사연구회, 『한국사연구』 여름호.

_____ (1995b), 「반역의 조일관계에서 순역의 조일관계로」, 일본 동경 일한민중
연대회의 발표문.

_____ (1995c), 「민족과 통일」, 학술단체협의회·한겨레신문 주최 해방50주년기
념 학술대회, '한반도 통일국가의 체제구상', 한겨레신문사.

_____ (1995d), 「해방 반세기의 시대규정과 통일지향적 역사인식에 대한 제안」,
독일 Evangelische Akademie Arnoldshain주최 남·북한 및 독일 학술대회
발표문.

_____ (1995e), 「동남아 식민지 과거청산의 현황」, 『근현대사 강좌』 통권7호.

_____ (1995f), 「북한 핵문제에 관한 민족중심적 이해와 민족사적 교훈」, 부산대
민족문화연구소, 『민족문제논총』 4집.

_____ (1995g), 「베트남의 분단과 미국의 역할」, 한국동남아학회, 『동남아시아연
구』 제4집.

______ (1996a), 『통일시대의 북한학』, 당대.

______ (1996b), 『분단과 전쟁의 한국현대사』, 역사비평사.

______ (1996c), 「역대정권의 정통성과 정당성」, 『역사비평』 겨울호.

______ (1997a), 「『역사비평』 현대사 바로세우기」, 『역사비평』 여름호.

______ (1997b), 「해방 후 친일파의 재등장 구조」, 민족문제연구소, 『친일파란 무엇인가』, 아세아문화사.

______ (1997c), 「차기정권 자격론」, 『경제와사회』 여름호.

______ (1997d), 「대북 식량정책과 민족통일의 전망」, 한국정치연구회, 『정치비평』 통권3호.

______ (1997e), 「베트남전쟁과 한국전쟁의 비교연구」, 동국대학교부설 사회과학연구원, 『사회과학연구』 제4호.

______ (1997f), 「박정희정권의 대북정책과 통일정책」, 『역사비평』 가을호.

______ (1998a), 「4월혁명과 현단계 자주·민주·통일의 과제」, 『경제와사회』 가을호.

______ (1998b), 「해방 후 친일파 척결의 실패와 오늘의 과제」, 순국선열유족회, 『순국』 5월호.

______ (1998c), 「국민정부와 남북화해」, 전북민주동우회, 『모악산』 창간호.

______ (1998d), 「한반도 통일정세와 민평협 결성의 역사적 의의」, 민족의 화해와 평화·통일을 위한 대축전 남측추진본부 주최 통일축전 긴급대토론회 발표문.

______ (1998e), 「90년대 통일운동과 북한」, 자주평화통일민족회의, 『통일샘』 7/8월호.

______ (1998f), 「통일방안의 연대기적 고찰과 평가」, 한국사회학회 후기사회학대회 발표문.

______ (1998g), 「통일과정으로서의 평화협정과 평화체제 구축」, 평화문제연구소, 『통일문제연구』 10권 2호.

______ (1998h), 「4자회담의 과제와 전망」, 현대사회경제연구원, 『통일경제』 1월호.

______ (1998i), 「통일과정으로서의 평화협정과 평화체제 구축」, 평화문제연구소, 『통일문제연구』 10권 2호.

______ (1999a), 「북한 식량난과 사회변화」, 강정구·법륜 엮음, 『1999 민족의 희망 찾기』, 정토출판.

______ (1999b), 「김대중정부 통일정책의 평가와 전망」, 『진보평론』 창간호.

______ (1999c), 「분단국가 수립의 반역사성」, 한국사회역사학회, 『담론201』 봄호.

______ (1999d), 「한반도 속의 미국」, 학술단체협의회, 『5·18은 끝났는가』, 푸른숲.

______ (1999e), 「민족·민중학문과 비판적 학문을 제창한다」, 한국사회학 후기사회학대회 발표문.

______ (1999f), 「서해안교전과 동북아 신냉전 및 종속적 신자유주하의 Korea 통일전망」, 대만노동당주최 Asian Wide Campaign 후원 'The Prospects for Asian People's Movement against U. S. and Japanese Imperialism into the New Century' 발표문.

______ (1999g), 「미국의 한반도 전략과 조선의 분단」, 제주4·3연구소 엮음, 『동아시아의 평화와 인권』 역사비평사.

______ (1999h), 「통일시대의 민족통일」, 한국사회학회, 『민족통일과 사회통합』 사회문화연구소.

______ (2000a), 『현대 한국사회의 이해와 전망』, 한울.

______ (2000b), 「한국전쟁과 민족통일」, 『경제와사회』 겨울호.

______ (2000c), 「전쟁과 민간인 학살」, 한국사회학회 후반기사회학대회 발표문.

______ (2000d), 「김영삼정권의 민족사적 평가」, 한국사회학회, 『한국사회학』 겨울호.

______ (2000e), 「한미관계사」, 강치원 엮음, 『미국은 우리에게 무엇인가』, 백의.

______ (2000f), 「남북정상회담의 민족사적 과제와 시민·민중사회의 역사적 책무」, 『국제고려학회 서울지회 논문집』 2.

______ (2000g), 「서해5도 통항로 설정 어떻게 볼 것인가?」, 『진보정치』 2호.

______ (2000h), 「한반도 냉전구조의 현황과 청산방안 모색」, 한국산업사회학회 엮음, 『과거의 기억에서 미래의 진보로』 제2회 비판사회학대회논문집, 한울.

______ (2001a), 「냉전세력이 민족사회에 끼친 해악」, 강만길 외, 『이제 문제는 냉전세력이다』, 중심출판사.

______ (2001b), 「한국전쟁 민간인 학살의 양태분석」, 한국산업사회학회 엮음, 『남북간 대립사회체제의 동요와 새로운 갈등구조의 이해』 제3회 비판사회학대회논문집, 한울.

______ (2001c), 「남북정상회담과 한반도 통일정세」, 한신대학교출판부, 『한반도

통일논의의 쟁점과 과제』.

_____ (2001d), 「늦봄 통일방북의 민족 통일사적 의의」, 통일맞이 주최, 늦봄 문
익환목사 방북12주년 기념토론회 발표문.

_____ (2001e), 「대북 포용정책 평가와 통일기반 조성의 방향」, 전북대학교 사회
과학연구소, 『사회과학연구』 제27집.

_____ (2001f), 「부시정권의 출범과 한반도 평화·통일 정세」, 민족화해자주통일
협의회 주최 반미토론회 발표문.

_____ (2001g), 「제2차 남북정상회담의 과제」, 통일연대준비위원회 주최 '6·15
남북공동선언 실현을 위한 국민대토론회' 발표문.

_____ (2001h), 「주한미군의 반평화성과 반통일성」, 2001년도 한국사회학회 전기
사회학대회발표논문.

_____ (2002a), 「한국 보수지배체제 확립의 역사적 기원」, 『진보평론』 통권11호,
봄호.

_____ (2002b), 「분단이산가족의 현황과 문제 해결방향」, 한국인권재단, 『한반도
의 평화와 인권』.

_____ (2002c), 「미국의 신패권주의와 한반도 평화와 통일」, 『국제고려학회 서울
지회 논문집』 2.

_____ (2002d), 「민족통일과 외세」, 한국기독교장로회서울노회 통일사회부, 『통
일을 위한 교회』.

_____ (2002e), 「탈냉전과 통일시대에 즈음한 한국학의 지향과 방법론 모색」, 제1
회 세계코리아학대회 발표문.

_____ (2002f), 「6·15공동선언 두 돌을 맞은 오늘의 과제」, 『이론과실천』 6월호.

_____ 엮음 (1990), 『북한의 사회』 을유문화사.

강정구·법륜 엮음 (1999), 『1999 민족의 희망 찾기』, 정토출판.

강정인 (1994), 「북한 연구방법론 1」, 『소크라테스 악법도 법인가?』, 문학과지성사.

강종일·이재봉 편 (2001), 『한반도의 중립화통일은 가능한가』, 들녘.

강준만 외 (2000), 『시사 인물사전』 8, 인물과사상사.

강준식 (1990), 「6·29선언은 미국 공작품이다」, 『다리』 5월호.

강치원 엮음 (2000), 『미국은 우리에게 무엇인가』, 백의.

고 마태오 신부 (1988), 『아! 조국과 민족은 하나인데』, 중원문화.

고성국 (1990), 「4월혁명의 이념」, 사월혁명연구소, 『한국사회변혁운동과 4월혁

명』, 한길사.

_____ 외 (1991), 『1950년대 한국사회와 4·19혁명』, 태암.

국사편찬위원회 (1973a), 『자료 대한민국사』 3, 탐구당.

_____ (1973b), 『자료 대한민국사』 5, 탐구당.

_____ (1973c), 『자료 대한민국사』 6, 탐구당.

_____ (1982), 『북한관계사료집』 VI.

국제민주법률가협회 (1989), 「미국의 범죄에 대한 국제민주법률가협회조사단의 보고서」, 김주환 엮음, 『미국의 세계전략과 한국전쟁』, 청사.

국토통일원 편 (1988), 『조선로동당대회자료집』 1, 국토통일원.

권태복 엮음 (1985), 『진보당: 당의 활동과 사건관계 자료집』, 지양사.

권태환 (1978), 「인구성장의 추세와 요인」, 이해영·권태환 편, 『한국사회: 인구와 발전』 제1권, 서울대학교 인구 및 발전문제연구소.

권혁범 (1998), 「반공주의 회로판 읽기」, 『통일연구』 제2권 제2호, 연세대학교통 일연구원.

기광서 (2000), 「소련의 한국전쟁관과 개입과정」, 한국역사연구회 주최 '한국전쟁 의 재인식: 분단을 넘어 통일로' 발표문.

길정우 (1999), 「한반도 냉전구조 해체방안」, 통일연구원, 『한반도 냉전구조 해체 방안』 1.

김경민 (1996), 『일본이 일어선다』, 고려원.

김광덕 (1994), 「미국의 동북아정책과 한국사회」, 박현채 엮음, 『청년을 위한 한국 현대사』, 소나무.

김구 (1992), 「건국실천원 양성소 창립 1주년 기념식에 보낸 치사」, 백범김구사업 기념사업협회, 『김구주석 최근 언론집』.

김귀옥 (1999), 『월남인의 생활경험과 정체성』 서울대학교출판부.

_____ (2000a), 「한국전쟁과 레드 콤플렉스, 학문의 자유」, 학술단체협의회 주최 한국전쟁 50주년기념 학술토론회 발표문.

_____ (2000b), 「남한이 납치한 북한어부, 44년 만에 입열다」, 『말』 11월호.

_____ (2000c), 「납치 북한인을 공작원, 위안부로 이용했다」, 『말』 12월호.

_____ (2001), 「북한은 이산가족문제를 어떻게 인식해 왔을까」 (미발표원고).

김균 외 (1996), 『자유주의 비판』, 풀빛.

김균·박순성 (1998), 「김대중정부의 경제정책과 신자유주의」, 이병천·김균,

『위기 그리고 대전환』, 당대.

김근식 (2000), 「정상회담의 성공적 수행을 위한 과제」, 『통일경제』 5월호.

김기원 (1990), 『미군정기의 경제구조』, 푸른산.

김기진, (2002), 『끝나지 않은 전쟁 국민보도연맹』 역사비평사.

______ (1990), 「4월혁명과 민족통일운동」, 사월혁명연구소, 『한국사회변혁운동과
　　　　4월혁명』, 한길사.

김낙중 (1956), 『통일독립청년고려공동체수립안』.

김낙중·김남기 (1985), 『굽이치는 임진강』, 삼민사.

김낙중·노중선 (1989), 『현단계 제통일방안』, 한백사.

김남식 (1990), 「전쟁 전후 남한에서의 무장 유격투쟁의 전개」, 최장집 편, 『한국
　　　　전쟁연구』, 태암.

______ 외 (1989), 『해방전후사의 인식』 5, 한길사.

김남주 (1993), 『나의 칼 나의 피』, 실천문학사.

______ (1994), 『김남주 문학에세이』 시와사회사.

______ (시와사회사 편집위원) (1994), 『피여 꽃이여 이름이여』, 시와사회사.

김대중 (1994), 『나의 길 나의 사상』, 한길사.

김동성 (1995), 『한국민족주의 연구』, 오름.

김동춘 (1992), 「한국전쟁과 지배이데올로기의 변화」, 한국사회학회 편, 『한국전
　　　　쟁과 한국사회변동』, 풀빛.

　　　　(1994), 「민족민주혁명, 4·19」, 박현채 엮음, 『청년을 위한 한국 현대사』,
　　　　소나무.

______ (1997), 「4·19혁명의 재조명」, 『분단과 한국사회』, 역사비평사.

______ (2000), 『전쟁과 사회』, 돌베개.

김민배 (1995), 「유신헌법과 긴급조치」, 『역사비평』 가을호.

김민웅 (2001), 『보이지 않는 식민지』 삼인.

김병오 (1985), 『민족분단과 통일문제』, 한울.

______ (2001), 『민족통일과 남북연합』, 여강출판사.

김삼웅 (1996), 『해방 후 민간인학살사』, 가람기획.

______ 편 (1984), 『민족민주민중선언』, 일월서각.

______ 편 (1994), 『통일론 수난사』, 한겨레신문사.

김선명 외 (2000), 『0.75평 지상에서 가장 작은 내 방 하나』, 창.

김성걸·이상기 (1998), 『신한국군 리포트』, 한겨레신문사.

김성보 (1995), 「소련의 대한정책과 북한에서의 분단질서 형성, 1945~1946」, 역사문제연구소, 『분단50년과 통일시대의 과제』, 역사비평사.

김성칠 (1993), 『역사 앞에서』, 창작과비평사.

김성환 (1984), 「4·19혁명의 구조와 종합적 평가」, 김성환 외, 『1960년대』, 거름.

_____ 외, (1984), 『1960년대』, 거름.

김세원 (1993), 『비트』, 일과놀이.

김승국 (2000), 「한·미·일 군사공동체와 한반도 평화통일」, 2000년 통일대축전 반미운동 심포지엄 발표문.

_____ (2002), 『오만한 나라 미국: 누가 평화를 위협하는가』, 아이필드.

김영범 (1999), 「집단학살과 집합기억」, 제주4·3연구소설립 10주년기념 국제학술대회 발표문.

김영훈 (2000), 「제주 4·3의 현재적 과제와 전망」, 광주항쟁20주년기념 제4회 동아시아 평화·인권국제회의 발표문.

김용구 (1994), 「독일경제의 통일과 체제전환」, 이근 편, 『발전·개혁 통일의 제모델』, 21세기북스.

김용호 (1997), 「4자회담 제의 1년에 대한 평가와 각국의 입장」, 현대경제사회연구원, 『통일경제』 4월호.

김원중 (1998), 「일본과 동아시아 경제통합」, 『경제와사회』 가을호.

김익렬 (1994), 「4·3의 진실」, 제민일보, 『4·3은 말한다』 2, 전예원.

김인걸 외 (1998), 『한국현대사 강의』, 돌베개.

김정원 (1984), 「군정과 제3공화국」, 김성환 외, 『1960년대』.

김정인 (1991), 「1950년대 미국의 대한경제정책과 한국의 사회경제구조」, 한국역사연구회 현대사연구반, 『한국현대사』 2, 풀빛.

김정일 (1988), 「주체사상에 대하여」, 하수도, 『김일성사상 비판』, 백두.

김정훈 (2000), 「한국전쟁과 담론정치」, 『경제와사회』 여름호.

김주환 (1990), 「한국전쟁중 북한의 대남한 점령정책」, 최장집 편, 『한국전쟁연구』, 태암.

_____ 엮음 (1989), 『미국의 세계전략과 한국전쟁』, 청사.

김준엽·김창순 (1969), 『북한연구자료집』 1, 고려대학교 아세아문제연구소.

_____ (1974), 『북한연구자료집』 2, 고려대학교 아세아문제연구소.

김진균 (1997), 『한국의 사회현실과 학문의 과제』, 문화과학사.

김진균·김승국 (2002), 「미·일 패권과 아시아의 평화」 6월항쟁 15주년기념반전
　　　평화대회주최 '6·21반전평화국제포럼' 발표문.

김진학·한철영 (1954), 『제헌국회사』, 신조출판사.

김창수 (1997), 「4자회담에 대한 남북한과 미국의 시각」, 『전국연합통신』 126호.

김창후 (1993), 「1948년 4·3항쟁봉기와 학살의 전모」, 『역사비평』 봄호.

김천영 편 (1984), 『연표 한국현대사』, 한울림.

김학준 (1983), 『반외세 통일논리』, 형성사.

＿＿＿ (1989), 『한국전쟁』, 박영사.

노가원 (1993), 『남도부』(상), (주)월간 말.

노근리에서 매향리까지 발간위원회 엮음 (2000), 『노근리에서 매향리까지』, 깊은
　　　자유.

노엄 촘스키 (2001), 『불량국가』, 장영준 옮김, 두레.

＿＿＿ 외 (2001), 『냉전과 대학』, 당대.

노정선 (1997), 『제3의 전쟁』, 고려글방.

노중선 (1989), 「통일방안 논의의 변천과정과 현황」, 김낙중·노중선, 『현단계 제
　　　통일방안』, 한백사.

＿＿＿ 엮음 (1996), 『연표: 남북한 통일정책과 통일운동 50년』, 사계절.

＿＿＿ 편 (1985), 『민족과 통일』 1, 사계절.

도진순 (1997), 『한국민족주의와 남북관계』, 서울대학교출판부.

두레방 (2001), 『두레방 이야기』, 두레방15년 기념자료집.

나종일 (1997), '북한통치의 반성」, 한국전쟁연구회 주최 '한국전쟁과 한반도 통일
　　　문제' 발표문.

류상영 (1990), 「휴전협정의 성립과정과 성격」, 한국정치연구회 정치사분과, 『한
　　　국전쟁의 이해』, 역사비평사.

리기섭 (1987), 『사회주의적 민주주의』, 평양: 사회과학출판사.

막스 갈로 외 (1996), 『진보는 죽은 사상인가』, 홍세화 옮김, 당대.

문명자 (1999), 『내가 본 박정희와 김대중』, 말.

문익환 (1990), 『가슴으로 만난 평양』, 삼민사.

＿＿＿ (1994), 『목메는 강산 가슴에 곱게 수놓으며』, 사계절.

문익환전집출간위원회 (1999), 『문익환전집』 1~3, 사계절.

미하원 국제관계위원회 국제기구소위원회 편 (1986),『프레이저 보고서』, 실천문
　　　학사.
민주노동당정책위원회 (2001),『김대중정부 3년 평가와 대안』.
민화협정책위원회 (1999),『민족화해와 남남대화』, 한울.
바오닌 (1999),『전쟁의 슬픔』, 박찬규 옮김, 예담.
박경수 (1995),『재야의 빛 장준하』, 해돋이.
박노영 (1998),「세계화와 민족국가」, 충남대학교사회과학연구소,『사회과학논총』
　　　제9권.
박세길 (1991),『한국경제의 뿌리와 열매』, 돌베개.
박순성 (1998),「남북한 경제위기와 경제교류・협력」, 동국대 사회과학연구원 안
　　　보연구부 주최 통일문제 국제학술회의 발제문.
＿＿＿ (1999),「분단체제의 미래와 동북아질서」,『창작과비평』봄호.
박원순 (1990),「전쟁부역자 5만 명 어떻게 처리되었나」,『역사비평』가을호.
＿＿＿ (1994),『국가보안법연구』 2, 역사비평사.
박태균 (1993),「해방 후 친일파의 단정・반공운동의 전개」,『역사비평』겨울호.
박태순・김동춘 (1991),『1960년대의 사회운동』, 까치.
박현채 엮음 (1992),『청년을 위한 한국현대사』, 친구.
박형중 (1998),「90년대 북한체제의 위기와 변화」, 민족통일연구원.
반핵평화운동연합 (1992),『손병선 의장 모두진술』, 반핵평화운동연합.
백범김구사업기념사업협회 (1992),『김구주석 최근 언론집』.
브루스 커밍스 (1996),「70년 위기의 종언」, 서재정・정용욱 옮김,『탈냉전과 미
　　　국의 신세계질서』, 역사비평사.
사월혁명연구소 (1990),『한국사회변혁운동과 4월혁명』 2, 한길사.
사회과학원력사연구소 (1958),『조선통사』하(1989, 서울: 오월, 영인간행).
＿＿＿ (1981a),『조선전사』 24, 평양: 과학・백과사전출판사.
＿＿＿ (1981b),『조선전사』 25, 평양: 과학・백과사전출판사.
사회과학출판사 (1988),『주체사상의 지도적 원칙』, 백산서당.
서대숙 (2000),『현대북한의 지도자 김일성과 김정일』, 을유문화사.
서승 (1999),『옥중 19년』, 역사비평사.
서재정・정용욱 엮음 (1996),『탈냉전과 미국의 신세계질서』, 역사비평사.
서중석 (1991),『한국현대민족주의연구』, 역사비평사.

______ (1995), 「이승만과 북진통일」, 『역사비평』 여름호.

______ (1999), 『조봉암과 1950년대』 하, 역사비평사.

손호철 (1991a), 「국가자율성 개념의 과학적 이해」, 『한국정치학의 새 구상』, 풀빛.

______ (1991b), 「한국전쟁과 이데올로기지형」, 『한국정치학의 새 구상』.

______ (1992), 「민주주의의 이론적 제문제」, 한국정치연구회 사상분과 편, 『현대 민주주의론』 1, 창작과비평사.

______ (1998), 「발전과 위기의 정치경제학」, 한국정치연구회, 『동아시아 발전모델은 실패했는가』, 삼인.

송광성 (1993), 『미군점령 4년사』, 한울.

송두율 (1998), 『21세기와의 대화』, 한겨레신문사.

송주명 (1998), 「일본의 APEC정책, 1988~1996」, 『경제와사회』 가을호.

수잔 조지 (1999), 『외채 부메랑』, 이대훈 옮김, 당대.

시성문·조용전 (1991), 『중국인이 본 한국전쟁』, 한백사.

신채호 (1995), 『신채호 역사논설집』, 정해렴 편역, 현대실학사.

쏭챵 외 (1997), 『No라고 말할 수 있는 중국』, 강석진 옮김, 동방미디어.

아시아태평양평화재단 (1994), 『아·태 통일수첩』.

I. 월러스틴 (1996), 『자유주의 이후』, 강문구 옮김, 당대.

______ (1999), 『유토피스틱스』, 백영경 옮김, 창작과비평사.

아태평화재단 옮김 (2001), 『SIPRI Yearbook 2000 군비, 군비축소 국제안보』. (Stockholm International Peace Research Institute, *SIPRI Yearbook 2000: Armaments, Disarmaments, and International Security*, Oxford Univ. Press, 2000)

안진 (1987), 「미군정기 국가기구의 형성과 성격」, 박현채 외, 『해방전후사의 인식』 3, 한길사.

알리 탈리크 편 (1999), 『전쟁이 끝난 후』, 국제연대정책정보쎈터 옮김.

양상우 (1999), 「북한에 투입된 남한공작원」, 『통일시론』 가을호.

양영식 (1997), 『통일정책론』, 박영사.

H. P. 마틴, H. 슈만 (1996), 『세계화의 덫』, 강수돌 옮김, 영림카디널.

여수지역사회연구소 편 (1998), 『여순사건 실태조사보고서』 제1집.

역사문제연구소 (1995), 『분단 50년과 통일시대의 과제』, 역사비평사.

______ (1998), 『남·북 역사학의 17가지 쟁점』, 역사비평사.

오기평 편 (2000), 『21세기 미국패권과 국제질서』, 오름.

오미일 (1991), 「남한의 경제구조 재편과 북한의 민주개혁의 수행」, 한국역사연구
　　　회 현대사연구반, 『한국현대사』 1, 풀빛.
오승렬 (1996), 「북한 경제제도의 한계와 개혁방향」, 『북한 경제제도의 문제점과
　　　개혁전망』, 민족통일연구원.
오연호 (1990), 『식민지의 아들에게』, 백산서당.
＿＿＿ (1994a), 「미 CIA의 92대선 공작과 친CIA 인맥」, 『말』 1월호.
＿＿＿ (1994b), 『우리 현대사의 숨은그림찾기: 미국의 대한반도 정치공작사』, 말.
＿＿＿ (1999), 『노근리 그후』, 말.
올바른 남북정상회담을 위한 민간모임 (2000), 「남북정상회담에 즈음한 민족의 평
　　　화와 통일을 위한 300인 선언」.
와다 하루끼 (1992), 『김일성과 만주항일전쟁』, 이종석 옮김, 창작과비평사.
＿＿＿ (1999a), 「21세기 동북아시아와 일본」, 한겨레 창간11돌기념 국제학술대회
　　　발표문.
＿＿＿ (1999b), 「과거청산 통한 동북아 공동의 집」, 한겨레21특별취재반, 『새 천
　　　년 새 세기를 말한다』 1, 한겨레신문사.
＿＿＿ (1999c), 『한국전쟁』, 서동만 옮김, 창작과비평사.
울리히 벡 (1999), 『아름답고 새로운 노동세계』, 홍윤기 옮김, 생각의 나무.
웰든 벨로 (1998), 『어두운 승리』, 삼인.
웰든 벨로, E. 블란츠 (1996), 「위험과 가능성」, 서재정·정용욱 옮김, 『탈쟁전과
　　　미국의 신세계질서』, 역사비평사.
유영구 (1998), 「북한경제관리의 ‘개선’ 방향에 관한 연구」, 『통일경제』 12월호, 현
　　　대경제연구소.
유의영 (1978), 「인구이동과 도시화」, 이해영·권태환 편, 『한국사회』 제1권, 서울
　　　대학교 인구 및 발전문제연구소.
윤소영 (1999), 『신자유주의적 금융세계화와 워싱턴 콘센서스』, 공감.
윤충로·강정구 (1999), 「분단과 지배이데올로기의 형성·내면화」, 동국대사회과
　　　학연구원, 『사회과학연구』 제6호.
이교관 (1998), 『누가 한국경제를 파탄으로 몰았는가』, 동녘.
이근 엮음 (1994), 『발전·개혁·통일의 제모델』, 21세기북스.
이나시오 라모네 외 (2001), 『프리바토피아를 넘어서』, 백의.
이목 (1990), 「교원노동조합운동」, 사월혁명연구소 편, 『한국사회변혁운동과 4월

혁명』 2, 한길사.

이병천 (1998),「한국경제 패러다임의 반성과 전망」, 이병천·김균,『위기 그리고 대전환』, 당대.

______ (1999),「위기와 대전환」,『당대비평』 통권7호.

이병천·백영현 (1999),『한국사회에 주는 충고』, 삼인.

이병천·조현연 편 (2001),『20세기 한국의 야만』, 일빛.

이삼성 (1993a),『미국의 대한정책과 한국민족주의』, 한길사.

______ (1993b),『현대 미국외교와 국제정치』, 한길사.

______ (1997),「광주를 통한 한국민주주의의 유혈통로와 미국의 위치」, 한국정치학회 '5·18학술심포지엄' 발표문.

______ (1999a),「한반도 전쟁위기와 미국의 대한반도 정책」,『당대비평』 여름호.

______ (1999b),「북한 미사일과 미국」, 청명문화재단,『통일시론』 가을호.

______ (2000),「21세기 미국과 한반도」, 오기평 편,『21세기 미국패권과 세계질서』, 오름.

______ 외 (2001),『한반도의 선택』, 삼인.

이수병기념사업회 (1992),『암장』, 지리산.

E. H. 카 (1985),『역사란 무엇인가』, 곽복희 옮김, 청년사.

이연 (1988),「북한 통일정책과 고려연방제안의 성격」,『역사비평』 가을호.

이영신 (19930,『비밀결사 백의사』, 알림문.

이완범 (1987),「한반도 신탁통치문제 1943~46」, 박현채 외,『해방전후사의 인식』 3, 한길사.

이장희 (1999),「21세기 미일제국주의에 항거하는 아시아 시민운동의 전망」, 대만노동당주최 국제학술대회 발표문.

______ (2000),「남북정상회담에서 다루어야 할 법제도적 의제와 민간단체의 역할」, 학술단체협의회·경실련통일협회 공동주최 '남북정상회담의 의제와 통일운동의 방향' 발표문.

이재범 외 (2001),『한반도의 외국군 주둔사』, 중심.

이정훈 (2001),「남북첩보전쟁 반세기」,『신동아』 1월호.

이종석 (2002),「북측 '낮은 단계 연방제'는 사실상 국가연합제」, http://www.pressian.com/main.html.

이종오 (1991),「4월혁명의 심화발전과 학생운동의 전개」, 고성국 외,『1950년대

한국사회와 4·19혁명』, 태암.

이창근 (1998), 「세계화에 맞선 세계민중들과 한국민중들의 투쟁을 위하여」, 자유무역과 세계무역기구에 반대하는 Peoples' Global Action의 제1차 국제회의 발표문.

이창주 (2001), 「한반도 평화공존과 국제환경」, 제2회 세계한민족포럼 발표문.

이철기 (2000), 「남북정상회담의 의미와 다루어야 할 의제」 학술단체협의회·경실련통일협회 공동주최 '남북정상회담의 의제와 통일운동의 방향' 발표문.

이태섭 (1989), 「6·25와 이승만의 민중통치체제의 실상」, 『역사비평』 여름호.

이태희 (1999), 「4강의 각축장, 불안한 평화」, 한겨레21특별취재반, 『새 천년 새 세기를 말한다』 1, 한겨레신문사.

이혜원·조현연 (1990), 「한국전쟁의 국내외적 영향」, 한국정치연구회 정치사분과, 『한국전쟁의 이해』, 역사비평사.

이희옥 (1999), 「혁명 없는 사회주의와 21세기 중국」, 『황해문화』 가을호.

일월서각편집부 (1983), 『4·19혁명론』 2, 일월서각.

임대식 (1995), 「친일·친미경찰의 형성과 분단활동」, 역사문제연구소 편, 『분단 50년과 통일시대의 과제』, 역사비평사.

임동원 (2002), 「한반도 안보정세와 남북관계 전망」 매일경제신문사·미래전략연구원 주최 제13회 미래전략포럼 녹취록.

임제경·폴 마틴 외 (1987), 『미국의 새로운 제3세계 전력 저강도전쟁』, 민중사.

임종국 (1985), 「제1공화국과 친일세력」, 강만길 외, 『해방전후사의 인식』 2, 한길사.

자주민보편집부 (2000), 『움직이는 것은 쏴라』.

장명봉 (1998), 「북한 개정헌법(1998. 9. 5)의 경제조항 변화의 고찰」, 『통일경제』 10월호.

장미승 (1990), 「북한의 남한 점령정책」, 『한국전쟁의 이해』, 역사비평사.

장상환 (1985), 「해방 후 대미의존적 경제구조의 성립과정」, 송건호·박현채 외, 『해방 40년의 재인식』 1, 돌베개.

장성민 편역 (2001), 『부시행정부의 한반도 리포트』, 김영사.

______ (2002), 『9·11테러 이후 부시행정부의 한반도정책』, 김영사.

장준하전집 (1992), 『민족주의자의 길』, 세계사.

전광회 (1992), 「한국전쟁과 남북한 인구의 변화」, 한국사회학회 편, 『한국전쟁과

550

사회변동』, 풀빛.

전충림 (1996), 『세월의 언덕 위에서』, 한겨레신문사.

전태국 (1999), 「한국통일의 사회통합적 전망과 과제」, 한국·독일 사회학자 특별
　　　심포지엄 발표논문.

전태일을 따르는 민주노동운동연구소 (1998), 『신자유주의와 세계민중운동』, 한울.

정경모 (2001), 『이제 미국이 대답할 차례다』, 한겨레신문사.

정근식 (1997), 「불균등발전의 지역주의 그리고 지역담론의 변화」, 한국사회학회
　　　엮음, 『한국 현대사와 사회변동』, 문학과지성사.

정병준 (2000), 「1949~50년 38선충돌과 북한의 한국전쟁계획」, 한국역사연구회
　　　주최 '한국전쟁의 재인식' 발표문.

정상모 (2002), 『신냉전 구도와 평화』, 말.

정성진 (2000), 「한국전쟁, 베트남전쟁과 영구군비경제」, 『경제와사회』 여름호.

　　　 외 (2002), 『제국주의와 한국사회』, 한울.

정용욱 (1995), 「1942~47년 미국의 대한정책과 과도정부형태 구상」, 서울대 대학
　　　원 국사학과박사학위논문.

　　　 외 (1989), 『남북한 역사인식 비교강의』, 일송정.

정욱식 (2002), 「무조건 MD에 복종하라」 『한겨레21』 4. 3, 제403호.

정진상 (1994), 「한국전쟁과 계급구조의 변동」, 한국산업사회연구회 편, 『계급과
　　　한국사회』, 한울.

정창현 (1999), 『곁에서 본 김정일』, 토지.

정태석 (1999), 「'제3의 길'의 탈맥락화」, 『경제와사회』 통권42호.

정태영 (1992), 「일제 말 미군정기 반공이데올로기의 형성」, 『역사비평』 봄호.

정해구 (1988), 『10월 인민항쟁연구』, 열음사.

　　　 (1990), 「한국사회의 이데올로기」, 김진균 외, 『한국사회론』, 한울.

　　　 (1995), 「대화와 갈등의 남북관계」, 『분단 50년과 통일시대의 과제』, 역사
　　　비평사.

정희상 (1990), 『이대로는 눈을 감을 수 없소』, 돌베개. (전충림, 『세월의 언덕 위
　　　에서』, 한겨레신문사, 1996)

　　　 (1995), 「문경 양민학살사건 은폐된 진실 밝혀냈다」, 『시사저널』 3. 23.

제민일보 4·3취재반 (1994), 『4·3은 말한다』 2, 전예원.

J. D. 스펜스 (1998), 『현대중국을 찾아서』 1/2, 김회교 옮김, 이산.

조광동 (1991), 『더디 가도 사람 생각하지요』, 지리산.

조동일 (1993), 『우리 학문의 길』, 지식산업사.

조선일보반대시민운동 편 (2000), 『왜? 조선일보』, 인물과사상사.

조은·강정구·신광영 (1992), 「한국사회의 계급구조」, 한국사회학회, 『한국사회학』.

조지 이거스 (1999), 『20세기 사학사』, 임상우·김기봉 옮김, 푸른역사.

조형·박명선 (1985), 「북한출신 월남인의 정착과정을 통해서 본 남북한 사회구조의 변화」, 변형윤 외, 『분단시대와 한국사회』, 까치.

조형제·임현경 (1999), 「미국경제의 산업구조조정」, 『경제와사회』 봄호.

좋은 벗들 (1999), 『두만강을 건너온 사람들』, 정토출판.

주영복 (1990), 『내가 겪은 조선전쟁』, 고려원.

주종환 (1993), 「박정희정권 18년을 재평가한다」, 『역사비평』 겨울호.

_____ (1994), 「중진자본주의론의 '근대' 개념과 신식민사관」, 『역사비평』 겨울호.

주한미군범죄근절운동본부 (1999), 『끝나지 않은 아픔의 역사 미군범죄』, 개마서원.

_____ (2001), 『미군범죄와 한·미 SOFA』, 두리미디어.

지병문 외 (1997), 『현대한국정치의 전개와 동학』, 박영사.

Z. 브레진스키 (2000), 『거대한 체스판』, 김명섭 옮김, 삼인.

진덕규 (1992), 「미군정시대 정치사회의 시민사회적 함의성에 대하여」, 한국사회학회·한국정치학회, 『한국의 국가와 시민사회』, 한울.

_____ 외 (1981), 『1950년대의 인식』, 한길사.

채만수 (2000), 「노동자·민중적 통일만이 선이다」, 전국민주노동조합총연맹, 『노동과세계』 101호.

채의진 편 (1995), 『아, 통한 46년: 문경양민학살백서』 5판, 문경양민학살피학살자유족회.

채현위 (1998), 『21세기 중국은 무엇을 꿈꾸는가』, 지정.

천관우 (1972), 「민족통일을 위한 나의 제안」, 『창조』 9월호.

최상룡 (1989), 『미군정과 한국민족주의』 증보판, 나남.

최영보 외 (1998), 『미국현대외교사』, 비봉.

최원기 (1998), 「핵개발, 국방용인가 대미 협상카드인가: 99년 3월 한반도 핵위기설 진상」, 『월간중앙』 43호.

최원기·정창현 (2000), 『남북정상회담 600일』, 김영사.

최의철 (2000), 「남북정상회담과 이산가족문제의 해결전망」, 통일연구원, 『통일정
　　　　책연구』 여름호.

최장집 엮음 (1990), 『한국전쟁 연구』, 태암.

최태환·박혜강 (1989), 『젊은 혁명가의 초상』, 공동체.

커밍스·할리데이 (1990), 『한국전쟁의 전개과정』, 태암.

토미야마 이찌로 (1999), 「평화를 만드는 것」, 『당대비평』 여름호.

통일부 (1999a), 「평화와 화해·협력을 위한 대북정책과 남북현안에 대한 입장」.

______ (1999b), 『98통일백서』.

통일원 (1993), 『통일백서』.

평화주의자김낙중석방대책위원회 (1998), 『평화주의자 김낙중』.

하우스만·정일화 (1995), 『한국대통령을 움직인 미군대위』, 한국문원.

하워드 진 (2001), 『오만한 제국』, 이아정 옮김, 당대.

학술단체협의회 (2000), 『전환시대의 한국사회』, 세명서관.

학술단체협의회·한겨레신문 주최 해방50주년기념 학술대회 (1995), 『한반도 통
　　　　　일국가의 체제구상』.

한겨레21특별취재반 (1999), 『새 천년 새 세기를 말한다』 1, 한겨레신문사.

한국사회학회 (1992), 『한국전쟁과 한국사회변동』, 풀빛.

______ (1999), 『민족통일과 사회통합』, 사회문화연구소.

한국산업사회연구회 편 (1991), 『한국사회와 지배이데올로기』, 녹두.

한국일보 편 (1989), 『증언 김일성을 말한다』, 한국일보사.

한국전쟁연구회 편 (2001), 『한국전쟁과 중국』, 백산서당.

한국정치연구회 (1989), 『한국정치론』, 백산서당.

______ (1998), 『동아시아발전모델은 실패했는가』, 삼인.

______ 정치사분과 (1990), 『한국전쟁의 이해』, 역사비평사.

한더치앙 (2001), 『13억의 충돌: 시장의 신화와 중국의 선택』, 이재훈 옮김, 이후.

한상구 (1995), 「1948~1950년 평화통일론의 구조」, 『분단 50년과 통일시대의 과
　　　　제』, 역사비평사.

한신대학교개교60주년기획위원회 (2001), 『한반도 통일논의의 쟁점과 과제』, 한신
　　　　대학교출판부.

한호석 (1998), 「핵위기와 금융 위기: 한(조선)반도 정세를 읽는 두 초점」,
　　　　http://www.onekorea.org/research/t21.html.

______ (2000), 「남북정상회담 개최합의를 어떻게 볼 것인가?」, 민주주의민족통일 전국연합, 『민』 5월호.

______ (2001), 『평양회담과 연방제 통일의 길』, 도서출판 민.

함택영 외 (2000), 『김정일체제의 역량과 생존전략』, 경남대극동문제연구소.

해럴드 밀러 (1999), 『문명의 공존』, 이영희 옮김, 푸른숲.

허문영 (1999), 「한반도 냉전구조 해체방안」, 통일연구원, 『한반도 냉전구조 해체방안』 1.

허신 (1999), 『중국의 부흥과 세계의 미래』, 백산서당.

홍근수 (1998), 「남한 자본주의 체제로의 통일을 주장할 수 있을까?」, 종로성당/ 통일맞이늦봄문익환목사기념사업/전국연합, 월간 말 공동주최 '북한인식론' 학술토론문.

______ (1995), 『밝은 전망, 예측되는 미래』, 지성사.

______ (2000a), 「계급적 이해 관철되는 민족통일을」, 『노동과세계』 102호.

______ (2000b), 「남북정상회담 개최가 미치는 영향과 통일운동의 방향」, 학술단체협의회 · 경실련통일협회 공동주최 '남북정상회담의 의제와 통일운동의 방향' 발표문.

______ (2002), 「부시행정부의 대한반도정책과 남북관계의 변화」, 한국기독교장로회서울노회 통일사회부, 『통일을 위한 교회』.

홍동근 (1988), 『미완의 귀향일기』, 한울.

황건 (1990), 「민통련과 민족통일운동」, 사월혁명연구소, 『한국사회변혁운동과 4월혁명』, 한길사.

황의각 (1992), 『북한경제론』, 나남.

황장엽 (1999), 『나는 역사의 진리를 보았다』, 한울.

황허이 (1999), 『도쿄 대재판』, 예담.

Amitage, R. (1999), "A Comprehensive Approach to North Korea," *Strategic Forum* no. 159/March, National Defense Univ.

Appleby, J. & L. Hunt, M. Jacob (1994), *Telling the Truth about History*, NY: W. W. Norton & Company.

Armstrong, P. & A. Green, J. Harrison (1993), *Capitalism Since 1945.* (김수행 옮김, 『1945년 이후의 자본주의』, 동아출판사.)

Ball, H. (1999), *Prosecuting War Crimes and Genocide: The Twentieth Century Experience,*

Univ. Press of Kansas.

Bello, W. & E. Kimura. (1999), "Why the Protectorate Survives," *Special Report* June 23, NAPSNET.

Bernstein, B. J. (1972), "American Foreign Policy and the Origins of the Cold War," Bernstein ed., *Politics and Policies of the Truman Administration*, Chicago: Quadrangle Books.

Bernstein, R. and R. Munro (1997), *The Coming Conflict with China*, NY: Alfred Knopf.

Chossudovsky, M. (1997), *The Globalization of Poverty: Impacts of IMF and World Bank Reforms*, Third World Network. (이대훈 옮김, 『빈곤의 세계화』, 당대, 1998)

Clemens, D. S. (1970), *Yalta*, NY: Oxford Univ. Press.

Cumings, B. (1981), *The Origins of the Korean War 7* vol. 1, Princeton Univ. Press

______ (1990), *The Origins of the Korean War* vol. 2, Princeton: Princeton Univ. Press.

______ (1998), "The Korean Crisis and the End of 'Late' Development," *New Left Review* Sep/Oct.

______ ed. (1983), *Child of Conflict: The Korean-American Relationship, 1943~1953*, Seattle: Univ. of Washington Press.

Dougherty, J. & R. Pfaltzgraff (1986), *American Foreign Diplomacy: FDR to Reagan*, NY: Haper & Row. (이수형 옮김, 『미국외교정책사』, 한울, 1997)

Endicott, S. (1979), "Germ Warfare and Plausible Denial: The Korean War, 1952~53," *Modern China* vol. 5/no. 1, January.

Feffer, J. (1999), "Containment Lite: U. S. Policy Toward Russia and Its Neighbors," Foreign Policy in Focus *Special Report* no. 3, August.

Fein, H. (1990), *Genocide: A Sociological Perspective*, Sage.

Felton, M. (1953), *That's Why I Went*, Lawrence & Wishart.

Fukuyama, F. (1992), *The End of History and the Last Man*, Avon Books. (이상훈 옮김, 『역사의 종말』, 한마음, 1997)

Galtung, J. (1996), *Peace by Peaceful Means*, London: Thousands Oaks. (강종일 외 옮김, 『평화적 수단에 의한 평화』, 들녘, 2001)

______ (1999), "The USA World Hegemony and Cold War 11, The Double Triangle: USA/NATO/AMPO vs Russia/China/India," 1999 Seoul International Conference of NGOs Workshop, Seoul/Korea.

Giddens, A. (1998), *The Third Way: The Renewal of Social Democracy.* (한상진·박천욱 옮김, 『제3의 길』, 생각의 나무, 1998)

Halliday, F. (1983), *The Making of the Second Cold War*, London: Verso.

Halliday, J. and G. McCormack (1973), *Japanese Imperialism Today*, NY: Monthly Review Press.

Halloran, R. (1998), "Soft Smile···But Carry a Big Stick," *Far Eastern Economic Review* 12. 3.

Harrison, S. S. (2002), "Beyond the Axis of Evil: What Price for a Nuclear-Free Korea?," Remarks Delivered at the Carnegie Endowment for International Peace Non-Proliferation Project Roundtable.

Hays, P. (1991), *Pacific Powderkeg: American Nuclear Dilemmas in Korea*, Lexington Books. (고대승·고경은 옮김. 『미국의 한반도 핵정책의 뿌리와 전개과정, 핵 딜레마』, 한울, 1993)

Hobsbawm, E. (1994). *The Age of Extremes: A History of the World, 1914~1991*, Vintage. (이용우 옮김, 『극단의 시대』, 까치, 1997)

Huntington, S. (1993), "The Clash of Civilization?," *Foreign Affairs* vol. 72/no. 3, Summer. (이희재 옮김, 『문명의 충돌』, 김영사, 1997)

Issacs, Harold. J. (1947), *No Peace for Asia*, NY: McMilllan Co.

Jonassohn, K. and F. Chalk (2000), "A Typology of Genocide and Some Implications for the Human Rights Agenda," W. Isador and M. Dobkowski ed., *Genocide and the Modern Age: Etiology and Case Studies of Mass Death*, NY: Syracuse Univ. Press.

Kang, Jeong-Koo (2000), "A Critical Evaluation of the U. S. Role in the Division of Korea and the Korean War," *The Korean Social Sciences Journal.*

Katsiaficas, George (2002) "World Peace Demands an International Movement!," 6월항쟁 15주년기념반전평화대회주최 '6·21반전평화국제포럼' 발표문.

______ (1987), *The Imagination of the New Left: A Global Analysis of 1968*, South End Press. (이재원·이종태 옮김, 『신좌파의 상상력』, 이후, 1999)

KISON(Korea Information Service On Net) "판문점 도끼 살해 사건(1, 2, 3)," 『미 비밀문서 속의 한국현대사(1)』, http://www.kison.org

Knoll, E. & J. N. McFadden ed. (1970), *War Crimes and the American Conscience*, NY: Holt, Rinehart and Winston.

Kwon, Tai Hwan (1977), *Demography of Korea: Population Change and Its Components 1925~66*, Seoul National Univ. Press.

LaFeber, W. (1993), *America, Russia and the Cold War 1945~1982* 7th ed., Cornell Univ. Press.

Landsberg, M.-H. (1998), *Korea: Division, Reunification & U. S. Foreign Policy*, Monthly Review Press.

Leffler, M. (1992), *A Preponderance of Power: National Security, the Truman Administration, and the Cold War*, Stanford Univ.

Marshall, T. H. (1950), Citizenship and Social Class, Cambridge Univ. Press,

_____ (1973), "Citizenship and Social Class," *Class, Citizenship and Social Development*, Greenwood Press.

McCormack, G. (1983), *Cold War & Hot War: An Australian Perspective on the Korean War*, Sydney: Hale & Iremonger.

McDonald, D. S. (1992), *U. S.-Korean Relations from Liberation to Self-Reliance*, Westview Press. (한국역사연구회 1950년대반 옮김, 『한미관계 20년사(1945~1965년)』, 한울, 2001)

Members of the International Scientific Commission for the Investigation of the Facts Concerning Bacterial Warfare in Korea and China (1952), *Report of the International Scientific Commission for the Investigation of the Facts Concerning Bacterial Warfare in Korea and China*, Peking

Merrill, J. (1983), "Internal Warfare in Korea, 1948~1950: The Local Setting of the Korean War," in B. Cumings ed.

Noland, M. (1998), *Economic Integration of the Korean Peninsula: Special Report*, Institute For International Economics.

Oberdorfer, D. (1998), *The Two Koreas: A Contemporary History*. (중앙일보 옮김, 『두 개의 코리아: 북한국과 남조선』.)

Shorrock, T. (1996), "The U. S. Role in Korea in 1979 and 1980," A Special Report by T. Shorrock.

Sigal, L. (1998), *Disarming Strangers: Nuclear Diplomacy with North Korea*, Princeton, NJ:

Princeton Univ. Press. (구갑우 외 옮김, 『미국은 협력하지 않았다: 북한과 미국의 핵외교』, 사회평론, 1999)

Smith, A. (1995), *Nations and Nationalism in a Global Era*, Cambridge: Polity Press. (이재석 옮김, 『세계화시대의 민족과 민족주의』, 남지, 1997)

Snow, E. (1958), "We Stop a Revolution," *Journey to the Beginning*, NY: Random House.

The Council on Foreign Relations (1999), "U. S. Policy toward North Korea: A Second Look," *Special Report* July 28, NAPSNET.

Truman, H. (1956), *Years of Trial and Hope*, NY: Dubldy.

U. S. Central Intelligence Agency (1947), "Korea SR-2," Washington D. C.

U. S. Dept. of Defense (1999), "The United States Security Strategy for the East Asia-Pacific Region 1998".

U. S. Dept. of State (1974), *Foreign Relationship of the United States, 1945, 1948* vol. 6/vol. 8, Washington: U. S. Gov't Printing Office.

_____ (1999), "Special Report: Perry Report," *Special Report* October 13, NAPSNET.

U. S. Dept. of Defense, Office of International Security Affairs (1995), "United States Security Strategy for the East Asia-Pacific Region" or "Nye Report".

Wade, R. & F. Veneroso (1998), "The Asian Crisis: The High Debt Model Versus the Wall Street-Treasury-IMF Complex," *New Left Review* no. 228.

Walder, A. G. (1996), *China's Transitional Economy*, Oxford Univ. Press.

Wallimann, I. and M. N. Dobkowski (2000), *Genocide and the Modern Age: Ecology and Case Studies of Mass Death*, Syracuse Univ.

찾아보기

사항

(ㄱ)

가벼운 봉쇄(containment lite)　284

건국사상총동원운동　322

고려연방제(고민연) 통일방안　151~52, 501~504, 516

고착적 분단　115, 119, 130

과거사 사죄론　425, 458~59, 470~71

과잉세계화　342~43, 361, 379, 387

교착·제한전쟁(stalemated and limited war)　97~98, 102, 121

9·11테러　177, 208, 272, 287

국가미사일방어(NMD)체제　163, 189, 294, 430, 435, 438~40

국가보안법　11, 24, 85, 139, 147, 307, 312, 324~25, 349, 393, 403~404, 412, 462, 474~78, 499, 510, 532~33, 561

국가정통성　313~14, 321, 323~26, 329~30

권력뿌리(역사)정당성(historical legitimacy)　316~17, 319, 320~23, 327

권력창출정당성(representation legitimacy)　316~17, 320~23, 327~28

권력행사정당성(performance legitimacy)　316, 319, 323, 328

금강산관광　201, 361, 373, 385, 416, 456, 462, 468, 500

금창리 핵위기　21, 168, 187~88, 190~93, 217, 228, 235~36, 290, 305~307, 361, 364, 376~77, 402~403, 412, 443, 446, 484

김대중정권(정부)　10, 58, 94, 127, 130, 159, 168, 188, 193, 195, 200~202, 217, 265, 269~71, 277, 293, 296, 305, 307, 312, 320, 328, 343, 349, 361~62, 364~65, 369, 375~81, 384~87, 391~93, 395, 404~405, 408, 413~14, 416, 419, 440, 447, 451, 458~61, 465~466, 480, 484, 499~500

김영삼정권(정부)　117, 127, 154, 158, 182, 185, 188, 195, 200, 232, 307, 311, 341~42, 355, 357, 361~64, 376~377, 379~80, 402, 465

김일성(정권)　23, 49, 68, 70, 96, 107~108, 111, 115~17, 119~22, 127~28, 133, 142~43, 153, 174, 200, 214, 311, 314, 321, 323, 357, 373, 471, 507, 532

김정일정권　93~94, 153, 159~60, 168, 201, 237, 249, 270, 323, 343, 357, 365, 367, 373, 394, 407, 410, 425,

456, 461~63, 470,~71, 479, 481, 484, 526

(ㄴ)

NATO의 동진정책 283~84, 287
낙인론 190, 251, 283, 292, 295, 303, 418, 430
남북기본합의서 164, 183, 194, 204, 249 ~50, 266~67, 297, 299, 303, 363, 368, 393, 410, 471, 479, 493, 499, 506~507, 516, 517
남북정상회담 10, 20, 96, 119, 155, 159, 163~64, 177, 223, 227, 230, 251, 257, 293, 306~307, 312, 361, 366, 368~69, 385, 389~90, 410, 417, 420, 459~61, 465, 467, 469, 493, 499, 505~506, 510, 526
남한군열세론 228, 230
납남자 56, 58, 68, 71, 469
납북자 54, 56, 58, 68, 71~73, 87, 88, 468, 471
'낮은 단계의 연방제' 153, 159, 161, 356, 367, 400~401, 495, 504~505, 507, 511, 515
내부식민지 202, 356, 398, 464, 510~11, 519
내재적 역사행로 33, 45~47, 50, 323
냉전지역주의 216, 277, 365, 386, 425, 458~59, 535
냉전체제 8, 9, 153, 218, 259~60, 299~ 300, 302~304, 307, 337, 353~54, 399, 415, 436, 500

노근리 민간인학살 82, 225, 240
노동자대투쟁 153, 311, 350
노벨평화상 탐욕론 425, 458~61
노태우정권(정부) 130, 137, 154, 158, 183, 311

(ㄷ)

대북 경수로지원사업 363
독립촉성회 109, 131, 348
동북아 다자간안보협력체제 157, 162, 261, 265, 273~79, 295, 301, 363, 368, 375~76, 399, 402, 500~501, 512

(ㅁ)

매향리사격장 225, 227, 240, 245, 248, 256
미일군사동맹 427, 435
미일신방위협력지침(미일신가이드라인) 242, 276, 285, 288, 292, 301, 397
미일신안보공동선언 242, 283, 285, 288, 397, 428
미군정 43, 46, 48, 61, 64, 68, 71, 99, 105, 135, 168~69, 250, 327~28
미귀환 국군포로 54, 56
미귀환 인민군포로 77
미사일방어(MD)체제 27, 179, 208, 235, 242, 253, 282, 301, 305, 397, 411, 415, 417, 419, 424, 426~27, 431, 433~35, 437~38, 449~53, 455, 479~83
미소냉전 25~27, 162, 359, 398, 427~

28, 509

민주주의민족전선(민전)　41～42, 109,
　　122, 131

민족사적 전환기　6, 158, 281, 311

민족생명권　168～69, 171, 180, 419, 446

민족연합성연방　255, 512

민족자주성　38, 48, 157, 338, 343～44

민족정통성　35, 314, 325, 328～29

민족화합민주통일방안　148

（ㅂ）

박정희정권　49, 137, 147～49, 151, 172,
　　226, 250, 314～16, 318, 380, 391,
　　395, 487～88

반공이데올로기　55, 59, 65, 130, 255, 353,
　　470

반북이데올로기　59, 255

반제반봉건 민주개혁　323, 336

발생적 결정론(genesis determinism)　50～
　　51, 329

배려주의　369～71, 404～405, 408

배타적 민족주의　254

백의사(白衣社)　68

법적 통일(de jure unification)　164, 297

베를린선언　385, 391～92, 399, 414, 416,
　　420, 455, 460

보답주의　365, 369, 371, 404, 408

보도연맹　58, 82～83, 123

부드러운 봉쇄(soft containment)　284

부시정권　8, 26, 160, 168, 189, 208～209,
　　216, 224, 237～38, 264, 272, 275,
　　281, 291, 298, 301, 303, 306～307,

367, 377, 385, 397, 410～11, 416,
　　419, 425, 430～33, 435, 454～55,
　　457～59, 479, 483

북미평화협정　229, 265, 292, 300, 302,
　　402, 500

북방정책　311

북방한계선(NLL)　177, 192～97, 203～
　　207, 398, 510

북조선로동당　321, 336

북조선임시인민위원회　322

북진통일　135～37, 147, 353, 495

북파공작원　54, 56, 58～59, 72～73, 7
　　5～76, 88, 468～69

북한불변론　425, 458～59, 462～464

북한전쟁위협론　8, 228, 241, 437, 476

북한 퍼주기론　407, 425, 458～59, 465～
　　66

분단고착화시대　160, 367, 396

분단공고화기　130, 136

분단냉전체제　11, 21, 464, 534

분단이완기　130, 141, 147

분단재공고화기　130, 147

분단출발기　109, 130～31

불량국가(rogue state)　191, 287, 294,
　　386, 424, 437, 449, 479～80

불량대국(rogue superpower)　294

（ㅅ）

사실상의 통일(de facto unification)　164,
　　297

4·3항쟁　33, 47, 98～99, 104, 111～12,
　　123, 132

4·2공동성명 153, 155~56, 503, 505~
        506, 515
4·19혁명 130, 136, 141, 146~47, 151,
        319, 331~35, 338, 340, 346, 348,
        351~53, 358, 526
사회권(social rights) 21, 24~25, 153,
        345~47, 349~51, 356, 467, 519,
        523
사회적 분단 119, 130
사회형성론 107, 111~12, 116, 119
3원칙3단계통일방안 154, 156
3·16북미베를린합의 188, 189, 446
3차7개년 4단계통일방안 154, 156, 498
상호주의 54~55, 73, 87~88, 271, 298,
        363, 365, 368~71, 404, 407~409,
        417, 425~26, 437, 443, 446~48,
        458~59, 468~70, 472, 475~77,
        483
서북청년단 86, 109, 131~32, 327
서해교전 21, 168, 177, 192, 194~96,
        201, 203~207, 221, 228~29,
        239, 281, 305, 307, 398, 402~403,
        510
선건설 후통일론 141~42, 145, 353,
        495
선평화·후통일 정책 363, 368, 375
세계체제 334, 337, 341~42, 353, 356,
        358
세계화(지구화) 253, 275, 337, 342~43,
        347, 350, 359, 379, 426, 434, 478
속(續)냉전(on-going cold war) 8, 282,
        291~295, 306, 435, 436

속도조절론 407, 425, 458~59, 462~464
숭미사대주의 164, 224, 230, 249, 251~
        52, 463, 526
시민권(civil rights) 24, 346~51, 523
시민사회 42~43, 147~48, 158, 192~
        93, 195, 198, 227, 243, 248, 251,
        308, 325, 353, 365, 384, 386, 389~
        91, 396~99, 403, 407, 413, 420~
        21, 463, 481~82, 485, 495, 500,
        503, 531, 533
신NATO전략 283~84, 287, 397
신냉전 26, 27, 160~62, 240, 242, 261,
        291, 305, 354~55, 358, 367~68,
        396~99, 401, 426~28, 430, 436~
        37, 509, 511, 513
신자유주의 275, 286, 329, 342, 347~48,
        350, 359, 361, 378~79, 381, 387,
        426, 433, 435
신작전계획5027(OPLAN5027-98) 174~
        75, 186, 188, 292, 305
신패권주의 298, 304, 423, 425~27, 431,
        433, 436, 438, 440~41, 454, 457,
        459
실질적 민주주의 344~45, 347
실질적(de facto) 통일 161, 255, 368,
        391, 393, 400, 460, 517
10·12북미공동성명 211, 218, 264, 269,
        294, 297, 306~307, 366, 411, 415,
        423, 425, 432, 462
10월인민항쟁 64, 112
10·21북미제네바협정 178, 180, 185~
        86, 188, 210, 262~63, 292, 300,

342, 377, 415, 444~49, 479, 498

(ㅇ)

아리랑통일민주공화국 493~94, 515~
16, 520, 523~24
IMF경제신탁통치 261, 316, 342~43,
362, 378, 380~81
악의 축 8, 21, 116, 167~68, 208, 213,
216, 218~20, 228, 235~37, 256~
57, 281, 294, 298, 306, 403, 411~
12, 419~20, 427, 453, 456, 481
안보상업주의 54
야산대(野山隊)투쟁 98, 112, 132
여순항쟁 99, 112, 123, 132
역사청산 87, 89, 534
연방제 통일방안 11, 156, 365, 400, 506,
533
연착륙정책 390
연판장 선거 322
연합성연방 162, 356, 358, 385, 399, 412,
482, 514, 517~18
연합제 158, 161, 356, 367 - 68, 385, 400,
462, 499, 505, 507, 511, 513~15,
517
열린 민족주의 254
영변 핵위기 21, 23, 168, 175, 180, 185,
189, 209, 211, 213~14, 228, 235,
254, 263, 305, 364, 376, 394, 401,
403, 412, 416, 445, 484
영역오류(instance fallacy) 329~30
5·10단독선거 33, 98, 111, 131, 326~
27, 408

5·16군사쿠데타 49, 130, 146~47, 263,
314, 318
5·18광주항쟁 226, 341
5·18신군부내란 130
우익반동혐의 이산가족 58
월남실향민 56, 58~60, 62, 67
월북실향민 56, 58, 60,. 62, 67
월북자 54, 65
6월민주항쟁 130, 153, 226~27, 311,
341, 350, 494~95, 532
6·10남북학생회담 6, 147, 153, 311, 352
6·25전쟁 7, 11, 56, 58, 64, 67, 69, 71,
75, 77, 82, 95~96, 99~106, 119,
122, 130, 132, 357, 378, 407, 423,
470~71, 473, 533~34
6·15공동선언 6, 10, 12, 20, 53, 59, 72,
76, 87, 96, 117, 153, 156, 159, 160
~63, 177, 217, 224, 226, 237, 240,
249~50, 255, 269~70, 278, 283,
292~93, 297, 302~303, 312, 356,
361~62, 365~69, 375, 384~89,
393~94, 400, 405, 408, 410~12,
414, 416, 419~20, 436, 440, 455,
458~59, 461~63, 465, 471, 478,
480~84, 493~95, 499, 503~507,
510~15, 525
이념적 분단 119, 130
이산가족상봉 53, 213, 251, 361, 416~
17, 456, 507~508
이승만정권(정부) 64, 100, 102, 134, 136,
139~41, 312, 315, 326~28, 348,
353

EC121기 격침사건　21, 171~72, 401

2차 남북정상회담　163, 168, 269~70,
　　　278, 297, 389, 405, 410, 412~13,
　　　415~17, 419, 439~40, 481

2003년 한반도전쟁위기설　168, 180, 206,
　　　209, 213, 217~19, 229, 256, 306,
　　　403, 411, 412, 419, 445, 525

일괄타결　189, 363~64, 368, 375~78

일반 이산가족　54~56, 58, 63, 67, 72, 88,
　　　123

(ㅈ)

자립적 민족경제　336~37, 340

자주노선　224, 248~50, 336~38, 340,
　　　342~43, 483, 533

작은냉전(small cold war)　240, 242, 272,
　　　283, 286, 291, 295, 301~302, 306,
　　　427~28

작은전쟁(small war)　56, 98~104, 109,
　　　113, 115, 117~23, 127, 132, 135,
　　　473

작전계획5027　173~74, 176, 182, 263,
　　　300~301, 303, 442

저항민족주의　26, 254

전면전쟁(general war)　84, 98, 101, 11
　　　9~20, 122, 204

전역미사일방어체제(TMD)　163, 189,
　　　285, 288, 305, 397, 411, 415, 417,
　　　435, 442, 451

전쟁억제력　228, 230, 232, 236, 239, 252,
　　　293, 296

정권정통성　313~14, 328, 351

정당성(legitimacy)　133~34, 237, 314,
　　　316~21, 323, 327~29

정상회담　73, 183, 229, 390~96, 400~
　　　403, 405, 407~10, 414, 416~17,
　　　420~21, 437, 458, 461~62, 480,
　　　506

정치권(political rights)　24, 49, 323, 34
　　　5~48, 350~51

정치적 분단　104, 109, 119, 130

정통성　9~10, 36, 40, 93, 94, 112, 133~
　　　35, 250, 312~18, 320~21, 323~
　　　31, 336, 338, 341, 353, 533

제3세계　36, 183~84, 282, 286~87, 302,
　　　314, 320, 334, 338, 341, 396, 427,
　　　430, 433, 559~60

제3세계 민족주의　148, 254, 338

제한확대전쟁(limited but expanded war)
　　　98, 101~104, 107~108, 111, 113,
　　　115, 117, 119~22, 123~25, 135~
　　　36

조선인민공화국　40~42, 47, 135, 168,
　　　260

종속적 신자유주의　362, 378~79, 381~
　　　82, 387

주변부　341

주체사상　11, 248~50, 333, 350, 476, 53
　　　1~33

주한미군　8~10, 23, 68, 94, 97, 173, 175,
　　　188, 214, 220~23, 225~30, 232~
　　　33, 235~36, 238~45, 248~49,
　　　251~57, 265~66, 268, 270, 272~
　　　73, 292~93, 299, 333, 338, 386,

402, 404, 409, 420, 451~53, 462, 480~81, 501, 525, 533, 559, 561
지도적 패권주의(leadership-oriented world hegemony) 209, 298, 426, 454
지리적 분단 37, 119, 130
지배적 패권주의(domination-oriented world hegemony) 26, 208~209, 219, 298, 306, 386, 426~27, 433, 454~55, 485
진영전쟁(semi-global war) 97~98, 101, 122

(ㅊ)

7·4공동성명 73, 75, 147~48, 155, 249~50, 393, 471, 493, 505~506
7·7선언 154, 495

(ㅋ)

KLO(Korean Liaison Office) 68, 70
클린턴 독트린 378, 380

(ㅌ)

통일딜레마 161, 355, 384, 396, 398~401, 406, 509, 511
통일성취시대 6~7, 11, 19, 50, 88~89, 92, 116~17, 122, 126, 128, 130, 159, 163~64, 226, 251~52, 257, 259, 261, 263, 265, 278, 312, 324, 331~32, 358~59, 361~62, 365~66, 381, 436, 440, 455, 469, 477, 493, 504, 534

통일시대 6~7, 9~10, 20, 55, 88, 96, 130, 153, 158~59, 227, 248, 257, 281, 311~12, 362, 366, 374, 394, 421, 464, 475, 478, 493~94, 508, 535
통일전쟁 7, 19, 96, 97, 99, 103~104, 106, 109, 115, 125~26, 135, 174
특수 유족이산가족 55~56, 82, 86, 89
특수 이산가족 54~56, 58~59, 67~68, 88~89, 123

(ㅍ)

판문점 미루나무사건 21, 171~72, 401
페리보고서 229, 237, 296~98, 300~303, 306
평화협정 11, 97, 155~56, 186, 204, 229, 255, 259~73, 278~79, 292, 299~301, 303, 306, 365~66, 376, 386, 415, 440~41, 443, 446, 479, 499, 501, 516, 525, 533
포괄적 대북정책의 5대과제 296
포용정책 10, 159, 163~64, 179, 188, 200, 202, 277, 293, 297, 303, 307, 312, 361~63, 365~66, 368~69, 375, 378, 384, 386~87, 391, 393, 425, 459~61, 463, 478, 499
푸에블로호 사건 21, 171~72, 401

(ㅎ)

한국전쟁 7~8, 10, 12, 31~32, 44, 54, 60, 63~64, 66, 68, 84, 91~108, 111~22, 125~31, 315, 333, 341,

468, 473, 533, 535

한국전쟁 5단계설 91, 98, 102~104, 106,
　　　108, 113, 116

한미일 삼각군사동맹 241~42, 253, 288,
　　　292, 295, 352

한미행정협정(SOFA)　224~25, 227,
　　　243, 245~48, 253

한민당 35, 41, 43, 47, 109~10, 131, 134,
　　　326~27

한민족공동체통일방안　154, 158, 495,
　　　497, 499, 501~502, 515~16

한반도평화선언 163, 168, 218, 237, 270,
　　　273, 278, 297, 385, 403, 411, 415,
　　　417, 424, 426, 437, 439~40, 479,
　　　481~82

항일무장투쟁 313~14, 321~22

해방공간 6, 33~41, 44~45, 47, 50, 54,
　　　58, 67~68, 71, 82, 91, 99, 168,
　　　250, 317, 319, 321~25, 328, 457,
　　　468, 526

햇볕정책 201, 203, 362~63, 372, 386,
　　　424, 461, 525

행위론 107, 116, 119, 120, 122

형식적 민주주의 344~47

흡수통일 136, 141, 154, 157~59, 176,
　　　232, 298, 311, 355, 357, 362~65,
　　　368~69, 372, 391, 395, 463, 477,
　　　503~504, 511, 515

인명

갈루치(R. Gallucci) 22, 209~11

갈퉁(J. Galtung) 260

김구 33, 41~42, 109, 120, 131, 133~34,
　　　261, 326~27, 461, 473, 532

김규식 120, 326

김낙중 137~38, 154, 156, 498~501

김민석 471

김민웅 457

김성호 73, 450

김원웅 75, 94, 450, 472

김종필 147, 314, 320, 329

깅그리치(N. Gingrich) 291

노로타 호세이 176

라이스(C. Rice) 179, 433, 438

라이언(M. Ryan) 294

럭(G. Luck) 181

럼스펠드(D. Rumsfeld) 424, 434, 455

레이건(R. Reagan) 173, 233, 434, 452

레이니(J. T. Laney) 22, 181

루빈(R. Rubin) 381

매케인(J. McCain) 177, 180

맨스필드(M. Mansfield) 141, 352

무바라크(H. Mubarak) 178

문익환 153~56, 311, 461, 497, 499~
　　　507, 515

바우처(R. Boucher) 178

박근혜 320, 419~20

박성덕 232, 249

박헌영 47, 108

베버(Max Weber) 36, 314

볼튼(J. Bolten) 178

섬머스(R. Summers) 381

슐레진저(J. Schlesinger) 173

시린시온(J. Cirincione) 234

신채호 9, 13, 225

아미티지(R. Amitage) 304, 424, 434,
    436, 455

아이어스(R. Ayers) 175, 188, 292

아이젠하워(D. D. Eisenhower) 262

안경호 505

앨런(C. Allen) 182

여운형 40, 168, 260

오사마 빈 라덴(Osama bin Ladin) 177

올브라이트(M. Albright) 223, 293~94

와인버거(C. Weinberger) 233, 452

월포위츠(P. Wolfowitz) 177, 212, 449~
    50, 455

윤여준 470

이낙연 471

이병태 173

이양호 195, 205

이장회 11, 534

이종구 174

이종석 504

이종혁 232

이찬복 199

이회창 177, 212, 458, 470

임동원 180, 187, 209, 215, 217~18, 295,
    306, 364, 419, 449, 455, 467, 484,
    525~26

장성민 450

장준하 148, 461

정성배 431

정세현 376

정창렬 176

조명록 189, 294, 415, 423, 462

조봉암 11, 137~38, 140, 461, 533

조소앙 327

존슨(C. Johnson) 294, 424

졸릭(R. Zoellick) 433

차영구 194, 200

천용택 176, 195, 450

체니(Cheney) 424, 434, 455

첸지천(錢其琛) 430

촘스키(N. Chomsky) 424

최광 182

최병렬 320

최장집 11, 96, 127, 200, 315, 534

카스트로(F. Castro) 174, 334

카터(J. Carter) 22, 181~82

커밍스(B. Cumings) 40, 111, 125, 378

퀴노네스(K. Quinones) 187, 443

클라크(R. Clarke) 193

클린턴(B. Clinton) 22~23, 181~82,
    189, 209, 211, 214, 220, 237, 262,
    264, 291, 294, 297, 306, 366, 378~
    80, 390, 414, 423, 431~32, 447

트로츠키(L. Trotskii) 350

테닛(G. Tenet) 187

파월(C. Powell) 174, 480

패터슨(T. Patterson) 438

패트릭 휴즈(P. M. Hughes) 187, 444

페리(W. Perry) 22~23, 182, 187, 214,
    218, 229, 300~301

폴리(Pauley) 42
한완상 11, 96, 127, 200, 467, 533
할리데이(J. Halliday) 168
해리슨(S. S. Harrison) 175, 187, 296,
    443

헬름즈(J. Helms) 177
허담 151, 155, 505
헌팅턴(S. L. Huntington) 397
황장엽 177
황태연 470

늦깎이의 자화상을 다시 그리면서

1996년에 펴낸 『통일시대의 북한학』에서 그린 '늦깎이의 자화상'은 개인 성장사에 초점을 맞추어 어릴 때부터 연대기적으로 그려본 것이다. 이번에는 주로 최근의 자화상을 하나하나씩 끊어서 '단막극' 형식으로 그려보고자 한다.

하루가 멀다 하고 승강이질을 벌이는 훈장

나는 거의 하루도 빠짐없이 남의 일에 참견하고 때로는 승강이질을 벌인다. 장애인주차장에 주차하는 얌체족, 담배꽁초를 아무렇게나 버리는 '상습 경범죄', 회의장이나 공공장소에서 휴대전화를 요란스레 울려대는 소음공해족, 지하철 등에서 승객이 내리지도 않았는데 서둘러 타려는 작은 무뢰한, 학교건물 안에서 담배 피우는 환경질서 교란행위 등이 나의 단골손님이다. 이런 경우에는 젊은이나 나이 지긋한 사람이나, 진보운동하는 사람이나 이와는 담을 쌓은 사람이나 크게 다를 바가 없다. '큰일을 한다'고 '작은 일'을 소홀히 하고 대수롭지 않게 여기는 과오부터 고쳐야 할 것이다. 진보운동 동료들과 함께 외국까지 가서도 담배꽁초 때문에 내 얼굴이 화끈화끈한 적이 한두 번이 아니었다. 어쨌든 수없이 남의 일에 참견하는 데도 별로 봉변을 당하지는 않았던 것 같다. 아마도 빨리 하얗게 세어버린 머리카락 덕분인 것 같다.

직격탄을 내뱉는 점잖지 못한 교수

한반도 평화와 통일 및 현대사에 관한 대중강연을 자주 다닌다. 특히 6·15공동선언 이후는 대중강연 회수가 더 잦아졌다. 지방에 가서 밤차로 돌아오는 것이 피곤하고 힘들지만 나는 어지간하면 수락하는 편이다. 그런데 명색이 교수라는 사람이 좀 점잖게 강연을 해야 할 터인데 나는 전혀 그렇지 못하다. 분단과 전쟁, 통일, 주한미군, 미국의 깡패주의, 민족자주, 윤금이 살해와 같은 미군범죄 등의 문제가 나오면 자연히 목소리가 높아지고 미국놈, 일본놈, 사대주의놈들, 앞잡이 등의 거친 말이 가끔씩 튀어나온다. 학술강연에서는 좀 자제를 하지만 그래도 간혹 거친 말과 직격탄을 날릴 수밖에 없다.

나는 언제나 주장한다. 서구제국주의 지식인은 차가운 이성과 뜨거운 가슴이 조화를 이루어야 한다고 부드러운 학문자세를 역설하지만, 그것은 노예와 굴종과 인간 이하의 동물적 지배를 경험하지 못한 제국주의 지식인에게만 해당하는 것일 뿐이라고. 우리는 온갖 질곡과 수모에 시달려 한과 울분의 역사를 가슴속에 응어리로 품고 있는 제3세계 지식인이다. 제3세계 지식인은 먼저 뜨거운 가슴과 분노를 거쳐 올바른 문제의식을 확고히 가진 다음에 비로소 이 끌어오르는 가슴을 차가운 이성으로 채울 수 있어야 한다고 역설해 왔다. 그래서 가끔 거친 말과 욕설이

나오는 것은 오히려 자연스러운 현상이라고 여겨진다.

제3세계가 분노할 줄 모르는 지식인이나 일반인으로 가득 차 있다면, 제3세계의 미래는 비관적일 수밖에 없다. 뜨거운 가슴과 냉정한 머리 사이의 산술평균적인 결합보다는 먼저 가슴이 뜨거워지고 그 다음 이 들끓는 가슴을 채워줄 합리적 이성을 발전시켜야 한다고 본다. 이렇게 가슴과 머리가 유기적 융합을 이루는 학문적 경지의 지향이 제3세계의 학문세계가 나아가야 할 올곧은 방향일 것이기 때문이다.

나는 단재 신채호 선생님과 김남주 선생님을 가장 존경하고 또 그분들의 글쓰기를 무척 좋아한다. 그분들은 정말 글을 쓰지 않고는 못 배길 절박한 심정과 상황에서 피를 토하듯 글을 쓰신 분들이시다. 어지로 글을 쓰시는 분들이 아니었다. 민족과 사회와 역사 앞에서 고뇌와 좌절, 분노와 굳은 의지, 강력한·실천행위와 이를 가로막는 장애물 등이 변증법 지양을 그쳐 유기적으로 융합된 산물로서 나타난 것이 그분들의 글쓰기였다.

직설적이고 간결한 언술로서 문제의 본질과 핵심에 접근한다. 직격탄과 같은 직설법은 절박한 상황을 고뇌하는 사람의 경우 자연스럽게 나오는 언술이다. 반면에 추상적이고 에두르는 언술은 본질을 회피하고 반론을 의도적으로 피하려는 강단 먹물들이 즐기는 글쓰기이다. 또 점

않고 부드러운 언술은 주로 직접적인 관련당사자가 아니어서 절박함을 모르는 한가한 사람들의 언술이게 마련이다.

옥살이를 해서인지 은연중에 글쓰기에 자기검열을 하고 있는 나 자신을 발견하고는 소스라치게 놀라곤 한다. 비록 국가보안법이 아직도 소멸되지 않고 살아 있긴 하지만 지금은 일제식민지시대도 아니고 암울한 박정희 군부시절도 아니다. 그런데도 나는 왜 이리 허약하게 구는지 그분들에게 얼굴을 들기가 힘들고 자책감에 휩싸이기도 한다.

가장 탈경상도적인 경상도 출신

팔순을 바라보는 큰형님이 계신다. 그런데 박정희, 장기수, 국가보안법, 통일, 주한미군 등의 주제에 관한 텔레비전 토론에 출연한 이튿날이면 거의 어김없이 형님께서 전화를 하신다. 세상이 어떻게 바뀔지 모르는데 그렇게 말조심을 하지 않는다고 걱정이 태산같으셨다. 박정희에 관한 텔레비전 토론 이튿날 동향모임에 갔더니 강정구라는 동국대 교수라는 놈이 박정희 욕을 하는데 그것도 경상도 출신이 더 앞장선다고 야단법석이었단다. 그 교수가 바로 당신 동생이라는 사실을 밝히지도 못하고 속을 끓였을 형님을 생각하니 죄송스럽기도 하다. 늙으신 형님의 가장 큰 걱정 중 하나는 다음에 '씨를 말리고 창자를 어쩐다는' 등으로

회자된다는 누구누구가 집권하면 내가 감옥살이를 하게 될 것이라는 점
이었다.

동생 걱정은 그렇게 하면서도 다음 선거에서 우리 형님은 이회창을
찍을 것 같다. 아니면 내가 만경대 파문으로 신문에 오르락내리락하던
때 나에게 가장 악의적이었던 『조선일보』를 끊고 아무 신문도 보지 않
으신 것처럼 다가오는 대통령선거에서는 기권할 가능성이 높다. 바로
이것이야말로 망국적인 지역패권주의의 망령에 사로잡힌 대부분 경상
도사람의 현주소이다. 또 이들을 선동하고 이를 바탕으로 정치권력과
언론권력을 휘두르는 무리들이 나라꼴을 난장판으로 만들고 있다.

정말 나 자신이 경상도 출신인 것이 부끄럽다고 고백한 적이 한두 번
이 아니다. 그래서 경상도에서 초중고등학교를 나온 나는 동창회에 나
가본 적이 거의 없다. 또 고향에 가서 정치이야기를 할 때마다 일가친척
들과 고성을 주고받기 일쑤다. 심지어는 그들에게 경상도는 분리독립시
켜야 나라꼴이 된다는 극언까지 서슴지 않곤 한다. 남북이 분단된 것만
해도 억장이 무너지는데 남쪽지역끼리도 이런 꼴을 보이다니.

전쟁터 같은 학술회의장에 전사(戰士) 같은 발표자

베트남진실위원회의 공동대표로 베트남전쟁에서의 한국군 민간인학

살 문제에 대한 진상규명과 과거청산을 위한 학술토론회를 열려다 참전
군인들의 군사작전과 같은 폭력에 의해 좌절당한 적이 있다. 베트남진
실위원회의 일꾼들인 차미경, 김숙경, 한상진 님과 한홍구 교수는 옆차
기로 얻어맞기까지 했다. 당대출판사 박미옥 사장은 무지막지한 참전군
인들로부터 입에 담기도 힘든 욕설을 들었다. 또 숭실대학교에서 열린
베트남문화행사마저도 그들의 위협과 폭력에 의해 좌절될 뻔하다 무려
1천 명 가까운 경찰의 도움으로 겨우 행사를 치렀다. 이러한 폭력에 굴
복해서 학술대회를 포기할 수는 없다고 판단하여, 궁여지책으로 주월사
령관이었던 채명신과 상의하여 '군사평론가협회'와 공동으로 한국군 베
트남참전에 대한 학술발표회를 약 두 달 뒤에 가졌다.
  내 일생에서 그렇게 전쟁터를 방불케 하는 살벌한 분위기 속에서 학
술발표를 하는 경우는 아마 두 번 다시 없을 것이다. 발표 동안에도, 군
인복장을 하고 발표장을 완전히 장악한 300~400명의 베트남 참전군인
들의 "빨갱이, 죽여, 닥쳐, 개새끼…" 온갖 욕설과 협박이 난무했고 심지
어 단상으로 뛰어오르는 참전군인도 있었다. 저러한 짓거리를 하니 베
트남에서 민간인학살을 하지 않았다는 그들의 말을 누가 믿어줄까라는
따가운 지적이 있었다. 정말 이제 그들도 자성할 때가 되었다.
  나도 때로는 나의 말에 막무가내로 고함을 지르는 그들에게 "발표하

는데 조용히 해" 하며 되받아 고함치면서 끝까지 전투하는 자세로 버티었다. 그리고 화장실에 갈 때도 만약의 폭력사태에 대비해 자기들이 스스로 만든 규찰대 10여 명이 호위해 주는 의전대접까지 받기도 했다. 우리 자신의 과거 죄악에 대해서는 이렇게 폭력을 동원해서라도 역사의 진실을 은폐하려고 안간힘을 쓰면서 미국과 일본의 죄악에 대해서만 고함을 지르는 반도덕성을 가진 것이 우리 사회의 현주소인가 보다.

교수패거리에서 왕따당하는 교수

〈아줌마〉라는 연속극이 교수사회의 일그러진 모습을 적나라하게 잘 보여주어 대단한 인기를 끈 적이 있었다. 비록 나 자신이 표적의 당사자이긴 하지만 너무 공감하는 바가 있어『교수신문』에 "교수사회의 일그러진 자화상"이라는 제목으로 교수들의 자성을 촉구하는 글을 실었다. 어느 대학에서 발생한 교수의 '성추행사건'에 대해, 같은 전공의 외부교수들이 ○○학자연대라는 이름 아래 발벗고 집단적인 구명운동에 나선 점을 강력히 비판했다. 지난날 군부독재시절 민주화를 위한 서명은 거들떠보지도 않던 교수들이 같은 전공교수에 대해 온정주의를 편다면, 그것은 피해학생에게는 비정주의이며 같은 전공이라는 연줄에 매달린 학벌패거리주의라고 질책했다.

　이러한 현상은 그 학교 내의 많은 동료교수들에게서도 마찬가지로 볼 수 있었다. '성추행'에 대한 해결은 무엇보다 과거사 자체에 대한 진솔한 사실인정과 사죄를 전제로 해야 한다는 지론을 펼치는 동료교수에게 쏟아지는 온갖 음해와 협박, 그만하면 충분히 대가를 치렀다면서 '성추행' 교수에게 쏟아지는 온정주의, 혹시 유사한 일로 자신들도 피해를 입지 않을까 싶어, 곧 일종의 사이버공포감에 젖어 교권확보 차원에서만 해결하려는 패거리주의, 교수 자신의 교육자로서의 자질문제는 외면한 채 학생들에 대해서는 교권침해 혐의로 징계를 주장하는 어느 여자교수의 반교육적인 일방주의 등이 바로 우리 교수집단의 부끄러운 자화상이다.

　정작 학문의 자유가 침해되었을 때는 거들떠보지도 않던 교수들이 이제 '성추행'교수에게는 교권 운운하면서 학교당국이나 교수회의 심지어 학생회에 대해서까지 규탄의 목소리를 높이며 야단이다. 이야말로 집단이기주의이고 패거리주의이고 반교육주의이다. 이를 교권이란 이름으로 치장하는 행위를 일삼는 교수들을 보면서 나는 우리 아들이 대학교수가 되면 이런 교수가 되어서는 절대 안 된다고 못을 박기도 했다.

　나는 평소 교수들은 '쟁이 지식인' 또는 전문가에 불과하지 결코 교수라고 해서 모두 지성인(intelligentsia)이라고 보아서는 안 된다고 강조해 왔다. 사회의 부조리와 모순 등에 대한 비판적 인식을 바탕으로 이를 사적인 기준이 아니라 공적인 척도에서 해결하기 위해 이론적 · 실천적 행위와 고뇌를 더불어 하는 지식인만이 지성인이라는 것이 나의 지론이다. 많은 사회운동가와 학생운동가들은 이 지성인에 속할지 몰라도 대학교수라고 해서 자동적으로 지성인으로 자리매김될 수는 없다고 본다. 그렇게 보는 것은 교수들의 과대망상일 따름이다. 이 때문에 따돌림을 당한다면 나는 그 따돌림을 오히려 달게 받을 수밖에 없다.

앉아서 오줌 누는 남자

한번은 아내가 어떤 모임에 연사로 초빙되어 나에 대한 이야기로 청중들을 매료시킨 적이 있었다. 아내의 말인슥슨 결혼 초기에는 남편을 좀 무시했으나 곧 회개했다고 한다. 다름아니라 가사노동을 지금도 거의 70%를 자기가 아니라 남편이 하고 있고, 먼저 집에 오거나 일찍 일어난 사람이 저녁이나 아침을 준비하는 것이 관례가 되었기 때문이라는 것이다. 또 남편은 집안일을 도와준다는 개념을 가지고 있지 않으며, 가사노동은 자기 일인 동시에 아내의 일인 공동의 일이라는 생각을 가지고 있다고 말했단다.

사실 나는 일찍 자고 일찍 일어나는 유형이라서 아내의 점심도시락 준비를 거의 내가 한다. 또 애들은 이제 대학졸업반이므로 더 이상 내가 돌볼 필요와 의향도 없거니와 당연히 자기들 스스로 처리하게 되어 있다. 유학시절에 후배가 불쑥 우리 집을 방문하여 내가 파를 다듬고 있는 모습을 보고는 그 다음부터 전화만 걸면 "형, 지금은 배추 다듬고 있어요? 된장찌개 만들고 있어요?" 식의 농담을 하기 일쑤였다.

내가 가사노동을 나의 일로 여기게 된 것은 아내가 요구했기 때문은 아니었다. 다같이 직장에 나가 시달리는 마당에 당연히 형편이 나은 쪽이 더 부담을 해야 한다는 생각이었다. 일의 능률상 당연히 여유가 더 있거나 일찍 온 사람이 일을 해야 할 것이다. 내가 집에 먼저 돌아오면 저녁준비를 내가 하면 배고픈 시간과 어린애들의 징징거리는 시간도 줄일 수 있다. 또 가사일이 쉽게, 빨리, 조화롭게 처리될 수 있으며, 더불어서 아내가 직장일로 외부활동을 하는 데 가사노동으로 인한 제약을 덜 받을 수 있기 때문이다. 한마디로 합리적인 계산을 해보더라도 가사노동을 여자에게 전담케 하는 것은 너무나 비생산적이고 비효율적이고 사회적으로도 손해나는 결과를 가져온다는 판단이었다.

이와 관련해 나에게는 다른 사람과 비교할 수 없을 정도의 일이 하나 있다. 많은 남자들이 이 이야기를 들으면 배꼽을 쥐거나 아니면 나를 한심한 녀석으로 낙인찍을지 모른다. 아마 신문에서 본 적이 있을 테지만, 독일의 어느 마을은 남자들이 서서 오줌을 누지 않고 앉아서 오줌을 누어야만 그 마을에 이사올 자격을 취득한다는 이야기다. 아마 한국남성들은 엉뚱하게도 남자체통의 문제이고 자유권의 침해라고 억지를 부리면서 펄펄 뛸지 모른다.

그 기사를 읽고 나는 강의시간에, 언제부터인지는 모르겠지만 나는 앉아서 오줌누는 버릇이 습관화되었다고 했더니 학생들은 눈이 휘둥그래졌다. 그래서 나는 서서 오줌을 누면 오줌이 주위에 튀어 더러워지기 십상이고 실제로 자기 발에도 튀어 비위생적이지 않느냐고 물었다. 또 청소하는 수고도 덜 수 있지 않느냐고 덧붙였다.

이제 나이가 좀 드니 앉아서 오줌누는 게 힘도 덜 들고 훨씬 편안하다. 이런데도 왜 남자체통 문제라고, 관습이라고 버티는지 잘 납득이 가지 않는다. 합리적인 사고를 한다면 당연히 앉아서 오줌 누는 남자가 주류가 되어야 할 것이라는 생각이다.

낮은 곳에 머물러야 하는 늦깎이의 자리매김

나는 학문을 본업으로 하는 사람이다. 우리 학문계에는 학문 신비주의나 비속주의가 지배하고 있다. 그러나 나는 학문세속주의를 주창해 왔다. 학문세속주의는 이론과 실천의 결합, 민중과 학문의 결합, 일상생활과 학문의 결합 등을 추구하는 것이다. 또 이렇게 되자면 연구대상을 대상화하지 말고 자기 자신의 일로 삼는 것, 곧 내면화 또는 '자기 자신의 일로 삼기'가 필요하다. 그리하여 자기 생활과 학문이 함께 어우러져 주체와 객체가 혼연일체가 되고 생활 속의 학문 또는 학문의 생활화가 이루어질 수 있을 것이다. 나의 삶이 이러한 경지에 가까워지기 위해 끊임없이 자성하고 다짐하고 실천하는 것이 나의 가장 큰 과제일 것이다.

　우리 모두가 이렇게 낮은 곳으로 임한다면 틀림없이 나의 소속정당인 민주노동당이 머지않아 집권할 것이다. 그러면 나는 어쩔 수 없이 높은 곳으로 떠밀려 올라가지 않을까 심히 염려가 된다. 내가 하도 소심해서인지 지레 겁이 덜컥 난다.